제2판

2019 개정 누리과정

영유아 음악교육

권종애 · 손은영 지음

창지사

머리말

인간의 삶 속에서 음악과의 만남은 큰 축복이며. 즐거움이었습니다. 피아노를 만나고, 현악기, 타악기, 리듬 악기, 전통 악기, 관악기를 만나면서 음악에 눈 뜨고 즐길 수 있는 성인으로 성장해 나갈 수 있었던 것은 큰 기쁨입니다.

영유아에게도 음악은 또 다른 언어로의 시작이며, 자신의 생각이나 느낌을 표현하는 매개체입니다. 특히, 음악교육은 심미적인 체험이고, 음악의 잠재력을 키워 주며, 생활의 즐거움과 삶의 질을 높여 줍니다. 음악이 삶의 즐거움이 되어 생활 전체에 영향을 주게 되고, 영유아들은 능동적인 주체로서 음악을 자기표현의 수단으로 활용하게 됩니다.

본 교재는 영유아 음악교육으로 크게 제1부 음악이론, 제2부 음악활동 실제, 부록으로 음악 CD 음원 활동 세 부분으로 나누어 제시되었다.

영유아 음악교육이론 부분에서는 이론적 기초를 통해 영유아 음악교육의 중요성, 목적, 목표, 내용, 교육환경, 교수학습 방법, 교사의 역할, 포괄적 음악교육(다문화, 국악, 음악치료 등), 교육평가 전반에 대해 기술하였다.

특히 2020년 3월부터 현장에서 시행하는 2019 개정 누리과정의 성격과 총론(누리과정의 구성방향, 누리과정 운영, 영역별 목표 및 내용 중 누리과정 예술경험 영역) 등을 제시하여 예술경험 영역의 통합적 이해를 놀이중심·유아중심으로 지원하고자 하였다.

음악활동 실제에서는 기존의 0~2세 표준보육과정활동, 3~5세 누리과정(보육과정)활동, 0~5세 통합적인 음악교육 내용(듣기. 노래 부르기, 악기 탐색하기, 음악 감상하기, 창작하기, 음악극 등)을 연령별로 제시하였다 부록에는 음악 CD로 영유아 음악교육 내용에 속해 있는 악보를 바탕으로 피아노로 반주한 동요 17곡(누리과정 곡 포함)이 수록되었고, 교재에 다 열거하지 못한 음악교육 활동 실제가 연령별로 수록되어 현장에서 교사들이 쉽고 편하게 음악활동을 응용 및 적용할 수 있도록 구성하였다.

현장교사와 예비교사들이 영유아 음악교육을 학습하면서 음악의 중심개념, 음악의 중심활동, 연령에 따른 음악교육활동, 주제에 따라 다양하게 선택의 폭을 넓힐 수 있도록 CD 음원과 함께 활동을 수록하여 모의 수업, 워크숍, 발표 등 상황에 따라 참고하고 활용할 수 있도록 구성하였으며 특히, 누리과정 곡을 CD 음원을 통해 맘껏 불러 볼 수 있는 기회를 제공하여 현장 적응력에 도움이 될 것이라 믿는다.

이 교재를 만들기 위해 힘써 주신 김기섭 사장님, 이윤미 편집장님, 백석대학교, 서원대학교, 백석문화대학교, 명지전문대학교, 인천재능대학교에서 영유아음악교육 수업을 함께하고 이제는 영유아교육기관 현장에서 멋진 교사가 되어 있을 선생님들에게 감사함을 전합니다.

특히 소중한 사진 자료를 제공해 주신 신성어린이집, 다솜어린이집, 성체유치원, 광명밝은빛유치원, 이서형·이주형 가족, 손호천 가족, 송원석 님, 호원대 실용음악과 김현규 외 밴드 여러분께 감사함을 전합니다.

2019 개정 누리과정 현장지원자료 해설서, 놀이이해자료, 놀이실행자료 등을 바탕으로 현장과 연계된 누리과정을 통해 영유아음악교육 예술경험 영역이 통합적으로 녹아나길 바라며. 음악의 세계로 손잡고 가주신 손만순 님, 음악의 끼를 물려 주신 송문숙·권달순님, 음악의 스승이신 전경주 님, D. Kaiser 님, 음악적 재능을 물려주신 박윤숙·손봉규 님, 마지막까지 믿고 지원해 주고 기다려 준 사랑하는 가족들에게 고마움을 전합니다.

2020년 2월

음악을 사랑하는 유아음악교육 전문가 **권 종 애**

피아니스트 **손 은 영**

차례

제1부 이론편

5. 영유아 음악교육 내용 및 교수방법 / 101

제2부 실제 활동편

CD

누리과정 반주 음원 17곡 수록
음악 활동 실제
(반주: 손은영 / 녹음: 권종애)

제 1 부
이론편

CHAPTER 1

영유아 음악교육의 목적 및 의의

음악은 소리를 통하여 인간의 정서와 감정을 표현하는 지성적, 감성적 예술의 산물이다. 우리는 이러한 음악을 일상생활을 통해서 즐기고 표현함으로 음악미를 느끼고 풍요로움을 누려 왔다. 또한 음악은 인간의 생각과 느낌을 전달하는 소통의 도구로서 삶의 중요한 요소이며, 오랜 시간을 거쳐 인간의 삶과 가치관을 녹아낸 문화적, 역사적 가치를 지니고 있는데, 이러한 음악은 역사 이래 인간의 삶에 많은 영향력을 행사하고 있다. 이렇듯 음악은 인간의 삶과 불가분의 관계로, 서로 상호작용하며 발전하고 존재해오고 있다.

우리는 이를 다음 세대에 전달하고자 힘써왔다. 이는 음악이 곧 즐거움이요, 생각이요, 삶이자 문화이기 때문이다. 그리하여 음악 교육의 중요성이 대두되었고, 어떻게 그리고 무엇을 다음 세대에 전달하여 줄지에 대해 고대의 플라톤, 아리스토텔레스, 소크라테스부터 현대에 이르기까지 많은 학자에 의해 꾸준히 논의되어졌고, 지금도 논의되고 있다.

음악교육이란 음악적 능력을 향상시키는 것으로, 음악미를 체득함으로써 심미적 풍요로움과 조화로운 인격 형성을 도모하는 것을 말한다. 올바른 음악교육을 통하여, 즐거움과 함께 전인적 성장을 추구함으로써 계속 우리의 문화와 역사를 올바로 유지 · 발전시켜야 할 것이다.

특히, 인간은 태어나면서부터 자신의 의지와 상관없이 여러 소리에 노출되고, 그것에 울음, 즉 소리로 반응하기에, 영유아 시기부터 다양한 음악적 경험과 양질의 음악교육이 요구되어진다.

1. 영유아 음악교육의 필요성

1) 영유아는 음악적 잠재력을 소유하고 있다.

영유아는 음악적 잠재력을 지니고 태어나며, 본능적으로 음악을 즐긴다. 그들은 태어나면서부터 소리를 듣고, 즐기며, 주변 소리에 흥미를 느끼고 탐색한다. 이처럼 영유아는 누구나 선천적으로 음악성을 지니고 태어난다고 Gorden은 말한다. 또한 Gardner는 그의 다중지능이론에 의해 음악은 인간이 잠재적으로 지닌 여러 영역 중의 하나이며, 가장 먼저 발달한 영역임을 말하고 있다. 이렇듯 잠재력을 소유한 영유아들에게 교육을 통해 미래 교육의 시초를 설정할 수 있기에, 우리는 그들의 음악적 능력을 최대한 계발시켜 주어야 할 것이다.

2) 영유아는 음악교육을 통해 발달하고 성장한다.

일차적으로 영유아들은 음악을 경험하면서, 음악에 반응하고, 그들의 신체를 사용하게 된다. 이때 외부 자극에 대한 민첩한 대응력과 근육의 조절능력이 향상된다.

또한 Gorden은 인간은 음악적 능력을 가지고 태어나지만, 음악적 경험을 하였는지의 여부에 의해 다르게 발전될 수 있다고 말하였다. 이것은 환경, 즉 교육에 의해 다르게 발전한다는 것을 일컫는다. 우리가 그들에게 적절한 음악적 경험과 교육을 제공해 준다면, 그들의 음악적 지능을 발달시킬 수 있다. Gardner의 이론에 의한 바, 이 음악적 지능은 결국 다른 영역에도 영향을 미쳐 결과적으로 상호작용을 통한 영유아의 통합적(신체적, 전인적) 발달을 이룩할 수 있음을 의미한다.

3) 영유아는 음악교육의 적기로 발달이 빠르게 진행되는 시기이다.

Kodály, Dalcroze, Orff 등의 학자들은 음악성의 발달이 영유아기에 빠르게 진행된다고 주장하며, 이는 음악교육의 적기로, 조기교육의 필요함을 역설하였다.

영유아기는 청각이 민감하게 발달하는 시기로, 생애 초기에 경험하는 활동들을 빠르게 습득할 수 있다. 따라서 이 시기의 음악교육은 음악성 개발에 있어서 결정적인 역할을 하기에, 음악적 경험을 풍부히 제공해 주어야 한다.

또한, 영유아기는 뇌의 급속한 성장이 이루어지는 시기로, 만 3세까지 활발하게 발달된다(Banich, 1997). 음악적 경험을 빠르게 받아들일 뿐만 아니라, 여러 자극과 경험으로 뇌를 더욱 발달시킬 수 있다. 뇌는 인간의 핵심 중추로, 이 시기의 음악교육을 통한 뇌의 발달은 신체, 정신의 발달을 가져오게 된다.

2. 영유아 음악교육의 의의 및 중요성

영유아 시기에 음악적 경험을 많이 제공해 주며, 그런 환경을 만들어 주는 것이 필요한데, 이는 음악교육은 음악성의 발달 외에도 영유아들에게 미치는 파급효과가 상당함을 의미한다(Moomaw, 1984).

1) 정서의 발달

음악을 통해 영유아들은 자신의 감정을 표출함으로써 기쁨을 느끼고 정서적 안정감을 가지게 된다. 음악은 인간의 스트레스 및 긴장 완화에 효과가 있다고 밝혀진 바 있다. 영유아들은 음악으로 카타르시스를 경험하게 된다. 또한 음악의 아름다움을 느끼면서 심미적 경험의 추구로 정서적 감수성의 증진을 얻을 수 있다.

2) 창의성의 발달

본능적으로 영유아들은 음악에 반응한다. 이것은 교사가 지시하지 않아도 적극적으로 음악에 맞춰 몸으로 노래로 표현하고자 하는 것을 나타낸다. 이렇듯 음악은 영유아들에게 자기를 표현하는 수단이 되는 것이다. 음악을 자유롭게 표현하는 기회와 다양한 활동은 다양한 표현 능력을 가능하게 해 준다. 따라서 음악성과 함께 그들의 창의성과 추상적 사고가 발달된다.

3) 신체의 발달

영유아들은 음악적 경험을 신체로 움직이게 된다. 리듬이나 소리에 맞춰 동작으로 표현해 보거나, 악기를 연주해 보는 활동적 체험 등이 이에 속하는데, 이 체험 속에서 자신의 소근육 및 대근육의 조절능력이 발달한다. 또한 음악에 반응하게 되면서, 그들의 신체가 발달된다.

4) 언어의 발달

영유아들은 노랫말이나 가사를 따라 부르면서 자연스럽게 언어를 습득하게 된다. 단어에서부터 차차 문장을 이해하게 되고, 나아가 자신의 생각도 말할 수 있게 된다. 이렇듯 음악적 교육은 영유아들의 언어를 발달시킨다.

5) 인지의 발달

소리에 대한 이해력의 향상과 음악적 개념을 구분하는 능력이 발달하게 된다. 영유아들은 음악적 영역에서 차차 더 나아가 수학이나 과학과 같은 타 영역 그리고 사회적 개념까지 폭넓게 포괄적으로 배우게 되는데, 음악활동과정 속에서 그들은 과제를 해결하는 문제 해결 능력의 신장과 사고력이 향상된다. 이것은 인지적 사고의 발달을 촉진시키게 된다.

6) 자아의 발달

음악활동을 통해 영유아들은 자아개념을 발달시킬 수 있다. 여러 경험을 시도하면서 자신감을 갖게 되고, 주어진 과제를 수행하면서 이루는 성취감으로 긍정적 자존감을 형성하게 된다.

7) 사회성의 발달

영유아들은 다른 사람들과의 소통에 있어서 제한된 능력과 기술을 가지고 있다. 음악교육은 개인의 음악적 경험뿐만이 아닌 그룹으로 진행되기도 하는데, 영유아들은 또래 아이들과 함께 어울려 하는 활동으로 서로 협력하고 소통하는 법을 배우게 된다. 이러한 음악교육은 영유아들의 사회성을 발달시키게 된다.

3. 영유아 음악교육의 목적

영유아를 위한 음악교육의 목적은 음악이 영유아들에게 미치는 영향을 토대로 크게 음악적, 심미적, 교육적 측면에서 살펴볼 수 있다.

1) 음악적 목적

음악 활동을 하는 그 자체로의 추구를 말한다. 이것은 음악의 이해와 음악성 발달에 목적을 두는 것이다. 노래 부르기, 악기 연주하기, 신체로 표현하기, 음악 감상하기, 음악 창작하기 등 음악 활동하는 것에는 여러 가지 방법이 존재한다. 이런 활동들을 통해서 영유아들은 음악적 개념을 습득하게 되어, 음악에 대해 이해하게 되는데, 이것이 그들의 음악적 성장을 이끌게 된다.

2) 심미적 목적

음악을 통해서 우리는 아름다움을 느낀다. 마찬가지로 영유아들에게 음악을 통해 아름다움을 느끼게 해주는 것에 교육적 목적이 있다. 심미적 경험을 통해 영유아들은 즐거움과 행복감을 느끼며, 자발적으로 음악활동을 하게 되고, 음악을 좋아하게 된다. 이러한 심미적 체험은 음악의 잠재력을 키워 주며, 생활의 즐거움과 삶의 질을 높여 준다. 음악이 삶의 한 즐거움이 되어 생활 전체에 영향을 주게 되고, 영유아들은 능동적인 주체로서 음악을 자기표현의 수단으로 활용하게 된다.

3) 교육적 목적

음악활동은 결과적으로 전인적 발달의 목표를 가진다. 영유아기의 음악교육은 기술, 기능을 익힘으로써 전문적 음악인의 양성보다는 원만하고 조화로운 인격을 형성하는 토대를 마련해 주는 것이다. 음악적 체험은 개개인의 긍정적 자아 형성과 발달에 영향을 미치는데, 양질의 교육으로 올바른 인성을 심어 주어야 한다. 영유아기는 태어나서는 부모와 접촉하고, 처음으로 교육기관에서 또래집단과의 유대관계를 접하게 되는 시기이다. 이 시기에 음악을 통해서 서서히 함께 소통하는 법과 어울리는 법을 배우고, 자연스럽게 사회성을 확립하게 해 주어야 한다.

4. 영유아 음악교육의 방향

1) 음악교육의 올바른 방향

(1) 음악적 개념(내용)의 학습

영유아들에게 음악적 활동(노래 부르기, 악기 다루기 등)만을 제공해 주기보다는 활동 속에서 전달하고자 하는 무엇, 즉 내용을 포함시켜야 한다. 교육은 단순히 음악을 즐기는 데서 그치는 것을 넘어 영유아들의 음악적 잠재력을 최대한 끌어내어주는 데 의의가 있다. 음악적 개념의 학습을 통해 아이들은 음악에 대해 이해하게 되고, 음악에 대한 이해는 음악적 잠재력을 증가시키게 된다. 교사들은 이에 어떤 것을 교육시킬 것인지에 대한 계획과 방법을 진지하게 고민하여야 한다. 또한 이런 음악적 개념을 음악적 활동을 통해 자연스럽게 습득하도록 도와주어야 한다.

개　　념: 소리가 크다, 작다.
활동사례: 사자와 고양이의 울음소리 들어보고 비교하기

(2) 개인, 연령, 사회문화별 차이 고려

같은 내용을 교육시키더라도 각각의 영유아들은 받아들이는 정도가 다르다. 개개인 영유아들은 개인별, 연령별, 또한 사회문화별 발달의 정도가 다르기에, 세심하게 여러 가지를 고려하여 그들의 특성에 적절한 음악적 내용을 적절한 방식으로 전달해 주어야 한다. 교사들은 연령별 영유아들의 신체적, 음악적 특성에 대해 미리 숙지하고, 그들을 지도하면서 개인적 발달 정도를 유심히 관찰하는 것이 필요하다.

(3) 창의성 계발

음악은 내면을 표현하는 매개체이다. 음악활동을 통해서 자신의 생각과 감정을 표출하게 되는데, 영유아들은 이 과정에서 자신만의 독창적인 방법으로 표현되는 기회를 갖는다. 이러한 기회의 부여가 영유아들의 창의력을 더욱 계발시킨다. 특히 이 시기는 상상력과 창의성이 발달된 시기이기에(Gardner, 1991; 강보라, 2012) 아이들의 자연스런 표출방식에 의한 창작이나 작곡이 가능하다. 또한 자신만의 생각과 방식으로의 끊임없는 표현의 추구는 다른 영역까지 영향을 미치게 된다(Drennan, 1984). 그들이 가진 창의력을 최대한 계발시켜 주어 삶을 풍요롭게 만드는 기초를 마련해 주어야 할 것이다.

(4) 놀이를 통한 교육

교육에 있어서 동기의 부여는 또 하나의 중요한 요소임에 틀림없다. 하고자 하는 마음이 있어야 적극적이고 능동적으로 참여할 수 있기 때문이다. 영유아들에게 즐겁게 음악교육에 동참시키기 위해서 그들에게 음악은 즐겁고 재미있는 것으로 인식되어야 한다. 놀이를 통한 학습은 지식의 전달과 강요가 아닌, 과정 속에서 스스로가 무엇인가를 얻어가는 과정이다. 흥미를 느끼고 그것에 집중하여 학습의 효과가 배가 되고, 또 다른 동기를 생성시키기에 그 가치가 크다 하겠다. 또한 놀이를 통해 또래들과 함께 집단으로 학습이 진행되기도 하는데, 이때 영유아들의 사회성 발달에 긍정적인 영향을 미치게 된다.

놀이를 통한 음악교육의 중요성을 주장한 학자들에는 Orff, Gorden, Froebel, Dewey, Piaget 등이 있다.

학자	정의
Froebel	놀이는 가장 순수한 정신적 활동이며, 내면에 감추어진 자연스런 생활이다.
Dewey	의도적인 것이 아닌 활동자체에 목적을 가진다.
Piaget	놀이는 지적 발달을 가져오는 근본이다.
Orff	놀이는 즐거움을 주어 학습에 집중할 수 있게 한다.
Gorden	음악학습의 방법으로서 발달을 촉진한다.

출처: 박민경(2014), 논문 재구성(원출처: 신소연, 2006).

(5) 테크놀로지의 적절한 사용

현재는 디지털 시대로 컴퓨터를 비롯한 많은 매체가 있다. 영화, 비디오, DVD 등 다양한 매체들이 음악교육에 사용되고 있다. 이런 매체들이 영유아 음악교육에도 많이 이용되고 있는데, 이는 영유아들에게 다감각적 접근을 통해 빠른 학습효과를 주기 때문이다. 또한 교사의 보조 기능을 담당하기도 한다. 예를 들면, 교사가 악기를 직접 다루면서 지도하기보다는 CD에 녹음된 반주 음원을 활용하는 것을 들 수 있다. 이는 교사들이 악기를 다루는 능력이 미숙하더라도, 편리하게 여러 악기를 보여주고, 들려주어 간접적 경험을 접하게 해 준다.

이러한 장점들도 존재하지만, 테크놀로지에 너무 의존하게 되면 인간의 감각의 쇠퇴를 초래할 수 있다. 그리고 Gardner는 대인관계 지능(interpersonal intelligence)은 인간과 인간의 교제 속에서 개발된다고 하였다. 영유아들은 음악교육으로 인간 대 인간의 교제가 아닌 오직 매체와의 일대일 교육을 시행할 시, 개인주의 경향과 기계화로 인한 대인관계 지능이 감소하게 된다. 그리하여 교사와 영유아들 간의 직접적 감정의 교류가 차단될 수 있다. 또한 창의적으로 음악적 활동을 이끌어내는 것이 목표인 음악교육에 있어서 자칫 영유아들이 테크놀로지가 주는 메시지에 수동적으로 수용하게 될 우려가 있다.

따라서 교사는 테크놀로지의 순기능과 역기능을 잘 파악하여 적절한 테크놀로지의 사용에 주의를 기울여야 할 것이다.

그러나 영유아를 위한 음악수업 시 교사가 직접 반주를 하는 것이 가장 바람직하다고 하겠다.

이는 교사가 연주하는 반주 소리는 공간의 울림을 통해 자연스럽고 감수성 있게 영유아들에게 전달되며, 무엇보다도 교사가 직접 반주를 하면서 음악수업을 진행하면, 개인차를 고려하여 영유아들을 교육시킬 수 있기 때문이다. 예를 들어 교사는 어느 음역들로 구성된 반주를 할 것인지, 어떤 형태로 반주를 할 것인지를 결정하여 자유자재로 순발력 있게 수업을 이끌어갈 수 있기에 영유아를 위한 음악교육 수업 시 교사의 직접적인 반주는 긍정적인 영향을 미치기 때문에 교사들의 반주 능력이 필요한 것이다.

2) 영유아 음악교육의 현대적 동향

현대의 영유아 음악교육은 포괄적인 방향으로 나아가고 있다.

다양한 음악교수법을 활용하여 지도되고 있는데, Kodály, Orff, Dalcroze, Gorden 등의 음악교수법이 적용되어진 다양한 음악적 경험은 영유아들에게 풍부한 음악적 잠재력을 제공한다.

음악예술 안에서의 통합, 더 나아가 다른 영역(언어, 수학, 과학 등)까지 함께 통합적으로 다뤄지고 교육되고 있는 흐름도 살펴볼 수 있다. 이는 많은 사례들에 의해 각 영역은 서로 긴밀한 연관성을 가지고 영향을 미치는 것으로 판명되어진 바 있다. 영유아의 폭넓은 발달을 위한 통합적 교육이 요구된다.

한편으로는 세계화, 국제화에 따른 다문화 교육(Multicultural education)도 주목받고 있다. 이는 사회 현상에 따른 필연적인 결과로, 다양한 문화의 음악을 경험하게 함으로써 여러 나라를 이해하는 계기와 우리나라의 정체성을 더욱 확립하는 계기가 된다.

협회, 음악학원, 전문 업체 그리고 문화센터 등에서 시행되고 있는 음악교육 현상도 살펴볼 수 있는데, 전문적이고 통합적인 교육을 할 수 있다는 장점도 있으나, 자칫 아이들의 눈높이를 무시하고 음악 전문성을 요구하는 교육으로 또는 이벤트성 교육으로 흘러갈 수 있음을 간과해서는 안 될 것이다. 기본적인 영유아들의 발달과정과 세심한 관심, 관찰이 교사들에게 요구된다.

CHAPTER 2

음악교육을 위한 음악적 개념과 구성요소

음악교육의 본질은 음악적 개념을 영유아들에게 학습시키는 것에 있다. 음, 음높이, 리듬, 빠르기, 셈여림, 화음 등으로 이루어진 구성요소의 음악적 개념은 다양한 음악활동으로 자연스럽게 영유아들에게 습득된다. 이는 Bruner의 개념적 접근법에 기초한 학습방법으로, 영유아의 음악에 대한 이해와 음악적 잠재력을 향상시켜 주는 한 방법이다. 우선 영유아들의 신체적, 음악적 성장단계에 맞추어 음악 개념의 학습이 이뤄져야 할 것이다. 이 장에서는 구체적으로 음악적 구성요소와 음악적 개념이 무엇인지 자세히 살펴보고자 한다.

1. 소리, 음, 음색

1) 소리(Sound)

우리는 매일 소리에 접촉하며 생활하고 있다. 새들의 지저귐과 같은 즐거운 소리가 있는가 하면, 알람시계나 사이렌과 같은 주의를 요하는 소리. 또 공장 기계의 시끄러운 소음들, 그리고 아름다운 악기 소리, 모두 우리 주변에 항상 존재한다. 여기서 우리는 소리가 우리의 생활과 밀접한 관계임을 알게 된다. 공기와 같이 너무 밀접하기에 그냥 지나쳐 버릴 수 있다. 그러므로, 무심코 지나쳤던 여러 소리에 대해 들려주고 이야기해 보는 학습을 훈련하여 청각 감각을 발전시키는 것이 필요하다. 영유아기는 더욱 청각이 발달하는 시기이므로 소리에 대한 호기심과 상상력을 최대로 끌어낼 수 있다.

① 정의

진동에 의한 파동이 공기를 통해 귀로 전달되어 귀에 들리는 것을 말한다.

② 구분

자연적 소리와 비자연적(인위적) 소리로 구분되며, 다양한 소리의 경험을 해주는 것이 필요하다.

- 자연적 소리
  - 자연의 소리: 천둥소리, 빗소리, 바람소리, 동물소리 등.
  - 신체에서 나는 소리: 목소리, 손뼉 치기, 트림 등.
- 비자연적(인위적) 소리
  - 교통기관 소리: 자동차 소리, 비행기 소리 등.
  - 기계소리: 청소기 소리, 전자레인지 작동 시의 소리 등.
  - 사물의 소리: 종이를 찢거나 구길 때 나는 소리, 전화 벨 소리 등.
  - 특정장소에서 나오는 소리: 부엌에서 나는 소리, 경기장에서의 소리 등.
  - 악기소리: 타악기, 현악기, 관악기, 건반악기 등.

③ 활동예시

- 소리탐색: 주변 생활의 소리를 들어 본다.
- 노래 부르기: 말하거나 노래 부르며 목에 손을 대 본다.
- 악기 다루기: 여러 가지 악기를 다루면서 소리를 비교해 본다.
- 신체표현: 천둥소리를 듣고 몸 또는 스카프나 리본막대를 가지고 표현해 본다.
- 음악 감상: 핸드벨의 음악 소리 감상, 슈트라우스 '천둥과 번개폴카'의 곡을 듣는다.
- 창작하기: 상상의 음을 소리로 표현한다.
  (예: 나무가 아프다고 상상하며 소리로 표현해 본다)

2) 음(Tone)

① 정의

소리와 같이 진동으로 인해 귀에 들리는 것인데, 이 중에서 음악적인 것을 의미한다. 소리와 음을 비교해 보면 다음과 같다. 예를 들어, 천둥소리는 소리이지만 음이라고 일컬어지지 않는다. 그러나 천둥소리를 음악적으로 적용시켜 음으로 형상화시킬 수 있다.

② 음이름(Pitch name)

음의 높이에 따라 구별하기 위해 붙인 음의 이름으로, 진동수에 따라 일정하게 정해진 고유의 명칭을 사용한다. 계이름(Syllable name)과 구별된다.

우리나라	다	라	마	바	사	가	나	다
이태리	do 도	re 레	mi 미	fa 파	sol 솔	ra 라	si 시	do 도
미국	C 씨이	D 디이	E 이	F 에프	G 지이	A 에이	B 비이	C 씨
독일	C 체	D 데	E 에	F 에프	G 게	A 아	H 하	C 체
프랑스	Do(Ut) 우트	Re 레	Mi 미	Fa 파	Sol 솔	Ra 라	Si 시	Do(Ut) 우트

※ 프랑스 Do(Ut): 11세기 Guido d'arezzo는 그레고리안 성가 〈성요한 찬가, Ut queant laxis〉의 가사 첫머리에서 따온 것을 가지고, 계이름(Ut-re-mi-fa-so-la)을 창시했다. 그 중 Ut는 발음의 편의상 후에 하느님을 뜻하는 Dominus의 Do로 변경되었으나, 프랑스에서는 아직도 Ut를 사용한다.

<음이름과 계이름 비교>

음이름 – 조성에 관계없이 일정(고정도법)

계이름 – 조성에 따라 해당 음이름이 바뀜(이동도법)

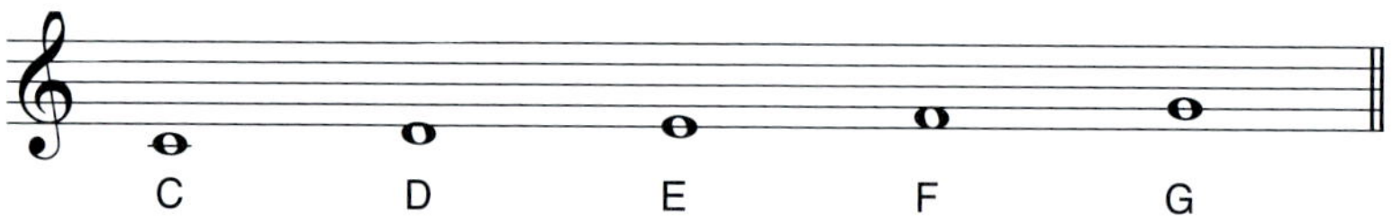

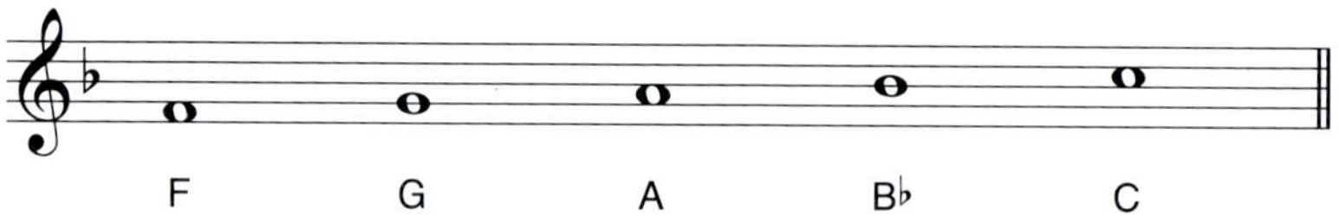

③ 음의 길이(Duration)

음의 장단, 즉 길고 짧음을 나타낸다.

이는 정해진 절대적 기준이 있는 것이 아닌 어떤 음과 음을 비교하여 길고 짧음에 대한 상대적인 개념이다. 그러나 이를 음악에서 정해진 음가에 대해 음표나 쉼표로 표시하여 사용한다.

길이	음표	이름	쉼표	이름
4박	𝅝	온음표	𝄻	온쉼표
2박	𝅗𝅥	2분음표	𝄼	2분쉼표
1박	♩	4분음표	𝄽	4분쉼표
1/2	♪	8분음표	𝄾	8분쉼표
1/4박	𝅘𝅥𝅯	16분음표	𝄿	16분쉼표

스타카토나 늘임표 또는 붙임줄과 같은 지시어를 사용하여 특정음을 임의적으로 길거나 짧게 나타내는 경우도 있다.

스타카토	음을 짧게 끊어서 연주하라는 뜻으로, 보통 그 음길이에 1/2만큼 짧게 한다.
늘임표	음이나 쉼표를 2~3배 늘려서 연주한다.
붙임줄	붙임줄로 이어준 두 음의 길이만큼 늘려서 연주한다.

▦ 스타카토 예시 –'빗방울' 일부분

▦ 늘임표 예시 –'동물농장' 일부분

▦ 붙임줄 예시 –'동물농장' 일부분

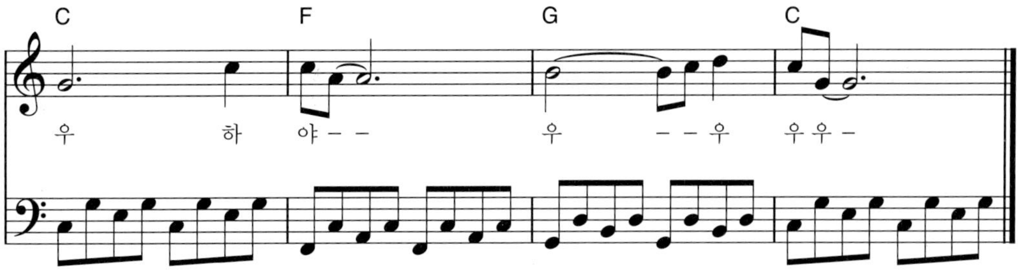

출처: 권종애(2013).

참 고 스타카토, 레카토의 비교

스타카토는 그 음의 길이를 반으로 짧게 표현하는 것이고, 레가토는 음들을 부드럽게 연결하여 이어서 표현하는 것을 말한다. 영유아들에게 용어를 설명하여 줄 때, 지식적인 것보다는 감각을 사용하여 몸으로 체험하게 해 주는 것이 좋다. 예를 들어, 키위와 수박을 만져 보았을 때 느꼈던 촉감으로 적용시켜 볼 수 있다. 키위의 까끌까끌한 것을 스타카토로, 수박을 만져 보았을 때 매끈한 느낌을 레가토로 설명해 줄 수 있다. 또한 동물에서는 고슴도치의 뾰족한 가시 부분을 만졌을 때 따갑다는 느낌과 고양이를 쓰다듬을 때의 부드러운 느낌을 비교하여 음악적 개념을 인식시켜 줄 수 있다.

④ 활동도구

악기, 목소리, 생활 주변 물건 등.

⑤ 활동예시

- 소리탐색: 피아노에서 교사가 들려주는 음들을 들어 본다.
- 노래 부르기: '도레미송' 노래를 부르면서 음에 대해 이해한다.
- 악기 다루기: 실로폰, 핸드벨 등의 악기를 다뤄 본다.
- 신체표현: 몸을 작게 또는 크게 표현해서 음의 길이를 몸으로 표현해 볼 수 있게 한다.
- 음악 감상: 여러 동요나 곡을 들어 본다.
- 창작하기: 음과 색깔 또는 낱말과 연결해서 학습한다.

3) 음색(Timbre, Ton Color)

① 정의

음의 색깔, 또는 음의 질을 말한다. 주변의 소리를 들어 보면 각각 다른 음색을 지니고 있다. 음은 높고 낮음, 길고 짧음을 넘어 다채로운 감각적 색채를 가지고 있다. 예를 들면, 부드러운 음색, 날카로운 음색, 차가운 음색, 따뜻한 음색, 두꺼운 음색, 얇은 음색. 이렇게 다양한 소리들의 음색을 구별하는 능력을 키워주면, 영유아들에게 소리에 대한 상상력을 자극하여 고정된 사고로부터 다양함을 경험하게 되고, 그들의 폭넓은 사고의 과정을 발전시킬 수 있다.

② 활동도구

목소리, 악기 등.

③ 활동예시

- 소리 탐색: 남자와 여자의 목소리 듣고 비교해 본다.
- 노래 부르기: 여러 감정이나 느낌으로 노래를 불러 본다.
- 악기 다루기: 여러 다양한 악기를 다루고 들어 본다(현, 관, 타악기).
- 신체 표현: 소리 듣고 느낌을 말해 본다.

- 음악 감상: 프로코피에프의 곡 '피터와 늑대'에 나오는 악기소리 듣기, 소리와 등장인물들 관계 살펴보고, 악기의 음색을 등장인물과 연결해 본다.
- 창작하기: 자신의 느낌이나 감정을 소리로 표현해 본다.

참고 프로코피에프의 피터와 늑대

러시아의 음악가 프로코피에프가 어린이를 위해 작곡한 오케스트라 곡이다. 그는 자작 동화와 아름다운 음악을 하나로 엮어내어 멋진 작품을 만들었다. 이 곡에는 악기의 특색이 잘 나타나 있고, 그 특색이 주인공의 성격과 특성을 나타내 주어 작품의 효과를 살려주고 있다. 곡이 시작되기 전에 해설자가 등장인물의 주제를 각기 맡은 악기로 연주하며 소개한다. 주인공인 '피터'는 현악 4중주가 담당하고, '할아버지'는 바순, '새'는 플루트, '오리'는 오보에, '고양이'는 클라리넷, '사냥꾼의 총소리'는 팀파니와 큰북, '늑대'는 세 개의 호른이 담당한다. 곡은 해설자의 이야기를 사이사이에 끼워 넣어 전개하고 있다.

피터

현악기(strings)

할아버지

바순(bassoon)

새

플루트(flute)

늑대

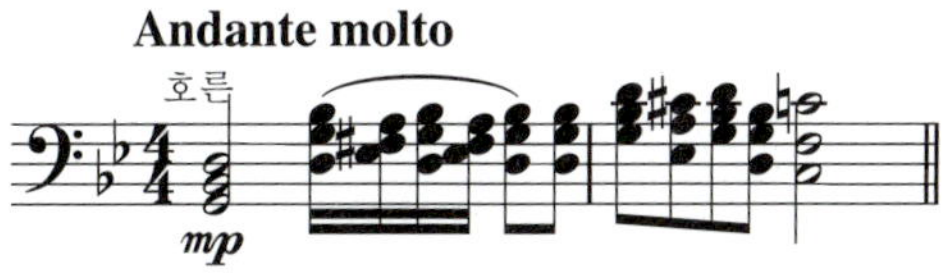

호른(horn)

오리

오보에(oboe)

사냥꾼

팀파니(timpani)

고양이

클라리넷(clarinet)

출처: 송원석.

2. 음높이(Pitch)

① 정의

음의 고저, 높고 낮음을 의미한다. 이는 정해진 고정음의 개념이기보다 상대적 비교의 개념을 가지고 있다.

② 구분

음높이를 이해하는 데는 두 가지의 개념을 살펴볼 수 있다.

- 대조: 어떤 소리는 어떤 소리보다 높다, 낮다.
  (예: 피아노 건반에서 높은 영역과 낮은 영역의 소리를 비교해 본다)

위! 위! 위!(전반부)

김진영 작사 / 김진영 작곡

출처: 김진영(2010).

- 순차적: 어떤 소리에서 음의 높이가 점점 높아진다, 낮아진다.

  (예: 피아노 건반에서 높은 영역에서 낮은 영역으로 순차적으로 쳐 본다.)

  (높은 도에서부터 차례로 낮은 도까지 건반을 쳐 보는 것)

영유아들과 함께 미끄럼틀을 타거나, 계단을 오르내리면서 음높이에 대한 개념을 학습시키는 것이 좋다. 이때 음에 색깔을 부여하여 인식시켜 주면 – 무지개 색과 연동하여 –향후 뚜렷한 음의 경계와 음색에 대한 이해를 형성하게 해 주고, 영유아들의 흥미를 자극시켜 주게 된다.

출처: 고인혜(2012), 키즈 도시락.

③ 음역에 대한 점진적 학습 고려

음높이에 대한 음악 개념을 설명하면서 노래 부르기나 노래 듣기의 음악활동을 할 때에는 영유아들의 가창영역을 고려하여야 한다. 영유아들은 보통 중간 도에서 높은 도까지 사이에 있는 음들을 편하게 부를 수 있다. 그래서 대부분 영유아들을 위한 노래는 이 한 옥타브 안에서 작곡된다. 그리고 한 옥타브 안에서도 작은 영역에서 점차적으로 넓혀 나가는 것이 좋다. Orff는 그의 교수법에서 영유아들을 교육할 때 쉬운 것에서부터 점차적으로 그리고 체계적으로 교육시킬 것을 강조했다. 노래 부르기에서 처음에는 '솔', '미'를 가지고 교육시키며, 그 이후에 '라', '도', '레' 그리고 나중에 '파', '시'를 추가하는 것이 좋다고 하였다. 따라서 교사들은 노래 선정 시, 이러한 점들을 고려해 보아야 한다. 처음에는 영유아들이 부르기 편한 음만을 가진, 제한된 음을 가지고 작곡된 동요로 먼저 지도를 시작하는 것이 좋다. 그 이후에 한 옥타브 안에서 작곡되어진 곡들을 선정한다.

또한, 나이에 따라 가청 음역이 확대되기에 나이 또한 고려대상이 된다. 이는 나이에 따라 평균적으로 영유아들이 편하게 부를 수 있는 음역이 다르게 존재한다는 의미이다.

음역에 대한 고려사항은 노래 부르기 활동에만 적용되는 것이 아닌, 악기 연주 지도에서도 이와 같이 좁은 영역에서 점차 넓혀서 지도하는 것이 효과적이다.

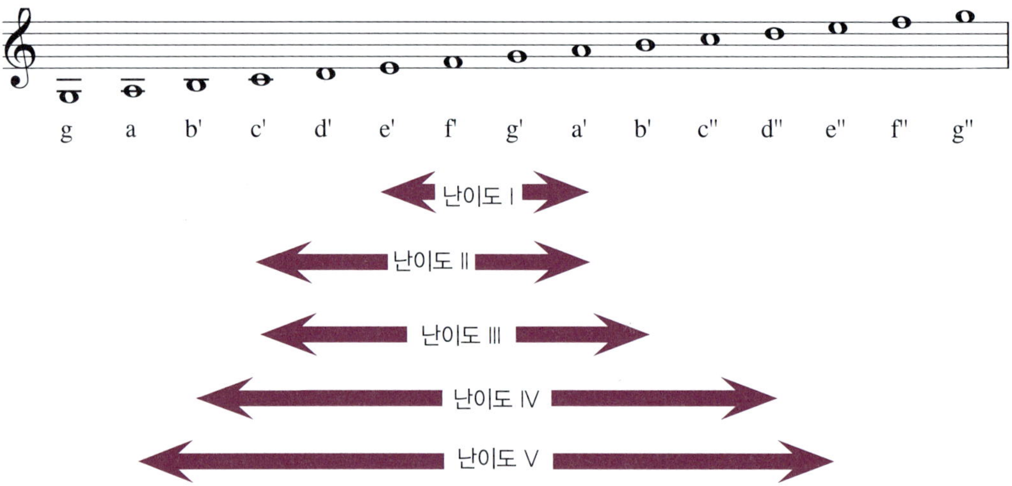

출처: 김진영(2010).

<제한된 음높이 사용한 노래의 예>

추수감사(전반부)

김진영 작사 / 김진영 작곡

출처: 김진영(2010).

<다양한 음높이를 가진 노래의 예>

낙엽(후반부)

김진영 작사 / 김진영 작곡

출처: 김진영(2010).

④ 임시표

- 악보에 임시적으로 붙어 음의 높낮이를 다르게 변화시켜 주는 기호로, 원음을 반음 올리거나, 반음 내릴 때 사용된다.

- 임시표는 한 마디 안에서만 그 효력이 인정된다(단, 붙임줄로 연결되었을 경우에는 효력이 있다).

- 임시표는 한 옥타브 위나 아래 음에 영향을 미치지 않는다.

출처: 권종애(2008).

<임시표 종류>

기호	이름		뜻
♯	샾	올림표	반음 올리는 것
♭	플랫	내림표	반음 내리는 것
♮	내추럴	제자리표	변화된 음을 제자리로 하는 것
♯♯	더블 샾	겹올림표	반음을 두 번 올림. 한 음이 올라가는 효과
♭♭	더블 플랫	겹내림표	반음을 두 번 내림. 한 음이 내려가는 효과

⑤ 활동예시

- 소리탐색: 남성과 여성의 목소리를 비교해 본다.
- 노래 부르기: '머리, 어깨, 무릎, 발' 노래 부르며 계이름과 연결짓는다.
- 악기 다루기: 실로폰을 연주한다.
- 신체 표현: 앉아 있다가 음이 높아질수록 음높이에 맞게 일어난다.
- 음악 감상: 점차 음이 높아지는 곡을 선정하여 듣는다.
- 창작하기: 무지개 색깔과 계이름을 연결해 본다.

3. 박, 박자, 리듬, 빠르기

출처: C. Hempel, "Neue allgemeine musiklehre.

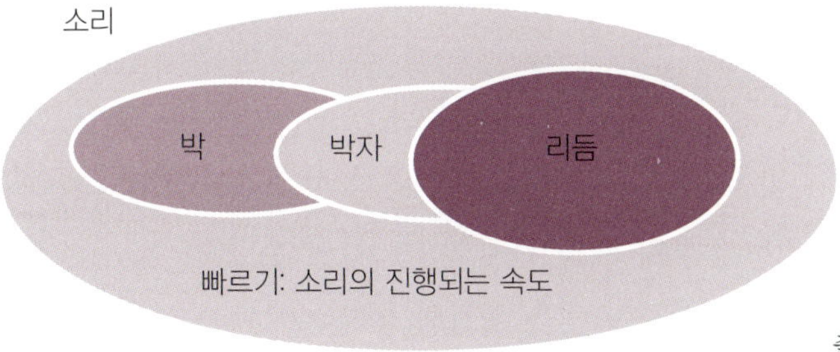

출처: 김진영(2010).

1) 박(Beat)

① 정의

'박'은 음악의 리듬진행을 위한 추상적이고 규칙적인 시간적 패턴 움직임을 말한다. 삶 속에서 우리는 심장박동이나 일정하게 들리는 시계소리에서 박을 찾아볼 수 있다. 이것은 심장 박동이나 맥박과 같이 음악이 계속적으로 흐르게 하는, 진행시키는 원동력이라고 보여진다.

인간은 엄마 뱃속에 있을 때인 태아기부터 이미 엄마의 심장박동 소리를 듣고 박을 느끼며, 성장했다. 그렇기 때문에, 영유아는 선천적으로 박을 이해할 수 있고 쉽게 박에 반응할 수 있다. 그래서 영유아는 시키지 않아도 음악에 맞춰 몸을 움직이면서 박을 표현하곤 한다. 이렇듯 신체를 통해서 박의 움직임을 느끼도록 체험하게 해 주는 것이, 영유아들이 쉽게 박의 개념에 접근하는 방법이라 볼 수 있다. 그리하여 노래를 부르거나 음악감상을 할 때 함께 손뼉을 친다든지 발을 구르는 행위를 하는 것은 박의 흐름과 움직임을 몸으로 체득하는 데 도움이 될 것이다. 이는 '박'이 기계적으로 일정하게만 울리는 것을 의미하기보다는 내면에서 느끼는 일정한 시간적 울림에 가깝기 때문이다. 종종 음악가들은 정확하고 완벽히 일정한 박을 얻기 위해 메트로놈이라는 박자기의 도움을 얻기도 하는데 이것을 보더라도 인간은 기계가 아니기에 완벽하게 규칙적이기 보다는 자연스럽게 형성된 일정한 내면의 박을 통해 음악을 이끌어가게 된다. 그러므로 영유아 시기에 음악적 체험을 통해 내면의 규칙적인 박을 심어 준다면, 올바른 박의 형성을 이룰 수 있을 것이다.

② 활동예시

- 음악에 맞춰 손뼉치기, 발 구르기를 한다.
- 북을 음악에 맞춰 쳐 보거나 북소리에 맞춰 걸어 본다(몬테소리 교수법 적용).
- 째깍째깍 일정하게 소리 나는 시계소리를 들어 본다.
- 박이 빨라지거나 느려지는 것을 체험해 본다.

2) 박자(Meter)

① 정의

박을 규칙적인 그룹에 의해 분류한 것으로 강박과 약박이 존재한다. 첫 번째 박은 주로 강박이 오고 뒤에 약박이 따라온다. 그래서 2, 3, 4, 6 박과 같이 주기적으로 오는 박들이 묶여 분류되고, 마디(Measure)로 구분을 지어준다. 예를 들어, 3박자의 곡이라면, 강-약-약 / 강-약-약 / ~ 이와 같이 반복된다. 그리고 음자리표의 오른쪽에 분수로(3/4) 박자표를 적어 주어 악곡이 몇 박자의 곡인지를 알려 준다. 영유아들을 지도할 때 강박과 약박의 차이를 인식할 수 있도록 해 주는 것이 좋다. 한 예로, 강박에서는 발을 구르고, 약박에서는 손뼉을 쳐 보면서 진행해보도록 한다.

2/4 ♩ ♩ 3/4 ♩ ♩ ♩ 4/4 ♩ ♩ ♩ ♩

강 약 강 약 약 강 약 중간 약

3/4 ♩ ♩ ♩ | ♩ ♩ ♩ | ♩ ♩ ♩ | ♩ ♩ ♩

◎ ○ ○ ◎ ○ ○ ◎ ○ ○ ◎ ○ ○

② 박자의 종류

- 홑박자: 2박자, 3박자, 4박자 등.
- 겹박자: 홑박자가 두 배나 세 배로 된 것.
  6박자(3+3), 9박자(3+3+3), 12박자(3+3+3+3)
- 혼합박자: 홑박자끼리 섞은 것이나, 홀수와 짝수 박자를 결합한 것.
  5박자(2+3), 7박자(3+4)

3) 리듬(Rhythm)

① 정의

생활 속에서 우리는 리듬을 쉽게 인식할 수 있는데, 계절이 변하고, 낮과 밤이 변화는 것이나, 활동에 따른 심장박동 변화에서 리듬을 찾아볼 수 있다.

리듬은 음과 무음의 길고 짧음이 모여 있는 그룹을 말한다. 음과 무음의 길고 짧음은 음표나 쉼표로 나타낼 수 있다. 그리하여 박자 위에 다양한 음표나 쉼표들로 구성된 패턴을 리듬이라고 한다.

박이 모여, 강약을 이루는 박자가 되고, 다시 박자는 음의 길이가 덧붙여져 리듬이 생성된다. 이것이 진행되는 전체적 속도에 따라 빠르기가 된다.

이런 리듬에 대한 중요성은 익히 여러 음악 학자에 의해 강조되어진 바 있다. Orff는 "뛰는 심장과 같이 리듬이 중요하다. 리듬 학습에서 비롯되어야 한다."고 말한 바 있다. 또한 Dalcroze는 리듬공부가 먼저 선행되어야 함을 역설하며, 유리드믹스를 창시하였다. 이는 리듬이 다른 음악적 요소의 원천이며, 이것은 자연발생적으로 영유아들이 쉽게 접근할 수 있기 때문이다. 그리고 그들은 리듬지도에 신체적 움직임을 중요시 하였다.

예를 들어, 걷기, 손뼉치기, 발 구르기, 악기 다루기(북, 에그쉐이커, 리듬 막대) 등을 통해 활동을 진행할 수 있다. 리듬 지도 시, 유아의 신체적 발달 정도를 고려하여 진행하는 것이 좋으며, 느린 박보다는 빠른 박을 쉽게 받아들이는 특성을 이해할 필요가 있다. 또한, 대근육에서 소근육 활동으로 발달을 자극하여 주는 것이 좋다.

<나이에 따른 리듬 교육의 예시>

- 만 2~3세: 음악의 박을 느끼며 점프하기, 간단한 리듬 손뼉치기(4분, 8분음표) (복잡한 리듬보다는 4분음표 위주의 곡으로 선정)
- 만 4~5세: 조금더 복잡한 싱코페이션 박자를 공부해 본다. 당김음 리듬에 맞춰 손뼉치기(따딴 딴 딴 따).

② 활동예시

- 소리탐색: 심장 박동수를 듣는다.
- 노래 부르기: 리듬 패턴에 맞는 단어나 문장을 말해 본다(Orff의 말리듬 방식).

♩♩ 아빠 , ♬♬ 할아버지

♩♩ 사과 , ♪♪♪ 바나나

♫♫♩ 안녕하세요.

- 악기 다루기: 리듬에 맞춰 북치기, 에그쉐이커 흔들기, 마라카스 흔들기를 한다.
- 신체표현: 음악을 들으며 걷기, 뛰기, 박수치기를 한다.
- 음악 감상: 다양한 리듬의 곡을 감상한다.
  (예: 베토벤의 '에그몬트 서곡' – 다양한 리듬을 경험할 수 있다.)
- 창작하기: 음악을 듣고 그림으로 표현해 본다.

4) 빠르기(Tempo)

① 정의

음악의 속도로 빠르고 느린 것을 말한다. 어떤 곡은 빠르고 어떤 곡은 느린 곡이 있다. 대부분 활기차고 힘찬 곡들은 빠르고, 조용하고, 부드러운 곡들은 느리다. 그래서 음악의 빠르기, 즉 템포는 속도뿐만 아니라 곡의 분위기까지 예측할 수 있는 척도가 된다. 영유아들은 보통 빠른 템포의 곡에 흥미로워하며, 더 잘 느끼는 경향이 있다.

BPM(Beats per Minute)은 1분간 연주되는 박의 수이며, 보통 악보의 앞쪽에 메트로놈 표시로 표기되기도 한다. 예를 들어, ♩=120은 1분에 4분음표(♩) 기준으로 120번 들어갈 정도로 연주하라는 것을 의미한다. 기본적으로 ♩=108~120은 Moderto(보통 빠르기)에 해당한다.

영유아들은 아직 세부적인 템포의 정확도를 이해하기는 어렵지만, 빠르고 느림에 대한 의미로의 파악이 가능하므로, 초기에는 상대적 빠르기에 대한 음악적 개념을 심어 줄 수 있는 음악적 경험이 필요하다.

<빠르기말>

<table>
<tr><th>빠르기말 (발음)</th><th>뜻</th><th>빠르기 표</th></tr>
<tr><td>largo (라르고)</td><td>아주 느리게</td><td>♩ = 40~60</td></tr>
<tr><td>largetto (라르게토)</td><td>아주 느리게</td><td>♩ = 60~66</td></tr>
<tr><td>Adagio (아다지오)</td><td>매우 느리게</td><td>♩ = 66~76</td></tr>
<tr><td>Andante (안단테)</td><td>느리게(천천히 걷는 속도로)</td><td>♩ = 76~100</td></tr>
<tr><td>Andantino (안단티노)</td><td>조금 느리게</td><td>♩ = 100~108</td></tr>
<tr><td>Moderto (모데라토)</td><td>보통 빠르기</td><td>♩ = 108~120</td></tr>
<tr><td>Allegretto (알레그레토)</td><td>조금 빠르게</td><td>♩ = 120~132</td></tr>
<tr><td>Allegro (알레그로)</td><td>빠르게</td><td>♩ = 120~168</td></tr>
<tr><td>presto (프레스토)</td><td>매우 빠르게</td><td>♩ = 168~200</td></tr>
<tr><td>rit. (ritardando, 리타르단도)</td><td colspan="2" rowspan="2">점점 느리게</td></tr>
<tr><td>rall (rallentando, 랄렌탄도)</td></tr>
<tr><td>accel. (accelerando, 아첼러란도)</td><td colspan="2">점점 빠르게</td></tr>
<tr><td>a tempo (아 템포)</td><td colspan="2">원래 빠르기 속도로</td></tr>
<tr><td>a piacere (아 피아체레)</td><td colspan="2">속도를 자유롭게</td></tr>
</table>

〈메트로놈〉

② 활동예시

- 소리탐색: 비행기나 자동차가 빨리 지나갈 때 나는 소리를 탐색해 본다.
- 노래 부르기: 하나의 곡을 가지고 다양한 속도로 노래를 불러 본다.
- 악기다루기: 리듬막대나 북을 다양한 빠르기로 쳐 본다.
- 신체표현: 다른 속도로 설정된 북소리에 맞춰서 이동한다.
  걷기와 달리기를 비교해 본다.
  곡의 속도에 맞쳐 공을 돌린다.
  거북이와 토끼의 걸음을 표현해 본다.
- 음악감상: 슈트라우스의 '라데츠키 행진곡'과 바흐의 'G선상의 아리아'를 비교해 본다.
- 창작하기: 동물들의 걸음 속도를 생각해 본다(예: 강아지, 고양이).

4. 셈여림(Dynamic)

① 정의

악곡에서 소리의 크고 작음이나, 강하고 약한 정도를 의미한다. 작곡가는 악보에 셈여림 기호를 표시하여 어떤 정도의 크기로 노래를 부르거나, 악기를 연주할 것인지 표현하게 된다. 이런 셈여림은 곡을 풍성하게 해 주고, 흥미를 돋우어 인간의 감정을 풍부하게 만들어 준다. 셈여림 기호에는 여러 가지 다양하게 존재한다. 그러나 아직 영유아들이 세세한 셈여림 기호들의 단계와 정도를 모두 섭렵하기는 어렵다. 단순한 대조와 순차적인 것의 개념은 쉽게 받아들이게 되므로 셈여림에 대한 개념적, 상징적 지도가 우선시 되어야 하겠다. 지도할 때에 시각적 또는 영상이나 그림 자료들을 통해 인식시켜주면, 더욱 효과적으로 반응을 이끌어 낼 수 있다. 예를 들면 포르테와 같이 큰 소리를 설명할 때에는 큰 북을 연주해 주면서, 큰 바윗돌의 그림을 보여주고, 피아노의 작은 소리를 설명할 때에는 작은 북을 연주하면서 모래알의 그림을 보여주는 것이다.

② 구분

셈여림은 크게 세 가지로 분류해 볼 수 있는데, 소리 크기의 정도에 따른 것과, 점차적 순차적으로 변하는 것에 따른 것, 그리고 특정 음에 주어진 셈여림 기호에 따른 것이다. 이를테면 어떤 소리가 '크다', '작다'라고 말할 수 있고, 또 어떤 두 소리의 크기를 구별하면서, 이 소리는 다른 소리보다 '크다', '작다'라고 말할 수 있다. 그리고 소리가 점점 커지거나, 작아지는 경우도 있다. 어떤 음에 악센트(〈)를 붙여 그 음을 특별히 세게 해달라는 지시도 있다.

셈여림 기호와 의미를 정리해 보면 다음과 같다.

<세기의 정도를 나타내는 셈여림기호>

기호	ff	f	mf	mp	p	pp
이름	포르티시모	포르테	메조 포르테	메조 피아노	피아노	피아니시모
뜻	아주 세게	세게	조금 세게	조금 여리게	여리게	아주 여리게

<점차적으로 크기가 변화는 셈여림 기호>

기호	<	>
이름	크레센도 (crescendo)	데크레센도 (decrescendo, dim.)
뜻	점점 세게	점점 여리게

<특정 음에 쓰이는 셈여림표>

기호	sf	fp	〉
이름	스포르찬도	포르테피아노	악센트
뜻	그 음을 특히 세게	세게한 후 바로 여리게	그 음을 특히 세게

- 대조적 예 : 사자와 고양이 소리 비교하기.
- 순차적 예 : 돋보기 놀이, 돌과 물 노래 부르기.

- 특정음의 예: ‘꿀벌의 여행’ 가사 중 ‘윙윙’ 부분에 악센트를 주어 벌이 날아다니는 모습을 생동감 있게 표현하고 있다.

꿀벌의 여행

이해별 작사 / 이준형 작곡

(94년 KBS 창작동요제, 금상, 인기상)

③ 활동예시

- 소리 탐색: 소나기와 가랑비 내릴 때의 소리를 들어 본다.
- 노래 부르기: 한 곡을 크게도 불러 보고, 작게도 불러 본다.
- 악기 다루기: 피아노를 세게, 작게 쳐 본다.

- 신체표현: 악어의 입이 크게 벌어지는 것을 몸으로 표현해 본다.
  달팽이가 집에서 나오는 것을 흉내 내어 본다.
- 음악감상: 라벨의 '볼레로'와 하이든의 '놀람 교향곡'을 들어 본다.
- 창작하기: 크다, 작다의 개념을 얼굴 표정으로 나타내 본다.

5. 멜로디, 화음

1) 멜로디(Melody)

① 정의

가락 또는 선율이라고도 불리며, 음의 높고 낮음(고저-음높이)과 음의 길고 짧음(장단-리듬)이 합쳐져서 연속적으로 흐르는 것을 말한다. 대체적으로 노래 선율에 연결지어 생각하곤 한다.

② 활동예시

- 소리 탐색: 주변 멜로디 소리를 들어 본다(휴대폰 벨소리, 오르골 소리 등).
- 노래 부르기: 동요를 따라 불러 본다. 멜로디 듣고 멜로디를 알아맞혀 본다.
- 악기 다루기: 실로폰이나 피아노로 연주해 본다.
- 신체표현: 동요를 들으며 움직여 본다.
  (앉았다 일어나기, 이동하기, 뛰거나 걸어다니기 등의 동작 활동)
- 음악 감상: 아는 동요를 들려주며, 멜로디를 선이나 막대로 그려 본다.

까
갈 나
기를 으러 바 로
고 잡 다

- 창작하기: 동요의 앞부분을 들려주고, 뒷부분은 자유스럽게 만들어 본다.

2) 화음(Chord)

① 정의

두 개 이상의 음높이가 다른 음들이 동시에 울리는 것을 의미한다. 고대 그리스어의 줄을 뜻하는 chorde에서 유래되었다. 화음에는 울림이 어울리는 협화음과 어울리지 않는 불협화음이 있으며, 장3도, 단 3도의 구성으로 된 협화음 외의 화음은 불협화음으로 구분된다. 현대에 와서는 협화음과 불협화음의 경계가 모호해지고 있으며, 폭넓게 사용되고 있다.

이러한 화음이 일정한 규칙에 의해 연결된 것을 화성(Harmony)이라고 한다. 영유아들이 복잡한 다성의 화음을 이해하기 어려우므로, 단순한 듀엣곡이나 아카펠라 곡으로 먼저 지도하는 것이 바람직하겠다.

② 활동예시

- 소리 탐색: 유아가 노래를 부를 때 교사가 피아노로 화음을 넣어주고 그 소리를 듣게 한다.
- 노래 부르기: 유아들끼리 다른 음을 소리내 본다.
- 악기 다루기: 핸드벨로 화음을 넣어 본다.
- 신체표현: 각자 계이름을 하나씩 맡아 교사가 들려주는 화음에 맞쳐 자신의 계이름이 나오면 일어나 본다.
- 음악감상: 트리오나 아카펠라를 감상한다.
- 창작하기: 협화음과 불협화음은 어떤 모습일지 표현해 본다.

③ 교사들을 위한 간략 조성 코드표

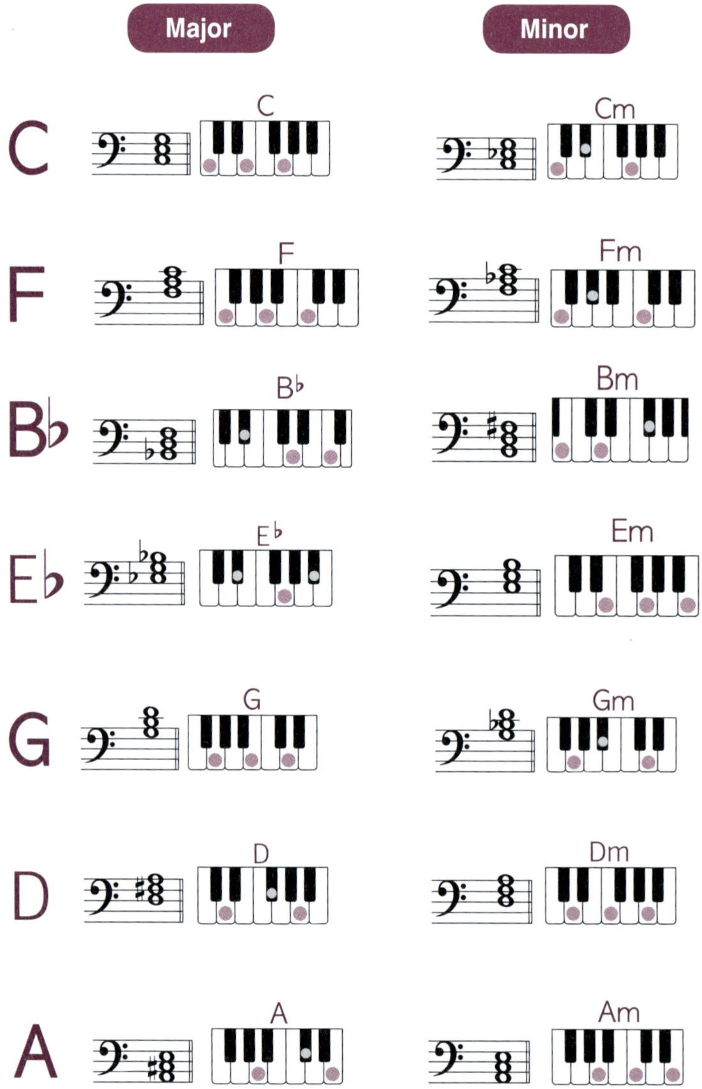

CHAPTER 3

영유아 음악교육의 발달단계

1. 영유아기 연령별 음악적 발단단계

1) 0세에서 2세미만까지 영유아를 위한 음악적 발달

(1) 0~1세까지 영유아의 음악적 발달 및 활동

영유아의 탄생은 삶의 시작인 동시에 세상 밖으로의 첫 출발을 의미한다. 새로운 생명의 탄생은 부모뿐 만아니라, 가족들에게 축복이고 기쁨이며 더할 나위 없는 즐거움으로 인식된다. 영유아가 본능적으로 반응하며, 엄마의 품에서 쌔근쌔근 잠들고, 엄마가 주는 모유를 먹고, 배변을 하며 지내는 것이 전부이지만 그 모든 반응과 움직임이 영유아의 발달을 의미하므로 아주 소중한 능력이 되는 것으로 본다. 영유아는 태어나기 이전에 이미 태내기부터 외부의 소리나 산모의 내부에서 나는 소리에 태동으로, 운동적인 반응을 나타냈고, 산모의 소리 또는 다른 외부의 소리를 듣고 태아의 움직임이 증가하거나 심장 박동이 증가하는 등의 반응을 나타낸다는 것을 산모라면 누구나 경험을 통해 알 수 있다. 또한 생후 1일이 되면 잠자고 먹고 싸는 일이 전부이지만 생후 2~3일이 되면 규칙적인 박과 불규칙적인 박을 구별할 수 있게 된다고 하며, 엄마의 규칙적인 심장박동도 느끼며, 엄마의 심장박동과 비슷한 소리에 규칙적인 박, 그리고 그렇지 못한 불규칙적인 박에 민감히 반응하면서, 리듬에 대한 감수성의 발달이 시작된다고 한다.

출생 후에는 부모 중에서 아버지의 목소리보다 태내에 있을 때 들어왔던 엄마의 목소리를 먼저 식별한다고 한다. 태어나서 7일이 된 영유아에게 발가락과 발바닥을 부드럽게 자극하면 감각 발달이 빠른 영유아인 경우에는 자극에 반응을 보이는 행동으로 발가락을 꼬물거린다거나 발가락을 오무리기도 한다. 이처럼 감각이 뛰어난 영유아는 음악을 할 수 있는 기반이 되며, 음악을 잘하기 마련이다.

생후 1개월이 되면 엄마의 목소리에 귀를 기울이며, 엄마의 목소리를 알기 시작한다. 또한 엄마의 어르는 소리나 노래 소리 등에 귀를 귀 울이며, 엄마 목소리의 특성을 감지한다. 음색에 대한 감수성도 예민해지며, 사람의 목소리와 자동차 소리, 문을 여는 소리 등의 주변환경 소리가 다른 것을 알고 구별하기 시작하며, 아름다운 악기 소리나 음악 소리도 주위의 환경 소리와 다름을 감지하기 시작한다.

출생에서 생후 2개월까지는 거의 수면 상태이므로 조용하며 의사 표현은 울음으로 한다. 자신의 소리에도 관심을 보이지 않는 시기이며 반사단계, 흡반사, 울음, 호흡, 수유, 두 손 들기, 두 발 차기 등에서 리듬감이나 강약을 경험한다. 그리고 부드러운 소리, 흔들어 주는 행동, 사람의 목소리에 안정되며 갑작스런 큰소리나 높은 음정의 소리에 불편해한다(김혜경, 2002). 그러므로 출생에서 생후2개월 된 영유아들의 음악적 활동으로는 아기 침대 곁에 작은 카세트를 놓아 부드러운 음악이나 자장가 같은 음악을 기악곡으로 된 것으로 골라 유아에게 들려준다. 계속 되풀이해서 들려주는 멜로디는 아기에게 편안함을 가져다 준다. 왜냐하면 그 음악은 자궁에 있을 때부터 들어온 음악이기 때문이다(재키 실버그, 2000).

생후 3개월에서 5개월에는 소리에 민감히 반응한다. 모든 소리에 민감하여 큰 소리, 작은 소리, 음악 소리, 시끄러운 소리, 동물 소리 등 소리에 대한 귀가 굉장히 예민해지며, 소리에 반응하는 속도가 빠르게 발전한다. 4개월이 지나면서 소리에 대한 예민감은 급속히 발전하여, 3개월 된 영유아와 5개월 된 영유아의 소리에 대한 감수성은 엄청난 차이가 생긴다. 시각과 청각을 연결시켜 소리가 나는 물체를 소리의 근원으로 알기 시작하는 시기로 시각적인 모빌이나 장난감 청각을 자극할 수 있는 딸랑이를 바라보면서 그것들이 소리의 근원임을 알기 시작한다.

생후 3개월이 지나면 어머니나 자신을 양육하는 사람의 목소리를 듣고 소리가 나는 쪽으로 고개를 돌리며 매우 편안해한다. 이처럼 음악은 온몸의 기관으로 받아들이고 반응을 일으키는 것이 전제된다. 그래서 음악에서는 감각 또는 감정을 중요시하게 되는데 그렇기 때문에 감각이나 감정이 뛰어난 영유아가 음악도 잘하기 마련이다. 이렇듯 인간은 태내기부터 소리를 민감하게 들을 수 있으며, 생의 초기부터 음악을 통해 자신의 의사를 표현하고 감정을 승화시키거나 타인과 감정을 교류하는 등 음악적으로 의사소통이 가능함을 알 수 있다. 또한 영유아는 본능적으로 움직이고, 흥얼거리고, 노래하고, 소리 만들기를 즐거워한다. 이러한 본능을 기반으로 올바른 지도와 적절한 환경 조성을 위해서는 유아의 발달 특징을 파악하고 그러한 발달이 음악 학습과 어떤 연관성이 있는가를 충분히 알아야 한다(심성경 · 이희자 · 이선경 · 김경의 · 이효숙 · 박주희, 2004).

생후 5에서 6개월이 되면, 음정을 모방하기 시작한다. 혼자서 옹알거리고 노래를 모방하던 유아가 이젠 뚜렷하게 음정이 있는 소리를 내기 시작한다. 즉 가락이 될 수 있는 음정을 내기 시작하는 것이다. 이때 엄마가 쉽고 뚜렷한 음정이 있는 노래를 불러 줄 경우 영유아는 한두 개의 음정을 모방할 수 있다. 또한 아는 노래와 모르는 노래를 구별한다. 이미 들어서 아는 노래와 처음 듣는 노래를 구별한다. 이때 새로운 노래가 흥미 있고 아름다울 경우 많은 관심과 귀를 기울인다. 서로 다른 리듬과 같은 리듬을 구별하면서 리듬에 대한 감수성이 높은 수준으로 발달하기 시작한다.

생후 6개월에서 7개월에는 소리의 음정을 구별한다. 음과 음 사이를 구별할 수 있는 능력이 단 3도 음정까지 구별할 수 있을 정도로 발달한다. 또한 노래를 부를 때 정확한 음정이 몇 개 나오기 시작한다. 감각적 근육운동이 더욱 발달되면서 주위의 여러 가지 물체를 가지고 소리를 만들기 시작한다. 리듬악기 등을 가지고 박을 쳐 보거나 음악을 만들기도 한다. 좋아하거나 싫어하는 음악이나 소리를 갖기 시작한다.

출생에서 1세까지의 영유아들에게 좋은 음악적 활동들은 다음과 같다.

- 첫째, 육성으로 노래 들려주기가 있다. 갓난아기들이 무엇보다 좋아하는 것은 어머니나 가까이 있는 사람들이 육성으로 부드럽게 불러 주는 노래 소리이다. 특히 어릴수록 1대 1로 접촉을 가지면서 노래를 불러주는 것이 좋다. 살포시 손을 잡고 조용히 흔들어 주거나, 손을 잡고 걸음마를 시키면서, 걷다가 쉬면서, 발을 쓰다듬어 주면서, 잠잘 때 등을 어루만져 주면서, 되도록이면 신체를 접촉시키면서 노래를 불러준다. 아기에게는 노래를 불러 주는 사람과 감정적인 유대가 중요하므로 정서가 불안하면 리듬도, 노래도 귀에 들어가지 않는다. 옛날부터 전해 내려오는 자장가나 손유희는 이런 점에서 훌륭한 것이라고 할 수 있다.

- 둘째, 음률 활동시키기이다. 첫돌 이전의 유아들도 음악이 들려오면 팔·다리를 바둥거리기도 하고, 앉은 채 엉덩이를 들썩거리기도 한다. 월령이 높은 유아들은 경쾌한 곡에 움직임으로 반응한다. 그러나 운동 기능의 발달이 아직은 충분하지 못하므로 단순한 움직임에 지나지 않는다. 예를 들면, 팔·다리를 흔들고, 손뼉치기, 돌아눕기 등이다. 이런 동작도 영유아 개개인이 멋대로 하고 싶은 대로 한다. 좋아하는 장난감을 잡으면서, 혹은 환호성을 지르면서 정적 동적으로, 있는 그대로를 표현한다. 이것도 교사가 함께 움직여서 보여주지 않으면 영유아가 자발적으로 즐기는 것이 무리일 것이다. 같이 움직이는 교사를 보고, 영유아가 조금씩 움직이면서 배운다. 영유아가 좋아하는 것은 반드시 성인들이 생각하는 '귀여운 동작'만이 아니다. 영유아들의 기분에 맞는 동작을 놀이에 섞어 가면서 영유아들 앞에 서서 동작으로 보여 주면 좋을 것이다.

- 셋째, 소리 내어 들려주기이다. 출생에서 1세 영유아는 소리가 나는 것, 자동으로 소리가 나는 것에 강한 흥미를 갖는다. 오르골이 멈췄다고 '아아' 소리를 지르면서 다시 소리를 내어 주도록 독촉하기도 한다. 소리가 나는 스피커 앞으로 다가간다. 물건을 두들겨서 소리가 난다는 것을 알면 이것저것 두들겨 댄다. 다만 결코 곡에

맞추어 두들기거나 악기로 취급하지 않는다. 두들기면(혹은 불면) 소리가 나는 장난감으로서 필요한 것이다. 이것도 교사나 부모가 노래나 CD 플레이어에 맞추어 자주 소리를 내어 들려줌으로써 영유아들도 악기로서의 사용법, 어떤 때에 어떠한 소리가 나게 되는지를 점차 인식하게 된다(이태영 · 황영자, 2003).

출생에서 1세 영유아들에게 음악 교육 시 유의할 점으로는 다음과 같다.

- 첫째, 강하고 큰 소리는 금물이다. 개월 수가 어릴수록 큰 소리를 무서워한다. 볼륨을 높이 올린 오디오를 갑자기 들려주면 놀라서 몸을 부들부들 떨게 된다. 또 육성이 좋다 해서 귀에 대고 소프라노를 뽑아대는 것도 역효과를 불러오는 행동이다. 첫돌이 지나서도 종이 마이크가 가까이 올 때마다 교사나 부모에게 안겨서 안정을 찾는 아기도 있는 경우가 있다. 그리고 영유아가 자기가 낸 소리에는 그렇게까지 놀라지 않으나 등 뒤에서 큰 북을 두들기면 놀란다. 영유아에게 소리를 들려줄 때에는 작은 소리부터 시작해서 흥미에 끌려오는 데 맞추어 전체에 전달될 수 있는 음량으로 해야 한다.

- 둘째, 음악에 대한 반응은 다양하게 나타날 수 있다. 한 가지 곡에 영유아 모두가 흥미를 나타내 주지 않으며 영유아들에게도 저마다 좋아하는 곡이 있다. 또한 영유아의 기분이나 신체의 상태에 따라서도 반응이 달라진다. 그렇기 때문에 영유아의 음악 학습은 자유로운 상상을 할 수 있도록 교사나 엄마의 일방적인 태도는 피하며 영유아들 나름대로 즐기는 곡, 좋아하는 노래를 들려주면서 영유아들마다의 취미를 인정해 주는 태도를 기본으로 해야 할 것이다.

- 셋째, 말소리도 듣고 있다. 말을 못하고 묵묵부답인 아기라도 리듬이나 멜로디만을 즐기고 있지는 않다. 교사나 엄마가 노래하는 입을 뚫어지게 보고 가사를 외우려고 한다. 그리고 교사나 엄마가 하는 말에 비슷한 발음을 해 보려고 한다. 그러므로 교사나 엄마가 불러 주는 노래도 확실한 발음으로 들려주는 것이 중요하다. 말을 배

우기 시작하는 시기, 사용하기 시작하는 시기의 유아들은 노래를 부를 때의 가사 말이나 발음에 주의 깊게 귀를 기울이는 일이 많기 때문이다.

- 넷째, 여러 번 들으면 들을수록 친숙해진다는 것이다. 영유아들이 좋아한다고 정평이 난 곡이라 하더라도 한 번 들어서 곧 즐거워하지 않는다. 처음에는 묘한 얼굴로 들으며 음악에 귀를 기울이지 않고 하던 놀이에만 빠져서 노는 영유아들도 있다. 그러나 좋아하지 않는 노래라도 반복해서 듣게 되면 친숙해져서 가사를 외워서 중얼거리기도 한다. 그렇기 때문에 영유아들이 귀 기울여 듣지 않는다고 억지로 영유아에게 강요하기 보다는 자주 들려줌으로써 영유아들의 귀에 익도록 하는 것이 좋다(이태영 · 황영자, 2003).

(2) 1~2세까지 영유아의 음악적 발달 및 활동

1세에서 2세까지 영유아를 위한 음악적 발달은 자발적으로 노래를 부르거나 흥얼거리며 노래를 부를 때 음정이 아주 좋아지기 시작한다. 박자와 상관없이 음악에 맞춰 몸을 흔들고 리듬악기나 가락악기 등을 울려대면서 뛰고 춤추며 노래할 수 있다. 성악곡과 기악곡 등을 구별할 줄 알며 소리에 대한 탐색이 끊이지 않아 온갖 물건을 끄집어내어 만지고 흔든다. 또한 어른들이 듣기에 영유아가 그냥 흥얼거리는 소리라도 영유아의 입장에서는 열심히 노래를 부르는 것일 수 있으므로 엄마가 옆에서 같이 따라 불러주면 좋다. 두드리며 놀 수 있는 놀이 도구를 마련해 주고, 탬버린, 작은 북, 캐스터네츠 등 리듬악기, 타악기 등이 서툴게 내는 소리라도 칭찬하고 격려해 주어야 한다. 또 전화기 뚜뚜거리는 소리, 변기 물 내리는 소리, 빗소리 등 다양한 소리를 들을 수 있도록 한다.

2) 2~3세까지의 영유아를 위한 음악적 발달

2~3세의 영유아는 2세 때에는 지적 영상이 형성된다. 즉, 주변 사물이나 사건에 대해 연관지어 생각하는 것이 발달됨을 의미한다. 예를 들어, 예전에 북을 친 경험이 있다면,

베게나 상자 등 다른 사물을 이용하여 북을 치는 모습을 흉내 낼 수 있는 것을 말한다.

또한, 이 시기에 영유아는 음악에 대해 좀 더 신체적으로 반응을 보이기 시작한다. 운동 기능의 발달로 재빨리 뛰거나 의자에서 뛰어내리고 계단을 오르기 시작한다. 근육의 움직임으로 박자에 따라 악기를 다루려 하는 힘이 세지며, 실로폰 같은 악기를 다룰 수 있게 된다. 음악에 있어서 2세는 노래 소리를 가다듬기 시작한다. 거의 근사하게 노래의 멜로디에 접근하며 놀이하면서 흥얼거림을 즐기며 노래를 부르기도 한다. 노래를 완전히 부르지는 못하지만 노래듣기를 즐기며 가족을 위해서 노래를 자발적으로 부르려고 한다. 자발적으로 노래는 더욱 길어지게 되며 음정을 조직화하는 경향이 나타난다. 또한 노래의 모양이 점차 일관성을 띠게 된다. 2세 유아는 그들 주위의 음악적 환경에서 접한 연속적인 음정들로 된 소리의 연결을 만들어내기 시작한다. 자발적 노래, 즉 능동적으로 창조해 내는 노래는 논리적인 음악적 진행으로 되어 있는데 놀이나 청각적 표현을 할 때 나타난다. 많은 영유아는 점차적으로 주위에서 들었던 노래를 자신의 노래에 혼합시켜 모방하게 된다.

2세에서 3세까지의 유아들의 자발적인 노래는 더욱 길어지게 되며 음정을 조직화하려는 경향이 나타난다. 노래의 모양이 점차 일관성을 띠게 되며 이 시기의 유아는 레코드와 악기에 흥미를 보이며 특별한 목적 없이 노래를 부른다. 또한 끝나는 느낌 없이 계속될 수도 있고 노래를 끝내는 지점도 마음대로 결정해 부르기도 한다. 전축이나 피아노, 벨, 실로폰 등을 사용하여 리듬이나 멜로디에 맞추어 흔들고 뛰기를 좋아하는 특징을 나타낼 수 있다. 2년 6개월이 되면 영유아들은 그들이 주위에서 들었던 노래의 부분들을 모방하기 시작한다. 어떤 선율의 한 개 내지 두 개의 악구를 다시 부를 수 있는 능력은 2세 이후에 나타나지만 이때에도 선율의 음높이는 일반적으로 불안정하다. 이 시기의 영유아들은 단 3도 하강하는 선율 유형을 즐겨 사용한다. 또한 음악 박자에 맞추어 움직이는 능력이 생겨 리듬에 맞추어 손뼉을 칠 수 있다, 걸음걸이의 리듬이 발달하면서 신체 협응력이 증가하고 리듬적 동작을 할 수 있는 능력이 생기므로 다양한 몸동작을 시도하려고 한다. 간단한 몇 가지의 노래를 부를 수도 있게 되며 박자에 맞추어 율동할 수 있는 능력이 향상된다. 트라이앵글을 비교적 어려움 없이 칠 수 있는 나이이기도 하며, 또한 손가락이 정교해지면서 피아노 건반을 가리킬 수 있고 피아노 연주 모습을 흉내 낼 수 있다. 주변에 물건을 통해 리듬, 강약, 속도를 만들며. 2~3세 아이들은 그동안 배운 운동이나 노래들을 좀 더 세련되게 개발해 나간다. 이 시기는 젖을 떼는 시기이므로 정신적으로도 차차 엄마의 보살핌과 보호에서 자기 의지로 할 수 있는 일은 스스로 하게 된다.

2세 영유아들은 자신의 생각과 느낌에 대한 자유로운 표현이 다양해진다. 점차 주변사물과 환경 및 자연에서 소리, 움직임, 형태, 색, 질감 등 예술적 요소들을 탐색하기 시작하고 즐겨 보거나 듣는다. 또한 신체, 운동적 기능이 발달하면서 영아 자신의 몸동작이나 모방 행동, 노래 등을 통해 자신의 느낌을 표현하고 단순한 미술활동을 즐긴다. 이러한 주변사물, 환경, 자연에서의 예술적 요소를 발견하고 느끼며 즐기는 경험을 통해 심미감 및 풍부한 감상을 발달해 가는 기초를 마련한다 (김명순 외, 2005).

2세가 된 대부분의 어린이들은 음악적 옹알이를 통해 나름대로의 노래들을 부를 수 있게 된다. 약 2세에서 그 이상의 어린이들은 이제까지의 경험과 어른들의 도움을 받아서 주위에서 그가 들을 수 있는 노래들을 배우기 시작한다. 처음에는 노랫말의 소리패턴을 주목하고 모방하다가, 그 다음에는 노랫말의 리듬패턴을 모방하기 시작한다(이병헌 외, 1996).

3) 만 3~5세 영유아를 위한 음악적 발달

3세가 되면 영유아는 단순한 절로 된 노래를 부를 수 있다. 음악의 박자에 맞추어 움직이려는 능력이 생기는데, 2~3도의 음역은 쉽게 부르며 점차 더 넓은 음역을 사용한다. 또한 음향기나 악기에 흥미를 보이고 몸의 움직임을 통해 큰 소리-작은 소리, 빠르게-느리게와 같은 음악요소를 개념화하기 시작한다. 놀이를 시작할 때 노래를 부르게 되며, 박자에 따라 악기를 다루려고 하고 동작을 창의적으로 자유롭게 표현하게 되며 몸의 움직임으로 음악을 표현할 수 있는 것이 특징이다.

4세경부터는 음역과 리듬의 능력이 향상되어 다양한 목소리로 노래를 부르는 것이 가능하나 아직 구체적인 음악적 개념을 인지하지 못하여 정확한 음정으로 부르기보다는 음악적 흐름에 의존하여 부른다. 그리고 음악적 흐름에 따라 더욱 다양한 신체적 동작을 표현할 수 있게 된다. 이 시기는 구체적인 음악 개념을 인지하지는 못하지만 음악적 개념이 형성되며, 자기 자신의 신체나 언어를 이용하여 음악을 창의적으로 표현하려 하는 것을 볼 수 있다.

5~6세경이 되면 성역이 확대되어 발성 기능도 갖추게 되는데, 음의 판별능력이 최상의 상태가 되어 음악 활동을 통해 음악적 능력도 확실하게 그 특징이 나타난다. 그리고 이때가 음악 적응 연령에 해당되며 음악적 능력의 발달을 꾀하기 위해서도 중요한 시기가 되는 것이다. 특히 리듬에 흥미를 나타낼 뿐만 아니라 셈여림과 음색, 빠르기를 구별할 수 있으며, 창의력이 왕성해지는 시기이다. 그러므로 소리나 물체의 움직임을 리듬으로 나타내려고 하고, 소리를 듣고 구별하는 놀이나 창의적인 표현 활동이 가능하게 된다.

유아들은 본능적으로 움직이고, 흥얼거리며 좋아하는 노래를 거듭해서 듣거나 따라 부르기를 매우 좋아한다. 또한 악기의 반주에 맞추어서 노래를 부르기도 하며, 장단을 맞추거나 몸을 움직인다. 이러한 활동을 통해서 음악의 형태, 박자, 속도 등을 알게 되고, 사물의 뜻과 감정, 인간 관계 등을 배움으로써 인격을 형성하는 첫걸음을 걷게 된다. 그러나 영유아 자신은 이러한 음악적 가치를 생각하고 활동하는 것이 아니라 자연스럽게 생활 속에서 흥미를 나타내 보인다(윤인숙, 2005, 재인용).

따라서 영유아의 음악지도는 영유아의 음악적 성장을 도우려는 의도에서 계획되고 진행되어야 하며 다양한 음악교육을 펼쳐서 유아의 창의력. 상상력. 표현력 등이 길러질 수 있도록 지도해야 한다.

2. 영유아기 음악적 요소별 특징 표현

영유아 음익교육의 특징적인 표현은 각 영유아의 개인차에 따라 많이 다르다. 영유아 음악교육의 특징적인 표현들은 리듬발달, 음정 및 음역발달, 악기 다루기 발달에 대한 표현이 개인차에 따라 다르므로 일반적인 특징적 표현들을 살펴보고자 한다.

1) 영유아의 리듬 발달

연령	발달적 기능
1세 미만	• 리드미컬 하게 몸을 옆으로 흔든다. 위로 뛰듯이 흔든다.
1~2세	• 옹알이를 불규칙적인 리듬패턴으로 나타낸다.
2세	• 노래를 규칙적인 리듬패턴으로 자발적으로 부른다.
3세	• 노래를 반복되는 리듬패턴으로 자발적으로 부른다.
4~5세	• 규칙적인 리듬에 맞추어 발가락으로 박자를 맞춘다.
6~7세	• 빠르고 느리고 길고 짧은 것을 구별한다. • 노래를 빠르고 느리게 부를 수 있다. • 4분음표, 8분음표, 2분음표 박자를 연주하고 읽고 쓸 수 있다.

2) 영유아의 음정 및 음역 발달

연령	발달적 기능
1세 미만	• 옹알이를 모음과 자음으로 발성화한다.
1~2세	• 불규칙한 리듬패턴으로 옹알이를 한다. • 프레이즈의 흐름을 모방하지만 분명한 음정을 나타내지는 못한다.
2세	• 프레이즈를 확장하여 옹알이를 한다. • 2, 3도의 좁은 음정으로 옹알이를 한다. • 때때로 곡의 음정을 정확하게 낸다.
3세	• 정확한 음정과 반복되는 리듬 가락 패턴으로 노래를 만들어 낸다. • 오랫동안 불리던 유아용 찬트 등을 부른다.
4~5세	• 말하는 목소리와 노래하는 목소리를 구별할 수 있다. • 곡을 변화시켜 부를 수 있다(부드럽게, 가볍게, 소리 지르기 등). • 두 옥타브의 음역을 부를 수 있다. • '레~라'의 다섯 음역 내에서 노래 부른다.
6~7세	• '레~시'의 음역에서 노래 부른다. • 가르쳐 주면 두성발성법을 할 수 있다. • 음정을 조절할 수 있다.

3) 영유아의 악기 다루기 발달

연령	음악-동작 발달	악기 다루기 발달적 기능
2세 미만	• 흔들기 • 리듬에 맞추어 흔들기 • 끄덕이기 • 쥐기	• 종을 흔들어 딸랑딸랑 소리내기 • 흔들어서 덜걱덜걱 소리내기
2~3세	• 규칙적인 리듬을 짧은 시간 동안 내기	• 손으로 북 두드리기 • 막대기 두드리기
3~4세	• 규칙적인 리듬을 긴 시간 동안 내기 • 박자에 대한 민감성 • 리듬감 있게 팔 흔들기	• 타악기 두드리기 • 막대기 문지르기 • 자루로 나무벽돌 치기 • 모래종이 벽돌 문지르기 • 탬버린 흔들기, 치기 • 귀로 문지르기 • 마라카스 흔들기 • 징 치기 • 방울 흔들기
5~6세	• 박자 유지 • 손 교체 • 초보적인 눈과 손의 협응	• 핑거심벌 서로 부딪치기 • 손으로 봉고 치기 • 팀파니 치기 • 심벌즈 치기 • 트라이앵글 치기 • 한 손으로 키보드 치기

출처 : Campbell & Scott-Kassner(1995). Music in childhood. p. 219.

CHAPTER 4

영유아 음악교수법

1. Dalcroze 음악 교수법

신체의 움직임과 음악의 관계

1) Dalcroze 생애(1865~1950)

(출처: 위키백과)

스위스의 작곡가이자, 음악가이며 교육가인 Dalcroze는 동작(움직임)을 통한 음악지도 교육을 강조한 유리드믹스의 창시자이다.

그는 1865년 오스트리아 빈에서 태어났다. 음악교사였던 어머니의 영향으로 어릴 적부터 음악적 환경에서 자라나게 된다. 그의 어머니는 경험을 통한 교육을 주장한 페스탈로치(Pestalozzi, 1746~1827)에게서 교육을 받았는데, 이것은 Dalcroze의 교육적 원리의 기반을 형성하는 데 큰 영향을 미치게 되었다.

1875년 스위스의 제네바로 가족이 이주하여, 제네바대학에서 공부를, 1884년부터는 파리에서 음악 공부를 하며, 당시 유명한 음악가인 Lussy(1828~1910), Faure 등에게서 사사를 받았다. 1886년 프랑스 영향 아래 있었던 북아프리카 알제리의 누보 극장(Theatre des Nouveaux) 지휘자로 부임하여 열정적으로 일하였고, 그 곳에서 아랍의 불규칙하고 원시적인 리듬은 훗날 그의 리듬교수법인 유리드믹스에 영향을 끼치게 된다.

1892년부터는 스위스 제네바 음악원 교수로 학생들에게 화성학(Harmony)과 솔페이즈(Solfege)를 가르쳤는데, 기술적 요소에 치중되어 있는 현 교육의 실정과 리듬감과 음악표현에 어려워하는 학생들의 문제점을 관찰하게 되었고, 그로부터 그만의 음악교수법이 탄생하게 되었다. 1905년 솔로던 뮤직 페스티발에서 그의 교수법이 소개되어, 1911년 독일 드레스덴 근교 헬러라우(Hellerau)에 학교설립을 제안받게 된다. 1914년까지 일하면서 그의 지도법은 세계 각지로 퍼져나갔으나, 제1차 세계대전 이후, 학교가 폐쇄되어 다시 고국으로 돌아와 제네바 연구소를 설립하게 되었다. 그는 음악교육 발전에 힘쓰다가 85세의 나이로 1950년에 생을 마감하였으나, 그의 리듬교육법인 유리드믹스는 현대까지 많은 지지를 얻고 있다.

2) 발생배경

Dalcroze는 학생들을 지도하면서 여러 문제점을 발견하게 되었다.

현 음악교육이 음악이론이나 기보법들을 소리나 움직임, 감정을 표현하기 위해 가르치기보다는 관념적, 이론적으로 학습되고 있었기 때문이다. 따라서 학생들이 음악적으로 이해하기보다는 기계적인 습득에 머물게 되어, 음악적 감수성이 충분히 교육되지 못하였다. 생동감 있는 리듬 표현이 서툴거나, 테크닉적으로 훌륭한 연주임에도 음악적 표현에는 미숙하였던 것이다. 전공자임에도 불구하고 단순한 멜로디 선율이나 화성진행을 만들지 못하였고, 그 변화를 들을 수조차 없었다. 그리하여 그는 학생들이 자유롭게 자신의 감정을 표현하고, 그것을 표현하기 위한 기술을 향상시키고자 애썼다. 이러한 문제점을 해결하기 위해 Dalcroze의 신체를 통한 음악교육이론이 발생하게 되었다. 이는 몸과 마음이 하나로 연결되어 조화로운 발달을 이룩하고자 한 것이다.

3) 교육목적 및 철학

신체적 표현을 통해 자신의 감정을 살펴보고 표현하게 하는 것이 음악의 목적이라고 Dalcroze는 주장하였다. 그리하여 온몸으로 음악을 느끼고 표현하는 것을 강조하고 있다.

이는 문제의 원인과 해결 방안을 찾으려는 그의 시도에서 시작되었으며, 음악의 원천이 무엇인가에 대한 질문으로 파생한 결과였다. 즉, 음악의 원천이 인간의 감정(emotions)이며, 몸의 각 부분에서는 감정을 감지(sense)하고, 여러 가지 몸짓 및 움직임으로 감정을 표현하게 되는데 이는 동작을 통해 나타난다고 말하고 있다(이홍수, 1990). 따라서 Dalcroze는 음악표현을 하기 위하여 제일 먼저 인간의 몸 전체를 훈련해야 된다고 주장하였다.

또한, 그는 청음감각과 신체반응의 결합으로 음악적 능력이 창출된다고 보았다. 음악의 요소 중 특히, 리듬(Rhythm)과 셈여림은(Dynamic) 신체동작과 밀접하게 관련이 있다고 여겼으며, 다양한 음악적 경험은 리듬부터 시작하여야 한다고 생각하였다.

그의 음악적 철학을 요약하면 다음과 같다.

- 음악은 이론적이기보다는 감각적으로 교육되어야 한다.
- 신체를 통한 통합적 교육과 표현을 중요시하였다.
  - 음악적 기본 개념들은 신체를 통해 가르치고, 표현되는 것이 좋다.
  - 음악적 생각이나 느낌은 신체를 통해 표현되어야 한다.
- 청음 훈련이 모든 학습에 있어 우선으로 행해져야 한다.
- 음악적 교육은 단계적으로 이루어져야 한다. 리듬공부와 청음 훈련의 과정 후에 악기에 대한 공부를 하는 것이 좋다.

- 영유아의 개별성과 독창성을 중시하여야 한다.
- 신체 모든 부분이 감각 기관이므로 이들 발달을 도모하여야 한다. 특히, 근운동 감각(kinesthrtic, 신체와 정신 사이에 전달하는 역할을 하는 감각으로, 신체의 움직임과 음악을 연결시키는 중요한 기능이다)은 음악과 관련된 중요한 감각으로 이를 음악과 연계하여 훈련해야 한다.

4) 교육내용

Dalcroze의 교수법은 세 가지 중요한 요소-유리드믹스, 솔페이지, 즉흥연주-로 구성되어 있다.

(1) 유리드믹스

유리드믹스는 그리스어로 좋은 리듬을 뜻한다. 이는 '좋다'는 뜻의 'eu'와 '흐르다'는 뜻의 'rhythmos'가 합쳐진 단어이다. 이와 같이 유리드믹스는 근본적으로 '좋은 흐름'을 갖는 것을 목적으로 하고 있다.

Dalcroze는 영유아들이 음악에 맞춰 자연스럽게 움직이는 것을 보고, 음악에 맞는 움직임이 각기 존재한다는 것에 착안하게 되었다. 그리고 좋은 리듬을 가지게 하기 위하여 음악과 몸동작의 상호작용에 대해 연구하기 시작하였다. 마침내 신체 움직임을 통해 음악을 표현하며, 음악적 개념을 몸소 체득하게 하는 교육법을 주장하게 된다.

① 효과

- 신체 조절능력의 신장

영유아들은 음악을 듣고 전체 몸을 움직이거나 손뼉치고 발을 구르는 등의 활동을 하면서 자신 스스로 움직임을 조절하는 능력을 신장시킬 수 있다. 어린 영유아들은 처음에는 통제하는 능력이 어려우므로 나이와 연령별 신체특성에 적절한 신체활동을 지도시키는 것이 필요하다. 예를 들면, 유아들에게 몸 전체를 움직이는 활동에서 시작하여, 나중에 손뼉을 치는 등의 점차적으로 세세하게 발전시켜야 한다.

● 청음능력과 창의성의 향상

자신이 들었던 내용을 표현해 내는 과정 속에서 '청음' 능력이 향상되고, 이런 지속적인 훈련은 신체적 조화와 함께 창의적인 표현을 이끌어 낸다.

음악을 듣고 반응하는 것. 이것은 보이지 않는 소리를 보이는 소리로 만들어 내는 경험을 가능하게 해 준다. 또한 음악에 실어 자유롭게 몸으로 표현해 보는 활동을 통해서 자신의 생각과 의지를 나타내는 계기를 마련해 준다. 반복적으로 시행하면서 그들의 창의성이 더욱 확장되고 계발된다. 이에 그들의 정신적 자기 조절능력과 표현력 또한 증진된다.

● 사회성 함양

유리드믹스는 개개인으로 진행할 수 있지만, 그룹 활동으로 진행되기도 한다. 함께 신체활동을 하면서 서로 영향을 주고받게 되는데, 이런 활동 속에서 영유아들의 자연스런 사회성 발달도 꾀할 수 있다.

② 동작유형

유리드믹스에 사용되는 동작유형을 이동과 비이동 동작으로 나누어 정리하면 다음과 같다.

이동 동작	제자리동작
걷기, 뛰기, 기어다니기, 뛰어넘기, 미끄러지기, 빨리뛰기, 깡충뛰기, 짝발뛰기	손뼉치기, 흔들기, 돌기, 지휘하기, 구부리기, 이야기하기, 노래하기

③ 학습할 리듬요소

유리드믹스에서 학습해야 할 리듬요소는 34가지 항목이 있다(유은석, 2008).

1	시간, 공간, 힘, 무게, 균형, 유동성의 관계	18	확장
2	규칙적인 박	19	리듬의 대위법
3	빠르기(Tempo)	20	당김음
4	변화하는 빠르기(accel./ rit.)	21	반주가 있는 단선율
5	강약(Dynamic)	22	대위적 형식
6	변화는 강약(cresc. / decresc.)	23	캐논
7	아티큘레이션	24	푸가
8	악센트	25	부가리듬
9	박자	26	불평등 박자(unequal measure)
10	쉼표	27	불평등 박(unequal beat)
11	음의 지속	28	불평등 박자와 불평등 박
12	음의 분할	29	복합 박자
13	패턴	30	복합 리듬
14	고유의 박(intrinsic beat)	31	헤미올라
15	악절(phrase)	32	리듬적 변화
16	단선율 형식	33	12음 나누기
17	축소	34	루바토

④ 활동 예시방법

위에 열거한 학습해야 될 리듬요소와 그 외의 음악적 요소들을 실제 적용하여 영유아들과 함께 해볼 수 있는 유리드믹스의 방법은 다음과 같다.

음악개념	동작표현의 예
빠르기	• 음악의 속도에 맞춰 걷거나 뛰기 동작을 해 본다. (Allegro 빠른 걸음으로, Adagio 느린 걸음으로)
셈여림	• 동작을 크게 하면서 세게, 동작을 작게 하면서 작다는 표현을 할 수 있다. • 변화에 따른 셈여림은 걷기에서 달리기로 해 본다. • 가랑비에서 폭풍우까지 다양한 비의 형태를 몸으로 표현해 본다.
프레이징	• 프레이즈가 새로 시작할 때, 진행하던 방향을 반대로 돌리거나 새로운 동작을 해 본다.
아티큘레이션	• 레카토는 미끄러지기, 스타카토는 제자리에서 뛰기 동작을 해 본다
악센트	• 악센트는 걷는 도중 세게 손뼉을 치거나 발을 구른다.
리듬패턴	• 4분음표(♩)는 무릎 한 번, 8분음표 2개는(♪♪)는 손뼉 두 번치는 활동으로 표현하여 패턴을 몸으로 익혀 본다.
음길이	• 온음표는 천천히 걷고, 4분음표는 보통걷기, 8분음표는 빠르게 걷기의 방식으로 해 본다.
음높이	• 높은 음은 서고, 낮은 음은 웅크리고 앉는 동작을 해 본다 • 음의 상행, 하행은 전진과 후진으로 표현하거나 높이가 다른 신체부위(머리, 어깨, 발)를 가리켜 본다.

(2) 솔페이지(Solfege)

솔페이지는 계이름으로 노래 부르는 것을 말한다. Dalcroze는 Kodály의 이동도법과는 달리 고정도법(fixed-do)을 권장하였다. 고정도법이란 조에 관계없이 C음을 항상 도로 읽는 방법으로 절대음감 확립에 도움이 된다. 그는 솔페이지를 통해서 음의 고저를 파악하는 데 도움이 된다고 여겼다. 처음에는 높이의 차이가 많이 나는 두 음을 가지고 한 후에 점차 음역을 좁혀서 학습한다.

또한, 내청(inner hearing)과 음형(tonal pattern)이 발달되므로 기보법을 배우기 전에 솔페이지 활동이 선행되어야 한다고 주장하였다. 이 내청능력이란 내면에서 들을 수 있는 능력, 즉 마음 속에서 음을 상상하는 능력을 말한다. 노래 도중에 몇 마디는 소리 내어 부르고 몇 마디는 마음속으로 소리 없이 불러 보는 연습을 해 봄으로써 향상시킬 수 있다.

그가 얘기한 음악 학습의 과정은 먼저 음악을 듣고 몸으로 반응하며 소리를 내는 등의 활동을 한 후에 악보 읽기를 해야 된다는 것이다. 그는 악보 읽는 능력보다는 신체적 표현방법에 더 많은 의미를 부여하고 있지만, 악보 읽는 능력도 중요하기에 악보읽기를 위한 5가지 지도단계를 설명하고 있다. 유아를 위한 악보읽기는 어디까지나 1단계까지가 유용하며, 1단계에서는 한 줄 악보와 이후에 두 줄 악보를 사용하고 있다.

이렇게 솔페이지 활동에는 한 줄, 두 줄 악보나, 손동작을 통한 계이름 익히기 방법 등이 사용되고 있다.

① 악보읽기

한 줄 선을 미라고 하면 '미–파–미–레–미'로 표현할 수 있다. 두 줄 악보에서 선을 미, 도라고 정하면, '파–미–레–도–시'로 읽을 수 있다. 이런 방법으로 점차 오선으로 확장시킨다.

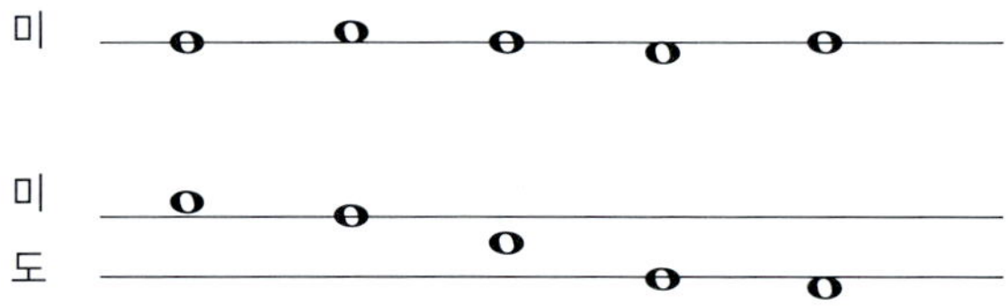

② 손동작으로 읽기

	도	레	미	파
방법 I	무릎 	무릎 위 	배꼽 	가슴 
방법 II	차렷 	조 	금 	씩 
	솔	라	시	도
방법 I	가슴 위 	눈 	머리 	만세 
방법 II	벌 	리 	기 	만세 

출처: 성하연(2014), 논문 재인용함(원출처: 홍성애(2007), 현대음악 교수법에 관한 연구.

(3) 즉흥연주

창의성을 심어주기 위한 통합적 교육방법으로, 교사는 영유아들을 교육시킬 때 지식적이기보다는 음악적 충동을 충분히 끌어내어 주는 것이 좋다. 즉흥연주의 지도에서는 움직임, 말, 이야기, 노래, 타악기, 현악기 등의 여러 악기 등이 사용된다. 이들은 각각 사용되기도 하며, 한 번에 여러 가지 사용되기도 한다. 이 중에서 가장 많이 사용되는 악기는 피아노이다. 이러한 이유는 피아노가 음역이 넓고 소리가 다양하며, 자신의 음악적 의도를 표출하는 데 가장 쉽게 접근할 수 있기 때문이다. 예를 들면, 교사가 피아노로 말을 달리는 모습을 즉흥적으로 연주하고 유아들은 그 음악에 따라 자유롭게 신체적인 표현을 할 수 있다. 교사가 한 유아에게 자신의 오른쪽의 높은 건반으로 날아가는 새의 움직임을 나타내게 한다. 또한, 다른 한 유아에게 왼쪽의 낮은 건반들로 사자의 움직임을 나타내게 한다. 또한, 다른 한 유아에게 왼쪽의 낮은 건반들로 사자의 움직임을 소리 내도록 권함으로써 교사의 즉흥음악과 자연스럽게 어우러지는 음악을 만들도록 이끌 수 있다(이홍수, 1990).

이때에 교사들의 역할이 매우 중요하다. 교사들은 그들에게 아낌없는 격려와 최대한의 자유를 주어야 하며, 음악적 창작 재료를 마련해 주도록 하여야 한다. 음악이 잘 진행되도록 유도하고, 연주 후에는 적절한 피드백을 통해 개념을 올바르게 인식할 수 있도록 도와주어야 한다.

<즉흥 연주의 예>

- 동물의 울음소리를 피아노나 신체로 표현해 본다.
- 교사가 간단한 노래 멜로디를 부르고, 그 다음 부분을 영유아가 창작해서 불러 본다.
- 교사가 반주 부분을 담당하고, 학생이 즉흥적으로 화성 안에 어울리는 노래를 불러 본다.

5) Dalcroze 교수법을 이용한 유아음악 교육활동의 예

- 강약(다이나믹)개념학습(심성경, 2005)

① 이름 소개 노래를 함께 부른다.

② 교사가 먼저 자신의 이름을 소개한다. 이때 큰 소리, 작은 소리, 크고 작은 소리, 작고 큰 소리 등 강약을 변화시켜 시범을 보인다.

③ 유아들은 돌아가며 교사가 보인 강약과 똑같이 자신의 이름을 소개한다.

④ 교사는 유아들의 차례가 다 될 때까지 다양한 강약으로 수업을 이끈다.

⑤ 유아들의 이름소개에서 강약의 표현이 자유로워지면 '우리 모두 다같이' 노래의 손뼉치기에서 강약의 변화를 신체표현과 함께 연결시켜 줄 수 있다.

⑥ 같은 방법으로 '겨울바람' 노래의 '꽁' 부분도 강약의 개념을 이끌어 줄 수 있다.

2. Kodály 음악교수법

음악은 모든 사람의 것

1) Kodály 생애(1982~1967)

(출처: 네이버 지식백과)

헝가리의 작곡가이자, 민족주의자, 교육가, 또 언어학자인 Kodály는 음악적 재능을 가진 부모 아래 1982년 태어났다. 문학과 언어에도 재능을 나타냈던 그는, 부다페스트대에서 헝가리어와 독일어를 수학하였고, 음악원에서는 작곡을 공부하였다. 그의 나이 23세인 1905년부터 Bartok과 함께 헝가리 민요를 수집하면서 민속음악에 대한 많은 연구를 하게 된다. 그리하여 『노래와 반주를 위한 헝가리 민요(*Rosalvolgy es Tarasa Budapest*)』를 발표하였다. 이것이 그의 음악교육 분야에 지대한 영향을 끼치게 되고, 그 체계가 확립하는 시초가 되었다. 또한 1906년에 있었던Debussy와의 만남은 그가 인상주의 기법을 접하게 되는 기회가 되었다. 1907년 부다페스트 음악원 교수가 되어 음악이론과 작곡을 가르쳤고, 1917년에서 1919년까지는 음악평론가로서도 활동하게 된다. 1927년 영국 방문 시 Curwen의 계명창법에 감명을 받아 자신만의 지도법을 출시하였는데, 이 시기에 진행된 도시화와 산업화에서 민족의 예술 전통을 지켜나가는 것이 중요하다고 여겨, 그의 유아음악에 대한 관심은 『Kodály합창곡 전집(Kodály *choral series*)』을 비롯한 많은 어린이에 대한 음악교재를 쓰는 등 활발한 활동으로 이어지게 되었다. Kodály는 헝가리의 그의 교수법이 세계음악교육자협회에 소개되어지면서 1964년에 명예총재의 자리에까지 이르게 되었으며, 헤더상(The Herder prize)을 수상하게 되었다. 그의 민요들을 모은 것으로는 『헝가리 민족음악』(1913년)과 『헝가리 민속음악대전(*Corpus Musicae Popularis Hungaricae*』(1951년)이 있다.

2) 발생배경

독일 지배로 인해 헝가리의 음악이 독일화되어 가고, 민족음악이 자리 잡지 못하고 있는 현실에 대해 Kodály는 문제가 있음을 인식하기 시작하였다. 또한 학교 음악교육이 질적으로 낮은 상태임을 깨닫기 시작하면서 음악교육에 관심을 쏟기 시작하였다. 이는 음악교재가 독일 음악적이며, 학생들이 민족음악에 대해 거의 모르고 있고, 음악지도의 내용이 부실하기 때문이다. 따라서 훌륭한 교사가 훌륭한 교재를 사용하여 음악을 교육하여야 함을 강조하였다.

3) 교육목적 및 철학

Kodály는 모든 국민의 음악적 교양을 향상시키고자 "모든 사람은 음악교육을 받아야 한다."고 주장하였다. 이는 글을 모르는 문맹인이 인류 문명을 이해하기 힘들듯이, 음을 읽지 못하는 상태에서는 진정으로 음악을 이해할 수 없다고 생각하였다. 그리하여 모든 이가 음악 교육을 통해 음악성을 개발하고, 음악을 즐김으로 풍요로운 삶을 영위하길 바랐고, 그것에 목적을 두었다.

특히 영유아 시기가 중요하며 이 시기에 신체적, 음악적 성장단계를 고려하여 적절한 시기에 다양한 음악적 기회와 요소를 제공해 주어야 한다고 하였다. 그 중에서도 학생들이 자연스러운 목소리로 노래할 때 교육효과가 배가 됨을 발견하여 노래부분에 중점을 두어 교육하였다.

그는 다음과 같은 교육적 내용에 힘썼는데, 요약하면 다음과 같다.

- 신체동작, 노래 부르기, 게임하기 등을 통해 리듬감각을 기르고, 듣고 부르기와 악보 보고 부르기를 통해 가락감각을 기른다.

- 독보와 기보능력을 기르고 마음속으로 노래 부르기를 통해 내청능력(inner hearing ability)를 기른다.
- 가락을 즉흥적으로 만들어 표현하는 능력을 기른다.
- 음악 작품을 감상, 연주, 분석함으로써 음악을 이해하는 마음을 갖도록 한다.

또한, 그의 교육적 철학은 다음 8가지로 정리해 볼 수 있다.

- 음악은 모든 사람의 것이다.

  음악은 선택된 소수 상류계층의 것이 아니라 모든 사람이 음악을 즐기고 공유할 수 있어야 한다. 다시 말해 음악은 모든 어린이의 것이다.

- 음악은 참여를 통해 경험되어야 한다.

  음악은 삶 자체가 되어야 하며, 적극적인 참여가 음악의 이해와 공감을 이끈다. 노래 부르기에서 다음과 같은 행동을 살펴볼 수 있는데, 그것은 아이들이 노래를 부르면서 자연스럽게 음악에 맞춰 몸을 움직인다는 것이다. 이렇게 음악과 신체 동작 간의 긴밀한 연관성을 노래 속에서 발견하게 된다. 그들은 노래를 부르면서 신체를 움직임으로 음악적 감정을 몸소 적극적으로 표출하는 것이다.

- 조기교육이 필요하다.

  음악지도는 어릴 때부터 시작해야 한다. 3~7세까지는 음악교육에서 가장 중요한 기간으로 다른 어떤 분야보다 음악교육에서 필요하다.

- 모국어를 배우듯이 익혀야 한다.

  우리는 어머니가 하는 말을 듣고 따라하면서 언어를 배우게 된다. 음악을 배우는 과정도 이와 마찬가지로 같다. 우리의 문화와 생각, 풍습이 그대로 깃든 민요를 배우고 익힘으로써 자연스럽게 음악을 익히게 된다.

- **노래 부르기로 시작해야 한다.**

노래 부르기는 유아들의 본능적 언어이며, 노래 부르고 싶다는 것은 자연스러운 욕구로, 노래 부르기는 음악적 표현의 수단이며 감성적 지적 발달을 촉진한다. 음악지도에서 함께 노래 부르기를 독창보다도 강조하였다.

- **일상생활의 일과로 경험되어야 한다.**

음악은 삶이다. 매일같이 음악을 배움으로써 자극을 받아 더 쉽게 잘 배울 수 있다. 음악 교육의 지속성이 필요하다.

- **민요로 되어 있는 교재를 사용하며, 질 좋은 음악으로 행해져야 한다.**

민속적 음악은 짧은 형식, 5음 음계(pentatonic style), 간단한 언어가 사용되므로, 효율적으로 교육할 수 있기에 민족음악으로 교육시키는 것이 좋다. 더욱이 영유아들은 어머니가 하는 것을 따라하면서 배우게 되는데, 어머니가 부르는 민요를 자연스럽게 모방하면서 음악을 배우게 된다. 민요는 가히 음악적 모국어라 할 수 있다. 또한 더 나아가 민요를 통해 형식과 음악적 문화유산을 이해할 수 있다.

어릴 때부터 질 높은 음악을 접해야 성인이 되어서도 좋은 음악을 계속 접한다. 따라서 질 높은 악곡을 음악학습의 교재로 선정해야 한다. 그리고 노래와 연습곡을 만드는 데 많은 시간을 투자해야 한다.

- **훌륭한 교사에 의해 가르쳐져야 한다.**

바르게 교육받은 훌륭한 교사에 의해 가르쳐져야 한다. 어린이를 존중하고 관심을 가지고 대하며, 그들의 음악적 능력을 최대한 상상시켜 줌으로써 전인적인 성장에 도움을 주어야 한다. 또한 교사의 질적 향상이 필요하다.

4) 교육방법

그의 교육내용은 크게 리듬과 노래에 대한 연구로 살펴볼 수 있다. 그는 리듬을 위해 리듬음절이라는 그만의 독창적인 방법을 사용하고 있으며, 노래지도 시에는 이동도법, 손기호를 사용하고 있다.

(1) 리듬 지도

Dalcroze는 소리를 몸으로 표현하는 소리의 시각화를 주장하였는데, 이에 더 나아가 Kodály는 "들을 수 있는 것은 볼 수 있어야 하고, 볼 수 있는 것은 들을 수 있어야 한다."고 주장하면서 리듬의 시각화를 형상화하였다.

초반에는 신체동작을 통해 박에 대한 감각을 몸 전체로 느끼도록 해 주는 것에서부터 시작하고 있다. 영유아들과 초등학교 저학년 아동에게는 찬팅(chanting)[1], 손뼉치기, 걷기 등을 통해 박자감각을 익히도록 하였고, 이를 위해 박을 나타낸 그림으로 학습시키면 효과적이다.

이후에 유아들의 연령에 따라 그림의 크기로 음의 길이를 암시하는 방법을 적용하고 있다. 6세경에는 3음으로 된 노래를 배우면서 악보읽기를 시작할 수 있는데, 이때의 악보는 기둥과 기(旗)만으로 되어 있는 단순한 악보를 권장한다.

리차즈(Mary Helen Richards)의 그림을 보면 이해하기 좋다.

1) 찬팅은 3음계의 음(솔, 미, 라)으로 구성되어 있어서 어린 아이들 지도에 좋다.

<일정한 박>

<4분 음표와 쉼표>

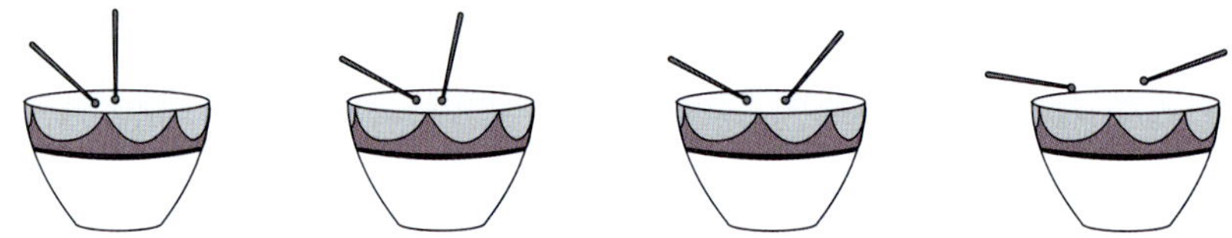

<8분음표>

<리듬꼴>

출처: 임미경(2004), 음악교육의 이론과 실제.

① 기둥악보

기보훈련으로 리듬은 머리를 생략하여 기둥만 표시하고, 음높이는 기둥 밑에 계이름 첫 글자를 표시한 것을 말한다. 리듬을 처음 배울 때, 머리가 없고 기둥만 있는 이 기둥 악보를 사용하여 읽는다.

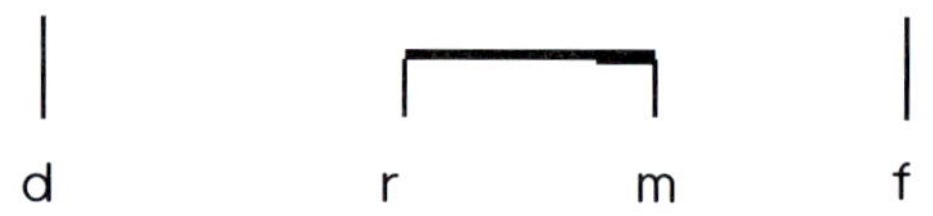

옥타브 위의 음들은 글짜 오른쪽 위에 '를', 옥타브 아래음은 오른쪽 아래에 '를' 붙인다.

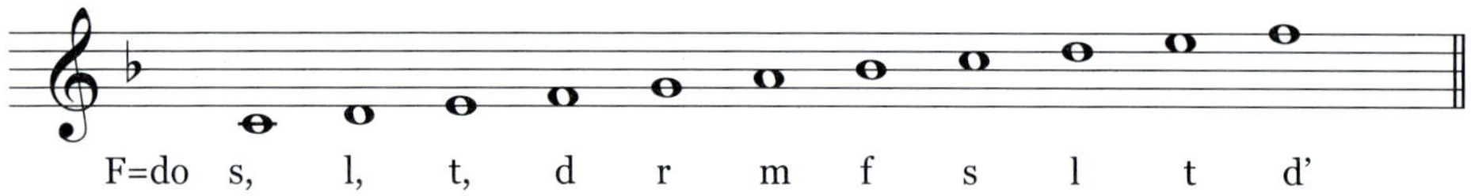

② 리듬음절(Rhythm syllables)

Kodály 리듬음절 교육법은 19세기의 프랑스 이론가 슈베(Emile-Joseph Chêvé)의 리듬 음절에서 따온 것으로, 이 리듬음절들을 보고 읽을 때나 리듬을 교육하는 데 사용된다. 음가에 따라 이름을 주어 읽는 방법으로, 각각의 음절은 그들의 길이를 나타내고 있다.

리듬(음표)	4분음표	8분	2분음표	점2분	온음표	16분음표
리듬음절	ta	ti–ti	ta–a	ta–a–a	ta–a–a–a	ti–ri

(2) 노래 지도

① 이동도법 (Movable-do solfege)에 의한 계명창법(Solmization)

Kodály는 시창 시에 이동도법을 사용하였는데, 이것은 절대 음과는 달리 조성에 따라 음높이가 달라지는 것이다(Dalcroze의 고정도법과 비교된다). 또한, 그는 11세기의 수도사 Guido D'arezzo의 계명시창법과 19세기 영국의 John Curwen이 발전시켜 전국적으로 사용된 으뜸음 솔파 체계(Tonic Solfa System)를 바탕으로, 학생들의 시창 능력과 조성 기능 감각을 발전시키는 데 도움이 되는 계명창법을 만들었다. 이를 통해 음정들의 위치와 음정 간의 간격을 배우게 된다. 처음 배우는 아이들이 으뜸음 '도'를 익히며 노래하기 쉽도록 C, F, G 로 제한시키다가 초등학교 이후에는 범위를 넓히고 있다.

계이름은 다음과 같다.

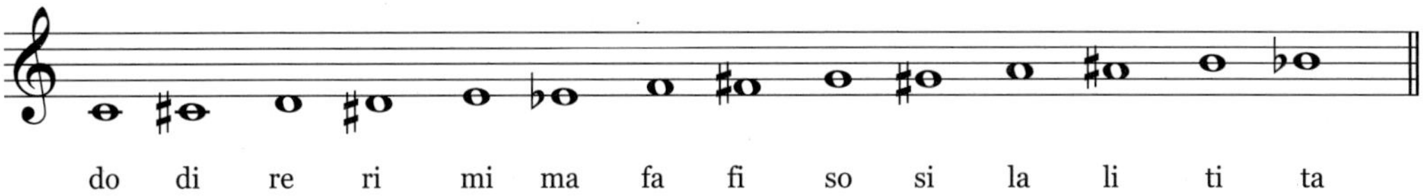

*시(Si)는 소(So)와 비슷하여 티(Ti)로 발음.
반음 올린 음은 끝음을 i로 표기하고, 반음 내린 음은 끝음을 a로 표기하였다.

② 손기호 (Hand signs)

John Curwen의 손기호를 발전시켜 나타나게 되었는데, 이것은 손의 높이와 모양으로 음높이를 알수 있게 해 준다. 그는 음높이와 선율의 흐름을 시각적으로 보게 함으로써 읽기능력에 도움이 되고, 내청능력을 향상시키고자 하였다. 이 손기호를 사용하면 피아노나 다른 악기의 도움 없이 음을 끌어낼 수 있는 장점이 있다.

공간 속의 거리는 음정의 거리에 부합하게 하여, 이것을 사용함으로써 음높이의 거리를 확실히 파악할 수 있다. 그러나 아직 영유아들은 높낮이에 대한 인식이 힘들고 섬세한 손모양을 나타내기 어려우므로 몸 전체를 통해 표현하도록 할 수 있다.

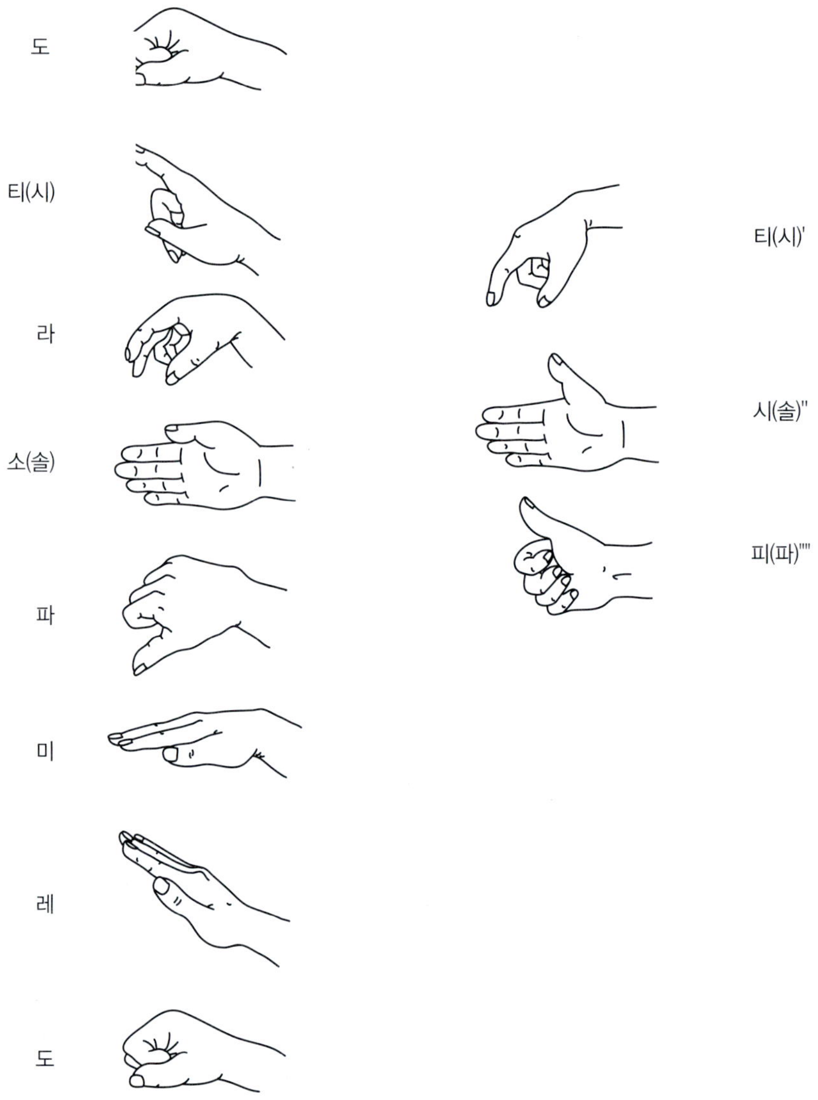

그림에서 보듯이, '파'와 '시'의 손기호를 살펴보면, '파'는 '미'로 내려가려는 음의 성향을, '시'는 '도'로 올라가려는 성향을 시각적으로 파악할 수 있다.

5) Kodály 교수법을 이용한 유아음악 교육활동의 예

- 손기호를 이용한 선율개념(심성경, 2005, 인용)

① 교사는 손기호를 한 음씩 가르쳐 준다.

② '도에서 도'까지 손기호를 연습한다.

③ 유아들이 배워서 알고 있는 노래(예: 달팽이집)를 선정하여 그 노래를 계이름으로 불러 본다.

④ 계이름으로 노래를 부르며 손기호를 함께 해 본다.

⑤ 계이름을 마음속으로 노래 부르고 손기호만 표현한다.

⑥ 활동이 익숙해지면 걸어가면서 가사로 노래부르고 손기호도 함께 해 본다.

3. Orff 음악교수법

음악은 통합적, 통체적 체험

1) Orff 생애(1895~1982)

출처: 피아네듀

Carmina Burana는 '중세기사의 노래'로 유명한 20세기 독일 작곡가이자 음악 교육가인 Orff는 1895년 뮌헨 출생이다. 아마추어 오케스트라단을 결성한 외할아버지와 피아노 연주자격이 뛰어났던 어머니의 영향으로 어렸을 적부터 음악적 환경 속에서 많은 경험을 습득하며, 1914년 음악대학을 졸업하였다. 제 1차 세계대전 이후, 뮌헨, 만하임 등지에서 음악감독으로 일하다가 1924년 독일 무용가 Dorothee Guenther와 함께 귄터학교를 설립하여, 무용과 음악의 조화를 꾀하고자 하였다. 이후 마야 렉스와 구닐트 케트만의 만남과 교류로 "슐베르크"가 만들어졌으며, Mendler의 기여로 Orff 악기가 만들어졌다. 이에 그는 1937년 제3부로 이뤄진 칸타타 〈카르미나 부라나〉를 비롯한 〈달〉, 〈현명한 여인〉 등과 같은 오페라와 극음악을 작곡하면서 음악과 언어, 동작을 하나로 연관시켜 표현하고자 힘썼다. 2차 세계대전 이후에는 바바리안 방송에서 어린이를 위한 연작 방송물을 제작하였고, 이것에서 얻어낸 교육적 개념을 정리하여 슐베르크인 『어린이를 위한 음악(*Music for children*)』전 5권이 책으로 출판되었다. 1949년 잘츠부르크 모차르테움에 Orff 연구소가 설립된 이후 그의 교수법은 현재까지도 세계적으로 중요한 역할을 담당하고 있다.

2) 발생배경

인간은 누구나 음악적 본성을 지니며, 자기 내면에 음악을 가지고 있다. 이를 '기초적 음악(elemental music)'이라고 한다. Orff는 이 기초적 음악에서 교육이 시작되어야 한다고 보았다. 뛰는 심장과 같은 리듬, 내면의 소리를 들으며 자연스럽게 발생하는 리듬은 언어, 신체적 움직임, 음악에 모두 존재하는 요소로서, 음악학습에서 먼저 다루어져야 할 요소로 여겼고, 이를 통합하여 학습시키고자 하였다. 즉, 음악, 언어, 동작을 분리하지 않고 하나로 교육시키고자 하였다. 그리고 아이들이 자발적으로 자유롭게 자신을 표현하는 데 최대 중점을 두었다.

3) 교육 목적 및 철학

창의성을 개발하는 데 목표를 두어 즉흥 연주 및 표현 활동을 강조하고 있다. 이는 자발적이고, 능동적으로 행하여짐으로써 아이들이 기쁨을 얻고, 자연스럽게 신체를 통해 음악을 경험하고 습득하게 하고자 함에 있다. 또한 개개인에 활동에 머무는 것이 아니라 합주나 그룹 활동들을 장려하였는데, 이는 합연으로 소리의 조화를 경험하고, 책임감과 함께 구성원 간의 조화와 배려를 추구하고자 하는 목적을 지니고 있다.

Orff 음악교육의 철학은 다음과 같다.

- 소수가 아닌 모두가 참여할 수 있는 폭 넓은 것으로, 모든 어린이를 대상으로 만들어졌다.
- 배우는 것보다는 직접 실행하고 직접적 경험을 통해 기회를 갖는 것이어야 한다.
- 적극적인 참여를 통해 음악적 체험을 행한다.
- 음악은 놀이로부터 시작하여, 점진적으로 복잡한 단계까지 발전시키고, 어릴 때부터 시작하여야 한다.
- 음악은 놀이, 대화, 신체동작, 노래, 악기연주 등이 통합되어 총체적 체험이 되어야 한다.
- 리듬과 가락이 시발점인데 리듬은 말의 형태, 가락은 리듬의 형태로부터 발전된 것으로 리듬이 가락보다 더 강력한 음악 요소이다.
- 음악은 기초적인 음악, 즉 자연스럽고, 누구나 배우고 즐길 수 있는 음악이어야 한다. 이것은 신체활동과 밀접하게 연결되어 있다.
- 음악적이지 않은 어린이는 없다.

4) 교육 내용

Orff와 Keetman은 '기초음악'이라는 개념을 바탕으로 하여 어린이를 위한 음악 학습 교재인 **슐베르크(Schulwerk)**를 탄생시켰다. 민요나 일상생활에 관련된 내용이 많이 사용되었으며, 중주나 합주도 다뤄지고 있다. 이 책은 총 5권으로 구성되어 있는데, 다양한 수준의 악곡들을 수록하고 있다. 각권의 단계는 배워야 할 내용의 순서에 맞게 되어 있어서, 다음 단계를 배우기 전에 학습하는 것이 좋다. 물론 악곡의 선택은 교사가 학습자에 맞게 자유로이 선택할 수 있다. 다만 작품을 다루는 과정에서 창조적으로 이끌어 주어야 할 것이다.

1권	오음 음계(pentationic scale : 판타토닉 – '도, 레, 미, 솔, 라'로 된 5음계를 바탕으로 작곡된 노래들이 수록되어 있고, 쉽게 접근할 수 있다.)
2권	6음 음계, 장조
3권	장조
4권	단조, 에이올리안, 프리지안, 도리안
5권	단조, 에이올리안, 화성 단음계

Orff의 접근법은 탐색과 경험을 중요시하고 있다는 점이며, 쉽고 자연스러운 활동에서부터 점차 복잡한 단계로 전개되어 학습할 것을 강조하고 있다. 그는 5가지 방법의 음악 방법을 소개하고 있는데, 각각 교육되기도 하며, 경우에 따라 여러 가지를 한꺼번에 사용하기도 한다. 그의 음악교육 방법인 말하기와 말리듬, 노래하기, 신체표현, 즉흥표현 및 악기연주를 살펴보도록 하자.

(1) 말하기와 말 리듬

Orff는 리듬이 음악의 기초요소이고 언어에서부터 리듬이 발생한다고 말한다. 그가 말한 '기초음악'이라는 그의 철학에서 이를 생각해 볼 수 있다. 그리하여 그는 우리가 사용하는 언어에서 리듬활동과 연결시켜 교육하고자 하였다. 말하면서 생성되는 자연스런 리듬을 이용하여 음악에 접근하는 이 방법은 Orff의 가장 큰 특징이라 하겠다. 이는 말의 형태가 리듬의 형태로 발전하고 이것이 다시 노래로 발전하는 것이 가장 자연스러운 음악 체험의 과정이라는 것이다(안재신, 1996). Orff는 일상생활에서 사용하는 낱말에서부터 시작하여 노래부르기까지 점진적으로 발전시켜, 자연스럽게 아이들에게 음악을 익히도록 하고 있다. 이때 말하기에서 리듬을 표현하면서 손뼉치기, 무릎치기 등을 사용하고 그 이후 악기로 연주하는 등의 경험을 할 것을 제안하고 있다. 또한 이러한 말 리듬 교육으로 셈여림, 스타카토, 레가토 등의 음악적 개념도 습득할 수 있도록 이끌고 있다.

	4분음표	8분 2개	셋잇단	16분음표 4개
가족	나	엄마, 아빠	할머니	할아버지
과일	감	사과	바나나	파인애플
동물	곰	사자	고양이	하이애나, 카멜레온

(2) 노래 부르기

처음에는 말의 리듬학습에서부터 출발하여, 짧고 간단한 찬트나 말에서 문답식의 대화로 시작하다가 점차 발전시켜 노래 부르기를 할 수 있다. 즉, 말하기와 노래부르기를 하나의 학습으로 결합시킴으로써 두 가지 활동이 서로 강화되고 확대된다. 다시 말하면, 말의 리듬에서 파생되는 음높이와 율동감이 자연스럽게 선율을 만들어 내고 있는 것이다. 이렇듯 리듬을 붙인 말로 노래를 만들어 부를 때, 리듬으로부터 자연스럽게 선율이 발생되는 것을 유도하고 있다. 결국 영유아들이 말로 읽거나 표현할 때 그 말의 리듬과 함께 소리들이 지니고 있는 음높이를 발견하고 그것을 노래로 전환하도록 해주고 있다.

음역 부분에서도 점진적이고 체계적인 교육을 시키고 있는데, Kodály가 제시한 것과 같이 처음에는 '솔, 미'의 간단한 음에서 '라'음을 추가하는 등, 점차 음역을 넓혀 지도하는 것이 바람직하다고 보았다. 더불어 5음계의 곡을 충분히 다룬 후 고학년에서는 파(F)와 시(B)음이 포함된 7음계를 사용하도록 하였다. Orff는 이동도법을 사용하며 7세 이하의 유아는 D장조에서의 솔(G)−미(E), 7세 이상에서는 F장조에서의 솔(G)−미(E)로 노래 부르기를 시작하도록 권하였다. 여기에서 연령이 높아질수록 높은 음역에서 학습되고 있는 것을 확인할 수 있다.

민요나 동요를 사용할 수 있고, 노래하는 동안 신체나 Orff 악기를 가지고 반주하면서 활동을 결합시켜 교육 효과를 높이고 있다. 반주부는 보통 5도나 8도를 보르둔(Bordun, 백파이프처럼 동시에 울리도록 연주하는 형태) 혹은 오스티나토(Ostinato, '고집스런' 이란 뜻으로, 어떤 음형이 같은 성부에 같은 음높이로 곡 전체에 계속 반복되는 것) 위에서 즉흥연주 및 창작하도록 유도된다.

(3) 율동 및 신체표현

Orff는 걷기, 달리기, 손뼉치기 등 일상생활에서 영유아들이 행동하는 모든 움직임이 음악을 표현하는 요소가 된다고 보았다. 이런 신체표현(Movements)들은 이를 따로 교육하지 않아도 영유아들이 생활 속에서 스스로 자연스럽게 행동할 수 있는 것들이다. 유아들은 뛰고, 손뼉치고 하는 등의 활동을 하면서 그 자체를 즐거워하고 즐긴다.

여기에 착안하여 Orff는 이런 자연스러운 신체활동을 음악 학습에 연결시켜 지도하고자 했다. 쉬운 리듬에서부터 음악적인 개념까지 신체표현을 통해 익히게 함으로써 음악에 자연스럽게 접근하는 방법을 추구하고자 했다.

(4) 즉흥연주 및 표현 강조

Orff는 즉흥활동을 강조하였는데, 이것은 첫째, 창의 창조적 능력 개발 함양을 위함이고, 둘째 그들의 적극적 참여를 이끌어 내기 위함이다. 그는 즉흥연주가 음악교육에서 가장 마지막 과정이라고 보고 있으며, 창의적으로 사고하는 기회를 가지고 체험해 보는 것에 중점을 두고 있다. 즉, 결과적으로 기교를 익혀 매끄럽고 훌륭한 연주를 목표로 했던 것이 아닌, 음악을 만들고 즐기는 과정에 더욱 의미를 부여하고 있는 것이다. 영유아들은 자유롭고 즉흥적인 활동 속에서 창조적으로 생각해내는 과정의 기회를 제공받게 되는데, 그로 인해 그들은 심미적 즐거움을 느끼게 된다. 이것이 Orff가 바란 것이다.

(5) 악기 연주

Orff 교육법에서 또 하나의 두드러진 특징은 그가 자신만의 독창적인 악기를 고안했다는 것이다. 이는 누구나 쉽게 연주할 수 있도록, 음반악기에서 불필요한 음을 제거하거나 연주기능을 최소화시킨 쉬운 악기들을 개발하였다. 예를 들면, 선율 악기의 경우 원하는 음의 건반을 떼었다가 다시 붙였다가 할 수 있게 세팅이 가능하다. 이는 유아들의 연령과 학습차이에 따라 받아들일 수 있는 한계를 고려한 접근법이라 할 수 있다. 노래 부르기에서와 마찬가지로, 처음에는 '솔', '미' 두 개의 음판만으로 연주하게 하다가 단계적으로 인접한 음을 하나씩 첨가하여 연주하게 지도한다. 결과적으로 유아들이 악기를 다루기 쉬우면서 즉흥연주를 쉽게 할 수 있도록 도와주는 역할을 한다. 또한 악기 연주를 해봄으로써 소리의 어울림에 대한 영유아들의 감수성 계발이 가능하고, 이것은 추후에 다른 학습자와 함께 앙상블 연주를 해 보는 체험을 가지면서 다성 음악을 접하는 계기를 마련해 준다.

Orff 접근법에 사용된 악기는 아래와 같이 신체적 악기와 다양한 악기들로 나눠 볼 수 있다. 여기서 우리는 무선율 타악기에 세계 각국의 다양한 민속적 타악기들이 많이 포함되어 있음을 알 수 있다.

악기종류	악기 분류	악기 종류
신체 악기	목소리	유, 무성음
	신체 타악기	손뼉치기 무릎 치기, 발구르기
타악기	금속 울림 타악기	트라이 앵글, 아고고벨, 손가락 심벌, 윈드차임, 슬레이벨
	나무 울림 타악기	마라카스, 캐스터네츠, 리듬 막대, 우드블록
	가죽 울림 타악기	탬버린, 봉고
	큰 타악기	북, 팀파니
	기타	에그쉐이크, 휘슬 등
선율 악기	실로폰	소프라노, 알토, 베이스, 콘트라 베이스 실로폰
	메탈로폰	소프라노, 알토, 베이스 메탈로폰
	글로켄 슈필	소프라노, 알토
관악기	리코더	소프라니노, 소프라노, 알토, 터너, 베이스, 그레이트 베이스 리코더
현악기	비올라, 첼로, 기타	

<Orff 악기>

〈에그쉐이커〉

〈샌드블록〉

〈우든벨〉

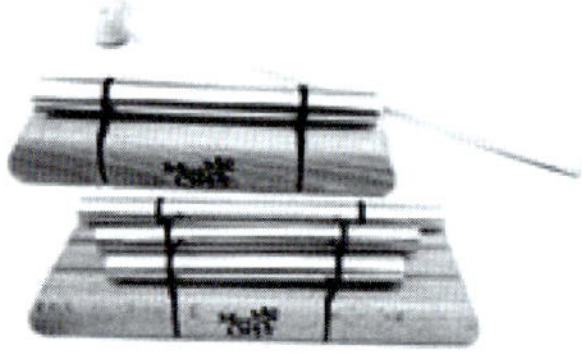

〈에너지차임〉

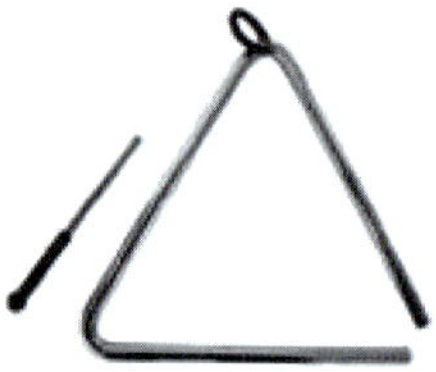

〈트라이앵글〉

〈아고고벨〉

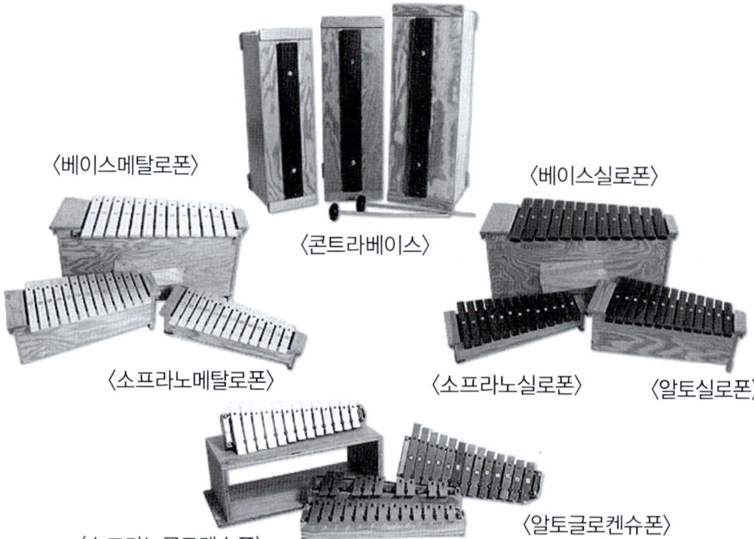

〈베이스메탈로폰〉 〈콘트라베이스〉 〈베이스실로폰〉

〈소프라노메탈로폰〉 〈소프라노실로폰〉 〈알토실로폰〉

〈소프라노글로켄슈폰〉 〈소프라노글로켄슈폰(온음계)〉 〈알토글로켄슈폰〉

출처: 무앤무 오르프샵.

<Orff 악기 활동 사진>

출처: 다솜 어린이집.

<몸 악기 합주 악보>

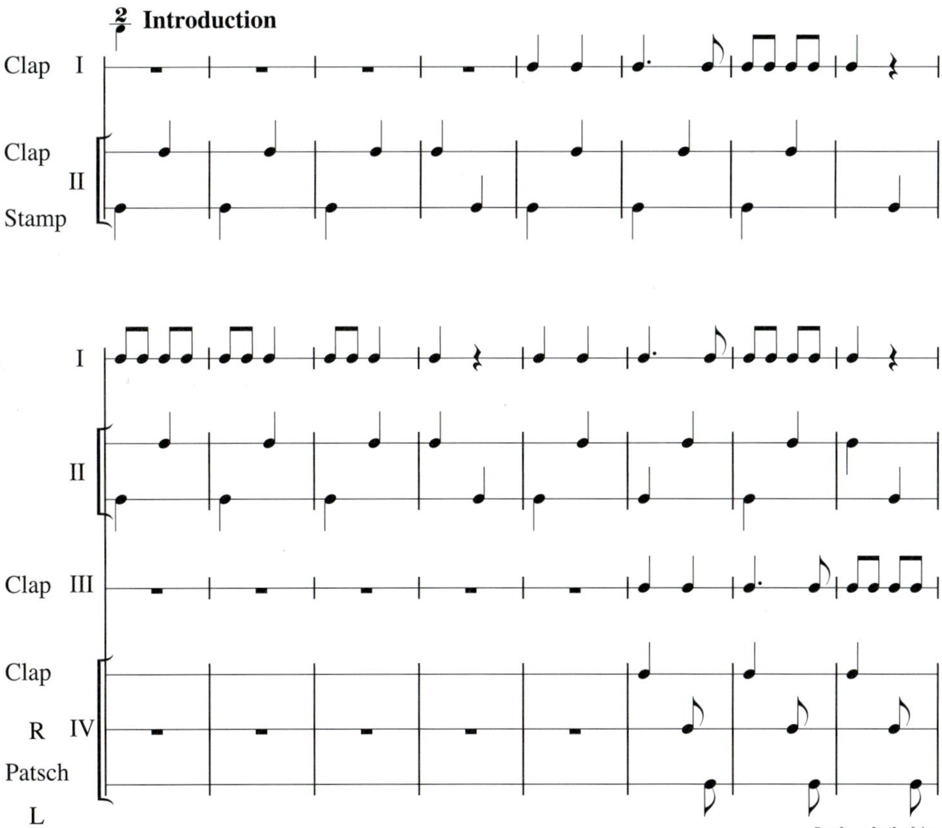

출처: 안재신(2005)

5) Orff 교수법을 이용한 유아음악 교육활동의 예

- 언어리듬(rhythm speech) 만들기(심성경, 2005)

① 동시를 골라 읽어 준다.

② 리듬패턴(rhythm pattern: 타타타, 딴따따 등의 의성어로 리듬을 읊조리는 표현방식)을 붙인다. 시의 내용을 보고 어떻게 리듬패턴을 할 것인지를 토론한다.

③ 오스티나토(ostinato: 동일한 리듬패턴이나 가락패턴을 주된 가락에 덧붙여 곡의 처음부터 끝까지 연주하는 기법)를 부른다. 오스티나토는 동시의 내용에 맞게 재미있는 의성어나 리드미컬한 대사를 골라 규칙적으로 붙인다(주룩주룩, 좋아좋아).

④ 신체동작(body percussion: 손뼉치기, 발 구르기, 왼쪽 무릎치기, 친구 무릎치기)을 먼저 한 다음 악기로 연주해 본다.

4. Gorden 음악교수법

체험과 오디에이션을 통한 음악의 이해

1) Gorden의 생애(1927~)

출처: 캘리포니아 대학

미국의 현존하는 음악심리학자이며, 음악교육자인 Garden은 음악적성 테스트로 평가되는 6가지 음악적성 테스트 외 책, 기사 그리고 학술 연구논문 등을 집필하였다. 그의 업적은 출판을 통해 미국, 유럽, 아시아에서 명성을 얻고 있다. 대표적 저서로 『음악교육 심리학』, 『음악연속학습: 기술, 내용, 형태』, 『음악적성의 본성: 기술, 측량과 평가』, 『신생아와 영유아를 위한 음악학습이론』 등이 있다.

이스트만 음대에서 더블 베이스로 학사와 석사학위를 취득한 그는 진 크루파(Gene Krupa) 밴드의 일원으로 활동하기도 하였다. 아이오와 대학교에서 음악교육 박사학위를 받은 후 뉴욕 주립대와 아이오와 대학교에서 교수를 역임하였으며, 1979년에서 1997년까지는 린드백(Lindback) 상과 명예 교수상을 받은 템플 대학교에서 시쇼어(Carl E. Seashore) 연구교수로 재직하였다. 그의 학문이 세계적으로 연구되고 있으며, 현재까지도 그는 활발한 활동을 이어가고 있다.

2) 발생배경

Gorden은 자신만의 음악학습이론을 창시하면서 나이에 따른 여러 가지 음악적성 검사를 개발하였다. 왜 음악을 배워야 하는지, 어떻게 하면 효율적으로 음악을 배울 수 있는지, 또한 언제 어떤 순서로 배우는 것이 좋은지에 대한 필요성을 느꼈기 때문이다. 이는 학생에 초점을 맞추어 학습시키는 방법으로 이전의 교사에 초점을 맞췄던 방식과 차별된다. 그리하여 교사는 반드시 학생들의 음악적 차이를 고려하여 수업해야 한다고 말하면서, 수업 전에 음악적성을 측정하여 그 결과에 맞추어 수업시간에 활용할 것을 강조하였다. 그리고 학습 순서에 대해서도 정리해 놓고 있는데, 단순한 순서를 넘어 이전 단계는 다음 단계를 학습하기 전의 필수 요소로 보고 있다.

또한 Gorden에 의하면, 누구나 음악적 재능을 가지고 태어나는데, 이는 환경적으로 어떻게 교육시켜 주는지에 따라 변화될 수 있다고 한다. 그리고 유아기는 음악이 발달하는 중요한 시기로 여겨 이때에 풍부하고 다양한 음악적 체험을 접하게 하는 것이 중요하다고 생각하였다. 특히 생후 18개월까지 음악소질 형성의 가장 중요한 시기이며(유은석, 2008) 9세까지의 음악적 경험은 성장 후까지 큰 영향을 미친다고 말하였다. 그는 유아 시기의 적절한 환경의 제공으로 그들에게 음악을 생각할 수 있는 힘과 배경을 제공해 주고자 하였다.

3) 교육목적 및 철학

그는 음악을 이해하고 즐기는 능력을 기르는 것을 목표로 하고 있다. 학생들이 음악을 진정으로 이해하고 즐기기 위해서는 오디에이션(Audiation) 하는 능력이 필요하다고 보았다. 그리고 그는 오디에이션 할 수 있는 만큼 음악을 즐길 수 있다고 여겼다. 그리하여 오디에이션 능력 향상에 중점을 두고 있다. 음악도 언어를 배우는 과정과 같아, 먼저 많이 듣고 배워야 하기에 많은 음악을 들은 경험이 음악성 발달에 기초가 됨을 주장하고 있다.

Gorden의 음악교육의 철학은 정리하면 다음과 같다.

- 오디에이션 능력이 필요하며, 이것을 키우는 데 목표를 두어야 한다.
- 언어습득 과정과 유사하므로 먼저 듣고 배우는 것이 중요하다.
- 많은 음악적 체험들을 하는 것이 중요하기에 많은 경험이 필요하다.
- 조기교육이 필요하다.
- 놀이를 통해서 음악을 발달시켜 주는 것이 좋다.
- 음악적 환경을 조성해 주어야 한다.

4) 교육방법

(1) 음악적성

① 정의

음악을 배울 수 있는 내적 잠재력의 가능성을 말하는 것으로, 개인차는 있지만 사람들은 누구나 어느 정도는 음악적성을 가지고 태어난다. 이 음악적성은 얼마나 음악에 노출되었는가 하는 환경적 요소에 따라 다르게 개발될 수 있다. 특히나 Gorden은 9세까지 음악환경에 의하여 영향을 받으며 그 이후에는 고정된다고 말하고 있다. 영유아시기에 음악적 환경에 많이 노출시켜 주는 것이 필요하다.

② 음악적성검사

음악적성 검사는 개인의 나이와 수준에 맞는 수업의 환경을 제공하기 위함이다. 그의 적성검사는 음악적성 프로파일(The Musical Aptitude Profile: MAP), 초급 오디에이션 능력검사(Primary Measures of Music Audiation: PMMA), 중급(IMMA), 고급 (AMMA) 그리고 오디(Audi) 등이 있다.

(2) 오디에이션

① 정의

오디에이션은 인간이 언어를 배우는 과정과 음악을 배우는 과정이 같다는 생각에 근거하여 1973년에 Gorden이 만들어 낸 용어이다. 어학자 Brown은 말을 듣고 그 의미를 이해하는 과정을 '오디(Audi)'라고 하였는데, 이것에서 오디에이션이 유래되었다. 우리가 말을 할 때 다음에 말할 내용을 미리 추측하거나 생각하듯이, 우리는 음악에서도 다음에 나올 소리를 미리 예견할 수 있다. 이렇게 미리 예견하고 생각하는 것을 오디에이션이라고 한다. 상상하는 것을 시각화하는 것으로, 실제 들리지 않는 음악을 상상하여 마음속으로 듣고 이해하는 능력을 일컫는다. 또는 생각할 수 있는 능력을 의미한다. 이것은 단시간에 형성되지 않고 오랜 시간 경험을 통해 이루어진다.

그는 이러한 오디에이션 활동을 놀이를 통하여 체험할 것을 주장하고 있다.

오디에이션 할 수 있다는 것은 다음과 같은 활동을 말한다(유은석, 2008)

- 음악을 화성적, 리듬적으로 이해한다.
- 사전 경험을 통해 다음에 어떻게 진행되는지 예상한다.
- 악보를 볼 때 악기 없이도 음악을 듣는 것이다.
- 반주 없이 음조와 박자 안에서 노래한다.

② 오디에이션 유형과 단계

Gorden은 음악을 가르치는 순서를 중시하였다. 그의 전 오디에이션의 유형과 단계를 관찰하여 보면, 처음에는 소리에 접하고 그 다음에 그것을 받아들여 반응하거나 이를 모방한 후에 자신만의 음악으로 확대해 가는 양상을 볼 수 있다.

이 시기의 영유아들은 옹알거림을 한다. 아직 음악적 사고 수준이 높지 않기에 부모와 교사는 유아들을 강요하고나 형식에 맞춰 지도하기보다는 안내(Guidance)를 통해 환경을 마련해 주고 음악적 이해를 도와야 한다. 5세 정도가 되면 어떤 내용을 학습할지에 대한 구체적 계획과 지도(Instruction), 반응을 기대해 볼 수 있다.

● 예비 오디에이션(Preparatory Audiation)

유형	나이	단계
문화화 (Acculturation)	출생~ 2~4세	1. 흡수(Absorption)
		2. 무의식적 반응(Random response)
		3. 목적 있는 반응(Purposeful response)
모방 (Imitation)	만 2~4세 ~ 만 3~5세	4. 자기중심 탈피(Shedding egocentricity)
		5. 암호 풀기(Breaking the code)
동화 (Assimilation)	만 3~5세 ~ 만 4~6세	6. 자기성찰(Introspection)
		7. 조화(Coordination)

● 본 오디에이션

먼저 소리를 듣는 학습을 하고, 나중에 악보를 통해 배우는 것이 바람직하다고 주장하고 있다.

1. 음악을 들을 때	Listening to Music
2. 음악 읽을 때	Reading Music
3. 음악을 들으면서 적기	Writing Music That is Being Heard
4. 외운 것을 기억하기	Recalling Music from Memory
5. 외운 것을 적기	Writing Music from Memory
6. 음악창작과 즉흥연주하기	Creating or Improvising Music
7. 악보를 읽으며 창작과 즉흥연주하기	Reading and Creating or Improvising Music
8. 악보를 적으면서 창작과 즉흥연주하기	Writing and Creating or Improvising Music

오디에이션의 6단계

1	순간 보유	Mementary Retention
2	조성과 리듬패턴 상상하거나 오디에이트 하기	Imitating and Audiating Tonal Patterns and Rhythm Patterns
	으뜸음과 기본박 알아내기	Recognizing and and identifying a Tonal Center and Macrobeats
3	주관적, 객관적 조성과 박자 결정하기	Establishing Objective or Subjective Tonality and Meter
4	체계화된 리듬, 음패턴을 오디에이션하면서 의식적으로 유지하기	Consciously Retaining in Audiation Tonal pattern and Rhythm Patterns that We have Organized
5	오디에이트 된 패턴 의식적으로 찾기	Consciously Recalling Patterns organized and Audiation in Other Pieces of Music
6	계속적인 패턴 예측하기	Conscious Prediction of Patterns

(3) 음악학습이론

그의 음악학습이론은 크게 내용 위계와 기능학습 위계로 나눠진다. 여기에서도 음악교육 순서에 대한 중요성을 살펴볼 수 있다.

① 내용 위계

Gorden은 음악교육을 함에 있어 패턴을 가지고 교육하였다.

이때 리듬과 음정을 함께 다루는 것이 어렵다고 여기고, 음정과 리듬을 따로 지도하는데, 리듬이 없는 음정패턴과 음정이 없는 리듬패턴을 사용하여 가르쳐야 한다고 주장하였다. 또한 개인의 오디에이션의 능력 차를 고려하여, 교사는 각 학습자에게 적합한 리듬과 음정패턴을 선택하여 지도하여야 한다.

- 가락위계(tonal hierarchy)

  쉬운 음정부터 시작하여 점차 영역을 넓혀갈 것을 권장하고 있다.

- 리듬위계(rhythmic hierarchy)

  2박자 계통의 쉬운 박으로 시작하여 3박자 계통으로, 그리고 혼합박자나 불규칙 박자로 교육한다.

② 기능학습 위계

Gorden은 인간은 누구나 선천적으로 음악적 잠재력을 지니고 태어나며, 후천적 환경의 영향에 따라 유지·발전하거나 후퇴한다고 여겼다. 기능학습 위계는 그의 이런 교육철학에 잘 부합하여 나타나고 있다.

그의 학습을 살펴보면, 처음 시작하는 1단계에서 5단계까지는 변별학습(discrimination learning) 단계로 음악적인 것들을 받아들이고 모방하는 과정을 일컫고 있다.

그 다음에는 기존에 받아들인 재료들을 가지고 응용하고 발전시키는 단계로 넘어가는데, 6단계에서 8단계가 그가 말하는 추론학습(inferential learning) 단계이다.

변별/기계적 학습	1. 듣기, 부르기	신체 움직임까지 포함한다.
	2. 계명, 리듬음절로 부르기	1단계의 음악과 연결하여 부른다. (언어와 결합)
	3. 부분적 통합	1~2단계 통합
	4. 악보 읽기, 쓰기	이미 배운 패턴과 악보를 연결하여 가르친다. (2단계와 악보의 결합)
	5. 종합	1~4단계 통합으로 오디에이트 한다는 의미이다.
추론/응용 학습	6. 일반화	새로운 패턴을 받아들이고, 익히는 경우에, 이미 배운 것에 견주어 특성을 파악하는 것이다.
	7. 창작, 즉흥연주	이미 배운 것과 새로운 것을 이용하여 창작하거나, 즉흥연주하는 것이다.
	8. 이론적 이해	음이름, 길이 등 일반적 음악이론을 배운다.

5) Gorden의 교수법을 이용한 유아음악 교육활동의 예

● **오디에이션을 통한 노래부르기**(심성경, 2005, 인용)

이상의 방법을 예비오디에이션 단계에 있는 유아에게 적용하는 것은 어려우며, 익숙한 노래에 한해서 부분적으로 활용하는 것이 효과적이다.

① 교사는 가사 없이 허밍(humming)으로 노래를 들려준다.

② 교사는 가사 없이 허밍으로 노래를 부르면서 강박에 맞추어 발을 구르고, 유아는 교사를 따라 발을 맞추면서 노래를 듣는다. '나비야' 노래는 4/4박자의 곡으로 강-약-중강-약의 셈여림으로 연주된다. 강과 중강박에 발을 맞춘다.

③ 교사는 가사 없이 허밍으로 노래를 부르면서 손으로 약박에 맞추어 무릎을 가볍게 치고(또는 손뼉), 유아들은 교사를 따라 무릎을 치면서 노래를 듣는다.

④ 교사는 가사 없이 허밍으로 노래를 부르면서 강박과 약박에 맞추어 발 구르기와 무릎치기 동작을 함께하고, 유아는 교사를 따라 동작하면서 노래를 듣는다.

⑤ 교사는 아래의 악보대로 으뜸음을 불러 주고 유아로 하여금 여러 번 으뜸음을 불러 보게 한다. '나비야' 노래는 다장조의 곡이므로 도가 으뜸음이다. 교사가 허밍으로 '나비야' 노래를 부르면서 중간에 수시로 멈추면서 숨을 쉬게 하는 손짓을 하면서 유아들이 이 으뜸음을 부르도록 지시한다.

⑥ 교사는 시작음을 잡아주고 유아에게 소리 내지 않고 '나비야' 노래를 부르도록 지시한다(오디에이션하기).

⑦ 교사가 피아노로 으뜸음을 잡고 숨 쉬기를 한 후 다 같이 허밍으로 '나비야' 노래를 부른다.

⑧ 그림악보를 보며 유아와 가사를 알아본 후 피아노로 시작음을 찾고 숨쉬기까지 한 후 함께 가사를 넣어 노래한다.

⑨ 함께 가사를 넣어 노래를 부르면서 자신이 표현하고 싶은 대로 신체표현을 해보도록 한다.

CHAPTER 5

영유아 음악교육 내용 및 교수방법

영유아 음악교육내용은 세 가지로 나누어 살펴볼 수 있다. 첫째, 국가 수준에서 제시하는 0~1세, 2세 표준보육과정, 둘째, 3~5세 2019 개정 누리과정, 셋째, 영유아 음악교육 활동 중심의 소리 듣기, 노래 부르기, 악기 다루기, 신체 표현하기, 음악 감상하기, 창작하기 등으로 나눌 수 있다.

그러므로 본 장에서는 국가 수준 영유아교육기관에서 실시되고 있는 0~1세, 2세 표준보육과정 영유아 음악교육목표와 내용을 살펴보고 특히 기본생활, 신체운동, 의사소통, 사회관계, 예술경험, 자연탐구 6개 영역 중 영유아 음악교육과 밀접한 예술경험영역을 중심으로 살펴본다. 또한, 3~5세 2019 개정 누리과정 신체운동·건강, 의사소통, 사회관계, 예술경험, 자연탐구 5개 영역 중 영유아 음악교육과 밀접한 예술경험영역을 중심으로 영유아 음악교육목표와 내용, 영유아 음악교육활동 중심의 소리 듣기, 노래 부르기, 악기 다루기, 신체 표현하기, 음악 감상하기, 창작하기 등을 구체적으로 살펴보고자 한다.

1. 국가 수준의 표준보육과정

어린이집 표준보육과정(이하, '표준보육과정'이라 함)은 어린이집의 만 0~5세 영·유아들에게 국가 수준에서 제공하는 보편적이고 공통적인 보육의 목표와 내용을 제시한 것이다. 어린이집 표준보육과정은 0~1세 보육과정, 2세 보육과정, 3~5세 보육과정(누리과정 포함)으로 구성한다. 국가 수준의 어린이집 표준보육과정을 시행함으로써 영·유아의 전인적 발달과 우리 문화에 적합한 내용을 일관성 있고 연계적으로 실천하며, 궁극적으로 사회에서 추구하는 인간상을 구현하고 전국 어린이집의 질적 수준을 높이는 데 기여하고자 2013년 제3차 어린이집 표준보육과정이 고시되어 시행 중이다(보건복지부 2013c). 특히 2012년 보건 복지부와 교육과학기술부에서 3~5세 누리과정을 유치원 교육과정과 어린이집 표준 보육과정을 통합한 공통 교육과정으로 시행되었는데, 그 이전 2011년 5세 누리과정이 공포되고, 2012년 3~5세로 확대되어 고시되었으며, 2013년부터는 3~5세 유아를 대상으로 유치원과 어린이집에서 공통으로 적용하다 2019 개정 누리과정을 고시하고 2020년 3월부터 전국의 어린이집과 유치원에서 3~5세 영유아들에게 공통적으로 시행된다. 단 0~2세까지는 어린이집에서 국가 수준의 표준보육과정이 적용되고 있다.

1) 0~1세 보육과정의 영역별 목표와 내용

표준보육과정의 목적은 영·유아의 심신의 건강과 전인적 발달을 도와 행복을 도모하며 민주시민의 기초를 형성하는 것을 목적으로 0~1세 표준 보육과정의 예술경험영역에서의 목표는 '아름다움에 관심을 가진다'이며 하위목표는 다음과 같다.

■ **아름다움에 관심을 가진다.**
- 자신의 신체와 주변의 감각 자극에 호기심을 가지고 반응한다.
- 소리와 움직임으로 반응하고, 단순한 미술을 경험하며, 모방 행동을 즐긴다.
- 친근한 소리나 노래를 즐겨 듣고, 자연물, 사물, 주변 환경에 관심을 가진다.

0~1세 표준보육과정의 예술경험영역 내용체계는 다음과 같으며 내용범주는 아름다움 찾아보기, 예술적 표현하기, 예술 감상하기이며 이러한 내용범주에서 다루어야 할 내용들은 다음과 같이 구성되어 있다.

<0~1세 표준보육과정의 예술경험 영역에서의 내용체계>

내용범주	내용
아름다움 찾아보기	예술적 요소에 호기심 가지기
예술적 표현하기	리듬 있는 소리로 반응하기
	움직임으로 반응하기
	단순한 미술 경험하기
	모방 행동 즐기기
예술 감상하기	아름다움 경험하기

0~1세 표준보육과정의 예술경험영역에서 영유아 음악교육과 관련된 내용과 세부내용을 수준별로 살펴보면 다음과 같다.

(1) 아름다움 찾아보기 – 예술적 요소에 호기심 가지기

영아가 주변의 다양한 소리, 움직임, 색, 모양에 호기심을 갖고 반응하는 데 중점을 둔다.

'예술적 요소에 호기심 가지기'는 0~1세 영아가 오감을 통해 생활주변이나 환경에서 나는 소리와 움직임, 색이나 모양에 호기심을 가짐으로써 예술적 요소에 주의를 기울이고 반응하는 것에 대한 내용이다. 구체적으로 '예술적 요소에 호기심 가지기'는 '주변의 소리와 움직임에 호기심을 갖는 것'과 '주변의 색, 모양에 호기심을 갖는 것'으로 구성되어 있다. 이를 통해 영아가 주변 환경의 예술적 요소에 호기심을 갖는 태도를 증진시키기 위함이다.

<table>
<tr><th>내용범주</th><th>내용</th><th>1수준</th><th>2수준</th><th>3수준</th><th>4수준</th></tr>
<tr><td rowspan="2">아름다움 찾아보기</td><td rowspan="2">예술적 요소에 호기심 가지기</td><td colspan="4">주변의 소리와 움직임에 호기심을 가진다.</td></tr>
<tr><td colspan="4">주변 환경에서 색, 모양에 호기심을 가진다.</td></tr>
<tr><td rowspan="4">예술적 표현하기</td><td rowspan="2">리듬 있는 소리로 반응하기</td><td colspan="2">리듬 있는 소리에 관심을 가진다.</td><td colspan="2">노래를 부분적으로 따라 부른다.</td></tr>
<tr><td colspan="2">리듬과 노래에 소리로 반응한다.</td><td colspan="2">리듬과 음높이에 맞추어 소리를 낸다.</td></tr>
<tr><td rowspan="2">움직임으로 반응하기</td><td colspan="4">손발 흔들기와 몸 움직임으로 반응한다.</td></tr>
<tr><td colspan="2"></td><td colspan="2">간단한 도구를 활용하여 움직인다.</td></tr>
<tr><td rowspan="2">예술적 표현하기</td><td>단순한 미술 경험하기</td><td colspan="2"></td><td colspan="2">감각적으로 단순한 미술 경험을 한다.</td></tr>
<tr><td>모방행동 즐기기</td><td colspan="2">소리나 얼굴 표정, 몸 움직임 등을 모방한다.</td><td colspan="2">단순한 모방 행동을 놀이처럼 즐긴다.</td></tr>
<tr><td rowspan="2">예술 감상하기</td><td rowspan="2">아름다움 경험하기</td><td colspan="2">일상생활에서 반복되는 소리와 노래에 관심을 가진다.</td><td colspan="2">일상생활에서 리듬 있는 소리와 노래를 즐겨 듣는다.</td></tr>
<tr><td colspan="4">일상생활에서 자연이나 사물의 아름다움을 경험한다.</td></tr>
</table>

(2) 예술적 표현하기–리듬 있는 소리로 반응하기, 움직임으로 반응하기, 단순한 미술 경험하기, 모방 행동 즐기기, 반응하기

- 영아가 리듬 있는 소리에 관심을 갖고 소리나 노래로 반응하는 것에 중점을 둔다.
- 다양한 자극에 대해 손발 흔들기와 몸의 움직임, 나아가 간단한 도구를 활용하여 표현하는 데 중점을 둔다.
- 감각적으로 단순한 미술활동을 경험하는 것에 중점을 둔다.
- 영아가 일상생활 속에서 자주 접하는 행동을 흉내 내어 보는 것에 중점을 둔다.

'리듬 있는 소리로 반응하기'는 영아가 주변에서 들려오는 소리 중에서 리듬이 있는 소리를 구분하여 리듬에 관심을 기울이며 점차 노래를 부분적으로 따라 부르게 되는 내용으로 구성된다. 또한 리듬과 노래를 들었을 때 소리로 반응하며 리듬과 음높이에 맞추어 소리를 낼 수 있게 되는 내용을 다룬다. 구체적으로 '리듬 있는 소리로 반응하기'는 '리듬 있는 소리에 관심을 갖고 노래를 부분적으로 따라 부르는 것'과 '리듬과 노래에 소리로 반응하거나 리듬과 음높이에 맞추어 소리를 내는 것'으로 구성되어 있다. 이를 통해 영아가 리듬 있는 소리를 내고, 노래를 부를 수 있는 기초적인 능력과 리듬과 노래에 맞추어 소리를 낼 수 있는 능력을 기르기 위함이다.

'움직임으로 반응하기'는 0~1세 영아가 주변 환경에서 경험하는 시각적, 청각적 자극에 대해 손발과 몸을 움직여서 자유롭게 반응하고 간단한 도구를 활용하여 자신의 느낌을 더욱 풍부하게 표현하는 것에 대한 내용이다. 구체적으로 '움직임으로 반응하기'는 '손발 흔들기와 몸 움직임으로 반응하기', '간단한 도구를 활용하여 움직이기'로 구성되어 있다. 이를 통해 영아로 하여금 안정적인 정서 분화의 기회를 갖게 하고, 신체조절능력과 비언어적 의사소통 능력을 증진시키기 위함이다.

'단순한 미술 경험하기'는 1세 영아가 감각을 통해 미술표현을 시도하고 즐기는 내용이다. 미술재료를 탐색하고, 그것을 이용하여 자유롭게 표현하며 미술적 표현능력의 기초를 마련하게 된다. 구체적으로 '단순한 미술 경험하기'는 '감각적으로 단순한 미술을 경험'하는 활동으로 구성된다. 이를 통해 단순한 미술 경험을 시작으로 쓰기의 초기 표현이 가

능하며 소근육 조작 능력 등 복합적인 발달을 증진할 수 있다.

'모방 행동 즐기기'는 0~1세 영아가 일상생활 속에서 모방 행동, 상상놀이 등을 즐길 수 있도록 기회를 제공하고 그것을 격려하는 것과 관련된 내용이다. 구체적으로 '모방 행동 즐기기'는 '소리나 얼굴 표정, 몸 움직임 등을 모방하는 것', '단순한 모방 행동을 놀이처럼 즐기는 것'으로 구성되어 있다. 이를 통하여 영아의 자기 표현력을 증진시키고자 함이다.

(3) 예술 감상하기–아름다움 경험하기

영아가 일상생활에서 반복되는 소리나 노래를 즐겨 듣고, 익숙한 주변 환경 속에서 자연물이나 사물의 아름다움을 경험하도록 하는 데 중점을 둔다.

'아름다움 경험하기'는 0~1세 영아가 자신의 주변과 친숙한 사람과의 관계 속에서 친근한 소리나 노래를 반복적으로 즐겨 듣고 자연이나 사물의 아름다움을 경험하는 것과 관련된 내용이다. 구체적으로 '아름다움 경험하기'는 '일상생활에서 반복되는 소리와 노래에 관심을 가지는 것', '일상생활에서 리듬 있는 소리와 노래를 즐겨 듣는 것' 그리고 '일상생활에서 자연이나 사물의 아름다움을 경험하는 것'으로 구성되어 있다. 이를 통해 영아의 심미적 감수성을 증진시키기 위함이다.

2) 2세 보육과정의 영역별 목표와 내용

표준보육과정의 목적은 '영유아 심신의 건강과 전인적 발달을 도와 영유아의 행복을 도모하며 민주시민의 기초를 형성하는 것'이고 2세 표준보육과정의 예술경험 영역에서의 목표는 '아름다움에 관심을 가지고 예술을 경험을 즐기는 것'이며 하위목표는 다음과 같다.

아름다움에 관심을 가지고 예술경험을 즐긴다.
- 주변 생활에서 예술적 요소를 발견하고 흥미롭게 탐색한다.
- 간단한 리듬이나 노래, 움직임, 자발적인 미술활동을 자유롭게 시도하고 모방이나 상상놀이로 표현한다.
- 주변의 환경과 자연 및 다양한 표현에서 예술적 요소를 관심 있게 보고 즐긴다.

2세 표준보육과정의 예술경험영 역에서의 내용체계는 다음과 같으며 내용범주는 아름다움 찾아보기, 예술적 표현하기, 예술 감상하기이며 이러한 내용범주에서 다루어야 할 내용들은 다음과 같이 구성되어 있다.

<2세 표준보육과정의 예술경험 영역에서의 내용체계>

내용범주	내용
아름다움 찾아보기	예술적 요소 탐색하기
예술적 표현하기	리듬 있는 소리와 노래로 표현하기
	움직임으로 표현하기
	자발적으로 미술활동하기
	모방과 상상놀이하기
예술 감상하기	아름다움 즐기기

2세 표준보육과정의 예술경험영역에서 영유아 음악교육과 관련된 내용과 세부내용을 수준별로 살펴보면 다음과 같다.

<table>
<tr><th>내용범주</th><th>내용</th><th>1수준</th><th>2수준</th></tr>
<tr><td rowspan="2">아름다움 찾아보기</td><td rowspan="2">예술적 요소 탐색하기</td><td colspan="2">주변 환경에서 나는 다양한 소리와 움직임을 탐색한다.</td></tr>
<tr><td colspan="2">주변 환경에서 색, 모양을 탐색한다.</td></tr>
<tr><td rowspan="7">예술적 표현하기</td><td rowspan="2">리듬있는 소리와 노래로 표현하기</td><td colspan="2">친근한 노래를 따라 부른다.</td></tr>
<tr><td colspan="2">신체, 사물, 리듬악기 등을 이용하여 간단한 리듬과 소리를 만든다.</td></tr>
<tr><td rowspan="2">움직임으로 표현하기</td><td colspan="2">노래나 리듬에 맞춰 몸으로 표현한다.</td></tr>
<tr><td colspan="2">간단한 도구를 활용하여 몸으로 표현한다.</td></tr>
<tr><td rowspan="2">자발적으로 미술활동하기</td><td colspan="2">자발적으로 그리기, 만들기를 한다.</td></tr>
<tr><td colspan="2">간단한 도구와 미술재료를 다룬다.</td></tr>
<tr><td>모방과 상상 놀이하기</td><td>모방 행동을 놀이처럼 즐긴다.</td><td>일상생활 경험을 상상놀이로 즐긴다.</td></tr>
<tr><td rowspan="3">예술 감상하기</td><td rowspan="3">아름다움 즐기기</td><td colspan="2">자연이나 생활의 소리나, 움직임, 친근한 음악과 춤을 관심 있게 듣거나 본다.</td></tr>
<tr><td colspan="2">일상생활에서 자연과 사물의 아름다움에 관심을 가지고 즐긴다.</td></tr>
<tr><td colspan="2">자신과 또래가 표현한 노래, 춤, 미술품 등에 관심을 가지고 즐긴다.</td></tr>
</table>

(1) 아름다움 찾아보기—예술적 요소 탐색하기

> 영아가 익숙한 주변 환경에서 새로 발견하는 것에 대해 관심을 갖고 주의를 기울여 자발적으로 예술적인 요소를 탐색하는 것에 주안점을 둔다.

'예술적 요소 탐색하기'는 2세 영아가 익숙한 환경에서 새롭게 발견하는 것에 대해 관심을 갖고 예술적 요소를 흥미롭게 탐색하는 것에 대한 내용이다. 예술적 요소 탐색하기는 '다양한 소리와 움직임 탐색'과 '색과 모양에 대한 탐색'으로 구성되어 있다. 이를 통해 영아가 주변 환경의 예술적 요소를 적극적으로 탐색하는 태도를 증진시키기 위함이다.

(2) 예술적 표현하기–리듬 있는 소리와 노래로 표현하기, 움직임으로 표현하기 자발적으로 미술활동하기, 모방과 상상놀이하기

- 영아가 친근한 노래를 따라 부르고 신체, 목소리, 리듬악기 등을 이용하여 간단한 소리와 리듬을 만들어 보는 경험에 중점을 둔다.
- 노래나 리듬에 맞춰 몸을 움직이거나, 간단한 도구를 활용하여 표현하는데 중점을 둔다.
- 자발적으로 그리기와 만들기를 시도하고, 간단한 도구와 재료를 경험하는 데에 중점을 둔다.
- 주변의 친숙한 사람의 행동을 모방하거나 자신의 일상생활에서 익숙해진 행동을 인형이나 다른 사람에게 적용하여 상상놀이를 즐기는 데 중점을 둔다.

'리듬 있는 소리와 노래로 표현하기'는 2세 영아가 친근한 노래를 따라 부르고 신체, 목소리, 리듬악기 등을 이용하여 간단한 리듬과 소리를 만듦으로써 리듬감 발달과 음악적 표현 능력을 증진하기 위한 내용이다. 구체적으로 '리듬 있는 소리와 노래로 표현하기'는 '친근한 노래 따라 부르기'와 '간단한 리듬과 소리 만들기'로 구성되어 있다. 이를 통해 영아의 음악적 표현 능력을 증진시키기 위함이다.

'움직임으로 표현하기'는 2세 영아의 신체운동능력 발달에 따라 친근한 리듬이나 음악에 맞춰 춤추기를 즐기고, 간단한 도구를 활용하여 신체로 표현하는 것에 대한 내용이다. 구체적으로 '움직임으로 표현하기'는 '노래나 리듬에 맞춰 표현하기', '간단한 도구를 활용하여 표현하는 것'으로 구성되어 있다. 이를 통해 신체 리듬감을 계발하고 도구를 조작하는 능력이 증진시키기 위함이다.

'자발적으로 미술활동하기'는 2세 영아가 미술재료를 활용하여 자발적으로 그리기와 만들기를 시도하며 간단한 도구와 미술재료를 다루는 경험에 관한 내용이다. 구체적으로 '자발적으로 미술활동하기'는 '자발적으로 그리기와 만들기', '간단한 도구와 미술재료를 다루기'로 구성되어 있다. 이를 통해 자유롭고 창의적인 영아의 표현능력 증진과 소근육 조절 능력을 신장시키며, 자신의 결과물을 통해 얻을 수 있는 긍정적인 자아인식과 성취감을 갖도록 하기 위함이다.

'모방과 상상놀이하기'는 상징을 사용할 수 있게 된 2세 영아가 일상생활 속에서 모방

과 상상놀이를 즐길 수 있도록 격려하는 데 초점을 둔다. 구체적으로 '모방과 상상놀이는 '모방 행동을 놀이처럼 즐기기', '일상생활 경험을 상상놀이로 즐기기'로 구성되어 있다. 이를 통하여 상상 놀이를 즐기는 태도를 기르고자 함이다.

(3) 예술 감상하기–아름다움 즐기기

영아가 일상생활 속에서 자연과 사물의 아름다움에 관심을 가지고 즐기며, 자신과 또래가 표현한 노래, 춤, 그리기 등을 즐기는 데 중점을 둔다.

'아름다움 즐기기'는 2세 영아가 주변 환경이나 자연 속에서 발견되는 예술적 요소에 관심을 가지며, 자신과 또래가 표현한 노래, 춤, 그리기 등을 즐기는 태도와 관련된 내용이다. 구체적으로 '아름다움 즐기기'는 '자연이나 생활의 소리나 움직임, 친근한 음악과 춤을 관심 있게 듣거나 보는 것', '일상생활에서 자연과 사물의 아름다움에 관심을 가지고 즐기기', 그리고 '자신과 또래가 표현한 노래, 춤, 미술품 등에 관심을 가지고 즐기기'로 구성되어 있다. 이를 통해 영아가 예술을 즐기는 태도를 기르게 한다.

2. 2019 개정 누리과정 예술경험 영역 목표와 내용

「영유아보육법」 제29조와 같은 법 시행규칙 제30조 규정에 의한 「3~5세 연령별 누리과정고시」(보건복지부 고시 제2015-45호, 2015. 3. 12.)를 다음과 같이 개정·발령하였다. 보건복지부와 교육부는 2020년 3월부터 시행하는 '2019 개정 누리과정'의 효율적인 운영을 위하여, 2019 개정 누리과정 현장지원자료 해설서, 놀이이해자료, 놀이실행자료를 개발하여 누리과정을 운영하는 어린이집과 유치원에 보급하며, 보건복지부와 교육부 홈페이지 외에도 누리과정 포털 등에서도 확인할 수 있도록 널리 배포하였다. 그러므로 보육과 교육관련 현장교사, 예비교사들을 위해 2019 개정 누리과정의 성격, 총론으로 나누어 살펴보고 그 의미를 알 수 있도록 제시하고자 한다.

2019 개정 누리과정의 성격은 다음과 같으며 총론은 누리과정 구성방향, 누리과정 운영, 영역별 목표 및 내용 중 누리과정 예술경험 영역에 대해 제시하고자 한다.

누리과정의 성격

누리과정은 3~5세 유아를 위한 국가 수준의 공통 교육과정이다.

가. 국가 수준의 공통성과 지역, 기관 및 개인 수준의 다양성을 동시에 추구한다.
나. 유아의 전인적 발달과 행복을 추구한다.
다. 유아 중심과 놀이 중심을 추구한다.
라. 유아의 자율성과 창의성 신장을 추구한다.
마. 유아, 교사, 원장(감), 학부모 및 지역사회가 함께 실현해가는 것을 추구한다.

2019 개정 누리과정의 총론은 누리과정 구성방향, 누리과정 운영, 영역별 목표 및 내용 중 누리과정 예술경험 영역에 대해 살펴보고자 한다.

1) 누리과정의 구성방향

(1) 추구하는 인간상

2019 개정 누리과정에서 추구하는 인간상은 새롭게 신설된 것으로 초등학교의 추구하는 인간상과 연계하여 제시하였다. 또한, 유아기에 가장 중요한 '건강한 사람'을 추가하여 가장 처음으로 제시하였다.

누리과정이 추구하는 인간상은 다음과 같다.

가. 건강한 사람

나. 자주적인 사람

다. 창의적인 사람

라. 감성이 풍부한 사람

마. 더불어 사는 사람

교사는 개정 누리과정에서 추구하는 인간상 그리고 목적과 목표를 5개 영역의 내용과 연계하여 이해하는 것이 필요하다. 추구하는 인간상, 그리고 목적과 목표는 다소 추상적이며 유아의 미래 모습이라고 생각될 수 있다. 그러나 유아는 현재의 경험을 통하여 미래로 성장해 간다는 점에서 누리과정은 유아가 현재 경험하는 내용이 중요함을 강조하고 있다. 유아는 5개 영역의 내용을 일상적으로 경험하며 궁극적으로 추구하는 인간상을 향하여 성장해 간다. 누리과정의 목표는 5개 영역의 목표와 일대일 대응 관계가 아니며, 59개의 내용에 고르게 분포되어 있다.

추구하는 인간상				
건강한 사람	자주적인 사람	창의적인 사람	감성이 풍부한 사람	더불어 사는 사람
목 표				
자신의 소중함을 알고, 건강하고 안전한 생활습관을 기른다.	자신의 일을 스스로 해결하는 기초 능력을 기른다.	호기심과 탐구심을 가기고 상상력과 창의력을 기른다.	일상에서 아름다움을 느끼고 문화적 감수성을 기른다.	사람과 자연을 존중하고 배려하며 소통하는 태도를 기른다.
5개 영역				
신체 · 운동건강	의사소통	사회관계	예술경험	자연탐구

(2) 목적과 목표

2019 개정 누리과정 목적에 '놀이를 통해', '바른 인성'을 포함 시키고 기존의 누리과정이 5개 영역의 목표를 기술했던 반면, 2019 개정 누리과정에서는 추구하는 인간상과 연계된 목표를 진술하였다.

누리과정의 목적은 유아가 놀이를 통해 심신의 건강과 조화로운 발달을 이루고 바른 인성과 민주 시민의 기초를 형성하는 데에 있다.

이를 실현하기 위한 목표는 다음과 같다.

가. 자신의 소중함을 알고, 건강하고 안전한 생활습관을 기른다.
나. 자신의 일을 스스로 해결하는 기초능력을 기른다.
다. 호기심과 탐구심을 가지고 상상력과 창의력을 기른다.
라. 일상에서 아름다움을 느끼고 문화적 감수성을 기른다.
마. 사람과 자연을 존중하고 배려하며 소통하는 태도를 기른다.

(3) 구성의 중점

2019 개정 누리과정은 구성의 방향을 구성의 중점으로 표현하였고 구성의 중점은 교사가 해야 하는 것이 아닌 누리과정에 이미 반영되어 있음을 의미한다. 또한, 기존 누리과정이 발달 특성을 고려하여 연령별로 구성한 반면 2019 개정 누리과정에서는 경험해야 할 내용으로 구성되어 '모든 유아'에게 적용한다는 것은 유아가 처한 상황에 의해 배재되거나 차별받지 않음을 의미하는 구성의 중점이다.

누리과정 구성의 중점은 다음과 같다.

가. 3~5세 모든 유아에게 적용할 수 있도록 구성한다.
나. 추구하는 인간상 구현을 위한 지식, 기능, 태도 및 가치를 반영하여 구성한다.
다. 신체운동·건강, 의사소통, 사회관계, 예술경험, 자연탐구의 5개 영역을 중심으로 구성한다.라. 3~5세 유아가 경험해야 할 내용으로 구성한다.
마. 0~2세 보육과정 및 초등학교 교육과정과의 연계성을 고려하여 구성한다.

2) 누리과정의 운영

(1) 편성 및 운영

2019 개정 누리과정은 편성과 운영을 별도 기술하던 것에서 실행 시 나누어 생각할 수 없으므로 함께 기술하였고, 놀이가 충분히 이루어지도록 편성하여 운영하였다. '연간, 월간, 주간, 일일 계획' 대신 '각 기관에 적합한 계획'으로 기술하여 현장의 자율성을 지원하였고 교사 연수는 교사 스스로의 학습공동체 모임 등을 포함하여 지원할 수 있도록 하였다.

다음의 사항에 따라 누리과정을 편성·운영한다.

가. 1일 4~5시간을 기준으로 편성한다.
나. 일과 운영에 따라 확장하여 편성할 수 있다.
다. 누리과정을 바탕으로 각 기관의 실정에 적합한 계획을 수립하여 운영한다.
라. 하루일과에서 바깥 놀이를 포함하여 유아의 놀이가 충분히 이루어지도록 편성하여 운영한다.
마. 성, 신체적 특성, 장애, 종교, 가족 및 문화적 배경 등으로 인한 차별이 없도록 편성하여 운영한다.
바. 유아의 발달과 장애 정도에 따라 조정하여 운영한다.

사. 가정과 지역사회와의 협력과 참여에 기반하여 운영한다.
아. 교사 연수를 통해 누리과정의 운영이 개선되도록 한다.

(2) 교수 학습

기존의 누리과정이 교사가 직접 수행해야 하는 내용을 기술했다면, 2019 개정 누리과정에서는 교사가 유아를 지원해야 함을 강조하였다. 특히 유아가 놀이에 자유롭게 참여하고 즐기도록 하고, 유아가 놀이를 통해 배우도록 지원해야 함을 강조하였다.

교사는 다음 사항에 따라 유아를 지원한다.

가. 유아가 흥미와 관심에 따라 놀이에 자유롭게 참여하고 즐기도록 한다.
나. 유아가 놀이를 통해 배우도록 한다.
다. 유아가 다양한 놀이와 활동을 경험할 수 있도록 실내외 환경을 구성한다.
라. 유아와 유아, 유아와 교사, 유아와 환경 간에 능동적인 상호작용이 이루어지도록 한다.
마. 5개 영역의 내용이 통합적으로 유아의 경험과 연계되도록 한다.
바. 개별 유아의 요구에 따라 휴식과 일상생활이 원활히 이루어지도록 한다.
사. 유아의 연령, 발달, 장애, 배경 등을 고려하여 개별 특성에 적합한 방식으로 배우도록 한다.
바. 개별 유아의 요구에 따라 휴식과 일상생활이 원활히 이루어지도록 한다.
사. 유아의 연령, 발달, 장애, 배경 등을 고려하여 개별 특성에 적합한 방식으로 배우도록 한다.

(3) 평가

기존의 누리과정에서 누리과정 운영 평가와 유아 평가를 별도로 기술하고, 그 내용에서 구체적인 방법을 기술했던 것에서, 2019 개정 누리과정은 평가의 목적, 대상, 방법, 활용으로 나누어 간략하게 기술하였다.

평가는 다음 사항에 중점을 두고 실시한다.

가. 누리과정 운영의 질을 진단하고 개선하기 위해 평가를 계획하고 실시한다.
나. 유아의 특성 및 변화 정도와 누리과정의 운영을 평가한다.
다. 평가의 목적에 따라 적합한 방법을 사용하여 평가한다.
라. 평가의 결과는 유아에 대한 이해와 누리과정 운영 개선을 위한 자료로 활용할 수 있다.

3) 영역별 목표 및 내용

2019 개정 누리과정은 기존과 다른 전반적인 특성은 목표와 내용 범주를 간략화하고, 내용을 대폭 줄였으며, 기술 방식에 있어서는 무엇인가를 기르기보다는 즐기는 것에 중점을 두고 있다.

2019 개정 누리과정 예술경험 영역은 능력을 기른다는 기술은 삭제되고 즐긴다는 표현으로 변화되었고 세부 목표의 수는 같지만 보다 간략화 되었으며, 과정에 초점을 두었다. 내용범주의 변화는 5개 영역 중 가장 적었는데, 예술적 표현하기가 창의적으로 표현하기로 수정되었고 내용의 수는 10개로 가장 적지만, 예술경험이 덜 중요하다거나 비중이 낮아서가 아니라, 이 영역의 포괄적이고 통합적인 특성 때문임을 강조하였다.

또한, 유아가 자연과 생활에서 아름다움을 느끼고 즐기는 경험을 반영하여 '아름다움 찾아보기'를 새롭게 편성한 점, '창의적으로 표현하기'에서는 유아가 예술을 자신만의 독특한 생각을 여러 가지 방식으로 자유롭게 표현하는 내용을 반영한 점, 「3~5세 연령별 누리과정」의 '통합적으로 표현하기'를 삭제하고, 음악은 다양한 노래를 즐기며, 소리와 리듬 만들기 경험을, 움직임과 춤은 자유로운 표현과정을, 미술에서도 다양한 재료와 도구를 활용하여 자신의 생각과 느낌을 표현하는 경험을, 극놀이는 경험과 이야기를 표현하는 경험을 강조한 점, '예술 감상하기'에서 다양한 예술을 통한 상상하기와 우리나라 고유의 전통예술에 친숙해지는 경험 등을 강조하였다.

(1) 목표

아름다움과 예술에 관심을 가지고 창의적 표현을 즐긴다.
① 자연과 생활 및 예술에서 아름다움을 느낀다.
② 예술을 통해 창의적으로 표현하는 과정을 즐긴다.
③ 다양한 예술 표현을 존중한다.

(2) 내용

2019 개정 누리과정의 목표 및 내용범주를 이해할 수 있도록 예술경험 영역의 목표와 내용범주는 유아가 자연, 생활, 예술에서 아름다움을 느끼고, 음악, 움직임과 춤, 미술, 극놀이 등의 예술에서 자신의 느낌과 생각을 창의적으로 표현하는 과정을 즐기며, 다양한 예술작품을 감상하며 다른 사람의 예술 표현을 존중하는 내용으로 구성하였다.

예술경험 영역의 내용범주와 내용은 다음과 같다.

내용범주	내용
아름다움 찾아보기	자연과 생활에서 아름다움을 느끼고 즐긴다.
	예술적 요소에 관심을 갖고 찾아본다
창의적으로 표현하기	노래를 즐겨 부른다.
	신체, 사물, 악기로 간단한 소리와 리듬을 만들어 본다.
	신체나 도구를 활용하여 움직임과 춤으로 자유롭게 표현한다.
	다양한 미술 재료와 도구로 자신의 생각과 느낌을 표현한다.
	극놀이로 경험이나 이야기를 표현한다.
예술 감상하기	다양한 예술을 감상하며 상상하기를 즐긴다.
	서로 다른 예술 표현을 존중한다.
	우리나라 전통 예술에 관심을 갖고 친숙해진다.

특히 예술경험 영역은 유아가 자연과 생활, 예술에서 아름다움을 느끼고 즐기는 경험을 반영하여 '아름다움 찾아보기'를 새롭게 편성하였다. '창의적으로 표현하기'에서는 유아가 자신의 느낌과 생각을 음악, 움직임과 춤, 미술, 극놀이 등을 통해 자유롭게 표현하는 과정을 즐기는 내용으로 구성하였다. '예술 감상하기'에서는 유아가 다양한 예술을 통해 상상하기를 즐기고, 우리나라 고유의 전통예술에 친숙해지는 경험을 강조하였다.

'아름다움 찾아보기' 유아가 자연과 생활에서 아름다움을 느끼며 예술적 요소에 관심을 가지고 찾아보는 내용이다.

'창의적으로 표현하기' 유아가 노래를 즐겨 부르고, 간단한 소리와 리듬을 만들어 보며, 자유롭게 움직이며 춤추고, 다양한 미술 재료와 도구를 활용하여 표현하며, 경험과 이야기를 극놀이로 표현하는 내용이다.

'예술 감상하기' 유아가 자신과 또래의 작품뿐만 아니라 다양한 예술을 감상하며 상상하기를 즐기고, 서로 다른 예술 표현을 존중하며, 우리 고유의 전통예술에 친숙해지는 내용이다.

3. 예술경험 영역의 실제

예술경험 영역은 '빨간색, 노란색, 파란색들이 춤을 추고 있어요.'의 글처럼 유아는 일상에서 아름다움과 경이감을 느끼고 즐기며 표현하는 풍부한 감성을 가진 존재이다. 예술경험 영역은 유아가 자연, 생활, 예술에서 아름다움을 찾아보고 느끼며, 다채롭고 창의적인 방법으로 자신의 경험, 생각, 느낌을 표현해 보고, 다양한 예술 표현을 존중하는 경험과 관련된 내용이다. 교사는 유아가 아름다움을 느끼고 즐기며 창의적으로 표현하는 과정을 통해 풍부한 감수성을 기르도록 돕는다. 또한, 유아가 다양한 예술 감상을 통해 상상력을 키우고 예술 표현이 가지고 있는 고유의 가치를 존중하도록 지원할 수 있다.

1) 내용 범주: 아름다움 찾아보기(2019 개정 누리과정 교사연수자료(요약본) 56~57)

목표 •자연과 생활 및 예술에서 아름다움을 느낀다.

내용 •자연과 생활에서 아름다움을 느끼고 즐긴다.

•예술적 요소에 관심을 갖고 찾아본다.

내용이해	유아의 경험
자연과 생활에서 아름다움을 느끼고 즐긴다. 유아가 자신의 주변에서 만나는 자연, 공간, 사물 등의 아름다움을 풍부하게 느끼며 즐기는 내용이다.	–벚꽃이 바람을 타고 눈처럼 휘날린다. 유아들이 "와~ 저 것 봐! 눈이 오는 것 같아. 분홍색 눈이야. 정말 예쁘다!" 하며 감탄한다. 유아들은 하늘을 향해 고개를 들고 두 팔을 벌리며 흩날리는 벚꽃잎을 맞기도 하고, 바람결에 날아가는 벚꽃잎을 쫒아다니기도 한다. 그리고 땅에 떨어진 벚꽃잎을 조심스럽게 다루며 한 잎 한 잎 줍기도 한다.
예술적 요소에 관심을 갖고 찾아본다. 유아가 주변의 자연과 생활에서 다양한 소리나 리듬 등의 음악적 요소, 색이나 형태 등과 같은 미술적 요소, 사물이나 동식물의 움직임에서 아름다움을 발견하는 내용이다.	–유아는 몸을 풀쩍 뛰어오르면서 리본막대를 재빠르게 높이 올렸다가 내리기를 반복한다. 친구들은 흘러내리는 리본의 다양한 곡선 모양을 보며 "와 예쁘다.", "춤을 추며 내려오는 것 같다.", "리본이 파도처럼 움직여~" 하며 환호하며 관심을 보인다. 

2) 내용범주 : 창의적으로 표현하기(2019 개정누리과정 해설서 95~96)

목표 • 예술을 통해 창의적으로 표현하는 과정을 즐긴다.

내용 • 노래를 즐겨 부른다.
• 신체, 사물, 악기로 간단한 소리와 리듬을 만들어 본다.
• 신체나 도구를 활용하여 움직임과 춤으로 자유롭게 표현한다.
• 다양한 미술 재료와 도구로 자신의 생각과 느낌을 표현한다.
• 극놀이로 경험이나 이야기를 표현한다.

내용이해	유아 경험의 실제
노래를 즐겨 부른다. 유아가 흥얼거리거나 친구들과 함께 소리와 박자 등을 느끼고 노랫말을 바꾸어 불러 보며 노래 부르기를 즐기는 내용이다. **신체, 사물, 악기로 간단한 소리와 리듬을 만들어 본다.** 유아가 자신의 신체, 주변의 사물, 리듬 악기 등을 사용하여 소리와 리듬을 창의적으로 만들어 보는 내용이다.	유아가 바깥 놀이터의 소꿉놀이 그릇을 모두 뒤집어 펼쳐 놓고 숟가락으로 여기저기 두드린다. 이때 교사가 지나가자, "선생님, 들어보세요. 소리가 모두 달라요. 저는 지금 피아노 치고 있어요." 하며 최근에 배운 새 노래 '유리창에 예쁜 은구슬'을 흥얼거린다. 선생님은 "오! 정말 소리가 다르네. 정말 피아노 치는 것 같네." 하며 유아의 곁에서 함께 노래한다. 

<table>
<tr><th>내용이해</th><th>유아 경험의 실제</th></tr>
<tr><td>신체나 도구를 활용하여 움직임과 춤으로 자유롭게 표현한다.
유아가 자연과 생활에서 발견한 다양한 움직임을 자유롭게 표현하고 나아가 자신의 생각과 느낌을 자신의 신체나 다양한 도구를 활용하여 움직임과 춤으로 표현하는 내용이다.

다양한 미술 재료와 도구로 자신의 생각과 느낌을 표현한다.
유아가 자연과 생활에서 발견한 다양한 재료와 도구를 활용하여 여러 가지 방법으로 표현하는 내용이다. 자신의 경험, 느낌, 생각 등을 창의적으로 표현하는 과정을 즐기는 내용이다.</td><td>유아가 창문 밖으로 나뭇잎이 바람에 날리는 모습을 보며 큰 소리로 "와! 저것 봐. 나뭇잎이 데굴데굴 잘도 굴러가고 있어!"라고 말한다. 잠시 후 유아는 교실에 있는 리본 막대를 들고 동그랗게 흔들면서 "나뭇잎이 동글 동글 굴러가고 굴러가고."라고 흥얼거린다.
</td></tr>
<tr><td>극놀이로 경험이나 이야기를 표현한다.
유아가 자신의 경험, 다양한 상황, 이야기를 자유롭게 상상하며 극놀이로 표현하는 과정을 즐기는 내용이다.</td><td>유아가 친구들에게 꿀벌놀이를 하자고 제안한다.

수진: 나는 여왕벌 할래. 너희들은 모두 일벌 해. 아이 배고파. 일벌들아 꽃에게 가서 꿀을 가져와.
유찬: (날갯짓하며 교실을 한 바퀴 돌아와 수진이에게 손을 내밀며) 이건 꿀이야. 자, 먹으세요!
승민: 나는 말벌이야. 너희들은 꿀벌이니까 도망가야 돼. 웽웽.

꿀벌 역할을 맡은 두 유아가 "으악!" 하며 달아난다. 이 모습을 보고 있던 희원이와 민이가 "애들아, 잠깐 기다려 봐. 우리가 꿀벌집 만들어 줄게."라고 말하며 상자, 사인펜, 물감 등을 가지고 모인다.</td></tr>
</table>

3) 내용범주 : 예술 감상하기(2019 개정 누리과정 해설서 97)

목표 •다양한 예술 표현을 존중한다.

내용 •다양한 예술을 감상하며 상상하기를 즐긴다.

•서로 다른 예술 표현을 존중한다.

•우리나라 전통예술에 관심을 갖고 친숙해진다.

내용이해	유아 경험의 실제
다양한 예술을 감상하며 상상하기를 즐긴다. 유아가 자신과 또래의 작품이나 음악, 춤, 미술작품, 극 등 다양한 예술을 감상하고 자유롭게 상상하기를 즐기는 내용이다.	유아들이 분홍색 한지를 구기고 찢어서 꾸민 봄꽃 작품을 감상하며 "와! 예쁘다. 어! 이건 어떻게 했지? 이렇게 하니까 진짜 꽃 같다. 꽃 냄새 맡아 보자. 흠, 꼭 봄꽃 요정이 나타날 것 같아, 그치?" 하며 친구와 마주보고 웃는다.
서로 다른 예술 표현을 존중한다. 유아가 자신과 또래의 작품, 음악, 춤, 미술작품, 극 등에 포함된 다양한 표현을 존중하는 내용이다. **우리나라 전통 예술에 관심을 갖고 친숙해진다.** 유아가 우리나라 고유의 전통 음악, 춤, 미술, 건축물, 극 등에 관심을 가지고 전통 예술을 감상하며 우리나라 문화에 친숙해지는 내용이다.	유아들이 '밀양 아리랑'을 들으며 장구를 자유롭게 두드린다. 한 유아가 "얘들아! 날 좀 보소." 하고 노래를 흥얼거리며 두 손으로 장구를 두드린다. 옆에 있던 유아가 장구를 세운 후 두드리며 "나는 세워서 두드려야지. 2개로도 할 수 있어."라고 말한다. 그러니까 옆에서 바라보던 유아가 "어? 세워서도 할 수 있네. 그렇게 쳐도 좋은 것 같다. 

4) 예술경험 영역의 통합적 이해(2019 개정 누리과정 해설서 98)

비 오는 날

비가 내리는 날, 창문 밖을 바라보던 유아들은 선생님에게 바깥으로 나가자고 제안한다. 우비와 장화 차림으로 친구들과 함께 바깥 놀이터로 나온 신유와 지효는 친구들과는 조금 떨어진 곳으로 걸어간다. 그리고 비가 와서 생긴 흙탕물 도랑을 밟으며 말없이 천천히 걷는다.

신유: (작은 목소리로) 소리가 난다.
지효: (미소 지으며 작은 목소리로) 응. 우비에서 소리가 난다.
신유: 응. 신발에서도 소리가 난다. … 이것 봐. 발자국이 생긴다.
지효: 너 발자국 위에 내 발자국 올라간다.

지효가 화단에 동백꽃 잎들이 떨어진 것을 발견하고 동백꽃 잎을 줍는다. 지효가 "아 정말 부드럽다."라고 말하자 신유가 "살살 만져야겠어. 우리 동백꽃 잎 케이크 만들자. 정말 맛있을 거야." 하며 제안한다. 지효는 동백꽃 잎을 주워오고, 신유는 동백꽃 잎으로 케이크를 만들기로 한다.

신유는 큰 냄비에 모래를 가득 담아 바닥에 엎고, 작은 그릇에도 모래를 가득 담아 그 위에 엎는다. 그리고 손으로 모래를 다듬으며 동백꽃 잎을 하나씩 꽂는다. 교사가 분홍색 꽃잎이 비에 젖으니까 더 선명하고 예쁜 것 같다고 말한다. 신유는 "동백꽃 잎 케이크예요. 친구에게 선물하고 싶어요."라고 말하며 계속 모래를 다듬으며 동백꽃 잎을 꽂고, 지효는 계속 동백꽃 잎을 주워 신유에게 전달한다.

동백꽃잎 케이크를 만든 뒤 지효는 화단에서 짧고 가느다란 나뭇가지를 주워 온다. 그리고 작은 목소리로 신유에게 "나무가 연필이라고 생각하고 서로 그려 주자."라고 말한다. 지효와 신유는 모래 위에 서로의 모습을 나뭇가지로 그려 준다.

5) 5개 영역의 통합적 이해(2019 개정누리과정 해설서 99~100)

- 신체운동·건강 영역에서 신체활동 즐기기 **신체를 인식하고 움직인다.** 유아들은 발로 천천히 걷기, 발자국 만들기, 엄지와 검지 손가락으로 조심스럽게 꽃잎 줍기, 손바닥으로 모래 다듬기 등의 신체를 인식하고 움직이는 경험을 한다. **신체 움직임을 조절한다.** 유아들은 동백꽃잎, 젖은 모래, 나뭇가지 등 사물의 특성에 따라 손가락 힘의 강도를 조절한다.

- 의사소통 영역에서 듣기와 말하기 **말이나 이야기를 관심 있게 듣는다.** 유아들은 빗소리와 물 웅덩이 등에 대해서 다양한 표현을 하며 서로의 이야기를 관심 있게 듣고 말하고, **자신의 경험, 느낌, 생각을 말한다.** 유아들은 동백꽃 잎이 떨어진 모습을 보며 서로의 생각을 말하고 상대방의 말이나 이야기를 듣고 적절하게 반응한다.

- 사회관계 영역에서 더불어 생활하기 **친구와 서로 도우며 사이좋게 지낸다.** 유아들은 동백꽃잎 케이크를 만들기 위해 서로 역할을 분담하며 협력한다. 서로의 모습을 예쁘게 그려 준다.

- 예술경험 영역에서 아름다움 찾아보기 **자연과 생활에서 아름다움을 느끼고 즐긴다.** 유아들은 비가 내리는 날 만나는 자연과 공간, 사물에서 아름다움을 발견하고 풍부하게 느낀다. 말없이 조용히 걸으며 주의를 기울여 빗소리를 듣고, 화단에서 발견한 동백꽃잎으로 동백꽃잎 케이크를 만들고, 서로의 모습을 그려 주는 모든 과정에서 아름다움을 느끼고 즐긴다. **예술적 요소에 관심을 갖고 찾아본다.** 빗소리, 우비에 떨어지는 빗소리, 장화와 흙탕물 도랑이 만나는 소리 등의 음악적 요소, 동백꽃 잎의 분홍빛, 곡선, 부드러운 질감과 모래의 까끌까끌한 질감 등의 미술적 요소에 주의를 기울이고, 케이크를 동백꽃잎과 불그스름한 나뭇잎으로 장식하며 케이크의 꼭대기에 동백꽃 한 송이를 장식하는 과정을 통해 색, 모양, 질감, 공간을 탐

색한다. **창의적으로 표현하기 다양한 미술 재료와 도구로 자신의 생각과 느낌을 표현한다.** 동백꽃잎과 불그스름한 나뭇잎, 젖은 모래, 큰 냄비와 작은 그릇을 활용하여 2층으로 올린 동백꽃잎 케이크를 창의적으로 만든다. 동백꽃잎을 하나씩 둥글게 꽂고, 불그스름한 나뭇잎을 이중으로 꽂아 꾸밈. 화단에서 주운 짧고 가느다란 나뭇가지로 젖은 모래 위를 도화지 삼아 서로의 모습을 그려 주며 창의적 표현을 즐긴다.

- 자연탐구 영역에서 생활 속에서 탐구하기 **물체의 특성과 변화를 여러 가지 방법으로 탐색한다.** 유아들은 젖은 모래는 마른 모래보다 잘 뭉쳐지기도 하지만 모래이기 때문에 잘 부스러진다는 특성을 자연스럽게 탐색한다.

6) 누리과정 신구대조표

누리과정 신구대조표를 제시하여 누리과정 구성 체계를 다음과 같이 비교하고자 한다(2019 개정 누리과정 해설서 128).

3~5세 연령별 누리과정(2015)	2019 개정 누리과정
제1장 누리과정의 총론 Ⅰ. 구성방향 Ⅱ. 목적과 목표 1. 목적 2. 목표 Ⅲ. 편성과 운영 1. 편성 2. 운영 3. 교수·학습 방법 4. 평가	누리과정의 성격(신설) 제1장 총론 Ⅰ. 누리과정의 구성방향 1. 추구하는 인간상(신설) 2. 목적과 목표 3. 구성의 중점 Ⅱ. 누리과정의 운영 1. 편성·운영 2. 교수·학습 3. 평가

제2장 연령별 누리과정	제2장 영역별 목표 및 내용
제1절 3–5세 연령별 누리과정의 영역별 목표 Ⅰ. 신체운동·건강 Ⅱ. 의사소통 Ⅲ. 사회관계 Ⅳ. 예술경험 Ⅴ. 자연탐구 제2절 3~5세 연령별 누리과정의 영역별 내용 Ⅰ. 3세 누리과정 Ⅱ. 4세 누리과정 Ⅲ. 5세 누리과정	Ⅰ. 신체운동·건강 1. 목표 2. 내용 Ⅱ. 의사소통 1. 목표 2. 내용 Ⅲ. 사회관계 1. 목표 2. 내용 Ⅳ. 예술경험 1. 목표 2. 내용 Ⅴ. 자연탐구 1. 목표 2. 내용

4. 영유아 음악교육 내용에 적합한 음악교육활동

영유아 음악교육 내용에는 소리 듣기, 노래 부르기, 악기 다루기, 신체 표현하기, 음악 감상하기, 창작하기 등 각 내용에 적합한 음악교육 활동들에 대해 구체적으로 살펴보고자 한다.

1) 소리 듣기

영유아는 태어나는 순간부터 다양한 소리에 반응을 한다. 특히 신생아기는 다양한 소리를 들을 수 있으며 어떤 특정소리 자극에 더욱 민감한 반응을 보이는 것이 특징이다. 단순한 소리보다는 시끄러운 소리나 사람의 목소리와 같은 복잡한 소리를 더 좋 아하는 경향이 있다. Moon, Cooper & Fifer(1993)의 연구결과에서 다양한 높낮이의 소리를 들려주었을 때 소리가 높아질수록 신생아의 심장박동과 몸 움직임이 증가하였고, 생후 20일만 되어도 엄마의 목소리와 낯선 사람의 목소리를 구별할 수 있고, 엄마가 아닌 다른 여자 목소리보다 엄마의 목소리가 녹음된 것이나 외국어보다는 모국어를 들려줄 때 젖꼭지를 더 열심히 빨았다고 하는 연구 결과도 있다. 그리고 출산 전부터 들어왔던 목소리에 영유아는 더 민감하게 반응을 보인다는 것도 알 수 있었다. DeCasper와 Spence(1986, 1994)는 임산부가 출산 전 6주 동안 특정 책 내용의 일부를 소리 내어 여러 번 암송하였을 때 출생 후 신생아가 다른 책 내용보다 태내에서 반복해서 들었던 내용을 선호하는 것도 발견하였다. 이렇듯이 출생 전의 청각적 학습에 대한 실험 결과는 신생아들이 낯선 사람보다 자기 엄마의 목소리를 선호하는 이유를 설명해 준다(최경숙, 2000, 재인용). 듣기는 모든 음악 활동에 있어서 가장 기본적이고 기초적인 것이다. 듣기 활동의 첫 단계는 소리를 듣고 구별하는 것으로 작은 소리에도 귀기울일 수 있는 집중력이 요구된다.

일반적으로 소리 듣기를 할 때는 동물의 소리, 일상생활용품의 소리, 자동차, 비행기, 기계 소리 등을 통해 소리를 듣고 구별할 수 있는 기회를 충분히 가질 수 있도록 한다. 이러한 기회를 충분히 가진 후에 규칙적인 소리나 불규칙적인 소리를 이해하고 음악적인 요소(박자, 셈여림, 빠르기, 음색깔 등)들의 패턴이나 양상을 자연스럽게 터득할 수 있도록 한다. 소리를 듣고 구별할 수 있는 능력의 발달은 음악을 들을 때, 음악적인 요소(박자, 셈 여림, 빠르기, 음색깔 등)들의 흐름을 쉽게 이해하고 즐길 수 있는 방법들을 터득하게 되며, 음악을 사랑하고 창의적으로 표현할 수 있는 영유아로 성장할 수 있게 만들어 줄 것이다.

구분	하위 내용		교육 내용
소리 탐색	듣기와 변별	• 자연의 소리 듣기 • 목소리 듣기 • 생활 주변의 소리 듣기 • 음악의 구성 요소와 관련된 소리 듣기	• 나의 몸, 생활환경, 자연에서 들리는 소리에 관심을 가진다. • 여러 가지 소리의 차이를 느낀다. • 익숙한 주변의 사물을 가지고 낼 수 있는 다양한 소리에 관심을 가진다. • 소리를 듣고, 음높이, 음길이, 음색, 음세기 등에 따라 소리의 차이를 찾는다.
소리 만들기	소리 탐색과 만들기	• 나의 몸을 이용하여 소리 만들기 • 자연물과 사물을 이용하여 소리 만들기	• 나의 몸, 생활환경, 자연에서 들리는 소리를 주의 깊게 듣는다. • 나의 몸, 사물, 자연물을 이용하여 여러 가지 소리를 만든다. • 소리를 내는 다양한 재료의 특징을 예측하여 소리를 만든다. • 음높이, 음길이, 음색, 음 크기 등을 고려하여 소리를 만든다.

출처: 김연주(2015), 소리 듣기 교육내용.

2) 노래 부르기

인간의 목소리는 인간이 가지고 있는 자연스러운 천상의 악기라 해도 과언이 아니다. 즉, 사람마다 목소리의 톤이 다르고, 소리내고자 하는 음역대가 다 다르므로 각 개 인의 소리는 다양한 악기로 연주되어질 수 있고 소리내어 노래 부를 수 있으므로 천상의 악기라고 할 수 있다. 영유아에게 있어서 숨쉬기는 자연스럽게 박자의 개념을 쉽게 즐길 수 있는 활동이다. 또한 영유아의 목소리는 음악성 발달을 위한 가장 기초적인 요소가 될 수 있으므로 노래 부르는 활동은 영유아에게 소중한 경험이 될 것이다. Montessori(1971)는 노래 부르기 활동이 언어가 발달하지 않은 영유아들에게 언어와 사물을 가르치고 집중력과 정서적인 안정감을 키우며 협동심과 의사소통의 능력을 기르는 데 도움이 된다고 말했다. Bradshaw(1977) & Zatorre(1984)는 "노래 부르기란 인간의 감정을 표현하는 가장 자연스러운 수단이고, 의사소통의 기술을 증진시키며 정서 함양과 사회적인 발달에도 긍정적인 영향을 미친다."라고 했으며, 또한 "영유아들의 건강 발달에 필수적인 우뇌와 좌뇌의 기능을 통합하고 논리적인 사고의 통합을 자극하기 때문에 창의적인 발달을 시키며 인격 형성에 아주 중요한 역할을 한다."라고 말했다. 영유아들은 일상생활과 관계가 있는 노래를 부르면서 자연과 사물에 대한 것들을 쉽게 인지하게 된다. 따라서, 노래는 쉽고 간단하며 영유아들의 능력과 정서를 최대한 고려한 것으로 준비해야 한다. 다양한 악기나 신체표현을 함께하면 더욱 흥미를 유발시킬 수 있다.

(1) 새 노래 부르기 교수 방법

영유아 교육기관에서 새 노래를 지도할 때, 교사의 철저한 사전 준비가 필요한데 새 노래 부르기 지도 시 교수 방법은 다음과 같다.

첫째, 도입 단계 다양한 매체를 통해 노래의 제목을 소개한다. 영유아의 흥미와 관심을 바탕으로 새 노래의 제목을 소개하는데, 수수께끼와 그림 자료 또는 퍼펫 인형을 통해서 노래 제목을 소개한다.

둘째, 전개 단계는 노래를 소개하면서 교사가 반주에 맞춰 새 노래를 전체적으로 불러 준다. 피아노나 우쿨렐레, 기타 또는 녹음자료 반주를 하여 새 노래의 노랫말과 음정 박자를 정확하게 불러 준다. 교사가 불러 준 노래를 통해 느낌이나 노랫말, 반복되는 가락 등에 대해 이야기를 나눠 본다.

셋째, 교사는 건반악기, 현악기를 이용하여 가락 즉, 멜로디만 연주해 준다. 반주 없이 피아노나 기타, 우쿨렐레로 새 노래의 가락만 연주해 주어 정확한 가락을 들을 수 있게 하고, 음의 높고 낮음과 음의 길고 짧음을 느낄 수 있도록 해 준다.

넷째, 교사는 영유아들이 가락을 허밍으로 불러 볼 수 있도록 한다. 교사의 피아노 반주에 맞춰 허밍으로 불러 보게 하고 '라'. '우', '오' 등 영유아들이 하고 싶은 음을 선정하여 불러 볼 수 있도록 유도한다.

다섯째, 새 노래의 노랫말을 살펴본다. 새 노래의 제목과 노랫말이 써 있는 가사판을 준비하여 노랫말과 그림을 제시하며 글자를 모르는 영유아들을 위해 글보다는 그림이나 실물 자료를 활용한 교수매체를 준비하는 것이 유아들이 새로운 노래를 배우는 데 도움이 된 것이다. 그러므로 다양한 교수매체를 활용하여 노랫말이 정확하게 전달될 수 있도록 해야 한다.

여섯째, 피아노, 기타 우쿨렐레 등의 반주를 통해 다양한 방법으로 불러보게 한다.

- 처음에는 교사가 한 소절씩 먼저 부르고 영유아가 한 소절씩 따라 불러 보게 하고 점차 영유아가 부르는 소절을 늘려 노랫말을 익힐 수 있도록 한다.
- 교사와 영유아 영유아와 영유아가 교대로 한 소절씩 부를 수 있도록 한다.
- 영유아 그룹을 남아와 여아로 나누거나 옷을 입은 색깔로 한 소절씩 부르도록 한다.
- 전래동요 같은 경우는 묻고 대답하는 형태의 노래가 많으므로 묻고 대답하는 형태로 노래 부르도록 한다.
- 새 노래를 혼자서 둘이나 셋 이상, 독창, 중창, 제창의 방법으로 노래 부를 수 있도록 유도한다.
- 새 노래의 빠르기, 셈여림에 변화를 주어 노래 부를 수 있도록 한다. 이럴 경우에는 교사가 반주할 때 빠르게, 느리게, 크게, 작게 등을 조절하면 노래에 다양한 변화를 준다.
- 새 노래의 노랫말에 맞추어 율동을 만들어 노래를 부르면 좀 더 즐겁고 흥미롭게 노래를 부를 수 있으나 교사는 너무 복잡한 율동동작은 피하고 단순하면서 쉽게 따라 신체 표현을 할 수 있는 율동으로 만들어 노래 부를 수 있게 해주는 것이 좋다.

일곱째, 다함께 불러 본다.

영유아들에게 노래 전체를 불러 보도록 한다. 여러 번 반복하여 부르다 보면 자연 스럽게 노랫말에 익숙해지고 능숙하게 노래 부르게 되어 노래부르기를 즐길 수 있게 되나 새로 배운 노래를 한 번에 능숙하게 부르는 것을 기대해선 안 된다.

여덟째, 평가 및 마무리 단계로 새 노래에 대한 느낌과 생각을 이야기 나누며, 음악 적

요소와 관련지어 이야기한 후 마무리한다.

(2) 노래 부르기 활동 시 고려할 점

새 노래 부르기를 포함해서 모든 노래 부르기 활동 시 일반적으로 고려할 점은 다음과 같다.

첫째, 노래 부르기를 할 때 교사의 시선은 항상 영유아를 보면서 노래한다.

눈을 맞추고 노래하는 것은 가장 효과적인 노래 부르기로 교사가 즐거운 마음으로 노래하고 영유아의 눈을 맞추면서 노래할 때, 노래의 느낌과 분위기를 효과적으로 전할 수 있다(Eliason & Jenkins, 2003; 심성경, 2005, 재인용). 그러므로 노래 반주를 할 때는 영유아와 시선을 맞출 수 있는 오르간, 키보드, 신디사이저, 기타, 우쿨렐레와 같은 악기를 사용하는 것이 좋다.

둘째, 노래를 부를 때는 한 가지 방법만 사용하지 말고 다양한 교수방법과 교수 기술을 사용하여 영유아가 재미있게 흥미를 유지하면서 노래를 부를 수 있게 한다.

예를 들어, 허밍으로 불러 보거나 한 음(아. 오. 우. 라 등)으로만 불러 보기, 노래 속에 나오는 의성어(콩콩콩, 싹싹싹)로 불러 보기, 교사가 노래할 때, 영유아는 소리내지 않고 입만 벌려 노래하기, 교사-유아, 유아-유아, 한 소절 씩 불러 보기, 유아 혼자 독창, 중창으로 불러 보기, 다양한 악기를 이용하여 불러 보기, 속도와 크기에 변화를 주면서 불러 보기, 동작을 붙여서 불러 보기 등의 다양한 방법을 활용하면서 지루하지 않고 즐겁게 노래 부르기 활동에 참여할 수 있다.

셋째, 노랫말을 전달하기 위해서는 글보다는 그림으로, 평면보다는 입체적인 교수자료를 함께 사용하며, 인형이나 소품을 활용하여 노래 부르기 활동을 할 수 있다.

넷째, 영유아가 노랫말의 느낌을 이해하면서 노래부를 수 있도록 지도하되 노래 속의 단어를 반복하여 가르쳐서는 안 되며 새로운 단어를 읽고 익히는 활동이 아니라는 점을 인식시키도록 한다.

다섯째, 노래 부르기를 거부하는 영유아에게는 노래 부르기를 강요하지 않아야 한다.

여섯째, 노래 부르기 활동 시 영유아들이 부른 노래를 녹음하여 들려주기도 하고, 노랫말을 바꾸어 불러 보기도 하며, 노래의 내용이나 멜로디를 이용해서 동극이나 음악극 등 극놀이 활동 등 효과적인 후속 활동 등을 할 수 있다.

구분	교육내용
노래 부르기	• 다양한 형식의 동요를 부른다. • 다양한 내용의 노랫말이 있는 동요를 부른다 • 생활주제에 따른 동요를 부른다. • 바른 태도로 노래를 부른다. • 노래의 느낌을 살리면서 부른다.

출처: 김연주, 2015, 노래 부르기 교육내용, p. 75

3) 악기 다루기

Moorhead와 Pond는 그의 보고서에서 유아는 자기 주위에 있는 모든 물체로 음을 만들어 내는 본능을 가지고 있다고 말했다(유덕희, 1984, 재인용). 악기 다루기는 음악 활동의 기본적인 방법으로 모든 연령의 유아들이 좋아하며 특별한 관심을 나타낸다. 악기는 자신의 의지대로 연주할 수 있으며 자신의 능력이나 한계를 마음껏 극복하고 발휘할 수 있다(Albin, 1997). 악기를 연주하면서 유아들은 자신의 현재 감정을 있는 그대로 표현할 수 있고 자연스럽게 친구들과 어울리면서 서로를 이해하게 된다. 타 악기 연주는 질서 있고 활기 있는 생활을 유도하고 특히 기악합주는 협동심을 길러 준다. 유아들은 악기를 두드리면서 대·소 근육을 발달시키고 악기의 독특한 음색과 음의 울림을 경험하며 즐거움을 느끼게 된다.

악기를 다룰 때는 우리나라 전통 악기와 함께 다른 나라의 악기를 다양하게 준비하고, 유아가 쉽게 다룰 수 있는 리듬 악기나 타악기에서 시작하여 점차 멜로디 악기로 확장한다. 악기 다루기는 악기 탐색하기와 악기 연주하기로 구분된다.

(1) 악기 탐색하기

영유아가 악기를 보고, 만지고, 두드리는 과정을 통해 악기의 이름과 사용 방법을 자유롭게 탐색한다.

"오늘은 선생님이 이렇게 생긴 악기를 가지고 왔는데, 이 악기를 본 적이 있니?",
"악기를 본 적이 있다면 어디서 보았니?",
"무슨 악기라고 하는지 아니?",
"이 악기는 어떻게 소리를 낼 수 있을까?" 등의 교사의 발문이 영유아의 언어적 상호작용을 촉진할 수 있다.

(2) 악기 연주하기(심성경, 2005, 재구성)

첫째, 계획적인 악기 연주하기 활동은 영유아들에게 힘든 과정이 될 수도 있다. 그러나 다음과 같은 지도방법으로 악기 연주활동을 한다면 좀 더 즐겁고 재미있는 계획적인 악기연주가 될 것이다.

▦ 도입 단계

- 악기 연주하기를 위한 준비된 악기를 소개한다.
- 악기 연주하기에 적합한 곳을 선정한다.

▦ 전개 단계

- 악기 연주를 위한 그림 악보를 만든다.
  - 연주할 악기를 선정하여 그림악보에 표시한다.
  - 악기를 연주하는 방법을 선정하여 그림 악보에 표시한다.
- 그림 악보를 보면서 신체를 이용하여 연주한다.
- 그림 악보를 보면서 악기로 연주한다.

▦ 평가 단계

- 악기 연주를 하고 난 느낌에 대해 평가한다.
- 약속된 방법으로 악기를 연주했는지 평가한다.
- 연주가 조화롭게 되었는지 평가한다.
- 한 악기 소리만 너무 크게 나지는 않았는지 등에 대해 이야기 나누고 평가한다.

둘째, 악기 연주하기 활동 지도 시 일반적인 유의점은 다음과 같다.

- 연주할 노래나 음악을 주의 깊게 들을 기회를 준다.
- 다양한 악기를 연주하도록 격려한다.
- 유아의 악기 연주를 녹음하여 들려 준다.

셋째, 집단 활동으로 악기 연주하기 활동 지도 시 유의점은 다음과 같다.

- 유아에게 악기를 조용히 다루는 방법을 알려 준다.
- 때로는 악기를 실험해 보도록 허용한다.
- 악기는 조심스럽게 다루는 규칙을 정한다.
- 교사가 이야기하고 있는 동안은 악기를 연주하지 않으며, 악기연주 중에 옆의 유아와 이야기를 하지 않도록 한다.
- 연주를 시작하는 신호가 있기 전까지는 악기 소리를 내지 않도록 한다.
- 유아들이 서로 악기를 바꾸어 연주해 보도록 한다.
- 악기 연주가 끝난 후, 유아 각자가 악기를 약속된 보관 장소에 놓거나, 혹은 한 유아가 통을 들고 다니면서 걷어서 정리하도록 한다.

구분	하위 내용		교육 내용
악기 만들기	악기 상상과 제작	• 주변의 재료를 이용하여 악기 만들기 • 악기 고안하기	• 자연물과 생활용품 및 재활용품을 이용하여 악기를 만든다. • 재료가 내는 소리의 특징을 고려하여 악기를 만든다. • 자신만의 악기를 고안하여 만든다.
악기 연주하기	악기 탐색과 연주	• 악기를 가지고 연주하기 • 즉흥 연주하기	• 여러 종류의 리듬악기를 탐색한다. • 리듬악기의 바른 연주법을 이해한다. • 리듬악기를 가지고 친숙한 노래에 맞추어 리듬치기를 한다. • 리듬악기를 가지고 음악의 장단, 고저, 강약을 연주한다. • 악기로 느낌을 살려 즉흥적으로 연주한다. • 악기로 간단한 가락과 반주를 연주한다.

출처: 김연주(2015). 악기 다루기 교육내용.

4) 신체 표현하기

신체의 움직임이나 무용 등은 자연스럽게 음악과 연관된다. 신나는 음악을 들으면서 혹은 연주하면서 고개를 까딱거리거나 발로 박자를 맞추기도 하고 어깨를 들썩인다. 걷기, 기어가기, 달리기, 깡충 뛰기, 손뼉치기, 발구르기, 손가락 튕기기, 무릎 치기, 미끄러지기, 돌기, 춤추기 등 일상생활에서의 여러 동작을 음악에 맞추어 자연스럽게 움직였을 때 유아들은 흥미를 가지게 되고 리듬을 느끼게 되며 또한 몸의 유연성도 신장된다. 유아들은 여러 동물이나 자연의 다양한 모습을 흉내 내어 보고 음악에 맞추어 즉흥적으로 반응하면서 창의적인 표현력과 무한한 상상력을 증가시킨다. 또한 자신만의 독특한 동작을 표현함으로써 내면의 잠재력을 끌어낼 수 있다. 다양한 신체 표현하기가 있지만 신체 표현의 중의 하나인 손유희는 독립된 활동으로 소개하기도 하지만 전이활동이나, 집단활동시 도입이나 주의집중을 위해 주로 활용한다. 또한 손유희의 부분이나 전체를 바꾸어 보거나, 노래를 배운 후에 노랫말이나 음악적 요소와 관련하여 손유희를 만들어 볼 수 있다. 하나의 손유희를 주제에 따라서 융통성 있게 바꾸어서 활용하는 것도 신체 표현하기에서 살펴보아야 한다.

구분	하위 내용	교육 내용
신체표현	• 음악의 구성요소에 따른 신체표현 • 노랫말과 내용에 따른 신체표현 • 음악에 따른 창의적 신체표현 • 손유희	• 소리 또는 음악의 구성요소에 맞게 몸을 움직인다. • 노랫말과 노래의 느낌에 반응하여 적절하게 몸을 움직인다. • 음악을 들으면서 사물 또는 동물의 움직임을 모방하여 몸을 움직인다. • 음악을 들으면서 자신의 느낌과 생각을 몸으로 자유롭게 표현한다. • 노랫말의 내용에 맞게 신체 표현한다.

출처: 김연주(2015), 신체표현의 교육내용.

(1) 창의적인 신체 표현활동 시 고려할 점

창의적으로 신체를 표현하려면 다음과 같은 점을 고려하여 창의적인 신체 표현을 이끌어 낼 수 있도록 한다.

첫째, 활동할 주제에 대한 충분한 관찰과 탐색의 기회를 준다.

둘째, 주제에 따라 유아가 동작표현을 생각할 수 있도록 다양한 유형을 질문한다.

셋째, 유아의 독특한 표현을 장려한다.

넷째, 창의적인 동작표현을 할 수 있는 언어적 지원을 한다.

다섯째, 동작활동에 필요한 자료를 활용하며, 올바른 사용방법을 유아와 토의한다.

여섯째, 유아가 자기의 생각을 표현할 수 있도록 최대한 개방적이고 자유로운 분위기를 마련한다.

일곱째, 교사는 활동 중 유아의 표현을 주의 깊게 관찰한다.

여덟째, 영유아가 팔을 벌려서 서로 닿지 않을 정도의 충분한 공간이 필요하다.

(2) 영유아 신체 표현활동 시 교수방법

영유아의 음악교육활동의 하나인 신체 표현하기는 음악을 듣고 신체로 표현해 보도록 하는 활동으로 교사의 지도방법은 다음과 같다.

첫째, 영유아가 신체 표현을 하기 전에 음악을 잘 듣고 생각할 수 있는 기회를 주어 스스로가 신체 표현을 하며, 언어나 그림을 통해 동작할 수 있도록 한다.

둘째, 영유아의 신체 표현 능력을 인정하고 개인차를 인정하여 다양한 시도를 격려한다.

셋째, 다른 영유아와 부딪치지 않도록 충분히 넓은 공간에서 신체 표현이 이루어지 도록 한다.

넷째, 창의적인 신체표현이 이루어지면 계속적인 칭찬과 격려를 해 주어야 한다.

다섯째, 영유아의 창의적인 신체표현을 위해 동화, 동극, 사진, 이야기 등을 이용하여 상상력을 불러일으킬 수 있다.

여섯째, 신체표현하기 활동은 정답이 없으므로 교사는 영유아의 표현에 대해 적극적으로 수용하고 격려하는 자세가 필요하다.

일곱째, 신체표현 활동은 즐겁고 자유스러운 분위기가 되어야 한다.

여덟째, 영유아의 창의성이 발휘될 수 있도록 교사는 영유아에게 지시적인 지도방법이나 표현을 제한하는 일이 없도록 한다.

아홉째, 즐겁고 흥미로운 경험이 되도록 하기 위해 교사 스스로가 활동에 즐겁게 참여한다.

5) 음악 감상하기

음악 감상이란 음악을 예술적으로 즐기는 것으로 작곡자와 감상자 사이의 의사소통이다. 음악 감상방법은 직접 감상과 간접 감상방법으로 나눌 수 있다. 직접 감상방법은 음악감상 위주로 구성된 음악감상 방법을 말하며 간접 감상방법이란 등원, 하원 시나 자유선택활동시간이나 미술활동시간, 휴식시간, 점심시간 바깥놀이 시간 등에 간접적으로 또는 배경음악으로 들려주는 음악감상 방법을 말한다(안재신, 2004). 직접 감상은 짧고 단순한 악곡을 감상하는 방법과 조금 길고 복잡한 곡을 감상하는 방법이 있다. 직접 감상방법을 통해 음의 흐름을 파악하고 목소리나 악기의 종류를 분류하고 빠르기를 비교하고 각 음악의 구성요소들을 분석하는 구체적 경험을 갖는다. 이렇게 직접 감상방법은 음악을 듣기 위한 인위적 활동인데 반해 간접 감상방법은 음악이 들리는 상황에 자연스럽게 놓여지는 것이다. 일부러 듣는 것이 아니라 원래 하고 있던 일을 하는 동안, 들리는 소리에 간간히 집중하며 흘려 듣기하는 것이다.

영유아의 음악 감상(듣기)은 놀이로 도입되어야 하며 유아들은 듣기놀이를 하는 가운데 음악의 주요 개념을 인지하게 되고 동시에 즐거움을 맛보게 된다. 유아들은 곡을 알게 되면서 흥미를 느끼기 시작하고 음악에 관심을 갖게 된다. 그러므로 음악에 맞추어 자연스럽게 몸을 흔들고 그림을 그리는 등 다양한 활동을 함께하여 쉽고 자연스럽게 접근할 수 있도록 유도한다. 음악 감상은 유아에게 집중력과 올바른 태도를 갖게 하고 탐구력과 상상력도 길러 준다. 또한 음악에 맞추어 움직이면서 몸이 유연하게 되고 자신의 느낌을 그림으로 그리면서 창의력과 표현력이 향상된다. 완성된 그림을 발표 하면서 자신감과 조리 있는 어휘력을 구사하게 되고 친구들과 생각을 공유하면서 음악을 즐길 수 있는 기본 소양을 갖추게 된다.

영유아 음악 감상 교육 내용으로는,

첫째, 다양한 종류의 음악을 듣고 즐길 수 있어야 한다. 동요 듣기, 클래식 듣기, 이야기가 있는 음악 듣기, 종교음악 듣기, 만화 주제가 듣기, 우리 가락-전통음악 듣기, 다양

한 종류의 대중 음악 듣기 등이 있으며,

둘째, 음악감상한 음악에 대해 감상 후의 느낌을 글, 그림, 신체로 표현할 수 있어야 한다.

셋째, 음악감상 활동을 할 때는 바른 감상 태도를 갖는다.

(1) 영유아 음악 감상 활동 계획 시 고려사항

영유아 음악 감상 활동 계획 시 고려 사항을 살펴보면 다음과 같다.

- 유아의 듣기 능력 발달이나 유아의 음악적 발달단계를 고려하여 감상곡을 계획하도록 한다.
- 영유아교육기관의 생활주제, 음악의 여러 영역활동(노래 부르기, 악기 다루기, 신체 표현)과 통합적으로 이루어지도록 계획되어야 한다.
- 영유아교육기관의 음률영역에서의 듣기활동을 활성화시키도록 한다.
- 음악감상활동은 충분한 계획과 준비하에 이루어져야 한다.
- 음악의 구성요소(음높이, 음길이, 음세기, 음색, 박과 리듬, 빠르기, 가락, 화성, 역동성 등)가 분명하여 변별이나 비교가 용이한 음악을 선정하여 감상활동을 한다.
- 학부모나 친척, 지역사회 인사 중에서 악기 연주가나 성악가를 초청하여 질 높은 음악을 들을 수 있는 기회를 마련하도록 한다.

또한 음악감상 지도 시 교사는 음악감상 전에 다양한 소리를 탐색해 보고 들어 볼 수 있는 기회를 제공하여야 하며, 음악감상 지도에 필요한 시간과 속도, 활동의 확장 등은 영유아의 집중력과 흥미를 고려하며 진행해야 한다.

또한 음악 감상할 곡에 대한 이해를 돕기 위해 교수자료(그림자료, 융판자료,책, 실물 악기 등)를 사용하며, 영유아가 자신의 발달수준에서 감상하도록 도우며, 교사는 감상자로서의 모범을 보여야 한다. 영유아들의 느낌이나 생각을 자유롭게 표현할 수 있는 분위기가 조성되어야 하며, 음악 감상활동 중에는 각 영유아에 대한 면밀한 관찰이 이루어져야 하며 영유아 개개인의 평가가 정확하게 하여야 한다.

(2) 영유아 음악 감상활동 계획 시 교수방법

영유아를 지도하는 교사는 도입 전개 마무리의 단계를 거치면서 영유아 음악 감상활동의 구체적 지도방법을 인식해야 한다. 또한 영유아교사의 발문은 교사와 영유아 간의 상호작용을 이끄는 데 중요하므로 발문을 잘할 수 있는 테크닉을 기를 수 있도록 한다.

다음은 영유아 음악감상활동의 구체적 교수방법을 제시하고자 한다.

첫째, 다양한 매체를 활용하여 감상곡을 소개한다. 작곡자의 사진이나 수수께끼, 그림자료, 융판자료를 활용하여 감상곡을 알 수 있도록 소개한다.

둘째, 영유아 음악감상을 할 때 지켜야 할 약속을 정한다. 음악감상할 때의 바른 자세와 집중할 수 있도록 약속을 정해서 지킬 수 있도록 한다. 예를 들어, 떠들지 않아요. 눈을 감고 조용히 들어요, 작곡자나 음악적인 배경에 대해 생각하면서 들어요 등의 약속을 꼭 지킬수 있도록 한다.

셋째, 감상곡을 들어 본다. 영유아들의 감상곡들은 너무 짧아도 안 되지만 너무 길어도 지루하게 느낄 수 있으므로 1분 30초에서 3분 사이로 음악의 특징적인 부분을 선택·편집하여 준비해 둔다. 음악 감상곡을 먼저 들어 볼 수도 있지만 음악을 만든 사람(작곡자, 작사자)과 음악이 만들어진 배경, 이야기들을 먼저 알고 듣게 하면 음악에 집중해서 들을 수 있어 좋은 감상방법이 될 수 있다.

그러므로 교사는 어떠한 방법을 선택해서 지도할 것인지 미리 생각해 두어야 한다.

넷째, 감상곡을 듣고 난 후 음악을 들은 느낌에 대해 이야기 나눈다.

다섯째, 다시 감상곡을 들어 본다.

여섯째, 감상곡의 특징이나 내용을 유아 수준에 맞게 구체적으로 소개한다. 감상곡에 대한 설명이 필요하다면 그림 자료, 융판 자료, 책이나 사용된 악기 등을 유아의 눈높이에 맞게 구체적으로 소개하는 시간도 갖는다.

일곱째, 다양한 방법으로 음악을 감상한다. 서로 손을 잡고 음악에 맞춰 함께 움직이며 듣기도 하고, 음악의 구성요소(음높이, 음길이, 음세기, 음색, 박과 리듬, 빠르기, 가락, 화성, 역동성 등)에 반응하며 듣는다.

예) 몸으로 음악이 커지고 작아짐을 표현해 본다.
손뼉이나 발장단을 구르면서 음악의 박자를 맞추어 본다,
눈을 감고 음악을 들어본다. 스틱이나 에그셰이크를 활용하여 리듬감 있게 음악을 들어 본다.

여덟째, 음악감상을 하고 난 느낌에 대해 소감을 나눈다. 음악 감상 후 느낌을 이야기 나누어 보면 영유아들은 대부분 '좋아요', '재미있어요' 등의 일률적인 소감을 이야기하지만 그래도 자신의 감정이나 느낌을 솔직하게 표현할 수 있는 기회를 충분히 주는 것이 영유아들의 창의성 및 발표력, 어휘력 향상에 긍정적인 효과가 있으므로 충분히 자신의 의견을 이야기할 수 있도록 격려해 주어야 한다.

아홉째, 연관된 활동으로 확장한다.

열째, 음악 감상 후 신체표현 활동이나, 음악을 그림으로 표현해 볼 수 있는 활동, 언어활동 및 수학활동까지 확장해 나갈 수 있도록 한다.

구분	하위 내용	교육 내용
음악감상	감상과 표현	• 다양한 장르의 음악을 듣는다. • 음악을 듣고 아름다움과 즐거움을 느낀다. • 음악을 듣고 느낌을 글, 그림, 또는 신체로 표현한다. • 바른 감상 태도를 갖는다.

출처: 김연주(2015), 음악감상 교육 내용.

6) 창작하기

리듬과 선율의 창작은 영유아의 듣기활동이나 노래부르기 활동에서 비롯된다. 영유 아들이 역할놀이를 하면서 혼자 흥얼거리는 모습을 종종 발견한다. 영유아는 본능적으로 창의성을 가지고 있으며 자신만이 아는 음률로 노래 부르며 즐겁게 논다. 따라서 교사는 영유아에게 다양한 놀이와 게임을 제시하고 잠재능력을 끌어내어 창작할 수 있도록 도와준다. 영유아의 음악활동 중에서 창작하기 활동은 모방에서 시작하여 스스로 생각하고 표현할 수 있도록 배려한다. 영유아의 상상력을 자극하는 자연스러운 분위기를 만들어 주어 흥미 있게 창작 활동에 참여할 수 있게 한다. 이 과정을 통하여 유아는 무한한 창의성을 발휘하게 되며 음악을 사랑하게 되고 즐기게 될 것이다. 영유아음악교육의 활동 중에 하나인 창작하기 활동은 통합적인 활동을 통해 창작의 기회를 얻을 수 있으므로 여기에서는 음악극에 대해 언급하고자 한다.

(1) 음악극

음악극은 음악 감상하기, 노래 부르기, 악기 다루기, 동작으로 표현하기를 통합한 음악교육활동이다. 음악극은 동화, 동시의 내용 또는 주제에 관련된 내용을 극화하거나 노래극으로 구성하는 창작극에 속하는데(교육인적자원부, 1998), 창작극은 공연을 중시하는 구조화된 전통적 극놀이와는 달리 자발적으로 친숙한 상황과 주제를 발현적으로 선택하기 때문에 직접적인 참여자로서 영유아의 역할이 강조된다. 창작극을 통하여 영유아는 능동적으로 모든 활동과정에 참여하게 되며, 공연의 결과가 아닌 과정에 교육적 가치를 둔다(Dillon, 1988; Erickson, 1998; McCaslin, 1990; Shaftel & Shahtel, 1983; 조동희, 1990).

(2) 영유아에게 적합한 음악극

영유아에게 흥미 있고 친근하며 발달수준에 맞는 내용의 음악극을 선정해야 한다.

동화는 영유아에게 친숙하고 흥미롭기 때문에 음악극의 내용으로 적합하다. 또한 소요시간이 20분 이상 넘지 않는 것이 좋다. 음악극의 내용이 어렵거나 길 경우에 주제의 전달이 산만하거나 모호하지 않는 범위 내에서 내용을 수정하여 활용한다. 또한 음악극의 내용은 전체 교육과정의 생활주제와 연관성을 갖는 것이 좋다. 선정된 음악극은 영유아의 흥미와 요구를 고려하고, 생활주제 중심의 내용에 근거해서 융통성 있게 그 내용을 변화시킬 수 있다.

(3) 음악극의 교수방법

음악극의 활동과정은 계획하기, 실행하기, 그리고 공연 및 평가하기로 이루어진다(이효숙, 2001). 위의 단계를 구체적으로 설명하면 다음과 같다.

① 음악극활동 계획하기

② 음악극활동 실행하기

- 등장인물 분석하기
- 노래 부르기
- 동작으로 표현하기
- 역할 분담하기
- 소품 만들기

③ 음악극 공연 및 평가하기

준비한 음악극을 공연하고 평가해 본다. 음악극에 대한 공연은 두 팀으로 나누어 모든 영유아가 음악극의 역할과 스텝의 역할을 경험할 수 있게 실시한다. 음악극이 끝난 후에 잘된 점과 고쳐야 할 점에 대해서 토의하고, 영유아가 공연한 비디오를 시청하면서 반성적인 평가를 실시한다.

(4) 음악극 지도 시 일반적인 고려사항

① 음악극은 행사 발표용이 아니라 정규 교육과정의 일부로 진행한다.

음악극은 학기 말에 재롱잔치식의 발표용으로 실시되는 경우가 많다. 그러나 음악극은 교육활동의 일환으로 인식되고, 유아교육기관에서 진행되는 교육과정의 하나로 실시되어야 한다(심성경·이효숙, 2001).

② 음악극 활동은 통합적으로 구성한다.

음악극 활동은 모든 교과영역이 통합되어 있는 활동으므로 전체 교육과정의 주제를 중심으로 다른 교육과정 영역의 활동과 연관지어 통합적으로 계획되고 실시되어야 한다.

③ 하나의 음악극을 공연활동까지 진행시키려면 기간은 한 달 정도가 적합하다(심성경·이효숙, 2001) .

음악극은 통합적 활동으로 단기간에 훈련시키는 식이 아니라 장기적인 프로젝트로 진행할 때 보다 질적인 교육활동으로 전개할 수 있다. 정규 교육과정활동에 영향을 주지 않도록 하기 위해서도 한 달 정도가 적합하다.

④ 유아의 생각을 가능한 한 존중하고 수용한다.

예를 들어, 동작을 만들거나 소품을 만들 때는 유아들의 생각을 중심으로 만든다. 이는 유아에게 활동에 대한 흥미를 높여 주고, 학습성향을 지속하는 동기가 되며, 자긍심을 길러줄 수 있다.

⑤ 가능한 한 많은 유아가 역할을 맡아 참여할 수 있도록 한다.

한두 명의 유아가 주인공으로 한정되기보다는 많은 유아가 참여할 수 있도록 등장인물이 많은 것이 좋다. 음악극에 참여하는 유아의 수가 등장인물보다 많은 경우에는 동 일한 등장인물을 늘린다. '늑대와 일곱 마리 아기양'이나 '브레멘 음악대'는 등장인물이 많고, 등장인물의 수를 많이 늘릴 수 있는 좋은 예이다.

⑥ 소극적인 유아는 자연스럽게 참여를 유도한다.

내성적이거나 소극적인 유아는 음악극에 강제로 참여시키지 않고, 친구와 동일한 역할을 주거나, 소품의 역할을 하게 한다. 예를 들어, '브레멘 음악대'의 경우에 말의 역할을 두 명으로 짝을 이루게 한다든지, 무대 위의 나무와 같은 소품의 역할을 하게 한다.

CHAPTER 6

영유아 음악교육을 위한 음악환경 및 활동자료

영유아 음악교육을 위한 환경은 물적인 환경과 인적 환경으로 나누어 볼 수 있는데 물적인 환경은 가정과 영유아교육기관인 어린이집과 유치원의 환경으로 음악영역에 배치된 다양한 음악교구들과 음악교재들이 될 것이고, 인적 환경은 교사, 부모, 영유아등이 될 것이다.

영유아는 태어날 때부터 음악적인 능력을 가지고 태어나며, 출생 후에 영유아가 가지게 되는 음악적 환경의 영향은 영유아의 타고난 능력 못지않게 중요하다. 영유아가 매일의 생활, 영유아교육기관에서 가지게 되는 음악적인 환경은 영유아의 음악적인 능력을 최대로 발휘할 수 있도록 지지하고 지원하는 환경이어야 한다. 본 장에서는 영유아교육기관과 가정에서 제시할 수 있는 적절한 음악교육 환경을 알아보고 지역사회의 음악교육환경을 영유아교육기관에서 어떻게 활용할 수 있는지를 살펴보고자 한다.

1. 영유아 음악교육을 위한 음악 환경

1) 가정에서의 영유아 음악교육 환경

가정은 영유아가 가장 많은 시간을 보내는 곳이며 영유아의 성장과 발달에 가장 중요한 영향을 주는 곳이다. 가정과 영유아교육기관 간 음악교육의 연계를 위해서는 영유아교육기관에서 보내는 주간 계획안의 안내문과 부모교육을 통해 활용할 수 있다. 주간 계획안의 안내문에는 새롭게 배우게 될 노래, 전래동요나 기타 음악활동에 대한 소개를 할 수 있으며 가정에서는 그것을 참고하여 활동을 반복, 변형할 수 있다. 또한 부모교육을 통해 유아의 음악적인 잠재력 또는 발달 단계, 가정에서 이루어질 수 있는 적절한 음악교육 방법, 유용한 인터넷 사이트나 스마트폰의 활용, 음악교육 관련 서적 등의 정보를 안내하면서 보다 긴밀하게 지원할 수 있다(김영연, 2004).

가정에서 부모나 다른 양육자가 노래를 육성으로 들려주고 시, 동화 등을 읽어 줄 수 있다. 다양한 문화권의 음악, 다양한 장르의 음악을 들려주기도 하고, 영유아가 손쉽게 조작할 수 있는 유아용 카세트를 구비해 주기도 한다.

주변의 사물을 가지고 소리를 내면서 리듬 있는 말을 붙이는 행동을 긍정적으로 바라보며, 음악과 관련된 물건을 판매하는 곳을 직접 방문해 보기도 한다.

가정에서의 영유아 음악교육환경 조성을 위한 방법을 요약해 보면 다음과 같다.

첫째, 영유아가 좋아하는 노래나 음악을 실생활에서 자연스럽게 들려준다.

둘째, 부모와 영유아가 다양한 음악활동을 함께 한다.

셋째, 온 가족이 음악공연을 보러 간다거나 음악 체험 활동에 참여해 본다.

넷째, 가족이나 이웃, 친척과 함께 즐기는 가족 음악회를 열어 본다.

다섯째, 음악과 관련된 악기, 책, 노래 테이프, 오디오 등을 파는 곳을 방문해 본다.

여섯째, 음악과 관련된 포스터 음악가 사진, 연주 사진, 악기 사진 등으로 집안 환경을 꾸며 음악적인 분위기를 연출해 본다.

2) 교육기관에서의 영유아 음악교육 환경

교실의 음악영역은 영유아가 음악적으로 사고하고 탐구하며 새로운 생각을 시도할 수 있도록 자극하는 공간이면서 동시에 자신의 음악적인 내면을 소리와 신체움직임으로 표현할 수 있는 공간이다.

영유아교육기관의 수·과학, 언어, 음악, 조형, 쌓기놀이, 역할놀이 등의 독립된 흥미영역으로 구성되어 있고, 음악영역은 음률영역으로 불린다. 이는 사고와 몸짓이 분리되지 않는 영유아의 특성과 음악적 사고나 행위가 자연스럽게 몸짓과 연결되는 특성으로 인해 신체표현이 수반되어 일어나는 경우가 많기 때문으로 음악영역을 음악과 율동이 어우러지는 공간으로 이해하는 것이다.

영유아 교육기관에서의 흥미영역은 프로스트의 실내 영역 구성원리에 따라 구성되는데, 4개의 공간으로 구성된다. 활동적인 곳과 조용한곳, 건조한 곳과 물이 있는 곳으로 구분된다. 제1지역은 건조하고 조용한 곳, 제2지역은 건조하고 활동적인 곳, 제3지역은 조용하고 물이 있는 곳, 제4지역은 활동적이고 물이 있는 곳으로 구분되는데, 영유아를 위한 음률활동 영역은 제2지역으로 활동적이고 건조한 곳으로 배치되어야 함을 알 수 있다.

(1) 영유아 음악교육 환경 제시

<만 3세 음률 영역>

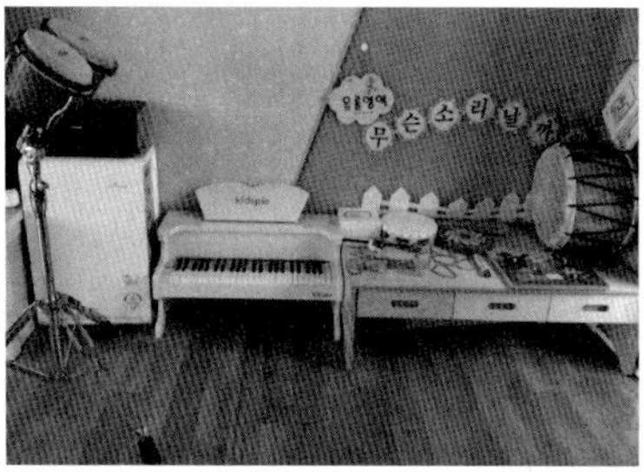

출처: 밝은 빛 유치원

<만 4세 음률 영역>

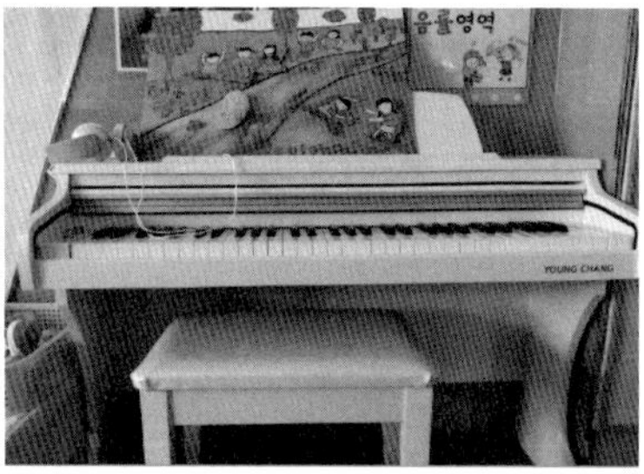

출처: 밝은 빛 유치원

<만 5세 음률 영역>

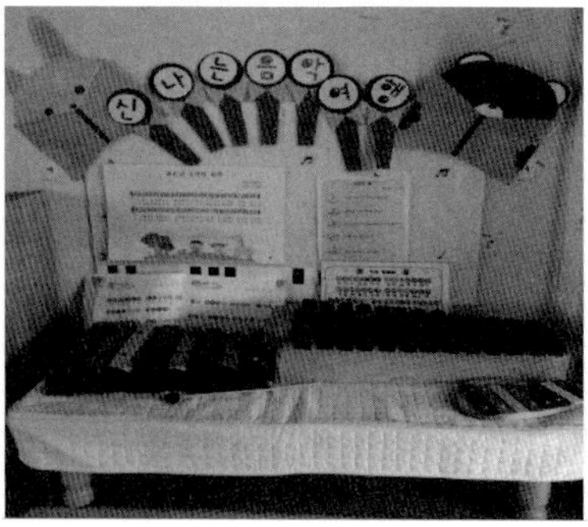

출처: 밝은 빛 유치원

첫째, 음악영역은 하나의 독립된 활동영역으로서 주제에 따라 변화를 주어야 한다.

영유아 교육기관에서 음악영역 환경을 구성할 때 영유아의 흥미나 영유아교육기관의 생활 주제 등에 따라 교사는 다른 흥미영역과 마찬가지로 음악영역의 배치를 고려해야 한다는 것이다. 교사가 음악에 대해 가지는 태도 또는 관심에 따라 다른 인지적인 활동영역에 비해 덜 중요하게 여기거나 무관심한 영역이 되지 않도록 음악영역에 변화를 주어야 한다.

둘째, 음악영역은 동적인 활동영역과 인접해 있는 것이 좋다.

음악영역은 소리와 음악에 대한 영유아의 사고를 직접적으로 탐색하고 표현하는 공간으로 소음이 많고 동적인 활동이 일어나는 쌓기영역, 역할영역, 목공영역에 인접하여 배치하는 것이 좋다. 음악영역으로 인한 방해를 덜 받을 뿐만 아니라 인접하는 영역에서 일어나는 창의적이고 적극적인 움직임이 서로 간의 자극이 되기 때문이다. 그러나 음악영역에서 일어나는 소음이 교실 전체 활동에 방해를 주어서는 안 된다.

셋째, 악기와 소리실험을 할 수 있는 생활용품을 배치한다.

악기는 영유아가 손쉽게 접근하고 연주할 수 있는 위치에 배치한다. 악기는 불기, 흔들기, 두드리기, 선 튕기기 등 연주하는 방법에 따라 분류하여 배치하며 유아의 연주경험이 편중되지 않도록 골고루 제시한다. 악기는 2~3주 간격으로 혹은 진행되는 주제와 주제의 전개방향에 따라 바꾸어 제시하며, 한 번에 여러 악기를 동시에 내어주는 것은 피한다. 제시된 악기의 모양을 본 뜬 그림을 교구장에 붙여주면 유아가 악기활동 후 제자리에 정리정돈할 수 있어 좋다. 그러나 부는 악기인 리코더, 오카리나, 멜로디언 악기들은 개별적으로 사용하는 것이 위생상 좋을 것이다.

음악영역에는 전형적으로 악기로 제작되어 연주되는 선율악기, 타악기, 현악기, 리듬악기 이외에 주변에서 흔히 볼 수 있는 사물이 함께 제시된다. 사물을 흔들거나 불거나 두드릴 때 나는 고유한 소리로 영유아는 리듬을 만들면서 연주할 수 있다. 이때 사물악기는 교사가 제시할 수도 있고 영유아가 생활 주변에서 발견한 것으로 제시할 수도 있다. 또한 교사와 영유아가 제작한 악기로도 제시할 수도 있다.

넷째, 영유아 음악교육활동을 위한 기자재와 교수자료를 배치한다.

음악영역에는 유아 주도로 다양한 음악활동을 시도할 수 있도록 기자재와 교수자료가 배치될 수 있는데 음악교육 활동 기자재는 다음과 같다.

- 유아가 직접 재생하여 듣거나 녹음할 수 있는 카세트와 카세트 테이프
- 카세트 겸용의 CD 플레이어와 CD
- 헤드폰
- 메트로놈
- 핸드벨

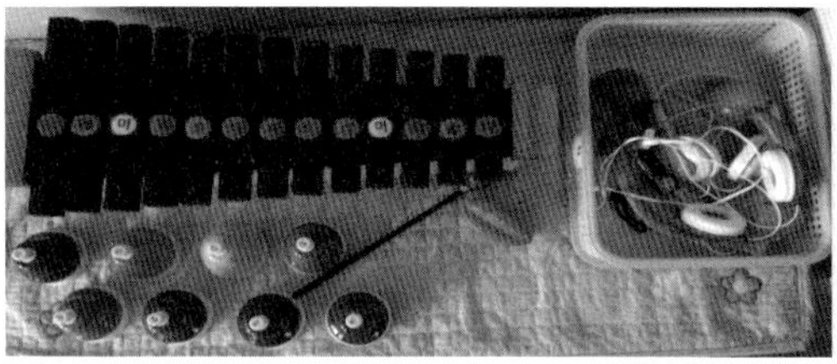
핸드벨

음악영역의 음악교육 활동 기자재는 영유아가 사용법을 쉽게 익힐 수 있는 것으로 배치하며 사용법에 대한 설명 자료를 벽면에 게시해 주며, 대·소그룹 활동 또는 자유선택활동 시간 동안 기자재 사용법에 대한 활동을 하면서 기자재를 적절하게 사용하는 방식을 익힌다. 기자재는 진행되는 주제에 따라 바꾸어 제시한다.

음악영역에 배치되는 교수자료에는 음악관련 도서, 새 노래 모음집, 그림이 있는 가사판, 연주할 수 있는 그림악보, 그림건반, 노랫말에 맞게 움직일 수 있는 인형자료 등이 있다. 교수자료는 주제와 주제의 전개에 따라 바꾸어 제시하며 새 노래를 지도하거나 음률활동 시간에 사용했던 수업자료가 활동의 전개를 위해 배치되기도 한다.

다섯째, 소음을 줄이기 위해 카페트 또는 파티션을 이용한다.

교실의 다른 흥미영역의 활동에 방해를 최소화하고 움직임의 범위를 제한하기 위해 음악영역은 교구장 또는 가리개를 활용하여 공간 구분을 분명히 한다. 바닥에 카페트를 깔거나 벽면에 천 또는 계란판을 붙이면 실질적인 소음 감소효과를 볼 수 있으며 영유아와 함께 계란판을 모으고 벽면에 부착하면서 음악영역의 소음에 대해 주의를 환기할 수 있다.

여섯째, 음악 영역에 전신 거울을 두어 영유아가 자신이 활동하는 모습을 볼 수 있도록 하여도 좋다.

음률 활동을 위한 자료에는 다양한 동작카드, 한삼, 탈, 스카프, 접이부채, 응원 반짝이 수술 등을 배치해 준다.

(2) 영유아 교육기관의 실외영역 음악환경

영유아교육기관에서 실외영역에 설치할 수 있는 음악환경 자료들을 소개하고자 한다.

일반적으로 실외 환경은 대근육활동을 할 수 있는 놀잇감으로 환경을 배치하여 영유아들이 마음껏 뛰어 놀 수 있는 환경으로 제시되고 있다. 실내에서의 음률영역의 확장을 위해 실외에서 즐길 수 있는 리듬과 선율을 함께 연주하고 합주까지 가능한 활동으로 실내 실외 음률영역이 연계될 수 있는 음악환경을 제공하는 데 가치를 두고자 리듬 멜로디 악기를 소개한다.

(실내 · 외 멜로디 타악기–이동이 가능해서 실내 · 외로 사용이 가능하며 타악기처럼 연주하지만 각각의 멜로디로 연주가 가능한 악기이다)

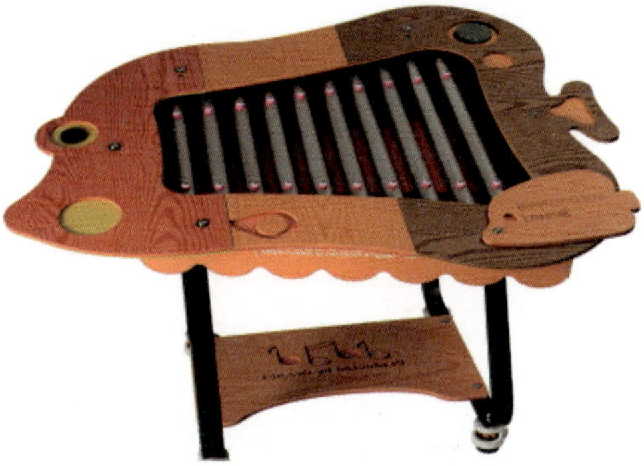

〈캉피쉬〉

〈칙폭이〉

〈카멜리〉

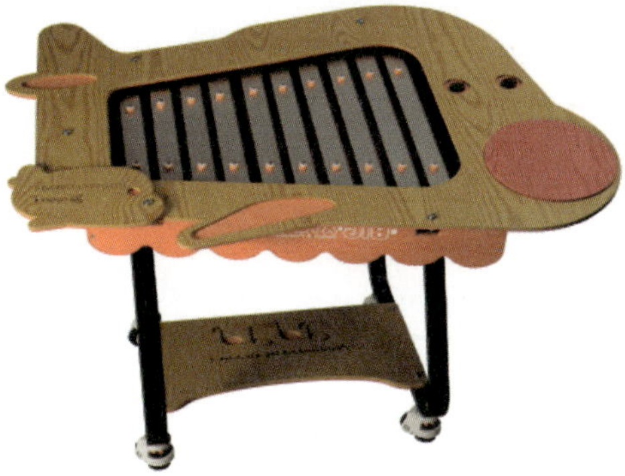

〈뱅기〉

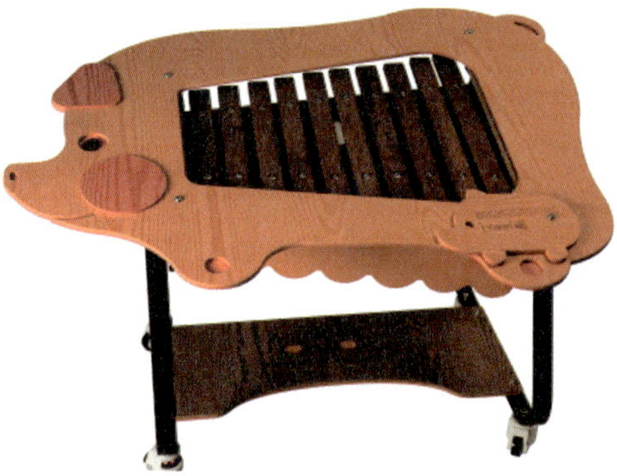

〈하몽〉

〈뚜기투〉

(실외 멜로디 타악기-실외에 고정시켜 사용하는 악기로 실외에서 간단한 멜로디로 노래 연주가 가능하며 화음 연주 앙상블 연주도 가능하다.)

〈붕붕이〉

〈탱탱이〉

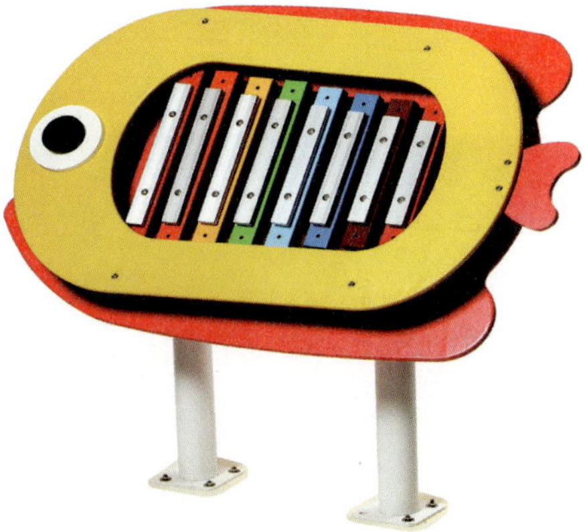

〈이쁘니〉

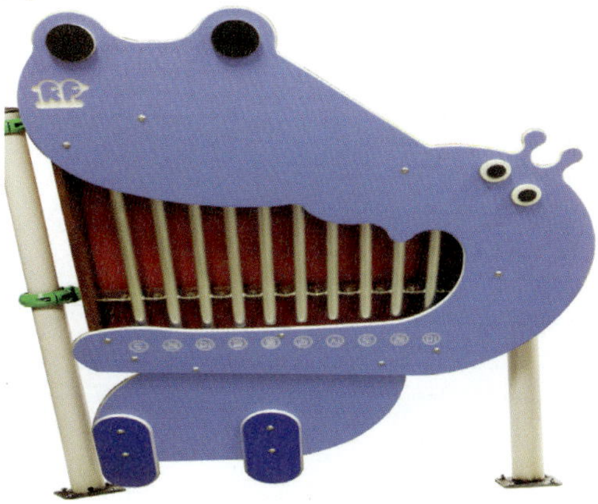

〈퐁퐁이〉

〈동그니〉

〈크니〉

출처: Green-I www.rhythmpark.co.kr.

3) 지역 사회에서의 음악교육 환경

지역 사회를 둘러보면 영유아 음악교육을 위해 활용할 수 있는 자원이 많이 있다. 영유아교육기관은 교육 프로그램을 진행하면서 지역 사회의 음악자원을 발굴하여 주제에 맞게 견학, 이야기 나누기 등의 여러 형태의 교육활동으로 연결할 수 있으며, 영유아교육기관이 지역 사회의 음악적 자원에 관심을 가지고 적극적으로 활용하려는 열려 있는 자세를 가지면 기관의 유아뿐만 아니라 지역 사회의 음악 문화에도 긍정적인 영향을 주게 된다.

〈지역 사회에서의 공연 관람하기〉

(1) 영유아교육기관이 지역 사회의 음악교육 환경을 활용할 수 있는 방안

첫째, 여러 가지 소리를 들을 수 있는 생활 주변의 다양한 장소 시장, 공사장, 도로변, 동물원, 비행장, 공장, 역 등을 방문해 보고 음악에 관련된 물건을 파는 곳이나 만드는 곳을 견학해 본다.

둘째, 지역 사회에서 열리는 음악회, 뮤지컬 등 음악 공연을 관람한다.

셋째, 지역 사회 공연장의 무대 공간, 분장실 또는 준비실, 기계실 등을 방문하여 공연을 보다 적극적으로 참여하는 기회, 무대공연의 이면을 살펴보는 기회를 가진다.

넷째, 지역사회에서 열리는 음악공연의 총연습을 견학하거나 배우 또는 연주자를 초대한다.

영유아가 총연습을 견학하는 것이 어렵다면 공연배우 또는 연주자, 기획자 등을 영유아교육기관의 활동에 초대할 수 있다.

다섯째, 음악과 관련된 공연장이나 교육기관을 견학한다.

즉, 음악교육기관인 국악원, 예술학교등을 방문하여 쉽게 볼 수 없었던 전통악기 서양악기등에 대해 이해할 수 있는 기회를 갖는다.

(2) 가정, 영유아교육기관, 지역 사회와의 음악적 환경 마련을 위해 고려할 점

첫째, 영유아교육기관의 개념이나 방법에 대한 이해를 돕기 위해 부모교육을 실시한다.

둘째, 가정 통신문을 활용하여, 영유아 교육기관에서 이루어지는 음악 교육활동이 가정과 연계될 수 있도록 한다.

셋째, 부모와 영유아가 함께 볼 수 있는 음악공연 정보를 제공한다.

넷째, 영유아에게 영유아교육기관의 생활 주제와 맞는 교육적 인 비디오 DVD, 인터넷 사이트 등의 목록을 부모에게 제공 한다.

다섯째, 음악을 전공한 부모, 지역 사회에서 활동하는 음악전문가들에게 음악교육활동 일일교사를 부탁하여 전문적인 인적 자원을 활용한다.

여섯째, 음악과 관련된 기관이나 장소를 견학하여 영유아의 음악적인 관심을 높인다.

2. 영유아 음악교육을 위한 활동 자료

영유아 교육기관의 음악영역, 음률영역에 비치할 수 있는 자료는 다음과 같다(보건복지부, 2012).

1) 기본 교구

녹음기, 헤드폰, 노래 테이프, 음악가 및 악기에 관련된 사진자료, 그림악보 등

2) 생활 속 악기

젓가락, 냄비 뚜껑, 깡통, 빨래판, 체, 콩, 부채 등.

3) 악기류

(1) 우라니라 전통 악기류–소고, 장구, 북, 징, 꽹과리, 가야금 등

① 소고

농악과 민속무에 주로 쓰이는 북으로 왼손으로 손잡이를 잡고 오른손에 작은 방망이를 채를 들어 앞뒤로 두드리며 춤추면서 연주한다. 북면치기, 테치기, 잘게 흔들어서 치는 방법이 있다.

② 장구

모든 악기에 거의 쓰이는 장단 악기로써 왼편이 북편으로 두꺼운 가죽은 손으로, 오른편은 채편으로 얇은 가죽은 대나무 채로 친다. 연주법은 북편과 채편을 동시에 치는 합장단의 쌍, 채편을 채로 치는 편, 북편을 왼손 바닥으로 치는 고, 채편 가죽을 트레몰로와 같이 굴리는 네 가지 방법이 있다.

③ 북

국악기 중 타악기. 그 생김새에 따라 이름이 각각 다르며 음악에 따라 각기 다른 북을 사용한다.

④ 징

음악에서 특별한 효과를 위해 사용되는데, 방울 소리를 흉내 내기도 하고 음악의 클라이맥스에 연주되기도 한다. 오래 지속되는 음의 진동의 의미를 보여 주기에 뛰어난 악기이다. 털로 만든 채나 금속 채로 튀기듯이 쳐서 소리를 낸다. 농악에서는 매 장단 첫 박에 많이 치는 타악기로 왼손으로 징의 손잡이를 잡으며 오른손으로 징채를 들고 징의 복판을 친다.

⑤ 꽹과리

소름 또는 꽝쇠라고 하며, 농악에서 으뜸가는 주도적인 역할을 하는 리듬악기이다. 꽹과리를 치는 사람을 상쇠라고 부르고 연주법은 크게 대점을 칠 때는 꽹과리 복판과 직각으로 하여 치고 잔가락을 칠 때는 복판과 나란히 굴려 친다. 소리를 끊어 칠 때는 왼손바닥을 꽹과리 안 복판에 대고 치고, 소리를 올려 칠 때는 왼손바닥을 꽹과리 한복판에서 떼어 친다.

⑥ 박

음악의 시작과 끝을 알리는 박은 6개의 단단한 박달나무로 쥔 편목의 위에 구멍 2개를 뚫어 만든 것으로 벌렸다가 오므리면서 소리내게 되어 있다. 음악이 시작할 때는 한번 치고, 그칠 때는 세 번을 친다. 또 악절이 변화할 때에 발을 한번 씩 쳐서 연주자가 구분할 수 있게 하기 때문에 지휘 역할도 하게 된다.

⑦ 자바라

자바라는 바라 또는 제금이라고도 하고 예전에는 발이라고도 하였다. 불교 음악에 쓰는 동발, 향발은 각각 크기가 다를 뿐 같은 종류에 속한다. 현재는 대취타, 불교 음악, 무악 등의 연주에 쓰이며, 바라춤의 무구로도 쓰인다.

⑧ 용고

북통 양편 고리에 끈을 매어 어깨에 메고 두 손에 쥔 채로 위에서 내려쳐서 연주한다. 군례나 대취타 등의 행악에 사용된다.

⑨ 목탁

목탁은 원래 불교에서 독경할 때 쓰이던 종교적 도구였으나 나무로 만들어서 맑고 고운 음색을 지니고 있고 크기에 따라 각기 다른 음을 나타내기 때문에 요즘에는 좋은 타악기의 하나로 각광을 받고 있다. 최근에는 목탁이 아동용 악기로 개조되어 사용되고 있다.

(2) 서양 악기류

[리듬악기류]

탬버린, 캐스터네츠, 트라이앵글, 방울, 우드블럭, 마라카스 등

① 탬버린

한 손가락은 테의 바깥쪽을 잡고, 나머지 손가락들은 테의 안쪽을 잡은 후 다른 쪽 손바닥이나 손가락 끝으로 치면 된다. 한 손으로 악기를 위를 향해 들고 빠르게 계속 흔들어서 연주하는 트레몰로 주법도 있고 테치기, 북면치기도 있다.

② 캐스터네츠

한쪽 손바닥 위에 캐스터네츠를 올려놓고 다른 쪽 손가락으로 리듬감 있게 치기도하고 손가락 검지와 장지에 끼고 교대로 박자에 맞추어 치기도 하며, 빠른 속도로 치면 트레몰로 표현을 할 수 있다.

③ 트라이앵글

한쪽 구석이 조금 열린 역삼각형의 강철 막대로서 한쪽을 고리로 매달아 같은 재질의 막대로 삼각형 밑면이나 옆면 중앙을 수직으로 가볍게 쳐서 소리내는 악기이며, 열려있지 않은 삼각형 두 변을 막대를 이용해 빠른 속도로 치지도 하고 막대로 둥글게 빠르게 쳐서 트레몰로 표현을 할 수 있다.

④ 방울

손으로 흔들어서 소리내는 악기로 방울의 크기에 따라 다양한 소리를 연출할 수 있으며, 손목이나 발목 등에 달기도 하여 은은하고 예쁜 소리를 낼 수 있다.

⑤ 우드블럭

속을 파낸 단단한 나무를 막대로 두드려 소리 내는 악기이다. 두 원통 양면은 음의 높낮이가 조금 달라 강박과 약박의 음을 칠 수 있다. 구두 굽 소리, 물이 똑똑 떨어지는 소

리 등을 표현할 수 있다.

⑥ 마라카스

양손에 하나씩 잡고 흔들어 소리 내는 악기로, 금속, 플라스틱, 나무 등이 있으며, 곡식이나 작은 조각을 넣고 흔들어 소리를 낸다. 빠른 속도로 계속 흔들면 은은하고 아름다운 트레몰로 표현을 할 수 있다.

⑦ 샌드블럭

사포가 붙어있는 양면을 서로 비벼 소리가 나게 하는 악기로 비비고 긁어서 내는 소리로 음색이 독특하다.

⑧ 심벌즈

두 개의 원형 평판과 오목판으로 이루어진 악기로서 양손에 한 개씩 들고 서로 맞부딪쳐서 소리 낸다. 악센트나 클라이맥스 효과를 내며 유아들은 작고 가벼운 유아용 심벌즈를 사용하는 것이 좋다.

⑨ 큰북

목재나 금속재 로 된 북면을 부드러운 북채로 반동을 이용해 쳐서 소리 내는 악기이다. 강박, 강조되는 박자에 사용된다. 북을 세워 고정시키고 반원을 그리듯 북채로 반동을 이용해 부드럽게 북면 중심부를 치면 된다.

⑩ 작은북

작은 원통 아래쪽 표면에 여러 개의 울림줄이 붙어 있는 악기로 연주 시 대개 큰북과 함께 사용되며 주로 약박에 사용되며, 허리나 어깨에 매고 연주하기도 한다. 트레몰로 효과가 뛰어난 리듬악기이다.

⑪ 드럼

드럼은 일반 드럼, 전자 드럼이 있으나 영유아교육기관에서 드럼까지 보유하기는 어려운 점이 있으나 영유아용 드럼도 있다. 드럼은 스트레스 해소의 효과가 뛰어나고 실용 음악의 발전과 성행으로 영유아들에게 많은 관심을 받는 악기이기도 한다.

[멜로디악기류]
실로폰, 멜로디언, 키보드, 피아노 등.

① 리코더
부드럽고 음색을 지닌 악기로 가락을 경험할 수 있는 악기이기도 하다. 여러 개의 손가락 구멍이 있는데, 열고 닫음에 따라 음 높이가 달라지고 입으로 부는악기로 영유아들이 연주하기에는 호흡이나 침 흘림 등으로 위생적인 면에서 사용하기 어려운 악기이다. 그러나 소리를 탐색하고 호흡을 조절하고 감상할 수 있는 음악적 경험을 할 수 있는 악기이다. 될 수 있으면 각자 개인 악기로 청결하게 사용할 수 있도록 해야 한다.

② 오카리나
리코더와 비슷하게 가락을 불 수 있는 소리가 나는 악기로서 만 5세 이상의 유아들에게 간단한 멜로디는 큰 어려움 없이 연주가 가능하지만 리코더와 마찬가지로 될 수 있으면 각자 개인 악기로 청결하게 사용할 수 있도록 해야 한다.

③ 하모니카
입을 대고 숨을 내쉬거나 들이마셔 소리가 나는 악기로서 만 5세 이상의 유아들에게 간단한 멜로디는 큰 어려움 없이 연주가 가능한 악기이나 될 수 있으면 각자 개인 악기로 청결하게 사용할 수 있도록 해야 한다.

④ 핸드벨
종 모양의 맑고 깨끗한 음색을 지닌 악기로서 아름다운 하모니를 이룰 수 있는 악기이다. 유아들에게는 무지개 색깔(도-빨간색, 레-주황색, 미-노랑색, 파-초록색, 솔-파란색, 라-남색, 시-보라색, 높은 도-빨간색)의 8개의 음으로 구성된 핸드벨이 적당하며 도에서 높은 도까지의 음역에 해당하는 단순한 멜로디의 곡을 연주하게 하는 것이 바람직

하다. 종 하나가 한 개의 음을 가지고 있어 유아들은 자신의 해당 음만 연주하면 된다.

⑤ 실로폰

목금이나 철금이 있는데, 일정한 음 높이를 지닌 나무 막대나 쇠 막대를 음 높이 순으로 늘어놓은 악기를 말한다. 보통 양손으로 연주할 수 있으나 유아들에게는 어려워 한 손으로만 연주하는 것이 좋다. 채를 한 손으로 잡고 어깨, 팔, 손목의 힘을 뺀 후 반동을 이용해 음판 중간 부분을 가볍게 친다.

⑥ 멜로디언

마우스피스를 입으로 불면서 손가락으로 건반을 눌러 소리를 내는 소형 건반악기이다. 멜로디언은 멜로디를 느끼기 위해 유아기에 경험할 수 있는 악기이지만 계이름을 외워 완벽한 멜로디를 연주하도록 하는 등의 방법은 적절치 못하다. 김영연(1996)은 멜로디를 강조하기 위해 멜로디언을 사용하는 것을 가급적 피하라고 하였다. 또한 멜로디언은 공기주입 호스를 입에 물고 바람을 집어 넣으며 동시에 건반을 움직여 소리를 내는 악기이므로 유아의 입이 직접 닿는 부분은 철저한 위생 관리가 필요하다.

⑦ 피아노

음역이 가장 넓은 건반악기로서 선율과 화음을 연주할 수 있는 악기이다. 유아들은 단순한 멜로디를 연주할 수 있다.

⑧ 우쿨렐레

4개의 줄이 달린 현악기이다. 단어 '우쿨렐레'는 '뛰는 벼룩'이라는 의미가 있으며, 소리 또한 이름에 걸맞게 기타보다 밝고 경쾌하다. 기타족에 속하는 하와이 악기이며, 4현 및 프렛이 있는 지판이 있다.

4) 각종 소품

신체표현에 사용될 소품류(각종 동물 가면, 리본 테이프, 공, 탈춤 소품, 스카프, 한삼 등).

스카프, 리본, 작은 낙하산 등의 신체표현 도구나 음악 연주회나 춤 공연, 오페라 등에서 공연자가 입는 무대 의상 등.

5) 음악과 관련된 책

악기나 음악가에 대한 그림책, 영유아들이 즐겨 부르는 노래를 그림과 함께 제시한 노래 책, 악기 만드는 과정을 소개한 그림책 등.

CHAPTER 7

포괄적인 영유아 음악교육

우리는 음악교육을 통해 영유아들의 음악성을 최대한 발전시키고, 창의성을 개발해주어야 하며, 음악적 개념을 충분히 알려주어야 한다. 그러기 위해서는 여러 가지 음악적 경험을 늘려 주는 것이 필수적이라 할 수 있다. 교사와 부모들은 일상생활 속에서 항상 영유아들의 음악적 잠재력의 향상을 위해 관심을 가져야 하는데, 그들의 나이, 속도, 문화의 특성에 맞추어 즐거운 놀이의 방식으로 교육시켜 주는 것이 좋다. 여러 음악학자들이 주장한 교수법을 다양하게 활용하거나, 통합적으로 여러 교과목들을 함께 교육시키는 등. 어떻게 하면 영유아들을 효과적으로 교육할 수 있는지에 대한 태도의 문제, 그리고 연구가 포괄적인 영유아 음악교육의 핵심 내용이다.

또한 현대에는 음악교육을 함에 있어서 다양한 접근방식이 필요하다. 이는 현대에 나타나는 많은 현상들로 인해 사회가 이전과는 많이 변화되었기 때문이다. 예를 들면 과학의 발달이라든지, 세계화와 개인화 등이 있다. 과학의 발달로 이룩된 많은 테크놀로지의 적절한 활용, 세계화로 인한 다문화적인 수용, 그리고 신체적 심리적 변화를 이끌 수 있는 음악치료 등에 대해서 연구하고 적용하여야 한다.

참고

포괄적 음악교육과정으로 잘 알려진 MMCP 와 미국음악교육자협회(NAFME)에서는 음악개념을 다음과 같이 분류하고 있다.

MMCP : 음색, 셈여림, 리듬, 음높이, 형식
NAFME : 구성요소 – 가락, 리듬, 화성, 형식
표현요소 – 빠르기, 셈여림, 음색

1. 통합적 영유아 음악교육

1) 개념 통합적 영유아 음악교육

영유아들에게 음악적 개념을 심어줄 때 어떻게 하면 효율적으로 그들에게 인식시킬 수 있을까에 대한 연구이다.

(1) 필요성

음악적 개념을 설명해 주기 위해서 한 가지보다는 여러 가지 방식의 장점을 융합하여 지도해 주는 것이 효과적이다. 이는 다양한 접근 방식의 다각적 시각으로 바라볼 수 있게 해주어 음악을 더욱 잘 이해할 수 있게 된다. 예를 들어 우리는 물컵을 위, 아래 옆면에서 보았을 때 다양한 물컵의 모습을 보게 된다. 그리하여 단면적이 아닌 다양한 각도로 관찰하게 되고, 결과적으로 물컵 본연의 실체에 대해 정확하게 파악하게 된다. 이와 마찬가지로, 다양한 활동을 통한 개념학습은 영유아들에게 음악적 개념을 더욱 명확히 형성하게 도와준다. 나선형 교육을 바탕으로 한 반복 학습을 통해 이러한 체험들이 모이게 되고, 결국 영유아들이 자연스럽게 음악적 본질을 파악하고, 받아들이도록 이끌어 준다.

(2) 접근 방법

지도하고자 할 음악적 개념을 어떤 방법으로 접근 할 것인지에 대해 생각해 보는 것이다. 이에 음악적 내용에 따라 분류하여 접근하거나 여러 음악이론가의 교수법 속에서 장점을 취해 다양하게 사용하여 음악 내에서의 통합적 교육을 시도해 볼 수 있다.

- 교수법의 개념적 접근법 : Orff, Dalcroze, Kodály, Gorden, Montessori 등의 학습 이론의 통합
- 음악적 내용의 개념적 접근법: 노래하기, 악기 다루기, 신체활동, 음악 감상 등의 내용 통합

(3) 활동 방법

다음과 같은 순서로 진행해 볼 수 있다.

- 어떠한 음악적 개념을 교육시킬지 선정한다.
- 음악적 개념을 설명해 줄 접근방법을 결정한다.
- 그것에 맞춰 활동 예시들을 찾아본다.

(4) 음악활동의 예시

<교수법의 개념 접근법>

음악적 개념	빠르기
활동 내역	빠른 행진곡 노래를 들으며 (또한 느린 음악으로) 여러 교수법의 내용을 적용해 보기
선정곡 예시	슈베르트의 '군대 행진곡'
Orff	노래 들으며 리듬 막대, 북 치기

Montessori	음악에 맞춰 선 따라 이동
Dalcroze	음악에 맞춰 몸으로 움직이고 표현하기
Kodály	ta–ti 리듬 음절 교육

<음악 내용의 개념적 접근법>

음악적 개념	셈여림
활동 내역	점점 커지는 크레센도 알아보기
소리 탐색	음악을 들을 때 오디오의 볼륨을 키워 보기
노래 부르기	'달팽이 노래' 부르기
악기 다루기	북을 점점 세게 치기
신체 표현	소리가 커질 때 몸을 웅크렸다 펴기
음악 감상	라벨의 '볼레로' 감상하기

달팽이집

외국곡

출처: 봉정원(2011).

2) 주제 중심의 통합적 영유아 음악교육

(1) 의의 및 필요성

음악은 음악영역 안에서 여러 통합적 활동뿐만 아니라 다른 예술 장르인 사회, 과학, 수학, 언어까지 확장시켜 함께 교육이 가능하다. 이는 음악이 교육 매개체로서 음악적 개념을 넘어 사회적 개념까지 인식시켜 줄 수 있음을 의미한다. 일상생활에서 영유아들에게 교육시키고자 하는 내용을 음악이란 형식에 담아 즐겁게 전달해 주는 것이다. 그리하여 영유아들이 사회적 개념들을 자연스럽게 놀이의 형식으로 받아들이게 된다. 이것은 그들이 다각적 시각과 여러 가지 다양한 경험의 체험 기회를 통해 통합적 사고를 발달시키는 데 있다.

여러 활동 영역인 언어(동화, 이야기), 영어, 수학(수 개념-박자 통해), 과학(소리의 진동), 미술(그림책, 색깔), 극 놀이를 활용할 수 있다.

덧붙여, 나이가 어린 유아들에게는 연극적 요소를 가미하여, 그들의 감정 이입과 적극적 참여를 이끄는 것이 필요하다. 이것은 유아들의 상상력과 창의력 증진에 도움이 된다. 또한 복잡하기보다는 단순한 내용으로 짧은 시간에 다양하게 여러 가지를 소개 해줌으로써 그들의 집중력을 흐트러트리지 않도록 해야 한다.

(2) 유형

생활주제로 나와 가족, 유치원/어린이집, 우리 동네, 건강과 안전, 교통기관, 동식물과 자연, 생활도구, 악기, 환경과 생활, 계절, 우리나라로 나눠 볼 수 있다.

(3) 예시

활동 주제	바다
활동 목표	고기잡이 놀이를 통해 바다 속 생태와 다양한 음악적 요소를 알아본다.

영역	활동 내용
음악	• 음악 감상 및 노래를 불러 본다. ('동물의 사육제' 中 제7곡 '수족관', 동요 '고기잡이') • 계이름'이나 '음악적 요소' 낱말 카드를 가지고 '고기잡이 놀이' 활동을 해 본다.
미술	• 그림책을 함께 보거나, 같이 그림을 그려 본다.
수학	• 몇 마리를 잡았는지 함께 수를 세어 본다.
과학	• 파도의 소리를 들어 본다. • 물결침과 물 파동 영상을 시청한다.
영어	• 영어로 노래를 불러 본다. • 한글 또는 영어 낱말 카드를 사용하여 '고기잡이 놀이' 활동을 한다.
국악	• 판소리 '수궁가' 등을 감상한다.
언어/연극	• 동화를 들려준다. (별주부전, 인어공주 등) • 창작동화로 연극을 실제 해 본다.
동작/창작	• 물고기가 되었다고 생각하고 흉내 내어 보거나, 율동을 해 본다. • 스카프로 물결을 표현해 본다.

물고기 표현 율동하기(I'm a little fish)
출처: 신성어린이집

2. 다문화 이해를 위한 영유아 음악교육

1) 필요성

국제화와 세계화 속에서 이민, 이주 또는 매체 등으로 다문화(multi-culture)에 노출되고 이를 경험하는 기회가 많아졌다. 이런 사회 현상에서 영유아들에게 다문화 교육을 선행하는 것이 필요하다. 이는 다른 나라 문화를 존중하여 개방, 수용하고, 우리 정체성을 확립할 수 있기 때문이다. 영유아 시기는 특히나 어떤 편견이나 선입견이 형성되어 있지 않은 때이기에 자연스럽게 긍정적인 마인드를 심어줄 수 있다. 음악은 그 나라의 역사, 생활, 가치관이 녹아 있는 산물이기에 다문화를 이해하는 데 음악교육이 중요하게 여겨진다. 영유아들의 발달과정에 맞추어 올바른 인식을 심어 주어야 할 것이다.

만 2세	유사성과 차이점 이해
만 4세	민족 집단, 성 정체감 형성
만 6세	하위개념, 장애 인식 가능

2) 의의

- 폭넓은 세계관 형성 – 다른 나라 민족을 이해하고 존중하게 됨.
- 올바른 정체성 함양 – 비교를 통해 우리 문화를 깨닫고, 다른 음악 이해하는 계기
- 다양성, 차이성 인식과 반 편견 태도 함양.
- 창의성 발달: 동서양의 음악을 결합하여 새로운 것 창조.
  (예: 메시앙은 힌두 리듬을 작품에 활용함.)

3) 교사들의 역할

- 모범이 되어야 한다(아이들은 교사를 모방하게 된다. 따라서 개방적이고 배려적인 태도를 겸비하여야 한다).
- 다양한 문화적 지식을 갖추어야 한다.
- 한쪽으로 치우친 것이 아닌 다양한 문화를 경험하게 해 주어야 한다(현대에는 미국, 유럽 문화 교육에 치우쳐 있으나, 다양한 나라에 대한 체험의 기회를 넓혀 주어야 한다).
- 아이들은 편안하게 해 주어야 한다.
- 평등하게 지도하고, 평등에 대해서도 지도해야 한다.
- 유아들끼리 서로 상호 협조하고 잘 어울릴 수 있도록 해 주어야 한다.
  (다문화 아이가 소외되지 않도록 신경써야 한다.)

4) 음악활동

(1) 우리나라 음악교육

전래동요, 민요나 국악(국악기, 전통음악 장단) 에 대해서 알아본다. 이를 통해 영유아들에게 우리 문화와 정신, 언어를 체득하고 성립시키도록 한다.

① 전래동요의 예

'우리 집에 왜 왔니?' / '무궁화 꽃이 피었습니다.' / '여우야, 여우야 뭐하니?' / '자장가' / '두껍아 두껍아' 등.

② 전통악기 다루기

- 전통악기의 종류

현악기	가야금, 거문고, 해금, 아쟁
관악기	대금, 단소, 피리
타악기	편종, 편경, 박, 징, 장구, 북

- 전통음악의 장단

우리나라의 리듬은 5:3, 3:2로 서양의 2:2, 1:1 비율의 리듬과 달리 대등하지 않다. 손뼉치기, 발 구르기, 몸 흔들기 등의 신체표현이나 장구, 북 등의 타악기로 장단을 익혀 본다. 또한 장단에는 빠른 휘모리도 있고, 느린 진양조도 있다. 다양한 빠르기의 장단을 듣고 몸으로 느끼고 습득해 볼 수 있다.

장단의 종류: 진양조, 세마치, 굿거리, 자진모리, 휘모리 등.

출처: 신성어린이집

(2) 외국의 문화 소개

그 나라의 전래동요나 음악을 들려주면서 여러 기후, 음식, 결혼식 풍습 등 소개하고, 음악에 맞춰 춤을 춰 본다.

● 다문화 교육활동 예시 1

활동주제	다문화 교육 1	소요시간	30분
활 동 명	러시아는 어떤 나라일까요?	연 령	만 3~5세
활동목표	• 다른 나라 문화를 이해 할 수 있다. • 아름다움을 창의적으로 표현할 수 있다.		
누리과정 요소	• 예술 경험: 예술적 표현하기 – 움직임과 춤으로 표현하기 • 예술 경험: 예술 감상하기 – 다양한 예술 감상하기		
활동 자료	음원 자료, 그림 자료, 시각 자료		

활동방법

〈도입 단계〉

– 러시아 인사말로 노래 부르며 주의 집중할 수 있도록 한다.
– 오늘 만날 나라는 러시아라고 소개한다.

〈전개 단계〉

– 러시아 위치, 지도, 기후에 대해 그림 자료를 활용하여 소개한다.
– 러시아 국기에 대해 이야기 나눈다.
– 러시아 수도에 대해 이야기 나눈다.
– 러시아 음식에 대해 이야기 나눈다.
– 러시아의 음악가 중에서 차이콥스키의 '호두까기 인형' 곡에 나오는 배경 이야기(호프만 원작 동화)를 설명해 주고 아이들과 함께 차이콥스키의 '호두까기 인형' 발레곡을 감상한다.
– 직접 호두까기 인형처럼 신체표현과 언어적인 상호작용을 해 본다.

출처: 신성어린이집.

〈마무리 단계〉

– 러시아 나라에 대한 느낌이 어떠했는지 이야기 나눈다.
– 러시아의 춤을 추어 본 느낌은 어떠했는지 이야기 나눈다.
– 러시아 인사말로 노래 부르면서 마무리한다.

출처: rimiko blog.

활동평가 및 유의점	• 러시아 문화에 대해 잘 이해했는지 평가한다. • 아름다움을 창의적으로 표현했는지 평가한다.
확장활동	• 러시아의 결혼 풍습은 어떠한지 확장해 본다 • 러시아의 또 다른 음악은 어떠한 곡들이 있는지 확장해서 알아본다.

다문화 교육활동 예시 2

활동 목표	• 다른 나라의 문화를 이해할 수 있다. • 다른 나라의 춤(훌라밍고)을 즐겁게 추워 볼 수 있다.
누리과정 요소	• 예술 경험: 예술적 표현하기 – 움직임과 춤으로 표현하기 • 예술 경험: 예술 감상하기 – 다양한 예술 감상하기
활동 자료	음원 자료, 그림자료, 시각 자료
활동 방법	**〈도입 단계〉** – 교사가 스페인 인사말로 노래를 불러 주의 집중을 시킨다. – 스페인 인사말이라고 소개해 주고, 스페인에 대해 배울 것이라고 이야기해 준다. **〈전개 단계〉** – 스페인 위치, 지도, 기후에 대해 살펴본다. – 스페인 국기에 대해 이야기해 본다. 

<table>
<tr><td>활동 방법</td><td>– 스페인 수도에 대해 이야기해 본다.
– 스페인 음식에 대해 이야기해 본다.
– 스페인의 춤에 대해 이야기해 본다.
– 플라밍고 춤에 대해 시각 자료를 보고 실제 동작으로 표현해 본다.
– 플라밍고 춤과 동작을 간단하게 배워서 음악에 맞춰 추어 본다.

〈마무리 단계〉
– 플라밍고 춤과 동작을 배운 느낌에 대해 이야기 나눈다.
– 스페인 춤을 춘 느낌에 대해서도 이야기 나눈다.
– 스페인 인사말 노래를 부르면서 마무리한다.</td></tr>
<tr><td>활동평가
및
유의점</td><td>• 다른 나라의 문화를 이해할 수 있는지 평가한다.
• 다른 나라의 춤(플라밍고)을 즐겁게 출 수 있는지 평가한다.
• 다른 나라 춤을 배울 때는 어렵지 않게 자연스럽게 신체표현할 수 있게 한다.</td></tr>
<tr><td>확장 활동</td><td>• 스페인의 결혼 풍습 및 의식주에 대해 확장해서 살펴보도록 한다.
• 스페인의 또 다른 춤들을 살펴본다.</td></tr>
</table>

(3) 우리나라와 외국 문화 비교 체험

같은 주제를 놓고 우리나라와 외국에서 행하여지는 음악을 비교해 볼 수 있다. 이는 두 나라 이상을 소개하여 어떠한 점이 같고 다른지 한눈에 파악할 수 있기 때문이다. 교사는 활동의 소재로 각 국의 전래동요, 악기 등을 유아들에게 다양하게 경험해 보도록 한다.

예를 들면, 같은 곡이 각 나라에서 다른 언어로 번역되어 불리고 있는 곡이 있다. 이렇게 한 곡이 다른 언어로 되어 있는 곡들을 선정하여 불러봄으로 교사는 아이들에게 전 세계가 하나라는 인식을 심어 주어 하나의 공동체 의식을 함양하도록 유도할 수 있다. 또한 동시에 각 나라는 어떻게 다른지 각 나라의 습관이나 풍습을 설명해 주어 아이들이 비교 체험해 보도록 한다.

<비교체험 예시 1>

교육기관	소요 시간	대상	교사
어린이집	30분	유아	○○○
학습주제	각 국의 생일 축하곡은 어떠할까요?		
학습의도	같은 멜로디로 다른 언어 체험		
활동내용	1. 생일 축하곡 불러 보기 2. 각 나라의 생일에 관한 풍습 알아보기		
진행	중심활동	내용	준비 자료
도입	노래	생일 축하곡을 불러 본다.	음원 자료(생일축하 곡)
전개		생일 때 각 나라의 풍습이나 모습을 알아 본다.	시각 자료
정리	소감 나누기		

<비교체험 예시 2>

교육기관	소요 시간	대상	교사
어린이집	30분	유아	○○○
학습주제	우리나라와 서양의 악기는 어떠할까요?		
활동내용	1. 우리나라와 서양악기 중 현악기(해금, 첼로)를 보고, 음색을 들어 본다. 2. 국악과 서양 음악회의 모습을 살펴본다.		
진행	중심활동 내용		준비 자료
도입	음악회의 모습을 시각 자료로 보여준다.		시각 자료
전개	1. 해금과 첼로의 그림을 보여 준다. 2. 해금과 첼로의 악기연주 소리를 들어 본다.		시각 자료, 음원 자료
정리	비교 체험– 느낀점 이야기해 보기 1. 해금과 첼로는 어떻게 생겼나요? 2. 어떤 소리가 나고 어떻게 다른가요? 3. 국악 연주와 서양 음악회의 모습은 어떠한가요?		

3. 영유아 음악치료

1) 정의

음악을 도구로 하여, 영유아의 개인 성장, 발전을 돕고, 장애 영유아 및 어려움을 겪는 일반 아동의 신체적, 심리적 행동의 변화를 촉구하는 체계적 과정이다.

음악치료의 영유아 대상은 다음과 같다.

- 발달장애아동 – 정신지체아동, 정서 및 행동장애, 자폐증, 학습부진과 학습장애, 의사소통장애, 시각장애, 청각장애, 지체부자유 아동.
- 정신장애 – 정신분열증, 기분장애, 불안장애.

2) 역사(기원과 토대)

고대 주술사나 의사들에 의해 사용

↓

고대 그리스, 로마(아리스토텔레스)

↓

중세 기독교적 신념에 의해 교회에서 사용

↓

음악교육가로부터 다양하게 접근되어짐

질병은 마술이나 영적 세계와 밀접한 연결이 있다고 여겼다.

어떤 감정을 모방한 음악을 들을 때, 사람들은 똑같은 감정을 느낀다. 또 습관적으로 듣는 음악이 성격도 변화시킨다고 말했다.

서양의 기독교가 널리 퍼지면서 이용되었으며, 고대 그리스의 이론에 기초를 두고 있다. 그리하여 고대와 현대를 이어 주고 있다.

3) 음악교육에서 변형된 음악치료 접근법

(1) Orff 음악치료

Carl Orff의 슐베르크를 중심으로 Getrude Orff와 Carl Bitcon 등의 음악치료사들이 음악치료에 적용한 것이다.

- 다감각적 접근(청각, 시각, 촉각)을 통해 학습능률과 치료 효과 향상 시도.
- 과정 중심적: 음악을 만드는 과정이 결과물보다 중요함.
- 합주를 통한 자신의 정체성과 사회성 함양.

	행동	Orff 활동
사회성	순서 기다리기	모방, 독주/합주
	지시 따르기	오스티나토, 리듬적 댄스
의사소통	말 사용하기	찬트, 말 오스티나토
	질문–대답	주고받기 활동
운동	동작 모방	신체 타악기 모방, 오스티나토
	손바닥으로 움켜쥐기	악기 채 잡는 위치와 사용
인지	감상 기술	합주를 암기로 가르치기
	이름 인지	다양한 이름의 게임과 찬트
심리	스트레스 분출	즉흥연주, 자유로운 동작
	자기–통제	창조 선택, 참여 수준
자기 지각	자기에 대한 언어적 표현	자기 묘사하는 찬트 창조
	신체 언어제시	동작 반영
현실 자각	이름 인지	주제와 변주
	진행되는 사건들 순서 배열하기	작곡된 노래에 반주 만들기
정서	감정 표현	즉흥연주, 작곡, 노래 부르기
	감정 구분	정서에 기초한 작품 창조
시각	시각적 추적	리듬/가사 차트 읽기
	상징/문자 구별	시각적 도구 사용한 론도 활동
청각	청각적 구별	작품 속에서의 환경적 소리
	또래 상호작용	합주

출처: 김영신(2006).

(2) Dalcroze 음악 치료

음악치료에 적용된 Dalcroze의 유리드믹스는 다음의 목적을 가지고 있다.

① 리듬은 조직자, 활력자의 역할을 담당

Gaston은 음악에서의 리듬은 조직자이고 활력자 역할을 한다고 말하였다. 이러한 개념과 유사한 것이 Dalcroze의 유리드믹스다. 리듬을 강조한 유리드믹스를 통해 음악을 동작(신체경험 Movement)으로 표현함으로써 학습자의 적극적인 참여를 유도한다. 이렇게 참여한 영유아들은 자발적으로 표현하고자 하는 동기를 가지게 되어, 배움에 대한 욕구가 증가하고, 집중력 또한 상승한다.

② 신체, 정신에 긍정적 영향

- Hibben은 학습장애, 기분장애, 정신지체를 가진 아동들에게 영향을 준다고 주장하였다(김영신, 2006).
- 소리에 대한 반응, 집중력 향상과 감정의 이완 효과를 주며, 나아가 신체발달과 사회성까지 발달시킨다.
- 신체 관계성을 깨닫고 공간 속에서 동작을 조절하는 것을 학습하도록 하게 하는 것은 자기 표현 기회를 주고, 창의성을 계발하여 준다.

(3) Kodaly 음악치료

모든 아동에게 음악이 사용되어야 한다는 Kodály의 철학에서 발생하였다.

반복성과 음악의 단순성을 강조한 Kodály 음악이 특수아동에게 도움을 준다고 Strong이 언급하였다. 치료사는 반복적으로 음악을 사용하여 그들이 충분히 받아들일 때까지 해 주어야 한다.

언어와 음절리듬(계명창법)을 통해 활용되며, 아동들이 쉽게 배울 수 있는 4분 음표, 8분 음표를 가지고 교육한 것을 토대로 한 유연적인 접근법이 치료사에게 받아들여지고 있다.

(4) Gorden 음악치료

- 자폐아동이나 애착장애아동들은 녹음된 소리보다 입에서 직접 내는 소리에 더 많이 반응한다.
- 교사는 일대일 수업을 통해서 아동들을 개별적으로 자세히 관찰하여 잘못된 부분에 바로 대처하고 교정시킬 수 있다.
- Gorden의 음악치료는 놀이를 통해 시행하고 있으며, 항상 즐겁고 유쾌한 환경을 마련해 줌으로써 활력을 유지하고자 한다.

4) 목적(효과)

음악, 인지, 신체, 언어, 정서, 사회적, 정신적(우울증, 정신적 문제 해결) 능력 향상에 효과가 있다.

5) 방법 및 유형

음악치료를 위해서는 교사들의 역할이 크다. 먼저 전문지식의 함양 요구된다.

음악이 어떻게 사용되고 있는가에 대한 고찰이 필요하다. 진단할 때와 치료할 때 크게 두 가지 영역에서 사용될 수 있으므로 두 가지 영역으로 나눠 살펴볼 수 있다.

(1) 진단과 평가로서의 음악

Nordoff-Robbins, Boxill, Bitcon, Rider, Wigram 학자들에 의해 연구되고 개발된 진단과 평가로서의 음악은 적극적인 활동(노래, 악기, 즉흥)과 수동적인 활동(감상하기) 등으로 활용가능하다.

음악은 자극을 주는 것(Input)이며, 동시에 그것을 표현하는 것(Output)이기에, 치료사가 음악을 통해 자극을 주어 판단할 수 있지만, 자극 받은 환자들이 음악을 통해 표현함으로써도 진단이 가능하다.

① 음악 감상

청각적 자극에 대한 반응, 청취 능력 판단, 음악에 대한 신체적 반응과 진단(예: 심장박동수, 혈압 변화), 음악을 듣고 상상과 생각을 표현함으로써 진단할 수 있다.

② 재창조적 연주

노래를 부르거나 악기를 연주하게 하여 진단이 가능하다.

③ 즉흥연주

어떤 악기들을 사용하고, 어떤 가사로 부르는지를 통해서 내면 세계를 볼 수 있다.

(2) 치료로서의 음악

① 음악 감상:

각성과 정서 환기, 연상 작용 등의 과정이 일어나게 된다.

- 동질성 – 감상자의 에너지에 맞는 음악을 선곡하여 동질성을 찾는다.
- 카타르시스 – 감정 정화 작용이 일어났다. 음악이 감정을 자극하고 조정하기 때문이다. 내면과 심리적인 상태까지 탐구하는 것으로 보다 더 심층적인 심리치료 방법이다(GIM).

② 악기 연주

치료자의 음악적 능력을 고려하여야 한다. 악기의 선택도 중요하며, 연주내용과 어떻게 연주되는지가 체계적으로 제시되어야 한다. 과제 수행이나 문제해결과 같은 참여과정에서 나타날 수 있는 변화 중심으로 수행한다.

③ 노래하기

가사를 통해서 인식하거나, 또는 작사, 개사하는 방법으로 접근할 수 있다. 목소리와 언어를 통해 인지적, 심리적, 정서적, 감정적 자극을 줄 수 있다.

④ 즉흥연주

능동적이며 적극적인 행위로 경험 자체가 치료가 된다. 더욱 쉽게 경험에 접촉하게 된다.

CHAPTER 8

영유아 음악교육 교사의 역할 및 평가

1. 영유아 음악교육을 위한 교사의 역할

촉진자, 제공자, 질문자, 관찰자, 참여자, 전달자로 나누어 볼 수 있으며, 각각의 구체적인 내용을 살펴보면 다음과 같다.

- 촉진자의 역할: 영유아 교사는 영유아에게 음악적인 촉진을 해 줄 수 있는 기회를 제공할 수 있는 촉진자의 역할을 할 수 있다.
- 제공자의 역할: 영유아 교사는 영유아에게 적합한 음악을 제공해 주고 다양한 악기를 선택해 주고 연주해 볼 수 있는 기회를 제공해 주는 역할을 할 수 있다.
- 질문자의 역할: 영유아 교사는 영유아에게 음악과 관련된 내용 등을 질문을 통해 상호작용하고 영유아들의 눈높이에 맞는 음악 향상을 위한 질문을 통해 질문자의 역할을 할 수 있다.
- 관찰자의 역할: 영유아 교사는 영유아가 노래를 부른다거나 악기를 다룬다거나 관심을 가지는 놀이를 통해 영유아의 음악성을 관찰할 수 있는 관찰자의 역할을 할 수 있다.
- 참여자의 역할: 영유아 교사는 영유아가 다양한 음악적인 놀이를 할 때 함께 할 수 있는 참여자의 역할도 할 수 있다.
- 전달자의 역할: 영유아 교사는 영유아에게 음악적인 활동들의 즐거움과 재미를 느끼게 하는 전달자의 역할을 할 수 있다.

이렇듯 영유아 교사의 역할은 무궁무진하며, 영유아교육기관에서 일어날 수 있는 다양한 상황 속에서 영유아 교사는 적극적이고 개방된 분위기로 영유아의 음악성뿐만 아니라 음악 속에서 삶을 영위할 수 있는 기회가 제공될 수 있도록 하며, 영유아에게 음악을 사랑하고 느낄 수 있도록 다양한 역할을 수행해야 한다.

2. 발달에 적합한 영유아 음악교사의 역할

영유아 교육 전반에 미치는 영유아 교사의 역할은 중요하지만 특히 영유아기 음악 교육을 담당하는 영유아 교사의 역할은 더욱더 중요하다. 영유아 교사의 음악적인 소양과 관심, 태도 등은 유아들의 음악성 계발과 음악성 등을 형성하는 데 모델링이 되기 때문에 더욱 중요하다. 그러므로 영유아 교사는 항상 따뜻하고 부드러운 태도로 영유아를 대하여 영유아가 자신감을 가지고 자유롭게 자신의 생각과 느낌을 표현할 수 있는 분위기를 조성해 준다.

그러므로 발달에 적합한 영유아 교사의 역할은 다양하며, 상황에 따라 대처해야 하는 특성을 가지고 있어서 교사로서 대처해야 할 부분들이 많이 있으므로 상황에 최선을 다하는 교사가 되어야 할 것이다.

3. 영유아 음악교육 활동계획

영유아 음악교육 활동계획은 이러한 점을 고려하여 계획되는 것이 좋다.

첫째, 어린이집과 유치원의 운영시간에 맞추어 계획되어져야 한다.

둘째, 표준보육과정에 제시된 각 영역의 내용과 누리과정에 제시된 각 영역의 내용 중에서 예술경험영역과 영유아 음악교육활동들을 균형 있게 통합적으로 계획되어야 한다.

셋째, 영 유아의 음악적인 발달 특성 및 개인차, 음악적인 경험 등을 고려하여 놀이를 중심으로 계획되어야 하나, 음악의 전문적인 용어나 테크닉적인 요소들은 영유아의 눈높이에 적합하도록 계획되어야 한다.

넷째, 영유아의 일과 중 일상생활을 포함하여 영유아에게 음악이 자연스럽게 스며들 수 있도록 계획되어야 한다.

다섯째, 어린이집과 유치원의 보육실과 교실의 특성에 따라 융통성 있게 계획되어야 한다.

여섯째, 성별, 종교, 신체적 특성, 가족 및 민족 배경 등으로 인한 편견이 없도록 다양한 영유아 음악활동들로 계획되어야 한다.

또한 영유아 음악교육 활동계획을 운영할 때에도 다음과 같은 방법을 고려하여 계획을 할 수 있다.

- 보육, 교육계획(연간, 월간, 주간, 일일 계획 등)에 의거하여 활동을 운영계획한다.
- 실내 · 외 환경을 다양한 흥미 영역으로 구성하며 음악 · 음률영역이 단원별, 주제별로 상황에 맞게 다양하게 배치하여 운영될 수 있도록 계획한다.
- 영유아의 능력과 장애 정도에 따라 음악 · 음률 악기들이 제공되고 조정하여 운영될 수 있도록 계획 한다.

- 부모와 각 기관의 실정에 따라 부모교육을 실시하고 음악과 관련된 일을 하시거나 음악전공자일 경우 유아교육현장에 초빙하여 음악적인 지원을 받을 수 있도록 운영하고 계획한다.
- 가정과 지역사회와의 협력하여 음악공연을 한다거나 연주회나 발표회를 통해 지역사회와 협력하여 참여와 관람의 기반하에 운영되고 계획할 수 있도록 한다.
- 교사는 어린이집 표준보육과정과 유치원의 누리과정의 예술경험영역을 통해 영유아 음악교육에 대한 재교육으로 자신감을 가지고 교육과정을 운영하고 개선해 나갈 수 있도록 계획한다.

<주간 교육계획안>

<table>
<tr><th colspan="2">반 이름</th><th colspan="2">○○반</th><th>시기</th><th colspan="2">20○○년 ○월 ○주</th></tr>
<tr><th colspan="2">생활주제</th><th colspan="2">유치원/어린이집과 친구</th><th>주제</th><th colspan="2">유치원/어린이집과 환경</th></tr>
<tr><td colspan="2">목표</td><td colspan="5">• 우리반의 이름과 교실의 특징을 안다.
• 유치원/어린이집에 있는 각 공간의 이름과 위치를 안다.
• 유치원/어린이집 시설물의 바른 사용법을 알고 바르게 사용한다.
• 유치원/어린이집에서 함께 지내는 어른들이 하는 일에 대해 안다.</td></tr>
<tr><td colspan="2">날짜/요일</td><td>1(월)</td><td>2(화)</td><td>3(수)</td><td>4(목)</td><td>5(금)</td></tr>
<tr><td colspan="2">소주제 / 활동</td><td>우리반 이름과 교실 알아보기</td><td>시설물 사용방법 알아보기</td><td>유치원/어린이집 돌아보기</td><td colspan="2">유치원/어린이집에서 함께 지내는 사람들 알아보기</td></tr>
<tr><td rowspan="7">자유선택활동</td><td>쌓기놀이 영역</td><td></td><td></td><td colspan="3">쌓기놀이 영역의 약속을 지켜요!★</td></tr>
<tr><td>역할놀이 영역</td><td colspan="3">역할영역 탐색하기</td><td colspan="2">딩동! 누구십니까?★</td></tr>
<tr><td>언어 영역</td><td colspan="2">교실 물건 수수께끼★</td><td></td><td colspan="2">손인형으로 말하며 인사하기</td></tr>
<tr><td>수·조작 영역</td><td></td><td>교실 안에는, 교실 밖에는?★</td><td colspan="3">영역과 놀잇감 짝짓기★</td></tr>
<tr><td>과학 영역</td><td colspan="5">교실 화분 관찰하기</td></tr>
<tr><td>미술 영역</td><td></td><td></td><td colspan="3">다양한 놀잇감 찍기</td></tr>
<tr><td>음률 영역</td><td></td><td colspan="2">음률영역 악기 탐색하기</td><td></td><td></td></tr>
</table>

<table>
<tr><td rowspan="8">대·소집단활동</td><td>이야기 나누기</td><td>우리 반에도 이름이 있어요</td><td>화장실에 가고 싶어요★</td><td>양치질을 해요.</td><td>도움이 필요할 때는?★</td><td>유치원/어린이집에서 도와주시는 분들</td></tr>
<tr><td>동화·동시·동극</td><td>동화) 우리 반이 어디 있지?★</td><td>동시) 유치원에는</td><td>동시) 반가워요★</td><td></td><td></td></tr>
<tr><td>음악</td><td colspan="2">'안녕' 노래로 인사해요★</td><td></td><td>교실에서 소리 나는 물건 찾기</td><td></td></tr>
<tr><td>신체</td><td colspan="2">친구와 몸을 쭉 뻗어 보아요★</td><td>걷기와 뛰기</td><td></td><td>선생님 안녕하세요?★</td></tr>
<tr><td>게임</td><td colspan="2"></td><td>놀잇감의 위치를 알아요★</td><td></td><td></td></tr>
<tr><td>요리</td><td></td><td></td><td></td><td></td><td></td></tr>
<tr><td>미술</td><td></td><td>내가 꾸민 놀이터</td><td>내가 그렸어요</td><td colspan="2">우리는 ○○반 친구★</td></tr>
<tr><td>현장체험</td><td></td><td></td><td></td><td></td><td></td></tr>
<tr><td colspan="2">바깥놀이 활동</td><td colspan="2"></td><td>우리 유치원/어린이집의 정원</td><td colspan="2">폴짝 폴짝 쑥! 쑥!★</td></tr>
</table>

★: 지도서에 수록된 활동임.
출처: 보건복지부(2013). 누리과정 교사용 지도서 2권 예시 재구성함.

<일일 교육계획안>

<table>
<tr><th>반 이름</th><th>○○○반</th><th>시기</th><th>20○○년 ○월 ○일 ○요일</th><th>수업 일수</th><th>○/○ ○○일</th></tr>
<tr><th>생활 주제</th><th>유치원/ 어린이집과 친구</th><th>주제</th><th>유치원/ 어린이집에서 만난 친구</th><th>소주제</th><th>친구와 사이좋게 지내기</th></tr>
<tr><td>목표</td><td colspan="5">• 친구에게 관심을 갖고 함께 놀이해 본다.
• 친구와 함께하는 즐거움을 느낀다.</td></tr>
<tr><td>일과 시간표</td><td colspan="5">09 : 00 ~ 09 : 10 등원 및 인사 나누기
09 : 10 ~ 10 : 20 자유선택활동
10 : 20 ~ 10 : 40 정리 및 자유선택활동 평가
10 : 40 ~ 11 : 00 오전 간식
11 : 00 ~ 11 : 20 이야기나누기
11 : 20 ~ 12 : 00 바깥놀이활동
12 : 00 ~ 12 : 10 정리정돈 및 화장실 다녀오기
12 : 10 ~ 13 : 10 점심 및 조용한 놀이
13 : 10 ~ 13 : 40 게임
13 : 40 ~ 14 : 00 평가 및 귀가</td></tr>
</table>

시간/ 활동명	활동목표	활동내용	활동자료 및 유의점
9:00 ~ 9:10 등원 및 인사 나누기	• 바르게 인사한다.	• 선생님, 친구들과 반갑게 인사 나눈다. • 소지품을 개인장에 정리한다. • 함께 모여 앉아 '안녕' 인사노래를 부른다. • 오늘 하루 일과를 알아본다.	• 유아의 건강 상태를 확인한다. • 개인 소지품 정리를 스스로 할 수 있도록 돕는다.
	• 블록으로 몸을 완성한다. • 친구와 함께 즐겁게 놀이한다.	【쌓기놀이 영역】 블록으로 친구 탑 쌓기 • 실물 크기의 유아 전신 모델 벽면 자료를 보고 이야기한다. • '머리어깨무릎발' 노래를 부르며, 모델 벽면 자료의 신체부분과 위치를 알아본다. • 우레탄 퍼즐을 벽면 사진 옆에 같은 모습을 찾아 쌓아본다. • 친구들과 함께 몸이 완성되도록 쌓아 본다.	• 유아 전신 그림 • 몸의 부분 그림을 붙여 놓은 우레탄 블록
11:00 ~ 11:20 이야기 나누기	• 문제상황을 해결하는 방법에 대해 안다. • 자신의 생각을 언어로 이야기한다. • 타인의 생각을 존중하며 듣는다.	〈친구와 함께 놀이하고 싶어요〉 • 손인형을 이용해 친구들과 어울리지 못 하는 친구를 소개한다. • 너희에게 소개해 줄 친구가 있어. 어떤 친구인지 만나 볼까? • 인형의 고민을 이야기하며 친구들과 어울리는 방법에 대해 토의해 본다. – 어떻게 하면 친구들과 함께 놀이할 수 있을까? – 놀이를 함께하고 싶을 때 친구들에게 뭐라고 이야기하면 좋을까? – 친구들과 놀이할 때 나는 어떻게 행동해야 할까? • 토의 내용을 다시 한번 이야기하며 인형에게 알려 준다.	• 손인형 친구들과 사이 좋게 놀이하는 사진이나 그림 자료
11:20 ~ 12:00 바깥 놀이	• 친구와 즐겁게 훌라후프 놀이를 한다. • 훌라후프를 이용해서 다양한 놀이를 해 본다.	〈친구와 함께 훌라후프 놀이해요〉 • 훌라후프를 탐색해 본다. • 훌라후프로 어떤 놀이를 할 수 있을지 이야기 나눈다. • 친구와 함께 훌라후프를 이용하여 다양 하게 놀이해 본다. (훌라후프 돌리기, 훌라후프 뛰어넘기, 훌라후프 줄넘기 등)	훌라후프
12:00 ~ 12:10 정리 및 화장실 다녀오기	• 정리하는 습관을 기른다. • 청결 습관을 기른다.	• 바깥놀이 후 놀잇감을 정리한다. • 손을 깨끗이 씻고 화장실도 다녀온다.	

시간/ 활동명	활동목표	활동내용	활동자료 및 유의점
12:10 ~ 13:10 점심 및 조용한 놀이	• 제자리에 앉아서 점심을 먹는다.	• 오늘 점심 식단을 알아본다. • 점심 먹을 준비를 한다. • 점심을 먹은 후 식판과 자리 주변을 정리한다. • 양치질을 한다.	치약, 칫솔, 수건
13:10 ~ 13:40 게임	• 우리 반에서 지켜야 할 규칙을 안다. • 게임 규칙을 지키며 즐겁게 활동에 참여해 본다	〈우리 반에서는 어떤 규칙을 지켜야 할까요〉 • 여러 가지 상황(규칙을 잘 지키는 모습, 규칙을 지키지 않은 모습) 그림 자료를 보며 이야기 나눈다. • 게임 자료를 보며 게임 방법을 알아본다. • 정해진 규칙에 따라 게임을 해 본다. • 활동을 마무리하고 평가해 본다.	다양한 상황 그림 카드, 게임 신호 악기, 스티커
13:40 ~ 14:00 평가 및 귀가 지도	• 자신의 생각과 느낌을 이야기한다.	• 오늘 하루 일과를 회상한다. – 오늘 유치원/어린이집에서 어떤 활동을 했었니? – 하루 일과를 사진으로 찍어 모니터로 보면서 하루를 회상하고 평가 하는 시간을 갖는다. – 어떤 활동이 가장 재미있었니? • 내일의 활동에 대해 알아본다. – 내일은 무엇에 대해 알아보기로 했었니? • 인사 후 귀가한다.	하루 일과를 찍은 사진들
총괄평가	• 대부분의 영유아들이 자유선택활동을 시작할 때에는 혼자서 놀이를 시작하였다. • 영역마다 친구들과 함께 놀이를 하려고 시도하는 영유아를 격려해 주고 다른 영유아에게도 이야기해 주면 조금씩 함께 놀이하려고 하는 모습을 보였다. 의도적으로 영유아의 이름을 많이 불러 주면서 함께 놀이하는 친구들을 더 많이 칭찬해 주어야겠다. • 아직 친구들의 이름을 정확하게 알지 못하는 영유아들이 많다. • 함께 모이는 시간이나 전이 시간에 반 친구들의 이름을 넣어 노래를 부르거나 친구에 대한 수수께끼를 내는 등 친구 이름을 익히도록 돕는 활동을 더 계획해야겠다. • 정리하고 장소를 이동하는 활동은 아직 많은 시간이 필요한 것 같다. 특히 바깥놀이 후 정리하면서 화장실에 다녀오는 데 더 여유 있도록 시간 계획을 해야 겠다.		

출처: 보건복지부(2013). 누리과정 교사용 지도서, 2권 예시 재구성함.

4. 영유아 음악교육 평가의 필요성

영유아 음악교육에서 평가는 매우 중요하고 어려운 작업이다. 특히 음악교육 평가는 음악적인 전문가가 아닌 교사로서 평가에 참여하기란 더욱 부담이 된다. 음악이라는 특성, 즉 창조력을 기초로 한 예술성, 표현성 등은 주관적이며 측정하기 어려운 속성을 내포하고 있기 때문에 객관적으로 평가하기 어렵다(안재신, 1996).

영유아 음악교육의 평가는 음악활동의 교육목표, 음악교육 활동계획, 전반에 대한 성취 정도와 교육목표에 따른 영유아의 변화과정을 파악하고, 다음 음악교육 활동에 필요한 기초자료를 제공하기 위해서 필요하다.

즉, 영유아 음악교육 평가는 영유아의 음악적 발달, 음악적인 구성요소에 대한 정보를 확보하고, 음악교육 활동을 계획하고 수업을 이끌어 나가는데 보다 용이하며, 교사와 부모 간의 의사소통을 원활하게 해 주기 때문에 꼭 필요하다.

5. 영유아 음악교육 평가의 유형 및 방법

1) 영유아 음악교육의 평가 유형

영유아 음악교육 평가 유형에는 영유아 음악교육활동에 대한 평가, 영유아 개인에 대한 평가, 부모에 의한 평가, 교사 자신에 대한 평가로 다음과 같이 살펴볼 수 있다.

(1) 영유아 음악 교육활동에 대한 평가

영유아 음악교육 활동에 관한 평가는 수시로 이루어져야 한다. 매 교육활동에서 그리고 하루 일과 중 모든 음악적 활동에서 영유아가 어떻게 반응하고 학습하였는지에 대한 평가에 대한 다음 영유아 음악교육활동 계획과 전개에 매우 중요하다.

특히, 영유아 음악교육활동에 대한 평가는 첫째, 영유아 음악교육활동에서 설정했던 목표를 어느 정도 달성했는가, 둘째, 영유아 음악교육활동 전개과정에서 계획과 다르게 진행된 점은 무엇인가, 셋째, 영유아 음악교육활동에 사용한 교수자료가 적합했는가에 대해 평가하는 것이다.

영유아 음악교육활동에 대한 평가도구로는 안재신(1996)에 기초하여 만들어진 관찰기록지를 들 수 있다. 이 도구는 영유아의 음악교육활동의 전체적인 특성을 교사 스스로 평가할 수 있도록 되어 있다. 즉, 영유아 음악교육활동의 성격이 영유아 주도의 탐색적(자발적) 활동인지, 교사 주도의 개입활동인지, 몇 명의 영유아가 참여했는지, 무슨 자료를 사용했는지를 평가한다. 교사는 활동과정에서 영유아의 행동과 사고과정을 알 수 있는 말을 체크하고, 교사의 역할을 기술한다.

<영유아 음악교육활동 평가모형의 예>

<table>
<tr><td colspan="5">활동명 : 날짜:</td></tr>
<tr><th colspan="2">활동의 특성</th><th colspan="2">활동에 참여한 유아수:</th><th>교수자료</th></tr>
<tr><td>– 유아 자발적
– 교사 주도적</td><td>– 자유 탐색
– 교사의 간섭
– 교사의 지시</td><td colspan="2">(이름):</td><td></td></tr>
<tr><td rowspan="2">교사의 역할</td><td colspan="4">유아의 역할</td></tr>
<tr><td>활동의 유형</td><td>음악적 경험</td><td>음악적 사고</td><td>관찰된 행동</td></tr>
<tr><td></td><td>– 음악감상하기
– 노래부르기
– 악기다루기
– 동작으로 표현하기</td><td>– 탐색
– 연주
– 창작</td><td>– 이름 붙이기
– 인식하는 것
– 구별하기
– 분류 짓기
– 순서 짓기
– 비교하기</td><td></td></tr>
</table>

(2) 영유아 개인에 대한 평가

영유아에 대한 평가는 주로 음악활동에 대한 행동관찰에 의해 이루어진다. 교사는 음악활동을 전개하면서 영유아의 음악표현을 세밀하게 관찰하고, 음악활동 이외에 다른 활동과의 통합적인 발달과정을 관찰하고 평가해야 한다. 영유아 개인에 대한 평가는 영유아의 음악적 행동에 대한 평가와 음악적 능력에 대한 평가로 구분할 수 있다(심성경, 2005, 재인용).

① 영유아의 음악적 행동 평가

3~5세 영유아의 음악적 행동 평가를 위한 음악적 행동의 관찰 행목은 다음과 같다(안재신, 1996, 재구성).

3~5세 영유아의 음악적 행동 관찰 목록의 체크를 통해 영유아의 음악적 행동 발달을 살펴볼 수 있으므로 각 영유아의 발달 정도를 파악할 수 있으며, 전체적인 교사의 평가를 기록하여 다음 단계의 음악적 행동에 활용할 수 있다.

● 3세 유아의 음악적 행동

이름 :	날짜:		
	3세 유아의 음악적 행동	YES	NO
1	• 소리의 차이(일반 환경에서나 음악에서)를 점차 알아간다.		
2	• 어디에서 소리가 나는지 아는 능력이 늘어난다.		
3	• 여러 가지 다른 음악적 소리에 호기심을 갖는다(똑똑, 딸랑딸랑, 쿵쿵).		
4	• 음악 용어의 지식이 늘어난다.		
5	• 제한적이나마 그룹으로 소리를 분류하거나 조직할 능력을 갖게 된다.		
6	• 소리에서 같은 점과 다른 점을 들을 수 있는 능력이 생긴다.		
7	• 보지 않고도 소리의 같고 다름을 들을 수 있다.		

8	• 목소리를 이용해서 자신의 멜로디를 만들거나 작곡된 노래의 일부를 부를 수 있는 능력이 커진다.		
9	• 노래활동을 하는 그룹을 세심하게 선택하여 참여한다.		
10	• 적절한 노래에 맞추어 동작하게 하는 지시에 따른다.		
11	• 음악적 자극에 상호작용하여 즉흥적인 동작을 하게 된다.		
12	• 소리채(sound starter)의 소리에 반사적으로 반응하는 것에서부터 조절하는 행위를 하게 된다.		
13	• 기본 박자에 대한 자신의 구체적 감정을 반응한다.		
14	• 깊은 상상이나 개념적인 사고를 포함하지 않는 지시나 음악에 대해서도 동작한다.		
교사평가			

● 4세 유아의 음악적 행동

이름 : 날짜:

	4세 유아의 음악적 행동	YES	NO
1	• 그룹에 참가하여 함께 음악을 즐기는 능력이 커 간다.		
2	• 쉽게 음악활동에 접하고 흥미를 지속하는 능력이 신장된다.		
3	• 자기 나름대로의 높이로 악기연주를 계속할 수 있다. 점차로 다른 악기의 반주와 관계를 알게 된다.		
4	• 소리의 단계를 눈으로 보고 귀로 듣는 능력이 자란다. 간단한 음과 음색을 구별하는 놀이를 할 수 있다.		
5	• 단순한 아이디어를 나열하고 소리를 표현적으로 사용할 수 있다.		
6	• 즉흥연주에서 목소리나 악기로 악절의 느낌을 나타낸다.		
7	• 무의미한 말이나 웃기는 어휘를 좋아하고, 노랫말이나 곡조가 있는 말을 좋아한다.		

8	• 악기나 노래의 이중주에 더 민감한 반응을 보인다.		
9	• 특정한 곡조의 노래를 음에 맞게 노래할 능력이 생긴다.		
10	• 악기의 반주에 맞추어 즉흥 노래를 부를 때, 음계의 시작음에 반응하는 능력이 커 간다.		
11	• 노래하면서 움직이는 활동에서 목소리로 참여하는 횟수가 늘어난다.		
교사평가			

● 5세 유아의 음악적 행동

이름 : 날짜:			
	5세 유아의 음악적 행동	YES	NO
1	• 집단활동을 잘해 나갈 수 있는 능력이 커진다.		
2	• 단순한 표현적인 움직임과 즉흥으로 만든 노랫말에서 더욱 폭넓은 상상력을 사용한다.		
3	• 보다 기술적이고 짜임새 있는 즉흥곡을 사용한다.		
4	• 소리의 이야기와 다른 음악적 활동에서 순서(원인과 결과)를 보다 효과적으로 다루게 된다.		
5	• 반대로 사고하는 능력이 신장된다.: 간단한 반복 패턴을 기억하고 연주하는 능력이 생긴다.		
6	• 움직임이 신장된다. 균형감, 안정된 박자의 느낌, 반복되는 움직임의 패턴 등이 신장된다.		
7	• 찬트나 노랫말의 기본 박자와 리듬 패턴을 손뼉으로 쳐 볼 때, 리듬이 정확해진다.		
8	• 다른 사람의 음에 맞추는 능력이 증가되고, 음과 리듬의 기억력이 늘어나고, 간단한 내면적 감상을 하기 시작한다.		
교사평가			

② 영유아의 음악적 능력 평가

영유아의 음악적 능력을 평가하기 위해서는 영유아의 듣기 검사(김춘희, 1994), 영유아음악개념 검사(김춘희, 1994), 음악적 잠재력 검사 등이 사용된다.

- 영유아의 듣기 검사(김춘희, 1994)

이영섭(1990)의 '학습준비도 검사' 중 청각기능에 관련된 문항을 선별하여 만든 것이다. 검사의 문항은 총 24문항으로, 청각변별 16문항, 청각기억 8문항으로 구성된다. 각 문항당 맞으면 1점, 틀리면 0점을 주어, 최하 0점부터 최고 24점까지 주어진다.

- 영유아의 음악 개념 검사(김춘희, 1994)

이건용(1993)의 청각을 통한 '음악능력 평가 시스템 검사' 중 유아에게 적합한 문항만을 선별하여 작성한 것이다. 검사 문항은 총 18문항으로, 가락, 화음, 음색, 표현법, 셈여림의 범주별로 각 3문항씩 구성되었다. 이 검사는 청각을 통한 검사이므로 각 문항을 녹음하여 제시한다. 문제의 유형은 녹음된 문항을 듣고 두 예가 서로 같은지 다른지를 예/아니오로 대답하는 방식이다. 점수는 각 문항당 맞으면 1점, 틀리면 0점을 주어, 최하 0점부터 최고 18점까지 주어진다.

- 영유아의 음악 잠재력 검사

Gorden(1989)이 3~4세 유아를 대상으로 멜로디 잠재력과 리듬 잠재력을 측정하기 위해 개발한 검사이다. 이 검사는 총 30문항으로, 리듬 문항이 10개, 멜로디 문항이 20개로 구성되어 있다. 녹음된 테이프에서 '오디'라는 주인공이 나와 노래를 들려주면, 유아가 맞으면 "예.", 틀리면 "아니오."로 대답한다. 점수는 각 문항당 맞으면 1점, 틀리면 0점을 준다. 장은주(1997)가 우리나라 유아를 위해 번안하여 사용한 바 있다.

- 영유아교육기관에서 예술경험 영역에서 행동관찰기록을 통해 영유아의 예술경험에 대한 교사평정, 부모평정을 3단계로 나누어 표시할 수 있다.

각 영유아당 13개의 관찰 사항 항목을 통해 다음과 같이 관찰을 기록할 수 있다.

<행동관찰기록 : 예술경험영역>

<table>
<tr><th>이름</th><th></th><th>생년월일</th><th></th><th>남 여</th><th>평 정</th><th colspan="2">○ △ ×</th></tr>
<tr><td colspan="5">관 찰 사 항</td><td>부모평정</td><td>교사평정</td><td>지도 및 환류</td></tr>
<tr><td colspan="5">1. 좋아하는 친구에게 호의를 보일 수 있다.</td><td></td><td></td><td rowspan="6">• 자신의 생각과 느낌을 나눌 수 있도록 장려</td></tr>
<tr><td colspan="5">2. 싫어하는 친구에게 싫다는 표시를 언어로 표현할 수 있다.</td><td></td><td></td></tr>
<tr><td colspan="5">3. 상황에 맞게 화를 낼 수 있다.</td><td></td><td></td></tr>
<tr><td colspan="5">4. 슬픈 상황에서 눈물을 흘릴 수 있다.</td><td></td><td></td></tr>
<tr><td colspan="5">5. 자신이 선택한 일은 끝맺음을 할 수 있다.</td><td></td><td></td></tr>
<tr><td colspan="5">6. 자신이 스스로 활동을 선택할 수 있다.</td><td></td><td></td></tr>
<tr><td colspan="5">7. 자신의 생각을 그림으로 표현할 수 있다.</td><td></td><td></td><td rowspan="7">• 일상 생활 속에서 자연스럽게 지도
• 유아의 자발적 시도 및 독창적 표현 장려</td></tr>
<tr><td colspan="5">8. 노래를 듣고 따라 부를 수 있다.</td><td></td><td></td></tr>
<tr><td colspan="5">9. 음악을 듣고 몸으로 표현할 수 있다.</td><td></td><td></td></tr>
<tr><td colspan="5">10. 교사를 모방하여 색종이 접기(단순한 접기)를 할 수 있다.</td><td></td><td></td></tr>
<tr><td colspan="5">11. 붓을 이용하여 물감놀이를 할 수 있다.</td><td></td><td></td></tr>
<tr><td colspan="5">12. 조용히 음악 감상을 할 수 있다.</td><td></td><td></td></tr>
<tr><td colspan="5">13. 자신의 만든 작품에 자부심을 가질 수 있다.</td><td></td><td></td></tr>
</table>

(3) 부모에 의한 평가

영유아가 가장 먼저 만나게 되는 음악적 환경은 가정이다. 가정은 부모와의 상호작용을 통해 음악적 경험을 쌓아 가고 배워 가는 장소이다. 따라서 영유아교육기관에서 교육효과를 높이기 위해서는 가정에서의 음악적 성장발달에 대한 정보가 필요하다. 그러므로 부모에 의해서 영유아의 음악적 성장발달에 대한 평가가 이루어질 수 있다. 부모에 의한 평가는 주로 영유아교육기관 이전의 경험과 영유아의 음악적 성장발달에 대한 사전지식을 얻고자 실시되며, 다음과 같이 설문지가 주로 사용된다(안재신, 1996).

<가정에서 부모가 음악적 환경을 평가할 수 있는 예>

문항	예	아니오	비고
1. 부모는 가정에서 노래를 즐겨 부른다.			
2. 부모는 가정에서 악기를 연주한다.			
3. 부모는 가정에서 CD 음악을 듣는다.			
4. 부모는 가정에서 음악에 맞춰 춤을 춘다.			
5. 부모는 영유아와 음악적 요소를 탐색하도록 질문을 한다.			
6. 부모는 영유아와 함께 노래를 부른다.			
7. 부모와 영유아가 함께 악기 연주를 한다.			
8. 부모와 영유아가 함께 음악에 맞춰 신체표현을 한다.			
9. 부모와 영유아가 함께 음악을 자주 듣는다.			
10. 부모는 영유아와 콘서트나 음악회에 간다.			
11. 부모는 영유아와 음악 프로그램(TV)를 함께 본다.			
12. 부모는 영유아가 차에 탈 때 차 안에서 음악을 틀어 준다.			
13. 가정에는 리듬 악기, 멜로디 악기, 현악기 등이 준비되어 있다.			
14. 가정에는 카세트 및 컴퓨터, 음악 테이프, CD류가 준비되어 있다.			

2) 영유아 음악교육평가의 방법

영유아 음악교육 평가 방식에는 영유아, 교사, 부모에 대한 다양한 평가 방법이 앞에서 소개되었고 영유아 음악교육 평가 방법에는 영유아 관찰평가, 영유아 면접 평가, 영유아 포트폴리오 평가로 나누어 살펴볼 수 있다,

영유아 관찰평가는 어느 한 시점에서 특정한 기술이나 행동의 출현 여부 자체에 관심

이 있을 때 사용하는 행동목록법(체크리스트)과 영유아의 음악적 표현 능력의 발달에 대한 진보를 평가하는 평가척도법, 각 영유아를 대상으로 가장 많이 사용하는 일화기록법 등이 있는데, 일화 기록법이란 한 가지 행동이나 상황에 초점을 맞추어 기록하기 때문에 교사는 영유아의 행동 패턴이나 변화 발전 특이한 사건 등을 상세하게 알 수 있다.

영유아 면접평가는 영유아가 음악활동을 한 후 면접을 통한 질문이나 대화를 통해 음악활동의 전반적인 과정에 대해 평가할 수 있다.

포트폴리오 평가는 영유아의 활동을 포트폴리오 형식으로 관찰 기록, 수집, 평가하는 것으로 위의 관찰 방법을 종합하여 포트폴리오를 구성해 볼 수 있다. 최근에는 영유아 교육현장에서 포트폴리오 평가 방법을 주로 사용하는 추세이다.

다음은 영유아교육기관에서 어떠한 것을 평가해야 하는지에 대한 내용을 살펴보고자 한다.

① 어린이집 표준보육과정과 유치원의 누리과정의 목표와 내용에 근거하여 영유아 음악교육 보육내용이 적절히 편성 · 운영되는지 평가한다.

② 어린이집 표준보육과정과 유치원의 누리과정의 운영 내용 및 활동이 영유아의 음악적인 발달 수준과 흥미, 요구에 적합한지 평가한다.

③ 영·유아의 발달 수준, 흥미, 요구에 적합한 경험 및 학습을 촉진할 수 있는 다양한 활동과 교수학습방법이 계획되고 통합적으로 운영되는지 평가한다.

④ 일과 운영 및 보육활동 구성 시 놀이 활동과 일상생활 활동의 양과 내용이 영아 및 유아 각 연령의 발달에 적합하게 계획되고 운영되는지 평가한다.

⑤ 만 0~1세아, 만 2세아는 집단 활동보다 개별적인 상호작용과 교수법을 중심으로 상호작용이 진행되는지를 평가한다.

⑥ 어린이집 표준보육과정 운영 평가 결과와 유치원의 누리과정을 수시로 반영하여 보육과교육과정 운영 계획을 수정 · 보완하거나 다음 연도의 계획 수립 및 운영에 반영하는지 평가한다.

제 2 부

활동 실제편

1. 0~2세 표준보육과정
2. 3~5세 누리과정
3. 0~2세 통합적인 음악교육 내용
4. 3~5세 통합적인 음악교육 내용

보건복지부(2013)의 '어린이집 표준보육과정에' 기초한 영아보육프로그램 0~2세 표준보육과정 활동 실제 예시를 재구성하여 제시하였으며, '보건복지가족부·교육과학기술부(2012), '3세~5세 누리과정 교사용 지도서'의 활동 실제를 재구성하여 제시하였다.

또한, 0~2세, 3~5세로 나누어 통합적인 음악교육 내용들을 활동을 통해 활용하고 응용할 수 있도록 연령별로 생활주제에 따라 나누어 제시하였다.

특히, 리듬, 박자, 화성, 멜로디 등의 중심음개념들에 중심음악활동들을 기술하였으며, 음악적인 중심활동이 무엇인지 현장의 교사들이나 예비교사들이 음악적으로 쉽게 접근할 수 있도록 재구성하여 제시하였다.

1. 0~2세 표준보육과정

활 동 명	노래를 들으며 잠들어요	영역	음률영역	연령	0세
활동목표	• 친숙한 자장가를 들으며 편안해진다. • 일상생활에서 반복되는 소리와 노래에 관심을 가진다. • 교사가 부드럽게 쓰다듬어 줄 때 안정감을 느끼며 애착을 형성한다. • 주변의 친숙한 사람의 얼굴과 목소리를 인식한다.				
누리과정 관련요소	• 예술경험: 예술 감상하기 – 아름다움 경험하기 • 사회관계: 더불어 생활하기 – 안정적인 애착형성하기				
활동자료	'전래동요-자장가 1, 2' 음원(자료제공: 국립국악원), CD 플레이어				
활동방법	① 전래동요 자장가를 틀어 준다. – (음원을 틀어 주며) ○○아, 노래가 나오네. 우리 함께 노래를 들어 보자. – 선생님도 같이 부를게, 자장 자장 우리 아가~♪ 잘도 잔다 우리 아가~♪ – 선생님이 이불하고 베개 꺼내 줄게. – 우리도 자장 자장 노래 들으면서 누워 보자. ② 영아가 잠들 때까지 머리를 쓰다듬어 주거나 등, 손 등의 신체 부분을 부드럽게 쓰다듬어 준다. ③ 영아가 편안하게 잠들 때까지 옆에서 토닥여 준다. – 아이, 우리 ○○이가 잠이 들었네. – 좋은 꿈 꾸고 쑥쑥 자라렴. ④ 영아가 잠들었으면 조용하게 자장가를 틀어 준다.				
활동 유의점	• 우유(모유)를 마시며 잠이 든 경우에는 잠이 들었다 하더라도 바로 눕히지 말고 영아의 등을 토닥여 주고 트림을 시킨 후, 세워 안아서 우유(모유)가 역류되지 않도록 충분히 등을 쓸어 준 후에 눕혀 재우도록 한다. • 절대 엎드려 재우지 말고 구석진 곳이나 푹신한 곳에는 눕히지 않는다. • 잠을 재우기 전에 충분히 환기를 시키고 너무 습하거나 건조하지 않도록 한다. 숨쉬기가 곤란할 정도로 코막힘이 심한 영아는 코 흡입기를 사용하여 코를 뚫어 주어 숨쉬기 용이하도록 한다.				
활동평가	• 일상생활에서 반복되는 소리와 노래에 관심을 가지는지 평가한다. • 교사가 부드럽게 쓰다듬어 줄 때 안정감을 느끼며 애착이 형성되는지 평가한다.				
확장활동	자장가 노래에 맞추어 신체를 부드럽게 마사지해 준다. 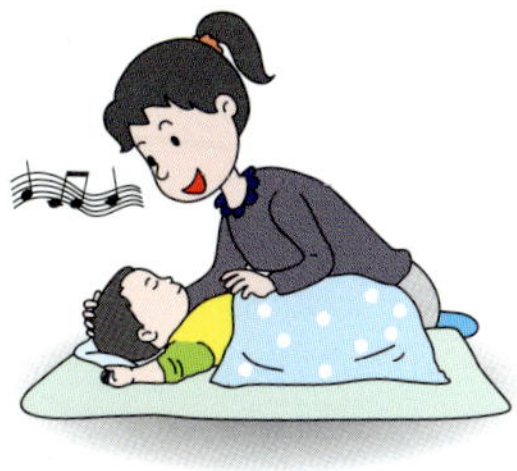 출처: 보건복지부(2013), 어린이집 표준보육과정에 기초한 영아보육프로그램 0세 1권, 84쪽 재구성함.				

<table>
<tr><td>활 동 명</td><td>'선생님, 안녕' 노래</td><td>영역</td><td>음률영역</td><td>연령</td><td>0세</td></tr>
<tr><td>활동목표</td><td colspan="5">• 귀가 시 들려주는 안녕 노래를 즐겨 듣는다.
• 리듬과 노래에 소리로 반응한다.
• 귀가 시 들려주는 노래를 통해 일과의 흐름을 인지한다.
• 하루 일과에 편안하게 참여한다.</td></tr>
<tr><td>누리과정
관련요소</td><td colspan="5">• 예술경험: 예술적 표현하기 – 리듬 있는 소리로 반응하기
• 기본생활: 건강하게 생활하기 – 건강한 일상생활하기</td></tr>
<tr><td>활동자료</td><td colspan="5">'선생님, 안녕' 음원</td></tr>
<tr><td rowspan="2">활동방법</td><td colspan="5">① 영아와 헤어질 때, 귀가 준비를 하면서 영아에게 애정을 담아 교사가 불러 준다.
(악보 참고)

사랑하는 우리 ○○ 안–녕– 이–제는 집에 가요 안–녕–
내일 아침 만–나요 안–녕– 사랑하는 선–생님 안–녕–

② 영아도 멜로디를 듣고 함께 노래 부를 수 있도록 격려한다.
– 와, 우리 ○○도 선생님이랑 같이 노래를 불렀네.
– 이제 집에 가서 엄마랑 즐겁게 지내고 내일 만나자.
– 선생님은 ○○를 아주 많이 사랑해.

③ 노랫말에 따라 영아와 스킨십을 하며 애정표현을 해 준다.

④ 집에 돌아갈 때 깔끔하게 씻겨서 부모와 만나게 해 준다.</td></tr>
<tr><td colspan="5"></td></tr>
</table>

활동방법	**선생님 안녕** 김혜진 작사 / 김혜진 작곡 
활동 유의점	• 영아가 하루 일과의 흐름에 대해 익숙해질 수 있도록 귀가하는 시간에 교사가 불러 준다. • 하루의 일과를 마감하는 노래이므로 영아가 교사의 사랑을 느끼고 내일을 기대할 수 있도록 애정을 담아 불러 준다.
활동평가	• 리듬과 노래에 소리로 반응하는지 평가한다. • 귀가 시 들려주는 노래를 통해 일과의 흐름을 인지하는지 평가한다. • 하루 일과에 편안하게 참여했는지 평가한다.
확장활동	노래에 맞추어 신체표현을 해 본다. 영아들이 좋아하는 노래를 불러 준다. 영아들이 좋아할 만한 동요들을 제시하여 영아들과 함께 불러 본다. ① 곰 세 마리(작사, 작곡 미상) ② 산토끼(이일래 작사, 작곡) ③ 작은 별(윤석중 작사, 외국곡) ④ 간다간다(김성균 작사, 작곡) ⑤ 작은 동물원(김성균 작사, 작곡) ⑥ 사과 같은 내얼굴(김방옥 작사, 작곡 미상) ⑦ 머리어깨무릎발(외국 곡) ⑧ 악어떼(이요섭 작사, 작곡) ⑨ 그대로 멈춰라(김방옥 작사, 작곡) ⑩ 나처럼 해 봐라(김방옥 작사, 외국 곡) ⑪ 엄마돼지, 아기돼지(박홍근 작사, 김규환 작곡) ⑫ 숲 속 작은 집(외국 곡) ⑬ 동물 흉내(외국 곡) ⑭ 섬 집 아기(한인현 작사, 이흥렬 작곡)

출처: 보건복지부(2013) 어린이집 표준보육과정에 기초한 영아보육프로그램 0세 1권. 172쪽 재구성함.

활 동 명	내 몸을 크게 작게	영역	음률영역	연령	1세
활동목표	• 선생님의 행동을 모방하여 흉내 내기를 해 본다. • 소리나 얼굴 표정, 몸 움직임 등을 모방한다. • 자신의 몸을 다양하게 움직여 본다. • 누웠다 앉기 등 몸의 움직임을 조절한다.				
누리과정 관련요소	• 예술경험: 예술적 표현하기 – 모방행동 즐기기 • 신체운동: 신체조절과 기본 운동하기 – 대근육 조절하기				
활동자료	손바닥 스티커				
활동방법	① 교사가 몸을 구부리고 펴는 모습을 보여 주며 영아가 흉내 낼 수 있도록 한다. – 다리를 쭉 펴고 일어나면 다리가 길~어졌어요! – 앉으면 다리가 짧아져요. – ○○도 선생님처럼 해 볼까요? – 다리를 쭉 펴고 양팔을 위로 만세를 해 봐요. – (영아가 따라 하는 것을 기다리며) 내 몸이 길어졌어요. – 앉아서 몸을 웅크려 보세요. – 내 몸이 작아졌어요. ② 벽에 붙인 손바닥 스티커에 영아가 손바닥을 맞춰 보도록 한다. – 벽에 손바닥이 많이 있네요. 손바닥을 손바닥 스티커에 대어 볼까요? – 손바닥이랑 손바닥 스티커가 만났네요. – 위에도 손바닥 모양이 있어요. 한 손으로 위에 있는 손바닥을 대어 볼까요? – ○○이는 맨 꼭대기에 있는 손바닥에 손을 대어 보았구나! 키가 커졌네요. – 제일 아래쪽의 손 모양 스티커부터 점점 위로 손바닥을 대어 볼까요 – ○○이 몸이 점점 커지는구나. – 이번에는 제일 위쪽에 있는 손 모양의 스티커부터 점점 아래로 손바닥을 대어 볼까요? – ○○이 몸이 점점 작아지네요. – ○○야, 두 손으로 맨 위에 있는 손바닥 스티커를 짚어 볼까요?				
활동 유의점	• 놀이를 통해 자연스럽게 활동에 관심을 가질 수 있도록 격려한다. • 손바닥 스티커를 너무 높지 않게 붙여줘야 한다.				
활동평가	• 소리나 얼굴 표정, 몸 움직임 등을 모방하는지 평가한다. • 자신의 몸을 다양하게 움직여 볼 수 있는지 평가한다. • 누웠다 앉기 등 몸의 움직임을 조절할 수 있는지 평가한다.				
확장활동	• 자신의 신체 부분에 관심을 가진다. • 엉덩이를 바닥에 대고 몸을 움직인다. • 공을 잡아 골대에 넣는다.				

출처: 보건복지부(2013) 어린이집 표준보육과정에 기초한 영아보육프로그램 1세 2권, 12쪽 재구성함.

활 동 명	음악 들으며 춤춰요	영역	음률영역	연령	1세
활동목표	• 음악에 맞추어 몸을 움직여 본다. • 손발 흔들기와 몸 움직임으로 반응한다. • 자신의 느낌을 움직임으로 표현한다. • 나의 욕구와 감정을 나타낸다.				
누리과정 관련요소	• 예술경험: 예술적 표현하기 – 움직임으로 반응하기 • 사회관계: 나와 다른 사람의 감정 알기 – 나의 감정을 나타내기				
활동자료	경쾌한 음악, 카세트				
활동방법	① 교사는 실외놀이터에서 '경쾌한 노래'를 들려준다. – 노래 소리가 들려요. – 어떤 노래일까요? ② 교사가 노래를 따라 부르고 몸을 움직이면서 영아의 움직임을 격려한다. – ○○가 깡충깡충 뛰네요. – ㅁㅁ는 손을 흔드는구나! ③ 움직임에 따른 영아의 표정과 기분을 살펴보고 구체적인 언어로 표현해 준다. – ○○는 너무 기분이 좋아서 큰 소리로 웃는구나! – ㅁㅁ는 신나서 더 많이 뛰고 싶은가 보구나! ④ 경쾌한 음악에 맞추어 자유롭게 춤을 출 수 있도록 한다.				
활동 유의점	• 카세트를 이용하는 것 이외에 교사의 목소리로 노래를 불러 주어 활용할 수 있다. • 경쾌한 전래동요 또는 창작국악 동요를 이용할 수 있다. • 영아가 노래에 익숙해지면 리본 막대, 마라카스 등을 가지고 움직일 수 있다.				
활동평가	• 음악에 맞추어 몸을 움직일 수 있는지 평가한다. • 손발 흔들기와 몸 움직임으로 반응할 수 있는지 평가한다. • 자신의 느낌을 움직임으로 표현 가능한지 평가한다.				
확장활동	노래를 부르고 영아가 충분히 악기도 탐색할 수 있도록 기다려 준다. 악기를 두드리고 흔들며 노래를 불러 본다. **나처럼 해봐요** 작사 미상 / 외국곡 				

출처: 보건복지부 장관(2013) 어린이집 표준보육과정에 기초한 영아보육프로그램 1세 2권 178쪽 재구성함.

<table>
<tr><th>활 동 명</th><td>노래 '오리가족소풍'에 맞춰 춤추기</td><th>영역</th><td>음률영역</td><th>연령</th><td>2세</td></tr>
<tr><th>활동목표</th><td colspan="5">• '오리가족소풍'에 맞추어 신체표현할 수 있다.
• 노래나 리듬에 맞춰 몸으로 표현한다.
• 오리의 특성을 알고 흉내 낼 수 있다.
• 주변 동식물의 모양, 소리, 움직임에 관심을 가진다.</td></tr>
<tr><th>누리과정
관련요소</th><td colspan="5">• 예술경험: 예술적 표현하기 – 움직임으로 표현하기
• 자연탐구: 과학적 탐구하기 – 주변 동식물에 관심 가지기</td></tr>
<tr><th>활동자료</th><td colspan="5">오리 모자, 오리 가면, 리듬막대</td></tr>
<tr><th>활동방법</th><td colspan="5">① 오리 동물모자를 머리에 쓰고 영아와 함께 오리의 소리나 움직임에 대해 말해 본다.
– 이건 어떤 동물인가요?
– ○○가 오리 옷을 입으니 꽥꽥 오리가 되었네요.
– ○○는 오리를 본 적 있나요?
– 오리는 어떻게 움직일까요?

② 영아와 '오리가족소풍' 노래를 불러 본다. 이때, 영아가 노래에 익숙해질 수 있도록 반복적으로 음악을 들려주고 함께 불러 본다.
– ○○가 선생님과 함께 노래를 불러 볼까요?
– 엄마 오리가 도시락 가지고 소풍을 간다, 뒤뚱.
– 악기를 연주하며 노래를 불러 볼까요?
– 어떤 악기를 소리 내어 볼래요?

③ '오리가족소풍' 노래에 맞추어 춤을 추어 본다.
– 선생님과 '오리가족소풍' 노래에 맞춰 춤을 춰 볼까요?
– ○○가 오리처럼 뒤뚱뒤뚱 걸으며 춤을 추네요.
– 스카프를 흔들어 춤을 춰 볼까요?
– ○○오리가 소풍을 가려고 도시락을 가져왔네요.
– 리듬막대를 두드리며 뒤뚱뒤뚱 걸어 볼까요?

④ '오리가족소풍' 노래를 부르며 마무리하도록 한다.</td></tr>
</table>

	오리가족소풍 작사 · 작곡 미상 
활동유의점	'오리가족소풍' 노래를 정확히 알고 가면이 벗겨지지 않도록 조심한다.
활동평가	• '오리가족소풍 음악에 맞추어 신체표현을 할 수 있는지 평가한다. • 노래나 리듬에 맞춰 몸으로 표현할 수 있는지 평가한다. • 오리의 특성을 알고 흉내 낼 수 있는지 평가한다. • 주변 동식물의 모양, 소리, 움직임에 관심을 가지는지 평가한다.
확장활동	'오리가족소풍 노랫말에 맞추어 영아들과 신체활동을 확장할 수 있다. 징검다리, 시냇물 등 노랫말과 같은 환경을 만들어 주고 노래에 맞추어 영아가 오리가 되어 도시락을 가지고 장애물을(징검다리, 언덕, 시냇물 등) 건너 소풍 가는 흉내를 내어 본다.

출처: 보건복지부(2013). 어린이집 표준보육과정에 기초한 영아보육프로그램 2세 3권 42쪽 재구성함.

<table>
<tr><td>활 동 명</td><td>나무 악기 연주하기</td><td>영역</td><td>음률영역</td><td>연령</td><td>2세</td></tr>
<tr><td>활동목표</td><td colspan="5">• 다양한 나무 악기를 두드려 소리를 들어 본다.
• 주변 환경에서 나는 다양한 소리와 움직임을 탐색한다.
• 악기의 형태에 따른 소리의 차이를 안다.
• 다양한 감각적 차이에 반응한다.</td></tr>
<tr><td>누리과정
관련요소</td><td colspan="5">• 예술경험: 아름다움 찾아보기 – 예술적 요소 탐색하기
• 신체운동: 감각과 신체 인식하기 – 감각능력 기르기</td></tr>
<tr><td>활동자료</td><td colspan="5">나무 재질로 된 다양한 악기, 스틱(리듬막대), 우드블록</td></tr>
<tr><td>활동방법</td><td colspan="5">① 나무 악기를 탐색하여 보고 촉감, 냄새 등에 대해 말해 본다.
– 이 악기들은 나무로 만들어진 나무 악기예요.
– 악기를 만져 볼까요? 만지니까 어떤 느낌이 나요?
– 악기 모양이 여러 가지네요. 어떤 모양이 있을까요?
– 네모 모양, 기다란 모양, 두꺼비 모양 등 다양한 모양이 있네요.
② 나무 악기를 두드리며 소리를 내어 보고, 악기에서 나는 소리를 입으로 따라해 본다.
– 나무 악기를 두드려 볼까요? 어떤 소리가 나나요?
– 탁탁탁! 소리가 나네요.
– 두꺼비 악기에서는 어떤 소리가 날까?
– 퉁퉁퉁! 소리가 나네요.
③ 노래에 맞추어 나무 악기를 소리 내어 본다. 영아가 익숙해지면 노래의 빠르기를 변화시켜 악기를 연주해 본다.
– ○○야, 노래를 부르며 악기를 연주해 볼까요?
– 어떤 노래를 불러 볼까요?
– 이번에는 노래를 빠르게 불러 볼까요?
④ 나무 악기를 위, 아래 등 다양하게 움직이며 연주하면서 마무리한다.</td></tr>
<tr><td>활동 유의점</td><td colspan="5">영아에게 친숙한 노래를 부르며 악기를 연주한다.</td></tr>
<tr><td>활동평가</td><td colspan="5">• 주변 환경에서 나는 다양한 소리와 움직임을 탐색할 수 있는지 평가한다.
• 악기의 형태에 따른 소리의 차이를 알고 있는지 평가한다.
• 다양한 감각적 차이에 반응하는지 평가한다.</td></tr>
<tr><td>확장활동</td><td colspan="5">영아가 좋아하는 노래를 부르며 자유롭게 나무 악기를 연주하고 두드려 본다.</td></tr>
</table>

출처: 보건복지부(2013). 어린이집 표준보육과정에 기초한 영아보육프로그램 2세 3권. 60쪽 재구성함.

<table>
<tr><td>활 동 명</td><td>색 스카프 흔들기</td><td>영역</td><td>음률영역</td><td>연령</td><td>2세</td></tr>
<tr><td>활동목표</td><td colspan="5">• 음악을 듣고 느낌에 따라 색 스카프를 흔들어 본다.
• 노래나 리듬에 맞춰 몸으로 표현한다.
• 색 스카프를 이용하여 다양한 모양으로 몸을 움직여 본다.
• 간단한 기구를 이용하여 신체활동을 한다.</td></tr>
<tr><td>누리과정
관련요소</td><td colspan="5">• 예술경험: 예술적 표현하기 – 움직임으로 표현하기
• 신체운동: 신체활동에 참여하기 – 기구를 이용하여 신체활동 하기</td></tr>
<tr><td>활동자료</td><td colspan="5"></td></tr>
<tr><td>활동방법</td><td colspan="5">① 여러 가지 색 스카프를 탐색해 본다.
– 여기 여러 가지 색 스카프가 있네요.
– 빨간색, 노란색, 초록색 스카프가 있네요.
– 스카프가 몇 개가 있을까? 세어 보기도 한다.
② 스카프를 다양한 방법으로 흔들어 보고 영유아의 움직이는 동작과 스카프의 움직임에 대해 말로 표현해 본다.
– 색 스카프를 흔들어 볼까요?
– 빨간색, 노란색, 파란색 스카프를 흔드니 바람에 날리는 것 같아요.
– ○○는 동그라미를 그리며 스카프를 흔드네요.</td></tr>
</table>

	③ 음악에 맞춰 몸과 스카프를 움직여 본다. - 음악이 나오네요. 음악에 맞추어 나비처럼 스카프를 흔들어 볼까요? - 신나는 음악이 나오니까 ○○의 파랑색 스카프가 빨리 움직이네요. - 느린 음악이 나오네. 애벌레라면 스카프를 어떻게 흔들 수 있을까요? - ○○의 스카프는 천천히 춤을 추네요. ④ 음악이 끝날 때까지 자유롭게 스카프를 가지고 춤을 춘다.
활동 유의점	• 영아들의 키 크기에 맞는 스카프를 준비해야 한다. • 다양한 색상을 준비해 준다.
활동평가	• 노래나 리듬에 맞춰 몸으로 표현할 수 있는지 평가한다. • 색 스카프를 이용하여 다양한 모양으로 몸을 움직일 수 있는지 평가한다. • 간단한 기구를 이용하여 신체활동을 할 수 있는지 평가한다.
확장활동	음악에 맞추어 색 스카프 이외에 색 손목 리본, 막대 리본을 흔들어 자유롭게 신체표현을 해 보도록 확장할 수 있다.

출처: 보건복지부(2013). 어린이집 표준보육과정에 기초한 영아보육프로그램 2세 3권. 114쪽 재구성함.

2. 3~5세 누리과정

활 동 명	무슨 악기 소리일까요?	영역	음률영역	연령	3세
활동목표	• 눈을 감고 들리는 악기 소리를 구별해 본다. • 리듬 악기의 이름을 안다.				
누리과정 관련요소	• 예술경험: 아름다움 찾아보기 – 음악적 요소 탐색하기 • 자연탐구: 과학적 탐구하기 – 물체와 물질 알아보기				
활동자료	가리개, 캐스터네츠, 탬버린, 트라이앵글, 방울 등 각 2세트				
활동방법	① 리듬 악기를 탐색한다. – 리듬 악기는 어떻게 소리를 내는 걸까? – 리듬 악기는 어떤 소리가 날까? – 리듬 악기마다 소리가 다르네. 소리를 흉내 내어 보자.(예 : 딱딱딱, 잉~~, 촤촤촤…) – (각 리듬 악기의 소리를 들으며) 리듬악기의 이름은 무엇일까? – 눈을 감고 악기 소리를 들어 보자. – 어떤 악기인지 알 수 있을까? ② '악기 소리를 듣고 맞혀 보세요' 활동방법을 소개한다. ③ 악기들과 가리개를 보며 어떻게 사용할지 이야기 나눈다. – 여기에 있는 악기를 소리만 듣고 맞혀 볼 수 있을까? –가리개로 악기의 모습이 보이지 않도록 가려 주자. ④ 리듬 악기 소리를 맞히기 위해서 어떻게 해야 하는지 알아본다. – 가리개 안쪽과 바깥쪽에 리듬악기들이 놓여 있어. 리듬악기 앞에 친구들이 앉아 있고 안쪽의 친구가 악기 소리를 내면 바깥쪽 친구는 소리만 듣고 무슨 악기인지 맞혀 볼 거야. – 악기 소리를 맞히는 친구가 어떤 악기인지 알았으면 어떻게 할까? (같은 악기를 찾아 소리를 내며 이름을 부르기로 한다.) – 악기 소리 내는 친구가 가리개 위로 악기를 보이게 하면 어떻게 될까? – 악기 소리 내는 친구와 악기 소리를 맞히는 친구는 어떻게 정할까? (서로 역할을 바꾸어서도 해 본다.) ⑤ 활동 후 느낌을 서로 나눈다. – 힘들었거나 어려운 점은 무엇이니? ⑥ 사용했던 악기를 정리하면서 마무리한다.				
활동 유의점	• 사전에 리듬 악기의 소리를 충분히 내어 보고 탐색할 수 있는 기회를 가진다. • 사용한 리듬 악기를 제자리에 정리할 수 있도록 교구장과 정리 바구니에 악기 사진과 이름을 부착한다. • 장애유아와 통합할 경우, 장애의 유형과 행동 특성에 따라 놀이 규칙과 자료를 수정하여 제시하고, 장애유아가 다른 유아들의 활동에 참여할 수 있는 기회를 제공한다.				
활동평가	• 눈을 감고 들리는 리듬악기 소리를 변별하는지 평가한다. • 리듬악기 이름을 아는지 평가한다.				
확장활동	• 교실 내에 소리 나는 물건을 찾아 확장활동을 해 본다. • '리듬 악기 소리를 듣고 맞혀 보세요.'를 게임으로 활동해 본다.				

출처: 보건복지가족부(2013). 3세 누리과정 교사용 지도서 ② 105쪽 재구성함.

<table>
<tr><th>활 동 명</th><td>노래를 부르며 정리해요</td><th>영역</th><td>음악영역</td><th>연령</th><td>3세</td></tr>
<tr><th>활동목표</th><td colspan="5">• 정리정돈의 필요성을 알고 놀잇감의 적절한 정리방법을 익힌다.
• 리듬에 맞춰 즐겁게 노래를 부른다.</td></tr>
<tr><th>누리과정
관련요소</th><td colspan="5">• 사회관계: 다른 사람과 더불어 생활하기 – 사회적 가치를 알고 지키기
• 예술경험: 예술적 표현하기 – 음악으로 표현하기</td></tr>
<tr><th>활동자료</th><td colspan="5">

정리하는 손

김지혜 작사 / 김지혜 작곡

악보 ‘정리하는 손’, 음원 ‘정리하는 손’, 정리정돈이 되어 있지 않은 교실의 사진, 영역별 놀잇감과 바구니</td></tr>
<tr><th>활동방법</th><td colspan="5">① 정리정돈이 되어 있지 않은 교실의 모습을 보며 이야기 나눈다.
– (사진을 보여주며) 사진 속 교실의 모습이 어떠니?
– 정리 정돈이 되지 않은 교실을 보니 어떤 느낌이 드니?
② 정리정돈을 해야 하는 이유에 대해 이야기 나눈다.
– 즐겁게 놀이를 한 후에 정리 정돈을 하지 않으면 어떻게 될까?
– 내가 가지고 놀고 싶은 놀잇감을 바로 찾을 수 있으려면 어떻게 해야 할까?
③ ‘정리하는 손’ 노래를 들어 본다.
– 놀이가 끝난 다음에는 스스로 정리하는 멋진 어린이들에 대한 노래가 있단다. 함께 들어 보자.
– ‘정리하는 손’ 노래를 들어 보니 어떠니?
④ 다양한 방법으로 노래를 불러 본다.
– ‘정리하는 손’ 노래를 함께 불러 보자. 어떤 방법으로 불러 볼까?
(한음으로 부르기, 고개를 흔들면서 부르기, 손뼉을 치면서 부르기 등)
⑤ 영역별로 놀잇감을 보여주고 ‘정리하는 손’ 노래를 부르면서 바구니에 정리해 본다.
– 이 놀잇감은 어디에 있었던 놀잇감일까? 누가 정리해주겠니?
– 친구가 제자리에 정리하는 동안 친구의 이름을 넣어서 노래를 불러 보자.</td></tr>
</table>

활동 유의점	• 영역별 놀잇감의 정리방법은 자유선택활동 시간에 더욱 구체적으로 안내한다. • 놀이를 끝난 뒤 '정리하는 손' 노래를 부르며 유아들의 정리정돈을 격려한다.
활동평가	• 정리정돈을 해야 하는 이유에 대해 이해하는지 평가한다. • 영역별 놀잇감의 위치와 정리방법에 대해 관심을 갖는지 평가한다. • 즐거운 마음으로 노래를 부르며 정리에 참여하는지 평가한다.
확장활동	• 각 영역의 놀잇감을 비밀 주머니에서 꺼내 제자리를 찾아 정리하는 게임을 해 본다. • 정리정돈을 하고 난 후의 교실의 모습을 살펴보고 그 느낌을 이야기해 본다.

출처: 보건복지부(2013). 3세 누리과정 교사용 지도서 ②. 115쪽 재구성함.

활 동 명	맛있는 간식	영역	음악영역	연령	3세
활동목표	• 유치원/어린이집의 간식에 대해 호기심과 기대감을 갖는다. • 간식의 이름을 알아보며 즐거운 마음으로 노래 부른다.				
누리과정 관련요소	• 신체운동 · 건강: 건강하게 생활하기 – 바른 식생활하기 • 예술경험: 예술적 표현하기 – 음악으로 표현하기				
활동자료	• 음원 '오늘의 간식', 악보 '오늘의 간식', 사진 '간식'(사과/꿀떡), 또는 간식 실물을 담은 접시				
활동방법	① 수수께끼를 통해 '오늘의 간식' 메뉴를 예측해 본다. – 너희들은 유치원/어린이집에서 먹는 간식 중에서 좋아하는 것이 무엇이니? – 오늘은 무슨 간식을 먹게 될까? – 선생님이 수수께끼를 낼 테니 잘 들어 보고, 맞혀 보자. – 오늘의 간식은 과일이란다. 색은 빨간색이야. – 이것을 먹으면 '아삭 아삭' 소리가 난단다. – 오늘의 간식은 무엇일까? ② '오늘의 간식' 노래를 소개하고 들어 보고 간식 메뉴를 알아본다. – 오늘의 간식을 알려 주는 노래를 불러 볼 테니 잘 들어 보자. – 오늘의 간식은 바로 '사과'~! ③ 친구들과 함께 '오늘의 간식' 노래를 불러 본다. – '오늘의 간식' 노래를 함께 불러 보자. – 노래를 다른 방법으로 불러 볼 수 있을까? – 너희들이 '오늘의 간식' 부분을 부르면 선생님이 뒷부분을 불러 볼게. ④ 다른 종류의 간식을 노랫말에 넣어 불러 본다.				

<table>
<tr><td>활동방법</td><td>

오늘의 간식

김지혜 작사 / 김지혜 작곡

</td></tr>
<tr><td>활동 유의점</td><td>

• 노래를 부르면서 페르마타(𝄐) 부분에서는 음을 충분히 늘여서 오늘의 간식에 대한 호기심을 갖도록 한다.
• 간식 메뉴마다 노랫말을 바꾸어 불러 매번 다르게 활용할 수 있다.
• 장애유아와 통합활동을 할 경우, 장애유아를 위해 활동 자료, 역할과 방법 등을 수정하여 장애유아가 비장애 유아들과 함께하는 활동에 참여하도록 한다.

</td></tr>
<tr><td>활동평가</td><td>

• 유치원/어린이집에서 먹는 간식에 대해 긍정적으로 인식하는지 평가한다.
• 활동에 즐겁게 참여하는지 평가한다.

</td></tr>
<tr><td>확장활동</td><td>

• 다음 날의 간식 사진을 보면서 수수께끼 놀이를 해 본다.
• '오늘의 놀이', '오늘의(칭찬할) 친구' 등으로 노랫말의 내용을 바꾸어 활용할 수 있다.
(예: 오늘의 친구 파란 옷 입고
오늘의 친구 남자이고요
오늘의 친구 정리 잘했죠
그건그건 바로바로 현규)

</td></tr>
</table>

출처: 보건복지부(2013). 3세 누리과정 교사용 지도서 ②. 117쪽 재구성함.

활 동 명	친구와 함께 춤을	영역	음악영역	연령	3세
활동목표	• 노래의 가사와 리듬에 맞추어 정해진 동작을 해 본다. • 친구와 함께 짝이 되어 즐겁게 율동을 하며 친밀감을 느낀다.				
누리과정 관련요소	• 신체운동 · 건강: 신체활동에 참여하기 – 자발적으로 신체활동에 참여하기 • 사회관계: 다른 사람과 더불어 생활하기 – 친구와 사이좋게 지내기 • 예술경험: 예술적 표현하기 – 움직임과 춤으로 표현하기				
활동자료	악보 '손뼉을 짝!', 음원 '손뼉을 짝'				
활동방법	① '손뼉을 짝!' 노래를 소개하고, 감상해 보고 함께 노래를 불러 본다. – '손뼉을 짝!' 노래를 함께 들어 보자. – 우리도 '손뼉을 짝!' 노래를 같이 불러 보자. ② '손뼉을 짝!' 노래를 감상한다. – 이 노래에 맞춰서 친구와 함께 손뼉 치기 놀이를 해 볼 거란다. 우리도 해 보자. ③ 친구와 짝을 지어 율동을 해 본다. ④ 친구들과 율동을 해 본 소감을 말해 본다. – 친구와 짝이 되어 율동을 해 보니 어떤 느낌이 드니? – 어떤 부분이 재미있었니? ⑤ 2절까지 노래와 율동을 해 보고 느낌과 소감을 이야기해 본다. ⑥ 노래와 율동을 하고 정리하면서 마무리한다. **손뼉을 짝!** 김지혜 작사 / 김지혜 작곡 				

활동방법	
활동 유의점	• 율동할 노래에 익숙해지도록 노래를 반복적으로 들어 보고 함께 불러 본다. • 넓은 공간에서 유아들 간의 충분한 공간을 확보하여 활동한다. • 쉬는 박자에 대한 이야기를 해 주고 멈출 수 있도록 한다.
활동평가	• 가사와 리듬에 맞추어 몸 동작을 하는지 평가한다. • 친구와 함께 율동을 하면서 서로 친밀감을 보이는지 평가한다. • 쉼표의 개념을 알고 있는지 평가한다.
확장활동	• 다양한 동작을 노랫말에 넣어 율동으로 표현해 본다. (예 : 친구랑 꼬옥! 친구랑 꼬옥! 모두다 꼬옥 껴안아 보자. / 친구랑 콩! 친구랑 콩! 모두 다 안마놀이 해 보자.)

출처: 보건복지가족부(2013). 3세 누리과정 교사용 지도서 ② 155쪽 재구성함.

<table>
<tr><th>활 동 명</th><td>동물 소리를 내 봐요</td><th>영역</th><td>음악영역</td><th>연령</th><td>3세</td></tr>
<tr><th>활동목표</th><td colspan="5">• 노래 부르기에 즐겁게 참여한다.
• 박자와 리듬에 맞춰 노래를 부른다.
• 동물의 소리에 관심을 가진다.</td></tr>
<tr><th>누리과정
관련요소</th><td colspan="5">• 예술경험: 예술적 표현하기 – 음악으로 표현하기
• 자연탐구: 과학적 탐구하기 – 생명체와 자연환경 알아보기</td></tr>
<tr><th>활동자료</th><td colspan="5">동물 스틱, ‘동물들의 소리’ PPT, 음원, ‘여러분의 목소리’(성경희 요·곡) 악보,
노랫말판, 작은 북이나 소고 등의 리듬악기</td></tr>
<tr><th>활동방법</th><td colspan="5">① 이전에 배웠던 ‘여러분의 목소리’ 노래를 함께 불러 본다.
– 우리가 배웠던 노래 ‘여러분의 목소리’를 기억하니?
– 함께 불러 보도록 하자.
② 개사한 노래 ‘동물들의 소리’를 들려준 후 노랫말을 알아본다.
– 우리가 불러 본 ‘여러분의 목소리’ 노랫말을 바꿔 보았는데 어떻게 바뀌었는지 한 번 들어 볼까?
– 노래에 어떤 동물의 소리가 나왔니?
– 이 노래의 제목은 무엇일까?
– 왜 그렇게 생각했니?
– 다른 생각이 있니?
– 어떤 부분이 재미있었니?
③ 동물 스틱을 보여 주면서 노래에 나왔던 동물들의 소리를 내어 본다.
– 이 동물은 어떤 소리를 냈니?
– 동물의 소리를 흉내 내어 볼까?
④ 노래를 나누어 부른다.
– 동물의 소리 부분은 누가 불러 볼까?
– 또 어떻게 나눠 불러 볼까?
⑤ 노래를 다함께 부른다.

여러분의 목소리
성경희 요 / 성경희 작곡
</td></tr>
</table>

활동방법	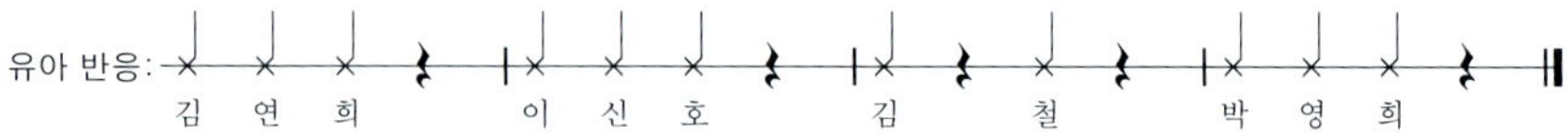
활동의 유의점	• 노래 '여러분의 목소리'는 유아들이 친구 관련 생활주제를 전개할 때 배워서 익숙해진 후, '동물들의 소리'로 변형하도록 한다. • 사전활동으로 동물들의 소리를 들어 보며 충분히 탐색하는 시간을 가진다. – 음률 영역에 다양한 동물들의 소리를 녹음한 CD를 준비해서 유아들이 동물 소리에 관심을 가질 수 있도록 한다. • 노래 '동물들의 소리'를 들은 후 유아가 박자에 맞춰 동물 이름을 말해 보도록 한다. – 이때 유아가 박자를 쉽게 맞출 수 있도록 교사는 리듬 악기를 이용하여 박자를 맞춰 준다. DVD 자료를 이용하는 경우, 동물 소리를 듣고 유아가 동물의 이름을 말해 보도록 한다(예 : 교사 또는 음원 – 멍멍멍멍, 꿀꿀꿀꿀, 꽥꽥꽥꽥 / 유아 – 강아지, 돼지, 오리, 사자, 고양이, 닭 등)
활동평가	• 노래 부르기에 즐겁게 참여하는지 평가한다. • 박자와 리듬에 맞춰 노래를 부르는지 평가한다. • 동물의 소리에 관심을 가지는지 평가한다. – 동물의 소리를 듣고 해당 동물에 대해 말할 수 있는지 평가한다. – 동물의 소리와 비슷하게 흉내를 낼 수 있는지 평가한다.
확장활동	• 강아지, 고양이, 돼지, 오리 외 다양한 동물의 소리로 노랫말을 바꾸어 불러 본다. • 동물의 소리에 맞추어 동물의 특징을 신체로 표현해 본다.

출처: 보건복지부(2013). 3세 누리과정 교사용 지도서 ③. 58쪽 재구성함.

<table>
<tr><td>활 동 명</td><td>'동물의 사육제' '캥거루'를 감상해요</td><td>영역</td><td>음악영역</td><td>연령</td><td>4세</td></tr>
<tr><td>활동목표</td><td colspan="5">• 음악을 주의 깊게 들으며 감상한다.
• 캥거루의 움직임을 흉내 내며 즐거움을 느낀다.</td></tr>
<tr><td>누리과정
관련요소</td><td colspan="5">• 예술경험: 아름다움 찾아보기 – 음악적 요소 탐색하기
• 예술경험: 예술적 표현하기 – 움직임과 춤으로 표현하기
• 자연탐구: 과학적 탐구하기 – 생명체와 자연환경 알아보기</td></tr>
<tr><td>활동자료</td><td colspan="5">생상스의 '동물의 사육제' 중 제6곡 '캥거루' 음원, 캥거루의 움직임을 담은 동영상, 캥거루 사진 6장</td></tr>
<tr><td>활동방법</td><td colspan="5">① 생상스의 '동물의 사육제' 중 '캥거루' 음악을 들으며 느낌에 대해 이야기 나눈다.
– 음악을 들으니 어떤 느낌이 드니?
– 어떤 악기의 소리가 들리니?
– 피아노 소리가 어떻게 들렸니?(빠르게 또는 느리게)
– 이 곡의 작곡자는 누구일까?
– 이 음악을 들으니 떠오르는 동물이 있니?
② 동영상으로 캥거루의 움직임을 살펴본다.
– 풀을 먹을 때는 어떻게 먹었니?
– 캥거루가 걸을 때는 어떻게 걸었니?
– 캥거루가 뛸 때는 어떻게 뛰었니?
③ 캥거루의 움직임을 상상하며 다시 음악을 들어 본다.
– 캥거루의 어떤 모습을 음악으로 표현했을까?
– 풀을 뜯어 먹고 있는 캥거루의 모습을 상상해 보자.
– 네 다리로 걷는 캥거루의 모습을 상상해 보자.
– 뒷다리로 껑충껑충 뛰어다니는 캥거루의 모습을 상상해 보자.
– 음악의 느린 부분에서는 캥거루의 어떤 모습을 표현하고 있을까?
– 음악의 빠른 부분에서는 캥거루의 어떤 모습을 표현하고 있을까?
④ 음악을 들으며 캥거루의 움직임을 몸으로 표현하고 느낌을 나눈다.
– 캥거루의 움직임을 몸으로 표현해 보니 어떠니?
– 어떻게 표현한 것이 재미있었니?
⑤ 캥거루 음악을 들으며 자유롭게 표현할 수 있도록 한다.
⑥ 캥거루 음악을 들으며 마무리하면서 정리한다.</td></tr>
<tr><td>활동
유의점</td><td colspan="5">• 캥거루의 움직임을 창의적으로 표현할 수 있도록 한다.
• 사전에 음률 영역에서 유아가 자유롭게 감상할 수 있는 기회를 주도록 한다.</td></tr>
<tr><td>활동평가</td><td colspan="5">• 음악을 주의 깊게 감상하는지 평가한다.
• 캥거루의 움직임을 표현하는 과정에 즐겁게 참여하는지 평가한다.</td></tr>
<tr><td>확장활동</td><td colspan="5">• 게임으로 '캥거루 뜀뛰기'를 해 본다.
• 캥거루 외의 동물들의 움직임을 관찰하고 몸을 이용하여 다양하게 표현해 본다.</td></tr>
</table>

출처: 보건복지부(2013). 4세 누리과정 교사용 지도서 ③. 105~107쪽 재구성함.

<table>
<tr><td>활 동 명</td><td>나는 채소를 좋아해</td><td>영역.유형</td><td>음악영역</td><td>연령</td><td>4세</td></tr>
<tr><td>활동목표</td><td colspan="5">• 채소의 이로움을 노래로 표현한다.
• 즐겁게 노래를 부른다.</td></tr>
<tr><td>누리과정 관련요소</td><td colspan="5">• 신체운동 · 건강: 건강하게 생활하기 – 바른 식생활하기
• 예술경험: 예술적 표현하기 – 음악으로 표현하기</td></tr>
<tr><td>활동자료</td><td colspan="5">그림 자료('나는 누구일까요' 수수께끼판), 악보,
'나는 채소가 좋더라'('유치원에서' 개사, 작곡 김진영) PPT 자료</td></tr>
<tr><td>활동방법</td><td colspan="5">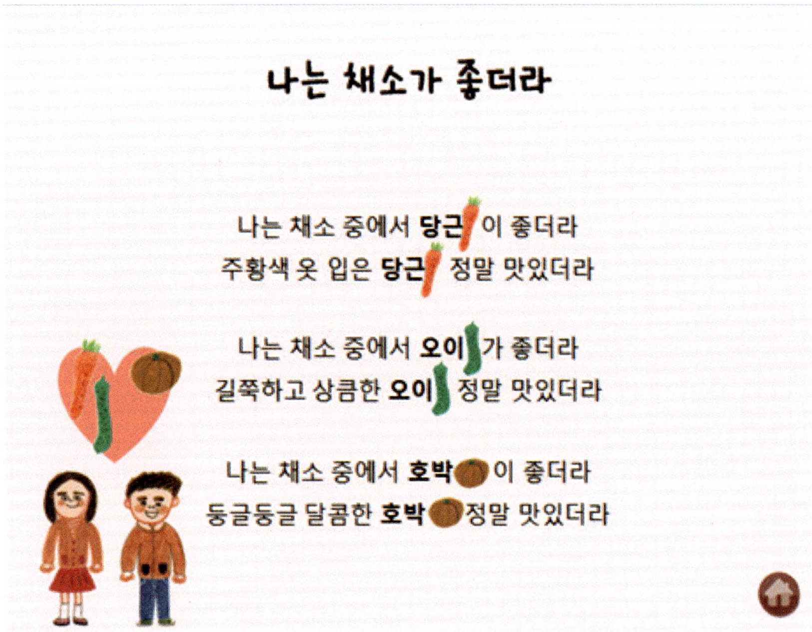

출처:, 교과부(2009). 유치원 지도서 5 동식물과 자연.

① '나는 누구일까요' 그림 자료를 보여 주며 채소 수수께끼를 낸다.
– 나는 누구일까요? 이 채소는 주황색 옷을 입었고 토끼가 좋아하는 채소야. 이 채소의 이름은 무엇일까? (당근)
– 나는 누구일까요? 이 채소는 초록색이고, 모양이 아주 길쭉해. 먹었을 때 맛이 상큼해. 이 채소의 이름은 무엇일까? (오이)
– 나는 누구일까요? 이 채소는 모양이 둥글둥글하고, 맛은 달콤해. 죽으로 만들어 먹기도 하고, 샐러드로 만들어 먹기도 해. 이 채소의 이름은 무엇일까? (호박)</td></tr>
</table>

활동방법	② 채소에 관한 노래를 부를 것이라고 이야기한다. ③ 먼저, 멜로디를 들어 본다. – 이 노래를 들어 본 적이 있니? – 어떤 노래인지 기억하니? – '유치원에서' 노래에서 들었던 멜로디이지? (원곡의 노래를 한 번 불러 볼 수 있다.) ④ '나는 채소가 좋더라'로 개사한 노래를 교사가 불러 준다. ⑤ 유아들이 좋아하는 다른 채소 이름을 넣고, 유아가 생각한 노랫말로 내용을 바꾸어 불러 본다. ⑥ 채소의 이름을 정확하게 알려 준다. ⑦ 노래를 부르면서 정리하고 마무리한다. 유치원에서 김진영 요 / 김진영 작곡 
활동 유의점	• 유치원/어린이집에서 유아들이 재배하여 직접 수확한 채소를 이용하거나 채소를 이용한 요리활동 후에 노래를 부르면 효과적이다. • 점심식사 때 먹은 채소를 이용하여 노랫말을 바꾸어 불러 본다.
활동평가	• 채소의 이로움을 노랫말로 표현하는지 평가한다. • 즐겁게 노래를 부르는지 관찰하여 평가한다.
확장활동	• 제시된 채소 이외의 다양한 채소의 특징을 알아본다. • 노래가 익숙해지면 악기를 이용하여 연주해 본다. • 채소와 친해질 수 있도록 채소를 이용한 다양한 활동을 진행한다(채소 도장 찍기, 채소 샐러드 만들기).

출처: 보건복지부(2013). 4세 누리과정 교사용 지도서 ③. 139~141쪽 재구성함.

<table>
<tr><th>활 동 명</th><th>박자치기</th><th>영역</th><th>음률영역</th><th>연령</th><th>4세</th></tr>
<tr><td>활동목표</td><td colspan="5">• 나의 신체에 관심을 가진다.
• 신체를 이용하여 박자치기를 할 수 있다.</td></tr>
<tr><td>누리과정
관련요소</td><td colspan="5">• 신체운동: 건강: 신체인식하기 – 신체를 인식하고 움직이기
• 예술경험: 아름다움 찾아보기 – 음악적 요소 탐색하기</td></tr>
<tr><td>활동자료</td><td colspan="5">박자치기 동영상 , 신체 박수 카드</td></tr>
<tr><td>활동방법</td><td colspan="5">① 자신의 신체를 탐색한 뒤 신체를 이용해서 여러 가지 소리를 내어 본다.
– 우리 몸에서 소리를 낼 수 있는 곳은 어디일까?
– 손으로 어떤 소리를 낼 수 있을까?
– 다리로는 어떤 소리를 낼 수 있을까?
– 입으로는 어떤 소리를 낼 수 있을까?
② 신체 박자치기 동영상을 보고 이야기를 나눈다.
– 손으로 어떤 박자를 칠 수 있었니?
– 한 음절 손 박수는 한 박자치기라고 한단다.
– 두 음절 다리 박수는 반 박자치기라고 한단다.
③ 신체를 이용해 여러 가지 박자치기를 한다.
– 우리 모두 다 같이 손 박수를 쳐 보자.
손 = 1박자 다리 = 반박자 빠르게 두 번으로 박수치기를 한다.
(예: 손바닥을 마주치며 ♩ ♩ ♩ ♩ = 손 손 손 손 – 한 박자치기)
– 우리 모두 다 같이 다리 박수 쳐 보자.
(예: 손바닥을 마주치며 ♪ ♪ ♪ ♪ ♪ ♪ ♪ ♪ = 다리 다리 다리 다리 – 반 박자치기)
– 다른 리듬은 어떻게 치면 좋을까?
④ 유아들과 손 박수와 다리 박수를 이용하여 박자치기를 한다.
(예: 손바닥을 마주치며 ♩ ♪ ♪ ♩ ♪ ♪ = 손 다리 손 다리)
(예: 손바닥을 마주치며 ♪ ♪ ♩ ♪ ♪ ♩ = 다리 손 다리 손)
⑤ 다양한 리듬 패턴으로 박자치기를 한다.
⑥ 4분음표 = 1박자, 8분음표 = 반박자 개념도 알 수 있게 한다.
⑦ 즐겁게 리듬치기를 하며 마무리한다.</td></tr>
<tr><td>활동
유의점</td><td colspan="5">• 사전 활동으로 자신의 신체 기관을 충분히 탐색해 본 후 활동을 시작한다.
• 일상생활 속에서 박자치기를 반복적으로 경험하여 자연스럽게 리듬을 익힐 수 있도록 한다.</td></tr>
<tr><td>활동평가</td><td colspan="5">• 나의 신체에 관심을 가지는지 관찰을 통해 평가한다.
• 신체를 이용하여 박자치기를 할 수 있는지 활동과정을 통해 평가한다.</td></tr>
<tr><td>확장활동</td><td colspan="5">• 신체 박자치기를 활용하여 박자치기 판을 제작해 보고, 박자치기를 하면서 노래할 수 있다.
• 다양한 신체 부위와 악기를 활용하여 리듬을 익힐 수 있다.
– 박자의 이름을 손, 발, 다리, 어깨, 눈, 허리 등의 단어로 바꿔 쳐 보기
– 손바닥을 마주쳐서 소리 내기</td></tr>
</table>

출처: 보건복지부(2013). 4세 누리과정 교사용 지도서 ③, 260~262쪽 재구성함.

활 동 명	난타 연주하기	영역	음률영역	연령	4세
활동목표	• 내가 좋아하는 소리를 생활용품에서 찾을 수 있다. • 생활용품을 이용하여 연주할 수 있다.				
누리과정 관련요소	• 예술경험: 예술적 표현하기 – 음악으로 표현하기 • 자연탐구: 과학적 탐구하기 – 물체와 물질 알아보기				
활동자료	여러 가지 생활용품(냄비, 페트병, 빨래판 등) 사진, 박자가 일정한 음원 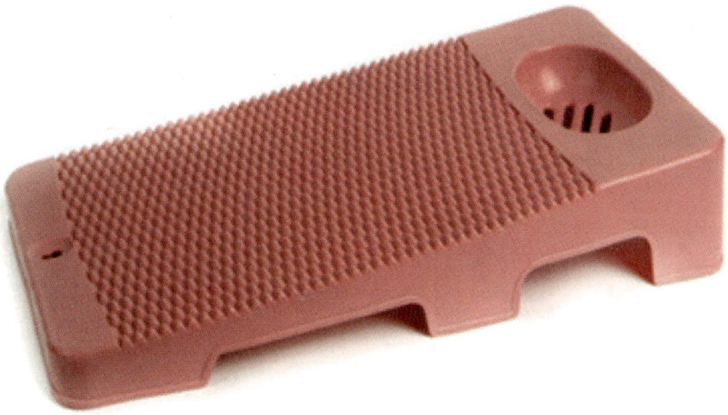   				

활동방법	① 악기를 이용한 연주에 대해 이야기를 나눈다. – 악기를 이용하여 연주를 해 본 적이 있니? – 악기는 어떤 소리를 내니? ② 우리 생활 속에서 소리를 낼 수 있는 도구들을 찾아본다. – 악기 외에 소리를 낼 수 있는 도구는 무엇이 있을까? – 어떤 방법으로 소리를 낼 수 있을까? ③ 어떤 도구들을 찾아왔는지 서로 이야기를 나눈다. – ○○는 어떤 도구를 찾아보았니? ④ 찾아온 도구를 이용하여서 소리를 만들어 본다. – 이 도구는 어떤 소리를 낼 수 있을까? ⑤ 찾아본 소리의 다른 점에 대해 이야기를 나눈다. – ○○이와 △△이가 찾은 소리가 어떻게 들리니? – ○○이와 △△이가 찾은 소리의 같은 점은 무엇이니? – ○○이와 △△이가 찾은 소리가 어떻게 다르니? ⑥ 자신이 만들어 본 소리를 탐색하고 내가 좋아하는 소리를 찾아본다. – 여러 가지 소리 중에서 좋아하는 소리를 찾아볼 수 있겠니? ⑦ 내가 찾아온 도구의 소리를 소개하고 함께 연주해 본다. – 친구가 만든 소리는 어떤 느낌이 드는지 말해 볼 수 있겠니? – 친구가 만든 소리를 이용하여 연주해 볼 수 있겠니? ⑧ 활동 후 느낌에 대해 이야기를 나눈다. – 어떤 점이 재미있었니? – 어떤 도구의 소리가 서로 잘 어울렸니?
활동 유의점	• 유아가 만든 소리를 서로 존중하도록 한다. • 난타 도구를 안전하게 다루도록 지도한다. • 실내에서 소리가 큰 경우 실외놀이터에서 난타놀이를 할 수 있다.
활동평가	• 관찰을 통해 내가 좋아하는 소리를 생활용품에서 찾을 수 있는지 평가한다. • 활동과정을 통해 생활용품을 이용하여 연주할 수 있는지 평가한다.
확장활동	• 난타 공연 동영상을 관람한 후 공연장을 구성하여 놀이할 수 있다. • 가정과 연계하여 난타놀이를 할 수 있다.

출처: 보건복지부(2013). 4세 누리과정 교사용 지도서 ③. 299~300쪽 재구성함.

활 동 명	우리 집	영역	음률영역	연령	4세
활동목표	• 내가 살고 싶은 집에 관심을 갖고 상상해 본다. • 노래를 듣고 즐겨 부른다.				
누리과정 관련요소	• 사회관계: 다른 사람과 더불어 생활하기 – 공동체에서 화목하게 지내기 • 예술경험: 예술적 표현하기 – 음악으로 표현하기				
활동자료	악보 '우리 집'(장한나 작사, 박흥수 작곡)				
활동방법	① 어른이 되었을 때 살고 싶은 집을 상상해 본다. – 지금 어떤 집에 살고 있니? – 어른이 되면 어떤 집에서 살고 싶니? ② '우리 집' 노랫말을 소개한 후 노래로 들려준다. – 노래에는 어떤 이야기가 있었니? – 노래에는 어떤 집을 짓고 싶다고 했니? – 울타리와 담이 없는 집은 어떤 집일까? – 울타리와 담이 없으면 어떤 점이 좋을까? ③ 다양한 방법으로 노래를 불러 본다. ④ 노래를 불러 본 후 자신의 생각이나 느낌을 이야기한다. – 노래를 불러 본 후 어떤 느낌(생각)이 들었니? ⑤ 노랫말을 생각하면서 노래를 부르고 마무리한다.				
활동 유의점	노래를 여러 번 반복해서 들려주어 노래에 익숙해지도록 한다.				
활동평가	• 언어적 상호작용을 통해 내가 살고 싶은 집에 관심을 가지는지 평가한다. • 활동과정을 통해 노래를 듣고 즐겨 부를 수 있는지 평가한다.				
확장활동	• 리듬에 어느 정도 익숙해지면 박자치기 활동으로 노래를 익힐 수 있다. • 노랫말이 익숙해지면 노랫말을 바꿔 부를 수 있다.				

출처 : 보건복지부(2013). 4세 누리과정 교사용 지도서 ③. 389~390쪽 재구성함.

<table>
<tr><th>활 동 명</th><td>탈춤놀이</td><th>영역</th><td>음률영역</td><th>연령</th><td>5세</td></tr>
<tr><th>활동목표</th><td colspan="5">• 우리나라의 탈에 관심을 가진다.
• 우리나라의 전통, 역사, 문화에 관심을 가진다.
• 탈춤의 다양한 표현을 즐긴다.
• 예술경험: 예술적 표현하기–움직임과 춤으로 표현하기
춤으로 자신의 생각과 느낌을 표현한다.</td></tr>
<tr><th>누리과정 관련요소</th><td colspan="5">• 사회관계: 사회에 관심 갖기–우리나라에 관심 갖고 이해하기
• 예술경험: 예술적 표현하기–움직임과 춤으로 표현하기</td></tr>
<tr><th>활동자료</th><td colspan="5">유아가 만든 탈, 한삼, '탈춤놀이' 노래음원(2000년 창작국악동요제 우수상)

</td></tr>
</table>

활동방법	① 탈춤 동영상을 보면서 탈춤 동작에 대하여 이야기 나눈다. – 탈춤을 출 때 동작을 어떻게 했나요? – 탈춤 동영상을 보니 춤출 때 손에는 무엇을 끼고 춤을 추나요? ② 탈을 쓰고 한삼을 손에 끼고 '탈춤놀이' 노래에 맞추어 탈춤을 춘다. ('말뚝이')탈을 쓰고 ('말뚝이')가 되어서 양반집 도련님이 자꾸 심부름을 시켜서 귀찮을 때의 마음을 춤으로 표현해 보세요. 아빠가 선물을 사주었을 때의 마음을 춤으로 표현해 보세요. ③ 탈춤을 출 때 '낙양동천 이화정' 얼쑤 불림 추임새를 넣고 탈춤을 추게 한다. ④ 탈춤을 춘 뒤 이야기 나눈다. – 탈을 써 보니 어떤 생각이 들었나요? – 탈춤을 추어 보니까 어땠나요? 어떤 동작이 재미있었나요? ⑤ 탈춤의 어떤 어려움이 있었는지 이야기 나눈다. ⑥ 그냥 탈춤을 추는 것과 불림을 넣어 추는 것의 차이와 느낌을 알아본다. ⑦ 음악에 맞춰 신명나게 춤을 춰 보고 마무리하며 활동을 정리한다.
활동 유의점	• 탈을 쓰고 춤을 출 때 앞이 보이는지 확인하여 앞이 안 보여 다치는 사고가 일어나지 않도록 한다. • 사전에 서울문화재(http://sca.seoul.go.kr/)를 방문하여 탈춤의 유래 및 지역마다 다른 탈춤에 대해 알아본다.
활동평가	• 우리나라의 전통, 역사, 문화에 관심을 가질 수 있도록 평가한다. • 탈춤의 다양한 표현을 즐길 수 있도록 평가한다.
확장활동	사물놀이 장단에 맞추어 탈춤을 출 수 있다.

출처: 보건복지부(2012). 5세 누리과정에 기초한 어린이집 프로그램 ③. 46쪽 재구성함.

<table>
<tr><td>활 동 명</td><td>우리나라</td><td>영역</td><td>음악</td><td>연령</td><td>5세</td></tr>
<tr><td>활동목표</td><td colspan="5">• 노랫말을 듣고 우리나라에 대해 사랑하는 마음을 가진다.
• 노래를 즐겁게 부른다.</td></tr>
<tr><td>누리과정
관련요소</td><td colspan="5">• 사회관계: 사회에 관심 갖기–우리나라에 관심 갖고 이해하기
• 예술경험: 예술적 표현하기–음악으로 표현하기</td></tr>
<tr><td>활동자료</td><td colspan="5">노래 음원(김성균 동요집), 노래판

우리나라
김성균 작사 · 작곡

우리 우리나라는 정말 아름다워요
우리 우리나라는 정말 좋아요
봄은 꽃나라
여름은 별나라
가을은 숲나라
그리고 추운 겨울은 하얀 눈나라</td></tr>
<tr><td>활동방법</td><td colspan="5">① '우리나라' 노래의 노랫말을 들려준 후 이야기 나눈다.
– 우리나라는 어떤 나라인 것 같나요?
– 봄은 왜 '꽃나라'라고 했을까요?
– 여름은 왜 '별나라'라고 했을까요?
– 가을은 왜 '숲나라'라고 했을까요?
– 겨울은 왜 '눈나라'라고 했을까요?
② 노래 CD에 맞추어 노래를 불러 본다.
③ '우리나라' 노래에 익숙해지면 가사를 바꾸어 불러 본다.
– 봄은 꽃나라 대신 무슨 나라로 바꿀 수 있을까요?
– 여름은 별나라 대신 무슨 나라로 바꿀 수 있을까요?
– 가을은 숲나라 대신 무슨 나라로 바꿀 수 있을까요?
– 겨울은 눈나라 대신 무슨 나라로 바꿀 수 있을까요?
④ '우리나라' 노랫말에 맞추어 동작을 만들어 불러 본다.
– '우리나라' 노랫말에 동작을 만들어 보아요.
– 동작과 함께 노래를 불러 보니 어떤가요?
⑤ 독창 중창으로 불러 볼 수 있는 기회를 준다.
⑥ 노래를 즐겁게 부르고 정리하면서 마무리한다.</td></tr>
</table>

활동 유의점	• 정확한 음정으로 노래 부르도록 한다. • 우리나라를 사랑하는 마음을 가지도록 한다.
활동평가	• 사전활동으로 세계적으로 유명한 우리나라 지휘자를 알아본다(정명훈, 장영주, 금난새, 함신익 등). • 음률영역에 지휘하는 사진을 붙여 놓는다. • 지휘봉으로 위험한 놀이를 하지 않도록 주의한다.
확장활동	• 다른 노래로도 지휘해 본다. • 빠른 템포의 음악과 느린 템포의 음악을 지휘해 보고 느낌을 비교해 본다.

출처: 보건복지부(2012). 5세 누리과정에 기초한 어린이집 프로그램 ③. 23쪽 재구성함.

활 동 명	세계 음악 따라 춤추는 구두	**영역**	음률영역	**연령**	5세
활동목표	• 여러 나라의 다양한 음악을 감상하는 경험을 가진다. • 예술경험: 예술감상하기 – 다양한 예술 감상하기 다양한 음악, 춤, 미술작품, 극놀이 등을 듣거나 보고 즐긴다. 여러 나라의 음악을 느끼며 손가락으로 그 음악의 분위기에 따라 자유롭게 움직여 본다. • 예술경험: 예술적 표현하기 – 움직임과 춤으로 표현하기 춤으로 자신의 생각과 느낌을 표현한다				
누리과정 관련요소	• 예술경험: 예술 감상하기 – 다양한 예술 감상하기 • 예술경험: 예술적 표현하기 – 움직임과 춤으로 표현하기				
활동자료	• 여러 나라의 음악(왈츠, 행진곡, 재즈, 아프리카 음악, 발레곡 등) • 미술영역에서 만든 손가락 인형, 손가락에 낄 수 있는 골무 모양의 구두				
활동방법	① 손가락 인형 아가씨의 춤추는 구두 이야기를 유아들에게 들려준다. ② 유아들은 손가락 인형을 끼고 구두를 신은 후, 음악에 따라 느낀 대로 손가락을 움직여 보도록 한다. 이때, 교사는 여러 나라의 다양한 분위기의 음악을 들려주도록 한다. – 우리 친구들도 이 요술 구두를 신어 보도록 해요. – 손바닥 위(배 위, 다리 위, 책상 위)에서도 춤을 추어 봐요. – 이 음악에는 요술구두가 어떻게 춤을 출까요? 음악이 점점 더 빨라지네요.				

	③ 우리가 요술구두를 신었다고 생각하고 춤을 춰 보자. ④ 다양한 신체활동이 이루어지도록 교사가 유도해 준다. ⑤ 함께 즐겁게 춤추고 정리하면서 다음 활동으로 이어가도록 한다.
활동 유의점	사전활동으로 미술영역에서 손가락 인형을 만든다. 이때 음악영역에 이 인형을 위한 요술구두가 마련되어 있다는 것을 알려주어 흥미를 끌도록 한다.
활동평가	• 다양한 음악, 춤, 미술작품, 극놀이 등을 듣거나 보고 즐길 수 있는지 평가한다. • 여러 나라의 음악을 느끼며 손가락으로 그 음악의 분위기에 따라 자유롭게 움직여 볼 수 있는지 평가한다.
확장활동	유아들과 함께 춤추는 손가락 인형에 대한 그 이후의 이야기를 지어서 인형극 놀이를 할 수 있다

출처: 보건복지가족부(2012). 5세 누리과정에 기초한 어린이집 프로그램 ③. 73쪽 재구성함.

활 동 명	세계의 전통음악과 춤을 즐겨요	영역	음률영역	연령	5세
활동목표	• 나라마다 독특한 전통음악과 춤이 있음을 안다. • 다양한 인종과 문화를 알아보고 존중한다. • 다른 나라의 전통음악을 느끼며 자유롭게 춤으로 표현해 본다. • 춤으로 자신의 생각과 느낌을 표현한다				
누리과정 관련요소	• 사회관계: 사회에 관심 갖기 – 세계와 여러 문화에 관심 가지기 • 예술경험: 예술적 표현하기 – 움직임과 춤으로 표현하기				
활동자료	여러 나라의 춤 사진, 세계의 춤 배경 음악				
활동방법	① 벽에 게시된 여러 나라의 춤 그림 자료를 보며 이야기 나눈다. – 와, 여기 정말 여러 사람들이 춤추는 모습이 있네요. – 이런 춤을 본 적이 있나요? 이 춤은 어떻게 추는 춤일까요? – 우리 사진 속의 춤을 흉내 내어 보도록 해요. ② 교사는 음악을 들려주며 여러 춤 사진 중에 어떤 춤이 음악과 어울릴지 생각해 보도록 한다. – 더 신나게 추려면 뭐가 필요할까요? – 이 음악을 들으니 어때요? – 이 음악은 어떤 춤에 어울릴 것 같나요? 왜 그렇게 생각했어요? ③ 인터넷으로 찾은 춤 동영상을 보면서 자유롭게 몸을 움직이며 감상하도록 한다. – 춤추는 모습을 보니 선생님도 저절로 몸이 움직여지는 걸 보면서 함께 추고 싶은 친구들은 함께해 보자. ④ 가장 마음에 드는 춤과 음악에 대해 이야기하며 원하는 춤 동영상을 다시 볼 수 있도록 한다. ⑤ 다 함께 음악에 맞춰 춤을 추며 마무리한다.				
활동 유의점	• 춤을 한 번에 감상하기보다는 유아의 흥미에 따라 며칠 동안 진행하도록 한다. • 춤 동영상을 보면서 유아가 자유롭게 느낌을 표현할 수 있도록 즐거운 분위기를 조성하도록 한다. [여러 나라 전통 춤 동영상 참고자료] – 아프리카: http://www.youtube.com/watch?v=6uHKEot_WgE – 태국: http://www.youtube.com/watch?v=7vs–H7xLnrs&feature=related – 인도: http://www.youtube.com/watch?v=SgiLOzFQh14&feature=related – 세계 전통춤 페스티발: http:// m.cyword.com/blog/postview.php?home_id=a4327293&post_seq=11022199				
활동평가	• 다양한 인종과 문화를 알아보고 존중하는지 평가한다. • 다른 나라의 전통음악을 느끼며 자유롭게 춤으로 표현하는지 평가한다.				
확장활동	세계 여러 나라의 춤에 어울리는 의상이나 소품을 만들어 춤을 출 수 있다.				

출처: 보건복지부(2012). 5세 누리과정에 기초한 어린이집 프로그램 ③. 103쪽 재구성함.

<table>
<tr><td>활 동 명</td><td>작은 세상</td><td>영역</td><td>음률영역</td><td>연령</td><td>5세</td></tr>
<tr><td>활동목표</td><td colspan="5">• 지구촌 모두가 함께 살아간다는 것을 이해한다.
• 세계 여러 나라에 대해 관심을 가지고, 서로 협력해야 함을 안다.
• 즐겁게 노래 부른다.
• 노래로 자신의 생각과 느낌을 표현한다.</td></tr>
<tr><td>누리과정
관련요소</td><td colspan="5">• 사회관계: 사회에 관심 갖기 – 세계와 여러 문화에 관심 가지기
• 노래로 자신의 생각과 느낌을 표현한다.</td></tr>
<tr><td>활동자료</td><td colspan="5">노래가 녹음된 음원, 노래판, 각 노래가사에 맞는 그림카드, 악보</td></tr>
<tr><td>활동방법</td><td colspan="5">① '작은 세상' 동요를 들려준다.
② 노랫말의 의미를 함께 생각해 본다.
– 선생님이 노래 가사를 들려줄 테니 잘 들어 보아요.
– 노래 가사를 들으니 어떤 생각이 떠오르나요?
– 노래 제목이 무엇인 것 같아요?
– 노래 제목은 '작은 세상'이래요. 왜 작은 세상이라 느껴졌을까요?
– 다른 나라와 서로 협력하지 않으면 우리나라는 어떻게 될까요?
– 물건을 다른 나라에서 사고파는 것도, 환경을 오염시키면 지구촌 모든 나라가 환경이
– 오염되고, 전쟁이 일어나면 서로 피해를 입어요. 그래서 세계는 혼자 사는 것이
아니라 서로 협력해야 잘 살 수 있대요.
③ 노래의 음을 한 소절씩 익힌 후 함께 불러 본다.
– 노래를 잘 들어 보자.
– '나나나'로 불러 보자.
– 또 어떤 소리로 불러 볼까요?
④ 그림카드를 제시하면서 가사를 따라 부를 수 있도록 한다.
⑤ 노래를 부르고 난 뒤 활동에 대해 평가한다.
– 노래를 불러 보니 어떤 느낌이 들었나요?
– 어려운 부분은 없었나요?
– 어떤 부분이 가장 듣기 좋았나요?
⑥ 여자와 남자로 구분하여 한 소절씩 부르게 한다.
⑦ 친구들 앞에서 독창, 중창으로 불러 보도록 한다.
⑧ 노래를 부르며 활동을 마무리하고 다음 활동으로 연계한다.</td></tr>
<tr><td>활동 유의점</td><td colspan="5">자유선택활동 시간에 음악을 들려주어 노래에 관심을 가지게 한다.</td></tr>
<tr><td>활동평가</td><td colspan="5">• 세계 여러 나라에 대해 관심을 갖고, 서로 협력해야 함을 아는지 평가한다.
• 즐겁게 노래 부르는지 평가한다.
• 노래로 자신의 생각과 느낌을 표현할 수 있는지 평가한다.</td></tr>
</table>

확장활동

노랫말에 따른 동작을 함께 만들어 불러 볼 수 있다.

작은 세상

박수진 작사 / 로버트쉐만 작곡

출처: 보건복지부(2012). 5세 누리과정에 기초한 어린이집 프로그램 ③. 132쪽 재구성함.

3. 0~2세 통합적인 음악교육 내용

생활주제	건강과 안전	활 동 명	예쁜 노래를 불러요
연　　령	2세 미만 (4개월)	중심음개념	리듬, 멜로디, 화성
		중심음악활동	노래 부르기
활동목표	• 예쁘고 고운 노래, 부드러운 노래를 듣는다. • 가슴에 꼭 안겨서 편안한 느낌을 가진다.		
활동자료	따뜻하고, 부드러운 타월이나 영유아용 담요		

[활동방법]

① 영아를 이불에 꼭 싸서 편안한 느낌이 들도록 분위기를 조성한다.

② 영아를 가슴에 꼭 안고 노래를 불러준다.
- ○○야, 예쁜 노래 불러 볼까?
- 선생님이 들려줄게!

③ 영아를 꼭 안고 아래, 위로 조금씩 움직이며, 반복적인 리듬의 노래를 들려준다.

둥개 둥개 둥개 둥 우리 아가
둥개 둥개 둥개 둥 잘도 크네
둥개 둥개 둥개 둥 예쁜 눈
둥개 둥개 둥개 둥 오뚝한 코
둥개 둥개 둥개 둥 통통한 볼

④ 영아에게 노래의 느낌에 대하여 이야기해 준다.
- ○○야 노래 들으니까 기분이 어떠니?
- 그래! 아주 좋아하는구나.
- 널 안으니까 참 부드럽구나.
- 우리 또 불러 볼까?

⑤ 리듬에 변화를 주며 노래를 불러 준다.

출처: 이서형

평가 및 유의점	편안하고 따뜻한 느낌을 갖도록 한다.

생활주제	건강과 안전	활 동 명	예쁜 노래하며 두 팔을 돌려 봐요.
연 령	2세 미만(6개월)	중심음개념	리듬, 멜로디, 화성
		중심음악활동	신체표현하기
활동목표	• 두 팔 동작을 원활히 하도록 힘을 기른다. • 다른 사람과 즐거운 시간 가진다. • 신체의 명칭을 알고 수 개념도 들을 수 있도록 한다. • 위, 아래 명칭을 알 수 있도록 한다.		
활동자료	포근한 이불 또는 매트, 예쁜 노래 CD , 나비야		

[활동방법]

① 영아를 이불이나 매트에 편안하게 눕힌다.
- ○○야, 기분이 좋으네 우리 팔 운동을 같이 해 볼까?
- 팔운동을 시작해 보자!
- ○○가 재미있다고 하면 또 해 볼게.

② 영아의 팔을 들어 올린 후 노래에 맞춰 위, 아래로 움직인다.
위로 아래로 위로 아래로
위로 아래로 위로 아래로
정말 잘 올리는구나. 팔을 올리니까 이만큼 컸네.
팔을 내리니까 차렷이 됐네

③ 한 팔씩 움직이고, 두 팔을 다 같이 움직여 볼 수 있도록 한다.

④ '팔 하나, 팔 둘, 한 팔 두 팔' 노래에 맞추어 움직이도록 한다.

⑤ 팔을 움직이며, 즐거운 기분을 다양한 표정으로 표현해 준다.
- 이만큼 컸네. (놀라운 표정)
- 팔을 아래로. (방긋 미소로)
- 팔을 위로. (큰 소리로 웃으며)

출처: 이서형

평가 및 유의점	항상 따뜻한 마음을 전할 수 있도록 지도한다.

생활주제	생활 도구	활 동 명	집에서 나는 다양한 소리를 들어 봐요
연　　령	2세 미만 (9개월)	중심음개념	
		중심음악활동	소리 듣기
활동목표	• 주변의 다양한 소리에 관심을 가진다. • 사물과 그에 관련된 소리와의 관계를 경험 한다. • 다양한 소리를 구별해 보도록 한다.		
활동자료	물소리, 문소리, 전화벨 소리		

[활동방법]

① 어떤 소리가 날까? 한 번 들어 보자. 준비한 CD 소리를 들려준다.
소리를 구별하기 힘들면 직접 소리를 찾아가 보자고 이야기한다.

② 영아와 함께 수도꼭지를 튼다.
- ○○야, 선생님하고 손 씻어 볼까?
- 자, 물을 틀어 볼게, 수도꼭지를 힘껏 틀어 준다.

③ 쏴쏴쏴, 물소리를 들어 본다.
- 아이, 시원하다. 우리 깨끗이 손을 닦아 보자.

④ 영아반 문을 열거나 닫을 때, 나는 소리를 들려준다.
- ○○야 문 닫는 소리, 여는 소리를 한 번 들어 볼래?
- 찰칵 문소리, 드르륵 문소리.
- 문소리가 나요. 누가 오실까?

⑤ 전화벨이 울리도록 하여 영유아에게 들려준다.
- 따르릉, 전화가 왔구나.
- 여보세요. 네, 안녕하세요?
- 따르릉 전화는 누구일까요?
컬러링 소리가 다양한 것들이 많이 있으므로 따로 준비해서 들려주어도 좋다.

⑥ 모두 경험을 한 뒤 다시 한번 CD에 녹음된 것을 들어 보고 소리를 구별할 수 있는 기회를 제공한다.

⑦ 소리 구별이 어려우므로 다양한 소리를 준비해서 자주 들을 수 있도록 한다.

평가 및 유의점	정확한 소리를 녹음해서 들려주도록 한다.

생활주제	동식물과 자연(동물)	활 동 명	동물 소리를 들어 볼까요?
연　　령	2세 미만(9개월)	중심음개념	리듬, 박자
		중심음악활동	소리 듣기
활동목표	• 동물의 소리를 듣고 차이를 경험한다. • 우리 생활에서 볼 수 있는 동물들에 대해 생각해 볼 기회를 가진다. • 동물의 크기, 생김새에 대해 경험할 기회를 가진다.		
활동자료	동물 인형(강아지, 고양이, 새) 또는 동물 사진(강아지, 고양이, 새)		

[활동방법]

① 봉제인형이나 플라스틱 동물 인형을 영아 앞에 가져 와 놓는다.
- 와우! 귀여운 인형 동물이구나!
- 이것은 강아지, 이것은 고양이.
- 날아가는 새로구나. 한번 만져 볼까?
- 어떤 소리가 날까?

② 각각 동물의 소리를 들려준다.
- 난, 강아지, 멍멍멍, 얘들아, 안녕!
- ○○네 집 강아지로구나 멍멍멍!. 멍멍멍!
- 그리고 난 고양이 야옹야옹 친구들아 안녕?
- 난 야옹야옹 소리를 낸단다.
- 짹짹짹짹짹짹! 난 노래를 잘하는 새란다. 안녕!
- 나하고 놀이하자. 짹짹짹!

③ 교사가 동물소리를 깜찍하고 귀엽게 표현하여 친근감을 가질 수 있도록 한다.

④ 동물 소리 낼 때 영유아의 이름을 넣어서 대화하도록 해 본다.

⑤ 동물들과 악수도 해 보고 안아 보기도 한다.

⑥ 동물 소리를 내면서 동작 흉내 내기를 해 본다.

평가 및 유의점	동물 소리를 녹음해서 듣도록 한다.

<table>
<tr><td>생활주제</td><td>악기</td><td>활 동 명</td><td>신나는 악기 연주</td></tr>
<tr><td rowspan="2">연　　령</td><td rowspan="2">2세 미만(9개월)</td><td>중심음개념</td><td>리듬</td></tr>
<tr><td>중심음악활동</td><td>악기 연주하기</td></tr>
<tr><td>활동목표</td><td colspan="3">• 다양한 소리를 듣고 느낌을 경험한다.
• 다양한 소리를 만들어 낸다.
• 신나는 악기를 가지고 즉흥연주를 해 본다.</td></tr>
<tr><td>활동자료</td><td colspan="3">양동이, 프라이팬, 잡지 등 재질이 다양한 물건, 나무숟가락(또는 뒤집개)</td></tr>
</table>

[활동방법]

① 교사는 뒤집개로 접시를 두드려서 나는 소리를 영아에게 들려준다.
- ○○야, 뒤집개로 악기 연주를 해 볼까?
- 양동이를 두드리니 소리가 나네. 어떤 소리가 날까?
- 이번엔 프라이팬을 두드려 보자. 쨍쨍. 책도 두드려 볼까?
- 퍽퍽 소리가 나네. 너도 한번 해 보겠니?

② 영아에게 뒤집개를 쥐어 주고 소리를 내어 보도록 한다.
- 양동이 소리, 프라이팬 소리, 책 소리
- ○○가 소리를 아주 잘 만드는구나.

③ 다양한 소리의 차이를 경험하도록 한다.
- ○○야, 프라이팬 소리는 아주 큰 소리로구나.
- 잠자는 아가가 깜짝 놀라겠네.
- 양동이 소리가 아주 크네.
- 책 두드리는 소리도 크구나.

④ 세 가지 소리를 가지고 두드리며 연주를 한다.

⑤ 신나게 두드리고 마음껏 연주하게 한다.

⑥ 영아에게 익숙한 용품으로 다른 소리를 만들어 본다.

평가 및 유의점	즐겁게 연주할 수 있도록 지도한다.

생활주제	생활과 도구	활 동 명	다양한 시계소리 찾아내기
연 령	2세 미만(10개월)	중심음개념	리듬, 셈여림
		중심음악활동	소리 듣기 및 구별하기
활동목표	• 듣기 능력을 증진시킨다. • 소리를 구별할 수 있도록 한다. • 규칙적인 소리와 박자의 개념도 알게 해 준다.		
활동자료	베개, 시계		

[활동방법]

① 자명종 시계의 소리를 영유아의 귀에 대고 들려준다.
- ○○야, 선생님하고 시계소리 한번 해 볼까?
- 자! 어떤 소리가 날까?
- 똑딱똑딱 소리가 나네. 어디서 똑딱똑딱 소리가 날까?

② 시계를 귀 뒤에 대어 준다.
- 자! 찾아봐라. 똑딱똑딱 소리가 어디서 날까? 뒤에서 날까? 앞에서 날까? 찾았다. 뒤에서 소리가 났구나.

③ 영아의 머리 위에 시계를 대어 준다.
- 이번에는 어디에서 나는 소리일까? 와! 똑딱똑딱 시계 찾았다. 정말 소리만 듣고도 잘 찾아내네.
- 우리 또 해 보자.

④ 다양한 시계소리를 들려준다.

평가 및 유의점	시계의 다양한 모양, 크기 구별뿐만 아니라 소리를 구별할 수 있도록 한다.

생활주제	생활과 도구	활 동 명	스카프 흔들어 춤 추기
연　　령	2세 미만(13~18개월)	중심음개념	리듬, 멜로디
		중심음악활동	신체표현하기
활동목표	• 경쾌한 리듬의 음악을 들어 본다. • 음악에 대한 느낌을 물체를 통해 표현해 본다. • 신체표현을 통해 즐거움을 느낄 수 있도록 한다.		
활동자료	여러 색깔의 긴 스카프, 녹음기, 음악 테이프		

[활동방법]

① 자유놀이 시간 중에 음악을 틀어서 영아들에게 들려준다.

② 스카프는 바구니에 담아 영아들이 잘 보는 곳에 놓고 스카프를 다양한 방법으로 탐색해 보게 한다.
- 꽃무늬 스카프네. ○○이 목에 한번 둘러 볼까?
- ○○이 팔에 걸쳤더니, 어~ 쭈르르 미끄러지는구나.

③ 스카프를 잡고 흔들어 보게 하고 움직이는 모습을 말로 표현해 준다.
- ○○아, 스카프를 잡고 선생님처럼 팔을 움직여 보자.
- ○○이가 손을 위로 흔드니까 스카프가 위에서 팔랑팔랑 움직이는구나.

④ 음악을 들으며 스카프를 흔들어 보게 한다. 이때 교사는 다양한 움직임을 보여주고 영아의 반응에 대해 격려해 준다.
- 야~, 신나는 음악이 나오는구나! 음악을 들으면서 선생님처럼 팔을 흔들어 볼까?
- 무릎을 움직이면서 스카프를 흔드니까 스카프가 바닥을 찰랑찰랑 치는구나.
- 우리 ○○이가 아주 재미있게 몸을 움직이네.

평가 및 유의점	리듬에 맞추어 리듬을 탈 수 있도록 지도한다.

<table>
<tr><th>생활주제</th><td>건강과 안전</td><th>활 동 명</th><td>몸으로 재미있는 소리 내기</td></tr>
<tr><th rowspan="2">연 령</th><td rowspan="2">2세 미만(19~24개월)</td><th>중심음개념</th><td>리듬, 멜로디</td></tr>
<tr><th>중심음악활동</th><td>소리 내기</td></tr>
<tr><th>활동목표</th><td colspan="3">몸으로 낼 수 있는 여러 소리를 만들어 본다.</td></tr>
<tr><th>활동자료</th><td colspan="3">신체사진(입, 손, 무릎 등)</td></tr>
<tr><td colspan="4">[활동방법]

① 영아들이 손뼉을 치거나 입으로 웅웅대며 효과음을 내고 있을 때 활동을 시작할 수 있다.
- 웅웅거리는 재미있는 소리는 어디에서 나는 거지요?
- 아하, ○○의 입 속에서 나오는구나.

② 영아들이 낼 수 있는 여러 가지 소리에 교사는 적극적으로 반응하며 격려한다.
- 선생님이랑 친구들이 몸으로 소리를 만들어 볼 거예요.
자, 손으로 짝짝 짝짝짝짝 손바닥 소리를 만들어 보자.
- 옳지, 참 잘하는구나. 선생님은 손바닥으로 무릎을 쳐서 소리를 만들 수 있대요.
- 탁탁탁! 탁탁탁!. 우리들의 입에서도 재미있고 예쁜 소리들이 생기네요.
- (입을 다물었다가 크게 벌리며) 밤밤밤… ○○이 입 속에서 어떤 소리가 날까?

③ 몸으로 소리 낼 수 있는 방법들에 대해 다시 한번 시범을 보여 준다.

(출처: 이서형)</td></tr>
<tr><th>평가 및 유의점</th><td colspan="3">우리 몸에서 소리가 나는 부분을 잘 알고 표현해 주도록 한다.</td></tr>
</table>

<table>
<tr><td>생활주제</td><td>건강과 안전</td><td>활 동 명</td><td>큰 소리, 작은 소리</td></tr>
<tr><td rowspan="2">연 령</td><td rowspan="2">2세 미만(19~24개월)</td><td>중심음개념</td><td>리듬, 멜로디</td></tr>
<tr><td>중심음악활동</td><td>소리 탐색하기</td></tr>
<tr><td>활동목표</td><td colspan="3">• 작은 소리와 큰 소리가 있음을 안다.
• 목소리를 조절해 본다.</td></tr>
<tr><td>활동자료</td><td colspan="3">북과 채</td></tr>
</table>

[활동방법]

① 방 안에서 큰 소리로 고함을 지르거나 방해가 되는 소리를 잘내는 영아가 있을 때 활동을 시작한다.
오늘 선생님하고 소리를 들어볼 건데(준비한 북을 꺼내며) 자! 여기서 어떤 소리가 나는지 들어 보세요.
(세게 북치기)
둥, 둥, 둥, 둥, 둥~~~~ 아주 큰 소리가 나지요. 선생님 귀가 '시끄러워요' 하겠다.
– 이번엔 어떤 소리가 나는지 들어 보자.
(약하게 북치기)
– 동동 동동동~~ 작은 소리가 나는구나. 다시 들어 볼까?

② 큰 소리를 내는 영아에게 다시 큰 소리를 내보게 하고 좋지 않은 점을 알려 준다.
– ○○가 큰 목소리로 얘기하고 싶은 마음이 많구나. 친구들 없는 곳에서 큰 소리로 다시 소리 내 보자.
(복도, 유희실, 전이공간, 실외 등의 다른 친구들에게 방해가 되지 않는 곳에서)
– 자, 큰 소리를 내 보자.
– ○○야, 자꾸 소리 지르니까 ○○의 목이 아프지요.
그리고 선생님과 다른 친구들의 소리가 ○○의 큰 소리 때문에 안 들린대요.

③ 작은 목소리로 의사 표현하는 방법을 보여 주고 영아의 작은 목소리 시도를 격려해 준다.
– 우리 ○○가 작고 예쁜 목소리로 얘기하는구나. 선생님은 작은 목소리가 참 좋더라.

④ 우리 몸에서 소리를 낼 수 있는 곳을 탐색해 보도록 한다.
– 손뼉치기
– 주먹 쥐고 손뼉치기
– 발바닥 치기

⑤ 다양한 소리 낼 수 있는 곳을 찾아보도록 한다.

평가 및 유의점	큰소리와 작은 소리의 개념을 정확히 알게 한다.

생활주제	악기	활 동 명	북소리에 맞추어 걸어 보기
연 령	2세 미만(19~24개월)	중심음개념	리듬, 박자
		중심음악활동	신체표현하기
활동목표	• 전통 북소리를 들어 본다. • 소리에 맞춰 움직여 본다. • 북소리의 리듬을 통해 박자의 개념도 알게 한다.		
활동자료	북과 채(또는 소고와 채)		

[활동방법]

① 영아의 움직임에 맞추어 교사가 북이나 소고를 쳐 준다. 천천히 걸으면 천천히 북과 소고를 치고 종종걸음으로 뛰어가면 뛰는 속도에 맞추어 북과 소고를 두드린다.
- ○○이는 천천히 걷고 있구나. 선생님이 이 북과 소고로 ○○이의 걸음걸이를 소리 내어 줄게요.

② 움직임에 따른 소고 치기가 익숙해지면 빠른 소리와 느린 소리에 대해 반복해서 들려준다.
- 소리를 잘 들어 보자.
- 쿵-쿵-쿵-쿵. 이건 천천히 천천히 나는 소리예요.
- 그리고 쿵쿵쿵쿵. 이건 빠른 소리구요.
- 친구들이 빨리빨리 움직일 때 나는 소리예요.
- 다시 들어 볼까?
천천히 움직이는 소리. 쿵-쿵-쿵-쿵.

③ 북소리를 듣고 몸을 움직여 보게 격려한다.
- (북을 천천히 치며) 쿵-쿵-쿵-쿵. 천천히 움직이는 소리가 들리네.
- ○○야. 일어나서 천천히 걸어 보자. 그래. 그렇게 천천히 움직이는 거야.
- 빨리 움직일 수 있겠니?

④ 다양한 방식으로 소리를 표현해 보도록 격려해 준다.

⑤ 북과 소고 소리에 맞춰 박자를 느낄 수 있도록 한다. (1박, 2박, 3박, 4박)

⑥ 다시 한번 반복하며 리듬도 함께 쳐 본다.

평가 및 유의점	• 일정한 박자를 느낄 수 있도록 한다. • 강박, 셈여림을 느낄 수 있도록 지도한다.

<table>
<tr><td>생활주제</td><td>악기</td><td>활 동 명</td><td>놀이실에 있는 악기 소리 들어 보기</td></tr>
<tr><td rowspan="2">연 령</td><td rowspan="2">2세 미만(19~24개월)</td><td>중심음개념</td><td>리듬, 멜로디</td></tr>
<tr><td>중심음악활동</td><td>악기 소리 듣기</td></tr>
<tr><td>활동목표</td><td colspan="3">다양한 소리를 들어 본다. 소리를 말로 표현해 본다.</td></tr>
<tr><td>활동자료</td><td colspan="3">악기(북, 마라카스, 딸랑이, 리듬막대)</td></tr>
</table>

[활동방법]

① 음률영역에 준비된 악기들을 모아서 이름을 듣고 따라 해 본다.
- 교사: 이 악기들의 이름이 무언지 알려 줄게요. 북, 막대, 딸랑이, 같이해 볼까. 북, 막대, 딸랑이.

② 각 악기의 소리를 충분히 들어 본다.
- 북에서는 어떤 소리가 날까? 잘 들어 보자. (북 치며) 둥둥둥.

③ 각 악기의 소리를 입으로 따라해 본다.
- 이번에 이 소리들의 우리 입으로 소리 내어 보자. (북 치며) 둥둥둥. (막대 치며) 탁탁탁.

④ 노래에 맞춰 교사와 영아가 같이 소리 내어 본다.

평가 및 유의점	소리 탐색을 충분히 할 수 있도록 한다.

생활주제	환경과 생활(음식)	활 동 명	곡식악기 합주하기
연　　령	2세 미만(19~24개월)	중심음개념	리듬
		중심음악활동	소리 듣기
활동목표	• 통 속에서 나는 소리를 들어 본다. • 다양한 소리를 구별할 수 있다. • 소리의 크기를 구별할 수 있다.		
활동자료	투명한 플라스틱 빈병, 콩, 수수, 쌀, 팥, 바구니		

[활동방법]

① 콩, 수수, 팥, 쌀 등을 투명한 통속에 넣고 뚜껑을 닫는다.

② 각각의 재료가 들어간 통을 영유아가 하나씩 흔들어 보면서 소리를 듣는다.
　– ○○야, 통을 흔들어 보자. 어떤 소리가 나니?

③ 통을 위아래로 흔들기, 노래에 맞추어 흔들어 보기 등 다양한 방법으로 놀이하도록 격려한다.

④ 곡식 외에 다른 재료를 넣어 다양한 소리를 경험하게 한다(예: 모래, 흙, 클립, 할핀).

⑤ 강하게 흔들어서 소리 나게 하여 들어 보도록 한다.

⑥ 약하게 흔들어서 소리 나게 하여 들어 보도록 한다.

⑦ 셈여림을 통해 소리의 다양함을 알게 한다.

평가 및 유의점	소리를 탐색하고 구별할 수 있는 능력을 키우도록 한다.

생활주제	동식물과 자연(동물)	활 동 명	노래에 맞춰 춤추기
연 령	2세 미만(19~24개월)	중심음개념	리듬, 멜로디
		중심음악활동	듣기 및 신체표현하기
활동목표	• '강아지 왈츠' 음악을 들어 본다. • 소리를 들으며 흥겨움을 신체의 움직임으로 표현해 본다. • 강아지의 움직임을 생각해 보고 특징을 알아본다.		
활동자료	강아지 가면, 녹음기, 음악 테이프(강아지 왈츠)		

[활동방법]

출처: 강아지 왈츠
http://m.blog.daum.net/_blog/_m/articleView.do?blogid=0PLbU&articleno=2051#

① 자유선택활동시간을 이용해서 조용히 '강아지 왈츠'를 틀어 준다.

② 영아들이 음악에 관심을 가지고 흉내 내기를 할 때나 책 보기 등을 통해 강아지에 대한 관심을 갖게 하면서 활동을 시작한다.
- 강아지는 어떻게 짖더라? 맞아, 멍멍 그렇게 짖지? ○○이가 잘 알고 있구나.

③ 영아가 강아지에 관심을 보일 때 강아지 가면을 쓰고 강아지 소리를 내게 해서 관심을 유지시킨다.
- ○○이가 강아지 소리를 잘 내는구나. 여기 있는 모자를 보자.
- 무슨 모양이니? 그래, 강아지지? 이건 강아지 모양 모자란다.
- ○○이가 이 모자를 쓰면 정말 더 강아지 같겠다.

④ 음악 '강아지 왈츠'를 들으면서 흥겨움을 움직임으로 표현해 본다.

⑤ 어른 발등에 영아를 올려놓고 '강아지 왈츠'에 맞추어 춤을 춘다.

평가 및 유의점	즐겁고 신나게 신체표현을 하도록 한다.

<table>
<tr><td>생활주제</td><td>환경과 생활</td><td>활 동 명</td><td>경쾌한 음악 듣기</td></tr>
<tr><td rowspan="2">연 령</td><td rowspan="2">2세 미만 (19~24개월)</td><td>중심음개념</td><td>리듬, 멜로디, 화성</td></tr>
<tr><td>중심음악활동</td><td>듣기</td></tr>
<tr><td>활동목표</td><td colspan="3">• 아름다운 음악소리를 들어 본다.
• 다양한 소리를 경험해 본다.
• 유머와 위트가 물씬 풍기는 음악을 들어 본다.
• 작곡자에 대해 알아본다.</td></tr>
<tr><td>활동자료</td><td colspan="3">녹음기, 음악 테이프(드보르자크의 '유머레스크'), 쿠션</td></tr>
</table>

[활동방법]

① 등원 시간에 음악을 틀어 영아들이 자연스럽게 음악에 접하게 한다. 이때 교사는 영아와의 상호작용에 방해되지 않는 범위 내에서 노래를 들으며 흥얼거리거나 고개를 끄떡거림으로 놀이실 내에 음악이 흐르고 있다는 것을 영아들에게 알려준다.

② 자유선택활동 시간에 영아가 책을 보거나 편안한 의자나 쿠션에서 쉬고 있을 때 음악을 틀어 준다.
○○이가 쿠션에 기대 있네. 편안하게 누워서 선생님이랑 아름답고 경쾌한 드보르자크의 '유머레스크'를 들어 보자.

③ 교사는 음악을 들으면서 영아와 눈을 맞추고, 손으로 지휘하는 흉내를 내거나 고개를 끄떡이며 입으로 박자를 맞추어 준다.

④ 경쾌하고 유머러스하므로 리듬에 맞추어 걸어 보고, 몸으로 느낄 수 있도록 한다.

⑤ 음악을 다시 한번 반복해서 들려준다.

⑥ 드보르자크의 사진을 음률영역에 배치해 준다.

드보르자크
http://blog.daum.net/_blog/BlogTypeView.do?blogid=0meEh&articleno=111

평가 및 유의점	조용히 음악을 들을 수 있도록 지도한다.

<table>
<tr><td>생활주제</td><td>환경과 생활</td><td>활 동 명</td><td>우산 속 노래</td></tr>
<tr><td rowspan="2">연 령</td><td rowspan="2">2세 미만(19~24개월)</td><td>중심음개념</td><td>리듬, 멜로디</td></tr>
<tr><td>중심음악활동</td><td>노래 부르기</td></tr>
<tr><td>활동목표</td><td colspan="3">• 비 오는 풍경을 연상하거나 빗소리를 들어 본다.
• 맑은 날과 비 오는 날의 노래 부르는 느낌을 비교해 본다.
• 노래를 따라 불러 본다.</td></tr>
<tr><td>활동자료</td><td colspan="3">끝이 둥근 밝은 색 우산</td></tr>
</table>

[활동방법]

① 비가 오는 풍경과 비가 올 때 우산을 쓴다는 것을 여러 차례 구경하고 난 후에 활동을 실시한다. 또는 바깥에 비가 오고 있을 때 실시할 수 있다.

② 주변 영아들에게 방해되지 않게 우산을 펴고 우산을 벽 쪽으로 기대서 쓴 후 영아들과 노래를 불러 본다. 처음 도입부에서 '우산' 노래를 불러 본다.

> 우산 쓰고 노래하자/
> ㅇㅇ이 ㅇㅇ이 ㅇㅇ이 / 우-산 쓰-고/
> 모두 다 모여서 노래해 예쁜 우산이 펴졌네.
> 선생님이랑 우산 속에서 재미있게 노래를 불러 보자.
> 자, 우산 속으로 쏙쏙 들어오세요. (우산 노래를 부른다.)

③ 우산 노래 외에 영아들에게 익숙한 노래를 불러서 아는 부분은 따라 흥얼거리게 한다.

http://jinstale.tistory.com/1302

평가 및 유의점	반복되는 노래를 찾아서 부를 수 있도록 지도한다.

생활주제	나와 가족	활 동 명	발바닥 따라가기 놀이
연 령	2세	중심음개념	리듬, 멜로디
		중심음악활동	신체표현하기
활동목표	• 자신의 신체에 관심을 가진다. • 리듬에 맞춰 몸을 움직여 본다. • 균형 감각을 익힌다.		
활동자료	왼발·오른발 발바닥판, 리듬막대 2개 유아들의 발바닥 크기에 맞게 발바닥판을 만든다.		

[활동방법]

① 유아들의 발바닥 크기에 맞게 만든 발바닥판을 바닥에 붙여 놓는다.

② 놀이를 하기 위해 준비한 것을 제시한다.
- 여기에 있는 것이 무엇일까?
- 이것을 가지고 무엇을 할 수 있을까?
- 발바닥 모양에 네 발을 놓아 볼까?

③ 놀이 방법에 대해 이야기한다.
- 선생님이 오늘은 리듬막대를 가지고 왔어.
- 선생님이 막대를 두드릴 때마다 발바닥을 옮겨가는 거야.
- 선생님이 먼저 해 볼게.
  (입으로 막대소리를 내며 시범을 보인다)
- 이번에는 누가 해 볼까?

④ 리듬막대로 다양한 리듬을 쳐 준다.

⑤ 유아가 좋아하는 노래에 맞춰서 해 볼 수도 있다.

⑥ 리듬막대를 위, 아래, 옆으로 박자를 맞추며 리듬치기를 해 본다.

평가 및 유의점	리듬에 맞추어 신체를 표현할 수 있도록 한다.

<table>
<tr><td>생활주제</td><td>건강과 안전</td><td>활 동 명</td><td>내 몸에서 어떤 소리가 날까요?</td></tr>
<tr><td rowspan="2">연 령</td><td rowspan="2">2세</td><td>중심음개념</td><td>리듬, 멜로디</td></tr>
<tr><td>중심음악활동</td><td>신체표현하기</td></tr>
<tr><td>활동목표</td><td colspan="3">• 내 몸의 소중함을 알게 한다.
• 신체 부위의 이름과 역할을 알고 소중히 여길 수 있다.</td></tr>
<tr><td>활동자료</td><td colspan="3">'라데츠키 행진곡' 음악</td></tr>
<tr><td colspan="4">[활동방법]

① 우리의 몸을 이용해 어떤 소리가 나는지 영아들과 탐색하며 알아보도록 한다.
(입, 손바닥, 발바닥, 혀, 이 등과 같은 신체로 소리 내기)

② 몸을 이용해 다양한 소리를 탐색할 수 있는 곳을 찾아본다.

③ 몸의 각각의 소리를 탐색해 본다.

④ 음악에 맞추어 몸에서 나는 여러 소리를 이용해 연주해 보도록 한다.

⑤ 우리 몸의 각 부분의 명칭을 알아본다.

⑥ 우리 몸의 각 명칭에서 나는 소리를 다시 한번 탐색해 보도록 한다.

⑦ 경쾌한 '라데츠키 행진곡'에 맞추어 우리 몸으로 표현해 보도록 한다.</td></tr>
<tr><td>평가 및 유의점</td><td colspan="3">기본 음악이 너무 크면 신체소리가 작을 수 있으므로 소리 조절을 잘해야 한다.</td></tr>
</table>

생활주제	동식물과 자연(동물)	활 동 명	코끼리 걸음
연 령	2세	중심음개념	리듬, 멜로디
		중심음악활동	신체표현하기
활동목표	• 코끼리의 움직임을 표현해 본다. • 대조적인 리듬에 반응한다. • 신체적 표현력을 기른다.		
활동자료	카세트 플레이어, 음악 – 코끼리 걸음		

[활동방법]

① 어떠한 활동을 할 것인지 소개한다.
 – 오늘은 우리가 테이프에서 나오는 음악을 들으며 코끼리가 되어 보려고 해.

② 유아가 코끼리에 대해 알고 있는 것을 이야기해 보도록 한다.
 – 코끼리를 본 적이 있니? / 코끼리는 어떻게 생겼니?
 – 코끼리가 걸어가는 것을 본 적이 있니?
 – 코끼리가 뛰어갈 때는 어떻게 움직일까?

③ 코끼리를 몸과 움직임을 표현해 본다.
 – 어떻게 하면 우리가 코끼리처럼 될 수 있을까? / 코끼리가 되어 보자.
 – 걸어가는 코끼리처럼 움직여 볼까?
 – 이제는 뛰어 보자.

④ 음악을 들으며 노래말의 내용에 따라 코끼리를 표현해 본다.

⑤ 어떤 이야기가 나왔는지, 우리는 어떤 표현했는지 이야기해 본다.

평가 및 유의점	창의적으로 표현할 수 있도록 지도한다.

<table>
<tr><td>생활주제</td><td>동식물과 자연(식물)</td><td>활 동 명</td><td>식물의 성장</td></tr>
<tr><td rowspan="2">연 령</td><td rowspan="2">2세</td><td>중심음개념</td><td>리듬, 멜로디</td></tr>
<tr><td>중심음악활동</td><td>신체표현하기</td></tr>
<tr><td>활동목표</td><td colspan="3">• 식물의 성장과정에 관심을 갖는다.
• 봄에 피는 꽃의 이름을 안다.
• 식물이 자라는 과정을 신체로 표현한다.</td></tr>
<tr><td>활동자료</td><td colspan="3">카세트 플레이어, 그림, 글씨, 노래 가사, 식물의 성장 음악</td></tr>
</table>

[활동방법]

① 봄에 피는 꽃의 사진과 식물의 성장과정이 표현된 화보를 게시해 준다. 영유아가 식물의 성장과정에 관한 놀이와 활동을 경험하여 흥미와 관심을 보일 때 실시한다.

② 식물의 성장에 관하여 이야기를 나눈다. 식물의 성장에 관한 사진이나 슬라이드를 보여줄 수 있다. 꽃씨를 심고 싹이 나는 것을 관찰한 경험을 이야기해 본다.

③ 식물의 성장과정을 몸으로 표현해 본다.
- 우리가 아주 작은 씨앗이라고 하자. 어떻게 하면 작은 씨앗이 될까?
- 깜깜한 땅속으로 들어가 보자.
- 씨앗이 점점 자라서 싹이 났어요. 어떻게 할 수 있을까?

④ 노랫말에 맞추어 동작을 해 본다.

⑤ 익숙해지면 꽃과 나비, 벌을 나누어 역할을 정한 후 표현해 볼 수 있다.

출처: 성체유치원

평가 및 유의점	창의적으로 신체 표현하도록 지도한다.

생활주제	생활 도구	활 동 명	떼굴떼굴 공이 굴러가요
연　　령	2세	중심음개념	리듬, 멜로디
		중심음악활동	신체표현하기
활동목표	• 다양한 방법으로 공을 굴려 본다. • 공이 구르는 것에 관심을 가진다. • 구르는 공을 따라 움직여 본다.		
활동자료	여러 가지 크기의 스폰지 공, 타올지 공, 미끄럼틀이나 경사로, '공이 굴러가요' 음악		

[활동방법]

① 공을 던지고 있는 유아와 함께 공이 굴러가는 것을 탐색한다.
- ○○야, 공이 떼굴떼굴 굴러가네.
- 공이 미끄럼틀에 부딪혔구나.
- ○○이가 잡았구나. 선생님한테 던져 봐.

② 미끄럼이나 경사로에서 공을 굴린 후 굴러가는 공을 따라가 잡아 본다.
- ○○이가 미끄럼틀에 공을 가지고 왔네. 공도 미끄럼틀을 타라고 할 거니?
- 그래, 공이 미끄럼틀을 타고 내려가 아주 멀리 갔구나!
- 이번에는 선생님이 굴린다. 떼굴떼굴.
- ○○이가 잘 잡았네, 미끄럼틀에서 다시 굴려 볼까?

③ 미끄럼틀의 옆면에 난 구멍 속으로 공을 넣어보고 구르는 것을 본다.
- 공이 구멍 속으로 쏙 들어갔네.
- ○○이가 밖으로 던져 주니 다시 굴러가는구나!

평가 및 유의점	음악에 맞추어 창의적인 신체 표현을 하도록 한다.

<table>
<tr><th>생활주제</th><td>생활 도구</td><th>활 동 명</th><td>구두처럼 움직여요.</td></tr>
<tr><th rowspan="2">연 령</th><td rowspan="2">2세</td><th>중심음개념</th><td>리듬</td></tr>
<tr><th>중심음악활동</th><td>신체표현하기</td></tr>
<tr><th>활동목표</th><td colspan="3">• 그림책의 내용에 관심을 가지고 이야기를 기억해 낸다.
• 구두의 움직임을 신체로 표현해 본다.
• 구체적인 상황에 대처하여 대안을 제시해 본다.</td></tr>
<tr><th>활동자료</th><td colspan="3">동화책『구두 구두 걸어라』(하야시 아키코, 1981, 한림출판사)
발바닥 모양(색지로 발바닥 모양을 오려 코팅한다)
'느리고 빠르게 걸어요' 음악</td></tr>
</table>

[활동방법]

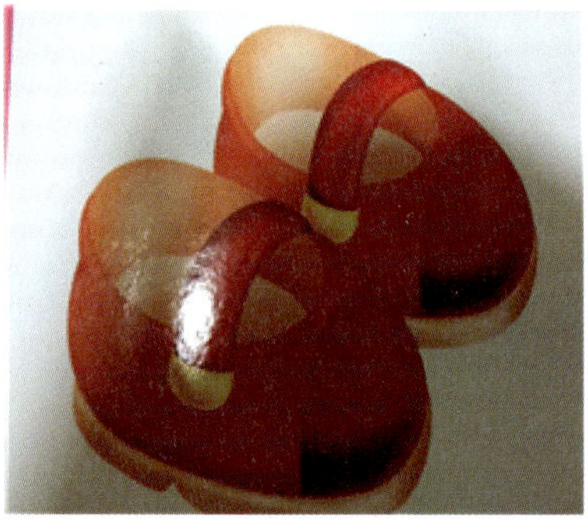

① 바닥에 붙여놓은 발자국에 흥미를 보이는 영유아와 발자국을 따라 걸어 본다.
- ○○이가 발자국을 찾았구나. 우리 발자국 따라 걸어가 볼까?
(영유아와 함께 발자국을 따라 걸으며 걷는 소리를 내 준다.)
쿵쿵쿵. 깡충깡충.

② 동화책의 내용을 기억하여 구두처럼 걸어 본다.
- 이번에는 우리 구두처럼 걸어 볼까?
(동화의 내용을 소리 내서 말해 준다)
구두구두 걸어라. 쿵쿵쿵.

③ 빠르고 느린 걸음, 깡총 뛰기 등을 표현해 본다.
- 동작을 좀 더 세밀히 해 보자. 더 높이 해 보자. 깡충깡충.

④ 자신의 느낌이나 감정을 표현해 본다.
- 아이쿠, 구두가 넘어졌네.
- 구두가 아프대? 구두야, 많이 아파? (넘어지는 흉내를 내면서)

⑤ 동화의 내용을 표현할 때 도구를 이용해 보도록 격려한다.
- 아이, 졸려. 이젠 졸려. 구두가 이젠 자고 싶대. 어디에서 자면 좋을까?
- 으응, 구두가 아기 침대에서 자고 싶대? 구두야 코자라.
(낮잠 시간에 주로 들려주는 자장가를 불러 준다)

⑥ 느리고 빠른 음악으로 다시 한번 걸어 본다.

평가 및 유의점	리듬에 맞추어 신체표현을 하도록 한다.

생활주제	계절(겨울)	활 동 명	겨울잠 자는 동물 표현하기
연 령	2세	중심음개념	리듬
		중심음악활동	신체표현하기
활동목표	• 신체를 통해 동물의 모습을 표현할 수 있다. • 동물의 특징에 대해 이야기 나눌 수 있다.		
활동자료	겨울잠을 자는 동물의 깨어 있는 모습과 잠자는 사진이나 그림. 동화책 『어떻게 잠잘까요?』(2006. 한림 출판사)		

[활동방법]

① 좋아하는 동물 이야기 나눈다.
T: 너희들이 알고 있는 동물친구들은 누가누가 있을까?
C: 토끼, 호랑이 등등.
T: 그러면 어떤 동물을 가장 좋아하니?

② 겨울잠 자고 있는 동물 동화책을 보며 사진이나 그림, 동영상 보여준다.
〈어떻게 잠잘까요?〉
『어떻게 잠잘까요?』 책을 보면서 동물들이 잠자는 모습을 함께 본다.
– 겨울잠을 자는 동물들이 어떤 모습으로 자는지 생각하며 함께 책을 보자.

③ 겨울잠을 자는 동물에 대해 이야기한다.
– 겨울잠을 자는 동물들은 무엇무엇이 있니?
– 어떤 모습으로 잠을 자고 있니?

④ 겨울잠 자는 동물들의 모습을 몸으로 표현해 본다.
– 겨울잠을 자고 있는 동물들의 모습을 표현해 보자.
– ○○는 어떤 동물이 자는 모습을 표현한 거니?
– ○○는 동물이 자는 모습을 나무 속에 쏙 들어가서 자는 것처럼 표현했구나.
또 다르게 표현한 친구 있니?

⑤ 다른 친구가 활동한 사진을 보여 준다.
활동에 대한 생각이나 느낌을 이야기한다.
– 겨울잠 자는 동물들의 모습을 몸으로 표현해 보니 어떤 느낌이 들었니?
– 오늘 배운 것 중에 어떤 부분이 재미있었니?

평가 및 유의점	동물들의 잠자는 모습을 표현해 보도록 한다.

4. 3~5세 통합적인 음악교육 내용

<table>
<tr><td>생활주제</td><td>나와 가족</td><td>활 동 명</td><td>예쁜 내 동생</td></tr>
<tr><td rowspan="2">연 령</td><td rowspan="2">3세 이상</td><td>중심음개념</td><td>리듬, 멜로디, 음색</td></tr>
<tr><td>중심음악활동</td><td>새 노래 부르기</td></tr>
<tr><td>활동목표</td><td colspan="3">• 즐겁게 노래를 부른다.
• 동생을 사랑하는 마음을 가진다.</td></tr>
<tr><td>활동자료</td><td colspan="3">노래 가사가 그림과 글자로 만들어진 띠종이 3장(각 16cm×30cm), 아기동생의 사진, 피아노나 곡이 녹음된 자료</td></tr>
</table>

[활동방법]

① 아기 동생이 있는 유아가 앞에 나와서 자신의 동생 사진 등을 보여 주며 동생의 특징이나 하는 일 등을 이야기 한다.
- 동생이 예뻐 보일 때는 언제였니?
- 웃을 때, 아장아장 걸을 때 등 아기는 울 때 어떻게 우니?

② 유아가 이야기한 것과 같은 아기 동생에 대한 노래가 있음을 이야기하고 자료를 사용하여 노랫말을 들려 준다.

③ 피아노 멜로디를 들어 본다.

④ 한 가지 소리로 모두 함께 불러 본다.

⑤ 교사가 노래를 불러 준다.

⑥ 교사와 유아가 나누어 불러 본다.
나누어 부르는 부분을 바꾸어서 노래를 부른다.

⑦ 처음부터 끝까지 유아들과 함께 한두 번 불러 본다.

내 동생

조운파 작사 / 최종혁 작곡

E♭ B♭7 E♭
내 동 생 곱 슬머 리 개 구 장 이 내 동 생
E♭ B♭7 E♭
아 름 은 하 나인 데 별 명 은 서 너 개
A♭ B♭
엄 마 가부 르실 땐 꿀 돼 지 아 빠 가부 르실 땐 두 꺼 비
B♭ Fm F B♭7
누 나 가부 를때 면 왕 자 님 –
E♭ B♭7 E♭
어 떤 게 진 짜인 지 몰 라몰 라 몰 라

생활주제	나와 가족	활동 명	소리탐색
연 령	3세 이상	중심음개념	리듬, 음높이, 음색깔
		중심음악활동	듣기
활동목표	• 유아는 가족구성원을 이루는 사람들에 대해 알 수 있다. • 유아가 가족구성원이 내는 소리에 대해 알 수 있다. • 유아는 여러 가지 소리에서 공통점과 차이점을 찾아 낼 수 있다.		
활동자료	청각자료, 그림 자료, 예시판, 지휘봉		

[활동방법]

① 교사는 '막대하나'라는 손유희를 통해 유아들을 주의 집중하게 한다.

막대가 하나 막대가 하나 무엇이 될까요? 무엇이 될까요? 높은 산이 되지요. 산산산.
막대가 두 개 막대가 두 개 무엇이 될까요? 무엇이 될까요? 가위가 되지요. 싹둑싹둑싹둑.
막대가 다섯 막대가 다섯 무엇이 될까요? 무엇이 무엇이 될까요? 예쁜 손이되지요.

② '경민'이라는 아이의 가족소개를 주제로 그림 자료를 활용해서 이야기를 들려준다.
③ 이야기에서 나온 가족구성원을 이야기 해 본다.
④ 교사는 준비한 그림자료(할아버지, 할머니, 경민, 아빠, 엄마, 남동생)를 유아들에게 보여주고 녹음해 온 청각자료를 들려준다.
아이들이 목소리를 더 쉽게 구별할 수 있도록 하기 위해 대사는 "안녕하세요! 하하하" 웃는모습으로 통일한다.
이건 무슨 소리일까?
⑤ 교사는 청각 자료를 모두 들려준 뒤 소리들의 '공통점'과 '차이점'을 유아들이 발견하게 한다.
– 남자가 내는 소리인데 차이가 나는 건 왜일까?
– 여자가 내는 소리인데 차이가 나는 건 왜일까?
⑥ 교사는 유아들과 함께 활동한 것에 대해 이야기를 나눈다.
– 오늘 수업 재미있었니?
– 어떤 소리가 가장 기억에 남는지 말해 볼 친구?
⑦ 유아들의 목소리를 녹음해서 들어 보는 활동도 해 본다.

출처: 이서형 가족

평가 및 유의점	• 녹음을 잘 해서 들어 보도록 한다. • 가족사진을 보여 주고 가족들의 목소리를 녹음해서 들어 보며 지도한다.

생활주제	나와 가족	활 동 명	'축혼 행진곡' 감상하기
연 령	3세 이상	중심음개념	리듬, 멜로디, 화성, 음색
		중심음악활동	음악 감상하기
활동목표	• 음악을 듣고, 즐기며 생각과 느낌을 나눈다. • 결혼으로 한 가정이 구성됨을 이해한다.		
활동자료	바그너와 멘델스존의 사진이나 그림. '축혼행진곡' 녹음테이프, 녹음기, 결혼식 관련 화보 및 여러 나라의 결혼식 모습 화보, 유아들의 부모님 결혼사진, 유아 및 유아의 가족사진		

[활동방법]

① '신부들의 합창(결혼 행진곡)'과 '축혼 행진곡'을 들려주고, 음악의 느낌과 경험을 이야기한다.
- 이 음악을 들어본 적이 있니?
- 언제 들어 보았니?
·결혼식에서 신부가 입장할 때 : 결혼행진곡(바그너)
·결혼식에서 신랑신부가 퇴장할 때 : 축혼행진곡(멘델스존)

② 유아들과 함께 부모님 결혼사진을 보며 결혼 또는 결혼식에 대하여 이야기 나눈다.

③ 여러 나라의 결혼식 사진을 비교하며 이야기 나눈다.

④ 음악에 맞추어 행진해 본다.

⑤ 음악을 들어 보고 행진해 보니 기분이 어땠는지 이야기 나눈다.

⑥ 어떤 부분이 제일 재미있었는지 이야기 나눈다.

평가 및 유의점	즐겁고 재미있게 결혼식을 재연해 보도록 한다.

생활주제	우리 동네	활 동 명	'슈베르트의 군대행진곡' 감상하기
연 령	3세 이상	중심음개념	리듬, 멜로디, 화성, 음색
		중심음악활동	음악 감상하기
활동목표	• 활동을 통해 명곡을 자연스럽게 접할 수 있도록 한다. • 행진곡의 느낌을 알아본다. • 음악에 맞추어 걸어 보며 기본박을 알게 한다.		
활동자료	음악 CD나 테이프, 유아군복, 군인모자, 장난감 소총이나 칼		

[활동방법]

출처: http://blog.naver.com/saeminb612?Redirect=Log&logNo=220399625707

출처: 슈베르트(두산백과)

① '군대행진곡'에 대해 간단히 소개한다.
② 유아들에게 군인 소품을 사용하여 군인이 된 듯 기쁜 마음을 갖게 한다.
③ 음악을 들어 본다.
④ 군인에 대해서 이야기해 본다.
⑤ 군인이 행진하는 모습을 흉내 내어 본다 – 인사하는 방법, 행진하는 모습.
⑥ 음악에 맞추어 군인처럼 행진해 본다.
⑦ 행진곡은 어떤 목적으로 작곡되었는지 이야기해 준다.
⑧ 감상의 중요함을 인식하게 하고 모든 유아가 직접 참여할 수 있도록 배려한다.
⑨ 활동을 통해 곡명을 연상할 수 있도록 유도한다.

〈슈베르트의 '군대행진곡'의 줄거리〉

슈베르트(1797~1828)는 낭만파 음악가로 31살의 짧은 생애 동안 무려 600여 곡의 가곡을 남겨 '가곡의 왕'이라고 불린다.

'군대행진곡'은 피아노 연탄 곡으로 만들어졌으나 후에 피아노 독주곡과 관현악곡으로 편곡되어 많이 연주되고 있다. 이 곡은 오케스트라 왕실의 군대를 위해 쓰여진 곡으로 군인들의 씩씩한 행진을 연상하게 한다.

평가및 유의점	스틱으로 박자를 맞추면서 들으면 더욱 신나게 감상을 할 수 있다.

생활주제	건강과 안전	활 동 명	우리 몸을 흔들어 봐요
연 령	3세 이상	중심음개념	리듬, 셈여림
		중심음악활동	신체표현하기
활동목표	• 흔들기를 자유롭게 할 수 있다. • 흔들기를 연상하여 표현할 수 있다.		
활동자료	그림카드(깃발, 그네, 악수하기, 자동차 와이퍼, 핸드폰, 시계추 등), 음악(동요)		

[활동방법]

① 오늘의 활동을 소개한다.
T: 오늘은 우리 몸을 흔들어 보는 활동을 할 거야.

② 생활주변에 흔들리는 사물이 무엇이 있는지에 대해 이야기 나눈다.
T: 우리 눈에 흔들리는 것은 무엇이 있을까?
C: 깃발~, 그네 등요~
T: 그래 맞아~, 깃발, 그네, 자동차 와이퍼, 핸드폰, 시계추 등등이 있어요.
그럼, 우리 흔들어 보는 활동을 해 보도록 하자~

③ 준비운동을 한다.
T: 흔들어 보는 활동을 하기 전에 호흡을 먼저 해 보자.
C: 네~!
(숨쉬기 운동을 한다.)

④ 신체 각 부분을 흔들어 본다.
T: 우리 몸에서 흔들 수 있는 부분은 어디에 있을까?
C: 손, 팔, 다리 등이요~.
T: 그래, 맞아~, 손, 팔, 몸통 엉덩이 등이 있어~,
손(팔, 머리, 몸통, 엉덩이, 온몸)을 흔들어 보자.
선생님이 음악을 틀어 줄게. 음악을 들으며 가볍게 (강하게, 크게, 작게, 빨리, 천천히 등) 흔들어 보자.

⑤ 시범을 보여준다.
T: 선생님이 먼저 해 볼게~ 선생님은 이렇게 흔들어 봤어
너희들도 할 수 있겠니?
C: 네~. 할 수 있어요!
T: 그럼 우리 한번 표현해 보자.

⑥ 신체를 흔들어 흔들리는 사물을 표현한다.
T: 진동으로 놓여 있는 핸드폰을 표현해 보자.
C: 이렇게요?
T: 시계추를 표현해 보자.~

⑦ 활동 후의 느낌을 이야기 한다.
T: 몸을 흔들어 보니 어떤 느낌이 들었니?
C: 재밌었어요~ (다양한 대답)
⑧ 친구들의 움직임을 본 느낌을 이야기한다.
T: 친구들이 흔드는 모습을 보니 어떤 느낌이 드니?
T: 친구들이 흔드는 모습을 생각해 보며 따라할 수 있겠니?
C: 네~할 수 있어요!
T: 그렇구나 ~우리 다음 시간에도 재미있는 활동을 해 보자~

평가 및 유의점	창의적인 신체표현이 되도록 지도한다.

생활주제	건강과 안전	활 동 명	피겨 스케이팅 감상하기
연 령	3세 이상	중심음개념	리듬
		중심음악활동	신체표현하기 및 감상하기
활동목표	• 피겨 스케이팅에 필요한 도구와 복장을 이해한다. • 감상 후의 느낌을 다양한 방법으로 표현할 수 있다.		
활동자료	피겨 스케이팅 그림 자료, 피겨 스케이팅 동영상		

[활동방법]

① 오늘의 활동을 소개한다.
T: 피겨 스케이팅에 대해 들어본 적 있니? 피겨 스케이팅을 하려면 무엇이 필요할까?

② 피겨 스케이팅에 대해 이야기한다.
T: 김연아 선수에 대해 들어본 적 있니?
C: 네~, 또는 아니요~.
T: 오늘은 선생님이랑 피겨 스케이팅 모습을 감상해 볼 거예요.

③ 동영상 자료를 보여 준다.
T: 피겨스케이팅 할 때의 모습이 어떤지 생각하여 감상해 보자.
C: 손, 팔, 다리 등이요~
T: 그래, 맞아. 손, 팔, 몸통, 엉덩이 등이 있어.
손(팔, 머리, 몸통, 엉덩이, 온몸)을 흔들어 보자.
선생님이 음악을 틀어 주실 거야. 음악을 들으며 가볍게(강하게, 크게, 작게, 빨리, 천천히 등) 흔들어 보자.

④ 피겨스케이팅을 본 느낌을 이야기해 본다.
T: 피겨스케이팅을 본 느낌이 어땠니?
어떤 모습이 가장 기억에 남니?
다리의 동작은 어땠니?
팔의 움직임은 어땠니?
동작을 표현해 본다.
가장 표현해 보고 싶은 동작을 표현해 보자.

출처:http://www.pressian.com/news/article.html?no=108824

⑤ 활동 후의 느낌을 이야기한다.
T: 피겨 스케이팅을 감상하면서 어떤 느낌이 들었니?
C: 재밌었어요~. (다양한 대답)

⑥ 오늘 했던 활동을 다시 한번 생각해 본다.
T: 친구들이 흔드는 모습을 보니 어떤 느낌이 드니?
친구들이 흔드는 모습을 생각해 보며 따라할 수 있겠니?
C: 네. 할 수 있어요!
T: 그렇구나. 우리 다음 시간에도 재미있는 활동을 해 보자.

평가 및 유의점	감상할 때 조용히 하고 감상하도록 지도한다.

<table>
<tr><td>생활주제</td><td>교통기관</td><td>활 동 명</td><td>병원차와 소방차(동요)</td></tr>
<tr><td rowspan="2">연 령</td><td rowspan="2">3세 이상</td><td>중심음개념</td><td>리듬, 가락</td></tr>
<tr><td>중심음악활동</td><td>새 노래 부르기</td></tr>
<tr><td>활동목표</td><td colspan="3">• 병원차와 소방차가 하는 일에 대해 안다.
• 즐거운 마음으로 노래를 부른다.</td></tr>
<tr><td>활동자료</td><td colspan="3">가사판, 병원차와 소방차 및 다른 그림자료</td></tr>
</table>

[활동방법]

① 교사는 수수께끼를 내어 노래에 대한 흥미를 유발한다.

T: 우리 ○○반은 수수께끼를 좋아하나요?

C 좋아해요. / 네.

T: 선생님이 수수께끼를 하나 내 볼게요. 잘 들어 보고 맞혀 보세요.

(저는 바퀴가 달려 있어요. 저는 몸이 아주 하얘요. 사람들은 아프면 저를 찾아요. 저는 병원에서 볼 수 있어요 – 병원차)

T: 잘 맞추었구나. 선생님이 수수께끼를 하나 더 내 볼게요.

(저는 병원차의 친구예요. 저는 몸이 아주 빨갛답니다. 저는 물을 가지고 다녀요. 사람들은 불이 나면 저를 불러요 – 소방차)

② 제목을 읽어준 후 선생님이 먼저 노래를 불러 준다.

T '병원차와 소방차' 선생님이 먼저 노래를 불러 볼게요. 잘 들어 보세요.

(노래를 불러 준 후 한번 더 불러 준다.)

③ 허밍으로 같이 불러 본다.

④ 한 글자를 가사로 불러본다. ('우', '라')

T: 한글자로 불러 볼까요?

○○반은 어떤 글자로 불러 보고 싶나요?

그럼 우리 한번 그 글자를 넣어서 불러 볼까요?

⑤ 노랫말에 대해 이야기를 나눈다.

T: 그런데 선생님이 먼저 노래를 불러 보았는데 병원차와 소방차가 자기들이 먼저 가야 된대요. 왜 그럴까?

⑥ 노랫말을 넣어서 불러 본다.

T: 그럼 노랫말을 넣어 왜 먼저 가야 하는지 생각해 보면서 노래를 불러 볼까요?

⑦ 다양한 방법으로 불러본다.
T: 선생님과 우리 ○○반 나누어서 불러 볼까요?
나머지는 작은 목소리로 불러 보고 병원차와 소방차가 내는 소리 부분만 크게 불러 볼까요?

⑧ 노래를 배운 뒤에 느낌을 이야기한다.
T: 오늘 새 노래를 배웠는데 재미있었거나 힘들었던 점이 있나요?

⑨ 새 노래에 대해 이야기를 나눈다.
T: 병원차와 소방차가 왜 먼저가야 하는지 알게 되었죠?
C: 아픈 사람이 병원 가니까요, 불이 났으니까요.
T: 우리 ○반은 이제 왜 병원차와 소방차가 먼저 가야하는지 알게 되었으니까 운전하시는 아빠나 다른 어른들께 먼저 가야 된다고 이야기 해 주세요.

병원차와 소방차

유경손 작사 / 유경손 작곡

평가 및 유의점	즐겁고 경쾌하게 부를 수 있도록 지도한다.

생활주제	교통기관	활 동 명	칙칙폭폭 터널을 지나가요
연 령	3세 이상	중심음개념	리듬, 멜로디
		중심음악활동	신체표현하기
활동목표	• 엎드려 기기와 버티기를 함으로써 팔과 배, 다리근력을 기른다. • 평형성을 기른다.		
활동자료	기차가 터널을 지나가는 그림, (뽑기용)그림자료		

출처: http://kr.forwallpaper.com/wallpaper/through-the-mountains-414278.html

① 그림을 제시하며 활동을 소개한다.

T: 이것은 무슨 사진이지?

C: 기차 사진이요.

T: 그래 맞아, 오늘 우리 친구들이 기차와 터널이 되어 볼 거예요. 그전에 선생님이 음악을 들려줄 텐데, 기차 소리가 나오니까 잘 들어 봐요. 아마 들어본 친구들도 있을 거예요.

C: 네.

T: 기차 소리가 어때요?

C: 칙칙 소리도 나고 폭폭 소리도 나요.

T: 그래요, 기차소리는 칙칙폭폭 소리가 나지요. 이제는 친구들이 직접 터널과 기차가 되어 보아요.

C: 네.

② 터널을 만들어 본다.

T: 우리 몸을 이용하여 어떻게 터널을 만들 수 있을까?

C: 서로 손을 마주 잡아요.

T: 그래, 좋은 생각이구나, 또 다른 생각이 있어요?

C: 다리를 벌리고 밑으로 친구들이 지나가요.

T: 그래, 그 방법도 터널이 될 수 있구나, 그럼 우리 친구들이 말한 방법으로 기차가 터널을 지나갈 수 있게 넓은 터널을 만들어 보자.

T: 자, 2명씩 짝을 지을 거예요. 그리고 뽑기를 해서 뽑기 종이에 그림대로 우리 친구가 터널 자세를 하면 친구들이 기차가 되어 밑으로 지나가는 거예요.

C: 네.

④ 2명씩 짝을 정한다.

⑤ 한 명이 뽑기 종이를 뽑고 종이에 나온 그림대로 2명이 터널 자세를 취한다.

⑥ 나머지 친구들이 기차 역할이 되어 터널을 지나간다. (노래를 들으면서 지나간다.)

⑦ 2명씩 돌아가면서 역할을 해 본다.

⑧ 활동에 대한 생각이나 느낌을 이야기한다.

T: 어떤 점이 가장 재미있었어요?

C: 노래 들으면서 터널을 지나갈 때요.

T: 그렇구나, 다시 한 번 해 본다면 다음엔 또 다른 방법으로 해 볼 수 있겠니?

C: 네.

T: 그래, 우리는 지금 터널을 지났어요. 다음 시간에는 이번 시간에 친구들과 같이 한 기차놀이를 그림으로 그려 볼 거예요. 한 줄 기차 하세요.

C: 네.

평가 및 유의점	신체표현을 하는 데 있어서 다치지 않도록 한다.

생활주제	동식물과 자연(동물)	활 동 명	'동물의 사육제' 음악 감상하기
연 령	3세 이상	중심음개념	리듬, 멜로디, 화성, 음색
		중심음악활동	음악 감상하기
활동목표	• 바르게 감상하는 태도를 기른다. • 음악을 감상한 느낌을 이야기하는 경험을 가진다. • 장단, 고저, 리듬, 멜로디, 화성, 강약, 음색을 알게 한다.		
활동자료	생상스의 '동물의 사육제' 음악테이프(총 14곡으로 이루어져 있으며, 유아와 감상 시에는 한 번에 한두 곡 정도를 계획하면 적당하다), 녹음기, 악기그림이나 사진자료(피아노, 클라리넷, 바이올린, 비올라), 생상스의 사진		

[활동방법]

① 음악가 생상스에 대한 이야기를 들려준다.
이 곡은 생상스라는 음악가가 작곡한 곡이란다. 동물의 모습을 재미있게 음악으로 표현한 곡인데 어떤 동물들이 생각나는지 잘 들어 보자.

② 음악을 들려준다.

③ 곡에 대한 소개를 한다.

– 제1곡 서주와 사자왕의 행진
피아노와 현악합주로 연주되는 동물의 왕이라 불리는 사자가 위풍당당하게 걸어가는 모습을 표현하였단다.

– 제2곡 수탉과 암탉
피아노와 현악기는 수탉을, 클라리넷은 암탉을 표현하였다.

– 제3곡 당나귀
두 대의 피아노가 힘차게 질주하는 당나귀를 표현하고 있단다.
음악을 다시 한번 들려 준다.
사자, 수탉, 암탉과 당나귀가 움직이는 모습을 상상하며 다시 한번 이 곡을 들어 보자.

④ 음악을 들으니 어떤 느낌이 드니?

⑤ 음악을 들으며 동물들의 모습을 그림으로 표현해 보기

평가및 유의점	전체를 다 듣는 것보다 1~2곡을 듣도록 한다.

생활주제	동식물과 자연(식물)	활동 명	밀과 보리가 자라네.
연 령	3세 이상	중심음개념	리듬, 멜로디, 화성
		중심음악활동	새 노래 부르기
활동목표	• 밀과 보리에 대해서 안다. • 농부아저씨의 직업을 안다.		
활동자료	밀 · 보리 사진자료, 가사판, 피아노		

[활동방법]

출처: http://www.ecois.or.kr/news/sub/sub0101_view.php?idx=182

① 밀과 보리에 대해 이야기를 나눈다.

T: (사진을 보여 주며) 얘들아 이건 뭘까요?
이건 밀이라는 곡식이예요. 밀로 무엇을 할 수 있을까요?

C: 빵을 만들어요. 과자를 만들 수 있어요.

T: 그렇구나. 너희들이 좋아하는 빵과 과자를 만들 수 있어요.
(보리 사진을 보여 주며) 이건 뭘까요?

C: 보리요. 쌀이에요.

T: 그래요, 이건 보리라는 곡식이에요. 보리로는 무엇을 만들 수 있을까요?

C: 밥을 만들어 먹어요.

T: 그래요. 보리밥을 만들어 먹을수 있어요. 흰쌀밥과 함께 섞어 먹을 수도 있어요. 옛날에는 흰쌀밥이 귀해서 보리밥만 많이 먹었대요.
그러면 이런 밀이랑 보리는 어디서 많이 볼 수 있을까?

C: 시골이요.

T: 시골에서 많이 볼 수 있겠구나. 그런데 밀과 보리는 시골에서 어떻게 잘 자랄 수 있었을까?

C: 농부아저씨가 열심히 물을 주어서요. 씨앗을 많이 심어서요.

T: 그렇구나. 농부 아저씨가 열심히 씨앗도 심고 물도 뿌리고 거름도 주어서 밀과 보리가 잘 자라게 해 주었구나.

그래서 오늘은 선생님이랑 밀과 보리가 자라네 라는 노래를 배워볼꺼예요.
② '밀과 보리가 자라네'를 피아노 반주와 함께 들려준다.
T: 먼저 선생님이 노래를 불러 볼게요.

③ 선생님이 피아노를 치면서 노래를 부른다.
잘 들어 보았나요?
C: 네. 재미있어요.

④ 선생님과 함께 가사를 읽는다.
T: 우리 선생님과 함께 가사를 읽어 볼까요?
(선생님과 같이 가사를 따라 읽는다.)

⑤ 선생님이 반주만 들려준다.
T: 선생님이 노래 음만 들려줄테니 조용히 하고 다 같이 들어보아요. 음을 알 것 같아요?
C: 아뇨. 아직 잘 모르겠어요.

⑥ 한음으로 부른다.
T: 그럼 이번에는 우리 한가지 음으로 불러 볼까요?
어떤 음으로 불러 볼까요?
C: '라'요. '음'으로 불러요.

⑦ 피아노 반주에 맞춰 노래를 불러 본다.
T: 한음으로 불러 보니 이제 음을 알겠어요?
C: 네.
T: 그럼 우리 다같이 불러 보자.
C: 네.

⑧ 율동을 하며 불러 본다.
T: 얘들아 그럼 이번에는 율동을 함께 하며 재미있게 불러 보아요.
C: 네.

⑨ 율동과 함께 노래 불러보고 마무리를 한다.
T: 애들아, 오늘 너무 잘했어요. 오늘 배운 노래는 어땠어요?
C: 재밌었어요.
T: ○○는 어떤 점이 재미있었나요?
C: 율동도 하면서 친구들과 노래부른거요.
T: 율동하는 것이 재미있었구나. 그럼 어려운 점은 없었나요?
C: 음이 조금 어려웠어요.
T: 처음 들어보는 노래라서 음이 어려웠구나. 다음에는 더 많이 불러 보도록 하자. 그럼 음이 쉬워질 거예요.
오늘 배운 노래에 나왔던 밀과 보리에 대한 활동지를 언어 영역에 놓을 테니까 친구들이랑 자유놀이 시간에 해 보도록 해요.

평가 및 유의점	새 노래를 신나게 부를 수 있도록 지도한다.

생활주제	생활도구	활동 명	어떤 소리일까요?
연 령	3세 이상	중심음개념	리듬, 멜로디
		중심음악활동	듣기 및 악기 탐색하기
활동목표	일상생활에서 생활용품의 다양한 소리를 탐색하고 악기를 이용하여 노래를 불러 본다.		

활동자료

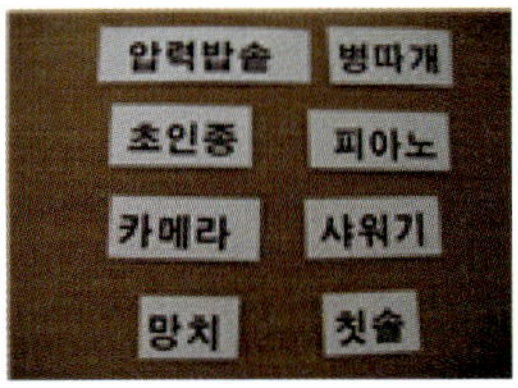

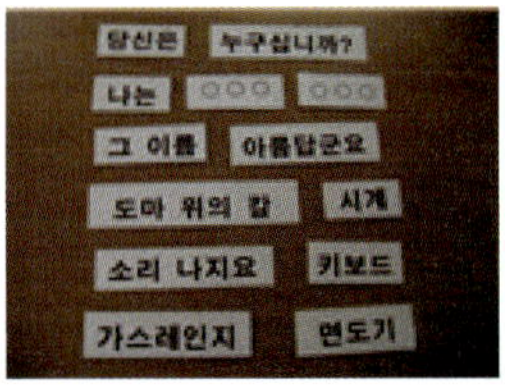

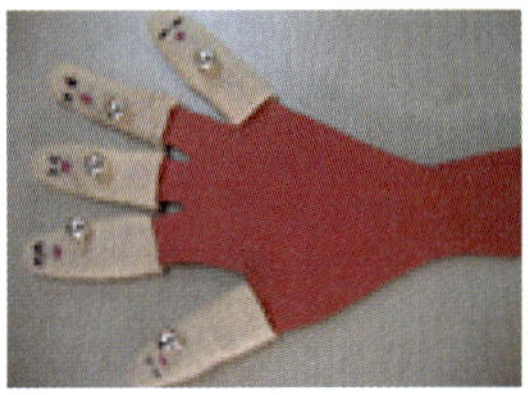
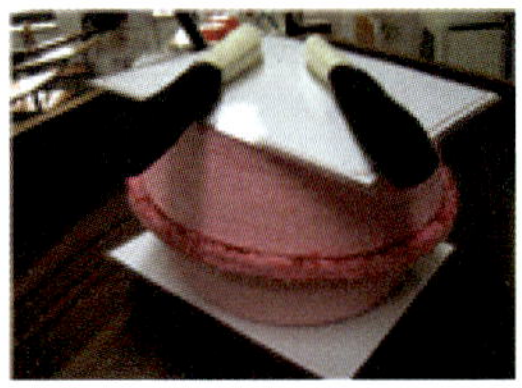

(주의집중 노래를 부르며 주의를 집중시킨다.)

T: 얘들아, 우리 교실을 한 번 둘러 볼까?
시계도 있고, 피아노도 있고, 또 무엇이 있을까?

C: 의자요. / 칠판이요. / 창문이요. / 공책이요. / 신발장이요….

T: 그래. 의자도 있고 칠판도 있고 창문도 있고 공책, 신발장… 정말 많은 것들이 있지? 모두 우리 생활에 꼭 필요한 것들이야. 이런 것들을 생활용품이라고 해.
오늘은 이런 생활용품들의 소리를 들어 볼 거야. 어떤 소리가 나는지 무슨 소리인지 한 번 잘 들어 보자.

C: 네.

T: 그럼 지금부터 선생님이 소리를 들려줄 건데 우리 소리를 듣기 전에 이렇게 한 번 해 보는 건 어떨까?
선생님이 "소리"하면 우리 친구들이 "큐"하고 외치는 거야. 우리 친구들 잘할 수 있겠지?

C: 네.
(도마 위에서 칼을 두드리는 소리를 들려준다.)
T: 어떤 소리가 들렸니?
C: 도마 위에서 칼 두드리는 소리요. / 딱딱딱딱 소리요.
T: 친구들은 도마 위에서 칼로 무언가를 자르는 소리로 들었구나. 다시 한번 들어 보고 무슨 소리였는지 확인해 보자.
C: 네.
(소리를 다시 한번 들려주고 영상을 보여준다.)
T: 칼로 도마 위의 물건을 자르는 소리였구나. 우리 친구들은 이 소리를 언제 들어 보았니?
C: 엄마가 요리할 때요./ 아침에요./ 밥 먹을 때요.
T: 그렇구나. 이번에는 다른 소리를 들어보자. 소리.
C: 큐.
(컴퓨터 키보드 치는 소리)
T: 어떤 소리가 들렸니?
C: 모르겠어요. / 키보드 소리요/ 컴퓨터요/ 두드리는 소리요.
T: 모르는 친구들도 있고, 컴퓨터 키보드소리로 들은 친구도 있구나.
(소리를 다시 한번 들려주고 영상을 보여준다.)
T: 키보드 소리였지? 아빠 엄마가 일을 하시거나 친구들이 게임을 할 때 이 소리를 들어 본 적 있지?
C: 네.
T: 다음 소리를 들어 보자. 소리.
C: 큐.
(피아노 소리)
T: 어떤 소리가 들렸니?
C: 피아노 소리요.
T: 우리 친구들은 피아노 소리라고 생각했구나
(소리를 다시 한 번 들려주고 영상을 보여준다.)
T: 그래, 피아노소리였어. 이 소리는 우리 유치원에서 노래를 부를 때 많이 들어 볼 수 있죠~
C: 네.
T: 우리 또 다른 소리를 들어 보자. 소리.
C: 큐.
(가스레인지 소리)
T: 어떤 소리가 들렸니?
C: 가스레인지 소리요./ 모르겠어요.
T: 우리 친구들은 가스레인지 소리라고 생각했구나.
(소리를 다시 한번 들려주고 영상을 보여준다.)
T: 그래, 가스레인지 소리였구나. 가스레인지는 어디에서 볼 수 있지?
C: 부엌이요. / 주방이요.
T: 그래 부엌에서 볼 수 있는데 불을 켜서 요리를 하는 주방용품이야. 하지만 가스레인지는 위험하기 때문에 조심해서 다뤄야 해.

C: 네네. 선생님~
T: 우리 또 다른 소리를 들어 보자. 소리.
C: 큐.
(샤워기 소리)
T: 어떤 소리가 들렸니?
C: 물소리요. / 비 오는 소리요. / 샤워기 소리요.
T: 우리 친구들은 물소리, 비 오는 소리, 샤워기 소리라고 생각했구나.
한 번 확인해 보자.
(소리를 다시 한번 들려주고 영상을 보여준다.)
T: 그래, 우리 친구들 생각대로 샤워기 소리였네. 이 샤워기 소리는 언제 들을 수 있지?
C: 목욕할 때요. / 씻을 때요
T: 그래 샤워기 소리는 우리가 목욕을 하거나 씻을 때 들어 볼 수 있지?
C: 네.
T: 우리 또 다른 소리를 들어 보자. 소리.
C: 큐.
(카메라 셔터 소리)
T: 어떤 소리가 들렸니?
C: 카메라 소리요. / 찰칵 소리요.
T: 우리 친구들은 카메라 소리, 찰칵 소리라고 생각 했구나. 다시 한번 들어 보자.
(소리를 다시 한번 들려주고 영상을 보여준다.)
T: 그래. 우리 친구들의 생각대로 카메라 소리였네. 이 소리는 우리가 언제 들어 보았지? 친구들은 언제 사진을 찍어 보았니?
C: 소풍갔을 때요./ 엄마 아빠랑 놀러갈 때요.
T: 그래, 우리 친구들은 소풍을 가거나 놀러갔을 때 사진을 찍어 보았구나.
그럼 우리 또 다른 소리를 들어 볼까? 소리.
C: 큐.
(면도기 소리)
T: 어떤 소리가 들렸니?
C: 윙윙 소리요. / 면도기 소리요. / 청소기 소리요. / 드라이기 소리요.
T: 우리 친구들은 면도기, 청소기, 드라이기 소리라고 생각했구나~어떤 소리였는지 한 번 보자.
(소리를 다시 한번 들려주고 영상을 보여준다.)
T: 우리 친구들 생각처럼 면도기 소리였구나. 우리 친구들은 면도기 소리를 집에서 들어 본 적 있니?
C: 아니요. / 네.
T: 언제 들어 보았니?
C: 아빠가 면도할 때요. TV에서요.
T: 그래. 이 면도기는 집에서 아빠가 수염을 깎을 때 사용하는 물건이란다.
못 들어 본 친구는 집에 가서 들어 보도록 하자. 그럼 우리 또 다른 소리를 들어 볼까? 소리.
C: 큐.

(망치 소리)
T: 어떤 소리가 들렸니?
C: 망치 소리요. / 뚝딱뚝딱 소리요.
T: 우리 친구들은 망치 소리라고 생각했구나. 다시 한번 들어 보고 무슨 소리인지 확인해 보자.
(소리를 다시 한번 들려주고 영상을 보여준다.)
T: 정말로 망치 소리였네. 이 소리를 언제 들어보았어?
C: 아빠가 못 박을 때요. / 액자 걸 때요
T: 우리 친구들은 망치 소리를 많이 들어 보았구나. 망치는 아직 우리 친구들한테는 많이 위험한 물건이니까 망치 소리를 내 볼 때 조심해야 되는 거 알고 있지?
C: 네네. 선생님~
T: 이번에는 다른 생활용품의 소리를 들려줄게. 어떤 소리가 나는지 우리 친구들 귀기울여서 잘 들어 보세요.소리.
C: 큐.
(병 따는 소리)
T: 어떤 소리가 들렸니?
C: 뻥이요. / 음료수 병 따는 소리요
T: 우리 친구들은 병 따는 소리라고 생각했구나. 그럼 다시 한번 들어볼까?
(소리를 다시 한 번 들려주고 영상을 보여준다.)
T: 우와 정말로 병 따는 소리였구나.
T: 얘들아, 우리 이번에는 소리를 듣기 전에 선생님이 들려줄 소리에 대해 미리 어떤 소리가 날지 이야기해 보도록 하자.
C: 네.
T: 시계는 어떤 소리가 날까?
C: 똑딱똑딱 소리요. / 쟁쟁 소리요. / 째깍째깍 소리요.
T: 우와~ 시계소리가 정말 다양한 소리가 있는 것 같네. 시계는 친구들이 말한 것처럼 종류에 따라 다양한 소리를 가지고 있단다. 그럼 이번에는 선생님이 준비한 시계 소리를 들어 보도록 하자.
C: 네.
(소리를 들려주고 영상을 보여준다.)
T: 어떻게 들렸어?
C: 똑딱똑딱이요. / 째깍째깍이요
T: 우리 친구들한테는 그렇게 들렸구나.
T: 그럼 우리가 집에서 흔히 볼 수 있는 밥솥에서는 어떤 소리가 들릴까?
C: 푸~우요. / 윙윙이요. / 칙칙이요.
T: 푸~우, 칙칙, 소리도 있고 윙윙 소리가 나는 것도 있겠구나. 그럼 선생님이 준비한 전기밥솥의 소리를 한번 들어 보자.
C: 네.
T: 소리.
C: 큐.
T: 우리 친구들 어떻게 들렸어?
C: 푸~ 우요.

T: 얘들아, 이번에는 우리가 칫솔로 양치질하는 소리를 들어 볼 거야. 우리 친구들은 양치질할 때 어떤 소리가 나니?
C: 치카치카요. / 푸쿠푸쿠요.
T: 그렇구나. 그럼 선생님이 준비해온 칫솔질 소리를 한번 들어 보도록 하자. 소리.
C: 큐.
(소리를 들려주고 영상을 보여준다.)
T: 양치질 할 때 쓰이는 칫솔소리를 잘 들어 보았니?
C: 네.
T: 그럼 문에 달려 있는 초인종은 어떤 소리가 날까?
C: 띵동 소리요. / 음악이요. / 노래가 나와요.
T: 그래, 친구들이 말한 것처럼 친구들 집에 따라 다양한 초인종 소리가 있을 거야. 초인종 소리를 언제 들을 수 있니?
C: 집에서요./ 집에 누가 올 때요.
T: 그래. 초인종 소리는 우리 집에 누가 왔을 때 들을 수 있는 주위에서 손쉽게 볼 수 있는 생활용품이에요. 마지막으로 선생님이 준비한 초인종 소리를 한 번 들어 보자. 소리.
C: 큐.
(소리를 들려주고 영상을 보여준다.)
T: 우리 친구들 지금까지 어떤 소리들을 들어 보았니?
C: 병따개 소리요. / 카메라 소리요. / 양치질 소리요.
T: 그래, 우리 지금까지 도마 위에서 칼질하는 소리, 컴퓨터 키보드 치는 소리, 피아노 소리, 가스레인지 소리, 샤워기 소리, 카메라 셔터기 소리, 면도기 소리, 망치 소리, 병 따는 소리, 시계 소리, 밥솥 소리, 양치질 소리, 초인종 소리들을 들어 보았어. 우리 이 소리들을 차례대로 다시 한 번 들어 보자. 저번 시간에 배운 '당신은 누구십니까?'라는 노래를 한 번 불러 보도록 하자.
C: 네.
(다 함께) 당신은 누구십니까?
나는 ○ ○ ○
그 이름 아름답구나.
T: 우리 '당신은 누구십니까?'라는 노래를 불러 보았는데 이번에는 노래의 가사에 오늘 소리를 들어 본 여러 가지 생활용품을 넣어서 불러 보도록 하자.
(○○○: 생활용품, 그 이름 : 생활용품 소리로 바꾸어 불러 본다.)
C: 네.
(노래를 부른 뒤 악기를 연주하며 노래를 불러본다. 악기 설명을 한다.)
T: 이것은 무엇일까요?
C: 우산이요.
T: 그래 비가 올 때 사용하는 우산이야. 선생님이 우산에다가 방울을 달아 보았어~. 멋진 악기가 되었지. 이것을 가지고 마음껏 소리 내어 보도록 하자.
C: 네.
T: 이것은 무엇으로 보여요?
C: 모르겠어요. /골무요.

T: 이것은 골무라는 거야. 엄마가 바느질을 하실 때 바늘에 찔리지 않게 도와주는 생활용품이야. 우리 이것을 가지고 소리 내어 볼까?
C: 네.
T: 이것은 무엇일까?
C: 북이요.
T: 맞아요. 이것은 깡통으로 만든 작은 북이고 이건 바가지로 만든 큰 북이에요.
큰 북에는 선생님이 도마 모양의 그림을 붙여놓았어. 우리 처음에 도마 소리를 들어 보았지?
C: 네.
T: 우리 그 소리를 생각해 보면서 연주해 보도록 하자.
T: 마지막으로 이것은 막대기로 소리를 내어 연주하는 드럼이라는 악기야. 우리 이 악기들을 가지고 신나게 노래를 부르며 연주해 보도록 하자.
C: 네.
T: 오늘 여러 가지 다양한 생활용품의 소리를 들어 보고 악기를 가지고 노래를 불러보았는데 재미있었니?
C: 네.
T: 그래. 선생님도 즐거웠어. 오늘은 집에 가서 오늘 들어 보지 못한 다른 다양한 생활용품들의 소리를 더 들어 보도록 하자. 그리고 이 악기들은 선생님이 음률 영역에 가져다 놓을 테니까 연주해 보고 싶은 친구들은 자유롭게 사용하도록 해요.
C: 네.

평가 및 유의점	• 생활용품이 너무 광범위하고 많으므로 잘 선택하여 들려주도록 한다. • 5세 영유아의 활동에서 시간이 오래 걸릴 경우에는 나누어서 지도하도록 배려한다.

<table>
<tr><td>생활주제</td><td>음악악기</td><td>활 동 명</td><td>'사랑의 인사' 감상하기</td></tr>
<tr><td rowspan="2">연 령</td><td rowspan="2">3세 이상</td><td>중심음개념</td><td>리듬, 멜로디, 화성, 음색</td></tr>
<tr><td>중심음악활동</td><td>음악 감상하기</td></tr>
<tr><td>활동목표</td><td colspan="3">• 음악을 즐겨 감상한다.
• 악기로 표현한 소리를 듣고 느껴지는 마음을 이야기한다.
• 멜로디, 화성, 음색 알게한다.</td></tr>
<tr><td>활동자료</td><td colspan="3">엘가의 '사랑의 인사' 음악 CD, CD 플레이어, 바이올린(실제 악기가 없을 경우: 그림이나 사진을 이용하고 악기소리는 녹음해서 이용한다.)</td></tr>
</table>

[활동방법]

① 악기를 소개한다.
- 바이올린 소리를 들어본 적이 있니?
- 교사(또는 연주할 수 있는 유아)가 소리를 들려준다.
- 오늘 음악 감상을 하려고 준비한 곡은 '바이올린'이라는 악기로 연주해서 마음을 표현한 곡이란다.

② 음악을 들려준다.
- 어떤 마음을 표현한 것처럼 느껴지니?

③ 곡에 대한 소개를 한다.
- 이 음악은 '엘가'라는 작곡가가 사랑하는 사람들이 서로 만나서 반가워하고 사랑하는 모습을 음악으로 표현한 '사랑의 인사'라는 곡이란다. '바이올린'이라는 악기를 연주해서 마음을 표현하였단다.
- 좋아하는 사람들끼리 만나면 어떤 마음으로 인사를 할까?
- 사랑스런 마음으로 인사를 나누어 보자.

④ 다시 한번 들려준다.
- 우리 모두 사랑하는 마음을 가지고 옆 친구들과 사랑의 인사를 나누면서 다시 한번 감상해 볼까?

⑤ 첫 번째로 감상했을 때와 두 번째로 감상했을 때 다른 점이 있었니?
⑥ 두 번째로 감상해 보니 어떤 마음이 드니?
⑦ 너희들도 누군가를 사랑하는 마음을 느껴본 적이 있니?
⑧ 사랑하는 마음을 소리로 표현한다면 어떻게 표현할 수 있을까?

출처: 엘가
http://navercast.naver.com/contents.nhn?rid=67&contents_id=93057

평가 및 유의점	음악을 듣고 표현할 수 있는 기회를 많이 제공하도록 한다.

생활주제	악기	활 동 명	마라카스 놀이
연 령	3세 이상	중심음개념	리듬
		중심음악활동	소리 탐색하기
활동목표	소리에 관심을 갖고 마라카스를 이용하여 소리를 경험해 본다.		
활동자료	여러 가지의 마라카스		

[활동방법]

출처: 신성 어린이집

① 여러 가지 모양의 마라카스를 영유아가 살펴보며 탐색해 볼 수 있도록 한다.
- 이 앞에 있는 게 무엇인지 알겠니?
- 이것의 이름은 무엇일까?
- 어떻게 생겼니?
- 어떤 소리가 날까?
- 어떻게 사용할 수 있을까?
- 무엇을 할 때 쓰는 것 같니?

② 영유아와 함께 마라카스를 흔들며 다양한 소리를 내어 보도록 한다.
- ○○가 가지고 있는 악기는 어떤 소리가 나는지 흔들어 볼까?
- 친구들과 같이 흔들어서 함께 소리를 내어 볼까?

③ 영유아가 좋아하는 노래나 음악을 들려주어 마라카스로 연주해 보도록 한다.
- 이번에 노래에 맞춰 흔들어 볼까?
- 선생님이 준비해 온 노래에 맞추어 흔들 수 있겠어요?
- 어떻게 흔들어 볼 수 있을까?

④ 노래에 익숙해진 후에는 빠르게, 또는 느리게 등 다양한 소리로 연주해 보도록 한다.
- 노래가 빠른 부분에서는 우리 빠르게 흔들어 보고, 느린 부분에서는 느리게 한 번 흔들어 볼 수 있을까?
- 또 어떻게 연주해 볼 수 있을까?

⑤ 마라카스 연주활동을 마친 영유아들과 느낌에 대해 이야기를 나누어 본다.
- 마라카스 소리는 어땠나요?
- 악기놀이를 하고 나니까 기분은 어떤가요?

⑥ 다른 영아들의 활동을 위해 악기는 제자리에 정리할 수 있도록 한다.

평가 및 유의점	다양한 방법으로 연주하도록 지도한다.

생활주제	환경과 생활(음식)	활 동 명	수박파티
연 령	3세 이상	중심음개념	리듬, 멜로디, 화성
		중심음악활동	새 노래 부르기
활동목표	• 여름과일에 대해 알게 한다. • 수박의 특징을 알게 한다. • 즐겁고 신나게 부른다.		
활동자료	수박 그림 자료, 가사판, '수박파티' 노래		

[활동방법]

① 수박 그림 자료를 영유아들에게 다양한 방법으로 소개한다.
(수수께끼, 과일하면 생각 나는 것을 이야기해 보게 한다.)

② 노랫말을 생각하며 수박의 모양과 색깔, 맛, 크기 등에 대해 이야기해 본다.
수박을 먹을 때는 어떤 소리가 날까요?

③ 수박파티 노랫말을 읽어 주고 교사가 직접 정확한 음으로 노래를 불러 준다.

④ 한 소절씩 따라 불러 보게 한 다음 어려운 부분은 반복적으로 노래를 불러 본다.

⑤ 멜로디만 들어 보게도 하고, 하나의 음으로도 불러 보게 한다.

⑥ 가사판을 활용하여 피아노 반주에 맞추어 불러 보게 한다.

⑦ 재미있는 부분만 불러 보기도 하고, 부분 연습을 할 수 있도록 한다.

⑧ 다양한 방법으로 팀을 나누어 노래를 불러 보게 한 뒤 영유아들과의 상호작용을 통해 어려운 부분과 재미있는 부분에 대해 이야기 나누어 본다.

⑨ 가사판은 언어영역에 두고 수시로 볼 수 있도록 한다.

출처: http://goodbyehid.tistory.com/207

수박 잔치

윤미영 요 / 김혜숙 작곡

평가 및 유의점	멜로디가 어려운 부분을 여러 번 반복해서 불러 보게 한다.

생활주제	환경과 생활(음식)	활 동 명	얼음과자
연　령	3세 이상	중심음개념	리듬, 멜로디, 화성
		중심음악활동	새 노래 부르기
활동목표	즐겁게 노래를 부른다.		
활동자료	새 노래 가사판, 아이스크림 그림자		

[활동방법]

① 여름에 시원하게 먹을 수 있는 음식에 대해 이야기 나눈다.
② 더운 여름에 먹는 시원한 음식에는 어떤 것들이 있는지 알아요?
③ 오늘은 '얼음과자'라는 노래를 배울 거예요.
④ 얼음과자가 무엇인지 알아요?
⑤ 얼음과자는 우리가 좋아하는 시원하고 달콤한 아이스크림이에요.
　– 옛날에는 아이스크림을 얼음과자라고 불렀대요.
⑥ 얼음과자 노래가 어떤지 한번 들어 본다.
⑦ 노래의 느낌을 이야기 나누고 노랫말을 이해한다.
⑧ 노래를 들으니 어떤 기분이 들었는지 이야기한다.
⑨ 노랫말 중에서 생각나는 것에 대해 이야기한다.
⑩ 노랫말을 읽어 준다.
⑪ 다시 한번 노래 들어 보고 불러 본다.
⑫ 활동을 마친 후 이야기 나눈다.
⑬ 유아들이 가사를 충분히 이해할 수 있도록 반복한다.
⑭ 처음부터 노래 전체를 들려주지 말고, 부분으로 나눠 익숙해질 수 있도록 지도한다.

얼음 과자

박경종 작사 / 정혜옥 작곡

E♭ B♭
어 어 얼 음과 자 맛 이있 다 고
A♭ E♭ F B♭
한 개두 개 먹 으면 이 가시 려 요
E♭ B♭
어 어 얼 음과 자 맛 이있 다 고
A♭ E♭ B♭7 E♭
세 개네 개 먹 으 면 배 가아 파 요

평가 및 유의점	즐겁고 신나게 노래를 부르도록 한다.

생활주제	환경과 생활	활 동 명	신나는 캠프 새 노래 배우기
연 령	3세 이상	중심음개념	리듬, 멜로디, 화성
		중심음악활동	새 노래 부르기
활동목표	• 즐거운 마음으로 노래 부르도록 한다. • 노랫말에 맞추어 신체표현할 수 있도록 한다. • 캠프의 즐거움을 알 수 있게 한다.		
활동자료	'신나는 캠프' 가사판		

[활동방법]

① 캠프에 가기전에 '신나는 캠프, 노래를 배운다.
② 가사판을 보고 노랫말을 동화 읽듯이 아이들에게 읽어 준다.
③ 노래를 들려준다.
④ 음을 익히도록 바로 노랫말을 넣어서 부르지 않고 아아아 – 우우우– 로 음과 리듬을 익힌 다음에 가사를 넣어서 노래를 부른다.
⑤ 각 소절로 나누어 불러 보고 노랫말에 맞는 율동을 만들어 본다. 영유아들의 의견을 수렴해서 율동을 만든다.
⑥ 율동을 정하고 노래를 하면서 율동도 해 본다.
⑦ 즐거운 마음으로 캠프를 즐긴다.

평가 및 유의점	• 캠프에서 신나게 보낼 수 있도록 노래를 불러 본다. • 우크렐레로 연주하면서 불러 보면 더욱 즐거울 것 같다.

생활주제	환경과 생활	활동 명	허수아비 아저씨
연 령	3세 이상	중심음개념	리듬, 멜로디, 화성
		중심음악활동	새 노래 부르기 및 신체표현하기
활동목표	• 음악을 듣는 자세를 바르게 취할 수 있다. • 음악을 듣고 몸으로 다양하게 표현 할 수 있다. • 음악활동을 즐기는 마음을 갖도록 한다.		
활동자료	'허수아비 아저씨' 가사판, 허수아비 그림, '허수아비 아저씨' 동요, 참새 날개, 허수아비 모자		

[활동방법]

① 허수아비에 대한 생각을 이야기 나눈다.
- 허수아비 하면 무엇이 떠오르니?
- 왜 그렇게 생각하니?
- 또 떠오르는 것은 없니?
- 허수아비의 모습은 어떨까?
- 하루종일 서 있는 허수아비를 보면 무슨 생각이 드니?
- 허수아비에게 해 주고 싶은 말이 있니?
- '허수아비 아저씨'라는 노래를 부르려고 해. 어떤 노래인지 잘 들어 보자.

출처: http://www.cgnews.kr/cgn/board.php?board=way&category=2&command=body&no=127&PHPSESSID=ab6dd1c9737bfa6de89ffc077eb2b37f

② 허수아비 아저씨 노래를 감상한다.
③ 감상한 느낌을 이야기 나눈다.
- 노래를 들어보니 어떤 느낌이 드니?
- 허수아비 아저씨의 어떤 모습이 떠오르니?
- 기억에 남는 부분이 있니?
④ 노랫말을 알아본다.
⑤ 노래를 한 음으로 따라 부른다.
- 어떤 글자로 부르면 좋겠니? '아'로 불러보자.
⑥ 한 소절씩 나눠 부른다.
- 우리 한 소설씩 불러 보자. 빨간색 옷을 입은 사람이 불러 보자. 이번에는 머리를 묶은 사람이 불러 보자.
⑦ 노랫말을 넣어 여러 번 반복하여 부른다.
⑧ 동작을 만들어 노래 부른다.
- 허수아비아저씨에 어떤 율동을 하면 좋을까? 팔을 벌려서 뛰어 볼까?
⑨ 허수아비 아저씨와 참새의 역할을 나눠 노래를 부르며 극놀이를 한다.
- 허수아비 아저씨가 되어 보자. 누가 허수아비 아저씨를 해 볼까?
- 어떻게 움직이면 좋을까? 팔을 사용하여 어떻게 허수아비 아저씨가 될 수 있을까?

– 몸 전체로 표현해보자.
– 참새가 되어보자. 누가 참새가 되어볼까?
– 참새가 날아가는 모습을 표현해보자.
⑩ 음악활동의 평가를 한다.

허수아비 아저씨

김규환 작사 / 김규환 작곡

평가 및 유의점	오늘 '허수아비 아저씨' 노래를 불러 봤는데 어떤 것이 가장 기억에 남았는지? 어려웠던 부분이 있었는지? 같이 한번 평가해 본다.

<table>
<tr><td>생활주제</td><td>계절(봄)</td><td>활 동 명</td><td>'봄의 소리 왈츠' 음악 감상하기</td></tr>
<tr><td rowspan="2">연 령</td><td rowspan="2">3세 이상</td><td>중심음개념</td><td>리듬, 멜로디</td></tr>
<tr><td>중심음악활동</td><td>음악감상하기, 창작하기</td></tr>
<tr><td>활동목표</td><td colspan="3">• 음악을 바르게 감상하는 태도를 기른다.
• 음악에 대한 자신의 느낌을 언어와 몸으로 표현한다.
• 리듬, 화성, 멜로디, 음색을 알게 한다.</td></tr>
<tr><td>활동자료</td><td colspan="3">요한 슈트라우스 2세의 '봄의 소리 왈츠' 음악 테이프, 녹음기, 요한 슈트라우스 2세의 사진, 악 기사진(바이올린과 첼로)</td></tr>
</table>

[활동방법]

① 봄의 날씨 변화에 대해 이야기 나눈다.
② 곡명과 작곡가에 대한 소개를 한다.

출처: http://blog.daum.net/_blog/BlogTypeView.do?blogid=06VWz&articleno=13674515

출처: http://blog.naver.com/isofdoll?Redirect=Log&logNo=140154481945

이 곡은 파릇파릇한 새싹이 돋아나고 아지랑이가 피어오르고, 꽃들이 춤을 추는 느낌을 음악으로 표현한 곡으로 '왈츠의 왕'인 요한 슈트라우스 2세가 작곡하였다. 요한 슈트라우스 2세는 '왈츠의 아버지'인 요한 슈트라우스 1세의 아들로 아버지의 이름을 따서 요한 슈트라우스 2세라고 부른다.

③ 음악을 들려준다.
④ 음악에 대한 느낌, 감상을 이야기 나눈다.
⑤ 이런 음악을 들어 본 적이 있니?
⑥ 음악을 들으니 어떤 느낌이 드니?, 어떤 생각이 들었니?
⑦ 음악에 맞추어 몸을 어떻게 움직여 볼 수 있을까?
⑧ 음악을 다시 들으면서 느낌을 몸으로 표현해 본다.
⑨ 음악을 듣고 몸으로 표현해 보니 어떤 느낌이 드니?
⑩ 음악의 어느 부분이 가장 좋게 느껴지니?

평가 및 유의점	감상 시 바른 자세에 대해 이야기를 나눈다.

생활주제	계절(여름)	활동 명	여름캠프를 떠나요(소리 탐색)
연　령	3세 이상	중심음개념	리듬, 멜로디, 화성, 음색
		중심음악활동	소리 탐색하기
활동목표	• 유아가 직접 다녀온 여름캠프를 회상한다. • 유아가 소리 탐색을 통해 소리에 대한 관심을 가지게 한다. • 유아는 서로 다른 소리를 구별한다. • 유아에게 직접 소리를 내어 보게 한다. • 유아는 서로 비슷한 소리를 분류할 수 있다.		
활동자료	그림 자료, 그림 카드, 글자카드, 녹음자료		

[활동방법]

① 손유희(막대 하나)로 유아들을 집중시키기
② 얼마 전에 다녀왔던 여름캠프를 주제로 이야기 들려주기
③ ○○유치원 친구들이 냇가로 여름캠프를 떠나요.
냇가에 다다르자 제일 먼저 매미가 친구들을 환영해요.
시원한 냇가에 도착해서 물장구를 치며 신나게 놀아요.
냇가에 있는 개구리들의 울음소리에 친구들은 더욱 즐거운 시간을 보내요.
④ 하늘이 갑자기 흐려지더니 소나기가 쏟아졌어요.
친구들은 소나기를 피해 방으로 들어와요.
⑤ 어느덧 밤이 되어 친구들은 잠을 잘 준비를 해요. 이때 모기가 나타나 친구들을 놀라게 해요. 우리 친구들을 괴롭히는 모기를 선생님이 혼내줘요. 모기가 사라져 안심한 친구들은 꿈나라로 떠났어요.
⑥ 여름캠프에서 들을 수 있는 소리에는 무엇이 있을지 이야기를 나눈다.
⑦ 그림 카드(매미, 물장구, 개구리, 소나기, 모기)를 차례대로 보여 준다.
⑧ 녹음해 온 소리를 들려주며 그림 카드, 글자 카드와 연결한다.
⑨ 녹음해 온 소리를 듣고 자신의 목소리로 내어 본다.
⑩ 비슷한 소리 분류하기
→ 매미, 개구리, 모기 울음소리 / 물장구, 소나기 소리
⑪ 가장 기억에 남는 소리에는 어떤 것이 있었는지 이야기를 나누어 본다.

출처: 이서형

평가 및 유의점	녹음이 정확하게 되어 있고 소리 구별이 확실하게 될 수 있도록 기자재를 준비한다.

<table>
<tr><td>생활주제</td><td>계절(가을)</td><td>활동 명</td><td>가을 나뭇잎이 되어 보아요.</td></tr>
<tr><td rowspan="2">연 령</td><td rowspan="2">3세 이상</td><td>중심음개념</td><td>리듬, 음색</td></tr>
<tr><td>중심음악활동</td><td>신체표현하기</td></tr>
<tr><td>활동목표</td><td colspan="3">• 가을 나무에 대해 안다.
• 동시를 듣고 나뭇잎을 표현할 수 있다.</td></tr>
<tr><td>활동자료</td><td colspan="3">나뭇잎머리띠, 동시판, 나뭇잎</td></tr>
</table>

[활동방법]

① 나뭇잎을 가지고 영유아들의 호기심을 유발시키기 위해 만져 볼 수 있도록 한다.
T : 선생님이 오늘 비밀주머니를 가져왔어. 누가 나와서 한 번 만져보고 친구들에게 수수께끼를 내 볼까?
C : 거칠어요. 따가워요.
T : 거칠고 따갑데 무엇일까?
C : 나뭇잎이요.
T : 정답은 나뭇잎이었어. 오늘은 전 시간에 배운「작은 잎들」동시에 맞추어서 몸으로 표현을 해 볼거야.
그럼 그 전에「작은 잎들」 동시 한 번 읽어 볼까?
② 동시판을 융판에 붙여 주고 읽어 본다.

〈동시〉 작은 잎들
작은 잎들이 천천히 떨어집니다.
소리도 없이 고요히
노랑, 빨강, 노랑 빨강
빙글빙글 돌아서
둥글게 둥글게 빙글빙글 돌아서
소리도 없이 고요히
땅 위에 살짝 떨어집니다.
아래로 아래로 아래로 아래로!

③ 동시를 듣고 작은 잎들이 되어 표현해 보도록 한다.
T : 둥글게 둥글게에서는 돌 수도 있고,
아래로 아래로에서는 땅에 떨어지는 낙엽을 표현할 수 있단다.
그럼 누가 먼저 나와서 표현을 해 보자.
④ 머리띠를 쓰고 동시를 읽어 주며 표현하게 한다.
⑤ 모두에게 머리띠를 나누어 주고 동시를 읽어 주며 표현하게 한다.
⑥ 영유아들에게 상호작용을 해 준다.

평가 및 유의점	동시를 듣고 표현하는 것은 어려움이 많으므로 교사의 관심과 창의적인 표현이 이루어지도록 한다.

생활주제	계절(겨울)	활동 명	하얀 나라 새 노래배우기
연 령	3세 이상	중심음개념	리듬, 멜로디, 화성
		중심음악활동	새 노래 부르기
활동목표	• 겨울 놀이를 생각하며 즐거운 마음으로 노래를 불러 본다. • 계절의 변화를 알게 해 준다. • 겨울을 신나게 보낼 수 있는 방법들에 대해 이야기 나눈다.		
활동자료	노랫말 악보, 그림 자료, 카세트		

[활동방법]

① 추운 겨울 눈에 대해 이야기를 나눈다.
② 눈으로 할 수 있는 놀이에 대해 이야기를 나눈다(눈썰매 타기, 눈싸움하기, 눈사람 만들기 등).
③ 교사는 겨울놀이 활동의 그림 자료를 보여 주며, 놀이에 대한 느낌이나 기분에 대해 이야기 나눈다.
④ '하얀 나라' 노래를 배워 본다
⑤ 교사는 카세트로 준비한 노래를 들려준다.
⑥ 노랫말을 읽어 준다.
⑦ 처음엔 한 소절씩 불러 보고, 전체적으로 노래를 불러 본다.
⑧ 노래 안에 나오는 내용에 대해 이야기 나눈다.
⑨ 어려운 단어는 없는지 이야기 나눈다.
⑩ 다같이 불러 본다 – 한명씩 불러본다 – 나누어 불러 본다 – 선생님이 한 구절, 아이들 한 구절씩 불러 본다. – 다같이 불러 본다.

(출처: 권선희)

하얀 나라

김성균 작사, 작곡

평가 및 유의점	즐겁게 부를 수 있도록 지도한다.

생활주제	우리나라	활 동 명	우리나라를 상징하는 것
연 령	3세 이상	중심음개념	리듬, 멜로디
		중심음악활동	새 노래 부르기
활동목표	• 우리나라 국기와 애국가를 알게 한다. • 우리나라를 상징하는 것들을 알게 된다.		
활동자료	태극기, 애국가 CD, 태극기, 무궁화 사진 자료		

[활동방법]

① 우리가 살고 있는 곳이 어디인지 이야기 나눈다.
② 우리나라에 대해 이야기를 나눈다.
③ 우리나라를 상징하는 것에 대해 이야기를 나눈다.
 – 우리나라 국기: 태극기
 – 우리나라 꽃: 무궁화
 – 우리나라 국가: 애국가

출처: http://navercast.naver.com/contents.nhn?rid=92&contents_id=4541/

출처: http://terms.naver.com/entry.nhn?docId=2006167&cid=50381&categoryId=50381

④ 우리나라를 상징하는 것 중에서 태극기 노래를 배워 본다.
⑤ 태극기의 모양과 색에 대해 이야기 나눈다.
⑥ 태극기 게양하는 방법에 대해 이야기 나눈다.
⑦ 태극기 다는 날에 대해서도 이야기 나눈다.
⑧ 애국가를 들어 보고 불러 보기도 한다.

평가및 유의점	애국가를 반복적으로 자주 불러 보도록 한다.

생활주제	우리나라	활동 명	우리의 전통의상 한복
연 령	3세 이상	중심음개념	리듬, 음색
		중심음악활동	신체표현하기
활동목표	• 우리 고유의 의상인 한복에 대해 안다. • 한복을 입는 순서와 생김새에 대해 알 수 있다. • 한복을 직접 입혀봄으로써 소근육 발달이 일어날 수 있다. • 유아의 조작능력의 발달이 일어날 수 있다.		
활동자료	인형그림 융판, 한복 의상.		

T : 우리 친구들 동화 재미있게 들었나요?
C : 네.
T : 동화에서 흥부와 놀부는 무엇을 입고 있었는지 아는 사람?
C : 한복이요~
T : 친구들, 잘 기억하고 있네요. 한복을 언제 입는지 혹시 아는 친구?
C : 설날요. / 추석날이요.
T : 맞아요, 한복은 설날이나 추석과 같은 명절에 입는 우리의 전통의상이에요. 그럼 이제부터 한복이 어떻게 생겼는지, 그리고 어떻게 입는지에 대해 선생님과 함께 알아보도록 해요.

〈한복의 생김새를 알고, 입는 순서에 대해 알아보기〉
여자 – 속치마 – 치마 – 저고리 – 버선
남자 – 바지 – 저고리 – 조끼 – 버선 – 마고자 – 두루마기
T : 자, 여러분! (칠판의 그림융판을 가리키며) 여기 그림을 봐 주세요. 이게 뭘까요?
C : 남자와 여자가 속옷만 입고 있어요.
T : 맞아요, 지금 남자 아이와 여자 아이가 있는데 속옷만 입고 있죠? 근데 이건 그냥 속옷이 아니예요. 혹시 언제 이런 속옷을 입었는지 기억나요?
C : 모르겠어요.
〈동화에서의 한복이라는 대화소재를 이끌어내고, 한복에 대해 이야기하기.〉
C : 추석 때 한복입기 전에 입었어요!. 전 속치마가 하얘서 좋아해요.
T : 아~ ○○는 속치마를 좋아하는군요. ○○ 친구, 잘 맞혔어요. 이 속옷은 한복을 입기 전에 입는 것이에요. 한복은 우리 전통의상이에요. 큰 명절이 있을 때, 특별한 날이 있을 때 우리들은 보통 한복을 입지요. 그런데 지금 그림판을 봐 주세요. 이 친구들이 한복을 입지 않고 있죠?
C : 속옷만 입고 있대요~♬
T : 우리가 이 친구들의 옷을 이쁘게 입혀 주는 것은 어때요?
C : 좋아요, 옷 입혀 줄래요!
T : 좋아요, 먼저 남자친구의 옷부터 입혀 줄까요?
C : 네!
T : 자, 먼저 (바지를 가리키며) 이것은 무엇일까요?

C : 바지요!
T : 맞았어요. 이것은 바지예요. 한복을 입을 때는 순서가 있어요. 바지는 속바지를 입은 다음 제일 먼저 입는 것이에요.
C : 아~ .
T : 그럼 바지를 맞춘 ○○친구가 직접 입혀 줄까요?
C : 네!
T : (저고리를 가리키며) 그럼 이것은 무엇일까요?
C : 음, 모르겠어요.
T : 어려운가 보군요. 보기는 봤는데 정확한 이름을 모르겠죠? 이 옷의 이름은 저고리예요. 뭐라구요?
C : 저고리요!
T : 잘했어요. 저고리는 바지를 입은 다음에 입는 것이에요. 그럼 OO친구가 와서 직접 입혀 볼까요?
C : 네!
(이런식으로 조끼와 버선, 마고자, 두루마기의 순서로 수업한다.)
T : 우와, 이렇게 여러분이 남자친구의 한복을 이쁘게 붙여주었네요. 그럼 남은 여자 친구도 이쁘게 한복을 입혀주는 건 어때요?
C : 좋아요! 제가 이쁘게 입혀 줄 거예요!
(남자 친구에게 한복을 입혀준 식으로 여자친구의 한복도 똑같이 진행한다.)
T : 이렇게 여러분이 여자친구의 한복도 이쁘게 입혀주었어요. 어때요? 이쁘죠?
C : 네, 제가 저고리를 입혀 주었어요. / 제가 치마를 입혀 주었어요.
T : 네. 이제 여러분, 한복의 이름을 알 수 있겠죠?
C : 네!
T : 그럼 한복을 어떻게 입는지도 알 수 있어요?
C : 네! 속치마를 입고, 저고리를 입고 치마를 입어요.
T : 음, ○○친구, 선생님과 다시 한번 생각해 보는 건 어때요? 속치마를 입은 다음 치마를 입어야지요. 그렇죠?
C : 네! 속치마를 입고 치마를 입고 저고리를 입으면 돼요!
T : 아주 잘해 주었어요. 여러분이 잘해 주어서 선생님은 너무 기뻐요.
앞으로 한복의 이름과 입는 순서에 대해 여러분 아주 잘 알 수 있겠죠?
그럼 전통의상인 한복을 배웠으니 전통가옥에 대해 배워 보는 것은 어떨까요?

[활동방법]

① 한복 입히기를 게임교구로 변형시켜 활동해 본다.
② 한복을 직접 입어 보는 시간을 가진다.

출처: 이서형

평가 및 유의점	• 유아가 한복에 대해 잘 알 수 있도록 교사의 올바른 지도가 필요하다. • 한복을 입는 순서를 틀리지 않도록 올바른 지도를 해야 한다.

생활주제	우리나라	활동 명	전통음악
연 령	3세 이상(5세)	중심음개념	리듬, 멜로디
		중심음악활동	듣기 및 악기 탐색하기
활동목표	• 유아의 듣기 능력을 증진한다. • 음악 감상의 바른 태도를 기른다. • 전통악기 명칭을 안다. • 유아의 전통음악에 대한 흥미를 증진한다.		
활동자료	전통악기 사진(북, 장구, 징, 꽹과리, 가야금), 사물놀이 음악, 퓨전국악 음악 파일, 음악 재생기		

T : ○○반 친구들, 안녕하세요.
C : 선생님, 안녕하세요.
T : 오늘은 듣기활동 시간이에요.
C : 네.
T : 지금까지 전통악기에 대해서 배웠죠?
C : 네.
T : 그래서 오늘은 전통음악을 들어 볼 거예요. 전통음악을 들어 본 적이 있나요?
C : TV에서 봤어요. 어떤 아저씨들이 북 치고 장구 치고 했어요.
C : 저는 못 들어 봤어요.
T : 전통음악을 들어본 친구도 있고 못 들어본 친구도 있네요. 오늘은 전통음악인 사물놀이를 들어 볼 거예요. 자, 모두들 조용히 귀 기울여 들어 보세요.

▶ 사물놀이 음악을 들려준다.

사물놀이(선반: 선자세로 연주하는 형태)
출처: http://www.kookje.co.kr/news2011/asp/newsbody.asp?code=0300&key=20111024.99002090429

T : 사물놀이 음악을 들어 봤어요. 느낌이 어떤가요?
C : 막 신나요.
C : 처음에는 조용해서 재미없었는데 뒤에는 재미있어요.
C : 저도 사물놀이하고 싶어요.
C : 춤추고 싶어요.
C : 또 듣고 싶어요.
T : 음악을 듣고 사물놀이는 무슨 악기로 연주하는지 알겠어요?
C : 잘 모르겠어요.
C : 꽹과리요! 아까 들렸어요.
C : 꽹과리 소리 저도 들었어요.
C : 장구!
C : 징도 있었던 것 같아요.
T : 그래요. 사물놀이는 장구, 북, 징, 꽹과리 이렇게 네 가지 악기로 연주해요.
(악기이름을 말하며 악기 사진을 차례대로 보여준다.)
T : 이 악기 이름이 무엇이죠?
C : 장구요.
T : 그럼 이 악기의 이름은 무엇일까요?
C : 북이요.
T: 이 악기는요?
C : 징이요.
T : 마지막으로 이 악기의 이름은 무엇인가요?
C : 꽹과리요.
T : 참 잘했어요. 우리 ○○반 친구들은 악기 이름을 잘 알고 있네요. 그럼 이 악기는 아나요?
(가야금 사진을 꺼내며)
C : 전에 배웠는데 이름이 생각 안나요.
C : 저건 황진이가 치는 악기예요.
C : 저거 거문고 맞지요?
C : 아니야, 저건 가야금이야.
C : 맞아, 가야금이에요.
T : 맞아요. 이 악기는 가야금이에요. 가야금은 아주 옛날에 있던 가야라는 나라의 가실왕이라는 임금님이 만든 악기예요. 혹시 ○○반 친구들은 이 악기로 연주한 음악을 들었던 것 기억나나요?
C : 네, 소리가 되게 좋았어요.
C : 난 기억 안 나는데.
C : 저는 기억나요. 가야금의 줄은 12개, 이것도 알아요.
C : 가야금 좋아요.
T : 오늘은 전에 배웠던 가야금 음악과는 다른 노래를 또 들어 볼 거예요. '루돌프 사슴코'라는 노래 알지요?
C : 네.
T : 그 노래를 가야금으로 연주한 음악이에요. 한 번 들어 볼까요?

▶ 가야금으로 연주한 '루돌프 사슴코' 노래를 들려준다.

T : 가야금으로 연주한 '루돌프 사슴코'는 어때요?
C : 좋아요. 또 들으면 안 돼요?
C : 가야금으로 '루돌프 사슴코' 치는 거 신기해요.
C : 우와~ 진짜 신기해요.
C : 가야금 같지 않아요.
C : 매우 신기해요.
T : 많이 신기한가요? 요즘은 전통악기로 전통노래만 연주하지 않고, 외국 음악이나 최신 음악을 연주하기도 해요. 자, ○○반 친구들 오늘 수업 어땠나요?
C : 재미있어요.
C : 노래 다 신기했어요.
C : 또 듣고 싶어요.
C : 좋았어요.
C : 저두요.
T : ○○반 친구들, 오늘 아주 잘해주었어요. 아쉽지만 오늘 수업은 여기까지예요. 우리 다음에 또 만나요. 안녕!

- 유아 사물놀이 하기
- 음악을 듣고 신체표현하기
- 음악에서 느낀 느낌을 그려 보기

출처: 이서형

평가 및 유의점	• 음악을 들을 때 유아들이 집중할 수 있도록 한다. • 조용한 분위기를 조성하여 음악을 잘 듣도록 한다. • 전통악기에 대한 부분이 어려울 경우 좀 더 세분하여 나누어 지도하도록 한다. 예를 들면, 사물놀이 악기 먼저 지도하고 전통 현악기 알아보기 등으로 지도한다.

참고문헌

강보라(2012). 그림책을 활용한 창의적 유아음악교육 프로그램 개발 및 효과. 성신여자대학교 대학원 박사학위 논문.

고인혜, 장진양(2012). 키즈 도시락. 서울: 세광음악.

교육부(1998). 유치원교육과정. 교육부고시 제1998-10호.

교육부(2019. 7. 24). 유치원 교육과정 고시문. 교육부 고시 제2019-189호.

교육부(2019). 2019 개정 누리과정 교사연수자료(요약본).

교육부 보도자료(2017. 12. 27). 출발선 평등을 실현하기 위한 '유아교육 혁신방안' 발표.

교육부·보건복지부(2020). 2019개정 누리과정 해설서. 세종: 교육부·보건복지부.

국정기획자문위원회(2017. 7). 문재인정부 국정운영 5개년 계획.

김은영(2019). 「2019 개정 누리과정(안)」 개발 배경 및 특성. 2019 개정 누리과정(안) 공청회자료. 교육부·보 건복지부·육아정책연구소

권종애·윤정원(2008). 유아 동요 반주곡집. 서울: 창지사.

김명순·조경자(2005). 유아를 위한 음악교육의 이론과 실제. 서울: 다음세대.

김명신(1990). NLPS로 쉽게 배우는 초등음악교육, pp. 23~25. 서울: 두양사.

김민채(2012). 다문화 유아 음악교육 프로그램 개발 및 효과. 신라대학교 대학원 박사학위 논문.

김연주·양연숙·김현지(2014). 영유아 음악교육. 서울: 창지사.

김을근(1993). 음악해설과 감상기법, p. 262~264. 서울: 음악춘추사.

김정순(1999). 우리 아이를 위한 100가지 음악이야기. 서울: 워너뮤직코리아(CD).

김정화(1994). 유아 음악 교육. 서울: 형설출판사.

김정화(1997). 유아 음악 교육. 서울: 형설출판사.

김지현(2002). 놀이활용을 통한 음악개념의 지도 방안 연구. 성신여자대학교 교육대학원 석사학위 논문.

김진영(2010) 유아와 함께 노래부르기. 경기: 교문사.

김혜경(2002). 유아음악교육 2000. 서울: 창지사.

김혜경(2009). 영유아음악교육. 서울: 창지사.

맹미례(1997). 유치원과 초등학교 1학년 음악교육의 연계 지도에 관한 연구. 경기대학교 교육 대학원 석사학위 논문.

문무경(2018). 영유아부문 지속가능발전목표의 국내 이행현황 및 과제. 유아정책연구소·유네스코한국위원회·서울특별시교육청.

박민경(2014) 놀이를 활용한 유아 피아노 지도방안: 만 4세~만 6세를 대상으로. 숙명여자대학교 사회교육대학원 석시학위 논문.

박진희(2013) 자연의 소리를 이용한 음악활동의 유아 음악적 표현능력 향상 효과. 중앙대학교 교육대학원 석사학위 논문.

보건복지가족부(2013). 3세 누리과정 교사용 지도서 ②.

보건복지가족부(2013). 4세 누리과정 교사용 지도서 ③.
보건복지가족부(2013). 3세 누리과정 교사용 지도서 ③.
보건복지가족부(2012). 5세 누리과정에 기초한 어린이집 프로그램 ③.
보건복지부(2013). 어린이집 표준보육과정에 기초한 영아보육프로그램 0세 1권.
보건복지부(2013). 어린이집 표준보육과정에 기초한 영아보육프로그램 1세 2권.
보건복지부(2013). 어린이집 표준보육과정에 기초한 영아보육프로그램 2세 3권.
보건복지부(2019). 3~5세 누리과정. 세종: 보건복지부
보건복지부·교육과학기술부(2013). 3~5세 연령별 누리과정 해설서.
박유진(1977). 유아의 음악성 발달을 위한 접근 방법의 연구. 서울대학교 교육대학원. 석사학위 논문.
변미정(2014). 음악치료 관련 연구 경향 분석. 중앙대학교 국악교육대학원. 석사학위 논문.
봉정원(2011). 유치원 동요 반주법 Ⅱ. 16주 완성. 서울: 창지사.
성하연(2014). Kodaly, Orff, Dalcroze, Montessori 음악교수법 비교분석을 통한 조기음악교육이 유아의 음악적 창의성과 발달에 미치는 영향 연구. 울산대학교 대학원 석사학위 논문.
신민정(2012). 다문화 음악교육을 적용한 음악수업 지도방안 연구. 중앙대학교 교육대학원 석사학위 논문.
심성경·이효숙(2001). 유아음악극에 대한 교사의 인식과지도실태. 유아교육연구, 21(3).
심성경·이희자·이선경·김경의·이효숙·박주희(2004). 유아 음악 교육. 서울: 양서원.
아름출판사 편집부(2011). 명곡해설 – 클래식 음악감상을 위한. 서울: 아름출판사.
안경숙·김소향·나은숙(2012). 영유아 음악교육. 파주: 양서원.
안재신(1996). 유아음악교육. 서울: 교육과학사.
안재신(2002). 유아음악교육. 서울: 교육과학사.
안재신(2005) 유아 음악교육. 서울: 교육과학사.
유니세프 코리아. 유엔아동권리협약 https: //www.unicef.or.kr/child-rights/outline.asp (2019. 9. 20. 인출)
유덕희(1984). 세계음악 교육사. 서울: 학문사.
유은석(2008). 21세기 교사를 위한 피아노 교수전략. 서울: 학지사.
이용일·황봉주(1986). 클래식 명곡 테마 해설 사전, p. 510~513. 서울: 현대악보출판사.
이태영·황영자(2003). 0세아 보육 론 이론과 실제. 서울: 양서원.
이춘자·조인경(2013). 유아음악교육. 서울: 창지사.
이홍수(1990). 느낌과 통찰의 음악교육, p. 154~155. 서울: 세광출판사.
이홍수(1990). 음악교육의 현대적 접근법. 서울: 세광음악.
이효숙(2001). 유아음악극 활동의 교육적 효과. 중앙대학교 대학원 박사학위 논문.
임미경·장기범·함희주(2002). 음악교육의 이론과 실제. 서울: 벨로체.
임미경·현경실·조순이·김용희·이에스더(2010). 음악교수법. 서울: 학지사.
일신음악연구회(1998). 클래식 음악감상 해설. 서울: 일신서적 출판사.
재키 실버그(2000). 125가지 두뇌 발달 놀이. 서울: 웅진닷컴.
정현주(1999). 음악치료학의 이해와 적용. 이화여자대학교 출판부.
조홍기(2004). 코다이 음악교육. 서울: 세광음악.
최상덕(2018. 2). 외국의 프로젝트 기반 학습을 통한 핵심 역량 교육 사례. 한국교육개발원.

하정희·조영진·강혜정(2010). 유아음악교육. 경기: 공동체.
허지연(2014). 유아음악과 수학교육을 기초한 유리드믹스 지도법 제안 및 연구. 숙명여자대학교 사회교육대학원. 석사학위 논문.

Alice-Ann Darrow(2006). 음악치료 접근법, 김영신 역(2006). 서울: 학지사.
Banich, M, T. (1997). *Neurop sychology.* Boston, MA: Noyghton Muffin.
Banich, M. T. (2008). 인지 신경과학과 신경심리학. 서울: 시그마프레스.
Campbell & Scott-Kassner. (1995). *Music in childhood.* NY.: Schirmer Books.
Chosky, L. (1981). *The Kodaly context, englewood cliffs,* NJ: Prentice-Hall.
Christoph Hempel(1997). *Neue Allgemeine musiklehre.* Germany: Atlantis, Schott.
Drennan, C. B. (1984). The relationship of musical aptitude, academic achievement and intelligence in merit (gifted) students of Murfreesboro City Schools (Tennessee). (Doctoral dissertation, Tennessee State University) *Dissertation Abstracts International, 46*(12), 35−81A.
Eliason, C., & Jenkins, L. (2003). *A practical guide to early childhood curriculcm*(6th ed.). Perarson Education Inc. Upper Saddle River, NJ: Merill Prentice-Hall. 심성경(2005) 재인용.
Gardner, H. (1983). 마음의 틀. 이경희 역(1993). 서울: 문음사.
Gaston, E. T. (1964). The aesthetic experience and biological man. Journal of Music Therapy.
Gardner, H. (1991). *To open minds.* NY: Basic Books.
Gardner, H. (1993). Multiple intelligences: *The theory in practic*e. NY.: =Basic Books.
Gardner, H. (1999). *Intelligence reframed: Multiple intelligences for the Twenty First Century.* New York: Basic Books.
Gardner, H. (1999). *Intelligence reframed.* NewYork: Basic Books.
Gardner, H. 다중지능. 유경재·문용린 역(2007). 경기: 웅진지식하우스.
Gordon, E. (1990). *A music learning theory for newborn and child.* Chicago: GIA publication.
Gordon, E. (1993) *The early childhood music curriculum.* Chicago IL: G. I. A Pub.
Greenberg, M. (1979). *Your children need music.* Englewood Cliffs, NJ: Prentice-Hall
Moomaw, S. (1984). *Discovering music in early childhood.* Boston, MA: Ally and Bacon.
Strong, A. D. (1983). The Kodaly method applies to special education. *Kodaly Envoy, 9*(3), 3−8.
Wheeler, L. (1985) *Orff and Kodaly adapted for the elementary school.* Dubuques, Iowa: W.C. Brown Co.

즐거운 생활 1-1 초등학교 교사용 지도서(교육인적 자원부)
경북 육아종합지원센터
고양시육아종합지원센터
부산광역시육아종합지원센터
인천광역시육아종합지원센터
중앙육아종합지원센터

저 · 자 · 소 · 개

권종애

건국대학교 일반대학원 교육학 석사졸업
서울여자대학교 대학원 아동학 박사수료
백석대학교 사범학부 겸임교수
백석문화대학교 유아교육학과 외래교수

손은영

독일 드레스덴 국립음대 피아노과 전문연주자과정(KA) 졸업
독일 드레스덴 국립음대 피아노과 최고연주자과정(KE) 졸업
추계예술대학교, 명지전문대 강사 역임
현) 총신대 출강

제2판
2019 개정 누리과정
영유아 음악교육

초판 1쇄 발행 2015년 9월 3일
초판 2쇄 발행 2016년 12월 1일
제2판 1쇄 발행 2020년 2월 13일

Flash on KOMCA 한국음악저작권협회 출판 006210716

지 은 이 | 권종애 손은영
펴 낸 이 | 김기섭
책임편집 | 이윤미
펴 낸 곳 | 창지사 www.changjisa.com
08589 서울시 금천구 가산디지털1로 83 파트너스타워 1차 9층
전화 (02) 719-2211~3
팩스 (02) 701-9386
등 록 | 1977년 4월 28일·제1-421호

ISBN 978-89-426-1315-1 (93370)

값 21,000원

KOMCA 승인필

「이 도서의 국립중앙도서관 출판예정도서목록(CIP)은 서지정보유통지원시스템 홈페이지(http://seoji.nl.go.kr)와 국가자료공동목록시스템(http://www.nl.go.kr/kolisnet)에서 이용하실 수 있습니다.(CIP제어번호: 2020006561)」

한국 취업문화·공채문화 40년사

채용역사와 뉴 패러다임

이종구

Employment Culture and Open Recruitment Culture in Korea

도서출판
청람

| 한국 취업문화 · 공채문화 40년사를 출간하며 |

"취업의 역사는 인류의 역사와 함께 시작되었을 것이다." 우리의 삶은 진로과정의 연속이요, 태초부터 노동의 대가를 다양한 재화를 통해 얻어왔기에 이것이 모두 취업의 영역이라고 생각한다. 취업은 어느 시대이든 우리 사회의 관심사이자 핫 이슈의 정점에 있었다. 향후에도 인류는 '행복'과 '안녕'을 누리기 위해 역설적으로 실업문제를 풀어야 하는 영원한 숙제를 안고 있다. 4차 산업혁명이 도래한 지금도 '취업'과 '직업'이라는 용어는 산업 트렌드의 중심에서 인류의 먹거리를 찾고 만들기 위해 부단히 움직이고 있는 주인공들이다.

필자는 지난 1992년부터 잡지, 신문, 방송사에서 11년 동안 취업전문기자 및 취업방송진행자로 활동했다. 출입처는 대기업 인사부와 노동관련 각종 국가 및 공사기관이었으며 더하여 수많은 직업인들을 취재했다. 기자생활을 하면서 늘 고민했던 것은 우리 사회가 단순한 정보로만 다루고 있는 취업분야를 어떻게 하면 학문영역으로 끌어올릴 수 있을까 하는 것이었다. 낮에는 취업전문기자로 취재하고 밤에는 취업방송을 진행하며 나아가 취업분야의 좀 더 깊이 있는 이론과 실제를 배우기 위해 관련 전공 Ph.D. 과정도 동시에 해나갔다. 지금 생각하면 30대 시절은 내 인생에 가장 바쁘고도 행복했던 시절이었던 것 같다.

집적된 경력관리와 현장 지식들은 IMF사태를 기점으로 내가 유년시절부터 꿈꿨던 직업인 선생님의 길로 입문할 수 있는 직접적인 원동력으로 작용했으며 '취업전문교수'라는 새로운 직업세계의 개척과 함께 대학교로 진출하는 길을 열어주었다. 이른바 샤인(Schein)이 말한 '경력닻(Career Anchor)이론'

의 정석 코스라고 여겨진다. 기자생활을 하면서 나의 최대 관심사는 노동의 수요 및 공급처인 기업과 대학이 동시에 관심을 갖는 영역인 채용제도, 필기시험, 면접제도, 인재상 등의 분야였으며 따라서 이 분야를 거의 11년 동안 집중적으로 연구하다시피 취재했다. 그 덕분에 그때 쌓은 지식들을 지금도 커리큘럼을 만들 때 프레임워크로 활용하고 있다.

취업전문교수로 대학에 온 후 내 직업 인생의 버킷리스트 1호였던 취업학회를 창립했다. 2011년 노동부가 인가한 사단법인 '한국취업진로학회'는 이제 우리 사회 취업 · 진로분야의 저명한 학회로 자리매김했다. 본 학회는 취업분야를 학문영역의 대상으로 본격 연구하며 나아가 수준 높은 취업문화를 창달하는 데 있어 자양분 역할을 해오고 있다.

본서에 수록된 내용은 필자가 학문적으로 정립하고자 했던 취업문화와 그 하위문화 가운데 핵심인 공채문화(채용제도 · 필기시험 · 면접제도 · 인재상)에 대한 내용을 대부분 담았다. 그동안 주요 학회에서 발표한 취업 · 진로 · 직업관련 핵심논문을 재정리하여 수록한 것이다. 한국 공채문화 40여 년의 역사를 이론과 실제 측면에서 분야별로 체계적으로 30여 년간 연구해온 결과물이다.

여기에 담은 채용, 필기, 면접, 인재상 등에 대한 한국 취업문화 40년사는 우리나라 고학력 대졸 취업시장의 40여 년의 역사를 다양한 각도에서 섬세하게 총망라한 내용들인 만큼 후행 연구자들이 관련 분야를 연구하는 데 있어 선행연구와 참고문헌 등으로 활용되리라 본다. 취업 및 직업의 트렌드는 산업사회의 자화상이요, 생물과 같은 것인 만큼 지속적인 탐구와 연구를 요하는 분야이다. 나는 학부에서는 '취업 · 진로수업'을, 대학원에서는 '경력관리'를 강의하며 교육 · 연구 · 상담에 관한 학술활동을 계속하고 있다. 아름답고도 감사한 인생이 아닐 수 없다.

오늘날 내가 이 자리에서 행복한 일을 할 수 있게 은혜를 나눠주신 수많은 기관 및 관계자분들과 내가 활동할 수 있게 길을 열어주신 잡지사, 신문사, 방송국 관계자분들께 감사드린다. 그리고 작고하신 그리운 부모님과 평생 응원단인 형제자매님들과 지도교수이신 김수곤 교수님 그리고 아내인 김영아 선생과 나의 분신들인 문환, 문경, 서윤에게 깊은 감사를 표한다. 아울러 세심한 배려와 관심을 가지고 본 서적을 출판해주신 도서출판 청람의 이수영 사장님과 편집부 선생님들께도 이 자리를 빌려 고마운 마음을 전한다. 더하여 나의 영원한 사랑이자 아름다운 동반자인 경희대학교 교정에도 무한한 감사를 드린다.

경희대학교 네오르네상스관 연구실에서

2021년 4월

저자 이종구

| 차 례 |

CHAPTER 01 한국 취업문화 40년 전개과정과 시대별 특징분석
-1980년대 이후 대기업 중심으로-

CHAPTER 02 한국 공채문화 40년 전개과정과 시대별 특징분석

–1980년대 이후 대기업 공채문화(채용제도 · 필기전형 · 면접방식 · 인재상) 중심으로–

CHAPTER 03 한국 대기업 채용패턴 40년 전개과정과 시대별 특징분석

–1980년대 이후 삼성 · 현대 · LG · SK 중심으로–

CHAPTER 04

한국 대기업 면접전형 40년 전개과정과 시대별 특징분석
-1980년대 이후 삼성·현대·SK·LG 중심으로-

CHAPTER 05 한국 대기업 인재상 40년 전개과정과 시대별 특징분석
–1980년대 이후 삼성·현대·LG·SK 중심으로–

CHAPTER 06 한국 대기업 인턴사원제도 40년 전개과정과 시대별 특징분석
–1980년대 이후 대기업 중심으로–

CHAPTER 07 한국 채용제도 40년 전개과정과 시대별 특징분석
-스펙중심채용, NCS기반채용, 블라인드채용을 중심으로-

CHAPTER 08 한국 대학 취업진로기구 40년 전개과정과 시대별 특징 분석
-1980년대 이후 현재까지-

CHAPTER 09 한국 직업변천 80년사와 시대별 특징분석
-해방 이후(1945년)~현재까지-

CHAPTER 10 삼성 공채 50년 전개과정과 한국 취업문화 기여도 분석

–취업문화(공채문화·진로문화·직업문화)중심으로–

CHAPTER 11 삼성 인재경영 80년 전개과정과 시대별 특징분석
-호암 이병철의 경영이념 중심으로-

[표 차례]

[그림 차례]

한국 취업문화 · 공채문화 40년사
채용역사와 뉴 패러다임

CHAPTER

01

한국 취업문화 40년 전개과정과 시대별 특징분석

-1980년대 이후 대기업 중심으로-

Ⅰ 문제제기 및 연구목적

Ⅱ 선행연구 및 취업환경 사적 고찰

Ⅲ 취업문화의 구성영역분석과 특성 비교분석

Ⅳ 결론 및 제언

핵심 요약

본 장은 1980년대 이후 급격한 변화과정을 거쳐온 한국 취업문화의 역사를 종합적·체계적으로 고찰하는 데 목적을 두고 있다. 한국의 취업문화는 시대별 산업환경의 변화에 따라 전개과정과 특징을 명확히 달리해왔다. 취업문화의 생성기로 볼 수 있는 1980년대는 취업문화의 구성요소들이 출현하는 양태를 보이고 있다. 1990년대는 급변하는 국내외 산업환경으로 인해 취업문화가 전환기를 맞는 시대이다. 2000년대는 선진국 진입으로 그동안 취업문화를 주도해왔던 공채문화가 약화되는 대신, 진로문화와 직업문화가 부상하고 있다. 1980년대 이후 한국의 취업문화는 다음과 같은 특징과 시사점을 지닌다.

첫째, 시대별로 취업문화의 특징이 명확하며 산업환경변화를 일으킨 큰 요인들이 문화형성에 직접적인 영향을 미쳤다. 둘째, 1980년대 이래 경쟁적인 취업환경으로 인해 경쟁적인 취업문화가 조성되었다. 셋째, 2000년 이후 진로문화와 직업문화가 취업문화를 주도하고 있다. 넷째, 한국의 취업문화는 공채문화·진로문화·직업문화가 서로 깊은 상관관계를 맺고 있는 유기적인 체계이다. 본 장은 지난 1980년대 이래 한국의 취업역사를 취업문화적인 관점에서 시대별·구성요소별·특성별로 체계화하는 동시에 비교분석하는 데 취지를 두고 있다. 또한 향후 보다 발전된 취업문화를 유인하고 정착시키는 데 필요한 취업문화의 구성요소별 사적 자료 및 정보를 구축한다는 의미도 함께 내포하고 있다.

I 문제제기 및 연구목적

1. 연구배경 및 연구목적

1980년대 이후 한국의 취업문화(employment culture)역사는 격변의 시대를 거쳐왔다. 대기업 출현의 효시로 볼 수 있는 삼성물산이 1957년 1월, 국내 최초로 사원공개채용[1])을 실시한 이래 우리 기업들의 공채사는 지난 50여 년 동안 많은 변화를 겪어왔다. 1950년대 한국 채용사는 기업들이 형성되는 시점에 있었던 만큼 공채문화와는 사실 연계하기가 어렵다. 1960~70년대 한국 기업사는 정부가 주도하는 개발경제정책과 수출드라이브정책에 주력한 나머지 인적자원의 효율적인 운영관리 측면보다는 고성장 위주의 노동집약적 개발개혁경제가 핵심이었던 만큼 이 시기도 취업문화의 근간이 되는 인적자원관리에 대한 중요성은 여전히 기업경영에 있어 주목의 대상이 되지 못했다.

한국 취업사에 취업문화관점의 태동요소들이 다양한 분야에서 표출된 시기는 1980년대부터이다. 취업문화의 근간으로 채용과 연결되는 제도적 특성을 반영하고 있는 공채문화(recruiting culture), 대학생들의 행동규범과 가치의식을 직간접적으로 볼 수 있는 진로문화(career culture), 기업의 선호도와 직업의 선호도를 통해 조명되는 구직자들의 일에 대한 가치관과 신념을 엿볼 수 있는 직업문화(occupation culture) 등이 1980년대를 기점으로 이전 시대와는 상이한 모습을 보여주고 있다.[2]) 취업문화를 이해하기 위해서는 그 시대

---

1) 삼성 연혁에는 1957년 1월 2일, 삼성이 국내 최초로 1기 사원공개채용(27명)을 실시한 것으로 기록하고 있다.

2) 1980년대 이후 취업사를 취업문화적인 관점에서 정립시킬 수 있는 다양한 요소들이 형성되었다. 이를테면 취업문화를 형성하는 행동규범(대학 내 취업준비를 위한 각종 스터디 출범, 취업정보실 및 학생생활연구소 탄생, 취업상담교수제 및 기업 · 직업선호도조사 실시)과 가치의식(대기업 우위의 취업의식 조성), 제도적 특성(공채전형과 시기 등이 정형화된 모습을 갖춤) 등 취업문화관점의 태동적인 요소들이 다양한 분야에서

그림 1-1 | 고용환경 주체와 취업문화의 구성요소

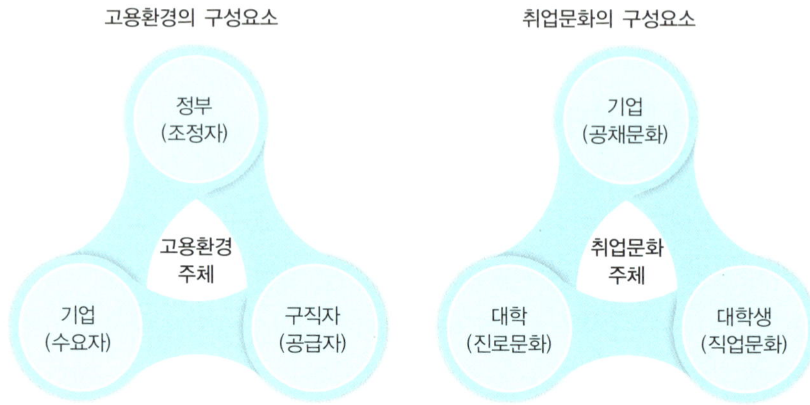

출처: 이한검 · 노남석(1996); 최종태(2000) 참조, 저자가 재구성

의 산업상과 사회상을 조명하는 것은 필수적인 사항이다. 이는 취업문화의 근간이 되는 기업의 공채문화와 대학이 담당하고 있는 진로문화 그리고 대학의 구성원인 대학생들의 직업문화 등이 그 시대의 속성을 반영하고 있기 때문이다([그림 1-1] 참조).

본 장의 연구목적은 1980년대 이후 급격한 전개과정을 거쳐온 한국 취업문화를 종합적으로 탐색하고 고찰하는 데 그 취지를 두고자 한다. 취업문화가 각 시대의 산업환경에 따라 문화와 특성을 달리하는 만큼 접근방법 또한 시대별로 취업문화의 구성요소를 이루는 공채문화와 진로문화, 직업문화 등으로 영역을 분류하여 사적인 전개과정과 문화적인 특징 등을 비교분석함으로써 지난 1980년대 이후 30여 년에 걸친 한국 취업문화를 종합적으로 고찰하고 체계화하는 것이 본 장의 연구목적이다. 이는 지난 30여 년 동안의 국내 취업문화를 시대별 · 구성요소별 · 특성별로 체계화시킨다는 의미와 더불어

본격적으로 출현하였다. 또한 삼성 · 현대 · LG · 대우 등 주요 기업 인사부서장 초청, 경희대 고학년 취업캠프 세미나(참고문헌, 부록 참조)에서 가진 토론과 대면인터뷰에서 취업사를 취업문화적인 관점으로 바라볼 수 있는 시대가 1980년대부터라는 공감된 의견을 도출하였다.

향후 보다 발전된 취업문화를 유인하고 정착시키는 데 필요한 사적 자료와 문화적인 정보를 구축해준다는 취지도 함께 내포하고 있다.

2. 연구범위 및 체계도

본 장은 1980년대 이후 시대별로 전개되어온 취업문화를 형성하는 구성요소를 고찰하고 분석하는 측면에서 접근하는 만큼 취업문화의 핵심축을 이루는 기업의 공채문화, 대학의 진로문화, 대학생의 직업문화 등에 한정하여 연구하고자 한다. 따라서 '경제적인 효율성'이나 '사회적인 효율성'에 근거해 접근하는 '인사관리문화'나 '노동문화'와는 구별된다. 진로문화와 직업문화 또한 대학을 중심으로 접근하는 만큼 대학에서 전개되어온 다양한 진로문화와 대학생들의 직업문화가 연구대상이다.

본 장의 공채문화의 대상은 대기업들이며 구체적으로 삼성 · 현대 · SK · LG · 대우 등을 중심으로 취업사를 전개하였다. 이들 기업의 경우 1980년대 이후 한국경제를 주도해왔을 뿐만 아니라 한국 취업문화를 형성하고 변화시킨 큰 요인들을 직접적으로 파생시킨 기업이기 때문이다. 한국의 취업문화는 이들 5대 기업이 중심이 되어 발전해왔으며 다른 기업들의 채용시스템에 직간접으로 영향을 미쳐왔다.

한편 본 장의 사적 연구기간의 범위는 한국의 취업문화가 본격적으로 형성된 1980년대부터 2008년 6월 현재까지를 분석대상으로 하고 있다. 또한 1980년대 이후 한국 취업문화를 구성요소별 · 시대별 · 환경별 · 특성별로 분류하여 고찰하는 동시에 비교분석한 후, 취업문화를 형성하는 구성요소들이 문화적인 관점에서 시사하는 시사점도 함께 제시했다. 본 장의 연구 접근기법은 선행연구가 매우 취약한 상황에서 선험적인 접근을 통해 시도한 만큼 탐색적인 연구방법(exploratory study)을 사용했으며 연구과정 및 체계도는 [그림 1-2]와 같다.

그림 1-2 | 한국 취업문화 연구구성 및 체계도

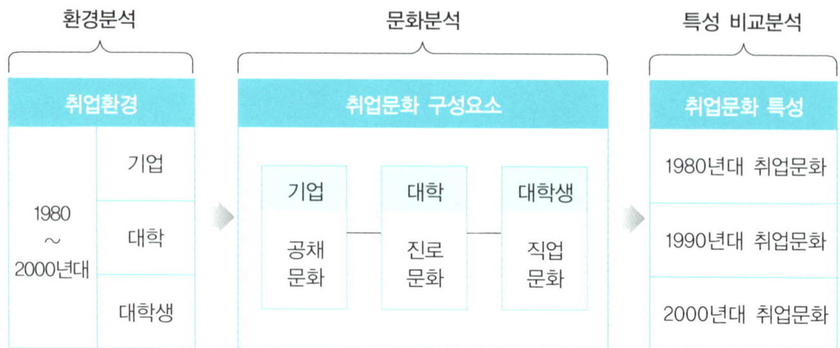

Ⅱ 선행연구 및 취업환경 사적 고찰

1. 선행연구

한국의 취업사에서 취업문화가 우리 사회의 새로운 문화영역으로 분류된 시점은 1980년대부터이다. 이는 취업문화를 구성하는 다양한 요소들이 1980년대부터 생성되는 양태를 보였기 때문이다. 취업문화의 연구에 있어 먼저 선행되어야 할 것은 문화의 정의이자 개념일 것이다.

Linton(1949), Light & Keller(1975), Spencer(1979), Litwin & Stringer(1990), 이한검·노남섭(1996) 등은 문화(culture)란 "사회를 구성하고 있는 모든 사람들이 공동으로 갖고 있는 가치관과 신념, 이념과 습관 그리고 지식과 기술을 포함한 거시적이고 종합적인 개념으로 사회구성원의 행동형성에 영향을 미치는 중요한 요소이며, 축적·변화·적응·전달되는 성격을 갖는다"고 정의하고 있다. 기업문화(corporate culture)에 대해서는 Robbins(1996), 신유근(외 5인, 1995), 백기복(1996), 이한검·노남섭(1996), 신태균(2006) 등은 "기업조직의 구성원들이 공유하고 있는 신념, 가치의식, 행동규범 등 정신적 · 심리적 하위체계"라고 정의하고 있다. 또한 조직문화에 대한 연구는 1980년대에 접어들면서 Shein(1985)에 의해 본격적으로 시작되었다.

문화의 개념을 이렇게 정의했을 때 취업문화란 "취업환경을 구성하는 주체들이 공유하는 행동규범과 가치의식, 신념, 제도 등"이라고 정의할 수 있을 것이다. 따라서 취업문화는 이를 구성하는 주체들의 가치관, 신념, 규범, 지식, 습관, 제도 등 내면적 · 규범적 · 제도적 특성을 반영하고 있는 만큼 이들 주체들이 지각하는 고용환경요소들의 영향을 받아 자연발생적으로 형성되기도 하지만 환경의 변화와 시간의 경과에 따라 형성과 적응, 변화를 거듭하는 성격을 지녔다고 볼 수 있다.

1980년대 취업문화가 형성되는 모습과 과정은 여러 곳에서 발견할 수 있다. 연례행사화된 대기업의 대규모 정기공채([표 1-1] 참조), 구직자들의 뚜렷하고 공통된 특정기업 및 특정직업 선호현상([그림 1-4], [표 1-7] 참조), 대학가에 1세대 취업정보실의 출현([표 1-5] 참조) 등 2000년대 취업문화의 구성요소를 이루는 다양한 초기 모습들이 여러 곳에서 형태를 드러내고 있다. 하지만 한국 취업문화의 전개과정과 특성을 종합적 · 체계적으로 직접 다룬 연구는 전무한 실정이다. 따라서 취업문화의 하위문화 및 하위체계와 부분적으로 관련된 논문을 통해 선행연구에 접근해보기로 한다.

어수봉(1991)은 1980년대 노동시장의 변화와 정책과제에 대해서 연구한 바 있다. 이 연구는 1980년대 취업구조 및 고용형태의 변화에 대한 내용이며 취업구조의 변화를 세대별 · 산업별로 접근하고 있다. 이 연구의 경우 1980년대 취업구조 및 고용환경의 이해에 유익한 정보를 주고 있다. 김성수(1995)의 경우는 인사관리의 사적 고찰에서 채용부터 취업에 이르는 전 과정을 인사관리 측면에서 전개하고 있다. 이 논문은 역사적 특성에 따라 전개되어온 인사관리의 학문적인 체계 정립에 초점을 둔 연구라고 할 수 있다. 따라서 취업문화보다는 인사관리의 사적 연구에 무게중심을 둔 탐색적인 고찰이다. 이지훈 · 이종구(2006)는 시대별 세대들의 행동을 다양한 문화코드로 나눠서 행태적인 특성과 직업적 형태 분류에 초점을 두고 있다. 특히 세대들의 행태 및 특성을 다양한 문화코드로 나눠서 분석한 관계로 시대별 직업문화를 유추할 수 있는 근거를 주고 있다. 유동현(1998)은 1990년대 후반에 등장한 신세대 대학생들의 직업선호도와 인지도에 대해서 연구했다. 신세대들의 직업선택에 영향을 주는 변수는 여가와 자율성, 급여와 복지 등 매우 현실적인 요소가 영향을 준다는 것이다. 이는 1990년대 대학생들의 직업문화를 가늠해볼 수 있는 대목이다. 이외 취업문화의 구성요소인 공채문화에 관하여 부분적으로 다룬 서춘현(1995)의 신채용제도에 대한 기업의 사례분석이 있으며 이지연(2001)의 경우는 취업문화의 구성요소인 대학 진로문화의 하위체계 가운데 하나인 진로지도에 대해서 접근한 바 있다.

지금까지 살펴본 선행연구의 대부분은 취업문화의 구성요소인 공채문화, 진로문화, 직업문화에 대해서 직접적으로 연구한 논문은 아니다. 다만 취업문화를 형성하는 각 구성요소들의 하위문화(subcultures) 및 하위체계와 부분적으로 관련되어 있는 연구라고 볼 수 있다. 따라서 다음 III절에서는 탐색적인 연구방법(exploratory study)을 통해 취업문화의 구성영역(요소)분석과 사적 전개과정에 대해서 직접적으로 접근해보기로 한다.

2. 기업의 채용환경과 대학의 취업환경

1980년대 기업의 채용환경과 대학의 취업환경은 1981년 졸업정원제와 1987년 경제민주화를 기점으로 크게 양분된다. 전반기의 상황은 졸업정원제 실시와 이에 따른 입학정원 증가로 대졸인력이 노동시장으로 과잉공급되면서 취업난을 부추기는 원인으로 작용했다. 장기화된 국내외 경기침체상황에서 고학력인력의 과잉공급현상은 대기업들의 채용환경을 압박시켜 대졸자들의 실업사태를 불러일으켰다. 후반기인 1987년 경제민주화선언은 한국 노사분규의 분수령이 되었으며 기업의 임금상승과 국제경쟁력을 약화시켜 고학력 취업문제를 본격화시키는 계기가 되었다. 1986년 대졸 실업률 6.9%는 1980년대 가장 높은 수치이며 이는 1980년대 초 이루어진 대학정원의 급격한 상향조정 탓에 기인한 결과였다. 하지만 1980년대 대기업들의 인력수요 자체가 감태한 것은 아니다. 1980년대 대학의 연평균 취업률이 11.8%의 높은 성장률을 기록한 것만 보아도 알 수 있다. 이는 폭발적인 대졸인력 공급에 반해 상대적으로 적은 기업들의 인력수요가 점차 취업률은 높였지만 동시에 실업률도 증가시키는 역설적인 메커니즘을 안고 있었기 때문이다. 실제로 한국 경제는 1986~88년 사이 3저 호황 속에서 12%대의 고도성장을 이룩한 바 있다.

1990년대 한국의 경제환경은 1960년 이래 지속해온 고속성장에 기인하여 세계 10대 경제대국으로 접어드는 가운데 국민소득 1만 달러 시대에 진입하는 시기였다(김장호 편저, 2005). 하지만 경제민주화 이후 절정을 이룬 노사분규사태와 이에 따른 임금상승으로 1990년 이후에는 무역수지적자에 이어 1993년에는 5%대의 낮은 성장률로 돌아섰다. 또한 1990년대 중반, 국제노동시장의 환경변화를 불러온 블루라운드(Blue Round)는 우리 기업들의 인적자원관리정책에 일대 변화와 수정을 가져오는 계기로 작용했다. 1990년대 후반은 IMF사태가 채용환경을 급변하게 했다.

1997년 발생한 IMF사태는 국내 기업들의 인사관리정책에 일대 혁신을 일으켰다. 기업들은 생존을 위한 감량경영의 일환으로 대대적인 구조조정 작업에 착수했다. 그룹 해체와 조직의 슬림화, 조기퇴직, 명예퇴직, 신채용기법 등 기업 · 대학 · 사회 전반에 걸쳐 큰 파장을 일으켰다.

2000년대 국내 경제는 선진국 문턱에서 겪는 이른바 저성장 · 고비용 · 저효율현상이 뚜렷하게 나타나고 있다. 기업의 채용환경은 IMF사태 이후 슬림화된 기업조직에 맞는 소수, 수시채용형태가 정착된 가운데 핵심인재만 선발하다 보니 고학력 노동시장은 전례 없이 취업난사태가 속출하고 있다. 한국사회에서 대졸 실업이 사회문제로 비화된 지는 이미 오래되었다. IMF사태 이후 정부는 고학력 취업난 타개를 위한 다양한 고용정책을 실시해왔다. 2006년 이후에는 대학사회에 취업지원금을 투입하는 특단의 대책을 계속하고 있지만 대졸 취업환경은 개선되지 않고 있다.

Ⅲ 취업문화의 구성영역분석과 특성 비교분석

본 절에서는 한국의 취업문화를 종합적 · 체계적으로 고찰하기 위해 탐색적인 연구기법을 사용하여 접근했다. 투입된 연구기법은 실증분석(empirical analysis)이 아닌 자료적인 접근(문헌조사)과 대면인터뷰(face to face interview), 현장탐사(field study), 서베이리서치(survey research) 등 탐색적인 연구방법이 지향하는 종합적인 연구기법을 사용했다. 연구모형의 프로세스는 최근 국내 사회와 우리 대학 및 대학생들의 최대 관심사인 취업분야를 취업문화적인 관점에서 구성영역별로 각 요소들을 세부분석하는 형태로 프레임워크를 전개했다([그림 1-3] 참조).

그림 1-3 | 연구모형 및 체계도(1980~2000년대)

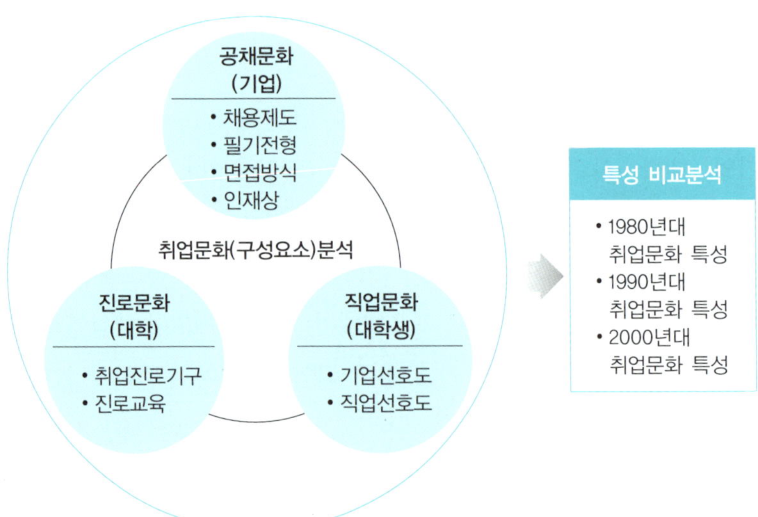

1. 기업의 공채문화

1) 채용제도

기업의 채용제도는 산업발전의 수준과 정도를 반영한다. 선진국의 초일류 기업이 채용하는 방식과 후진국의 일반기업이 채용하는 방식은 다르다. 채용 방식을 분석해보면 국가의 산업화 정도와 기업의 규모, 문화, 수준 등을 가늠해볼 수 있다.

한국의 채용제도([표 1-1] 참조)는 1980년대부터 형태를 갖추기 시작했다. 대기업들은 1980년 이후 약 10여 년간 그룹 일괄 정기공채를 상하반기로 나누어서 실시했다. 한국의 대기업들은 3저 호황과 졸업정원제가 빚어낸 대졸 과잉공급현상을 대규모 정기공채, 보통형 인재 선호, 그물형 채용방식으로 대처했다. 삼성물산이 1957년 사원선발을 시작한 이래 한국 채용사 50년에 비춰보았을 때 1980년대 만큼 대규모 채용을 한 적은 없었다. 눈에 띄는 것은 1984년 럭키금성그룹(현, LG)이 국내 기업 최초로 인턴사원제를 도입했다는 사실이다(이종구, 1993). 인턴사원제는 1991년 이후 대우그룹에 의해 기업문화로 자리를 잡았다. 대우그룹은 1999년 그룹이 해체될 때까지 이 제도를 사원공채의 주력 수단으로 사용했다. 한국의 대기업들은 1994년 '상시채용제'와 1995년 '열린채용'을 도입, 기존 채용형태에 대대적인 변화를 단행했다. 주목되는 사건은 1995년 삼성이 선언한 '열린채용'이었다. 삼성의 열린채용 방식은 신인사제도와 슬림화된 기업조직에 부합하는 최정예 인력을 뽑기 위한 신인사기법의 하나로 이후 다른 대기업들의 채용형태변화를 불러온 직접적인 계기로 작용했다.

1990년대 중반 이후 한국 경제사는 블루라운드 출범과 IMF사태, 대기업 해체와 부도 등 악재가 연속적으로 이어졌다. 대기업들의 혁신적인 구조조정은 기존 채용제도를 송두리째 바꿔놓았다. 상시 · 수시 소수채용, 특이형 인재선발, 낚시형 채용방식 등은 1980년대 채용방식과는 대립되는 형태이며 1990년

표 1-1 시대별 채용제도 전개과정

<table>
<tr><th colspan="2">구분</th><th>기존채용방식
(1980~1993년)</th><th>신채용기법 I
(1994~2001년)</th><th>신채용기법 II
(2002~2008년 6월)</th></tr>
<tr><td rowspan="2">채용형태 변화</td><td>주요 채용 패턴</td><td>• 대규모 정기공채
• 범인형 · 보통형 인재
• 그물형 채용방식
• 1984년 럭키금성 국내 최초 인턴사원제 도입</td><td>• 상시 · 수시, 소수채용
• 특이형 인재
• 낚시형 채용방식
• 인턴사원제 활성화 시기</td><td>• 인턴채용 급증(선검증, 후채용)
• 직무중심의 역량면접 강화
• 외국어 구사능력 중시
• 캠퍼스 리크루팅 및 추천채용</td></tr>
<tr><td>채용 형태</td><td>그룹 일괄공채 (상하반기)</td><td>그룹공채 및 계열사별 공채 IMF 이후 병행</td><td>계열사별 공채 혹은 인턴사원제</td></tr>
<tr><td>1987년 이후 ~ 2008년 6월 취업환경</td><td colspan="4">▶ 1984년 럭키금성(현, LG) 국내 최초 인턴사원제 도입(1991년 대우그룹 도입), 1991~96년 채용박람회 활성화, 1994년 주요 기업(삼성·현대·SK·LG·대우) 상시채용제 도입, 1995년 열린채용(삼성), 1998년 IMF형 정부인턴사원제 도입, 1999년 대학주도형 인턴사원제 도입 및 주요 기업 신채용기법 I(삼성·현대·SK·LG·대우) 도입
▶ IMF 이후: 경기침체 및 기업조직 슬림화로 대졸 취업난 가속화, 대졸인력 과잉배출, 고학력 노동시장 수급불균형 심각, 2002년 신채용기법 II(삼성) 출현
▶ 2000년 이후: 기업의 세계화 · 인재의 국제화로 취업 시 외국어능력과 비즈니스 스킬 중점평가</td></tr>
</table>

주: 대면인터뷰(부록의 탐색연구방법 참조) 및 문헌조사(참고문헌 참조)를 통해 저자가 재구성

대 우리 기업환경의 역동적인 현주소를 보여주는 대목이다. 1998~99년 출범한 IMF형 인턴사원제는 특별한 시대상황이 낳은 특이한 채용방식이다. 인턴사원제를 주도한 주체에 따라 '정부형'과 '대학형'이 있다. IMF체제인 1998년은 정부가 일자리창출을 지원하는 'IMF형 정부인턴사원제'가 나왔고 1999년의 경우는 대학이 취업난사태를 타개하기 위해 '대학주도형 인턴사원제'를 가동했다.

2000년대 한국의 대기업들은 21세기 기업경영에 맞는 신채용기법을 잇달아 내놓았다. 1990년대 내내 비효율적 채용방식이라는 논란에 휩싸였던 그룹 일괄공채 대신 계열사별 필요인력을 적기에 수시모집하는 탄력적인 채용제

도로 선발패턴을 변경했다. 2008년 6월 현재, 한국 대기업은 계열사별 수시채용과 '선검증 · 후채용'으로 집약되는 인턴사원제를 병행해서 신규인력을 모집하고 있다. 1999년 출범된 신채용기법 Ⅰ의 핵심은 "우수인재를 소수, 수시형태로 선별채용"한다는 내용이며 2002년 표방한 신채용기법 Ⅱ는 "채용직무에 적합한 역량 있는 인재선발"을 위한 신면접 도입에 초점을 두고 있다.

2) 필기전형

공채문화의 중요한 구성요소 가운데 하나는 필기시험이다. 한국 기업사에 사원공채를 위해 필기시험을 처음 도입한 기업은 삼성물산(1957년 1월 2일)이다. 한국 대기업들의 사원선발전형에 필기시험이 본격적으로 투입된 시기는 1980년대부터이다([표 1-2] 참조). 개발경제시대, 고속성장을 해온 대기업들은 기업규모에 걸맞는 인력수요와 1980년 이후 과잉공급되는 대졸인력을 선발하기 위해 그동안 서류, 면접만으로 치러오던 채용방식에 필기시험을 도입하기에 이른다. 필기시험 도입은 기본지식 테스트를 통해 당락을 결정짓는 만큼 인재선별과 업무수월화에 매우 용이했기 때문이다. 물론 이전에도 필기시험은 있었다. 관공서와 은행, 언론사를 비롯한 공공 성격을 가진 기관이나 혹은 삼성을 비롯한 극히 일부 대기업들이 필기시험을 시행하고는 있었지만 일반적이고 보편화된 추세는 아니었다. 1980년대 대기업들의 필기과목은 영어와 전공 혹은 영어와 상식이었다. 영어는 토익이나 토플형태가 주류를 이루었다.

1995년 들어 주요 그룹사들은 필기시험을 일제히 폐지했다. 삼성은 공식적으로 '열린채용'을 선언했다. 열린채용의 핵심내용은 학력제한 및 성차별 철폐, 열린면접, 신인재상 정립, 필기시험 폐지 등으로 집약된다. 필기시험 폐지는 다른 대기업들에게 동시다발로 파급되었다. 이른바 삼성직무적성검사(SSAT), 선경의 종합적성검사, 쌍용의 직무적성검사, 코오롱의 인적성검사, 한진의 직

표 1-2 시대별 필기전형 전개과정

<table>
<tr><th colspan="2">구분</th><th>1980~1994년</th><th>1995~2001년</th><th>2002~2008년 6월</th></tr>
<tr><td rowspan="2">채용형태 변화</td><td>필기 시험 경향</td><td>• 필기-면접
• 그룹 일괄 필기시험
• 영어 토익/토플 주류</td><td>서류-직무능력검사-면접(주요 그룹 필기시험 폐지)</td><td>• 서류-인적성검사-면접
• 인적성검사 입사당락 영향 미침
• 지식, 인적성 동시평가에 부합</td></tr>
<tr><td>필기 형태</td><td>영어-전공 또는 영어-상식</td><td>직무능력검사 도입</td><td>인적성검사 확대(필기시험 대체)</td></tr>
<tr><td>1995년 이후 ~ 2008년 6월 취업환경</td><td colspan="4">▶ 1995년 주요 기업(삼성·현대·SK·LG·대우·쌍용·코오롱·한진·기아·포스코) 필기시험 폐지, 신인재평가 위한 종합직무능력검사 도입, 2002년 신채용기법 Ⅱ(삼성) 출현
▶ 직무능력검사, 지식 및 학력 위주 채용관행 탈피, 단편적 지식평가 지양, 종합적 사고능력 중시
▶ 주요 기업 각 기업문화에 맞는 종합직무능력검사(기초능력, 직무능력, 인성평가) 실시
▶ 2006년 이후 주요 기업(삼성·현대·SK·LG·대우·쌍용·코오롱·한진·기아·포스코) 인적성검사 다양화 및 일반화, 2008년 현재 일부 기업 토익 및 지텔프(스피킹분야 평가) 혹은 OPIc 테스트(2008년 6월 현재)</td></tr>
</table>

주: 대면인터뷰(부록의 탐색연구방법 참조) 및 문헌조사(참고문헌 참조)를 통해 저자가 재구성

무수행능력검사, 기아의 직무능력검사, 포스코의 실무적응능력검사 등 기존 필기시험을 대체하는 새로운 입사시험이 공채시장에 모습을 드러냈다.

대기업들이 도입한 직무적성검사의 내용은 명칭만 다를 뿐 대부분 유사한 형태이다. 그동안 고속성장시대, 대규모 채용에 적합하던 단편적이고도 단순한 지식 위주의 필기시험방식으로는 취업난이 가중되고 있는 공채시장에서 우수인재확보에 한계가 있었기 때문이다. 1995년 이후 대기업들은 지원자들의 종합적 사고능력과 기업가치 및 기업문화에 부합하는 인재 확보를 위해 한층 더 깊이 있는 다양한 평가기법 개발에 박차를 가했다. 2008년 6월 현재, 대기업들의 직무능력검사시험은 입사당락에 영향을 미치고 있으며 지식과 인적성을 동시에 검증하는 종합평가방식을 추구하고 있다.

3) 면접방식

1980년대 대기업들의 면접방식([표 1-3] 참조)은 사회원리에 순응하는 보편적인 가치관을 지닌 인재선발에 주력하는 모습이었다. 따라서 인적성 위주의 기본지식과 기본소양평가가 면접내용의 대부분을 차지했다. 주요 면접경향은 기업정신과 인성평가, 기본지식과 전공평가, 기본소양과 자질평가 등으

| 표 1-3 | 시대별 면접방식 전개과정[3)]

구분		1980~1993년	1994~2001년	2002~2008년 6월
면접 방식 변화	주요 면접 경향	• 기업정신/인성면접 주력 • 기본지식/전공지식 평가 • 기본소양/인격/자질평가	• 주요 기업 면접 다양화 시도 • 삼성 프레젠테이션(PT)면접 도입(수동면접 ⇨ 능동면접) • 대기업 인재상 · 기업문화에 맞는 신면접기법 도입	• 직무 위주의 역량면접 • 전문지식 및 비즈니스 스킬 평가 • 영어회화능력 및 글로벌 마인드 중시 • 프레젠테이션면접 확대강화 • 임원면접(인성면접) 강화
	면접 형태	• 주요 기업(대부분) 1차(사장단) 집단면접	개인면접–집단(토론)면접 또는 개인면접–집단(토론)면접–PT면접(일부 기업)	집단(토론)면접–PT면접–(영어)–임원면접
1980년 이후 ~ 2008년 6월 취업환경	▶ 1980~90년대 학교성적 및 필기성적 의존, 인성·적성 위주의 기본지식 및 기본소양평가(용모, 적극성, 자신감, 책임감, 성실성 등) ▶ 1994년 주요 기업(삼성·현대·SK·LG·대우) 면접 다양화(기업국제화 맞춰 인재상–기업문화 재정립, 시대에 맞는 신면접 도입), 단일면접 주류지만 점차 복수면접 등장 〈개인–집단(토론) 또는 집단(토론)–(PT)–개인면접 등〉 ▶ 2002년 삼성전자 신면접제도 도입, 기존 인성 및 적성평가 위주의 면접 탈피 ▶ 2006년 이후 대기업 직무중심 역량면접 강화(실무면접의 핵심분야로 부상) ▶ 2008년 이후 영어구사능력, 국제화 마인드, 비즈니스 스킬, 직무능력 중점평가			

주: 대면인터뷰(부록의 탐색연구방법 참조) 및 문헌조사(참고문헌 참조)를 통해 저자가 재구성

3) 면접형태의 ( ) 안은 기업에 따라 다소 다르며 면접순서는 제시한 것이 일반적 추세지만 일부 차이가 있다.

로 짜여졌다.

1980년대 대학사회는 이데올로기의 대립과 민주화운동, 노동운동과 노사분규 등 혼란과 혼동으로 점철된 시대였다. 1980년대 면접평가의 경향이 기본소양과 인성, 인격과 자질 등에 무게비중을 둔 이유도 이러한 시대적인 상황과 밀접히 연관되어 있다. 1994년은 면접대란이 일어난 시기였다. 기업들이 국제화, 세계화를 지향하면서 자사의 신인재상과 신기업문화를 재정립했다. 1980년 이후 1994년에 이르기까지 단일면접을 보는 기업이 여전히 주류를 이루긴 했지만 상당수 기업은 복수면접을 도입하기도 했다.

1994년부터는 면접방식에 있어 큰 변화를 보였다. 1980년대 인성면접에서 탈피, 전문성과 실무능력을 검증하는 새로운 국면으로 진입했다. 이른바 무자료면접, 다차원면접, 술자리면접, 카드면접, 노래방면접 등 다양하고 독특한 기업면접이 모습을 드러냈다. 이러한 면접경향은 2002년에 이르러 삼성에 의해 재차 판도변화를 일으켰다. 디지털사회의 패러다임변화에 맞는 새로운 인재평가를 위한 이유였다. 대기업들은 일제히 창의성과 전문성, 문제해결능력 등에 초점을 맞춘 준비된 인재평가에 주력했다. 이러한 면접경향은 2006년 이후 다시 변화를 거듭하고 있다. 2008년 6월 현재, 상당수 대기업들이 인턴사원제 활성화와 지원직무를 집중평가하는 '직무중심의 역량면접'을 도입하고 있다.

4) 인재상

1980년대의 기업들의 인재상([표 1-4] 참조)이 아날로그시대에 맞는 관리자형 인재상이었다면 1990년대 기업들의 인재상은 디지털사회에 맞는 창조적인 인재상으로 변화했다(전남대학교, 1999). 관리자형 인재상에는 협동과 성실, 직업의식과 희생정신, 책임과 의무 등 노동집약적이고도 집단주의에 맞는 인재상이 지배적이었다.

관리자형 인재상은 1990년대 중반에 접어들면서 기업들의 세계경영과 지

표 1-4 시대별 인재상 변화과정

구분	1980~1989년	1990~1999년	2000~2008년 6월
인재상 변화	• 젊음의 패기와 진취적 기상 • 미래지향적 사고/인간 존중정신 • 합리적이고 희생적인 사고 • 성실/책임/근면/협동/인화	• 개성과 끼를 갖춘 인재 • 창조적/도전적/적극적 • 국제감각과 능력을 갖춘 인재 • 인간미/도덕성/신용인	• 전문지식 보유, 창의적 전문가 • 분석적/전략적/혁신적 사고 • 마케팅지향적/고객지향적 인재 • 글로벌 사고/비즈니스 마인드 소유자
1980년 이후 ~ 2008년 6월 취업환경	▶ 1980년 관리자형 인재상, 1990년 창조적인 인재상, 2000년 전문지식 보유한 전략가적 인재상 ▶ 1990년 이후 아날로그시대 인재상 탈피, 디지털화시대에 맞는 인재상 정립 ▶ 1999년 이후 21세기 무한경쟁시대에 맞는 개방적 글로벌 인재상 정립(범용형 획일적 인재 탈피) ▶ 2000년 이후, 21세기 정보 · 지식형 인재상 정립, 전문가적 지식 갖춘 창의적인 프로페셔널		

주: 대면인터뷰(부록의 탐색연구방법 참조) 및 문헌조사(참고문헌 참조)를 통해 저자가 재구성

식경영, IT혁명으로 통칭되는 정보통신혁명으로 인해 '창조적인 인재상'으로 급격히 선회했다. 로컬에서 글로벌화로 이어지는 국제화현상은 자본보다 아이디어가 지배하는 지식경영 쪽으로 대기업들의 경영방침과 사업방향을 수정시켰다. 이 과정에서 기업들은 범용형 획일적 인재상에서 탈피, 창조적 · 도전적 · 국제적 감각을 지닌 개방적 글로벌 인재상으로 면접방향을 수정시켰다.

2000년 이후 대기업들의 인재상은 전면적으로 비즈니스 마인드 우위에 초점을 맞추고 있다. 이 과정에서 전문지식을 보유한 고객지향적 · 전략적 · 혁신적 · 창의적인 기업가정신을 소유한 인재를 선호하고 있다. 21세기 무한경쟁시대를 맞아 생존하기 위한 절박한 우리 기업들의 경영환경을 간접적인 인재상의 모습으로 극명하게 보여주는 대목이다.

2. 대학의 진로문화

1) 취업진로기구

1980년대 이후 국내 대학들의 취업진로기구의 형태변화는 크게 4개 과정으로 구분된다([표 1-5] 참조). 형태변화를 가져온 원인은 1980년대 이후 급변한 국내외 산업환경변화와 이에 따른 기업조직의 재편이 대졸 취업난사태로 이어졌기 때문이다. 따라서 대학들의 취업진로기구의 형태변화와 기능 및 역할 변경도 불가피해졌다.

취업진로기구의 1세대 시기는 1980년대이다. 1세대 형태는 학생처 내에서 이 기구가 생성하는 모습을 보이고 있는데 그 기능과 역할은 매우 단순했다. 공식적인 명칭도 존재하지 않았을 뿐더러 업무에 배정된 인력도 없었다. 2세대 취업진로기구가 출현한 시기는 1990년부터 IMF체제 전까지로 볼 수 있다. 2세대 형태는 학생처 내에서 '팀'단위(혹은 취업담당관)로 조직을 정비하는 시기였다. 1990년대 팀단위의 출현 배경에는 기업들의 대졸채용이 상하반기 대규모 정기공채형태로 변하면서 각 대학들이 취업정보 및 진로교육의 중요성에 점차 눈을 돌렸기 때문이다.

취업진로기구의 3세대 시기는 IMF 이후부터 2004년 7월까지로 나눌 수 있다. IMF체제로 국내 많은 기업들이 대규모 구조조정에 착수하면서 일제히 감원경영에 돌입했다. 3세대 기간에는 기업 측면에서 보았을 때 조직의 급속한 슬림화가 불가피한 시기였다. 이에 대한 파장으로 대학가는 취업난이 심화되는 결과를 가져왔으며 이를 타개하기 위한 방법으로 취업진로기구의 형태를 전면 재편시켰다. 1, 2, 3세대의 형태발전과 조직 출범이 대학차원에서 진행되었다면 4세대 기구출현은 정부주도형으로 시작되었다. 대졸 노동시장의 수급불균형이 이어지면서 대졸 실업사태가 사회이슈로 급부상하자 정부는 2004년 7월, 대졸자들의 취업 활성화와 선진화된 직업 · 진로교육을 위해 국내 전 대학에 취업정보실 확대, 개편 권고안(2004. 7. 20)을 하달했다(교육인

표 1-5 시대별 취업진로기구 전개과정과 형태[4)]

구분	1세대 (1980년대)	2세대 (1990년대~ IMF 이전)	3세대 (IMF 이후~ 2004년 7월 20일)	4세대 (2004년 8월 1일 ~2008년 6월)
소속	학생처 소속	학생처 소속	학생처 소속	총장직속, '처'단위, 독립기구, 학생처 소속
명칭 또는 체제 (정규직 인원수)	• 명칭/전담인력 無 • 학생처 직원 겸업	취업담당관(원) 또는 취업팀(1~2명)	• 취업지원팀 • 취업보도과 • 취업정보실 (2~3명)	• 취업진로지원처 • 종합인력개발센터 • 종합인력개발원 (3~6명)
업무	• 취업통계 • 아르바이트 • 추천사원제지원	• 인턴사원제지원 • 산학협력지원 • 기업방문	• 취업행사주관, 지원(취업 · 기업설명회, 모의면접 등) • 취업진로 강좌 운영 • 정부 청년일자리 프로그램지원	• 취업진로강좌 확대 • 노동부 및 교육부 대학취업지원기능 확충사업 수행 • 취업진로관련 기초 인프라 구축
공채제도 및 취업환경	• 단순채용제도 (필기–면접) 영어–전공 혹은 영어–상식 실시	• 대규모 정기공채 • 보통형(범인형) 인재 • 그물형 채용방식	• 소수, 수시채용 • 특이형 인재 • 낚시형 채용방식	• 소수, 수시채용 정착 • 인적성검사 일반화 • 면접강화(직무역량 면접, 영어면접, 인성면접 등)

적자원부, 2004. 7). 교육부의 권고안이 발동된 직후인 2004년 8월 1일을 기점으로 국내 대학들은 취업진로기구의 4세대 모형을 출범시켰다.

4) 이종구(2007. 9. 1~9. 30), "전국 대학교 취업실(과)장 협의회 회원교 185개 대학 대상 e-mail 조사" 및 서울지역 9개 대학(고려대 · 서강대 · 서울대 · 성균관대 · 연세대 · 이화여대 · 중앙대 · 한국외대 · 한양대: 이상 대학은 교육부 '종합인력개발센터' 설치 권고안 발령 시점(2004. 7. 20) 이후 취업진로기구를 확대한 대학임)을 현장탐사 · 대면 인터뷰(참고문헌, 부록 참조)한 내용을 조합해서 저자가 재구성하였다.

2) 진로교육

우리 대학가에서 진로교육이 주목을 받기 시작한 시기는 IMF사태를 분수령으로 하고 있다. 국내 대학가는 1980년을 전후하여 학생생활연구소가 출현하는 진로교육의 초기모습을 보이고 있다([표 1-8] 참조). 진로교육의 초기형태는 성격 · 적성검사를 비롯한 심리 · 환경 · 생활 · 진로상담 등 극히 단순하고도 부분적인 분야에 그쳤다. 1980년대 대부분의 학생들은 대학 내 학생생활연구소가 어디에 존재하는지조차도 인식하지 못할 만큼 관심의 대상에서 벗어나 있었다. 우리 대학가에서 진로교육의 중요성이 크게 부각된 시기는 1997년 IMF사태를 정점으로 하고 있다. IMF사태는 진로상담의 범위를 취업, 직업, 학습, 교육, 진학 등에 이르기까지 확대시키는 역할을 했다. 동시에 대학 내 진로교육의 시스템을 둘로 나누는 이중구조를 만들었다.

진로교육의 정통분야이자 학문체계에 근거한 상담심리학과 진로심리학에서 다루는 영역은 학생생활연구소가 전담하고, 취업과 관련된 진로교육은 취업정보실에서 진행하고 있다. 본 장이 취업문화와 관련된 연구인 만큼 여기서는 취업진로기구에서 이루어지는 진로교육분야에 한정해서 추이를 분석하고자 한다. IMF사태 이후 대학가의 진로교육은 눈에 띄게 늘어났다. 우선 1980년 이후 사실상 휴면상태에 있던 상담교수제가 최근 심화되어가는 취업난사태와 더불어 진로, 취업, 학습과 연계되어 새로운 제도로 회생하고 있다([표 1-6] 참조).

| 표 1-6 | 전국 대학교 '진로상담교수제도' 실태조사

질문항목	응답결과					
상담교수제 운영여부	운영 36(36%)			비운영 64(64%)		
학기별 교수 1인당 상담횟수	0회 0(0%)	1~10회 29(80.6%)	11~20회 6(16.7%)	21~30회 0(0%)	31~40회 0(0%)	41회 이상 1(2.8%)
학기별 교수 1인당 배정학생수	1~10명 5(13.9%)	11~20명 7(19.4%)	21~30명 12(33.3%)	31~40명 5(13.9%)	41~50명 5(13.9%)	51명 이상 2(5.6%)
상담 주력분야	전공 6(16.7%)	진로 20(55.6%)	취업 4(11.1%)	대학생활 5(13.9%)	진학 0(0%)	기타 1(2.8%)
상담교수제 시행시기	80년 0(0%)	85년 0(0%)	90년 4(11.1%)	95년 2(5.6%)	2000년 13(36.1%)	2005년 17(47.2%)
운영상 문제점	형식적임 16(44.4%)	비필수 2(5.6%)	비프로그램화 5(13.9%)	학생 무관심 4(11.1%)	교수 무관심 8(22.2%)	기타 1(2.8%)
운영방법	대면상담 25(69.4%)	온라인 2(5.6%)	온오프라인 7(19.4%)	화상시스템 0(0%)	전화 2(5.6%)	기타 0(0%)
상담중점 대상	1학년 9(25%)	2학년 3(8.3%)	3학년 2(5.6%)	4학년 15(41.7%)	기타 7(19.4%)	
효용여부	매우 그렇다 1(2.8%)	그렇다 5(13.9%)	보통 15(41.7%)	불만족 11(30.6%)	매우 불만족 4(11.1%)	
학생만족도	매우 만족 0(0%)	만족 4(11.1%)	보통 21(58.3%)	불만족 8(22.2%)	매우 불만족 3(8.3%)	
교수만족도	매우 만족 0(0%)	만족 3(8.3%)	보통 22(61.1%)	불만족 10(27.8%)	매우 불만족 1(2.8%)	
대학본부 지원형태	시수감면 2(5.6%)	인센티브 9(25%)	승진 또는 승급 2(5.6%)	무급봉사 18(50%)	기타 5(13.9%)	
상담교수제 필요여부	매우 필요 12(33.3%)	필요 20(55.6%)	보통 2(5.6%)	필요 없음 0(0%)	매우 필요 없음 2(5.6%)	

주: 이종구(2006), 전국 대학 취업협의회 정기총회: 취업실무 행정직 워크숍 100개 대학 취업실무자 대상 '전국 대학교 진로상담교수제 운영에 관한 실태조사(2006. 3. 29~3. 31)', 36개 대학이 운영 중인 것으로 응답

3. 구직자의 직업문화

1) 기업선호도

기업의 선호도는 국가경제와 우리 사회에 기여한 기업의 공헌도와 발전상, 기업의 이미지 등을 포괄하고 있다는 측면에서 구직자들의 직장선택에 큰 영향을 미친다. 1980년대 이래 우리 대학생들의 기업선호도는 이런 양태와 성격을 잘 반영하고 있다([그림 1-4] 참조).

그림 1-4 | 한국 대학생의 기업선호도 추이(1980~2008년 5월)5)

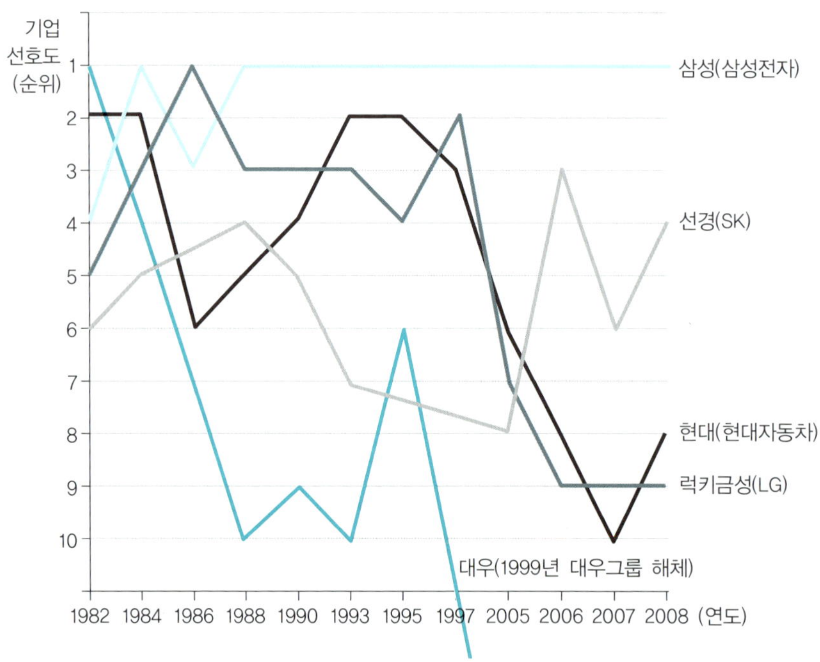

5) 국내 취업관련 기관 중 1980년 이후 대학생들의 기업선호도를 연례행사로 조사해온 곳은 취업진로 종합 고용경제지인 〈월간 리크루트〉가 유일하다. 하지만 IMF시대부터 2004년까지 대졸채용의 급감과 기업내부 사정으로 인해 부득이 이 조사를 중단했으며 이후 2005년부터 조사를 계속하고 있다. [그림 1-4]는 〈월간 리크루트〉 자료를 토대로 저자가 재구성한 것이다.

1980년대 기업의 선호도는 단연 대기업 중심이었다. 1960~70년대 정부의 개발경제정책과 수출드라이브정책의 첨병 역할을 대기업들이 수행했기 때문이다. 1980~90년대 기업선호도는 뚜렷한 몇 가지 차이점을 가지고 있다. 1990년대 말부터 공기업들이 부상한 데 반해 1980년대 공기업들의 선호도는 상위에 랭크되지 못했다. 1980년대 상위에 랭크된 대기업 가운데 공기업은 한국전력과 전기통신 등에 불과하다. 1980년대 그룹사들이 각광받은 이면에는 높은 성장성과 발전성, 공기업과 차별되는 임금 및 복지제도 등이 큰 역할을 했다. 기업입지와 비전 측면에서 그룹사에 비해 매력적이지 못했던 공기업들은 1980년 이후에도 10년 동안 상위랭크에서 배제되는 양상을 보이고 있다.

1980~90년대 기업선호도를 이해하기 위해서는 산업구조와 노동구조의 메커니즘을 살펴볼 필요가 있다. 산업구조에 비춰보았을 때 1960~70년대 한국경제의 발판이 되었던 농림어업과 광업, 섬유, 피혁 등 경공업 위주의 제조업이 쇠퇴되어가는 반면, 1980년대는 중화학공업, 1990년대는 한국 경제의 중심산업으로 급부상한 전자, 전기, 정보통신, 반도체, 자동차, 철강 등의 업종이 입지를 공고히 하고 있다. 그룹사 가운데 성장업종에 속한 계열사를 많이 거느린 대기업이 기업선호도 측면에서 높은 점수를 얻고 있다.

1990년대 후반 들어 기업선호도의 판도는 점차적으로 변하는 모습을 보이고 있다. 1990년대 중반 WTO 출범에 따른 국제경제환경 및 노동환경의 변화, 연이어 발발한 IMF사태는 그룹사의 기존 입지에 치명타를 입혔다. 그룹사들이 부도와 해체, M&A, 빅딜에서 생존하기 위해 대대적인 구조조정에 나서면서 우리 사회는 대량해고와 실업사태로 공황상태에 빠져들었다.

2000년대 일자리를 찾는 대학생들이 단연 선호하는 직장은 고용안정이 보장되는 공기업과 공무원 그리고 1980년대 이후 변함없이 성장세를 타고 있는 일부 대기업이 높은 점수를 얻고 있다. 전자, 반도체, 철강, 조선, 자동차 등의 업종은 1980년대 후반 이후 국가의 산업육성정책분야로 지정되면서 성장산업이자 유망산업으로 한국 경제를 대표하는 업종으로 굳건히 자리를 잡았다. 최근 우리 대학생들이 기업을 선호하는 요인을 보면 고용안정과 복지수준, 개인의 발전과 비전, 기업문화 등으로 압축되고 있다. 1990년대 중반까지 기업선호도의 평가척도가 되었던 국가 및 사회기여도, 기업의 성장가능성, 경영자의 철학과 경영전략, 국제화 정도 등은 시대변화에 따른 대학생들의 가치관변화로 인해 기업선호도요인에서 완전히 멀어졌다.

2) 직업선호도

1980년대 우리의 직업사는 시대상황을 그대로 반영하고 있다. 1980년대 선호직업은 금융업과 서비스업종으로 분류된다. 1980년대의 산업구조조정정책과 산업육성정책으로 중화학공업 중심의 구조고도화를 보이는 가운데 이 과정에서 실물경제의 꽃으로 불리는 금융권이 활황세를 타면서 많은 대졸자들이 경쟁적으로 금융권에 입사했다. 특히 1980년대는 증권의 시대로 불릴 만큼 증권사 직원이 대학생들이 선호하는 최고의 직업이었다. 한편 중화학공업의 약진으로 국민경제의 성장과 수준이 높아지면서 여가문화로 눈을 돌리는 사람들이 급증하는 가운데 이와 관련된 여가산업 종사자들이 선호직업으로 부상했다.

1990년대는 IT혁명이 한국 직업사를 새로이 썼다. 벤처창업과 IT혁명, 그룹사들의 집단적인 정보통신산업 진출, 반도체, 컴퓨터 등 이른바 IT산업군과 연관된 파생직업들이 한국 직업사에 새로이 이름을 올렸다. 1980년대 대학생들의 최고 선호직장이던 증권사의 경우도 금융산업의 고도화와 함께 새로운 파생직종들이 쏟아져나왔다. 1990년대 한국 직업세계는 정보통신직업과 금융권직업들이 속출하는 가운데 우리 대학생들이 선호하는 최고 인기직업 또한 금융권과 정보통신직군으로 집중되는 경향을 보였다.

2000년대 대학생들의 직업선호도는 1990년 말 IMF사태와 더불어 고용안정이 보장되는 직업으로 급격히 선회했다. 공기업이 '신의 직장'으로 불릴 만큼 최고의 인기직업 반열에 올랐으며 비교적 장기근속이 보장되는 은행권도 대학생들이 선호하는 직장으로 각광을 받고 있다. 이외 1990년대 중반 이래 꾸

❙ 표 1-7 ❙ 한국의 성장산업과 직업선호도(1980~2007년)

분류 / 시기	성장산업분야	대학생 직업선호도
1980년대	금융, 서비스, 조선, 철강, 화학, 자동차, 기계, 가정용 전자 등	증권, 보험, 호텔/레저, 광고, 공무원
1990년대	금융, 서비스, 정보통신, 반도체, 대체에너지 관련산업, 정밀화학, 광기술 등	정보통신/컴퓨터, 서비스, 레저, 금융, 공기업
2000년대	유통/서비스, 금융, 신정보통신산업, 지식경영, 의료/건강/교육, 생명공학, 우주/항공, 환경, 신에너지/신소재산업 등	공기업, 금융, 서비스, 정보통신/컴퓨터, 환경공학, 생명공학

출처: 조경동(1990); 한국노동연구원(1998); 한국고용정보원(2007) 참조, 저자가 재구성

준히 선호받고 있는 정보통신, 반도체, 서비스, 유통관련 직군과 21세기 첨단 직군으로 떠오르고 있는 환경공학, 생명공학, 지식경영분야의 일부 직군도 우리 대학생들이 선호하는 새로운 직업으로 급부상했다([표 1-7] 참조).

4. 시대별 취업문화의 특성 비교분석

1980년대 한국은 대내외 경제환경의 변화가 큰 시대로 인사관리 측면에서 전개과정을 구분해볼 때 전환기에 해당되는 격변의 시기였다(김성수, 1998). 1980년대 중후반의 3저 호황과 고도성장, 경제민주화와 노사분규, 개방정책과 글로벌화 등은 당시의 경제환경을 단적으로 보여주는 집약된 시사용어이다. 1980년대 경제환경은 상반된 메커니즘이 복합적으로 얽혀 있는 시대였다. 1986~88년의 3저 기간 동안에는 12%대의 고도성장을 이룩했지만 1987년의 경제민주화와 1989년의 본격화된 개방정책은 오랫동안 후유증을 동반하는 침체 국면으로 이어졌다(김재원, 1996b). 1980년대 공채문화는 대학들의 졸업정원제 실시로 대졸자들의 과잉공급현상이 두드러진 시기였다([표 1-8] 참조).

표 1-8 1980년대 취업문화의 특성 비교분석

취업환경	공채문화(기업)		진로문화(대학)		직업문화(대학생)	
• 대학졸업정원제 실시(입학정원 증가) • 국내외 경기침체, 대졸 취업환경 악화 • 경제민주화, 노사분규, 임금인상 가속화, 노동경쟁력 약화 • 서울올림픽, 고용창출 미흡 및 외국사 국내투자(유치) 저조	채용제도	• 대규모 정기공채 • 그물형 채용방식 • 그룹 일괄공채	취업진로기구	• 학생처 소속(겸업) • 전담 직원/부서/명칭 부재 • 아르바이트/추천지원/취업통계	기업선호도	• 산업구조 조정단계, 대기업 일변도 선호 • 공기업 선호현상 부재 • 대기업, 성장성/발전성/임금·복리제도, 공기업과 차별
	필기전형	• 그룹 일괄 필기시험 • 기초/기본지식 평가 • 영어/전공(상식)				
	면접방식	• 기본소양/인성평가 • 상식적인 보편적 사고의 소유자 선발	진로교육	• 학생생활연구소 초기형태 출현 • 기초진로상담교육 • 성격·적성검사/심리/환경/생활/진로상담 등	직업선호도	• 성장업종 위주로 선호 • 금융권/서비스직 선호(증권/여가산업 종사직군 인기직업 부상)
	인재상	• 관리자형 인재 • 범인형/보통형 인재 • 합리적/희생적/책임감				

주: 대면인터뷰(부록의 탐색연구방법 참조) 및 문헌조사(참고문헌 참조)를 통해 저자가 재구성

1990년대 한국의 취업문화는 블루라운드와 IMF사태로 전환기시대로 접어들었다. 근로조건의 향상과 그룹사들의 해체는 기업구조의 슬림화를 가져오는 동시에 대졸 실업사태를 야기하는 원인으로 작용했다. IMF사태는 취업문화의 변혁을 가져왔다. 대규모 정기공채 대신 소수, 수시채용이 새로운 채용방식으로 자리를 잡았다. 그룹사들이 해체된 만큼 그룹 본부가 일괄채용하던 '그물형' 채용방식은 사라지고 계열사별로 독자채용하는 '낚시형' 채용제도가 모습을 나타냈다([표 1-9] 참조).

2000년대 한국의 취업문화는 생성기와 전환기시대를 거쳐 발전기로 접어들고 있다. 가속화된 글로벌 경제권과 장기화되고 있는 국내외 경기침체는 취업문화의 특징과 형태에 잇따른 변화를 주고 있다. 공채문화는 더욱 슬림

| 표 1-9 | 1990년대 취업문화의 특성 비교분석

<table>
<tr><th>취업환경</th><th colspan="2">공채문화(기업)</th><th colspan="2">진로문화(대학)</th><th colspan="2">직업문화(대학생)</th></tr>
<tr><td rowspan="4">• 블루라운드 출범, 노동환경변화, 고임금시대 돌입, 국가경쟁력 저하, 3D업종 외국노동자 유입
• 노동인구 고령화/여성화/고학력화
• 노동시장 유연성 결핍
• 대졸 취업시장 인력 수급불균형 심화
• IMF체제, 취업시장 및 직업문화 대변혁
• 대기업 부도/해체/M&A/빅딜 가속화
• 전 기업 구조조정 착수, 대졸 취업난 가속화</td><td>채용제도</td><td><1999년 채용 대변화>
• 소수, 수시채용
• 낚시형 채용방식
• 계열사별 채용</td><td rowspan="2">취업진로기구</td><td rowspan="2">• 학생처 소속, 취업담당직원/팀/과/실체제 출현
• 인터사원제지원/산학협력지원/모의면접/취업설명회지원</td><td rowspan="2">기업선호도</td><td rowspan="2">• 산업구조 고도화 단계, 대기업 및 일부 공기업 부상(1990년대 후반)
• IMF사태로 주요 대기업 선별 선호현상/대기업 일변도 선호현상 퇴조</td></tr>
<tr><td>필기시험</td><td>• 필기시험 폐지
• 신인재평가 위한 직무능력검사 도입(종합사고능력 중시)</td></tr>
<tr><td>면접방식</td><td>• 대기업 면접 다양화
• 전문지식평가
• 준비된 인재 위한 실무면접 도입</td><td rowspan="2">진로교육</td><td rowspan="2">• 학생생활연구소 업무범위 확대
• 전문상담연구원 배치
• 기존업무 및 취업/직업/학습/교육/진학상담 등</td><td rowspan="2">직업선호도</td><td rowspan="2">• IT혁명, 정보통신관련 직군 급부상
• 금융권(증권분야) 파생직군 선호
• 1990년 말 공기업직장 부상</td></tr>
<tr><td>인재상</td><td>• 창조적인 인재상
• 특이형 인재
• 도전적/적극적/국제감각 소유자</td></tr>
</table>

주: 대면인터뷰(부록의 탐색연구방법 참조) 및 문헌조사(참고문헌 참조)를 통해 저자가 재구성

화되는 분위기이고 진로 및 직업문화는 더욱 복잡한 양상으로 전개되고 있다. 선진국 국면에 진입한 국내 경제환경은 구직자들의 공채문화를 경쟁적 구도로 몰아가고 있다. IMF사태 이후 계열사별 공채는 완전히 자리를 잡았다. 소수, 수시채용으로 인재선발을 하다 보니 경쟁은 치열해지고 취업난사태는 더욱 심각해지고 있다. 기업들의 우수인재확보를 위한 경쟁적인 구도는 1990년대 중반 이후 사라졌던 인턴사원제를 새로이 부활시켰다. 선검증 · 후채용인 인턴사원제도는 선발 · 인턴 · 면접에 이르기까지 모든 프로세스가 경쟁체제로 짜여있다([표 1-10] 참조).

표 1-10 2000년대 취업문화의 특성 비교분석

<table>
<tr><th>취업환경</th><th colspan="2">공채문화(기업)</th><th colspan="2">진로문화(대학)</th><th colspan="2">직업문화(대학생)</th></tr>
<tr><td rowspan="4">• 저성장/고비용/저효율시대 돌입
• 평생직장 붕괴, 평생직업개념 정립
• 국내외 경기침체 장기화, 고용창출 저하
• 고학력 취업난 사태, 사회문제로 비화
• 노동시장 유연화정책(비정규직법 등)</td><td>채용제도</td><td>• 그룹사 해체, 계열사 독자채용
• 인턴채용제 활성화</td><td rowspan="2">취업진로기구</td><td rowspan="2">• 전 대학 독립기구로 확대, 개편
• 전문화/특성화 지향
• 취업진로관련 인프라 구축 가속화</td><td rowspan="2">기업선호도</td><td rowspan="2">• 주요 대기업 선별 선호
• 공기업 및 금융권 선호
• 반도체, 철강, 조선, 은행, 보험 관련 기업 선호</td></tr>
<tr><td>필기시험</td><td>• 인적성검사 확대·강화(지식 및 인적성평가)
• 입사 당락 영향 미침</td></tr>
<tr><td>면접방식</td><td>• 직무 위주, 역량면접
• 프레젠테이션 강화
• 비즈니스 스킬 평가
• 국제화 마인드 평가강화(외국어 구사능력)</td><td rowspan="2">진로교육</td><td rowspan="2">• 업무영역 전문화/특성화지향
• 학생생활연구소 본연업무 및 최근 학생현실분야(진로/취업/직업/이성문제 등) 강화</td><td rowspan="2">직업선호도</td><td rowspan="2">• 평생직장 붕괴, 평생직업개념 정립
• 직업전문화/전문직 부상
• 고용안정 직장 및 직업 선호
• 반도체, 은행, 서비스, 유통, 정보통신, 환경공학, 생명공학, 지식경영직군 부상</td></tr>
<tr><td>인재상</td><td>• 전문지식 보유한 전략가적 인재상
• 비즈니스지향적 인재/글로벌 인재</td></tr>
</table>

주: 대면인터뷰(부록의 탐색연구방법 참조) 및 문헌조사(참고문헌 참조)를 통해 저자가 재구성

Ⅳ 결론 및 제언

1. 요약 및 결론

본 장은 지난 1980년대 이후 급격한 변화과정을 거쳐온 한국의 취업문화를 영역별로 구분, 분석하는 동시에 시대별 특징을 비교분석하는 데 그 목적을

두고 있다. 한국의 취업문화는 산업환경변화에 따라 전개과정과 특징을 명확히 달리해왔다.

취업문화의 생성기로 볼 수 있는 1980년대는 취업문화의 구성요소들이 출현하는 양태를 보이고 있다. 한국의 고학력 공채문화가 경쟁적인 구도로 접어드는 환경과 요인을 제공한 시점도 1980년대였다. 그 정점에는 대학생들의 입학정원 증가를 가져온 대학졸업정원제 도입과 기업들의 신인사관리를 탄생시킨 경제민주화선언이 있었다.

1990년대 취업문화의 정점에는 블루라운드 출범과 IMF사태가 있었다. 1990년대 한국의 취업문화는 전환기적인 전개과정을 거쳐왔다. 공채문화, 진로문화, 직업문화 등이 조정과 변화의 급물살을 타는 가운데 취업문화의 구성요소와 속성들이 차별과 특징을 분명히 하는 시대였다. 공채문화의 경우 1987년도 경제민주화와 1994년 블루라운드 출범, 1997년 IMF사태로 인해 경쟁적인 구도를 형성했다. 대대적인 구조조정에 나선 대기업들이 주도하는 슬림화된 공채문화에 의해 대학의 진로문화와 대학생의 직업문화가 경쟁환경 체제로 급속히 접어들었다. 역설적인 메커니즘이 있다면 한국의 진로문화와 직업문화가 1990년대 일련의 환경변화로 인해 개혁과 발전을 동시에 이룩했다는 점이다.

2000년대 취업문화는 선진국 국면에 진입하면서 진로문화와 직업문화가 부상하는 새로운 양상을 보여주고 있다. 이른바 4세대 취업진로기구가 출범하면서 기능과 역할이 전문화·특성화되어가는 모습이다. 특이한 점은 취업진로기구 내에서 취업과 관련된 진로상담교육이다. 이는 학생생활연구소가 담당하고 있는 업무와는 차별된다. 학년별 경력관리, 취업강좌, 진로캠프, 진로상담교수제 등 취업과 직접적으로 연계된 진로교육이다. 직업문화도 공기업의 인기직장 자리매김과 직업의 전문화 및 전문직 선호현상, 다양한 공학분야직업과 지식경영관련 직군들이 부상하고 있다.

2. 시사점 및 제언

문화는 환경의 변화와 문화를 구성하는 구성요소들의 변화 속성에 의해 끊임없이 패러다임의 변화과정을 거친다. 한국의 취업문화도 같은 맥락에서 패러다임의 변화과정을 거쳐왔다. 1980년대 이후 한국의 취업문화는 다음과 같은 특징과 시사점을 지니고 있다.

첫째, 한국의 취업문화는 시대별로 그 특징을 분명히 하고 있다. 형성기 · 전환기 · 발전기의 특징이 뚜렷히 구분된다. 시대에 따라 취업문화 코드가 자연히 달라진 게 아니라 산업환경을 변화시킨 획기적인 요인에 의해 전개과정을 달리하는 특징을 보이고 있다. 졸업정원제 실시, 경제민주화선언, 블루라운드 출범, IMF사태, 그룹사 해체, 경영혁신운동, 신인사기법 도입 등은 한국 취업문화의 코드와 전개과정을 변화시킨 큰 사건이었다.

둘째, 1980년부터 IMF체제 전까지는 공채문화가 취업문화를 주도해왔지만 2000년대 이후에는 진로문화와 직업문화가 취업문화를 선도해가는 모양새다. 기업에 관한 절대적인 관심보다는 업종과 직종에 관심이 옮겨가는 이른바 선진국형 취업문화패턴으로 양상이 변해가고 있다.

셋째, 한국의 취업문화는 경쟁적 취업문화를 이루고 있다. 취업문화의 패러다임을 결정짓는 계기는 산업환경변화였지만 이것을 주도적으로 전개시킨 주체는 기업들이었다. 따라서 한국의 취업문화는 기업의 공채문화에 의해 진로문화와 직업문화가 전개되는 종속적인 경향을 보여주고 있다. 1980년대 대규모 정기공채에서 1990년대 소수, 수시채용형태로 공채문화의 급전환은 취업문화의 구성요소인 진로문화 및 직업문화에 경쟁적인 속성과 새로운 패러다임을 결정짓는 계기로 작용했다.

넷째, 한국의 취업문화는 유기적인 체계이다. 공채문화, 진로문화, 직업문화 등이 서로 상관관계를 맺으며 유기적으로 움직이고 있다. 취업문화를 주도해온 공채문화는 진로문화와 직업문화의 형성에 큰 영향을 주었다. 당연히 공채문화의 주체인 기업의 채용제도는 대학의 진로기구형태와 대학생들의 직업선택에 있어서도 연차적으로 영향을 미쳤다.

본 장은 실증분석(empirical analysis)이 아닌 자료적인 접근(문헌조사)과 대면인터뷰(face to face interview), 현장탐사(field study), 서베이리서치(survey research) 등 탐색적인 연구방법이 지향하는 종합적인 연구기법을 사용했다. 따라서 가설을 근거로 현상학적인 문제를 통계적으로 검증하는 실증연구(empirical article)가 아닌 관계로 탐험연구가 수반하는 일부 문제를 안고 있는 한계점을 지니고 있다. 특히 진로상담교수제도의 만족도조사에서 학생들을 대상으로 직접 조사하지 못하고 행사에 참여한 운영대학의 취업실무자들을 대상으로 간접적이고도 우회적으로 한정된 인원을 조사했다는 점을 또 하나의 한계사항으로 분명히 밝혀두고자 한다.

하지만 최근 국내 사회와 우리 대학 및 대학생들의 최대 관심사인 취업분야를 취업문화적인 관점에서 구성영역별 사적 전개와 환경고찰, 시대별 특성과 비교분석 등을 통하여 선험적인 기법으로 종합적이고도 체계적으로 고찰했다는 측면에서 연구의 의의를 두고자 한다.

참고문헌

▣ 본 장은 이종구(2008. 12), "한국 취업문화의 사적 전개과정과 시대별 특성 비교분석에 관한 탐색적 연구", 기업경영연구, 15(3), pp.55-74에 수록된 내용이다.

교육인적자원부(2004. 7), (가칭)'종합인력개발센터' 설치 · 운영계획통보.

김성수(1995), "인사관리의 사적고찰", **인사관리연구**, 한국인사관리학회, 19(1), 101.

김성수(1998), **신인사관리**, 법경사.

김성수 · 한한수 · 박재용(1997), "21세기 대졸신규인력의 채용관리변화에 관한 조사연구", **기업경영연구**, 4(4), 경희대학교 사회과학정책연구원, 21.

김수곤(1993), **한국노사관계론**, 경문사.

김장호 편저(2005), **한국의 인적자원**, 법문사.

김재원(1996a), **일과 직업의 세계**, 중앙경제사.

김재원(1996b), **한국의 노동문제와 노사관계 정립방안**, 한국경제연구원.

리크루트(1996), 고학력 인력수급 활성화방안 연구세미나.

리크루트(1997), **월간 리크루트**, 11월호.

매일경제신문사(1999), **취업정보자료집**, 매경취업뉴스.

백기복(1996), **조직행동론**, 법문사.

박경규(1997), **신인사관리**, 홍문사.

박기찬 외(2005), **한국기업의 인적자원관리**, 박영사.

삼성전자 보도자료(2002. 3. 18), 삼성전자 신입사원 채용면접 대변화.

신유근 · 한정화 · 김용준 · 권석균 · 박준성 · 조영호(1995), **한국 대기업의 경영특성**, 세경사.

서춘현(1995), "기업의 채용관리 효율성에 대한 연구", 명지대학교 정보산업대학원 석사학위논문, 8.

신태균(2006), "기업의 핵심가치 전개가 경영성과에 미치는 영향", 경희대학교 대학원 박사학위논문, 7.

어수봉(1991), **노동시장변화와 정책과제**, 한국노동연구원.

유동현(1998), "신세대 대학생의 직업선호도 및 인지도에 관한 연구", 숭실대학교 노사관계대학원 석사학위논문, 58.

이두휴(1989), "학력인플레이션에 대한 정치경제학적 분석", **한국교육문제연구**, 2, 푸른나무.

이종구(1993), "인턴사원제도", **인사관리**.

이종구(2006), 2006 대학교수 · 직원연수 취업실무 행정직 워크숍(100개 대학조사), 한국대학교육협의회.
이지연(2001), 고등교육단계에서 효율적인 진로지도 방안연구, 한국직업능력개발원, 기본연구 01-11, 7.
이지훈 · 이종구(2006), "세대별 행태변화에 따른 욕구의식과 직업적 기준유형", 경희비즈니스연구, 3(1), 127.
이한검 · 노남섭(1996), 세계화시대의 기업문화, 형설출판사.
전남대학교(1999), 대학과 취업.
정구현 외(2008), 한국의 기업경영 20년, 삼성경제연구소.
조경동(1990), 변하는 세계와 2000년대 유망직업, 나라출판사.
최종태(2000), 현대인사관리론, 박영사.
한국경영자총협회(1995), 기업의 인사관리혁신방안, 21세기 노사관계혁신위원회 심포지엄.
한국고용정보원(2007), 2007 신생 및 이색직업.
한국노동연구원(1998), 21세기의 화이트칼라 유망직종 50선.
한국능률협회(1996), 한국기업의 신인사제도 사례발표.
황복주(2004), 건양대학교 취업활성화 전략, 2004학년도 취업전략심포지엄.

Light, D. and Keller, S.(1975), *Sociology*, New York: Alfred A. Knopf.
Linton, R.(1949), *The Cultural Background of Personality*, New York: Appleton-Crofts.
Litwin, G. H. and Stringer, R. A.(1968), *Motivation and Organizational Climate*, Harvard Business School Press.
Robbins, S. P.(1996), *Organizational Behavior*, 7th-Edition, Prentice-Hall International, Inc.
Schein, E. H.(1985), *Organizational Culture and Leadership*, San Fransisco: Jossey-Bass.
Spencer, M.(1979), *Foundation of Modern Sociology*, Prentice-Hall.

부록

■ 본 장의 탐색적인 연구방법은 아래와 같이 6하 원칙에 의해 기재하였다.

1 대면인터뷰

이종구 진행(삼성 · 현대 · LG · 대우 인사부서장 참석), 2007. 11. 23~25, 청평풍림리조트, 고학력 취업캠프(특강, 대면인터뷰, 토론형식), 고학력 취업교육 및 취업진로문화 토론 및 정보분석 세미나

2 현장탐사

이종구, 2007. 3. 12~4. 30, 교육부 '종합인력개발센터' 설치 권고안 발령 시점(2004. 7. 20) 이후 취업진로기구를 확대시킨 서울지역 9개 대학(고려대, 서강대, 서울대, 성균관대, 연세대, 이화여대, 중앙대, 한국외대, 한양대), 경희대 취업진로지원처 학생 취업기자 5명, 9개 대학 취업진로기구 관계자 현장인터뷰 및 현장탐사, 취업상담실 촬영, 취업진로기구 형태와 취업진로기구 전개과정 취재

3 서베이리서치

① 이종구(2007. 9. 1~9. 30), "전국 대학교 취업실(과)장 협의회 회원교 185개 대학 대상 e-mail 조사(이상 서베이리서치)" 및 서울지역 9개 대학(고려대, 서강대, 서울대, 연세대, 이화여대, 중앙대, 한국외대, 한양대, 성균관대: 이상 대학은 교육부 '종합인력개발센터' 설치 권고안 발령 시점(2004. 7. 20) 이후 취업진로기구를 확대한 대학)을 현장탐사 · 대면인터뷰한 내용을 조합해서 저자가 구성

② 이종구(2006), 전국 대학 취업협의회 정기총회: 취업실무 행정직 워크숍 100개 대학 취업실무자 대상 '전국 대학교 진로상담교수제 운영에 관한 실태조사(2006. 3. 29~3. 31)' 36개 대학이 운영 중인 것으로 응답

CHAPTER

02

한국 공채문화 40년 전개과정과 시대별 특징분석

– 1980년대 이후 대기업 공채문화(채용제도 · 필기전형 · 면접방식 · 인재상) 중심으로 –

핵심 요약

1980년대 이후 대기업·대학사회·구직자들을 중심으로 출현한 한국의 취업문화는 최근 30년 동안 문화적인 변혁과정을 반복하며 가파르게 전개되고 있다. 본 연구는 1980년대 이후 형성된 한국 취업문화의 하위 구성요소인 공채문화의 사적 전개과정을 종합적·체계적으로 고찰하고 분석하는 데 목적을 두고 있다. 한국 공채문화는 시대별 산업환경과 기업환경의 변화에 따라 그 특징이 현격히 다르다. 1980년대는 대규모 정기공채시대인 만큼 경쟁적인 취업환경이 조성되었으며 채용제도가 공채문화를 주도해왔다. 1990년대는 블루라운드, IMF사태 등 급변하는 국내외환경으로 인해 공채문화의 초점이 기업들의 새로운 '인재상' 정립 쪽으로 모아졌다. 2000년대 공채문화의 핵심은 '면접방식'이다. 글로벌 대기업들이 우수인재확보를 위해 새로운 면접시스템 개발에 전력을 기울이고 있다.

1980년대 이래 전개되어온 한국 공채문화의 구성요소들은 다음과 같은 특징과 시사점이 있다. 첫째, 채용제도는 1980년대 정기공채 단일방식에서, 최근 수시채용·인턴사원제·추천제·캠퍼스 리크루팅 등 채용창구가 매우 다양화되었다. 둘째, 필기전형은 시대별로 기초지식평가, 직무능력평가, 종합인적성평가 순으로, 인재의 기초지식·인성·직무능력을 평가하는 총체적인 인재평가기법이 도입되고 있다. 셋째, 면접방식은 시대별로 인성평가, 잠재능력평가, 직무역량평가 순으로, 면접의 평가대상이 인성중심에서 직무역량중심으로 급격히 선회하고 있다. 넷째, 인재상은 시대별로 관리자형 인재, 창조형 인재, 전략가적 인재 순으로, 혁신적 사고를 지닌 비즈니스지향적인 인재가 부상하고 있다.

본 장은 1980년대 이래 급격한 변화과정을 거쳐온 한국의 공채역사를 공채문화적인 관점에서 시대별·환경별·기업별로 체계화시키는 동시에 공채문화의 구성요소인 채용제도·필기전형·면접방식·인재상 등의 전개과정과 특성까지도 비교분석하는 데 그 취지를 두고 있다. 또한 향후 보다 발전된 공채문화를 유인하고 정착시키는 데 필요한 공채문화의 구성요소별 사적 자료 및 문화적인 정보를 구축한다는 의미도 함께 내포하고 있다.

I 문제제기와 연구목적

1. 연구배경 및 연구목적

국내 기업사회가 사원공개채용제도를 도입한 지 반세기를 맞고 있다. 한국 공채역사는 1957년 삼성물산[1]이 민간기업 최초로 사원공채를 실시하면서 첫 행보를 시작했다(Job color, 2001). 지난 50여 년 동안 한국의 공채역사는 경제성장의 속도만큼 가파른 전개과정을 거쳐왔다. 시대별 산업환경이 바뀌거나 세계경제의 전환기적 사건들이 외풍으로 작용할 때마다 우리의 공채문화는 특징과 양상을 현격히 달리해왔다.

공채는 노동시장의 인력수급을 운용하는 가장 중요한 시스템이자 인사관리의 기본단위라는 측면에서 어느 시대를 막론하고 초점의 대상이었다. 공채제도가 사회의 주목을 받는 이유도 인력관리의 생성수단이자 활용 · 배치 ·

그림 2-1 | 취업문화 및 공채문화의 구성요소

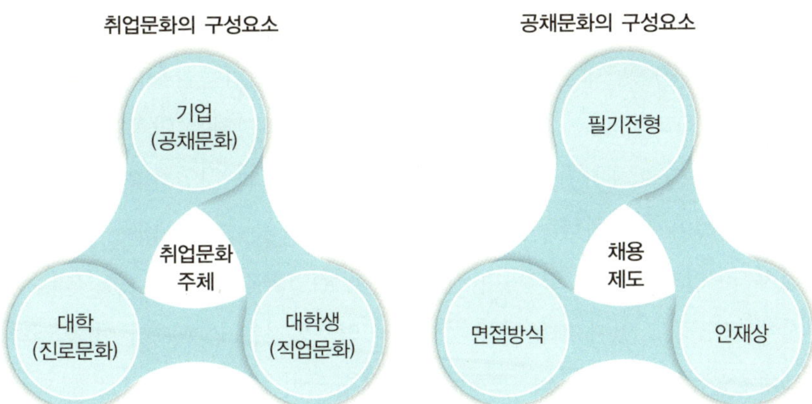

출처: 이종구 · 김호원(2008); 이한검 · 노남석(1996) 참조, 저자가 재구성

1) 1957년 1월, 삼성물산공사가 국내 민간기업 최초로 사원공채를 실시, 1천2백여 명의 지원자 중 27명의 합격자를 배출했다.

전환 등을 위한 가장 기본단위가 되기 때문이다. 한국사회에 취업문화가 정립된 시기는 1980년대부터이다. 국내 기업사회가 1957년부터 사원공채제도를 도입하기는 했지만 문화적인 관점에서 접근하기에는 많은 무리가 따른다. 공채문화가 취업문화의 하위 구성요소가 되기 위해서는 일정한 행동규범과 가치의식 및 제도적 특성 등을 반영해야 하기 때문이다. 이런 측면에서 1980년대 이전의 한국 공채역사는 사원선발을 위한 단순한 채용행사에 불과했다.

1980년대를 기점으로 한국의 취업문화는 각 분야에서 하위 구성요소들이 본격적으로 표출되면서 취업문화로서 완전한 기틀을 형성하였다. 취업문화의 근간으로 채용과 연결되는 제도적 특성을 반영하고 있는 공채문화(recruiting culture), 대학생들의 진로에 대한 가치의식과 행동규범을 직간접적으로 볼 수 있는 진로문화(career culture), 기업의 선호도와 직업의 선호도를 통해 조명되는 구직자들의 일에 대한 가치관과 신념을 엿볼 수 있는 직업문화(occupation culture) 등은 취업문화를 형성하는 핵심구성요소이다(이종구 · 김홍유, 2009). 한국의 취업문화를 보면 시대별로 구성요소들의 특징이 두드러진다. 취업문화의 생성기로 볼 수 있는 1980년대는 취업문화의 구성요소들이 출현하는 양태를 보이고 있다.

1990년대는 급변하는 국내외 산업환경으로 인해 취업문화가 전환기를 맞는 시대이다. 2000년대는 선진국 진입으로 그동안 취업문화를 주도해왔던 공채문화가 약화되는 대신, 진로문화와 직업문화가 부상하는 양상을 보이고 있다. 공채문화를 이해하기 위해서는 시대별 산업환경과 취업환경을 동시에 분석하는 안목이 필요하다. 이는 공채문화를 구성하는 채용제도 · 필기전형 · 면접방식 · 인재상 등이 그 시대 산업환경과 취업환경의 메커니즘 및 속성을 동시에 반영하고 있기 때문이다. 본 장의 연구목적은 1980년대 이후 급격한 전개과정을 거쳐온 한국의 공채문화를 종합적이고도 체계적으로 탐색하고 고찰하는 데 그 취지를 두고 있다. 공채문화는 취업문화의 핵심구성요소이자 진로문화 및 직업문화의 근간이 되는 영역이다. 1980년대부터 형성된 한국의 취업문화는 시대별 산업환경의 추이에 따라 대학문화를 변화시키며 공채문화의 발전과정에 큰 영향을 미쳤다.

본 장은 공채문화가 각 시대의 산업환경에 따라 특성을 달리하는 만큼 연구방법 또한 공채문화의 구성요소인 채용제도·필기전형·면접방식·인재상 등의 사적 전개과정과 구성요소의 특징을 시대별로 비교분석하는 기법으로 접근했다. 본 장은 지난 30여 년 동안의 국내 공채문화를 시대별·구성요소별·특성별로 체계화시킨다는 의미와 더불어 향후 보다 발전된 공채문화를 유인하고 정착시키는 데 필요한 사적 자료와 문화적인 정보를 구축해준다는 취지도 함께 내포하고 있다.

2. 연구범위 및 체계도

본 장은 1980년대 이후 시대별로 전개되어온 한국의 공채문화를 체계적으로 고찰하고 분석하는 측면에서 접근하는 만큼 연구범위는 공채문화의 구성요소가 되는 채용제도·필기전형·면접방식·인재상 등에 한정하여 연구하고자 한다. 따라서 취업문화의 또 다른 영역인 진로문화나 직업문화 등은 본 장의 범위가 아닌 만큼 선행연구에서만 고찰대상으로 삼았다. 또한 연구의 사적 범위는 한국의 공채문화가 본격적으로 형성된 1980년대부터 최근 2010년 1월까지를 분석대상으로 했다. 본 장의 핵심연구대상은 공채문화의 구성요소인 채용제도·필기전형·면접방식·인재상 등이며 이들 구성요소를 시대별·환경별·특성별로 분류하여 고찰하는 동시에 또한 시대별로 비교분석한 후, 문화적인 관점에서 공채문화가 우리 사회에 주는 시사점도 함께 제시했다. 한편 본 장의 접근기법은 선행연구가 매우 취약한 상황에서 선험적인 접근을 통해 시도한 만큼 탐색적인 연구방법(exploratory study)을 사용했으며 연구과정 및 체계도는 [그림 2-2]와 같다.

그림 2-2 | 공채문화 연구구성 및 체계도

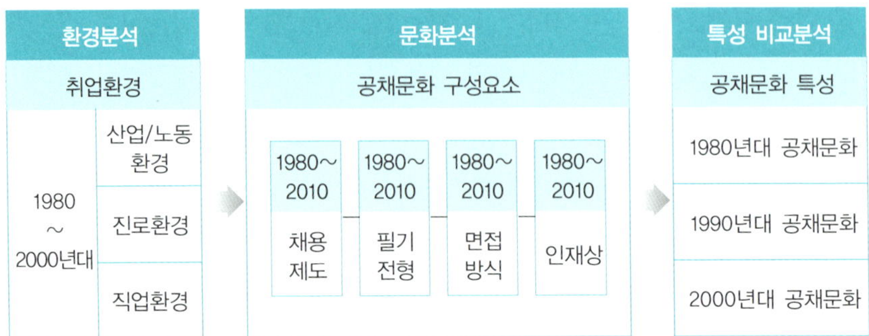

Ⅱ 선행연구 및 취업환경 사적 고찰

1. 선행연구

공채문화는 1980년대 형성된 취업문화의 하위문화이자 산학 간(between academic-industrial) 인력수급의 메커니즘 속에서 자생적으로 출현한 니치 컬처(niche culture)의 한 유형으로 볼 수 있다. 취업문화가 한국사회에서 등장한 시기는 1980년대부터이다.[2] 1980년대는 문화인류학자들이 정의한 문화의 특성[3]을 취업문화가 갖추면서 공식적인 취업문화의 개념정의가 형성된

2) 1980년대부터 한국 취업사를 문화적인 관점에서 정립시킬 수 있는 취업문화의 하위 구성요소들이 출현하기 시작했다. 취업문화의 근간으로 채용과 관련된 제도적인 특성을 반영하고 있는 공채문화(recruiting culture), 시간의 진행에 따라 선택하는 삶의 경로에 대한 행동규범과 가치의식을 직간접적으로 볼 수 있는 진로문화(career culture), 기업선호도 및 직업선호도를 통해 조명되는 구직자들의 일에 대한 가치관과 신념을 담고 있는 직업문화(occupation culture) 등이 취업문화를 형성하는 주요 영역이다.

3) 문화인류학자들이 정의한 모든 문화는 기술적(technological) 측면, 사회적(sociological) 측면, 관념적(ideological) 측면이나 특성을 지니고 있다고 한다.

시기이다. 취업문화는 크게 공채문화, 진로문화, 직업문화 등 세 개의 하위문화로 형성되어 있다. 본 장에서는 기업사회와 대학사회 간 인력수급의 역학구조 속에서 생성된 문화적인 특성을 조명한 공채문화에 대한 연구가 핵심내용이다.

Linton(1949), Light & Keller(1975), Spencer(1979), Litwin & Stringer(1990) 등은 문화(culture)란 "사회를 구성하고 있는 모든 사람들이 공동으로 갖고 있는 가치관과 신념, 이념과 습관 그리고 지식과 기술을 포함한 거시적이고 종합적인 개념으로 사회구성원의 행동형성에 영향을 미치는 중요한 요소이며 축적 · 변화 · 적응 · 전달되는 성격을 갖는다"고 정의하고 있다(이종구 · 김호원, 2008). 문화의 개념을 이렇게 정의했을 때 공채문화란 "인력의 수요와 공급을 담당하는 주체들이 지속적인 상호작용을 위해 행사하는 제도와 법규, 행동규범과 가치관 등 체계적이고도 보편화된 행동양식이며 이는 채용제도, 필기전형, 면접방식, 인재상 등으로 표출된다"고 정의할 수 있을 것이다.

공채문화는 1980년대 이후 국내 사회가 심각한 취업난과 실업사태에 직면하면서 우리 사회의 최고 관심분야로 부상했다. 하지만 학문적으로 폭넓게 연구해온 인사관리나 인사조직에 비해 선행연구는 매우 취약하다. 이는 공채문화가 형성된 역사가 오래되지 않을 뿐더러 산학 간에 이루어지는 채용시스템을 문화적인 관점에서 접근할만한 자료와 기존연구가 매우 부족했기 때문이다. 따라서 공채문화에 대한 관련 연구가 거의 없는 상태이지만 1990년대 이후 인적자원관리(HRM)영역에 대한 기업과 학계의 관심이 고조되면서부터 최근 들어 공채문화의 구성요소인 채용제도 · 필기전형 · 면접방식 · 인재상 등에 대한 부분적인 연구가 꾸준히 증가하고 있다(이종구 · 조은상 · 김홍유, 2009).

조은상 · 이상우(2004)는 공채문화의 구성요소인 인재상의 시대별 환경변화의 추이에 따른 연구에서 기업경영방식의 유형을 고전학파, 인간관계론, 인적자원개발론적인 접근방법을 통해 이들 학파가 가정하고 있는 인재상의 전개과정을 추론한 바 있다. 하지만 이는 환경변화에 따른 인사관리정책이나 인적자원개발의 과제에 대한 내용과 공채문화의 한 구성요소인 인재상에만 주력함으로써 본 장이 지향하는 시대별 산업환경에 따른 각 기업조직이 추구하는 보편적이고도 다양한 인재상을 직접적으로 다루지는 않았다. 공채문화는 취업문화의 하위문화로 네 개의 구성요소로 형성되어 있는 만큼 이 중 어느 단일요소에 의해 문화유형을 결정짓기보다는 그 시대의 산업환경에 의해 전 구성요소가 상호작용을 하면서 문화적인 특성과 유형을 형성한다. 이런 측면에서 '21세기 대졸 신규인력의 채용관리변화에 대한 연구'는 1990년대 주요 기업의 채용시스템을 비교적 자세하게 파악할 수 있다는 측면에서 유용한 정보를 주고 있다(김성수 · 한한수 · 박재용, 1997).

이지훈 · 이종구(2006)는 공채문화가 산업환경의 영향권에서만 생성되는 게 아니라 시대별 행동양식과 문화코드에 의해서도 형성될 수 있다는 유추적인 근거를 제시하고 있다. 이는 공채문화와는 직접적으로 상관관계가 없는 것처럼 보이지만 시대별 행동양식이 문화코드를 결정한다는 측면에서 역설적으로 공채문화의 각 구성요소들이 노동시장 주체들의 행동양식에 적지 않은 영향을 미친다는 것을 암시해주고 있다. 채용관리의 효율적인 관리가 채용제도의 발전에 영향을 미친다는 연구도 있다(서춘현, 1995).

선진국 대학들의 경우 기업들의 공채시스템에 대비하기 위해 다양한 진로방법과 진로기구들을 설치하고 있는데 이런 경향은 최근 국내 일부 대학에서도 나타나고 있는 현상이다(이지연, 2001; University of California · Berkeley, 2005).[4] 공채문화의 핵심구성요소인 공채제도의 급격한 변화는 최근 국내 대학들의 취업진로기구의 모형설정에도 큰 영향을 미치고 있다(이종구 · 김준석 · 김호원, 2007). 특히 신태균(2006)의 기업 핵심가치는 인재의 발굴과 채

4) 국내 대학들은 최근 학생생활연구소, 취업진로기구, 단과대학별 진로상담교수제 등을 통해 학생상담을 하고 있다. 1990년대에 비해 현격히 다른 점은 상담범위가 넓고 상담창구가 다양해졌다는 것이다. 또한 경희대학교의 경우 중앙집권형 취업진로기구형태인데 이는 본부 취업진로지원처 아래 3개의 단과대학이 별도로 취업정보실을 운영하고 있다.

용 및 육성에서 생성된다고 보았을 때 채용제도를 포함하고 있는 공채문화의 중요성은 어느 기업 할 것 없이 매우 큰 가치를 지닌다고 볼 수 있을 것이다. 지금까지 살펴본 선행연구의 대부분은 공채문화의 일부 구성요소에 대해서만 부분적으로 다룬 논문이다. 하지만 공채문화의 다양한 문화적 특성과 메커니즘을 파악하기 위해서는 시대별 산업환경의 변화와 추이에 따라 전개되어온 공채문화의 각 구성요소에 대한 종합적이고도 체계적인 분석이 필수적일 것이다. 이에 본 장에서는 선행연구에서 부분적으로 다루어온 공채문화의 구성요소에 대해서 다각적인 탐색방법을 통하여 접근해보기로 한다.

2. 취업환경 사적 고찰

1980년대는 한국 취업사에 있어 전환기에 해당되는 시대이다. 경제적인 측면에서는 개발도상국에서 선진국사회로 접어드는 기틀을 마련한 시기였을 뿐더러 아날로그시대에서 디지털사회로 진입할 수 있는 역량을 구축한 시대이기도 하다. 이러한 산업환경의 변화는 취업문화의 출현과 더불어 공채문화, 진로문화, 직업문화 등과 같은 하위 취업문화의 발전에 직접적인 영향을 미쳤다. 취업환경은 경제 · 사회환경과 맞물려서 형성되는 성격이 강하다.

1980년대 산업환경은 경제사회발전기(1982~1991)에 해당되는 시기로 한국의 경제구조가 기술집약적 산업시대로 전환하는 시대였다(김성수, 1992). 따라서 업종구조도 1970년대의 수출주도형 중화학공업에서 첨단산업 및 서비스산업 중심으로 재편되었다. 이 과정에서 자본집약적인 기업경영으로 사업다각화에 성공한 대기업들의 입지가 크게 격상되면서 구직자들의 대기업 선호현상이 두드러졌다. 1980년대는 컴퓨터, 반도체, 증권, 보험, 유통, 스포츠 등의 업종에 걸쳐 상당수의 화이트칼라 직군이 직업세계 반열에 모습을 드러냈다(김병숙, 2007). 이렇듯 산업환경과 직업환경은 격변한 데 비해 진로환경은 여전히 취약한 시대였다.

취업진로기구는 독립부서가 아닌 학생처 소속으로 전담 직원 없이 겸업형태로 업무를 진행했으며 진로교육 또한 학생생활연구소에서 성격 · 적성 · 심리 등 기초적인 상담교육만 실시했다. 한편 1980년대는 경제민주화의 여파로 극심한 노사분규를 겪었으며 이로 인한 임금상승은 국제경쟁력을 약화시키는 결과를 가져왔다. 특히 정부가 전격 추진한 대학졸업정원제 실시는 고학력인력의 대량양산을 초래하여 대졸 취업환경을 크게 위축시켰다(이두휴, 1989).

1990년대는 본격적인 개방화 · 민주화 · 디지털화를 통한 선진국사회로 진입하는 시대였다(정구현 외, 2008). 정보통신기술이 전 산업에 걸쳐 인프라 역할을 한 가운데 반도체, 전자, 기계, 자동차, 철강, 조선 등이 한국 경제의 중심산업으로 부상했다. 정보통신기술을 기반으로 한 IT혁명은 직업환경에도 큰 변화를 몰고 왔다. 정보통신관련 직군이 다양하게 표출된 가운데 반도체, 금융권, 미디어 등의 산업에서 다수의 전문직종이 출현했다. 특히 1997년에 발발한 IMF사태는 한국 취업환경에 큰 변혁을 불러일으켰다. IMF체제 동안 국내 전 기업들이 구조조정에 착수했으며 이로 인한 대량실업사태가 한국사회를 압박했다.

2001년까지 지속된 기업조직의 슬림화 작업은 국내 기업들의 채용시스템에도 큰 변화를 일으켰다. 소수, 수시채용, 특이형 인재선발, 낚시형 채용방식 등은 1990년대 한국 기업들의 역동적인 채용환경을 보여주는 대표적인 용어들이다(리크루트, 1996). 블루라운드 체결과 IMF사태로 1990년대 한국의 노동시장은 '고임금사회와 국제경쟁력 약화, 노동시장 위축과 대량실업사태, 직업세계 재편과 평생직업시대'라는 엄청난 대가를 치렀다.

2000년대 산업환경은 디지털경제화로 집약할 수 있다. 지식기반산업이 한국경제를 주도하는 가운데 반도체, LCD, 정보통신, 휴대폰, 자동차산업 등에서 글로벌 경쟁력을 확보하고 있다. 하지만 취업환경과 노동환경은 여전히 취약하다. 선진국 문턱에서 우리 경제가 겪고 있는 저성장 · 고비용 · 저효율 현상이 취업시장을 위축시키는 가운데 최근 일어난 글로벌 금융위기(2008.

표 2-1 시대별 취업환경 고찰(1980~2010년)

구분		산업환경(기업) 및 노동환경		진로환경(대학)		직업환경(대학생)
1980년대 산학의 취업환경	산업환경	• 제5, 6차(1982~1991) 경제사회발전기, 지식 · 정보집약적산업 개발시대 • 선진국형 공업국지향(비교우위산업 육성, 대외개방의 적극화 등) 기술집약적 산업시대가 요구하는 다양한 특성이 나타남 • 부동산 인플레이션시대	취업진로기구	• 학생처 소속(겸업) • 전담 직원/부서/명칭 부재 • 아르바이트/추천지원/취업통계	기업선호도	• 산업구조 조정단계, 대기업 중심의 취업 선호 • 공기업 선호현상 부재 • 대기업, 성장성/발전성/임금 · 복리제도, 공기업과 차별
	노동환경	• 경제민주화로 노사분규, 임금상승(노동경쟁력 약화) • 정부, 대학졸업정원제 실시(고학력 노동인력 과잉공급현상), 대졸 실업사태 사회문제로 비화	진로교육	• 학생생활연구소 초기형태 출현 • 기초진로상담교육 • 성격 · 적성검사/심리/환경/생활/진로상담 등	직업선호도	• 성장업종 위주로 선호 • 금융권/서비스직 선호(증권/여가산업 종사직군 인기직업 부상)
1990년대 산학의 취업환경	산업환경	• 본격적인 개방화 · 디지털화 통한 선진국사회(OECD) 진입 • 정보통신기술 전 산업 인프라 역할 • 아날로그시대에서 디지털화사회로 진입 • 정보통신, 반도체, 전자, 기계, 자동차, 철강, 조선 등 한국 경제 중심산업 부상	취업진로기구	학생처 소속, 취업담당직원/팀/과/실체제 출현/인턴사원제지원/산학협력지원/모의면접/취업설명회지원	기업선호도	• 산업구조 고도화단계, 대기업 및 일부 공기업 부상(1990년대 후반) • IMF사태로 주요 대기업 선별 선호현상/대기업 일변도 선호현상 퇴조
	노동환경	• 경제민주화 본격화, 전 기업 노무관리시스템 재정립 • 블루라운드 출범, 노동환경 대변화(고임금사회, 국제경쟁력 약화) • IMF체제, 전 기업구조조정, 대규모 실업양산(노동시장 및 직업세계 재편)	진로교육	• 학생생활연구소 업무범위 확대/ • 전문상담연구원 배치/기존 업무 및 취업/직업/학습/교육/진학상담 등	직업선호도	• IT혁명, 정보통신관련 직군 급부상 • 금융권(증권분야) 파생직군 선호 • 1990년 말 공기업직장 부상
2000년대 산학의 취업환경	산업환경	• 디지털경제화 급속히 전개 • 지식기반산업 한국 경제 주도 • 반도체, LCD, 휴대폰, 자동차, 철강재, 선박 등 세계적인 경쟁력확보 • 반도체, 정보통신산업, 한국 경제 주력업종으로 입지 구축	취업진로기구	• 전 대학 독립기구 확대개편 • 전문화/특성화지향 • 취업진로관련 인프라 구축 가속화	기업선호도	• 주요 대기업 선별 선호 • 공기업 및 금융권 선호 • 반도체, 철강, 조선, 은행, 보험관련 기업 선호
	노동환경	• 국내외 경기침체, 실업 · 실직 가속화 • 정부, 일자리창출에 전력투구 • 정부주도형 인턴 및 공공근로직 고용창출정책 본격화 • 비정규직 대량양산, 고용불안정 증대, 고령화, 고학력화현상 뚜렷 • 글로벌 금융위기, 두바이(Dubai) 쇼크로 노동시장 위축	진로교육	• 업무영역 전문화/특성화지향 • 학생생활연구소 본연업무 및 최근 학생현실분야(진로/취업/직업/이성문제 등) 강화 • 진로상담창구 다양화(학생생활연구소, 취업진로기구, 단과대학 진로상담교수제 등)	직업선호도	• 평생직업개념 정립 • 직업전문화/전문직 부상 • 고용안정 직장 및 직업선호/반도체, 은행, 서비스, 유통, 정보통신, 환경공학, 생명공학, 지식경영직군 부상

출처: 이종구 · 김홍유(2009); 부록 1. 대면인터뷰 ①, 부록 2. 현장탐사 ① 등 참조, 저자가 재구성

7~12)와 두바이(Dubai) 금융쇼크(2009. 11) 등은 국내 경기 활성화의 악재로 작용하고 있다. 직업환경의 변화에도 여러 가지 특징이 나타나고 있다. 평생직장시대가 사라지고 평생직업개념이 확고히 자리를 잡았다. 직업전문화현상과 더불어 전문직의 부상도 두드러져 보인다. 정규직 일자리와 고용안정직장을 선호하는 경향은 최근 우리 대학사회에서 나타나는 가장 큰 이슈이자 공통된 관심사다. 이러한 분위기는 2000년대 한국 대학생들의 취업관에 공무원과 공기업 일자리를 선호하는 직업문화의 신조류로 이어지고 있다.

최근 한국 사회는 일자리 부족과 고용불안정에 대한 우려가 증폭되고 있다. 국내외 경기침체에 따른 실업 · 실직현상이 가속화되고 있다. 정부차원에서 고육지책으로 내놓은 정부주도형 행정인턴과 공공근로직 일자리대책도 정규직 고용창출로는 연결되지 않고 있다. 비정규직의 대량양산 속에 고용불안정이 커지고 있으며 인구 및 학력구조 측면에서도 고령화 · 고학력화현상이 현저히 나타나고 있다. 이러한 특징은 선진국 초기사회가 보여주는 공통된 현안이긴 하지만 문제는 세계경제의 지속적인 침체현상과 맞물려 국내 경기불황이 장시간에 걸쳐 진행되고 있다는 점이다(김재원, 1996).

노동환경의 침체에 반해 진로환경은 발전을 거듭하고 있다. 취업환경이 악화되고 직업문화가 선진화될수록 이에 상응해 발전하는 것이 진로문화이기 때문이다. 국내 대부분의 대학의 경우 취업진로기구가 독립부서로 확대, 개편된 상태이며 전문화 · 특성화 방향으로 급격히 선회하고 있다. 진로교육 또한 1980년대의 성격 · 적성만 다루던 기초상담에서 탈피, 생활 · 이성 · 취업분야 등 학생문제와 관련된 전 분야를 커버하는 종합상담영역으로 확장되고 있다.

Ⅲ 공채문화의 구성영역분석

1. 채용제도(1980~2010년)

취업문화의 근간인 공채문화는 채용제도·필기전형·면접방식·인재상 등 네 개의 하위 구성요소로 이루어져 있다. 이 가운데 채용제도는 공채문화의 핵심구성요소이자 나머지 세 개의 구성요소를 포괄하고 있는 통합시스템의 틀(framework)이라고 볼 수 있다. 채용제도는 1980년대부터 일정한 형태를 갖추며 기업 인사관리의 주요 영역으로 등장했다. 이런 배경에는 1960년대 이후 개발경제과정에서 정형화된 채용시스템을 마련하지 못했던 대기업들이 개발도상국단계를 벗어나는 1980년대부터 각 기업문화에 맞는 채용틀을 갖추면서 본격화되었다. 1980년 이후 채용제도는 크게 세 번의 큰 변화과정을 거쳐왔다([표 2-2] 참조).

첫 번째는 정형화된 채용시스템이 출현한 1980년대이고 두 번째는 한국 공채사에 혁신적인 변화를 가져온 신채용기법 I(1994~2001년)이 등장한 시점이며 세 번째는 IMF체제 이후 21세기 인사관리에 맞는 신채용기법 II(2002~2010년)를 삼성이 도입하면서 전격적인 변화를 추구했다. 국내 주요 대기업들이 1994년에 일제히 도입한 신채용기법 I은 기존 채용제도를 대폭 수정시킨 시스템인 만큼 채용패턴과 채용형태 등에 있어 파격적인 모습이었다.

1980년대의 채용방식은 '대규모 정기공채, 보통형 인재 선호, 그물형 채용방식'이 주류였으나 1994년에 출범한 신채용기법 I은 '소수 수시채용, 특이형 인재 선호, 낚시형 채용방식'으로 급격히 선회했다. 따라서 고학력 노동시장은 대졸 실업이 사회이슈로 부상하는 취업난시대에 봉착하게 되었으며 동시에 국내 대학들이 경쟁적으로 취업교육에 눈을 돌리면서 진로 및 직업문화의 발전을 가져오는 역설적인 현상이 일어났다. 신채용기법 I이 등장한 직접적

표 2-2 채용제도의 전개과정 및 공채환경분석(1980~2010년)

구분		1980~1993년 (기존 채용방식)	1994~2001년 (신채용기법 Ⅰ)	2002~2010년 (신채용기법 Ⅱ)
채용패턴		• 대규모 정기공채 • 범인형 · 보통형 인재 • 그물형 채용방식 • 1984년 LG 국내 최초 인턴사원제 도입	• 상시 · 수시, 소수채용 • 특이형 인재 • 낚시형 채용방식 • 인턴사원제 활성화 시기	• 인턴채용 급증(선검증 · 후채용) • 직무중심의 역량면접 강화 • 외국어 구사능력 중시 • 캠퍼스 리크루팅 및 추천채용
채용형태		그룹 일괄공채(상하반기)	그룹공채 및 계열사별 공채 IMF 이후 병행	계열사별 공채 혹은 인턴사원제
주요 기업 채용제도	삼성 (삼성전자)	기초능력시험(영어, 상식-1, 2단계 면접(집단면접, 임원면접)	SSAT-집단토론-PT면접-임원면접	SSAT-임원면접-PT면접-집단토론면접
주요 기업 채용제도	현대 (현대건설)	필기-면접	서류-면접	인적성검사-영어회화 테스트-임원면접-CEO면접
주요 기업 채용제도	LG (LG전자)	필기-면접	서류-LG종합적성검사(FAST)-면접	직무능력검사(RPST)-인성면접-기술면접-영어면접
주요 기업 채용제도	SK ((주)SK)	추천-필기-면접	추천-SK종합적성검사 및 어학테스트-면접	SK종합적성검사-GTELP-토론면접-팀빌딩면접-인성면접-영어면접-직무면접-IT Test
채용제도 환경분석		▶ 1984년 럭키금성 국내 최초 인턴사원제 도입(1991년 대우그룹 도입), 1991~1996년 채용박람회 활성화, 1994년 주요 기업(삼성 · 현대 · SK · LG · 대우) 상시채용제 도입, 1995년 열린채용(삼성), 1998년 IMF형 정부인턴사원제 도입, 1999년 대학주도형 인턴사원제 도입 및 주요 기업 신채용기법 Ⅰ(삼성 · 현대 · SK · LG · 대우) 도입 ▶ IMF 이후: 경기침체 및 기업조직 슬림화로 대졸 취업난 가속화, 대졸인력 과잉배출, 고학력 노동시장 수급불균형 심각, 2002년 신채용기법 Ⅱ(삼성) 출현 ▶ 2000년 이후: 기업의 세계화 · 인재의 국제화로 취업 시 외국어능력과 비즈니스 스킬 중점 평가		

출처: 이종구 · 김호원(2008); 부록 2. 현장탐사 ②, 부록 3. 서베이리서치 ① 등 참조, 저자가 재구성

인 원인은 IMF사태이다. 국내 많은 기업들이 구조조정과 감원경영에 착수하면서 국제경쟁력 강화차원에서 새로운 인재선발방식을 도입했기 때문이다.

1994년에 도입한 신채용기법 I이 전 기업차원에서 이루어진 것이었다면

2002년에 등장한 신채용기법 II는 삼성이 주도적으로 추진했다는 점에서 주목할만하다. 2002년 삼성은 채용직무에 적합한 역량 있는 인재선발을 위해 신면접 도입에 착수했다. 인성면접과 필기시험성적에 의존하던 한국의 채용제도는 신채용기법 II를 거치면서 다양한 형태로 인재평가에 접근하는 전환기를 맞게 된다. 2000년대 초반 삼성이 주도한 가운데 주요 기업들이 전격적으로 도입한 신면접제도는 그동안 한국사회를 지배해온 뿌리 깊은 학벌구조 채용을 지양하고 능력 위주 인사관리전략을 지향하겠다는 국내 기업들의 경영혁신의지가 반영된 개혁적인 채용제도라고 볼 수 있다.

신채용기법 II의 출범으로 한국의 채용제도는 다양한 측면에서 변화를 보였다. 우선 선검증 · 후채용을 통한 우수인재 선발차원에서 인턴채용을 대폭 확대시켰다. 또한 인성에 무게중심을 두었던 기존 채용방식에서 탈피, 지원직무를 집중평가하는 역량면접을 도입했다. 동시에 글로벌 사회를 맞아 인재의 경쟁력 강화차원에서 외국어 구사능력을 중시하는 말하기 영어방식(OPIc 혹은 TOEIC-Speaking)으로 외국어시험을 전면 수정했다. 1980년대 이후 가파르게 전개되어온 한국의 채용제도는 우리 기업들이 생존하기 위하여 선발과정시스템을 전사적 차원에서 개혁했다는 것을 역동적으로 보여주고 있다.

2. 필기전형(1980~2010년)

공채문화가 형성된 1980년대 이후 국내 대기업들의 필기전형은 크게 3단계의 변화과정을 거쳐왔다. 1980년대의 경우 대부분의 대기업들이 인재평가의 수단으로 필기시험을 고수한 시대이며 1990년대는 단순한 필기시험에 따른 인재평가의 부작용을 줄이는 차원에서 종합직무능력검사로 전환한 시대였다. 2000년대는 모든 대기업들이 인적성검사와 더불어 직무지식평가로 집약되는 역량면접형태로 돌아섰다. 한국 사기업의 필기시험은 1957년 삼성물산이 실시한 1기 공채부터 시작되었다.[5] 이후 우리 기업들은 1980년대까지

시기와 형태에 있어 비정형적인 방식으로 필기시험을 실시해왔다. 필기시험 형태가 정형적인 모습을 갖춘 시기는 1980년대부터이다. 1960년대 이래 고속 성장을 해온 대기업들이 기업규모에 걸맞는 인력수요와 졸업정원제 실시로 넘쳐나는 대졸인력을 대규모로 채용하기 위해 면접에 의존하여 선발하던 기존 채용방식에서 탈피, 보다 정형화된 평가수단으로 필기시험을 도입했기 때문이다. 물론 기존시대에도 필기시험이 없지는 않았지만 일부 공기업과 소수 대기업만이 비체계적인 형태로 실시하는 정도에 그쳤다. 1980년대 한국의 대기업들이 신입사원 선발방식으로 표방했던 대규모 정기공채, 보통형 인재선호, 그물형 채용방식은 당시의 산업환경과 기업환경이 만들어낸 가장 적합한 채용제도라고 볼 수 있다.[6)]

1980년대의 그물형 채용방식은 1995년의 블루라운드(Blue Round) 출범과 1997년의 IMF사태를 맞아 사원공채패턴에서 완전히 사라졌다. 슬림화된 기업조직에 맞는 소수, 수시채용방식으로 급선회하면서 대량채용시대에 적합했던 인재선발방식이 비효율적이었기 때문이다. 필기전형도 대폭 수정되었다. 인재 개개인의 인적성을 무시한 채 일괄적으로 치러졌던 정형화된 필기시험형태가 사라지고 각 기업의 인재상과 조직문화에 맞는 새로운 평가방법이 선을 보였다. 삼성 · 현대 · SK · LG · 대우 · 쌍용 · 코오롱 · 한진 · 기아 · 포스코 등이 기존에 사용하던 필기시험을 전면 폐지한 대신 인재의 종합적인 사고능력을 평가하는 '종합직무능력검사'를 일제히 도입했다.

2000년대 필기전형은 한층 더 발전적인 모습을 보여주고 있다. 기업의 가치를 이해하면서 지원직무와 관련된 능력과 적합도를 동시에 평가하는 고도

5) 국내 사기업 최초로 실시한 필기시험은 1957년 1월 2일, 삼성물산공사의 1기 사원공채 시험으로 알려져 있으며 당시 시험과목은 영어, 한문, 상식이었다. 이후 한국 대기업들은 1980년대까지 이들 과목을 중심으로 필기시험을 실시해왔다.

6) 1980년대 대기업들은 상하반기(6월, 12월) 2회에 걸쳐 대규모 정기공채를 실시했다. 대부분의 대기업들은 필기시험과목(영어, 전공, 상식)을 통일했으며 시험일정도 같은 날에 실시하여 중복지원을 원천봉쇄했다. 단순하면서도 기계적으로 단시간에 걸쳐 대규모 보통형 인재선발이 가능했던 채용방법이 '그물형 채용방식'이었다.

표 2-3 필기전형의 전개과정 및 공채환경분석(1980~2010년)

구분		1980~1994년	1995~2001년	2002~2009년 11월
필기패턴		• 필기-면접 • 그룹 일괄 필기시험 • 영어 토익/토플 주류	서류-직무능력검사-면접(주요 그룹 필기시험 폐지)	• 서류-인적성검사-면접 • 인적성검사 입사당락 영향 미침 • 지식, 인적성 동시평가에 부합
필기형태		영어-전공 또는 영어-상식	직무능력검사 도입(필기시험 대체)	종합인적성검사 확대
주요 기업 필기전형	삼성(삼성전자)	기초능력시험-영어듣기테스트/상식(한자)	삼성직무적성검사(SSAT)-토플/토익성적표(영어 대체)	삼성직무적성검사(SSAT)
	현대(현대건설)	인문계: 영어, 선택(경영, 경제, 무역, 법, 행정 택일)/이공계: 전공	한자테스트 대학영어성적 참조	인적성검사-영어회화테스트
	LG(LG전자)	외국어(영어 또는 일어), 전공	• LG종합적성검사(FAST) • 토익성적표(영어 대체)	직무능력검사(RPST)
	SK((주)SK)	영어, 적성-인성검사	• SK종합적성검사 • 영어 GTELP방식(말하기 첨가)	SK종합적성검사-GTELP
필기전형 환경분석		▶ 1995년 주요 기업(삼성 · 현대 · SK · LG · 대우 · 쌍용 · 코오롱 · 한진 · 기아 · 포스코) 필기시험 폐지, 신인재평가 위한 종합직무능력검사 도입, 2002년 신채용기법 II(삼성) 출현 ▶ 직무능력검사, 지식 및 학력 위주 채용관행 탈피, 단편적 지식평가 지양, 종합적 사고능력 중시 ▶ 주요 기업 각 기업문화에 맞는 종합직무능력검사(기초능력, 직무능력, 인성평가) 실시 ▶ 2006년 이후 주요 기업(삼성 · 현대 · SK · LG · 대우 · 쌍용 · 코오롱 · 한진 · 기아 · 포스코) 인적성검사 다양화 및 일반화, 2008년 현재 일부 기업 토익 및 지텔프(스피킹분야 평가) 혹은 OPIc 테스트(2008년 6월 현재)		

출처: 이종구 · 김호원(2008); 이종구 · 김병기(2008); 이종구 · 김홍유(2009); 부록 2. 현장탐사 ②, 부록 3. 서베이리서치 ① 등 참조, 저자가 재구성

의 인적성검사가 보편화되고 있다. 외국어 점수와 학점이 높아도 인적성검사에서 탈락하는 지원자가 적지 않은 이유도 여기에 있다. CJ그룹의 인지능력평가 및 BJI(Business Judgment Inventory)테스트와 삼성직무적성검사(SSAT: Samsung Aptitude Test) 등은 지원자의 지적 · 인적능력과 기업가치에 대한 이해도를 동시에 평가하는 종합적인 인적성검사로 볼 수 있다.

3. 면접방식(1980~2010년)

면접방식은 산업환경과 기업환경의 성숙 정도에 부응하여 개선되어왔다. 아날로그사회와 디지털사회가 원하는 인재상이 다르듯이 면접패턴 또한 그 시대의 산업특성과 조직문화에 따라 적용기법이 다르게 전개되었다. 따라서 면접방식 속에는 산업환경과 기업환경, 기업문화와 기업가치, 기업인재상 등을 유추할 수 있는 요소들이 잠재되어 있으며 이러한 환경과 상황에 적합한 인재여부를 평가할 수 있는 다양한 수단과 기법들이 종합적으로 포함되어 있다.

1980년대는 대규모 채용에 보통형 인재를 선호한 시대인 만큼 면접방법이 매우 단조로웠다. 짧은 시간에 대규모 인원을 검증하기 위해서는 단일면접으로 일정한 점수를 충족하면 합격시키는 방식이 불가피했기 때문이다. 면접질문은 주로 지원자의 기본인성을 평가하는 형태로 이루어졌다. 특출한 인재보다는 보편적인 가치관과 사고를 지닌 범인형 인재여부에 초점이 맞추어졌으며 기업과 사회원리에 순응하는 정도가 이를 판단하는 기준으로 제시되었다. 1980년대는 전공시험을 치는 기업들이 대부분이었다. 따라서 면접시험에서는 으레 전공에 대한 질문이 상당수 주어졌다. 전공에 대한 질의응답은 지원자가 대학생활 때 학과공부에 어느 정도 충실했는가를 알아보기 위한 방법으로 이 또한 '기본'의 잣대를 파악하기 위한 척도로 활용했다. 당시의 면접패턴을 보면 기업정신, 인성평가, 기본지식, 기본소양, 전공지식, 인격, 자질평가 등에 주력했으며 삼성과 SK는 1, 2단계 면접을, 현대와 LG는 단일면접방식을 고수했다.

1990년대는 면접의 다양화시대로 접어든 시기였다. 기업의 국제화가 본격적으로 추진된 시대였던 만큼 국내 대기업들은 인성면접을 지양하는 대신 시대환경과 기업환경에 적응하고 기업발전에 현실적으로 기여할 수 있는 전문성과 실무능력을 갖춘 인재선발에 초점을 맞추었다. 1990년대 중반에 대기업

표 2-4 면접방식의 전개과정 및 공채환경분석(1980~2010년)

구분		1980~1993년	1994~2001년	2002~2009년 11월
면접패턴		• 기업정신/인성면접 주력 • 기본지식/전공지식 평가 • 기본소양/인격/자질 평가	• 주요 기업 면접 다양화 시도 • 삼성 프레젠테이션면접 도입(수동면접 ⇨ 능동면접) • 대기업 인재상, 기업문화에 맞는 신면접기법 도입	• 직무 위주의 역량면접 • 전문지식 및 비즈니스 스킬평가 • 영어회화능력 및 글로벌 마인드 중시 • 프레젠테이션면접 확대 강화 • 임원면접(인성면접) 강화
면접형태		주요 기업(대부분) 또는 1차(사장단) 집단면접	개인면접–집단(토론)면접 또는 개인면접–집단(토론)면접–PT면접(일부 기업)	집단(토론)–PT–(영어)–임원면접
주요 기업 면접방식	삼성 (삼성전자)	1, 2단계 면접(집단면접, 임원면접)	1, 2단계 면접(집단면접, 임원면접)	임원면접–PT면접–집단토론면접
	현대 (현대건설)	단일면접(임원진면접)	1차 실무진면접–2차 임원진면접	임원면접–CEO면접
	LG (LG전자)	단일면접(임원진면접)	집단면접	인성면접–기술면접–영어면접
	SK ((주)SK)	1차 면접(계열사 임원진면접) 2차 면접(그룹 임원진면접)	1차 실무진면접–2차 임원진면접	토론면접–팀빌딩면접–인성면접–영어면접–직무면접–IT Test
면접방식 환경분석		▶ 1980~1990년대 학교성적 및 필기성적 의존, 인성 · 적성 위주의 기본지식 및 기본소양 평가(용모, 적극성, 자신감, 책임감, 성실성 등) ▶ 1994년 주요 기업(삼성 · 현대 · SK · LG · 대우) 면접 다양화(기업국제화 맞춰 인재상–기업문화 재정립, 시대에 맞는 신면접 도입), 단일면접 주류지만 점차 복수면접 등장(개인–집단(토론) 또는 집단(토론)–(PT)–개인면접 등) ▶ 2002년 삼성전자 신면접제도 도입, 기존 인성 및 적성평가 위주의 면접 탈피 ▶ 2006년 이후 대기업, 직무중심 역량면접 강화(실무면접의 핵심분야로 부상) ▶ 2008년 영어구사능력, 국제화 마인드, 비즈니스 스킬, 직무능력 중점평가		

출처: 이종구 · 조은상 · 김홍유(2009); 부록 1. 대면인터뷰 ①, 부록 2. 현장탐사 ② 등 참조, 저자가 재구성

사회가 도입한 면접으로는 무자료면접, 카드면접, 술자리면접, 노래방면접, 다차원면접 등 형태와 내용면에서 1980년대와는 사뭇 다른 면접들이 일제히 모습을 드러냈다. 면접단계도 큰 변화를 주었다. 단일면접을 보는 기업은 극소수에 불과했으며 대부분의 기업들이 복수면접으로 전환하는 심층면접을

실시했다.

1990년대 면접유형 가운데 가장 눈에 띄는 것은 프레젠테이션면접이다. 삼성이 도입한 프레젠테이션면접은 기업과 고객 간에 이루어지는 소통과 커뮤니케이션, 의사전달능력 등에 중점을 둔 면접으로 최근 들어 그 비중과 중요성이 더욱 높아지고 있다. 2000년대 면접경향은 직무 위주로 평가하는 역량면접이 일반화되고 있다. 대부분의 그룹사들이 역량면접으로 전환한 가운데 비즈니스 스킬과 외국어회화능력, 글로벌 마인드 평가 등에 주력하는 모습이다. 최근 대기업들의 면접형태는 집단(토론)면접과 프레젠테이션면접, 임원면접 등이 주류를 이루고 있으며, 특히 프레젠테이션면접에 중점을 두는 현상이 두드러지게 나타나고 있다.

4. 인재상(1980~2010년)

기업문화와 조직가치가 가장 잘 반영되어 나타나는 것이 인재상이다. 하지만 기업의 인재상을 변하게 만드는 직접적인 상위요인은 그 시대 기업이 처한 산업환경과 기업문화이며 이것이 2차적으로 '그 기업이 추구하는 바람직한 인재의 모습'으로 구체화되어 표출된다고 볼 수 있다. 따라서 기업의 인재상은 산업환경과 기업환경, 기업문화와 조직가치 등이 인적요소에 반영되거나 투영되어 나타나는 정형화된 이미지(imagery)라고 볼 수 있다.

1980년대는 한국사회가 선진국형 공업사회를 지향하면서 대외개방에 적극적으로 나선 시대였다. 따라서 산업발전에 따른 분배욕구의 증대로 협동성, 직업의식, 사명감, 책임성 등에 중점을 둔 집단주의 덕목을 강조하는 '관리자형(노무형) 인재상'을 출현시켰다(상명대학교, 2009). 하지만 본격적인 개방화시대와 더불어 기업 간 · 국가 간 경쟁이 심화된 1980년대 후반부터 우리 기업들의 인재상은 창조성과 도전성, 추진력 등으로 집약되는 이른바 경쟁사회에 적극적으로 다가서는 인재상으로 급변했다. 이러한 인재상의 변화추이

▌표 2-5 ▌인재상의 전개과정 및 공채환경분석(1980~2010년)

구분		1980~1989년	1990~1999년	2000~2008년 11월
인재상 변화패턴		• 젊음의 패기와 진취적 기상 • 미래지향적 사고/인간 존중정신 • 합리적이고 희생적인 사고 • 성실/책임/근면/협동/인화	• 개성과 끼를 갖춘 인재 • 창조적/도전적/적극적 • 국제감각과 능력을 갖춘 인재 • 인간미/도덕성/신용인	• 전문지식 보유, 창의적 전문가 • 분석적/전략적/혁신적 사고 • 마켓지향적/고객지향적 인재 • 글로벌 사고/비즈니스 마인드 소유자
인재상형태		관리자형(노무형) 인재: Physical Power	창조적(두뇌형) 인재: Skill Power	전략가적 인재: Concept Power
주요 기업 인재상	삼성 (삼성전자)	• 도전적 인재, 탐구형 인재 • 책임감 있는 합리적 인재	창조인, 학습인, 세계인, 사회인(열린마음, 열린머리, 열린행동)	열린마음, 열린머리, 열린 행동
	현대 (현대건설)	패기와 의지 소유자, 적극적 · 긍정적 사고방식, 성실 및 도전적 자세	변화주도, 긍정적 사고-적극적 실천, 책임-정직-예의	창조적 예지, 적극적인 의지, 강인한 추진력, 정직-근검
	LG (LG전자)	적극적 · 능동적 · 도전적 인재	기본에 충실한 창의력 소유자, 바른 가치관, 도전적 인재	rightpeople 인재: 열정, 실행력, 전문역량 소유자
	SK ((주)SK)	패기(일과 싸워 이기는 기질, 적극적 사고, 진취적 행동)	패기(일과 싸워 이기는 기질, 적극적 사고, 진취적 행동)	SK Citizenship: SK Values, 패기, SKMS 실천역량, Self-Leadership
인재상 환경분석		▶ 1980년 관리자형 인재상, 1990년 창조적인 인재상, 2000년 전문지식 보유한 전략가적 인재상 ▶ 1990년 이후 아날로그시대 인재상 탈피, 디지털화시대에 맞는 인재상 정립 ▶ 1999년 이후 21세기 무한경쟁시대에 맞는 개방적 글로벌 인재상 정립(범용형 획일적 인재 탈피) ▶ 2000년 이후, 21세기 정보 · 지식형 인재상 정립, 전문가적 지식 갖춘 창의적인 프로페셔널		

주: 부록 1. 대면인터뷰 ①, ③, 부록 2. 현장탐사 ①, ② 등 참조, 저자가 재구성

는 1990년대 민주화 · 개방화 · 디지털화로 이어지는 산업환경에 탑승하여 '창조적인 인재상'을 형성하는 배경이 되었다(동아대학교, 2001). 2000년대 우리 기업사회의 보편적인 인재상은 디지털혁명과 지식집약시대가 요구하는 '전략가적 인재상'이 지배적이다. 주요 대기업들은 21세기 전략가적 인재상

에 걸맞는 자사가 추구하는 기업문화와 조직가치에 적합한 인재의 요건으로 정보형 · 지식형 · 전문가형 · 창조형 등 다양한 능력을 소유한 인재상을 제시하고 있다.

Ⅳ 시대별 공채문화의 특성 비교분석

본 절에서는 한국 공채문화의 전개과정을 시대별로 분석하기 위하여 탐색적인 연구기법을 사용했다. 투입된 연구기법은 실증분석(empirical analysis)이 아닌 자료적인 접근(문헌조사)과 대면인터뷰(face to face interview), 현장탐사(field study), 서베이리서치(survey research) 등 탐색적인 연구방법이 지

그림 2-3 | 연구모형 및 체계도(1980~2000년대)

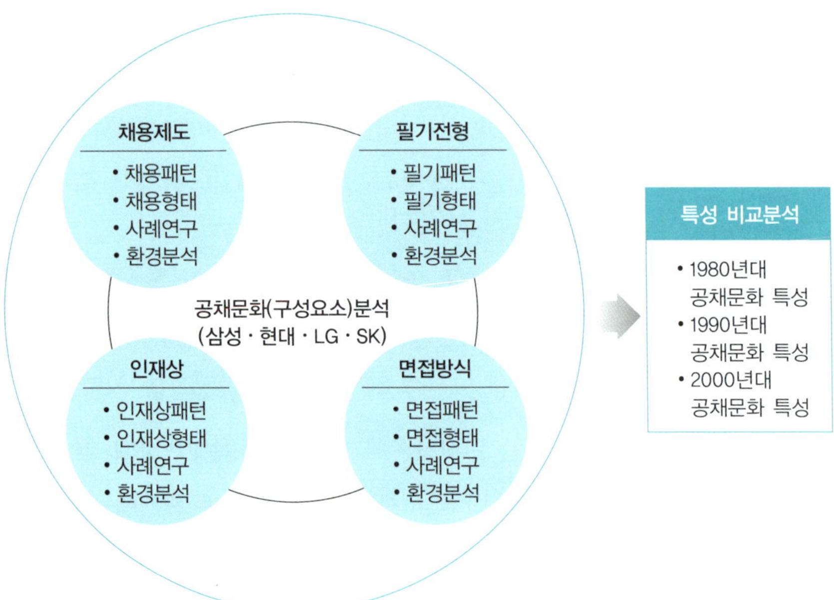

향하는 종합적인 분석방법을 활용했다. 연구모형의 프로세스는 1980년대부터 2010년까지 산업환경과 기업환경의 변화에 따른 시대별 공채문화의 전개과정과 특성을 집중적으로 분석했으며 또한 본 장의 핵심영역인 공채문화의 구성요소(채용제도 · 필기전형 · 면접방식 · 인재상)를 시대별 · 환경별 · 기업별 · 특징별로 각각 세부적으로 비교분석하는 형태로 프레임워크를 구성했다([그림 2-3] 참조).

1. 1980년대 공채문화 특성분석

1980년대는 한국 기업사회가 탈국가적인 경제영역을 실현하며 글로벌 경제권으로 본격적인 행보를 내딛는 시대였다. 1960년대 이래 개발경제의 양적 신장에 힘입어 급성장한 한국 대기업들은 1980년대부터 기업의 내실화 작업에 착수, 질적 성장을 동시에 추구하는 내실경영에 전력을 기울였다. 취업문화의 생성은 국제기업으로 발돋움한 우리 기업들이 경쟁력강화와 자생력확보차원에서 전사적으로 도입한 새로운 인재선발시스템과 노동시장의 공급자간에 형성되는 다양한 메커니즘이 제도적 특성과 행동규범, 가치의식 등으로 표출되어 출현한 문화의 신조류라고 볼 수 있다. 특히 취업문화의 핵심영역을 담당하고 있는 공채문화의 구성요소는 지난 30년 동안 급변하는 산업환경과 기업발전에 탑승하여 가파른 전개과정을 거쳐왔다.

1980년대의 공채문화는 그 특성에 있어 경쟁적인 성격이 강하게 나타나고 있다. 급성장한 대기업들의 양적인 채용과 졸업정원제 실시로 과잉공급되는 대졸인력을 수용하기 위해서는 경쟁적인 채용시스템이 불가피했다. 한국 공채역사에 있어 이 시대만큼 대규모 신규사원을 채용한 때는 없었다. 30대 그룹사가 연간 2회(6월, 12월 정기공채)에 걸쳐 채용한 인력규모가 18만 명에 육박하던 시대였다. 그룹 일괄공채로 선발하여 계열사별로 인력분배를 하던 시대였던 만큼 직무별 소요인력만 충원하는 최근 시스템과는 현격한 차이를 보여주고 있다.

먼저 채용제도의 특성은 보통형 인재선발에 초점을 두었다. 양적 채용에 시스템을 맞춘 관계로 인재의 능력, 전문성보다는 일정한 필기성적과 기본소양 및 기본인격만 충족시키면 통과하는 단순하고도 기계적인 채용제도였다. 물론 이런 채용제도를 보완하기 위한 방법도 병행되긴 했다. 1984년 국내 기업사회에 모습을 드러낸 인턴사원제도는 질적 채용제도의 한 형태이자 그물형 채용방식을 보완하기 위한 새로운 인재선발시스템이라고 볼 수 있다. 우수인재 선확보·후채용방식인 인턴사원제도는 2~3개월의 인턴기간을 거쳐 일정인원을 채용한 만큼 일반공채로 입사한 사원에 비해 직무배치에 우선하고 기업충성도가 높은 것으로 나타났다. 대규모 채용제도와 인턴사원제도는 신규인력의 선확보가 가능하다는 측면에서 스톡(STOCK)형 채용제도로 분류할 수 있다.[7)]

1980년대의 획일적인 필기전형은 대규모 정기공채를 가능하게 만든 수단이자 지적 인재평가를 위한 기본적인 방법이었다. 기본지식평가에 역점을 둔 단순 필기시험은 1990년대 기업조직의 슬림화 작업과 더불어 도입된 소수, 수시채용제도로 인하여 자취를 감추었다. 필기시험의 문제점은 여러 곳에서 노출되었다. 필기시험이 합격당락을 좌우한 만큼 우수한 인재라도 필기시험에 탈락하면 기업입사가 완전히 차단되는 결과로 이어졌다. 1990년대 개인의 잠재능력과 전문성을 평가하는 '종합직무적성검사'가 출범한 이유도 이런 획일적인 필기시험의 문제점을 지양하고 창의적이고도 도전적인 인재를 선발하기 위한 배경에서 고안된 것이다. 당시 우리 기업들이 실시한 필기과목은 영어, 전공, 상식 등이 보편화되었을 만큼 어느 기업 할 것 없이 면접전형을 제외하고는 인성을 검증하는 정량화된 필기전형은 찾아볼 수 없었다.

1980년대 면접전형에서 특이한 점은 복수면접을 실시하는 기업이 극소수

7) 1980년대는 그룹사 본부에서 대규모로 일괄공채하여 계열사별로 인력분배를 했던 시대였으며 1990년대 인턴사원제도 또한 선확보·후채용이라는 측면에서 양자 모두 스톡형 채용제도라고 볼 수 있다.

에 그쳤다는 점이다. 대부분이 그룹사들이 단일면접방식을 고수했으며 임원진이 진행하는 인성 위주의 기본소양평가가 일반적인 경향이었다. 능력보다는 학력 위주로 평가하고, 직무중심의 역량면접보다는 인성중심의 임원면접에 치중하는 선발시스템이 그물형 채용방식이 고수한 보통형 인재채용을 위한 핵심평가방법이었던 것이다. 따라서 면접관 선정도 외부 면접관이 전무한 내부 면접관으로 구성되었으며 질문내용도 지원자의 가정환경과 개인사에 집중되는 단편적인 질의문항이 대부분을 차지했다(삼성전자 보도자료, 2002).

표 2-6 1980년대 공채문화의 구성요소 특성분석

취업환경분석	채용제도	필기전형	면접방식	인재상
• 대학졸업정원제 실시(대졸 노동시장, 수급불일치현상 초래) • 국내외 경기 침체, 대졸 취업환경 악화 • 경제민주화, 노사분규, 임금인상 가속화, 노동경쟁력 약화 • 서울올림픽, 고용창출 미흡 및 외국사 국내 투자(유치) 저조	• 그룹사, 대규모 정기공채(일부 기업, 추천, 인턴 병행) • 인력선확보(스톡형) • 직군 없는 일괄 채용 • 평균인재 대규모 채용(그물형 채용방식) • 신입, 경력 분리 채용 • 자국 인재 sourcing • 채용방법, 시기 정기적/획일적 실시	• 필기시험 일반화 • 필기시험 성적 합격 당락 좌우 • 필기과목 : 영어(토플식), 상식, 전공 등 • 인문계 : 영어, 상식 이공계 : 영어, 전공 공기업 : 영어, 전공, 상식, 논문(일부 공사) ※ 인적성검사기업 (금호, 한화, 효성)	• 단일 및 단순면접 지향(보통형 인재검증) • 인성 위주의 기본소양 및 기본지식(전공)평가 • 능력보다 학력 위주평가 • 실무진면접보다 임원면접(인성면접) 중심 • 자기소개서 중심의 개인사(환경) 질문 주력 • 내부 면접관 주재(외부 면접관 전무)	• 범용형 획일적 인재 • 관리자형 인재 • 기능, 축적형 인재 • 모범적 보통형 인재 • 타율적인 학습인 • 아날로그형 인재 • 집단주의 덕목 강조 • 직장 충성형 인재 • 노무형, 산업전사형(physical power)
비고	• 직업동향: 노동집약적 직업에서 지식집약적 직업으로 이행 • 진로교육: 학생생활연구소에서 기초진로상담교육(성격, 적성, 진로 등) 실시 • 취업진로기구: 명칭, 전담인력 없음(학생처소속 직원이 취업통계, 추천업무 겸직) • 인턴사원제도: 1984년 럭기금성그룹(현, LG그룹) 국내 최초 대졸 인턴사원제 실시			

출처: 이종구 · 김홍유(2009); 부록 1. 대면인터뷰 ①, ②, ③, ④, 부록 3. 서베이리서치 ③ 등 참조, 저자가 재구성

기업문화와 기업가치를 집약해놓은 것이 기업의 인재상이다. 개발경제와 양적 성장, 대규모 채용과 획일적인 인성평가 등은 1980년대를 전후한 우리의 산업환경과 취업환경을 동시에 읽을 수 있는 바로미터이다. 개발경제와 양적 성장, 대규모 채용은 불가분의 관계이며 이러한 메커니즘 아래에서 기업들이 원하는 인재상은 특이형 인재보다는 보통형 인재, 모범적 인재, 타율적이고도 집단주의 덕목에 기여할 수 있는 관리자형(노무형) 인재유형이 적합했던 것이다. 이러한 인재상은 1990년대 개방화 · 국제화사회로 진입하면서 기업발전과 국제경쟁력을 가로막는 장애요인으로 지적되면서 모든 기업들이 새로운 인재상 정립에 기업가치를 모으는 도화선으로 작용했다.

1980년대의 공채환경은 국내외 경기침체와 경제민주화, 졸업정원제 실시 등으로 고용사정이 크게 악화된 시기였다. 정부는 88올림픽을 계기로 일자리 창출과 외국기업들의 투자유치에 전력을 기울였지만 실제 결과는 매우 미흡했다. 이러한 위기적인 사회 · 경제상황은 개방화 · 민주화 · 디지털화를 앞당기는 계기를 마련했으며 동시에 공채문화의 구성요소들을 급변하게 만드는 직접적인 요인이 되었다(Kim Jang-Ho, 2005). 1980년대는 선진국형 공업화를 지향하기 위해 정보집약산업에 주력하는 시대였다. 경제민주화에 따른 노사분규와 임금상승으로 인해 진통이 불가피한 상황이었지만 컴퓨터산업의 출현과 증권, 유통 · 서비스산업의 본격적인 발전에 힘입어 직업세계가 다양화 · 세분화되어가는 전환기적 시대이기도 했다(조경동, 1990).

2. 1990년대 공채문화 특성분석

1990년대는 급변하는 취업환경으로 인해 공채문화의 변혁(revolution of recruiting culture)이 일어난 시대였다. 1995년에 출범한 블루라운드체제는 개발도상국들의 노동경쟁력에 상당한 타격을 입혔다. 국가 간의 통상문제에 노동기준과 무역을 연계시킨 블루라운드체제는 선진국들의 보호무역정책의 일환으로 개도국들의 강한 반발을 불러일으켰다. 이로 인해 개도국들이 누려왔던 저임금경쟁력은 사라졌으며 근로조건 개선이 불러온 임금상승은 노동경쟁력을 약화시키는 요인으로 작용했다(최종태, 2000).

블루라운드 출범은 국내 취업시장에도 큰 영향을 미쳤다. 근로조건 향상이 가져온 생산성 저하는 축소채용을 유발시켜 고용환경을 악화시켰다. 특히 1997년 연말에 일어난 IMF사태는 공채문화의 변혁에 직격탄을 가한 사건이다. 한국의 노동시장은 IMF사태로 전면 재편되는 초유의 현상이 일어났다. 전 기업들의 구조조정과 부실기업 퇴출, 명예퇴직과 조기퇴직, 인수합병(M&A)과 빅딜(big deal), 대규모 실업사태와 정부인턴사원제 출현 등은 IMF사태가 낳은 취업문화의 대표적인 부산물이었다.

1990년대는 국내외 경제환경의 급변으로 인해 한국의 공채문화가 가파르게 전개된 시대였다. 공채문화의 구성요소에도 혁신적인 변화가 일어났다. 산업환경과 취업환경이 판이한 상황을 맞은 만큼 채용제도, 필기전형, 면접방식, 인재상 등의 변화가 불가피했기 때문이다. 전 기업들이 가장 혁신적인 개선을 단행한 분야는 채용제도였다. 기존 시대에 보편화되었던 대량 정기공채는 슬림화된 기업조직에 맞게 소수, 수시채용으로 급선회했다. 1980년대의 대규모 채용방식에 적용하던 그물형 채용방식을 없애고 상시로 우수인재만 소수, 선별채용하는 낚시형 채용방식을 일제히 도입했다. 낚시형 채용방식의 개막은 한국 대졸 취업시장을 압박하는 요소로 작용했다. 소수, 우수인재 선발에 적합한 이 채용방식은 고학력 취업난과 대졸 실업사태를 불러왔으며 최근까지 우리 기업들이 고수하는 대표적인 채용제도이다.

능력주의 채용시대가 열린 시기도 1990년대부터이다. 특히 IMF사태는 한국 기업사회의 오래된 병폐였던 학벌주의 채용관행을 크게 개선시키며 능력위주 공채문화 형성에 크게 기여했다(한국노동연구원, 2000). 채용창구도 다양화되었다. 공채, 추천, 인턴방식이 체계적으로 운영되었으며 채용규모와 채용목적, 인재의 검증방법에 맞는 채용방식이 적절하게 동원되었다. 인터넷 채용도 모습을 드러낸 시기였다. 온라인 채용시스템은 기존시대에는 전무했

표 2-7 1990년대 공채문화의 구성요소 특성분석

취업환경분석	채용제도	필기전형	면접방식	인재상
• 블루라운드 출범, 노동환경변화, 고임금시대 돌입, 국가경쟁력 저하, 3D 업종 외국노동자 유입 • 노동인구 고령화/여성화/고학력화 • 노동시장 유연성 결핍 • 대졸 취업시장 인력 수급불균형 심화 • IMF체제, 취업시장 및 직업문화 대변혁 • 대기업 부도/해체/M&A/빅딜 가속화 • 전 기업 구조조정 착수 • 대졸 취업난 가속화	• 상시채용제도 도입 • 계열사별, 전문분야별 채용(IMF 후) • 학벌중시 개선, 능력 위주 채용시대 개막 • 공채/추천/인턴사원제 활성화 • 신입, 경력 혼합 채용시대 개막 • 다국적 인재 sourcing시대 개막 • 채용박람회 활성화 • 온오프라인 채용 병행(인터넷채용 도입) • 필기시험 폐지	〈1995년 이전〉 • 필기시험 시행, 영어(토익), 상식 등 〈1995년 이후〉 • 필기시험 폐지 • 인적성검사/직무적성검사 도입 • 주요 그룹사 각사 직무적성검사 개발 • 외국어시험 공인 성적표로 대체 • 단편지식평가 탈피 종합 사고능력평가	• 무자료면접(블라인드면접) 도입 • 단일면접에서 복수면접 전환 • 학력중심에서 능력중심평가 • 외국어면접 도입 • 면접유형 다양화 • 프레젠테이션(PT)면접 도입 • 실무진면접 도입 • 열린면접 도입(외부면접관 참여)	• 창조적인 인재 • 정보, 지식형 인재 • 개방적인 사고 인재 • 자율적인 학습인 • 프로근성의 전문가 • 디지털형 인재 • 개인주의 덕목 중시 • 직업충실형 인재 • 도전적/적극적/국제감각 소유자 • 특이형 인재 선호 • 두뇌형(지능형)(skill power)
비고	• 직업동향: 정보통신산업 급성장, 관련분야 직군 직업세계기반 구축 • 진로교육: 학생생활연구소 기존업무에 취업-직업교육, 진학상담업무 추가 • 취업진로기구: 학생처 내 취업지원팀(과) 개설, 인턴사원제, 산학협력, 취업행사 등 주관 • 인턴사원제도: 인턴사원제 정기공채와 병행, 대졸 사원선발제도로 정착			

출처: 이종구 · 조은상 · 김홍유(2009); 부록 1. 대면인터뷰 ①, ②, ③, 부록 2. 현장탐사 ①, ②, 부록 3. 서베이리서치 ①, ②, ③ 등 참조, 저자가 재구성

던 채용방식인 만큼 공채제도의 선진화에 한몫을 담당했다. 2000년대를 전후하여 대기업 공채전형에서 오프라인 지원방식은 완전히 자취를 감추었다.

1995년대를 전후하여 공채문화는 또 하나의 전환기를 맞이하게 된다. 사기업 공채가 도입된 이래 지난 50여 년간 지속되어오던 필기시험제도를 전면 폐지한 것이다. 단순한 필기시험평가로는 개방화 · 디지털화시대에 맞는 우수인재확보가 어렵다는 판단을 내렸기 때문이다(이명환, 1997). 1995년 이후 필기전형은 인재의 종합적인 잠재능력과 인적성을 평가하는 새로운 검증시

스템으로 전격 전환되었다. 종합직무적성검사로 지칭되는 이 평가시스템은 각 기업들의 조직문화와 기업가치에 맞게 개발한 신평가기법인 만큼 인적성, 직무적합성, 기초지식, 기업가치, 문제해결능력 등 총체적인 기업문화가 반영된 종합평가의 성격을 띠고 있다. 종합직무적성검사는 그동안 우리 기업들이 50여 년간 실시해왔던 단편적인 지식평가에서 탈피, 종합적 사고능력을 중시하는 창의적인 평가방법이라는 점에서 주목할만하다.

면접방식이 다양화 · 선진화된 시기도 1990년대부터이다. 면접방식의 가장 큰 변화는 1980년대의 수동적 면접에서 능동적 면접으로, 단일면접에서 복수면접으로, 내부면접관에서 외부인사가 포함된 면접으로, 인성면접에서 능력중심평가로, 임원면접에서 실무진면접으로 총체적인 변화와 개선을 가져왔다는 점이다. 국내 면접사상 최초로 '무자료면접(blind interview)'과 '프레젠테이션(PT)면접'이 도입된 때도 이 시대였다. 무자료면접은 인재의 배경보다는 능력지향적 평가라는 측면에서 호평을 받았으며 프레젠테이션면접은 종합적인 문제해결능력을 심층적으로 검증하는 '기술면접'이라는 점에서 최근까지 지속적으로 유지되고 있다. 한편 1990년대의 국제화 · 개방화 추세는 외국어면접을 도입시킨 원인으로 작용했다. 외국어면접을 도입한 기업이 급증한 가운데 외국회사는 물론 무역회사, 종합상사, 글로벌 공기업을 포함한 상당수의 대기업들이 외국어면접을 비중 있게 다루었다.

1990년대는 아날로그사회에서 디지털사회로 진입하는 시대였다. 따라서 인재상의 변화도 눈에 띄게 나타났다. 정보 · 지식사회로 진입하는 시대였던 만큼 정보 · 지식형 인재, 창조적인 인재, 디지털형 인재상 등이 한국 기업들의 공통적인 인재관으로 자리를 잡았다(유동현, 1998). 인재의 성격도 크게 변했다. 1980년대가 추구했던 집단주의 덕목과 타율적인 학습인 대신 개인주의 덕목과 자율적인 학습인, 능력지향적인 특이형 인재들이 한국 기업사회에서 높은 점수를 받았다. 1990년대의 공채환경은 블루라운드 출범과 IMF사태로 인해 기업조직이 슬림화되고 취업난이 가중되는 시대였다. 또한 가속화되는 산업구조의 고도화와 산업환경의 개방화 · 디지털화는 직업세계의 재편과 더불어 평생직업시대를 개막하는 요인으로 작용했다. 평생직장시대의 붕괴는 능력사회의 도래와 직업전문화현상으로 이어져 전문직과 고용안정직을 선호하는 새로운 직업문화의 출현으로 이어졌다(조은상, 2007). 한편 대졸 취업난이 심화되는 분위기 속에 대학사회를 중심으로 진로문화가 발전하는 역설적인 현상이 일어나기도 했다.

3. 2000년대 공채문화 특성분석

2000년대 한국의 산업환경은 컴퓨터 · 반도체 · 통신산업이 주도하는 디지털경제화가 급속히 전개되고 있다(삼성인력개발원, 2005). 정보통신산업과 지식기반산업의 급성장은 취업문화의 하위 구성요소인 공채문화와 직업문화, 진로문화의 혁신을 가져왔다. 노동환경도 산업환경의 영향으로 크게 변했다. 저성장 · 고비용 · 저효율시대에 돌입한 산업구조로 인해 고용시장이 위축되면서 고학력 취업난사태가 사회문제로 비화되는 가운데 비정규직의 대량양산이 현실화되었다. 특히 최근 지구촌 경제권에 악재로 작용하고 있는 글로벌 금융위기와 두바이 금융쇼크는 IMF사태 이후 진행되고 있는 경기침체의 장기화현상과 맞물려 국내 노동환경을 더욱 압박하고 있다.

1990년대 중반 이후 지속되고 있는 노동환경의 경직현상은 2000년대 공채문화의 구성요소변화를 주도하고 있다. 채용제도의 경우 다양한 측면에서 선진시스템이 도입되고 있다. 1990년대의 양적 채용은 사라지고 질적으로 대폭 개선된 선발시스템이 정착되고 있다. 채용제도의 질적 발전은 다양한 곳에서 나타나고 있다. 먼저 채용방법과 시기가 다양해졌다. 채용방법은 계열사별 채용이 일반화된 가운데 채용창구는 캠퍼스 리크루팅과 일반공채로 분리되어 실시되고 있다. 2000년대 채용제도에 있어 가장 특이한 것이 대학별 채용설명회와 캠퍼스 리크루팅이다. 우수인재확보를 위한 기업들의 공격적 마케팅기법의 하나인 채용설명회는 기업홍보와 채용정보제공, 현장면접 등이 동시다발로 진행된다는 측면에서 1990년대 성행한 채용박람회와 매우 흡사하다. 캠퍼스 리크루팅은 기업이 선별채용을 한다는 측면에서 낚시형 채용방식의 일환이며 인사담당자들이 직접 대학을 방문, 면접 후 자사에 지원할 수 있는 ID(Identification Number)를 부여하거나 직접채용을 한다는 측면에서 추천제 채용과는 성격이 다르다.

인턴사원제도도 증가하고 있다. 30대 그룹사 가운데 50% 정도가 인턴사원제도로 신규인력을 충원하고 있다. 2000년대 인턴사원제도의 활성화 배경에는 소수, 수시채용으로 돌아선 기업들이 인재검증을 보다 확실히 하겠다는 복안이 깔려있다. 1990년대 인턴사원제의 초점이 우수인재 선확보 · 후채용인 데 반해 최근 이 제도의 특징은 선검증 · 후확보라는 측면에서 대학의 입지보다는 인재의 능력을 집중평가하겠다는 기업의 의지를 읽을 수 있다(윤수연, 2008). 직군별 채용도 주목할만하다. 기존시대에는 채용 후 소요인력이 있는 부서에 일괄분배하는 배치전환을 했지만 2000년대는 모집부터 직종, 직군별로 채용하는 방식이 일반화되고 있다. 직무중심으로 채용전형이 이루어지면서 최근 대학가는 향후 지원직무에 대한 경력관리활동에 주력하는 학생들이 급증하고 있다.

필기전형의 경우는 거의 모든 기업들이 종합직무적성검사로 돌아섰다. 1990년대 중반에 도입된 이 제도가 최근 대기업들의 필기전형으로 대체된 배경에는 다양한 목적들이 반영되어 있다. 우선 기업 입장에서는 지원자의 인성과 모집직종에 대한 직무수행능력을 파악할 수 있으며 지원자의 입장에서는 조직적응성 및 지원분야에 대한 능력발휘 정도를 미리 알 수 있기 때문이다. 2000년대 대기업들이 일반화시킨 종합직무능력검사의 특징은 한마디로 구직자들의 지원직무에 대한 역량평가는 물론 선발 후 직무배치까지도 염두에 두고 개발했다는 점이다.

면접방식도 1990년대와는 판이하게 전개되고 있다. 먼저 면접형태의 경우 1990년대는 단일면접 혹은 두 차례만 실시하는 복수면접에 그쳤지만 2000년대는 세 차례 면접인 다차원면접이 정착되고 있다. 다차원면접에서도 인성을 중시하는 임원면접보다는 실무팀장이 주관하는 실무면접의 비중이 배가되고 있다. 능력과 잠재력, 전문화 정도를 집중평가하겠다는 대기업들의 강한 의지가 엿보이는 대목이다. 최근 우리 기업사회에서 일반화된 면접방식은 집단(토론)면접, 프레젠테이션면접, 임원면접의 형태이며 외국어면접은 공인점수로 대체하는 경향이 지배적이다. 하지만 외국회사를 포함한 종합상사나 무역업체 등은 여전히 외국어면접을 깊이 있게 다루며 글로벌 마인드 평가에 주력하고 있는 모습이다(노동부, 2009).

21세기 기업들의 인재상도 새롭게 정립되고 있다. 기업가정신과 전략가적 인재상을 중시하는 시대인 만큼 전문능력을 소지한 지원자들에게 높은 점수

표 2-8 | 2000년대 공채문화의 구성요소 특성분석

취업환경분석	채용제도	필기전형	면접방식	인재상
• 저성장/고비용/저효율시대 돌입 • 평생직장 붕괴, 평생직업개념 정립 • 국내외 경기침체 장기화, 고용창출 저하 • 고학력 취업난사태, 사회문제로 비화 • 노동시장 유연화정책(비정규직법 등) • 세계금융위기, 국내외 노동인력 시장 위축	• 채용방법, 시기 다양화(소수, 수시) • 인터넷채용 일반화 • 신입, 경력, 해외인력 혼합채용 일반화 • 캠퍼스 리크루팅 본격화 • 인적성검사/직무능력검사 보편화 • 공채 및 인턴사원제 병행(추천제 폐지 추세) • 직종, 직군별 전문인력채용 일반화	〈인적성/종합직무적성검사 일반화〉 • 기업 입장: 지원자 인성 및 모집분야 종합 직무수행능력의 적합성평가 • 지원자 입장: 조직적응성 및 지원분야 능력 발휘 정도 검토 –지원직무 역량 평가 –인재선발 및 채용 후 부서 배치에 활용	• 역량면접(직무능력평가) 강화 • 다차원면접 일반화(면접 평균 3회 실시) • 프레젠테이션 면접 대폭 강화 • 외국어 구사능력 테스트 필수 • 기존 인성 및 적성평가 위주의 면접 탈피	• 전략가적 인재상 • 비즈니스지향적인 글로벌 인재 • 특화된 핵심인재 • 도덕성, 신뢰, 투명성 • 전문능력 소유자 • 기업가정신 강조 • 조직가치 덕목 강조 • 직무 전문화 인재 • 재즈캄보(jazz combo)형 인재 • 창의형 인재(concept power)
비고	• 직업동향: 국내외 경기침체, 대졸 취업난 및 일자리부족현상 심각(비정규직 사회문제화) • 진로교육: 학생생활연구소 본연업무, 학생현실문제, 취업 · 진로분야 등 업무 다양화 • 취업진로기구: 독립기구로 승격, 취업 · 진로업무 본격화(전문화, 특성화) • 인턴사원제도: 직무 위주로 인턴사원제 운영(대기업 인턴수료자 60% 이상 채용)			

출처: 이종구 · 김홍유(2009); 부록 1. 대면인터뷰 ①, ②, ③, ④, 부록 3. 서베이리서치 ③ 등 참조, 저자가 재구성

를 주고 있다. 국내 기업들이 지원자들의 인재상을 평가하는 기법에는 크게 두 가지 방법이 동원되고 있다. 최근 가장 보편화된 방법은 종합직무적성검사에서 인성평가영역을 두고 있다. 기업가치와 기업인재상이 반영되어 있는 인성검사영역은 기업들이 지원자들의 지적평가 이상으로 중요성을 부여하는 만큼 최근 그 비중이 높아지고 있다. 또 하나의 인성평가방법은 임원면접에서 실시한다. 정성평가와 정량평가가 혼합된 형태인 임원면접은 실무면접보다는 비중이 낮지만 일정점수에 도달하지 못할 경우 탈락시키는 절대평가를 하고 있다. 인성면접의 초점은 기업가치를 포함한 인재의 기본소양평가에 중점을 두고 있다.

2000년대 공채문화는 직업세계에도 큰 영향을 미쳤다. 선진국사회로 접어든 첨단산업발전기인 만큼 전문직 일자리창출이라는 한 축과 노동시장의 유연화정책이 낳은 비정규직 및 공공일자리와 같은 단순직 증가현상이 뚜렷히 양극화상태로 나타나고 있다. 특히 경쟁적인 공채문화로 인해 대학가에 취업진로교육이 팽창되면서 진리탐구와 취업교육 사이에서 갈등하는 구성원들의 목소리도 2000년대 공채문화가 만들어낸 신풍속도 가운데 하나이다.

V 결론 및 제언

1. 요약 및 결론

본 장은 1980년대 이래 급격한 변화과정을 거쳐온 한국의 공채역사를 공채문화적인 관점에서 시대별 · 환경별 · 기업별로 체계화시키는 동시에 공채문화의 구성요소인 채용제도 · 필기전형 · 면접방식 · 인재상 등의 전개과정과 특성까지도 비교분석하는 데 그 취지를 두고 있다. 1980년대 대기업 · 대학사회 · 구직자들을 중심으로 출현한 한국의 취업문화는 최근 30년 동안 문화적인 변혁과정을 반복하며 가파르게 전개되고 있다. 한국 공채문화는 시대별 산업환경과 기업환경의 변화에 따라 그 특징이 현격히 다르다.

한국의 대기업들은 1980년대를 전후하여 글로벌 기업으로 진입하는 비약적인 성장을 이루었다. 제5, 6차 경제사회발전기(1982~1991)의 성공적인 결과에 힘입어 선진국형 공업국의 기틀을 마련하면서 지식정보산업의 발전과 비교우위산업의 육성을 통한 경제안정기반을 구축한 시대였다(김성수, 1996). 이러한 양적인 경제성장에 힘입어 1980년대의 공채문화는 대규모 정기채용과 졸업정원제 실시에 따른 대졸인력들의 과잉공급현상이 맞물려 경쟁적인 취업환경이 조성되었으며 이에 대한 결과로 채용제도가 공채문화를 주도하는 경제적인 취업문화가 형성되었다. 1980년대 공채문화의 구성요소들은 경쟁적인 취업구도를 감안하여 개발한 성격이 강하게 나타나 있다. 경쟁사회의 진입여부를 결정하는 전형적인 평가기법인 단순한 필기시험과 능력 및 전문지식보다는 아날로그시대에 맞는 인성중심의 단일면접방식이 이를 보여주는 좋은 증표이다.

1990년대는 1987년의 경제민주화와 더불어 블루라운드체제, IMF사태 등 급변하는 국내외환경으로 인해 공채문화의 초점이 '인재상' 쪽으로 급격히 옮겨졌다. 1999년에 도입된 신채용기법은 슬림화된 기업조직에 기여할 수 있는 '창조적인 인재상' 선발에 중점을 둔 시스템이라고 볼 수 있다. 특이형 인재만 소수, 수시채용하는 낚시형 채용방식이 등장하면서 국내 기업들은 국제화시대가 요구하는 경쟁력을 지닌 인재선발을 위해 1980년대가 지향하던 보통형 인재 대신 국제사회를 주도해나갈 수 있는 도전적이고도 창조적인 인재상 쪽으로 급격한 변화를 시도했다.

2000년대 공채문화의 핵심은 '면접방식'이다. 글로벌 대기업들이 우수인재 확보를 위해 새로운 면접시스템 개발에 전력하고 있다. 면접방식을 불러온 가장 큰 요인은 취업환경의 변화에서 찾을 수 있다. 선진국사회가 추구하는 평생직업개념이 정립되면서 직업의 전문화와 특성화의 가능성을 검증하기 위한 직무평가면접이 보편화되고 있다. 2000년대 한국의 대기업들이 신입사원 공채에서 가장 역점을 두는 곳이 직무분야이다. 직무별 모집과 직무테스트, 직무면접은 21세기 기업사회가 직무전문화시대로 가기 위한 일관된 행보로 볼 수 있다.

1980년대 출현한 한국의 공채문화는 진로문화와 직업문화의 변화에도 큰 영향을 미쳤다. 취업문화의 구성요소인 이들 하위문화들은 시대별 상호 유기적인 관계를 형성하며 각기 발전을 거듭하고 있다. 경쟁적인 공채문화는 평생직장시대를 붕괴시키며 조기진로교육과 평생직업시대에 대한 중요성을 불러일으켰다. 최근 대학사회에서 급증하고 있는 진로교육은 재학생 경력관리에 기초한 취업교육이라는 점에서 공채문화의 입지를 쉽게 느낄 수 있는 대목이다. 전국 대학들이 진로교육의 주관부서인 취업진로기구의 확대에 전력을 쏟으며 업무영역의 전문화 · 특성화를 위해 인적 · 물적 인프라 구축에 큰 비용을 투자하고 있는 것도 2000년대 경쟁적인 공채문화의 구성요소들이 파급시킨 부산물이라고 볼 수 있다. 이처럼 취업문화의 구성요소인 공채문화, 진로문화, 직업문화는 상호 유기적인 메커니즘을 통해 지속적인 발전과 변화과정을 걷고 있다.

2. 시사점 및 제언

문화는 환경의 변화와 문화를 구성하는 구성요소들의 변화 속성에 의해 끊임없이 패러다임의 변화과정을 거친다. 1980년대 형성된 한국의 공채문화도 같은 맥락에서 패러다임의 변화과정을 거쳐왔다. 1980년대 이래 전개되어온 한국의 공채문화는 다음과 같은 특징과 시사점을 지니고 있다. 첫째, 채용제도는 1980년대 정기공채 단일방식에서, 최근 수시채용 · 인턴사원제 · 추천제 · 캠퍼스 리크루팅 등 채용창구가 매우 다양화되었다. 둘째, 필기전형은 시대별로 기초지식평가, 직무능력평가, 종합인적성평가 순으로, 인재의 기초지식 · 인성 · 직무능력을 평가하는 총체적인 인재평가기법이 도입되고 있다. 셋째, 면접방식은 시대별로 인성평가, 잠재능력평가, 직무역량평가 순으로, 면접의 평가대상이 인성중심에서 직무역량중심으로 급격히 선회하고 있다. 넷째, 인재상은 시대별로 관리자형 인재, 창조형 인재, 전략가적 인재 순으로, 혁신적 사고를 지닌 비즈니스지향적인 인재가 부상하고 있다.

본 장은 실증분석(empirical analysis)이 아닌 자료적인 접근(문헌조사)과 대면인터뷰(face to face interview), 현장탐사(field study), 서베이리서치(survey research) 등 탐색적인 연구방법이 지향하는 종합적인 연구기법을 사용했다(채서일, 1995). 따라서 가설을 근거로 현상학적인 문제를 통계적으로 검증하는 실증연구(empirical article)가 아닌 관계로 탐험연구가 수반하는 일부 문제를 안고 있는 한계점을 지니고 있다. 특히 공채문화의 구성요소인 채용제도 · 필기전형 · 면접방식 · 인재상 등을 대상으로 다양한 통계조사를 하지 못한 채 각종 취업 · 직업 · 진로정보관련 공공기관(노동부 노동행정연수원, 한국직업능력개발원, 한국고용정보원, 여성정책개발원 등)과 취업비즈니스업체(인앤잡, 인크루트, 잡코리아, 한국채용정보), 취업 · 직업 · 진로관련 각계 전문가, 주요 기업 인사담당자(한국 HR-PA: 70대 기업 인사담당자 클럽), 대학 취업정보실소속 취업 · 직업 · 진로관련 교수 및 상담실무자 등을 대상으로 간접적이고도 우회적으로 접근했다는 점을 한계사항으로 분명히 밝혀두고자 한다.

하지만 최근 정부 · 기업 · 대학 그리고 우리 사회와 구직자들의 최대 관심사인 공채영역을 공채문화적인 관점에서 구성요소별로 사적인 전개과정과 환경고찰, 시대별 특성과 비교분석 등을 통하여 선험적인 기법으로 종합적이고도 체계적으로 고찰했다는 측면에서 연구의 의의를 두고자 한다. 또한 향후 보다 발전된 공채문화를 유인하고 정착시키는 데 필요한 공채문화의 구성요소별 사적 자료 및 문화적인 정보를 구축한다는 의미도 함께 내포하고 있다.

참고문헌

▣ 본 장은 이종구(2010. 6), "한국 공채문화의 사적 전개과정과 시대별 특성 비교분석에 관한 탐색적 연구", 경영사학, 25(2), pp.215-248에 수록된 내용이다.

김병숙(2007), **한국직업발달사**, 시그마프레스.

김성수(1992), **한국경제의 이해**, 학문사.

김성수(1996), **한국경제의 발전**, 학문사.

김성수 · 한한수 · 박재용(1997), "21세기 대졸신규인력의 채용관리변화에 관한 조사연구", **기업경영연구**, 4(4), 경희대학교 사회과학정책연구원, 65-67.

김재원(1996), **한국의 노동문제와 노사관계 정립방안**, 한국경제연구원.

노동부(2009), 4세대 취업진로 모형설정과 재학생 CDP & Interview기법, 대학취업지도 전문가 과정.

동아대학교(2001), **진로설정과 자기개발**, 세종문화사.

리크루트(1996), 고학력 인력수급 활성화방안 연구세미나.

삼성인력개발원(2005), **초일류로 가는 꿈**, 삼성인력개발원.

삼성전자 보도자료(2002. 3. 18), 삼성전자 신입사원 채용면접 대변화.

상명대학교(2009), 취업과 진로, 취업진로팀.

서춘현(1995), "기업의 채용관리 효율성에 대한 연구", 명지대학교 정보산업대학원 석사학위논문.

신태균(2006), "기업의 핵심가치 전개가 경영성과에 미치는 영향", 경희대학교 대학원 박사학위논문.

유동현(1998), "신세대 대학생의 직업선호도 및 인지도에 관한 연구", 숭실대학교 노사관계대학원 석사학위논문.

윤수연(2008), "대학생의 진로지도제도 국제비교에 관한 연구", 경희대학교 경영학 석사학위논문.

이두휴(1989), "학력인플레이션에 대한 정치경제학적 분석", **한국교육문제연구**, 2, 푸른나무.

이명환(1997), **신바람인사관리**, 21세기북스.

이종구 · 김준석 · 김호원(2007), "취업진로기구 국제비교를 통한 국내 대학의 선진모형개발에 관한 탐색적 연구", **국제지역연구**, 11(3), 787-789.

이종구 · 김호원(2008), "한국 취업문화의 사적전개과정과 시대별 특성 비교분석에 관한 탐색적 연구", **기업경영연구**, 15(3), 68-71.

이종구 · 김홍유(2009), "삼성 공채의 사적 전개과정과 한국 취업문화 기여도 분석에 관한 탐색적 연구", **기업경영연구**, 16(3), 78-90.

이종구·조은상·김홍유(2009), "한국 직업변천사의 시대별 특성 비교분석에 관한 탐색적 연구", 경영사학, 24(4), 88-89.

이지연(2001), 고등교육단계에서 효율적인 진로지도 방안연구, 한국직업능력개발원 기본연구 01-11, 7-9.

이지훈·이종구(2006), "세대별 행태변화에 따른 욕구의식과 직업적 기준유형", 경희비즈니스연구, 3(1), 125-127.

이한검·노남섭(1996), 세계화시대의 기업문화, 형설출판사.

Job color(2001), 1월호.

정구현 외(2008), 한국의 기업경영 20년, 삼성경제연구소.

조경동(1990), 변하는 세계와 2000년대 유망직업, 나라출판사.

조은상(2007), 인재개발론(한국기업의 과거, 현재 및 미래), 범한.

조은상·이상우(2004), "시대별 환경변화의 추이에 다른 한국기업 인재상의 변화와 21세기 인적자원개발의 과제", 인력개발연구, 6(1), 7-10.

채서일(1995), 사회과학조사방법론, 학현사.

최종태(2000), 현대인사관리론, 박영사.

한국노동연구원(2000), 21세기형 인적자원관리, 명경사.

Jang-Ho, K.(2005), *New Paradigm of Human Resources Development*, Seoul: Krivet.

Light, D. and Keller, S.(1975), *Sociology*, New York: Alfred A. Knopf.

Linton, R.(1949), *The Cultural Background of Personality*, New York: Appleton-Crofts.

Litwin, G. H. and Stringer, R. A.(1968), *Motivation and Organizational Climate*, Boston: Harvard Business School Press.

Spencer, M.(1979), *Foundation of Modern Sociology*, New Jersey: Prentice-Hall.

University of California·Berkeley(2005), *Job Search Guide 2005-2006*, Berkeley: Career Recruitment Media.

부록

▪ 본 장의 탐색적인 연구방법은 아래와 같이 6하 원칙에 의해 기재하였다. [탐색조사: 참고문헌(문헌조사), 대면인터뷰, 현장탐사, 서베이리서치 등의 방법을 사용했으며 아래 1 2 3은 6하 원칙에 의거 작성함]

1 대면인터뷰

① 이종구, 2009. 2. 5~2. 6, 쉐라톤그랜드워커힐호텔, '한국 공채문화의 사적 전개과정과 시대별 특성 비교분석에 관한 탐색적 연구' 차원에서 (주)인앤드잡이 주최한 '2009 제1회 산학관 합동 취업관계자 세미나 및 인사교류회 참석, 공채문화의 전개과정에 대한 논의, 연구논문 위한 대면인터뷰 차원

② 이종구, 2009. 12. 28, 노동부 노동행정연수원, '한국 공채문화의 사적 전개과정과 시대별 특성 비교분석에 관한 탐색적 연구' 차원에서 노동부가 주최한 전국 대학취업지도 전문가과정에 참가, 전국 50개 대학교 취업관계자와 공채문화의 특징에 대한 논의, 연구논문 위한 대면인터뷰 차원

③ 이종구, 2009. 6. 29, 경희대학교 취업진로지원처 상담실, '한국 공채문화의 사적 전개과정과 시대별 특성 비교분석에 관한 탐색적 연구' 차원에서 한국직업능력개발원 조은상 박사(연구위원)와 논의, 공채문화의 시대별 특징 및 인재상에 대한 질의응답, 연구논문 위한 대면인터뷰 차원

④ 이종구, 2009. 8. 14, 여성부(한국여성정책연구원 세미나실), '한국 공채문화의 사적 전개과정과 시대별 특성 비교분석에 관한 탐색적 연구' 차원, 한국여성정책연구원이 정부수탁과제(여대생 커리어 개발프로그램 개선 및 평가방안) 연구관련 주최한 자문회의에 자문위원자격으로 참석(행사 참석한 취업전문가 대상으로 질의응답), 연구논문 위한 대면인터뷰 차원

2 현장탐사

① 이종구, 2009. 8. 1~10. 30, 현장탐사(노동부 노동행정연수원, 한국직업능력개발원, 한국고용정보원, 한국기업경영종합연구원, 한국여성정책연구원, 민간

취업비즈니스업체(인앤드잡, 인크루트, 잡코리아, 엘리트코리아, 리크루트 등)), 시대별 공채환경과 노동환경 연구, 공채환경 자료수집 위한 관련 전문기관 자료실 방문, 연구논문 위한 현장탐사 차원

② 이종구, 2009. 8. 1~10. 30, 현장탐사 ('한국 HR-PA'(70대 주요 기업 인사담당자 클럽: 저자는 한국 HR-PA 회원임) 소속기업 인사부 방문(대기업 7개사 및 외국기업 5개사 방문)), 시대별 기업환경과 공채환경 특징연구, 시대별 기업환경 및 공채환경 자료수집 차원 주요 기업 자료실 방문, 연구논문 위한 현장탐사 차원

3 서베이리서치

① 이종구, 2008. 4. 1~9. 30, 경희대학교 취업진로지원처 상담실, 한국 인턴사원제도 전개과정과 특성연구, 경희대 방문 캠퍼스 리크루터(주요 기업 인사담당자 72명) 대상 직접 설문조사 실시, 인턴사원제도의 전개과정과 특성연구 위한 서베이리서치 차원

② 이종구, 2008. 12. 1~12. 12, 경희대학교, 취업의식 및 경력관리에 대한 현황조사, 경희대학교 4학년 대상(305명) 직접 설문조사, 고학년 취업의식 및 경력관리 실태분석 위한 서베이리서치 차원

③ 이종구, 2008. 4. 1~9. 30, 전국 6개 지역(서울, 인천, 대구, 부산, 광주, 대전) 소재 대학교 취업정보실, 인턴사원제도에 관한 전국 대학생의 의식조사, 취업캠프 대행업체 위탁조사 및 전국 6개 지역 소재 대학교 취업정보실 연고자 통한 위탁조사, 인턴사원제에 대한 전국 대학생 의식분석 위한 서베이리서치 차원

CHAPTER

03

한국 대기업 채용패턴 40년 전개과정과 시대별 특징분석

– 1980년대 이후 삼성 · 현대 · LG · SK 중심으로 –

핵심 요약

본 장의 연구목적은 1980년대 이후 한국 대기업들의 채용패턴 변천과정을 고찰하는 동시에 그 특성을 시대별로 비교분석하는 데 취지를 두고 있다. 대기업들의 채용패턴의 구성요소를 시대별·산업환경별·특성별로 분류하여 접근하는 동시에 이들의 발전과정과 시스템이 공채문화에 기여한 의의와 시사점도 함께 제시했다.

본 장의 연구대상은 1980년대 이후 한국 공채문화를 주도해온 삼성(삼성전자)·현대(현대건설)·LG(LG전자)·SK(주) 등이며 연구범위는 채용패턴의 구성요소인 전형방식·필기방식·면접방식·인재상 등으로 한정했다. 또한 채용패턴의 시대별 고찰 기간은 공채문화가 형성된 1980년대부터 2012년 9월, 현재까지로 했다. 지난 30여 년 동안 전개되어온 한국 대기업들의 채용패턴 변천과정과 시대별 특성을 비교분석하면 다음과 같이 요약할 수 있다.

1980년대 채용패턴은 대규모 정기공채에 적합한 기초지식평가와 단일면접, 보통형 인재, 그물형 선발전형으로 집약된다. 1990년대 채용패턴은 소수, 수시채용에 적합한 인적성검사의 출현과 복수면접, 특이형 인재, 선별식 공채전형으로 집약된다. 2000년대 채용패턴은 다채널 상시모집을 통한 종합직무적성검사 실시와 다단계 역량면접, 디지털창조인 선발이 핵심을 이루고 있다.

한국 기업사에 공채문화는 지금까지 단순정보로만 취급된 나머지 인적자원관리영역에서 소외당해왔으며 또한 학문적으로도 인정받지 못했을 뿐만 아니라 학문화시키는 노력도 존재하지 않았다. 본 장 연구의 시사점은 공채문화의 핵심요소인 채용패턴의 시대별 변천과정과 특징을 학문적으로 체계화시키고 탐색하고 조명했다는 점이다. 이는 후행 연구자들이 취업문화를 연구하는 데 있어 필요한 사적 문헌을 제공할 수 있는 중요한 선행연구의 역할을 할 수 있기 때문이다. 또한 본 장의 연구는 1980년대 이후 채용패턴을 학문적으로 체계화시킨다는 취지와 함께 향후 선진화된 공채문화를 개발하고 유인하는 데 필요한 사적인 자료 구축과 더불어 상위문화인 취업문화를 더욱 발전시키는 정보를 제공한다는 측면에서 또 다른 의의를 두고자 한다.

I 문제제기 및 연구목적

1. 연구배경 및 연구목적

취업문화[1)]가 한국사회에 출현한 지도 30여 년을 넘어서고 있다. 1981년 대학졸업정원제 시행에 따른 과잉공급된 고학력 대졸인력을 노동시장이 흡수하는 과정에서 태생한 취업문화는 1980년대를 기점으로 문화적인 성격을 갖추며 우리 사회가 공유하는 문화적인 속성과 모습으로 체계화·형상화되어 왔다.

취업문화는 산업환경과 기업환경에 의해 문화적인 특성이 정립되는 경우가 많다. 1980년대 이후 한국사회는 개발경제시대를 종결하고 산업고도화시대로 진입하게 된다. 대기업들의 본격적인 출현과 경영시스템을 갖추며 한국경제를 전환기로 끌어올린 시대가 바로 1980년대이다. 취업문화는 대기업들의 개혁적인 경영활동과 더불어 나타났다. 과잉공급된 고학력인력들이 노동시장에 진입하는 과정에서 공유된 가치관과 신념, 제도적인 규칙과 풍속 등이 문화적인 특성과 속성을 띠며 학습되고 계승되는 행동으로 우리 사회 모든 구성원들의 행동양식에 자리를 잡기 시작했다.

취업문화는 기업의 공채문화[2)]와 대학의 진로문화, 구직자들의 직업문화 등으로 나눠진다. 특히 공채문화는 본 장의 핵심영역인 채용패턴의 분석대상(연구범위)과 그 구성요소가 일치한다는 점에서 주목된다. 한국의 대기업들

1) 취업문화란 "취업환경을 구성하는 주체들이 공유하는 행동규범과 가치의식, 신념, 제도 등"이라고 정의할 수 있다. 취업문화는 환경의 변화와 시간의 경과에 따라 형성과 적응, 변화를 거듭하는 성격을 지녔다고 볼 수 있다. 취업문화는 공채문화, 진로문화, 직업문화 등으로 대별할 수 있다(이종구·김호원, 2008, 58).

2) 취업문화의 하위문화로서 산학 간(between academic industrial) 인력수급의 메커니즘 속에서 자생적으로 출현한 니치컬처(niche culture)의 한 유형이다.

이 국내외적으로 기업경영활동에 본격적인 가속도를 낸 시기는 1980년대부터였다. 대기업들이 인사관리영역의 선진화를 위해 가장 먼저 손을 댄 분야는 인재선발시스템이었으며 이는 급속히 팽창해가는 기업규모에 상응하여 필요한 노동인력을 효율적으로 충원하기 위해 가장 시급히 정비해야 할 사항이었기 때문이다. 1980년대 새로운 채용패턴은 이렇게 출현되었으며 이때부터 공채문화의 구성요소들이 본격적으로 모습을 드러내기 시작했다.

본 장의 연구목적은 1980년대 이후 전개되어온 한국 대기업들의 채용패턴 변천과정을 고찰하는 동시에 그 특성을 시대별로 비교분석하는 데 취지를 두고 있다. 또한 본 장의 핵심대상인 채용패턴의 구성요소를 시대별·환경별·특성별로 분류하여 접근하는 동시에 이들 구성요소의 점진적인 발전과정과 시스템이 취업문화의 주체인 우리 기업사회와 대졸 구직자들에게 주는 시사점도 함께 제시했다. 대기업들의 채용패턴은 산업고도화시대가 시작되는 1980년대 후반을 시점으로 선진시스템을 지향하게 된다. 취업문화의 하위요소인 채용패턴은 공채문화의 내용과 그 구성요소가 일치한다는 점에서 전개과정이 동일하다고 볼 수 있다. 채용패턴의 변천과정 고찰은 한국 공채역사의 시대별 특징을 도출해낼 수 있다는 점에서도 시사하는 바가 크다. 이는 취업문화의 주체들이 채용패턴 구성요소들의 발전사를 단순한 취업정보의 흐름으로만 취급하는 오류를 경계시킬 뿐만 아니라 나아가 본 장이 채용패턴 발전사를 '취업학'의 영역으로 발전시키는 선행연구를 만드는 중요한 과정이 되기 때문이다.

본 장은 채용패턴의 구성요소인 전형방식·필기방식·면접방식·인재상 등을 1980년대부터 시대별로 전개하고 그 특성을 비교분석하는 방법으로 접근했다. 본 장은 지난 30여 년 동안 전개되어온 우리 대기업들의 채용패턴을 시대별·산업환경별·구성요소별·특성별로 각각 체계화시킨다는 목적과 더불어 향후 한층 선진화된 공채문화를 개발하고 발전시키는 데 필요한 사적인 자료 구축과 더불어 상위문화인 취업문화를 더욱 확장시켜준다는 의미도 함께 내포하고 있다. 공채문화의 사적인 정보자료 구축은 취업문화의 확대와 발전으로 이어지며 이는 기업의 채용패턴을 선진화시키는 외부요인으로 작용한다. 이는 공채문화의 주체가 기업이긴 하지만 구성요소와 직결되는 대상들은 진로문화와 직업문화의 주체인 대학과 구직자들이기 때문이다. 따라서 이들 주체들의 변화와 요구에 의해서 채용패턴이 선진적으로 개선되는 동시에 이의 상위문화인 취업문화가 발전하는 메커니즘을 형성하고 있다.

2. 연구범위 및 체계도

본 장의 연구목적은 1980년대 이후 한국 대기업들의 채용패턴 변천과정을 고찰하고 그 특성을 시대별로 비교분석하는 데 취지를 두고 있다. 본 장의 연구대상은 1980년대 이후 한국 공채문화를 주도해온 삼성(삼성전자)·현대(현대건설)·LG(LG전자)·SK(주)[3] 등이며 연구범위는 전형방식(채용)·필기

그림 3-1 | 대기업 채용패턴 연구구성 및 체계도(1980~2000년대)

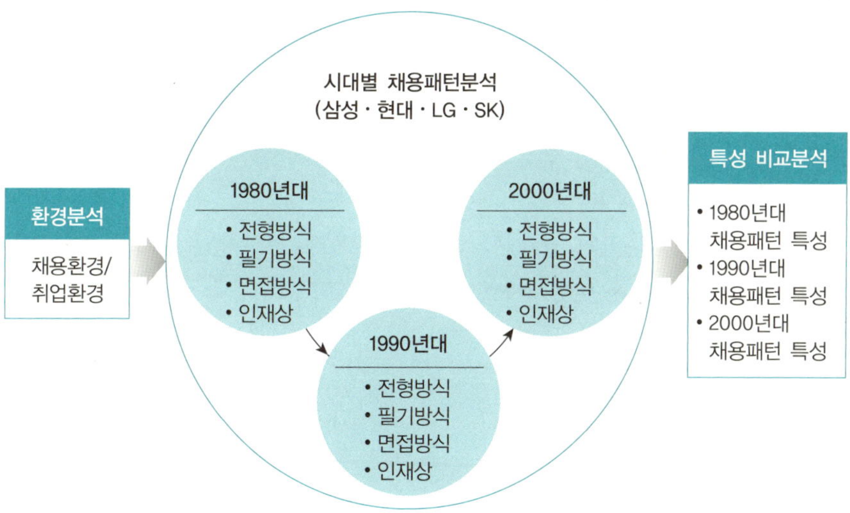

3) 삼성·현대·LG·SK 등은 1980년대 이후 한국 공채문화 형성에 직접적으로 영향을 미친 기업일 뿐만 아니라 대기업의 채용패턴(전형방식·필기방식·면접방식·인재상)을 주도해온 그룹사이다.

방식 · 면접방식 · 인재상 등으로 한정하기로 한다. 또한 채용패턴의 시대별 고찰기간은 공채문화가 형성된 1980년대부터 2012년 9월, 현재까지로 한다. 한편 본 연구의 접근기법은 탐색적(exploratory article)인 연구방법을 사용하였으며 연구과정 및 구성체계는 [그림 3-1]과 같다.

Ⅱ 선행연구 및 대졸 노동시장 환경고찰

1. 선행연구

한국 고학력 노동시장에 대한 선행연구 가운데 공채문화나 취업문화에 대한 논문은 매우 취약한 편이다. 우리 기업들의 취업이나 공채 혹은 채용 등의 영역은 인사관리 측면이나 인적자원관리영역의 연구대상에서 거의 소외되어 왔던 것이 사실이며 일부 연구자에 의해서 학문화 작업을 진행하고 있는 실정이다. 이는 한국의 취업문화와 공채문화가 직업문화와는 달리 그동안 학문적으로 연구되거나 혹은 인정받기보다는 지식영역이 아닌 정보 위주로 기업사회와 대학사회가 단순 접근하거나 취급한 데서 그 원인을 찾을 수 있을 것이다. 하지만 취업문화와 공채문화는 한국 기업사가 시작된 이래로 지금까지 어느 시대를 막론하고 노동시장의 중심에서 뜨거운 이슈로 항상 주목을 받아왔다.

한국 대기업의 채용패턴을 연구하기 위해서는 1980년대 시점을 전후하여 형성된 취업문화나 공채문화에 대한 분석이 필수적으로 이루어져야 한다. 이는 취업문화를 형성하고 있는 하위문화가 공채문화, 진로문화, 직업문화 등이며 또한 공채문화의 구성요소가 본 장의 연구범위인 전형방식(채용제도), 필기방식, 면접방식, 인재상 등이기 때문이다.

이종구 · 김호원(2008)은 취업문화가 우리 사회 문화영역으로 형성된 시기를 1980년대로 보고 있다. 이는 취업문화를 구성하는 요소들이 1980년대부터 다양한 모습으로 출현된 배경에 근거하고 있다. Linton(1949), Light & Keller(1975), Spencer(1979), Litwin & Stringer(1968), 이한검 · 노남섭(1996) 등은 문화(culture)란 "사회를 구성하고 있는 모든 사람들이 공동으로 갖고 있는 가치관과 신념, 이념과 습관 그리고 지식과 기술을 포함한 거시적이고 종합적인 개념으로 사회구성원의 행동형성에 영향을 미치는 중요한 요소이며 축적 · 변화 · 적응 · 전달되는 성격을 갖는다"고 정의하고 있다(이종구 · 김호원, 2008, 57).

즉 1980년대부터 대기업의 공채가 정형화 · 체계화되는 현상을 보이면서 동시에 취업환경을 주도하는 주체들에게 다양하지만 공통적인 성격으로 형상화되면서 공유되는 가치관과 신념, 제도적인 규칙이나 규범, 풍속 등이 사회 전반에 걸쳐 일시적이 아닌 세대를 거쳐 지속적인 모습으로 계승, 발전되고 있기 때문이다. 1980년대 이후 기업의 공채문화와 대학의 진로문화, 구직자들의 직업문화는 그 전개되는 양상과 추이 측면에서 다양하지만 분명히 공유되는 가치관과 제도와 풍속을 모두 담아내고 있다.

이종구 · 김홍유(2010)는 공채문화의 구성영역에 대한 분석을 시대별로 전개시키고 있다. 이 연구는 주요 대기업들을 대상으로 공채문화를 형성하고 있는 구성요소의 시대적인 전개과정을 통합적인 모습으로 잘 보여주고 있다. 특히 1980년대 이후 시대별 취업환경을 공채환경과 진로환경, 직업환경 등으로 세분하여 고찰했을 뿐만 아니라 산업환경과 노동환경까지 분석하고 있는 관계로 취업환경의 종합적인 발전과정을 체계적으로 이해할 수 있다. 즉 전자의 연구가 1980년대 이후 공채문화의 구성요소를 개별 방식으로 고찰한 것이라면 본 연구는 4대 주요 그룹을 중심으로 공채문화의 구성요소를 시대별로 통합적이고도 심층적으로 각각 분석한 후, 종합 비교분석을 통해 시대별 특성을 도출해낸 것이라고 볼 수 있다.

이신철(2009)은 한국 대기업의 인재상 변화를 시대별로 분석하고 있다. 이

연구는 공채문화의 구성요소인 인재상을 개발경제시대부터 그 양태와 특징을 조명하고 있다. 인재상의 변화는 시대적인 산업환경과 기업의 규모나 발전 정도, 기업문화에 따라 달리 전개된다. 따라서 인재상의 변화는 급격히 변화되기보다는 일정한 모습으로 원래의 특성을 유지한 채 점차적으로 변하는 성격을 가진다. 이 연구에서는 시대적인 인사제도의 변화와 채용환경변화에 초점을 두고 인재상의 전개과정을 조명했다.

이종구 · 김호원(2012)의 연구는 공채문화의 구성요소의 하나인 인재상의 성격이 창업자의 경영철학에 근거한 채 고유의 특성을 유지하며 산업환경과 기업상황에 따라 점진적으로 변하는 모습을 잘 보여주고 있다. 이 연구는 삼성의 75년 인재경영 변천과정을 분석한 것으로 창업자의 경영철학을 담고 형성된 인재관이 기업의 발전과정에 맞게 인재상으로 발전은 하지만 창업정신과 창업이념에 기인해 형상화시켜놓은 인재관이나 인재상의 고유한 특성은 시대에 관계없이 그대로 유지된다는 것을 잘 보여주고 있다. 이렇듯 기업의 인재상은 경영이념과 경영전략, 기업문화와 밀접히 연계되어 있다.

이종구 · 김홍유(2009)는 삼성 공채의 전개과정과 한국 취업문화에 공헌한 기여도에 대한 연구에서 기업사회의 공채문화, 대학사회의 진로문화 그리고 구직자들의 직업문화에 미친 영향에 대해 각각 분석했다. 이 연구는 57년 삼성의 최초 공채 이후 현재까지 삼성의 채용패턴과 특성을 분석했으며 또한 이를 통해 한국 채용역사를 간접적으로 접할 수 있는 정보를 제공하고 있다.

이외 공채문화의 구성요소를 인사관리 측면이나 인적자원관리영역에서 접근한 연구를 보면 장현아(2006)는 인재선발의 중요성은 인식하고 있으나 기업의 인재상 정립과 선발도구의 타당성 및 신뢰성확보가 미흡한 기업들에게 효과적인 인재선발을 하고 있는 모범기업들의 사례를 제시하여 바람직한 정책과 제도수립에 대한 방향을 제시해주고 있다. 박원우 · 권석균(2000)은 인재상에 대한 개념정의와 더불어 기업의 가치창조와 기업문화를 형상화하는 역할을 수행하는 만큼 이를 추진할만한 인재를 조기에 선별하는 선발과정에 있어서 인재상의 정립과 적용의 중요성을 강조하였다. 서춘현(1995)은 1990

년대의 채용제도(전형방식)의 전개형태와 삼성의 신채용제도에 대한 연구를 통해 한국기업들의 효율적인 채용제도 정립에 대한 정보를 제공하고 있다. 진서현(2009)은 취업면접의 이미지 매칭 연구에서 입사지원자와 면접관이 생각하는 긍부정적인 이미지 차이에 대한 분석을 통해 비구조화면접에서 나타나는 현혹(halo effect)효과와 편견의 오류에 대한 경계와 시사점을 보여주고 있다.

이상의 선행연구는 취업문화와 공채문화의 영역에는 존재하지만 접근방법은 판이하다. 일부 연구자의 경우는 취업문화와 공채문화에 대해 대부분 사적(history)인 전개와 더불어 시대별 특성 비교분석에 관한 탐색적인 연구를 하고 있지만 이외 연구자는 모두 인사관리 측면이나 혹은 인적자원관리분야에서 실증연구나 탐색적인 고찰을 통해 접근하고 있다는 점에서 공채문화와는 거리를 두고 있다.

2. 시대별 노동시장환경 고찰

1980년대 노동시장은 국내외 경기침체가 가속화되는 시기로 대졸 취업환경이 악화되는 시기였다. 고학력 노동시장의 특징은 대학졸업정원제가 실시되는 시기로 입학정원이 증가하여 대졸 노동시장의 수급균형이 무너지는 결과를 초래하였다. 특히 1987년의 민주화선언을 계기로 산업현장에서 노사분규가 심화되는 가운데 임금상승이 가속화되자, 기업들의 노동경쟁력이 약화되어 고용환경이 더욱 취약해지는 상황이 야기되었다.

정부는 1988년에 개최된 서울올림픽을 기회로 대규모 일자리창출을 기대했지만 외국기업의 국내 투자유치가 저조하여 실제 고용창출은 기대에 훨씬 못 미치게 나타났으며 이는 노동시장을 더욱 위축시키는 또 다른 변수 역할로 작용되었다. 이런 상황에서도 국내 대기업들은 대규모 정기공채를 통해 고학력 취업난 해결에 상당한 기여를 했지만 상대적으로 과잉배출된 대졸인력을 소화해내기에는 역부족이었다. 1980년대 심화된 상태로 지속되고 있는 대졸 취업난은 1990년대를 거쳐 2000년대 현재까지도 사회문제로 정착될 만큼 우려되는 수준에 머물러 있다.

1990년대 기업환경은 변화가 가장 큰 시대였다. 산업환경은 민주화 · 개방화 · 디지털화로 급속히 변해가는 가운데 정부의 개방정책으로 이른바 '글로벌화'가 본격화되었으며 전 산업이 고도화시대로 진입하는 상황을 맞이하게 된다(명지대, 2001, 23-24; 조은상, 2007, 37; 원광대, 2001, 45-46).

노동환경 측면에서도 엄청난 파장이 일어났다. 1994년의 블루라운드 출범은 국내 노동환경변화에 직접적인 원인으로 작용했다. 블루라운드 출범이 한국 노동시장에 미친 영향은 고임금시대 돌입과 근로기준준수, 고용차별금지 등 고용환경 전반에 걸쳐 파격적인 변화를 불러일으켰다. 블루라운드시대는 선진국이 개발도상국에서 임금경쟁력을 확보할 수 있는 계기로 작용했지만 개발도상국 측면에서는 그동안 선진국에 대해 비교우위에 있었던 임금경쟁력을 상실하게 만들어 산업경쟁력과 국가경쟁력을 약화시키는 결과를 초래했다(조은상 · 이상우, 2004, 7-10).

1997년 말에 발발한 IMF사태는 한국 고용경제 전반에 걸쳐 일대 전환기를 마련하는 획기적인 사건이었다. 먼저 기업들의 불가피한 감량경영으로 신규채용이 급격히 축소되었다. 또한 조기퇴직과 명예퇴직으로 실직현상과 실업문제가 겹쳐 전 사회가 고용불안정시대로 접어들면서 직업정신과 직업문화가 재조명되기도 했다. 특히 IMF체제 동안 대기업의 해체와 부도, 인수합병(M&A: Merges & Acquisitions)은 전 기업이 구조조정에 착수하는 계기로 작용했으며 대졸 취업난을 더욱 심화시키는 원인이 되었다.

2000년대는 저성장 · 고비용 · 저효율의 특징을 보이고 있다. 국내외 경기침체의 장기화로 고용창출이 급격히 저하되어 고학력 취업난이 위험수위를 넘어선 상태이다. 정부는 고육지책으로 노동시장의 유연화정책의 일환으로 비정규직법안을 내놓았으나 이는 비정규직의 대량양산과 고용불안정을 가속화시키는 또 다른 사회문제를 야기하였다. 2000년대는 평생직장이 붕괴된 시

| 표 3-1 | 시대별 산업환경과 노동시장 환경변화분석(1980~2000년대)

시기 분류	1980년대	1990년대	2000년대
산업환경 및 노동시장 환경변화	• 제5, 6차 경제사회발전기 • 기술·정보·지식집약산업 개발(선진국형 공업화지향) • 대외개방의 적극화 • 경제민주화(6.29선언) 시대 • 입학정원 증가/국내외 경기침체/대졸 취업환경 악화 • 직업의 다양화시대 돌입 • 전통직업 탈피, 이공분야직업 부상 • 경제민주화로 노동경쟁력 약화	• 산업구조 고도화단계 • 반도체, 정보통신, 전자, 자동차, 철강, 조선 등 한국경제중심산업으로 부상 • IMF체제, 취업시장 및 직업문화 대변혁(노동시장/직업세계 재편·전문직종시대 개막) • 대기업 1차 구조조정 착수, 대졸 실업 사회문제로 부상 • 블루라운드 출범, 노동환경변화 • 3D업종 외국노동자 유입	• 디지털경제화시대, 지식기반 서비스업 성장, GNI 2만 달러 시대 • 고학력화, 고령화, 고임금화, 여성경제활동인구 증가 • 비정규직 대량양산시대(노동시장 고용불안정 가속화) • 노동시장유연화정책(비정규직문제 사회이슈로 급부상) • 평생직장 붕괴, 평생직업개념 정립, 직업전문화현상 가속화
비고	• 1981년 대학졸업정원제 실시 • 1987년 6.29민주화선언 • 1988년 서울올림픽 개최	• 1995년 블루라운드 출범 • 1996년 OECD 가입 • 1997년 IMF 외환위기 사태	• 2000년 2차 구조조정(52개사 퇴출) • 2006년 비정규직보호법 시행 • 2010년 G20정상회의 개최(선진국 진입)

출처: 이종구·조은상·김홍유(2009), 93-96 표 참조, 저자가 재구성

대이다. 평생직장이 아닌 평생직업의 개념이 정립되었으며 이로 인해 직업의 전문화현상과 더불어 전문직이 급부상하고 있다. 노동시장에서 주목되는 현상은 고학력화, 고령인구 급증, 여성경제활동인구 증가, 정부주도형 인턴 및 공공근로직 확대, 기업조직 슬림화 등 전반적으로 고용환경을 압박하는 요소들이 눈에 띄게 나타나고 있다.

Ⅲ 시대별 채용패턴 전개과정과 특징분석

1. 1980년대 채용패턴 특징과 취업환경

1980년대 이후 대기업 · 대학사회 · 구직자들을 중심으로 출현한 한국의 취업문화는 최근 30여 년 동안 문화적인 변혁과정을 반복하며 가파르게 전개되고 있다(이종구 · 김홍유, 2010, 215). 1980년대 한국 대기업의 채용패턴은 공급과잉의 구직자들을 선발하기 위해 양적으로는 대규모 채용이 불가피했으며 질적으로는 우수인력을 확보해야 하는 양면성을 지닌 시대인 만큼 대규모 정기 공채와 더불어 필기시험이 신규인력 선발시험에 본격적으로 투입된 공채문화에 있어 변화가 큰 시대였다.

대학졸업정원제 실시로 인해 입학정원이 증가하고 동시에 졸업생의 급증으로 인해 양적으로 팽배해진 대졸 노동시장에 대응하기 위하여 대기업들은 가장 이상적인 신규인력 선발방법으로 필기시험을 도입했다. 하지만 필기시험 방법 또한 지원자들의 적성과 인성을 종합적으로 평가하는 데는 적지 않은 문제점을 내포하고 있었다.

1980년대 한국 공채문화를 주도하며 국내 대졸 취업시장에 큰 영향력을 행사한 대기업은 삼성 · 현대 · LG · SK 등으로 집약된다. 이들 대기업이 1980년대 대졸 신규인력을 채용하기 위하여 실시한 전형방식은 필기와 면접이 대세를 형성했다. 필기방식은 영어와 전공시험을 보는 기업이 대부분이었으며 부분적으로 삼성이 이외의 적성검사를 추가했고 SK는 영어와 적성검사로 지적 평가를 하는 방법을 사용했다. 따라서 1980년대에 한국 고학력 노동시장에 진입하는 모든 대졸 구직자들은 하나같이 영어와 전공시험에 전력투구하는 공통적인 양상을 보여주고 있다.

면접방식도 대규모 인력을 평가하기에 적합한 형태로 구성되었다. 대졸 노동시장에 과잉공급되는 인력을 단시간에 평가하는 데 있어 복잡한 면접기법을 사용하기에는 적지 않은 무리가 수반되었기 때문이다. 따라서 대기업들은 집단면접을 보편화시켰으며 면접방식도 간소화시키는 형태가 지배적이었다. 삼성은 집단면접과 집단토론을 거쳤으며 현대와 LG 등은 집단면접을 실시하였고 SK는 1차 계열사 임원면접과 2차 경영기획실에서 실시하는 임원면접을 치렀다. 면접방식에 있어 일부 대기업 간에 약간의 차이가 있긴 했지만 대부분의 기업들이 개인면접보다는 집단면접형태로 구직자들을 검증하다 보니 기업이 정한 일정한 기준만 넘어서면 합격하는 모습을 보였고 또한 특이형 인재보다는 보통형 혹은 범인형 인재들이 대기업에 진입하는 양상을 보여주었다. 이러한 단순 면접방식은 IMF체제 이전 동안에 한국 대기업들이 보여준

표 3-2 1980년대 채용패턴의 특징과 취업환경분석

채용패턴 \ 기업	삼성	현대	LG	SK
전형방식	필기→면접	필기→면접	필기→면접	추천→필기→면접
필기방식	영어, 전공, 적성검사	영어, 전공	영어 또는 일어, 전공	영어, 적성검사
면접방식	1차 집단면접, 2차 집단토론	집단면접	집단면접 (계열사별 실시)	1차 계열사 임원면접, 2차 경영기획실 임원면접
인재상	• 적극적, 실천적, 도전적 인재 • 책임의식, 합리적 사고소유자 • 책임감, 협조적 인재	• 패기와 야망, 의지소유자 • 건강한 신체, 진취적 기상소유자 • 적극적, 긍정적, 도전적, 합리적 인재	• 적극적, 능동적 인재 • 책임, 화합형 인재 • 진취적, 발전적 인재	• 패기적 기질소유자 • 적극적, 진취적 인재 • 합리적, 현실직시형 인재
공채환경/취업환경	• 1984년 럭키금성(현, LG) 국내 최초 인턴사원제 도입 • 1980년대 대졸 과잉공급인력 평가를 위한 필기시험 보편화 추세 • 학교성적, 필기시험성적 의존, 인성·적성 위주(일부 기업) 기본지식 및 기본소양 평가 • 1980년대 적극적, 도전적, 협동, 성실 강조하는 관리자형 인재상 요구			

출처: 월간 리크루트(1989), 3 · 7 · 10 · 11월호 참고

일반적인 면접방식이었다. 하지만 이러한 단순면접방식은 IMF체제 이후를 기점으로 다차원 면접방식으로 바뀌게 되었으며 이에 따라 전형방식과 필기방식 또한 이에 맞춰 다양한 변화를 꾀하게 되었다.

한국 대기업들이 1980년대 추구한 인재상은 '협동심과 집단주의 덕목'을 강조하는 성격을 보여주고 있다(고려대, 2005, 5). 이는 1980년대 국내 정치·경제사가 안고 있는 시대적인 상황에서 연유되는 바가 크다고 볼 수 있다. 1980년대 기업환경을 역동적으로 변화시킨 경제민주화와 개방이라는 두 개의 큰 흐름은 기업경영방식을 근본적으로 새롭게 정립시키면서 기업 전반에 걸쳐 큰 영향을 미쳤다(정구현 외, 2008, 19). 특히 1987년 6.29선언 이후 한국의 기업사회는 경제민주화의 거센 요구로 협조적인 노사관계 분위기가 조성되는 가운데 기존의 대립과 갈등의 국면에서 점차 탈피하여 공존과 상생이라는 새로운 노사협력시스템을 지향하게 되었다.

1980년대 한국 대기업의 인재상은 바로 이러한 시대적인 상황과 배경을 안고 형성되었던 것이다. 경제민주화로 인해 산업현장이 심한 노사분규를 치르면서 어느 기업 할 것 없이 공존과 상생을 위한 협조적인 노사관계로 기업안정을 도모하는 가운데 자연히 기업의 인재상은 협력과 집단의 덕목을 강조하는 방향으로 선회했다. 이런 현상은 신입사원을 채용하는 인재평가에서도 두드러지게 나타났으며 '특이형 인재'보다는 원활한 기업운영에 협조적인 '범인형 인재'를 선호하는 쪽으로 구체화되었다.

채용패턴에 나타나는 1980년대 대기업의 인재상은 삼성의 경우 적극적·실천적·책임의식·협조적 인재, 현대는 패기와 야망·의지 소유자, 건강한 신체·진취적 기상 소유자, 적극적·긍정적·도전적·합리적 인재, LG는 적극적·발전적·화합형 인재, SK는 패기적 기질 소유자, 적극적·진취적 인재, 합리적·현실직시형 인재 등으로 나타나 대기업이 지향하는 인재의 특징이 시대상황에 부응하는 보통형 인재 쪽으로 공통적인 분모를 이루고 있다.

1980년대 취업환경에 나타나는 특이한 사항은 1984년 럭키금성(현, LG)이 국내 최초로 인턴사원제를 도입했으며 또한 대기업들이 과잉공급되는 대규모 대졸인력을 평가하기 위한 보편적인 방법으로 학교성적과 필기시험에 의존하는 단순한 공채시험으로 기본지식과 기본소양을 평가했다는 점이다. 1980년대의 경우 한국 대기업들은 관리자형 인재상을 선호했는데 이에 적합한 구직자의 자질은 적극적 · 도전적 · 협동 · 성실 등을 반영하는 비슷한 양상으로 나타나고 있다(김재원, 1997, 114-115).

2. 1990년대 채용패턴 특징과 취업환경

한국 고학력 노동시장에서 1990년대는 공채문화에 있어서 획기적인 변혁이 일어난 시대였다. 변혁의 중심에는 IMF체제가 있었으며 이를 기점으로 취업문화와 공채문화가 급격히 변화하는 양상을 보여주었다. 1997년 연말에 발발한 IMF사태를 시점으로 한국 대졸 취업시장은 크게 슬림화되는 양태를 보여주었다. 신채용기법이란 1998년 상반기 공채를 기준으로 기존에 대기업들이 사용하던 '대규모 정기공채'의 패턴을 '소수, 수시채용'으로 변경시킨 것을 의미하며 '범인형 · 보통형 인재'로 채용하던 형태를 '특이형 인재'로 달리 선발하는 것을 이르는 말이다(전국경제인연합회, 2003, 18-19).

특히 기존의 대규모 인력을 뽑기 위해 사용하던 '그물형 채용'방식을 '낚시형 채용'방식으로 변화시키면서 대졸 구직자들의 입사 장벽은 더욱 높아지게

표 3-3 | IMF체제, 대기업의 채용패턴 변화(1998년 3월)

구분	기존 채용기법(1980~1997년)	신채용기법(1998년~현재)
공채형태 변화	• 대규모 정기공채 • 범인형·보통형 인재 • 그물형 채용방식	• 소수, 수시채용 • 특이형 인재 • 낚시형 채용방식
취업환경	• 경기침체, 기업조직 슬림화로 대졸 취업난 가속화 • 대졸인력 과잉배출, 고학력 노동시장 수급불균형 심화 • 1998년 이후 IMF체제, 노동시장(취업문화, 공채문화, 진로문화, 직업문화) 대변혁	

출처: 경희대(2006), 6 표 참조, 저자가 재구성

되었다. 신채용기법을 요약하면 '특이형 인재'만 주력하여 선발하되 '소수인원'만 '수시'로 '선별'해서 선발하겠다는 것이 기업의 핵심의도였던 것이다. IMF체제로 인해 대기업들의 채용패턴이 대규모 정기공채에서 소수, 수시채용으로 바뀐 후 대졸 실업자들이 급격히 증가하는 현상을 낳았으며 이는 곧 사회문제로 비화되어 고학력 노동시장 전반에 걸쳐 큰 파장을 일으켰다(한국경영자총협회, 1995, 87-90).

1990년대 채용패턴의 특징은 주요 대기업들이 필기시험을 폐지하는 경향이 두드러지게 나타났다. 기존의 단순한 필기시험으로는 디지털시대가 원하는 우수인재를 선발하는 데 한계를 느꼈기 때문이다. 1995년을 기점으로 삼

표 3-4 | 1990년대 채용패턴 특징과 취업환경분석

채용패턴 \ 기업	삼성	현대	LG	SK
전형방식	SSAT→집단토론→PT면접→임원면접	서류→면접	서류→FAST→면접	추천→SK종합적성검사/어학테스트→면접
필기방식	SSAT, 토플/토익 성적표(영어 대체)	한자테스트/대학 영어성적 참조	FAST/토익성적표(영어 대체)	SK종합적성검사-영어 GTELP방식(말하기 첨가)
면접방식	실무면접-임원면접(집단토론/PT면접/임원면접)	1차 실무진면접, 2차 임원진면접	집단면접	1차 실무진면접, 2차 임원진면접
인재상	창조인, 학습인, 세계인, 사회인(열린마음, 열린머리, 열린행동)	변화주도, 긍정적 사고-적극적 실천, 책임-정직-예의	기본에 충실한 창의력 소유자, 바른 가치관, 도전적 인재	패기(일과 싸워 이기는 기질, 적극적 사고, 진취적 행동)
공채환경/취업환경	• 1994년 주요 기업 면접 다각화(단일면접에서 복수면접지향) • 1995년 주요 기업 필기시험 폐지(삼성·현대·LG·SK 등) 및 신인재평가 위한 직무능력검사 도입(삼성 '열린채용'제도 발표) • 1998년 이후 IMF체제, 대졸 취업난 심화, 정부주도형 인턴사원제 도입 • 1980년대 아날로그형 인재상 탈피, 디지털시대에 맞는 개방적 글로벌 인재상 정립			

출처: 이종구·김홍유(2010), 225-230 표 참조, 저자가 재구성

성 · 현대 · LG · SK 등 대기업들이 기존에 사용하던 필기시험을 없애고 신인재평가를 위한 직무능력검사를 도입하게 되었다. 따라서 전형방식 또한 서류 → 직무능력검사 → 면접 순으로 변경되었다.

LG는 1993년 국내 기업 최초로 대졸 신입사원 공채시험에 기초직무능력평가(FAST: Freshman Aptitude Synthetic Test)를 도입했으며 이어 1995년 삼성이 삼성직무적성검사(SSAT: Samsung Aptitude Test), SK가 SK종합적성검사 등을 잇달아 선보이면서 기존의 단순한 필기시험이 자취를 감추는 대신 새로운 인재평가를 위한 직무능력검사가 대기업 공채시험에 급속히 파급되는 상황을 맞게 되었다(리크루트, 1997a, 307; 이종구 2007, 14-15).

1990년대는 면접방식도 단일면접에서 탈피하여 점차 복수면접으로 전개되는 모습을 보여주었다. 기존의 단일면접으로는 우수인재를 선발하는 데 적지 않은 문제점이 노출되었기 때문이다. 삼성은 1995년 7월, 2단계 채용개혁을 발표하면서 열린면접[4]을 표방하는 새로운 면접방식을 도입했다(리크루트, 1997b, 17-19). 이른바 국내 기업 가운데 최초로 도입한 '프레젠테이션(PT) 면접'이었다. 이후 프레젠테이션면접은 사원들의 발표력을 종합평가하는 신면접기법으로 대기업사회에 급속히 파급되었으며 2012년 현재, 1,000대 기업의 60%가 이 면접방식을 적용하고 있다.

1990년대는 인재상에도 많은 변화가 나타났다. 1980년대 아날로그형 인재상에서 탈피, 디지털시대가 요구하는 개방적인 글로벌 인재상을 정립하는 모습을 갖추기 시작했다. 삼성은 창조인 · 학습인 · 세계인 · 사회인 등으로 신인재상을 정립했으며 현대도 변화주도, 긍정적 사고 · 적극적 실천인을, LG는 기본에 충실한 창의력 소유자, 바른 가치관, SK는 패기(일과 싸워 이기는 기질, 진취적 행동)를 각각 기업의 새로운 인재상으로 표방하여 1980년대와는 확연히 차별된 모습을 보여주었다(한국인사관리학회 · 대한상공회의소, 1994,

4) 1995년 7월, 삼성이 2단계 채용개혁으로 표방한 '열린채용'제도의 핵심내용은 학력제한 철폐, SSAT 및 프레젠테이션면접 도입, 직군별 채용방식, 채용패턴의 다양화 등으로 집약된다(이종구 · 김홍유, 2009, 87).

55; 김성수 · 한한수 · 박재용, 1997, 21–22).

1990년대는 국내외 경제환경의 변화가 한국 기업사회에 큰 영향을 미치면서 동시에 대기업들의 채용패턴도 개혁적으로 전개되는 시대였다. 1995년의 블루라운드는 개발도상국들의 저임금을 사라지게 만드는 요인으로 작용하여 전반적으로 우리 기업들의 임금상승을 초래시키는 가운데 축소채용으로 이어졌으며 1997년에 발발한 IMF사태는 직업정신을 재무장시키는 동시에 대졸노동시장에 기존 공채문화를 완전히 탈바꿈시키는 계기로 작용했다. 1990년대 이러한 한국 대기업들의 다양한 채용패턴 변화는 2000년대 한국의 산업환경이 선진국 면으로 진입하면서 공채문화가 한층 더 발전적인 개혁을 추진하는 기저 역할을 담당하게 된다.

3. 2000년대 채용패턴 특징과 취업환경

2000년대 한국 대기업의 채용패턴은 다양화를 통한 질적 발전기에 해당되는 시기이다. 전형방식, 필기방식, 면접방식, 인재상 등 전 영역에 걸쳐 새로운 기법이 다양하게 적용되는 상황이 전개되고 있다. 채용패턴이 다각화되는 근본적인 이유는 대기업들이 하나같이 우수인재확보전략에 모든 초점을 맞추고 있기 때문이다.

학력과 연공을 축으로 전개되던 기업들의 기존 인적자원관리시스템이 디지털기업환경에 의해 지식과 가치를 중심으로 하는 신인사관리시스템으로 변화되는 트렌드에 맞춰 채용패턴의 양상 또한 지식기반경영을 가능케 하는 '전략적 인재상'을 갖춘 인력확보 쪽으로 급격히 선회하고 있다(동국대, 2002, 28–29). 2000년대 채용패턴의 중심은 결국 기업경영의 요체가 되는 '사람', 즉 기업을 움직이는 "우수인재를 어떻게 확보하는가"에 관심이 모아지고 있으며 이것의 선발수단이 되는 채용패턴 쪽으로 초점이 쏠리고 있다.

2000년대는 2002년 3월, 삼성이 신채용기법 II를 선보이면서 대기업 채용패턴의 변화를 주도했다(삼성전자, 2002, 1-5). 신면접제도로 불리는 '신입사원 채용면접 대변화'는 한국 대기업들이 심층면접으로 돌아서는 도화선 역할을 했으며 이를 계기로 주요 대기업들이 다양한 심층면접을 도입하게 되었다. 신면접제도는 삼성이 계열사가 요구하는 직무별 특성에 맞는 인재를 정교하게 선별하겠다는 의도에서 기존 면접제도를 보완하여 개발했다. 이는 질 위주의 우수인력채용에 적합한 면접기법이라고 볼 수 있다.

인턴십채용의 급증도 2000년대에 나타난 채용패턴의 특징으로 볼 수 있다. 대기업들은 공채와 인턴십채용을 병행하면서 인재확보계획과 시기를 연중 내내 탄력적으로 운영하는 전략을 구사하고 있다. 인턴십채용이 늘어나면서 구직자들의 채용기회도 증가하고 있다. 삼성의 경우 3학년 2학기부터 응시가 가능한 인턴십공채는 능력과 역량을 갖추었을 경우 기업입사가 한층 더 빠르고 유리하다는 측면에서 구직자들이 선호하고 있다.

2000년대 전형방식에서 주목할만한 것은 1990년대 서류전형에서 위력을 발휘했던 토익(TOEIC)의 비중이 급격히 줄어드는 가운데 실용영어를 중시하는 오픽(OPIc: Oral Proficiency Interview-computer)과 토익스피킹(TOEIC-Speaking)이 대세를 형성하고 있다는 사실이다. 이는 기업들이 현장에서 활용가능한 실용 영어영역을 평가하기 위한 방법으로 2012년 하반기 현재, 공채시장에 뛰어든 대기업들의 90%가 오픽과 토익스피킹으로 서류평가를 하고 있다.

채용패턴에서 역량면접도 주목되는 분야이다. 대부분의 그룹사들이 역량면접을 실시하고 있다. 역량면접이란 개인의 역량을 집중평가하는 방식인데 구직자들이 지원한 해당 직무와 개인의 종합적인 능력과 가능성을 타진하는 면접이라고 보면 된다. 특히 구직자가 지원하는 해당 직무에 대한 이해와 사전 지식은 매우 중요한 평가대상인 만큼 기업과 구직자들이 가장 중점을 두고 있는 분야이다.

2000년대 채용패턴에서 나타나는 또 하나의 특징은 공채채널이 다양화되었다는 사실이다. 캠퍼스 리크루팅은 대기업들이 가장 보편적으로 사용하는 공채루트로 채용기업이 선호하는 대학군을 정한 후, 직접 방문하여 기업설명회와 현장상담을 통해 인력을 선발하는 방법이다. 즉 1990년대 대기업들이 사원모집을 위해 공채광고에만 의존했던 방식에서 탈피하여 보다 적극적으로 우수인재확보를 위해 전사적인 행보를 내딛고 있는 것이다. 이외에도 기업들은 추천제, 인턴십, 공모전입상자, 특별채용 등 선검증이 어느 정도 가능한 모든 방법을 동원하여 인력선발에 힘을 쏟고 있다.

2000년대 전형방식을 보면 삼성·현대·LG·SK 등이 모두 종합직무능력

표 3-5 2000년대 채용패턴 특징과 취업환경분석

기업 채용패턴	삼성	현대	LG	SK
전형방식	서류→삼성직무적성검사(SSAT)→면접	서류→인적성검사/영어스피킹시험→면접	서류→인적성검사→면접	서류→SK종합적성검사→면접
필기방식	삼성직무적성검사(SSAT)	• 인적성검사(직무능력검사/역량기초시험) • 영어스피킹시험	인적성검사(적성/인성검사)	SK종합적성검사
면접방식	임원면접/PT면접/집단토론면접	토론면접/임원면접	직무PT면접/전공평가·언어능력(영어)평가/그룹토의/임원면접	PT면접/집단토론/심층면접/인성면접
인재상	• 디지털창조인 • 디지털학습인 • 디지털세계인 • 디지털사회인	• 신가치를 창출하는 인재 • 열린사고를 가진 인재 • 상생의 시너지 구현 인재	• 실행력, 열정, 도전인 • 팀워크, 자율적·창의적 인재 • 혁신인, 학습인	• 창의적 문제해결 • 과감한 실행 • 상호 성장 추구 • 최고 전문성 추구
공채환경/취업환경	• 기업의 세계화, 인재의 국제화로 외국어능력과 비즈니스 마인드 종합평가 • 추천제, 인턴제, 공개채용제, 캠퍼스 리크루팅, 특채 등 채용채널 다양화 • 삼성전자 신면접제도 도입, 주요 대기업 종합적인 인재평가시대 개막 • 직무면접, 역량면접시대: 개인의 능력과 지원직무 이해 및 적응가능성 평가 주력 • 정보/지식형 인재, 전문가적 지식 소유한 창의적인 프로페셔널 선호			

검사를 도입하고 있다. 삼성은 SSAT, 현대와 LG는 각각 직무적성검사, SK는 SK종합적성검사를 필기시험 대신에 실시했다. 면접방식도 2000년대는 복수면접과 심층면접이 보편화되어 삼성이 임원면접과 프레젠테이션면접, 집단토론면접을, 현대는 토론면접과 임원면접을, LG는 직무프레젠테이션면접과 전공평가, 언어능력(영어)평가, 그룹토의, 임원면접을, SK는 프레젠테이션 면접, 집단토론, 심층면접, 인성면접 등을 각각 치르고 있다(한국경제신문, 2012, 200-201).

국내 산업환경이 선진 국면에 접어든 2000년대 대기업들의 인재상은 전문적인 지식과 글로벌 비즈니스 마인드를 겸비한 쪽으로 초점이 모아지고 있다. 삼성은 디지털학습인·세계인, 현대는 열린사고, 가치창출인, LG는 혁신인·학습인, SK는 창의적 문제해결, 최고 전문성 추구 등으로 인재상이 정립되고 있다.

2000년대 채용패턴의 특징은 선진 국면으로 접어든 산업환경에서 기업들이 국제경쟁력을 확보하기 위하여 치열하게 경쟁하는 가운데 이에 부응할 수 있는 인재확보를 해야 하는 만큼 디지털지식과 국제화 마인드, 혁신인 등 글로벌화된 창조인을 선호하는 경향이 지배적이다. 이를 실현하기 위하여 기업들은 보다 복잡한 채용절차와 면접 등을 통해 우수인재확보에 총력을 기울이고 있다.

Ⅳ 시대별 채용패턴의 특성 비교분석

본 절에서는 한국 대기업의 시대별 채용패턴을 비교분석하는 데 주력했으며 전형방식(채용)과 필기방식, 면접방식, 인재상 등을 각각 비교분석의 요소로 삼았다. 1980년대 이후 채용패턴이 시대별로 개혁과 변화과정을 급격히 거쳐온 만큼 구성요소들의 특징 또한 차별된 모습을 잘 보여주고 있다.

취업문화와 공채문화가 동시에 나타난 1980년대 전후 시점은 대기업 채용 패턴의 변화에 있어서도 전환점이 되는 의미가 큰 시대이다. 취업문화의 하

표 3-6 시대별 채용패턴 특성 비교분석(1980~2000년대)

시기 분류	1980년대	1990년대	2000년대
전형방식	• 그룹 일괄공채 • 대규모 정기공채 • 보통형/범인형 인재 • 그물형 채용방식 • LG그룹 국내 최초 인턴사원제 도입(1984년)	• 인턴사원제 활성화 • 채용박람회 활성화 • 상시/수시, 소수채용 일반화(1998년 이후) • 특이형 인재, 낚시형 선발 추세 • 일부 그룹사 계열사별 공채방식 도입(면접도 계열사별 실시) • 일부 그룹사 인턴/공채 병행채용	• 계열사별 공채(인턴/공채 병행) • 대기업 직무능력검사 보편화 및 난이도 상승 • 서류/직무능력검사/복수면접(집단(토론)-PT-임원)형태 보편화
필기방식	• 그룹 일괄 필기시험 • 필기/면접형태 • 단편적 지식평가 • 그룹 일괄 필기시험 • 대규모 선발 위해 정기공채가 적합	• 주요 그룹 필기시험 폐지 • 대기업 직무능력검사 도입 • 서류/직무능력검사/면접형태 • 종합적 사고능력중시 • 신인재평가 위한 단순 시험방식 폐지 추세	• 종합인적성검사 확대 • 기초능력/직무능력/인성평가 실시 • 인적성검사 일반화 • 실용영어 오픽(OPIc), 토익스피킹(TOEIC-Speaking) 보편화
면접방식	• 기초적인 전공지식평가 • 학교성적/필기성적 의존 • 인격/자질 등 기본소양 평가: 책임감, 성실감, 자신감중시/상식적·보편적 사고 소유자 선발	• 복수면접 보편화시대 • 삼성프레젠테이션면접 도입(수동면접→능동면접시대 개막) • 주요 기업 면접다양화 시대 본격화 • 기업인재상, 기업문화에 맞는 신면접기법 도입	• 직무 위주의 역량면접 보편화 • 전문지식 및 비즈니스 마인드 평가 • 프레젠테이션면접 보편화 • 외국어회화능력 및 인성면접 강화
인재상	• 범인형 인재 • 보통형 인재 • 일반형 인재 • 관리자형 인재	• 특이형 인재 • 디지털형 인재 • 글로벌형 인재 • 창조적 인재	• 전문지식보유자 • 전략가적 인재 • 혁신적 사고인 • 기업가정신

출처: 이종구·김홍유(2010), 225-230 표 참조, 저자가 재구성

위문화인 공채문화가 대졸 노동시장에 본격적으로 출현하여 정형적인 형태와 시스템을 갖춘 시기가 바로 1980년대부터이기 때문이다.

1980년대 전형방식의 특징은 그룹공채를 통한 일괄채용이 대부분이었다. 각 계열사에서 모집인원을 집계하여 그룹 기획실로 보내면 상하반기 정기공채 일정에 선발하여 다시 각 계열사로 인원을 분배하는 형태로 인력충원이 이루어졌다. 따라서 그물형 채용을 통해 대규모 채용이 이루어지기 때문에 인재의 성격이 1990년대의 특이형 인재보다는 보통형·범인형 인재가 선발되는 현상이 지배적이었다(전국경제인연합회, 2008, 1-3).

1980년대 공채현장에서 주목되는 현상은 LG그룹이 국내 최초로 인턴사원제를 도입했다는 사실이다. 인력의 선검증, 후선발 성격을 띠고 있는 인턴사원제는 1990년대 접어들면서 대우그룹이 모든 신규인력 모집을 인턴사원제로 대체하면서부터 국내 대기업 사회에 급속히 파급되기 시작했다. 인턴사원제는 2000년대 접어들면서 인턴십채용으로 새롭게 변화되면서 최근 신입사원채용제도로 완전히 뿌리를 내렸다. 1990년대와 2000년대 인턴십제도의 차이를 보면 전자의 경우는 동·하계 인턴십프로그램에 참여한 고학년들은 상당수 합격시키는 추세였다면 후자의 경우는 과반수 정도만 채용하는 만큼 기존시대에 비해 합격률이 현저히 낮다는 특징을 갖고 있다. 따라서 최근 인턴십으로 기업에 입사하는 구직자들의 경우 경쟁력이 뛰어나야 합격이 보장되는 난점을 안고 있다. 하지만 신세계그룹처럼 아예 인턴으로만 공채를 하는 기업도 늘어나고 있다.

1980년대의 필기방식은 단편적 지식평가가 대부분이었다. 대규모 인력을 단시간에 뽑기 위해서는 영어와 전공 혹은 상식시험으로만 기본지식을 평가했기 때문에 인력의 특성이나 능력을 평가하는 데는 많은 한계점이 있었다. 이러한 문제점을 극복하기 위하여 개발한 것이 바로 1990년대 대기업들이 필기시험을 전격 폐지하고 전면적으로 도입한 직무능력검사이다. 직무능력검사는 인재의 적성과 인성 그리고 사고능력과 지식까지도 평가할 수 있는 만큼 구직자들의 종합평가에 매우 적합한 시험이라고 볼 수 있다. 직무능력검사를 국내 최초로 도입한 대기업 또한 LG그룹이다. LG그룹은 1993년에 신규 인력 선발시험에 FAST를 도입했다. 이는 2000년대 대기업 직무능력검사의 표본이 되고 있는 삼성의 SSAT보다 2년 앞서 시행된 것이다.

1980년대 이후 면접방식의 변화추이는 시대별로 단일면접, 복수면접, 심층면접의 트렌드로 전개되고 있다. 1980년대 대기업들이 실시한 단일면접은 다량의 인재를 단시간에 평가하는 데 적합한 제도였으며 1990년대의 경우는 디지털형 인재를 평가하기 위하여 보다 다각적인 측면에서 인재평가를 해야 하는 만큼 복수면접의 도입이 불가피해졌다. 특히 2000년대 들어 기업조직이 슬림화되면서 채용방식이 직무별 소수, 수시로 완전히 바뀌면서 면접방식은 매우 복잡하고 심층적인 형태로 전개되고 있다. 이는 과잉공급되는 대규모 구직자 가운데 기업의 문화와 인재상 그리고 사업영역과 직무까지 고려하여 선발해야 하는 만큼 인성은 물론 전문지식과 개인역량, 직무적합성까지 종합적으로 평가해야 하기 때문이다.

삼성은 1980년대 이후 한국 공채문화의 구성요소인 면접방식에 가장 큰 영향을 미친 기업이다. 삼성은 1995년 7월, '열린면접'을 선포하면서 프레젠테이션면접을 도입했다. 외부면접관이 참여하는 프레젠테이션면접은 응시자의 특성발휘가 가능한 능동적인 면접으로 평가과정에서 지식, 경험, 포부, 열정 등을 종합적으로 보여줄 수 있다는 특성을 지니고 있다(이종구·김홍유, 2009, 88). 프레젠테이션면접은 2000년대에 들어서면서 국내 대기업의 60% 정도가 신규인력 공채시험에 도입할 만큼 이제는 일반화된 면접기법으로 뿌리를 내리고 있다.

2000년대 한국의 기업환경은 정보화·세계화·창조화·지식화의 모습으로 전개되고 있다(동국대, 2002, 31-32). 따라서 채용패턴 또한 선진기법으로 변하고 있다. 먼저 모집채널은 인턴과 공채를 병행한 계열사별 채용이 정착되고 있으며 직무능력검사의 경우 거의 모든 대기업에서 적용시킬 만큼 보편화된 상태에 있다. 직무능력검사의 성격 또한 기초능력과 직무능력 그리고 인성까지를 종합평가할 수 있는 보다 넓고 깊이 있는 종합직무능력검사형태로 발전하였으며 나아가 글로벌 사회에 대응하기 위한 실용 외국어인 오픽과 토익스피킹 공인점수 제출이 일반화되고 있다.

면접방식도 1990년대에 비해 선진화된 형태로 발전하고 있다. 대기업들의 대부분이 직무평가 위주의 역량면접으로 돌아섰으며 채용직종의 전문지식과 비즈니스 마인드를 집중평가하는 형태로 이루어지고 있다(안동대, 2010, 7-8; 이종구, 2005, 36-37). 1990년대 대기업들이 인성과 전공분야에 주력하여 평가하던 면접방식과는 상당한 차이를 보이고 있다. 하지만 지식경영시대를 맞아 기업경영의 요체가 사람인 시대인 만큼 인성면접에 대한 비중은 1990년대에 비해 한층 강화된 모습을 보이고 있다(경남대, 2001, 29-30). 이는 2000년대 대기업의 공통적인 인재상이 전문지식 보유자, 전략가적 인재, 혁신적 사고인 등을 포함한 '기업가정신을 소유한 인재'로 재정립되고 있다는 측면에서도 단적으로 드러나고 있다.

2000년대 채용패턴을 따라잡기 위한 대학사회의 행보도 발 빠르게 움직이고 있다. 대부분의 대학들이 취업진로 인프라 확충에 전력을 쏟고 있으며 관련 강좌개설로 다양한 정보를 제공하고 있다. 특히 2000년대 들어 교육과학기술부가 대학의 취업률을 재정지원과 연결하고 또한 최근 고용노동부가 대학의 취업지원역량평가를 통해 인증제도를 부여하는 추세에 맞춰 각 대학들은 한층 더 취업지원프로그램을 강화시키고 있다.

1980년대 취업문화의 하위문화로 나타나 진로문화와 함께 대학사회 내 핵심문화로 자리 잡은 공채문화는 2000년대 고학력 노동시장의 수급균형이 완전히 깨어지면서 대학과 기업, 정부 등 산·학·정 모두를 공채문화권으로 유입시키고 있다는 측면에서 주목할만하다.

V 결론 및 시사점

1. 요약 및 결론

채용패턴은 선진기업일수록 그 프로세스와 시스템이 복잡하다. 이는 선발인력의 질(quality)과 직접적으로 연관되기 때문이다. 대기업들이 공채문화를 주도하는 이유도 여기에 있다. 채용패턴은 산업환경과 기업환경에 의해 많은 영향을 받는다. 이는 산업환경 아래 기업경영활동이 일어나고 기업경영활동 속에서 공채문화가 형성되는 복합적이고 연계되는 메커니즘을 안고 있기 때문이다. 1980년대 이후 한국 대기업들의 채용패턴은 시대별로 공채문화가 달리 전개된 만큼 그 특징 또한 분명한 차이를 보이고 있다. 이는 산업환경과 기업환경, 노동시장환경 등과 관계되어 형성되는 취업문화의 구성요소와 그 주체들이 지속적으로 변화하고 발전하는 문화적인 속성과 특성을 갖고 있기 때문이다. 1980년대 이후 우리 사회에 본격적으로 모습을 드러낸 공채문화의 구성요소인 대기업의 채용패턴 변천과정과 시대별 특성을 비교분석하면 다음과 같이 요약할 수 있다.

1980년대 채용패턴은 대규모 정기공채에 적합한 기초지식평가와 단일면접, 보통형 인재, 그물형 선발전형으로 집약된다. 대학졸업정원제 실시로 고학력 노동시장에 수급불균형현상이 야기되면서 대기업들의 채용패턴이 기존 시대와는 달리 점차 체계화 · 정형화되어가는 모습을 보이기 시작했다. 하지만 채용패턴은 매우 단조롭고 단편적인 평가방법으로 진행되었으며 채용인원 또한 대규모 인력을 선발하는 추세가 일반화된 시대였다. 1980년대는 고학력 구직자가 양적으로 팽배해진 시대이기도 하지만 상대적으로 대기업들의 채용규모 또한 매우 큰 시대였다. 이는 대기업들의 사업확장과 사업다각화가 본격화된 시대였던 만큼 인력수요도 양적으로 많은 시대였다.

1990년대 채용패턴은 소수, 수시채용에 적합한 인적성검사의 출현과 복수면접, 특이형 인재, 선별식 공채전형으로 집약된다. 1990년대 노동시장은 IMF체제로 인해 대변혁을 겪는 시대였다. 취업시장, 채용규모, 기업조직 등 모든 영역이 감량경영과 감원경영체제에 착수하면서 기업사회와 노동시장이 급격히 슬림화되었다. 1990년대 말부터 대기업들은 양적 채용을 지양하고 소수, 수시형태의 인력충원을 지향하면서 우수인재 검증방법으로 복수면접을 도입했다. 특이형 인재들이 기업사회로 유입되기 시작하면서 채용패턴에도 많은 변화가 일어났다. 필기방식이 인적성검사로 대체되고 글로벌화시대를 준비하는 기업들이 핵심평가요소로 외국어와 실무지식을 면접과정에서 강도 높게 평가하는 시스템을 투입했다. 기업의 인재상도 아날로그형 모습에서 탈피, 창의적 사고와 글로벌 마인드를 겸비하는 형태로 재정립되었다.

2000년대 채용패턴은 다채널 상시모집을 통한 종합직무적성검사 실시와 다단계 역량면접, 디지털창조인 선발이 핵심을 이루고 있다. 2000년대는 전형방식부터 다각화되었다. 모집루트가 기업과 학교, 채용박람회장에서 온오프라인(on-off line)을 통해 인턴제와 추천제, 특별채용, 공개채용 등을 통해 수시, 다발적으로 연중 내내 진행되는 양상을 보이고 있다. 지식평가도 종합직무적성검사로 심화, 확대되었으며 면접방식도 역량평가중심으로 다단계·다양화체제로 전개되는 심층면접으로 돌아섰다. 기업의 인재상은 정보와 지식을 소유한 디지털 프로페셔널을 선호하는 형태로 나타나고 있다.

한편 1980년대 이후 산업환경과 노동시장의 환경변화도 급격히 전개되었다. 1981년 대학졸업정원제 실시와 1987년 6.29민주화선언, 1988년 서울올림픽 등은 1980년대 공채문화의 형성과 선진국형 산업구조로 도약하는 촉매제 역할을 했다. 1990년대는 한국사회 전 영역에 걸쳐 대변혁이 일어난 시대였다. 1995년 블루라운드 출범과 1996년 OECD 가입은 국내 산업환경이 선진국사회로 진입하는 도화선이 되었으며 1997년의 IMF사태는 1980년대 이후 한국사회에 출현한 취업문화의 하위문화인 공채문화와 진로문화, 직업문화 등을 크게 변화시키는 직접적인 요인으로 작용했다. 2000년대는 한국사회가 디지털경제화 국면으로 완전히 진입한 시대이다. 지식기반서비스업이 성장하는 가운데 국민소득이 2만 달러를 돌파하여 선진국사회로 부상하는 신기원을 개척했다. 하지만 고학력화 · 고임금화 · 고령화와 더불어 노동시장의 유연화 정책으로 비정규직이 넘쳐나고 평생직장이 무너지는 선진국사회의 노동경제 특성이 나타나고 있다.

2. 시사점 및 제언

본 장은 1980년대 이후 공채문화의 구성요소인 채용패턴의 변천사와 시대별 특성을 분석하는 데 초점을 두었다. 한국 기업사에 공채문화는 지금까지 단순정보로만 취급한 나머지 인적자원관리영역에서 소외당해왔으며 또한 학문적으로도 인정받지 못했을 뿐만 아니라 학문화시키는 노력도 존재하지 않았던 게 사실이다. 본 장의 의의는 공채문화의 핵심요소인 채용패턴의 시대별 변천사와 특징을 학문적으로 탐색하고 조명했다는 점에 의의를 두고자 한다. 이는 후행 연구자들이 취업문화를 연구하는 데 있어 필요한 사적 문헌을 제공할 수 있는 중요한 선행연구의 역할을 할 수 있기 때문이다.

본 장은 가설을 기반으로 현상적인 문제를 통계적으로 검증하는 실증연구와는 다른 만큼 탐색적인 연구가 수반하는 일부 한계점을 지니고 있다. 하지만 1980년대 이후 30여 년간 전개되어온 한국 대기업들의 채용패턴을 시대별 · 산업환경별 · 노동환경별 · 구성요소별 · 특성별로 체계화시키고 그 특성을 종합적으로 비교분석한 후, 향후 보다 발전적인 공채문화를 유인하는 역할을 제공한다는 측면에서 또 다른 의미를 두고자 한다. 한편 본 장의 연구를 기반으로 후행 연구자들에게 채용패턴의 구성요소별 사적 연구가 이어지길 기대한다.

참고문헌

▣ 본 장은 이종구(2012. 12), "한국 대기업의 채용패턴 변천과정과 시대별 특성 비교분석에 관한 연구", 경영사학, 27(4), pp.33-58에 수록된 내용이다.

고려대학교(2005), 제2회 수요자 중심교육을 위한 기업 · 대학공동포럼, 경력개발센터.

경남대학교(2001), 진로탐색과 준비, 사회진출본부.

경희대학교(2006), 경희대 취업진로지원처 CDP 출범배경과 추진현황, 취업진로지원처.

김성수 · 한한수 · 박재용(1997), "21세기 대졸신규인력의 채용관리변화에 관한 조사연구", **기업경영연구**, 4(4), 경희대학교 사회과학정책연구원 기업경영연구부.

김수곤(1994), "한국기업의 신인사제도의 도입 방향과 과제", **조직과 인사관리연구**, 18.

김재원(1997), **취업과 경력개발**, 법문사.

동국대학교(2002), **직업탐구 I**, 취업지원팀.

리크루트(1989), **월간 리크루트**, 3 · 7 · 10 · 11월호 참고.

리크루트(1997a), **면접(주요기업 면접 총정보)**, 리크루트 출판부.

리크루트(1997b), **직무능력검사(신채용제도에 따른 문제와 해설**, 리크루트 출판부.

명지대학교(2001), **진로설정과 목표관리를 위한 2001 인재교육프로그램**, 취업지원팀.

박원우 · 권석균(2000), "인재상 정립의 방법과 내용: 한국기업의 사례를 중심으로", 한국경영학회 춘계학술연구발표회, 243-245.

삼성전자 보도자료(2002. 3. 18), 삼성전자 신입사원 채용면접 대변화.

서춘현(1995), "기업의 채용관리 효율성에 대한 연구", 명지대학교 정보산업대학원 석사학위논문, 30-32.

안동대학교(2010), 기업직무분석, 인력개발본부 취업지원과.

원광대학교(2001), 직업과 진로, 취업지원실.

이신철(2009), "한국 대기업의 인재상의 변화", 고려대학교 경영정보대학원 석사학위논문, 51-52.

이종구(2005), 취업정보분석과 입사전략, 경희대학교 취업진로지원처.

이종구(2007), 취업전략과 경력개발, 경희대학교 취업진로지원처.

이종구 · 김호원(2008), "한국 취업문화의 사적 전개과정과 시대별 특성 비교분석에 관한 탐색적 연구", **기업경영연구**, 15(3), 57-58.

이종구 · 김호원(2012), "삼성의 인재경영 변천과정과 시대별 특성 비교분석에 관한 연구", **경영사학**, 27(2), 104-106.

이종구 · 김홍유(2009), "삼성 공채의 사적 전개과정과 한국 취업문화 기여도 분석에 관한 탐색적 연구", **기업경영연구**, 16(3), 87-88.

이종구 · 김홍유(2010), "한국 공채문화의 사적 전개과정과 시대별 특성 비교분석에 관한 탐색적 연구", 경영사학, 25(2), 215-230.

이종구 · 조은상 · 김홍유(2009), "한국 직업변천사의 시대별 특성 비교분석에 관한 탐색적 연구", 경영사학, 24(4), 93-96.

이한검 · 노남섭(1996), 세계화시대의 기업문화, 형설출판사.

장현아(2006), "인재상 정립과 선발도구의 신뢰성 · 타당성 확보를 통한 기업의 효과적인 인재선발 적용 사례연구", 경희대학교 대학원 석사학위논문, 5-6.

전국경제인연합회(2003), 기업이 바라는 인재상 및 이의 실현방안.

전국경제인연합회(2008), 기업이 원하는 인재상 조사, 산업본부 기반산업팀.

정구현 · 강원 · 강한수 · 김은환 · 김종년 · 배성오 · 신형원 · 이민훈 · 태원유 · 한창수(2008), 한국의 기업경영 20년, 삼성경제연구소.

조은상(2007), 인재개발론: 한국기업의 과거, 현재 및 미래, 범한.

조은상 · 이상우(2004), "시대별 환경변화의 추이에 다른 한국기업 인재상의 변화와 21세기 인적자원개발의 과제", 인력개발연구, 6(1), 7-10.

진서현(2009), "취업면접의 Image Matching 연구", 강남대학교 교육대학원 석사학위논문, 36-37.

한국경영자총협회(1995), 기업의 인력관리혁신방안, 한국경총 21세기 노사관계개혁추진위원회.

한국경제신문(2012), 한경기업정보, 한경디스코.

Light, D., and S. Keller(1975), *Sociology*, New York: McGraw-Hill, 82.

Linton, R.(1949), *The Cultural Background of Personality*, New York: Appleton-Century-Crofts, 32.

Litwin, G. H. and R. A. Stringer(1968), *Motivation and Organizational Climate*, Harvard Graduate School at Business Administration, 45-46.

Spencer, M.(1979), *Foundation of Modern Sociology*, Prentice-Hall, 54.

CHAPTER

04

한국 대기업 면접전형 40년 전개과정과 시대별 특징분석

- 1980년대 이후 삼성·현대·SK·LG 중심으로 -

핵심 요약

본 장은 1980년대 공채문화의 출현과 더불어 정형적인 패턴과 유형으로 모습을 갖추며 지난 30여 년 동안 대졸 취업시장의 핵심인재평가방법으로 자리매김을 해온 면접전형의 시대별 특징을 체계적으로 분석하는 데 그 목적을 두고 있다. 특히 본 장은 시대별 면접전형의 트렌드를 산업환경과 경제환경, 취업환경과 연계시켜 그 특징을 파악했으며 나아가 공채시장에서 이러한 면접유형을 주도적으로 이끌어온 주요 대기업들의 면접형태와 특성을 시대별로 상호 비교분석하는 기법으로 접근했다. 본 장의 연구대상은 1980년대 이후 한국 공채문화를 주도해온 삼성(삼성전자)·현대(현대건설)·SK주식회사·LG(LG전자) 등의 면접전형에 한정했으며 연구범위는 시대별 면접트렌드와 면접유형, 면접특징 등으로 제한하기로 한다. 면접전형의 시대별 고찰기간은 공채문화가 출현한 1980년대부터 2013년 7월, 현재까지를 분석시기로 한다. 1980년대 이래 전개되어온 면접전형의 변천과정과 시대별 특성을 비교분석하면 다음과 같이 요약할 수 있다.

공채문화가 한국 노동시장에 본격적으로 출현한 1980년 이후 지난 30여 년간 면접전형은 시대별로 산업구조 및 경제환경변화에 따른 대기업의 채용시스템에 맞게 지속적으로 형태변화를 거치며 진화를 거듭해오고 있다. 1980년대 공업화시대의 면접전형은 비구조화된 단일 면접절차로 노무형 인재선발에 주력하는 가운데 임원진이 참석하는 인성평가중심의 집단면접으로 집약된다. 1990년대 기술정보화시대의 면접전형은 반구조화된 2단계 면접절차로 실무형 인재선발에 주력하는 가운데 임원진과 실무진이 참석하는 실무평가에 접근한 집단토론면접으로 집약된다. 2000년대 지식창조화시대의 면접전형은 구조화된 다단계 면접절차로 전략가형 인재선발에 주력하는 가운데 실무진이 참석하는 직무중심의 역량평가인 프레젠테이션면접으로 집약된다. 본 장은 공채문화의 출현과 동시에 발전해온 면접전형의 시대별 변천과정과 특징을 체계적으로 분류하여 학문영역으로 유입시켰다는 점에 의의를 두고자 한다. 이러한 연구는 향후 후행 연구자들이 기업들의 효과적인 면접유형 도출을 위한 다양한 각도의 실증적인 연구접근을 하는 데 있어 선행연구에 필요한 유용한 학문적인 자료 구축과 더불어 정보제공을 종합적으로 할 수 있다는 측면에서 사사하는 바가 클 것이다.

I 문제제기 및 연구목적

1. 연구배경 및 연구목적

1980년대 이후 한국 고급인력[1] 노동시장은 수급균형이 깨진 가운데 30여 년이 지난 현재까지도 높은 실업률과 취업난으로 고용경제가 불안정하게 전개되고 있다. 고학력인력의 대량양산의 배경은 한국인들의 뿌리 깊은 교육열에 기인한 바도 크지만 이보다는 1980년대 정치적 문제로 도입한 졸업정원제 실시(1981년)와 공업화지향에 따른 고급인력양성계획의 부정확성 등이 직접적인 원인으로 작용했다. 한국사회는 OECD 가입(1996년)과 20-50클럽[2] 가입(2012년), 1인당 국민소득(GDP) 2만2,708달러(2012년) 등 선진국 반열에 올라섰지만 이에 반해 2013년 7월 현재, 청년들의 고용상태는 고학력 실업자 수가 42만 명에 실업률 또한 3.9%를 기록, 대졸인력들의 고용불안정상태가 위험수위를 넘나들고 있다.[3]

고학력 취업난시대에 태동한 공채문화[4]는 대학사회에 전공과 더불어 또

1) 보통 대학 및 대학원을 졸업한 인문·사회·이공계열의 모든 인력을 합해서 부르는 말이며 형성기간이 4년 이상 소요된다. 이들은 대부분 노동시장에서 전문직·관리직·기술직 등으로 직접 생산에 참여하는 육체노동자들과는 구별된다(김수곤 1993, 226-228).

2) 2012년 한국은 1인당 국민소득 2만 달러(2012년 가입당시 1인당 국민소득 2만3,680달러, 총인구 5,000만 명(출처: OECD, 통계청)), 인구 5,000만 명 국가들이 가입하는 '20-50클럽'에 세계 7번째로 가입하면서 선진국 반열에 진입했다(가입순서: 1987년 일본, 1988년 미국, 1990년 프랑스, 1990년 이탈리아, 1991년 독일, 1996년 영국).

3) 2013년 4월 10일, 통계청이 발표한 '2013년 3월 고용동향' 자료에 따르면 우리나라 대졸이상 고학력 실업자 수는 총 42만1,000명으로 나타나고 있으며 대졸 이상 실업률도 3.9%에 달하고 있다.

4) 1980년대부터 대기업들이 대규모 정기공채를 진행하는 과정에서 기존시대에는 볼 수 없었던 채용제도, 필기시험, 면접형태, 인재상 등을 구체화·체계화시킨 일정한 틀(framework)을 선보이기 시작했다. 이후 대기업들은 이러한 제도와 규칙에 의거하여

다른 학습 축을 형성하며 대학생들의 핵심학습영역으로 주목을 받고 있다. 공채문화는 채용제도와 필기시험, 면접형태, 인재상 등 4개의 구성요소로 형성되어 있으며 최근 한국 대학생들의 취업학습영역 가운데 핵심관리대상이 되고 있다는 측면에서 모든 대학들이 전공과 더불어 체계적으로 관리하는 분야이다. 특히 2000년대에 접어들면서 한국의 기업들이 국제경쟁력을 배가시키기 위하여 핵심인재선발에 전력을 쏟는 과정에서 공채문화의 구성요소인 면접전형의 중요성이 날로 높아지고 있다. 기업들의 면접전형은 곧 기업이 원하는 인재를 채용하는 필수적인 절차이자 과정이라고 볼 수 있다. 이러한 면접전형은 고학력 노동시장에 진입을 위한 구직자들 간의 치열한 지식경쟁장이자 인성경연장이기도 하다.

한국 대기업들의 면접전형은 이러한 속성을 반영한 채 공채문화가 나타난 1980년 이래 지속적인 발전을 거듭하고 있다. 면접전형은 산업구조와 경제환경 그리고 취업환경과 채용시스템 간에 연계되어 전개되는 메커니즘의 속성을 모두 반영하는 특성을 지니고 있다. 따라서 공업화사회(1980~1989년), 기술정보화사회(1990~1997년), 지식창조화사회(1998~2013년 현재)가 지향하는 면접유형도 확연히 다른 모습을 띠고 있다. 특히 면접유형과 절차는 시대에 따라 전개되는 산업구조, 경제환경, 기업의 채용규모와 인재상 등에 의해 깊은 영향을 받으며 민감하게 변하는 만큼 면접전형을 분석하면 그 시대의 산업환경과 취업환경을 쉽게 이해할 수 있는 바로미터 역할을 하기도 한다.

본 장은 지난 1980년대 공채문화의 출현과 더불어 정형적인 패턴과 유형으로 모습을 갖추며 지난 30여 년 동안 대졸 취업시장의 핵심인재평가방법으로 자리매김을 해온 면접전형의 시대별 특징을 체계적으로 분석하는 데 그 취지를 두고 있다. 특히 본 장은 시대별 면접전형의 트렌드를 산업환경과 경제환경, 취업환경과 연계시켜 그 특징을 파악했으며 나아가 공채시장에서 이러한

공채전형을 실시하는 가운데 공채문화의 속성이 점차적으로 출현되기에 이르렀다(이종구 · 김홍유, 2010, 218-220).

면접유형을 주도적으로 이끌어온 주요 대기업들의 면접형태와 특성을 시대별로 상호 비교분석하는 영역까지 동시에 접근하고자 했다.

2. 연구범위 및 체계도

본 장은 지난 30여 년 동안 전개되어온 한국 주요 대기업들의 면접전형의 변천과정을 고찰하고 시대별로 상호 비교분석하는 데 그 목적을 두고 있다. 본 장의 연구대상은 1980년대 이후 한국 공채문화를 주도해온 삼성(삼성전자)·현대(현대건설)·LG(LG전자)·SK주식회사 등의 면접전형에 한정했으며 연구범위는 시대별 면접트렌드와 면접유형, 면접특징 등으로 제한하기로 한다. 면접전형의 시대별 고찰기간은 공채문화가 출현한 1980년대부터 2013년 7월 현재까지를 분석시기로 한다. 한편 본 장은 주된 분석기법으로 탐색적 연구방법(exploratory method)을 채택했으며 연구구성의 체계도는 [그림 4-1]과 같다.

그림 4-1 | 대기업 면접전형 연구구성 및 체계도(1980~2000년대)

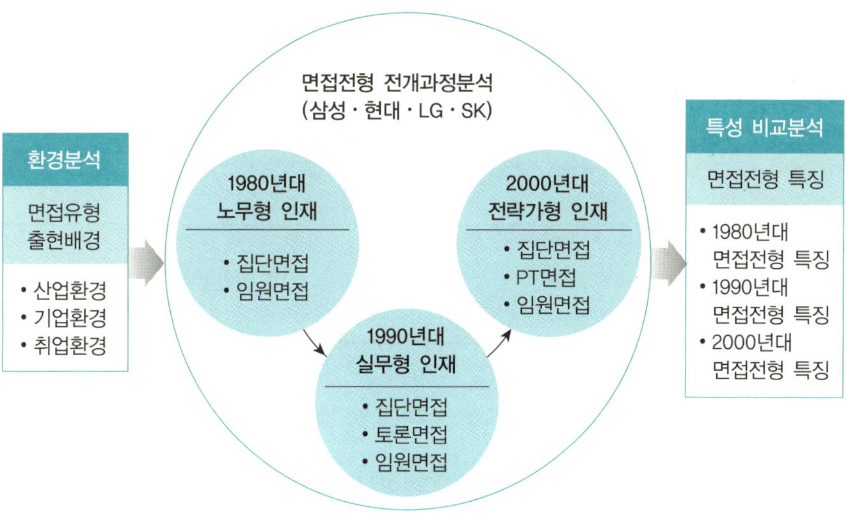

분석대상인 삼성·현대·SK·LG는 표본기간인 1980년대부터 2013년 현재까지 우리나라의 대표적인 기업집단이라고 할 수 있으며, 국가경제에 있어 상당한 비중을 차지하고 있다. 특히 삼성전자와 현대건설, SK, 그리고 LG전자는 각각이 속한 기업집단을 대표하는 기업으로 우리나라 공채문화와 면접 전형을 선도해온 기업으로 볼 수 있다. 4개 기업에 대한 2012년 말 현재의 재무상황은 [표 4-1]에 정리되어 있다.

표 4-1 | 2012년 말 현재 4개 표본기업의 재무상황

구분	삼성전자	현대건설	SK	LG전자
총자산	181조 원	13조 원	91조 원	31조 원
매출액	201조 원	13조 원	120조 원	51조 원
매출액증가율	21.95%	11.85%	8.2%	-6.1%
영업이익	29조 원	0.8조 원	4.6조 원	1.1조 원
ROA	14.2%	4.6%	2.9%	0.3%
ROE	21.7%	11.7%	9.5%	0.5%
주가	1,217,000원	56,800원	176,000원	74,100원
신용등급	AAA	AA-	AA+	AA
종업원 수 (전체)	90,700명	7,335명	5,209명*	36,376명
시가총액	243.6조 원	7.8조 원	8조 원	12.4조 원
시가총액비중	21.1%	0.7%	0.7%	1.1%
시가총액순위	1위	32위	29위	14위

주: * 2006년 기준

출처: 재무자료는 IFRS 연결재무제표 기준으로 FnGuide에서 추출, 단 시가총액, 시가총액비중, 시가총액순위는 KRX 자본시장통계포털에서 추출

Ⅱ 선행연구 및 대졸 취업시장 환경고찰

1. 선행연구

호암 이병철은 '기업은 곧 사람'이며 "모든 일의 중심에는 사람이 있다"라는 지론을 기업경영의 철학으로 삼았다(김진홍, 2006, 48-50). 호암의 인재관에서 핵심이 되고 있는 택인관[5]은 기업의 공채과정에서 면접전형의 중요성을 보여주는 단적인 대목이다. 최근 인사관리의 개별 영역 내에서 채용관리의 중요성이 부상하면서 면접전형에 대한 기업들의 관심사가 집중되고 있다. 인적자원관리에서 채용관리는 기업의 구성요소인 종업원을 선발한다는 차원에서 인사관리의 출발점이요, 계속기업(going concern)으로 존속을 가능하게 만드는 경영관리의 핵심분야이기도 하다. 기업이 우수인재를 선발하기 위한 채용관리의 과정에서 필수적으로 거쳐야 하는 절차가 면접전형이다.

Yoder(1958)는 선발절차에 관해 관찰적 방법(observational methods)과 용모 및 외관에 의한 판단(facial features and appearance), 선발시험(screening devices), 참고서류검토(references), 추천서에 의한 판단(letters of recommendation), 신체검사(physical examination) 등을 들고 있는데 여기에서 '관찰적 방법'과 '용모 및 외관에 의한 판단' 등이 면접전형과 직결된다고 볼 수 있다(김성수, 2010, 63-64). 이는 최근 대기업사회에서 신규인력을 채용할 때 선발시험인 인적성검사를 제외한 전 면접과정이 이에 해당된다. 특히 국내 대기업들은 2010년 이후 공채 면접전형에서 면접관들이 일반적으로 범하기 쉬운 현혹효과(halo effect)를 줄이기 위하여 구조화면접[6]을 도입하는 추세가

5) 호암의 인재관은 백인관, 교인관, 용인관으로 구분되며 인재의 선발과정과 면접에 대해 정립한 사상이 택인관이다. 삼성 공채에서 택인관이 투입되는 부분은 삼성직무적성검사(SSAT: Samsung Aptitude Test)에서부터 프레젠테이션면접 및 인성면접까지라고 볼 수 있다.

급격히 증가하고 있다.

Pigors & Myers(1969)가 선발절차에 관한 기준으로 제시한 예비면접(preliminary interview)[7]에 대해서도 최근 기업들의 면접전형과 결부시켜 볼 필요가 있다. 공채전형에서 실시되는 채용면접(employment interview 혹은 일반면접)은 누구나 거쳐야 하는 단계이지만 예비면접은 최근 기업들이 기존과는 또 다른 방식으로 실시한다는 점에서 매우 주목되는 선발절차에 관한 기준이 되고 있다. 이는 인재검증을 보다 신중하고 정확히 하겠다는 측면에서 매우 시사하는 바가 크다. 기존의 경우 예비면접은 지원자가 제출한 사실적 자료에 의해서 이루어지는 경우가 대부분이었지만 요즘은 대기업들이 본격적인 공채광고를 내기 전에 캠퍼스 리크루팅이라는 명목 아래 각 대학을 사전 방문하여 예비면접을 본 후 선별된 인재들에게 추후 진행되는 서류전형을 통과시켜주는 방법으로 활용되고 있다. 최근 예비면접은 공채절차에 의해 치러지는 일반면접 전에 인재를 먼저 검증한다는 측면에서 구인자에게는 인재선발의 정확성을, 구직자에게는 면접훈련과 더불어 번거롭고 부담스러운 서류전형을 비켜나갈 수 있다는 이점을 동시에 제공하고 있다.

최근 대기업의 면접전형은 구조화 면접형태로 급속히 변하고 있다. 이는 기존의 비구조화 전통면접의 단점을 극복할 수 있다는 장점이 있기 때문이

---

6) 구조화면접(structured interview)이란 직무명세서를 기초로 사전에 구성된 질문항목에 의해 질의응답이 이루어지는 면접방식으로 질문범위가 명확한 만큼 즉흥적인 질문을 피할 수 있으며 시간을 단축할 수 있다는 장점을 갖고 있다.

7) 최종태(2000)는 선발과정에 따른 면접전형을 세 단계로 나누고 있다. 첫 번째는 사실적 자료(체격, 말씨 등)에 근거해 진행되는 예비면접과 두 번째는 인사부에 의해서 진행되는 일반면접(main employment office interview: 최근 실무면접), 세 번째는 최종선발결정면접(final decision-making interview: 최근 임원면접)으로 분류하고 있다. 유기현(1999)의 경우는 면접전형을 두 단계로 정리했다. 우선 예비면접은 채용절차에서 필기시험 전에 실시되는 것으로 여기에서는 이력서를 중심으로 하는 만큼 직접적인 면접이라기보다는 최근의 서류전형에 가까운 면접이라고 볼 수 있으며 이후 적성검사에 합격한 지원자를 대상으로 하는 '면접 및 구두시험'이 바로 최근의 구조화면접형태로 치러지는 실무면접이라고 볼 수 있다.

다. 특히 IMF사태가 발발한 1997년 이후 '대량채용의 시대에서 소수정예채용 시대로 접어들면서 인재의 잠재능력과 기업환경변화에 능동적으로 대응이 가능한 인재를 선발하기 위해 다양한 질문과 답변과정을 통해 지원자의 기본 자질과 응용력을 시험'하는 면접경향이 지배적으로 일어나고 있다(이명환 1997, 47–49). 김재원(1996)의 경우 구조화면접의 출현시점을 기업이 처한 대내외환경과 결부시켜 설명해놓은 좋은 사례라고 볼 수 있다. 국내외적으로 경제환경이 위축되어 기업상황이 전반적으로 어려워진 1996년을 기점으로 국내 기업들의 구조화면접(52%)의 비중이 비구조화면접(48%)의 비중보다 근소하게 커지고 있다는 것을 보여주기 때문이다. 이는 감원경영에 따른 소수 채용하에서 기업들이 우수인재를 선발하기 위하여 면접방식을 구조화면접형 태로 변화시켜 질문항목의 난이도를 대폭 높인 데 기인한다.

김진성(2012)은 면접유형을 분류함에 있어 외환위기를 분수령으로 비구조화면접과 구조화면접을 대비시키고 있다. 1980년부터 1997년까지를 전통면접인 비구조화면접이 중심이 된 시기로 그리고 1998년부터 역량면접인 구조화면접이 중심이 된 시기로 구분하며 이에 따른 평가요소, 질문방식, 면접절차, 면접스킬 등 면접구성요소의 차이를 설명하고 있다. 구조화면접의 중요성은 굳이 IMF사태와 연결시키지 않고서도 Reilly & Chao(1982)에 의해서 이미 지난 1980년대에 그 타당성이 입증된 상태이다. 다시 말해 구조화된 면접이 비구조화된 면접보다 더 높은 타당도를 가지고 있다는 것이다(장현아, 2006, 29–30).

최근 대기업들의 공채과정에서 핵심평가절차로 여겨지는 면접시험의 유형에 대해 이진규(2001)는 크게 구조화면접, 비구조화면접(unstructured interview), 반구조화면접(semistructured interview) 등으로 나누고 있다. 일정한 내용질문을 준비한 구조화면접은 기존 구성원들 간의 적합성을 알기 위한 중요항목을 평가하기 위한 형태이며 반구조화면접은 구조화면접 질문에 면접관 자신이 알고자 하는 내용을 덧붙여 질문하는 형태이다. 비구조화면접의 경우는 말 그대로 면접을 위한 일정양식 없이 면접 시 즉흥적으로 질문하는 형태인 만큼 최근 대기업면접에서 거의 사라져가는 추세라고 볼 수 있다.

면접전형은 기업환경과 산업환경에 의해 그 형태와 유형을 달리하며 전개되는 특성을 지니고 있다. 최근 채용관리의 핵심절차로 떠오른 면접전형은 선행연구에서도 나타나듯이 구조화된 실무면접이 주류이며 이는 다시 기업과 산업이 처한 환경에 맞춰 다양한 신면접형태로 발전을 거듭하고 있다. 다음에서는 시대별 대졸 취업시장의 환경고찰을 통해 1980년 이후 대기업사회에서 명멸한 면접패턴의 형태와 특징에 대해 접근해보기로 한다.

2. 시대별 취업시장 환경고찰과 면접형태 출현 동향

공채문화의 구성요소인 면접패턴의 변천과정은 시대별로 전개되는 산업환경의 메커니즘과 맞물려 형성되는 모습을 보여주고 있다. 1980년대는 정치경제적으로 격변의 시기였다. 선진국형 공업화지향을 위해 산업구조를 재편하는 과정에서 치러진 88서울올림픽과 6.29민주화선언은 국내 기업환경과 취업환경에 지대한 영향을 미쳤다. 높은 경제성장과 이에 따른 산업구조조정이 본격적으로 진행된 1980년대는 대기업들이 신규인력을 대규모, 정기채용하는 공채문화를 출현시키는 배경이 되었다. 또 다른 한편으로는 정치적 문제에서 도입한 대학졸업정원제 실시는 이후 대졸 취업난을 야기하는 직접적인 원인으로 작용했다.

1990년대는 산업구조가 고도화기로 접어든 시대였으며 국내외적 환경변화에 대응하기 위해 여러 새로운 제도가 도입된 시기이다. 국내적으로는 개방화·글로벌화·디지털화가 가속화되었으며 국제적으로는 블루라운드 출범과 OECD 가입이 잇달아 진행되었다. 대내적으로는 문민정부가 출범해 민주화가 급속도로 진행되었고 노동운동이 활발히 일어났다. 경제적으로는 자본자유화를 비롯해 시장개방이 가속화되고 금융실명제 등 선진제도가 도입된 시기이기도 하다. 대내외적으로 이러한 역동적인 상황에서 1997년 말에 발발한 외환위기는 국내 취업환경은 물론 공채문화를 구조적으로 변혁시키는 큰 계기가 되었다. 1997년 이후 국내 취업환경은 대기업들의 전사적인 구조조정과 이에 따른 상시채용제 도입으로 기업채용규모가 급격히 줄어드는 결과를 맞이하게 된다. 즉 평생직장개념이 깨어지고 평생직업사회가 출현하는 가운데 대규모, 정기공채 대신 소수, 수시채용이 일반화되면서 대졸 실업사태가 사회이슈로 급부상했다.

2000년대 산업환경은 저효율·고비용·저성장시대로 집약된다. 2000년대 우리 사회의 슬로건은 지식경영시대이자 창조경제시대로 집약된다. 2012년 한국사회는 20-50클럽(1인당 국민소득 2만 달러 및 인구 5,000만 명 국가)에 세계 7번째로 가입하면서 선진국사회로 진입은 했으나 비정규직의 대량양산과 고령화·고임금화·고학력화·고실업화 등으로 취업환경이 매우 취약한 상황에 있다. 동 기간 경제성장률은 4%대로 떨어지고, 실업률은 4%대에 진입하게 된다. 이러한 경제환경의 변화는 기업들의 공채시스템에 직접적인 영향을 미치며 시대별로 새로운 면접형태를 출현시키고 있다.

이에 따라 본 장에서는 면접유형에 관한 시대구분을 [표 4-2]에 나타난 것과 같이 3시기로 나누었다. 즉 제1기는 1981년부터 1989년까지 고도성장이 지속된 공업화시대, 제2기는 1990년부터 외환위기가 발생한 1997년까지의 기술정보화시대, 그리고 제3기는 외환위기 직후인 1998년부터 2013년 현재까지의 지식창조화시대로 각각 분류된다.

면접형태는 산업환경과 맞물려 전개되는 속성을 지니고 있다. 1980년대 이후 면접유형은 공채환경에 기인하여 출현하는 양상을 보여왔다. 공채환경이 산업환경에 지배되어 전개된다고 보았을 때 산업환경을 분석하면 그 시대의 채용시스템과 더불어 면접의 유형까지도 유추가 가능하다. 1980년대는 선진국형 공업화시기이자 졸업정원제가 도입된 시대였다. 대졸 노동시장의 대규모 인력수급패턴은 대기업들이 채용시스템을 새롭게 정립하는 계기로 작용했으며 동시에 공채문화를 출현시키는 결과로 이어졌다.

표 4-2 시대별 환경변화와 취업환경 및 공채형태 변화분석(1980~2013년)

패널 A. 경제환경과 면접전형

구분 \ 시기	1980년대 (1981~1989년) 공업화시대	1990년대 (1990~1997년) 기술정보화시대	2000년대 (1998~2013년) 지식창조화시대
경제성장률(기간평균)*	9.76%	7.50%	4.09%
1인당 GNP(기간 말)	5,556달러	11,505달러	22,708달러
실업률(기간평균)**	3.52%	2.43%	3.99%
고용률(기간평균)	56.03%	60.0%	58.9%
수출액(기간 말)	650억 달러	1,262억 달러	5,481억 달러
수입액(기간 말)	698억 달러	1,446억 달러	5,200억 달러
면접전형유형	인성평가중심의 집단면접	개별면접 및 집단토론면접	직무중심 역량평가인 프레젠테이션면접
	비구조화된 단일 면접절차	반구조화된 2단계 면접절차	구조화된 다단계 면접절차
인재상	범인형/화합형 인재선발	전문가형/실무형 인재선발	전략가형/창조형 인재선발
대졸 채용의 특징	공채문화의 출현 대규모, 정기공채	대규모, 정기공채 지속	소수, 수시 채용으로 전환

주: * 국내총생산 실질성장률

** 실업률은 1999년 5월 이전자료는 경제활동인구총괄 1주 기준이며, 2000년 이후부터는 구직기간 4주 기간 기준임

출처: 통계청, 국가통계포털 KOSIS

패널 B. 산업환경 및 취업환경

구분 \ 시기	1980년대 (1981~1989년) 공업화시대	1990년대 (1990~1997년) 기술정보화시대	2000년대 (1998~2013년) 지식창조화시대
산업환경	• 선진국형 공업화지향시대(제5, 6차 경제개발계획기) • 산업구조조정단계 • 1987년 6.29민주화선언 • 1988년 서울올림픽 개최	• 산업구조 고도화기(제7차 경제개발계획기) • 각종 제도 도입기: 금리자유화, 자본자유화, 금융실명제, 부동산실명거래제도 등 • 개방화/디지털화/글로벌화 본격기	• 디지털경제화시대 • 저성장/고비용/저효율시대 돌입 • 세계금융위기사태 • 2010년 G20정상회의 개최, 2012년 한국 20-50클럽 가입

		• 1995년 블루라운드 출범, 1996년 OECD 가입, 1997년 외환위기	• 지식창조화사회(창조경제시대)
취업환경	• 공채문화 출현기 • 대학졸업정원제 실시 • 1984년 LG 인턴사원제 도입 • 대규모, 정기공채시대	• 1994년 상시채용시대 개막 • 1995년 삼성 열린채용 선언 • 직업시장/ 직업문화 대변혁시대	• 1999년 대기업 신채용기법 출현(소수, 수시채용시대 개막) • 비정규직 대량양산시대 • 고령화/고학력화/고임금화/고실업시대 • 직업전문화/직업다양화시대 • 글로벌 금융위기로 경기침체, 노동환경 경직화로 대졸 취업난 심화 • 2016년 근로자정년 60세 의무화

패널 C. 외환위기 전후의 공채형태변화

기존채용기법(1980년~외환위기 이전)	신채용기법(1999년 3월~2013년)
• 대규모, 정기공채 • 범인형 · 보통형 인재선발 • 그물형 채용방식	• 소수, 수시 채용 • 특이형 · 특출형 인재선발 • 낚시형 선별채용방식

출처: 패널 B 및 C는 류동희 · 이종구 · 김홍유(2012, 40-41); 이종구 · 김준석 · 김호원(2007, 788-789); 이종구 · 천만봉(2013, 58-59) 등의 표를 참조해 저자가 재구성

대기업들의 공채환경은 1980년대를 기점으로 채용시스템적인 입장에서 판이한 차이점을 갖고 있다. 1970년대 기업들의 채용관행이 제도와 법규, 행동양식 측면에서 정형적인 틀이 없는 비체계적인 모습을 지녔다면 1980년대부터는 채용제도, 필기시험, 면접전형, 인재상 등에서 일정한 절차와 제도, 법규, 행동양식 등을 갖춘 공채문화의 모습들을 본격적으로 출현시키고 있다. 이는 대규모, 정기공채를 하는 대기업들이 보다 체계적인 채용시스템을 도입하는 과정에서 자연발생적으로 생성된 것이라고 볼 수 있다. 1980년대 집단면접은 대규모, 정기공채를 위한 가장 이상적인 면접형태이다. 다수 면접관

이 다수 지원자를 동시에 평가하기 위한 최적의 면접유형이 집단면접이기 때문이다. 다대다면접의 경우 시간단축이 가장 큰 장점이며 특이한 인재보다는 기업의 양적 성장에 기여할 보통형/화합형 인재를 쉽게 선발할 수 있는 특성을 갖고 있다. 따라서 기업들은 짧은 시간에 상호 간 단순비교가 가능한 다대다면접의 전형적인 형태인 집단면접을 보편화시켰다.

1990년대 면접 또한 산업환경과 기업환경에 깊이 연계되어 전개되고 있다. 특히 1990년대는 국내 기업사회가 아날로그체제를 종식하고 디지털체제로 접어든 가운데 개방화·글로벌화가 본격적으로 진행된 시대였다. 따라서 채용시스템 또한 집단면접으로는 우수인재채용이 어려운 만큼 보다 정교하게 지원자를 평가할 수 있는 집단토론면접과 개별면접을 도입하게 된다. 집단토론면접은 전문지식, 발표력, 표현력, 리더십 등 지원자의 종합평가가 가능하다는 점에서 우수인재채용에 적합한 형태라고 볼 수 있다. 특히 개별면접은 일대일면접인 만큼 지원자의 기업관·가치관·사회관까지 검증할 수 있는 장점이 있다. 1990년대 집단토론면접과 개별면접이 가능했던 것은 1994년 상시채용제 도입과 1995년 열린채용 등으로 변화되었기 때문이다.

1990년대 말은 한국의 대기업들이 양적 성장을 지양하고 질적 성장으로 돌아선 시기였다. 이러한 구조적 변혁을 가능하게 만든 직접적인 원인은 IMF사태라고 볼 수 있다. 특히 채용시장에서는 IMF사태를 기점으로 신채용기법이 태동하면서 대규모, 정기공채가 소수, 수시채용으로 완전히 전환되었다. 외환위기 이후 2000년대 면접형태는 프레젠테이션면접(presentation interview: 이하 PT면접)과 임원면접이 중심이 되고 있다. PT면접의 특징은 지원직무에 대한 개인역량과 문제해결능력을 구조화된 질문형태로 다각적으로 평가할 수 있다는 점이다. 2013년 7월 현재, 국내 대기업들의 70%가 PT면접을 도입하고 있다. 한편 최근 그 비중이 더욱 높아지고 있는 임원면접은 지원자의 인성과 기업충성도, 윤리의식, 기업인재상과의 부합도 등을 집중평가한다는 점에서 인성을 중요시하는 최근 우리 기업사회의 공통된 트렌드를 읽을 수 있는 대목이다. 전술한 시대별 면접유형의 특징은 [표 4-3]에 정리되어 있다.

표 4-3 시대별 면접유형의 출현형태와 특징(1980~2013년)

시대	유형	구분	내용
1980년대	집단면접 개념		• 1980년대 보편적인 대기업 면접형태로 대규모, 정기공채 시 보통형 인재선발에 적합한 면접형태(특이형 인재선발에는 부적격한 형태) • 다수의 면접관이 다수의 입사지원자를 동시다발로 평가하기 위한 면접 • 응시자가 앉은 순서대로 질의응답 진행, 면접시간 단축할 수 있는 장점
1980년대	특징		• 지원자 간 응답내용 상호 비교 및 개별 관찰할 수 있는 장점 • 정해진 시간 내 다수 응시자 평가, 심층적 질의응답이 어렵다는 단점
1990년대	집단면접		〈1990년대 집단면접의 새로운 양상〉 • 수동면접 지양하고 능동면접 유도하는 다양한 질문으로 집단면접 양태변화, 창조력, 창의력, 전문지식 평가 쪽으로 선회 • 범인형 인재에 초점을 맞춘 질문보다 창의성, 끼, 패기의 검증에 주력하는 질문 • 인성, 진취성, 도전, 전공지식, 상식, 등을 총체적으로 평가가능한 질의응답
1990년대	집단토론	개념	• 특정한 주제를 두고 응시자 간 토론을 진행하는 면접 • 면접관은 사회자를 지정한 후 토론에 관여하지 않고 평가만 하는 면접. 지원자 간 비교가 가능하며 토론을 하는 가운데 응시자에 대한 종합평가가 이루어짐
1990년대	집단토론	특징	지원자 발언내용 통해 전문지식, 발표력, 표현력, 대인관계, 협동성, 리더십, 적극성, 진실성, 사고력, 추진력 등을 평가
1990년대	개별면접	개념	• 지원자와 면접관 1:1면접 혹은 지원자 한 명에 면접관 3~4명 형태, 1:1면접은 시간이 많이 들고 객관성이 결여되어 후자가 일반화됨 • 응시자의 지원서류(지원서, 자기소개서)를 중심으로 질의응답 • 일상적 내용부터 기업관, 가치관, 사회관 등 다양한 영역까지 소화
1990년대	개별면접	특징	응시자에 대한 종합적이고도 입체적인 관찰로 심층 검증이 가능하나 면접시간이 길고 지나친 긴장감을 줄 수 있다는 단점
2000년대	집단토론		〈2000년대 집단토론면접의 새로운 양상〉 단순한 토론 화법보다는 조직 내 혹은 비즈니스상황에서 적용될 커뮤니케이션 스킬, 설득력, 협상력, 리더십 등에 대한 개인역량을 종합적으로 평가, 특히 팀워크, 대인관계, 협동성 등에 무게비중을 두면서 최근에는 지원업종, 지원직무, 매너, 경청태도까지 체크

	PT면접	개념	• 전문성이 있는 주제를 주고 응시자가 전공, 지원사에 대한 업종 및 직종지식, 시사이슈, 상식, 경험 등을 총체적으로 투입하여 자신의 역량을 종합적으로 보여주는 시청각개념이 투입된 새로운 면접방식 • 개인당 5~10분 안에 구두발표 혹은 화이트보드 혹은 빔프로젝트 등을 사용하여 실시(기업별 발표형태 다양) • 중점 평가영역은 발표자의 문제해결능력, 전문성, 창의성, 기본실무능력, 논리성 등을 관찰하는 데 역점을 두고 있음 ※삼성 PT면접 1995년 7월 도입, 2010년 이후 대기업들의 면접전형에 일반화됨
		특징	• 최근 지원자의 개인역량을 총체적으로 파악하고 평가하는 데 투입되는 면접유형으로 대기업의 70%가 PT면접을 도입 • 문제해결능력을 논리적인 사고(서론/본론/결론)를 통해 효과적인 의사표현력(의사전달능력)으로 적절히 브리핑하는 것이 관건 • 최근 PT 이후 면접관의 추가질문이 이어지는 만큼 전문지식과 지원사 기업분석 및 시사이슈에 대한 준비가 필수
	임원면접	개념	• 지원사의 임원진이 실시하는 최종면접으로 인성분야의 질문이 다수를 형성(인성, 지원사, 지원서, 시사, 회사충성도, 기업인재상, 가족 등에 대한 질문) • 응시자의 지원서와 자기소개서가 제공되며 지원서류 중심으로 질문이 이루어짐 • 최종 합격자 선택 시 매우 중요한 면접인 만큼 결정적 실수를 하지 않는 것이 중요
		특징	• 최근 인성파악 외에도 전문지식 및 시사상식 질문이 추가되는 경우가 상당수 • 인성에 큰 결점이 없을 경우 실무면접 성적으로 합격당락을 결정하는 분위기

출처: 리크루트(1997), 14-16; 전남대학교(1999), 94-101; 남지현(2009), 50-51; 안동대학교(2010), 21-22; 계명대학교(2010), 6-10; 서울과학기술대학교(2013), 44-46 등을 참조해 저자가 재구성

Ⅲ 시대별 면접전형의 변천과정과 특징분석

1. 1980년대 면접전형의 전개과정과 특징분석

1980년대는 면접패턴이 정형화되고 체계화된 시대로 접어든 전환기적 시점이었다. 기존시대의 면접유형이 형태적으로 구조화되어 있지 않은 유동적인 측면이 많았다면 1980년대의 면접형태는 적어도 절차적인 측면에서만큼은 예측이 가능한 구조화된 패턴의 모양새를 갖추기 시작했다. 하지만 1980년대의 면접내용 또한 비구조화면접이 일반적인 형태였던 만큼 평가요소와 면접질문, 면접절차, 면접스킬 등 내용과 구성도 측면에서는 이전시대에 비해 진화되긴 했어도 전체적으로 보았을 때는 여전히 완성도가 매우 낮은 이전의 상태를 크게 벗어나지 못하는 측면이 지속되었다고 볼 수 있다.

1980년대 비구조화면접의 평가요소를 보면 채용직무와는 무관한 일반적인 항목들로 면접내용이 구성되어 있다. 즉 일반적 태도, 동기, 상식, 개인적 선호 특성 등과 같은 질문은 직무와는 연관성이 없는 비구조화면접의 특징을 담고 있는 내용이라고 볼 수 있다. 이러한 비구조화된 평가요소는 지원자들에 대한 일관성 있는 평가를 어렵게 만들며 주관적 판단으로 종합적 판단을 내리는 오류를 범하게 만든다. 면접질문도 전형적인 비구조화면접의 특징을 띠고 있다. 면접관별로 주관적인 생각을 가지고 직무와 무관한 상이한 질문을 하기 때문에 질문이 객관성을 갖지 못한 만큼 공정한 상대평가와는 거리를 두고 있다. 따라서 질의응답에 대한 우열을 정확히 평가할 수 없다는 원천적인 단점을 안고 있는 것이다. 면접절차도 문제가 많다. 1980년대 대기업들의 일반적인 면접형태인 집단면접방식에 있어 지원자 4~8명을 15~30분 사이에서 면접을 실시하는 만큼 실제적인 인재평가가 어렵다고 볼 수 있다. 특히 면접관에 대한 면접교육이 면접 전에 이루어지는 면접진행방식에 대한 설명 정도에 그친다는 것이 비구조화면접의 가장 큰 문제점이자 특징이라고 할 수 있다(김진성, 2012, 59-60).

1980년대를 기점으로 면접전형이 전환기적 상황을 맞게 된 배경에는 공채문화의 출현이 직접적인 원인을 제공했다. 공채문화의 출현은 한국 공채사에 많은 의미를 담고 있다. 이는 채용과 관련된 모든 관행과 제도와 시스템이 계획적으로 실시되고 구체화되어 나타났다는 점이다. 1980년대 이전 시대의 비정형적이고 비제도적인 모습들이 문화적인 속성을 갖춘 채 일정한 공채의 틀을 형성한 것이다. 1980년 이후 공채문화는 기업사회의 발전과 더불어 더욱 진화하는 모습을 보여주고 있다.

1980년대는 한국사회가 선진국형 공업화를 지향하는 제5, 6차 경제사회발전기에 해당되는 시기였다. 대기업의 규모와 형태가 급속히 양적 성장을 실현하여 개발도상국의 입지에서 선진국 진입을 위한 발판을 구축하는 시대였다. 고학력 취업시장에도 획기적인 변화가 있었다. 1981년의 대학졸업정원제 실시는 입학정원 증가와 더불어 대졸 구직자의 양적 팽창을 초래하여 대기업들이 새로운 공채시스템을 도입하는 계기로 작용했다. 이른바 '대규모, 정기공채'라는 정형적이고도 체계적인 채용형태가 출현하여 대졸 구직자들을 처음으로 선발하는 원년을 기록했다. 대규모, 정기공채란 '대기업들이 그룹차원에서 대규모 신규인력을 상하반기에 정기적으로 채용하는 시스템'을 일컫는 말이다. 이러한 공채방법은 1997년 IMF사태 이전까지 국내 기업사회의 보편적인 채용시스템으로 오랫동안 자리를 잡게 된다. 따라서 1980년대의 면접패턴은 대규모, 정기공채의 메커니즘이 만들어낸 속성과 특징을 고스란히 담고 있다.

1980년대 대기업의 면접패턴은 집단면접이 큰 흐름을 형성하고 있다. 대기업, 정기공채를 소화해내기 위해서는 단시간에 동시다발로 진행이 가능한 집단면접이 불가피했던 것이다. 삼성 · 현대 · SK · LG 등이 집단면접을 실시했다. 집단면접은 개인의 특성보다는 보통형 인재선발에 방향을 맞춘 면접이다. 따라서 면접항목과 면접내용, 체크포인트 등도 범인형 인재여부에 초점

표 4-4 1980년대 대기업의 면접전형과 형태별 특징분석

<table>
<tr><th>구분</th><th>면접전형 및 형태별 내용</th><th colspan="2">면접구성요소 특징분석</th></tr>
<tr><td rowspan="2">삼성</td><td>1차 집단면접-2차 집단면접</td><td rowspan="2">면접 항목</td><td rowspan="2">• 이념/목표
• 전문지식
• 조직적응력
• 표현력
• 기본자질
• 가정환경</td></tr>
<tr><td>• 1차 계열사 사장 6명 참석
– 기본인품, 전공지식평가
• 2차 임원진 4~5명 참석, 1조 7~8명 실시
– 창의력 및 성실성평가(30분 정도 소요)</td></tr>
<tr><td rowspan="2">현대</td><td>집단면접</td><td rowspan="2">면접 내용</td><td rowspan="2">• 인생관/가치관/생활신조
• 전공 및 교양지식
• 성격 및 성실성, 적극성, 협조성
• 지원자 응답 표현력 및 의미전달력
• 육체적(인상, 외모, 건강)·정신적(인품, 도덕관) 상태</td></tr>
<tr><td>• 집단면접 실시: 1조 7~8명 실시
– 성장과정, 용모, 태도, 창의력평가
– 현대그룹정신 적합성평가, 외국어능력도 체크, 면접자세 집중평가</td></tr>
<tr><td rowspan="2">LG</td><td>집단면접(계열사별 실시)</td><td rowspan="4">체크 포인트</td><td rowspan="4">• 인생관/가치관/생활신조 유무
• 전공 및 교양지식 정도
• 성격 및 대인관계 원활성 정도
• 건강 및 용모단정 정도(건강, 용모, 복장, 태도 등)
• 가족관계 원만성, 화목성 정도
• 개인 전문지식, 직무역량보다는 인성과 성격중심으로 평가</td></tr>
<tr><td>• 집단면접 실시: 1조 4명
– 면접관: 임원진 및 사장단 3~4명 참석
– 적극성, 진취성, 발전성, 책임감, 화합 등 평가, 간단한 영어테스트 병행</td></tr>
<tr><td rowspan="2">SK</td><td>1차 계열사 임원면접-
2차 경영기획실 임원면접</td></tr>
<tr><td>• 1차 계열사 임원진 4~5명 참석
– 기본자질 테스트
• 2차 그룹 임원진 4~5명 참석
– 표현력, 적극성, 장래포부 집중평가
• 적성/인성검사 실시</td></tr>
<tr><td>면접 환경</td><td colspan="3">• 6.29민주화선언 이후 노사분규사태로 대기업 채용 시 보통형 인재, 화합형 인재 선호
• 88서울올림픽과 유통시장개방화 추진 등에 편승, 일부 대기업 면접전형에 영어테스트 병행</td></tr>
</table>

출처: 월간 리크루트(1990년 5월호), 72-73을 참조해 저자가 재구성

을 두고 있다. 이러한 1980년대의 비구조화면접은 경제사회발전기의 산업상을 적절히 반영하고 있다고 볼 수 있다. 기업차원이든 국가차원이든 외형성장에 주력했던 시대였던 만큼 면접전형은 조직사회에 책임감을 가지고 적극적으로 기여할 수 있는 화합형 · 협동형 인재선발에 중점을 두었다. 특히 1980년대 취업환경과 노동환경의 전환기적 분수령으로 작용했던 6.29민주화선언은 대기업, 정기공채상의 면접초점을 노무형 인재상으로 집중시켰다고 볼 수 있다. 이렇듯 1980년대의 보통형 인재상과 비구조화면접의 특징은 상호 간에 깊은 관계를 형성하고 있다([표 4-4] 참조).

2. 1990년대 면접전형의 전개과정과 특징분석

제7차 경제사회발전기에 해당하는 1990년대는 정부가 개방화 · 정보화 · 국제화를 통해 선진국 진입에 초점을 맞춘 시대였다. 아날로그시대에서 디지털사회로 진입한 1990년대 산업환경은 반도체, 정보통신, 전자, 조선, 철강, 자동차 등이 한국경제를 주도하는 중심산업으로 급부상했다. 1980년대 '3저 호황'으로 1990년대 초반까지 비교적 순항하던 한국경제는 1990년대 중반으로 접어들면서 경제민주화의 역풍과 ILO 가입(1991년), 블루라운드 출범(1995년), 급속한 금융시장개방 등으로 산업경쟁력을 상실하며 1997년 12월 IMF사태라는 초유의 국가외환위기체제를 맞이하게 된다.

1990년대에 도입된 각종 신제도와 국제환경변화로 인해 기업들은 전문가형 인재확보를 필요로 했다. 대량채용시대, 보통형 인재선발을 위해 사용하던 집단면접형태로는 시대에 적합한 전문가형 인재를 확보할 수 없기 때문에 기업들은 집단토론과 개별면접을 새로이 도입하기 시작했다. 또한 기존에 사용하던 집단면접도 새로운 양상으로 대폭 수정했다. 1980년대의 집단면접이 수동형태로 진행되었던 것에 반해 1990년대 집단면접은 다양한 질문을 통해 능동면접을 유도하는 방향으로 전환한 것이다.

표 4-5 1990년대 대기업의 면접전형과 형태별 특징분석

<table>
<tr><th>구분</th><th>면접전형 및 형태별 내용</th><th colspan="2">면접유형별 특징분석</th></tr>
<tr><td>삼성</td><td>집단토론면접-PT면접-임원면접
• 1994년 집단토론면접 도입(임원 및 부장급)
- 발표력, 창의력, 협조성: 6인 1조 30분
• 1995년 PT면접 도입(과부장급 4명 면접)
- 전문성, 창의성, 활용성: 3인 1조 30분
• 임원면접(6명): 기본인품 3인 1조 15분</td><td>집단 토론</td><td>• 지원자 6인 1조 30분 집단토론
• 발표력, 창의력, 협조성 테스트
• 임원 및 부장급 면접관 참여
• 개별면접의 단점보완, 단시간 내 지원자의 다양한 분야, 효율적 파악
• 임원진 집단토론 경청, 지원자 발표력, 지식, 제스처, 태도 평가</td></tr>
<tr><td>현대</td><td>1차 실무진면접-2차 임원진면접
• 1차: 기본소양평가(한자 및 기본소양)
- 실무진에 의한 무자료면접(blind interview)
- 실무와 차장급 15~20분간 대화식 면접
• 2차: 지원서 및 1차 면접 토대로 지원자 능력과 인성평가: 적극성, 창의성, 기본소양, 태도 중점평가</td><td>PT 면접 출현</td><td>• 문제해결능력, 전문성, 창의성, 활용성 등을 집중적으로 평가
• 3인 1조 30분(개인당 10분 발표)
• 면접위원은 과·부장급 실무진
• 직군별 전문성 있는 주제에 지원자 의견을 개진(응시자의 지식, 경험, 열정, 포부 등을 제시할 수 있는 기회를 제도화시킴)
※ PT면접 1995년 7월, 삼성그룹이 도입</td></tr>
<tr><td>LG</td><td>집단면접
• 계열사별 면접: 도전의식, 창의력, 적극성, 상황판단력, 조직적응력 등 평가
- 8인1조 면접방식, 특히 도전의식, 논리력, 조직적응력, 상황대처력 중점평가</td><td rowspan="2">임원 면접</td><td rowspan="2">• 기본인품을 중점적으로 평가
• 지원자 3~4명 1조 10분 내외 평가
• 임원진 3~6명 정도 면접관 구성
• 구조화면접 아닌 비구조화 전통면접에 가까움(삼성은 반구조화 면접)
• 개인품성, 적극성, 대인관계, 열정 등 평가(삼성은 점수 없이 합격/불합격 판정)
※ 삼성 이외 대기업들의 경우 비구조화면접(평가 후 점수화함)의 형태를 띠는 경향이 많았음</td></tr>
<tr><td>SK</td><td>1차 실무진면접-2차 임원진면접
• 1차 부장급면접: 지원자 3~4명, 5~10분
• 2차 임원급면접: 지원자 3~5명, 5~10분
- 무난하고 깔끔한 비즈니스 스타일 선호, 진취성, 패기, 사교자세, 건강 등 평가, 이외 전공관련 지식 및 시사상식 등도 평가</td></tr>
<tr><td>면접 환경</td><td colspan="3">• 금융시장 및 자본시장 본격적 개방으로 외국어 회화능력 면접과정에 도입하는 대기업 증가
• 집단토론면접, PT면접 도입으로 면접방식 다양화 및 다단계화지향 추세 뚜렷</td></tr>
</table>

출처: 서춘현(1995), 32-33; 월간 리크루트(1994년 12월호), 84-85 등을 참조해 저자가 재구성

삼성이 도입한 집단토론면접은 1, 2단계로 진행되었다. 1단계 면접은 임원급 면접관 6명이 참여하여 지원자의 기본인품을 평가하고 2단계 면접은 임원과 부장급이 함께 배석하여 발표력과 창의력, 논리력 검증에 주력했다. 삼성의 집단토론은 이후 20년 동안 삼성면접을 주도해오다가 2013년 올해 상반기 공채 때 폐지되었다.

현대는 1차 실무진면접과 2차 임원진면접순으로 진행되었다. 특이한 것은 1차 면접전형 때 무자료면접(blind interview)을 실시하여 지원자에 대한 편견을 없앴다는 점에서 응시자들로부터 호평을 받았다. 2차 면접은 지원서 및 1차 면접을 토대로 진행되며 지원자의 능력과 더불어 인성평가에 주력하는 방식이다. 적극성과 창의성, 기본소양, 태도 등 현대그룹의 인재상 부합도 정도에 큰 무게비중을 두고 있다.

LG는 집단면접형태이며 계열사별로 진행했다. 면접구성은 8인 1조이고 체크항목은 도전의식과 논리력, 상황판단력, 조직적응력 등을 집중평가했다.

SK의 경우는 1차 실무진면접과 2차 임원진면접으로 구성되었다. 1차의 경우 부장급 면접관이 참여하며 지원자 3~4명을 대상으로 10분 이내에서 평가가 이루어졌다. 2차는 임원진이 배석하며 지원자 3~5명을 10분 이내로 진행하는 형태였다.

1990년대 면접전형에서 주목할 점은 집단토론이 중심이었지만 삼성과 같이 PT면접을 도입한 기업도 있었다는 점이다. PT면접의 경우 지원자의 문제해결능력을 집중평가한다는 차원에서 2000년대 대기업 공채에서 일반화된 면접형태이다. 또한 임원면접의 경우 주요 대기업을 대상으로 도입되기는 했지만 이것보다는 개별면접이 일반화되었다. 1980년대 이후 공채시장에서 임원면접이 보편화된 시기는 2000년대라고 볼 수 있다.

3. 2000년대 면접전형의 전개과정과 특징분석

1990년대 말 취업환경은 IMF사태로 인해 엄청난 변화를 겪었다. 1980년대 채용시스템의 특징이 '보통형 인재'를 대규모로 선발하기 위해 정기적으로 '그물형 채용방식'을 사용했다면 IMF사태 이후는 '특이형 인재'만 '낚시형 채용방식'으로 소수, 수시채용하는 정반대의 채용시스템이 전개되었다. 1980년대부터 1997년까지 지속되어온 양적 채용형태를 질적 채용형태로 전환시킨 외환위기는 채용시스템과 채용규모, 면접유형까지 변화시키는 한국 공채사에 전환점을 긋는 큰 사건으로 기록되고 있다.

한편 2000년대에 들어서 한국사회는 디지털경제화가 급속히 전개되고 있다. 사회경제적 입지에서 선진국 반열에 올랐으며 산업구조 또한 지식기반업종이 국가경제를 주도하고 있다. 하지만 노동환경 측면에서는 여전히 고학력 취업난이 심화되는 가운데 고령화·고학력화·고실업 문제로 채용시장이 침체되어가는 선진국형 고용불안정상황이 이어지고 있다.

2000년대 대기업들은 1990년대에 비해 한층 진화된 신채용기법으로 우수인재유치에 전력을 쏟고 있다. 채용규모는 적고 공급과잉은 불가피한 상태에서 대기업들이 자사 사업특성에 적합한 핵심인재를 확보하기 위해 다양한 면접기법을 선보이고 있다. 2000년대 면접의 핵심트렌드는 면접의 구성요소들이 체계적으로 준비되어 있는 구조화된 역량면접이 보편화되고 있다. 구조화면접의 특징은 개인의 역량을 다양한 시각에서 준비된 자료를 토대로 질의응답한다는 측면에서 비구조화된 전통면접과는 많은 차이를 보이고 있다. 평가요소, 질문, 절차, 스킬 등 모든 면접구성요소들이 주관적 질문을 배제시킨 채 사전에 구성된 내용과 형식에 따라 일관성 있게 장시간에 걸쳐 심층적으로 개인역량을 평가하고 있다. 특히 기업면접에 참여하는 면접관들이 사전 교육훈련을 통해 면집평가위원으로서 인증자격을 갖출 만금 우수인재어부에 대한 변별력 정도를 높여주고 있다. 최근 구조화 역량면접은 관찰가능한 개인의 행동특성평가에 주력하고 있다. 따라서 특정한 목표상황에서 높은 성과를 가능하게 만드는 개인의 내적 특성분석에 초점을 맞추고 있다. 이는 곧, 업무성공에 필요한 기술, 지식, 능력과 직결되는 연계성을 지니고 있기 때문이다.

2,000년대 대기업들이 보편적으로 사용하는 면접유형은 PT면접이다. 채용직무에 맞는 전문성이 있는 주제를 준 다음 지원자가 전공과 직종지식, 지원사 업종, 시사이슈, 상식, 개인 경험 등을 총체적으로 투입, 자신의 역량을 종합적으로 보여주어야 하는 면접방식이다. 지원자를 위해 화이트보드(white board)와 빔프로젝터(beam projector)가 동원되며 급조된 답변이 아닌 전문지식이 반영된 대답을 얻기 위해 사전 준비시간도 충분히 제공해주고 있다.

중점평가영역은 발표자의 문제해결능력과 전문성, 창의성, 기본실무능력, 논리성 등을 관찰하는 데 역점을 두고 있으며 평가방식은 모두 구조화된 항목으로 나열되어 있다. 현재 PT면접은 국내 대기업의 70%가 적용시킬 만큼 일반화된 면접형태이며 향후에도 도입 기업이 더욱 늘어날 전망이다. 최근 대기업들의 PT면접은 평가세부내용이 명확히 정의(define)되어 있다는 점이며 현장업무 및 최근 시장이슈를 반영하는 지식을 집중적으로 체크하는 추세이다.

발표시간은 보통 10분 이내이며 발표 후에도 면접관들이 PT한 내용은 물론 개인질문까지 추가하는 기업이 증가하고 있다. 집단토론도 1990년대에 비해 진일보된 형태이다. 단순한 토론화법보다는 비즈니스상황에서 적용시킬 커뮤니케이션 스킬, 설득력, 협상력 등 개인역량을 종합적으로 평가하는 방향으로 커다란 변화를 주었다. 임원면접도 보편화된 모습이다. 1990년대 인성 위주로 전개되던 방식에서 벗어나 전문지식까지 체크하는 실무면접과 유사한 질문항목들이 추가되고 있다. 평가방식 또한 합격 혹은 불합격 판단만 내리는 기업이 늘고 있어 실무면접에서 높은 점수를 받아도 임원면접에서 부정적인 평가를 받으면 불합격 처리되는 사람중심의 평가방식을 추구하고 있다.

2000년대 주요 기업의 면접전형패턴과 구성요소별 특징을 분석하면 [표 4-6]과 같다.

| 표 4-6 | 2000년대 대기업의 면접전형과 형태별 특징분석(2013년 5월 기준)

구분	면접전형 및 형태별 내용	면접유형별 특징분석	
삼성	PT면접/임원면접(인성면접) ※ 집단토론면접(2013년 3월 상반기 공채부터 폐지)	PT면접 신경향	〈PT면접의 구성내용〉 • 직무능력(전문지식)/전공지식 의사소통(논리력/설득력)/목표의식, 직무동기, 목표의식평가 • 출제위원에 의한 구조화면접, PT 10분 내, 평가세부내용이 정의되어 있음 • 업종관련 시사이슈(현장업무 및 최근 시장이슈 반영한 지식) ※ 2013년 현재, 대기업 70% PT 면접 도입
	• 개인인성 및 개인역량에 대한 심층 검증 - 인성면접은 개별면접형태로 임원으로 구성된 면접관 4명이 15분간 진행함. 자기소개 1분 정도, 개인이력과 자기소개서 중심으로 질의응답 - PT면접은 개인별로 진행함. PT 준비시간 20분, 발표시간은 5분(발표 후 질문도 있음)		
현대	실무진면접/임원면접/영어 Speaking Test	지원자 역량평가	〈구조화 역량면접의 개요〉[8] • 관찰가능한 개인의 행동특성 • 특정한 목표상황에서 높은 성과를 가능하게 하는 개인의 내적 특성 • 업무성공에 필요한 기술, 지식, 능력 • 실무면접 시 정량적으로 평가 • 최근 대기업들의 역량면접은 구조화된 직무중심의 질문이 주류
	• 임원면접: 임원 4명, 지원자 6명 - 면접 직전 5분 준비시간 부여, 1분 PT 이후 자기소개서 중심으로 세밀하게 질문 • 실무진면접: 면접관 5명, 지원자 6명(자기소개 등 자기소개서 중심 세밀하게 질문) • 영어면접: 면접관 2명(원어민-한국인 각 1명), 지원자 1명: 10분 정도 질문, 자기소개와 함께 다양한 질문		

8) 최근 한국의 대기업들은 조직이 필요로 하는 역량을 갖춘 '최적 인재(right people)'를 선발하기 위하여 구조화된 역량면접을 도입하고 있다. 역량면접은 사전에 구성된 평가기준에 의해 면접관의 주관적 평가가 아닌 객관적·정량적 평가지표에 의해 진행되며 평가요소별 평가세부내용이 정의되어 있다는 점에서 비구조화된 전통면접과는 큰 차

<table>
<tr><td rowspan="2">LG</td><td>직무PT면접/전공평가/언어능력(영어)평가/그룹토의/임원면접</td><td rowspan="4">임원면접 질의분야 및 신경향</td><td rowspan="4">〈임원면접 질의분야〉
• 용모 및 태도
• 가정환경 및 성장배경
• 학교생활 및 단체활동
• 성격/기본자질/시사이슈
• 지원동기 및 자기개발

〈임원면접 신경향〉
• 면접당락에 결정적 영향을 미치는 최종 면접절차, 최근 중요성 증가 추세
• 임원진으로 구성, 최근 그룹사 구조화된 평가도구로 면접 실시
• 인격, 도덕관, 가치관, 기업관, 조직관, 직업관, 비즈니스정신 평가
• 지원서내용 외 전공/지식/시사이슈 등 질문범위 점차 광범위해짐</td></tr>
<tr><td>• 직무PT: 지원직무에 대한 전문주제 부여
• 전공평가: 전공관련 직무에 대한 심층평가
• 영어평가: 업무수행에 필요한 영어구사력 평가
• 그룹토의: 직무 또는 회사관련 주제부여, 논리력 및 의사소통능력 평가
• 임원면접: 기본인성 및 태도 통해 LG 적합인재평가</td></tr>
<tr><td rowspan="2">SK</td><td>PT면접/집단토론면접/심층면접/인성면접</td></tr>
<tr><td>• 1일차 합숙면접 5인 과제, 10인 과제, 1인 과제 주어짐. 또한 New Biz Idea(지원사 사업관련 신사업 혹은 신상품) 작성, 양자 토론, 발표
• 2일차 합숙: New Biz Idea 바탕, 광고, 브로슈어, 홈페이지 작성
• 2일차 실무진면접: 지원자에 대한 총체적인 역량면접 50분/영어면접(10여 분간 외국인 면접진행, 계열사별 생략기업도 있음)/인성면접</td></tr>
<tr><td>면접 환경</td><td colspan="3">• 대기업 직무 위주의 역량구조화면접 보편화, PT면접 일반화 및 비중 증가
• 비즈니스 스킬, 글로벌 마인드, 직무능력 등 중점평가, 인성면접(임원면접) 강화 추세</td></tr>
</table>

출처: 삼성의 경우 삼성전자 보도자료(2002년 3월 18일)를 참고했고 나머지는 저자가 재구성

이가 있다(김진성, 2012, 58-59).

Ⅳ 시대별 면접전형의 특성 비교분석

1980년대 출현한 공채문화는 이제 한국사회에서 가장 주목받는 문화영역의 한 분야이자, 대학가가 집중하는 취업학습의 한 축으로 자리매김을 한 지 오래되었다. 공채문화의 출현한 더불어 진화해온 면접형태는 지난 30여 년 동안 산업구조와 경제환경 그리고 취업상황 등과 연계되어 시대별로 변천과정을 달리해오고 있다.

먼저 면접유형의 패턴은 1980년대는 집단면접, 1990년대는 집단토론면접, 2000년대는 PT면접형태 순서로 전개되어왔다. 시대별 평가위원들의 직급에도 큰 변화가 있었다. 1980년대 집단면접의 평가위원은 사장단과 임원진이 주축이었고 1990년대 집단토론면접은 부장을 포함한 임원 등 중역들이 중심을 이루었다. 2000년대 대기업사회에 일반화된 PT면접의 경우는 임원진을 제외한 채 직급에 제한을 두지 않은 실무자들로 구성된 특징을 지니고 있다.

1980년대의 집단면접은 다대다 면접형태로 진행되었다. 따라서 다수의 지원자와 다수의 면접관이 배석하는 만큼 면접시간이 짧고 질의응답이 단순할 수밖에 없는 비구조화 전통면접의 표본이었다. 집단면접은 태생학적으로 보았을 때 대규모, 정기공채와 맞물려 출현했으며 대량선발에 가장 적합한 면접형태라고 볼 수 있다. 특히 1980년대는 대기업들의 양적 성장에 부응하여 양적 채용이 일어난 시대이며 이 과정에서 기업에 화합하는 노무형 인재들을 대규모 선발하는 과정에서 면접 소요시간과 진행방식이 간단한 집단면접을 태동시킨 것이다. 따라서 질문도 심층적이기보다는 인성, 윤리, 자질평가에 주력했으며 그야말로 특이한 인재보다는 기업성장에 묵묵히 참여하는 보통형 인재를 선호하는 시대였다.

1980년대 삼성 · 현대 · LG 등은 집단면접방식을 실시했으며 SK의 경우는 임원면접을 실시했다. 주요 그룹 상당수가 임원진이 면접을 주도하는 분위기였던 만큼 실무진이 지원자들을 평가할 기회는 거의 주어지지 않았다. 평가

분야는 지원자들의 기본자질과 인품, 자사 인재상과의 부합도 등을 체크하는 분위기였으며 면접시간이 짧고 다대다면접인 만큼 심층질의가 사실상 어려운 면접형태였다.

1990년대 면접트렌드는 집단토론면접이 지배적이었다. 1980년대 면접형태가 대부분 비구조화면접인 데 반해 1990년대 면접방식은 반구조화면접의 성격을 띠는 이른바 구조화면접의 초기단계였다고 볼 수 있다. 집단토론면접은 집단면접에서 토론부분이 추가된 만큼 집단면접의 단점 보완이 가능할 뿐만 아니라 지원자들의 문제해결능력과 전문지식까지도 어느 정도 평가할 수 있는 특이형 인재선발에 근접된 면접형태였다.

1980년대 면접형태가 인재의 양적 채용에 주력한 평가였다면 1990년대 면접방식은 인재의 질적 평가로 전환한 시대였다. 대기업들이 소수, 수시채용 방식으로 채용규모를 급감시키기 시작하였으며, 1980년대의 노무형 인재 대신 시대 상황에 적합한 전문가형 인재선발로 방향전환이 점차로 이루어지는 시대였다. 주요 대기업들의 면접형태를 보면 반구조화된 실무면접을 쉽게 찾아볼 수 있다. 삼성의 PT면접, 현대의 블라인드면접, SK의 실무자면접 등이 이에 해당된다. 1980년대 면접과 대비되는 것은 주요 기업들의 집단토론면접 및 삼성의 PT면접 등을 진행하는 과정에서 실무자들이 평가위원으로 어느 정도 참여했다는 점이다. 인재평가에 대한 초점도 1980년대보다 진일보한 모습이다. 책임, 화합, 성실이라는 용어보다는 창의력, 상황판단력, 전문성 등에 무게를 싣고 있다. 특히 주요 기업 면접에서 주목되는 점은 삼성의 외부면접관 참여가 눈에 띄었으며 현대는 편견차단 측면에서 국내 최초로 블라인드인터뷰를 도입했다는 사실이다.

2000년대는 지식경영시대에 맞게 전문지식평가와 직무역량평가에 역점을 두고 있다. 면접형태도 1990년대와는 달리 완전한 구조화면접으로 방향을 틀었다. 직무중심의 역량면접은 PT면접이 주도하고 있다. 대기업의 무려 70%가 PT면접으로 개인역량을 평가하고 있다. 1990년대 PT면접이 문제해결능력에 역점을 두었다면 2000년대는 직무역량 종합평가에 무게를 두고 있다. 면접전형에서 나타나는 특징은 실무면접단계에서 임원진이 거의 배석하지 않는다는 점이며 어느 기업 할 것 없이 다단계방식으로 면접절차를 복잡다기화시켰다는 것이다.

1980년대 집단면접은 대규모 채용과 노무형 인재선발에 적합한 형태였으며 1990년대 집단토론면접은 소수채용과 전문가형 인재채용에 부합하는 방식이었다. 2000년대 PT면접은 직무역량이 뛰어난 전략가적 인재선발에 초점을 두고 있으며 다단계구조화 역량평가로 소수선발에 주력하고 있다. 산업구조와 면접형태도 연계되어 전개되고 있다. 공업화를 지향하기 위해 산업구조를 조정할 때는 대규모 소요인력 선발에 맞는 집단면접을, 산업구조가 고도화된 개방화시대에는 소수채용평가에 적합한 집단토론방식을, 그리고 디지털경제화시대에는 총체적으로 직무역량평가가 가능한 PT면접이 보편화되는 모습이다. 이처럼 면접유형은 산업구조변화에 따른 취업환경에 맞춰 그 특징과 형태를 달리하며 진화를 거듭하고 있다([표 4-7] 참조).

| 표 4-7 | 시대별 면접전형 트렌드 및 특성 비교분석(1980~2013년)9)

시기 분류	1980년대	1990년대	2000년대
면접 트렌드	• 집단면접 주류 • 사장과 임원급 진행 • 다대다면접의 전형적 형태 • 단일면접의 단순평가방식	• 집단토론면접 출현 • PT면접 출현(삼성) • 구조화된 면접기법 초기단계 • 양적 평가 아닌 질적 평가방식	• 개인능력 집중평가 위한 직무중심 역량면접 주류 • 대기업 70%, PT면접 도입추세 • 구조화면접형태로 면접방식 전환
면접 특징	• 단시간에 다수 평가 • 심층적 질의응답 어려움 • 인성, 윤리, 자질평가 • 화합형, 보통형 인재선발	• 토론 통한 집단면접 단점보완(단시간 내 지원자 종합평가) • 문제해결능력과 전문성평가 • 전문가형, 특출형 인재선발	• 직무중심의 역량면접 추세 • 실무면접이 합격당락 좌우함 • 인성면접 시 전문지식 가미하는 형태 • PT면접으로 개인 종합역량 검증

9) 면접전형의 시대별 트렌드 연대구분은 김성수(2010), 36-37; 이종구·천만봉(2013), 71-72; 정구현(2008), 3-4; 조은상·이상우(2004), 6-12 등의 선행연구를 참조하여 저자가 구분

주요 기업 면접패턴 전개과정	삼성	• 1, 2차 집단면접방식 • 임원진 중심의 인성면접 • 면접시간 단축, 심층면접 곤란	• 1, 2단계 면접전형 실시 • 집단토론 및 PT면접 도입 • 열린면접 도입(외부면접관 참여)	• 2002년 3단계, 신면접제도 도입 • 인성, 개인능력, 조직적응능력평가 • 2013년 토론면접 폐지, 개인인성/역량 철저 검증
	현대	• 단일면접방식, 집단면접 실시 • 다수면접관, 다수지원자평가 • 현대그룹정신 적합성 평가	• 1차 실무면접, 2차 인성평가 • 무자료면접 도입(편견차단) • 기본소양 및 인성평가	• 면접다단계로 지원자 역량평가 주력 • 실무진면접, 임원면접, 영어면접방식 • 전공/직무, 시사, 인성 등 구조화면접 평가
	LG	• 계열사별 단일 집단면접평가 • 다대다면접, 심층면접 곤란 • 적극성/책임감/화합 주력평가	• 계열사별 집단면접 평가방식 • 면접관은 임원진 및 사장단 • 도전의식/상황대처력 중점평가	• 다단계 구조화 역량평가 면접 도입 • 직무PT 및 직무역량 등 직무중심평가 • 임원면접 LG 적합인재상평가에 주력
	SK	• 1, 2차 임원진 면접 방식 • 1차 계열사임원, 2차 그룹임원진 • 기본자질과 인성평가에 주력	• 1차 실무진, 2차 임원진 면접 • 다대다면접, 심층면접 미비 • SK인재상 및 전공관련 지식평가	• 다차원 다단계 면접방식: 1박2일면접, 통합적 문제해결능력과 실행력 검증 • 직무전문성, 글로벌 역량, 성장가능성평가
면접전형 환경분석		▶ 1980년대: 대규모 정기공채에 적합한 집단면접 도입, 조직에 화합하는 보통형 인재평가에 주력 ▶ 1990년대: 변화/개방에 적극 대응가능한 국제화 마인드 갖춘 전문가형 인재선발에 적합한 집단토론면접 도입(커뮤니케이션 스킬, 협상력, 리더십 등 개인역량평가에 주력) ▶ 2000년대: 지식경영시대에 선도가능한 창의력을 갖춘 직무능력이 뛰어난 인재선발 위해 개인역량을 종합적으로 평가할 수 있는 PT면접이 일반화, 보편화됨		

V 결론 및 제언

1. 요약 및 결론

취업문화가 문화적 개념과 성격을 갖추면서 한국사회에 본격적으로 모습을 드러낸 지도 30여 년이 지나고 있다. 1980년 이래 산업구조와 경제환경 그리고 공채환경의 복합적인 상호 메커니즘을 통해 출범한 취업문화는 다시 하위문화로 공채문화와 진로문화, 직업문화 등을 두고 있으며 1997년 IMF사태를 기점으로 취업난과 실업률이 사회문제로 비화되면서, 특히 공채문화가 우리 대학사회의 최대 관심영역으로 급부상 했다.

공채문화는 그 구성요소가 채용제도, 면접전형, 필기방식, 인재상 등으로 구성된다는 측면에서 대졸 취업시장과 직결되는 특성을 지니며 또한 이에 직접적인 영향을 미치는 외부환경이 기업이라는 측면에서 기업사회와 대학사회가 문화의 성격과 특성을 함께 진화시키는 속성을 내포하고 있다. 특히 공채문화의 주체 가운데 하나인 구직자들이 기업사회에 진입하기 위한 마지막 관문인 면접전형에 대한 관심은 최근 공채문화의 구성요소 가운데 단연 최대의 학습분야로 떠올랐으며 또한 기업과 대학사회에 많은 경제적 비용을 발생시키고 있다. 1980년 이래 전개되어온 공채문화의 주요 구성요소인 면접전형의 변천과정과 시대별 특성을 비교분석하면 다음과 같이 요약할 수 있다.

공채문화가 한국 노동시장에 본격적으로 출현한 1980년대 이후 지난 30여 년간 면접전형은 시대별로 산업구조 및 경제환경변화에 따른 대기업의 공채시스템 상황과 여건에 맞게 지속적으로 형태변화를 거치며 진화를 거듭해오고 있다. 1980년대 공업화시대의 면접전형은 비구조화된 1단계 면접절차로 노무형 인재선발에 주력하는 가운데 임원진이 참석하는 인성평가중심의 집단면접으로 집약된다. 1990년대 기술정보화시대의 면접전형은 반구조화된 2

단계 면접절차로 전문가형 인재선발에 주력하는 가운데 임원진과 실무진이 참석하는 실무평가에 접근한 집단토론면접으로 집약된다. 2000년대 면접전형은 구조화된 다단계 면접절차로 전략가형 인재선발에 주력하는 가운데 실무진이 평가하는 직무중심의 역량평가인 PT면접으로 집약된다.

한편 한국 대기업사회가 시대별로 전개되는 산업환경에 맞춰 보편적으로 원하는 자사 인재상에 따라 면접유형이 결정되는 특성도 함께 보여주고 있다. 국가차원에서 1980년대 전면적인 공업화정책이 실시되면서 대규모 인력양성계획이 산학정에 반영되는 가운데 대기업사회는 이러한 시대별 대내외 트렌드에 적극적으로 동참할 수 있는 '노무형 인재'를 보편적으로 선호하는 특징을 보였다. 이에 따라 면접유형도 대규모 인력을 동시다발로 뽑고 평가할 수 있는 집단면접형태가 출현하였다. 1990년대 기술정보화사회의 전문가형 인재선호는 산업구조의 고도화시기에 맞춰 대기업들이 디지털화와 개방화, 글로벌화를 본격적으로 추진하는 과정에서 선발규모를 양적 채용에서 질적 채용으로 변경하며 우수한 인력을 소수채용하기 위한 방법으로 집단토론면접을 내놓기에 이른 것이다. 지식창조화사회로 접어든 2000년대는 대기업사회가 전면적으로 디지털경제환경을 구축하면서 이에 경쟁력을 발휘할 수 있는 전략가형 인재를 선호하는 가운데 이를 종합적으로 검증할 수 있는 PT면접을 전면적으로 도입하게 된 것이다.

이렇게 볼 때 시대별 국가가 추진하는 산업구조와 경제정책, 중장기인력수급계획 그리고 이에 부응하여 기업환경이 지향하는 채용규모 및 공채시스템에 따라 면접유형이 출현하는 특징을 보여주고 있다. 지난 30여 년간 면접유형에 큰 영향을 미친 사건으로는 1980년대 6.29민주화선언과 1990년대 말의 IMF사태, 2000년대 연이어 발발한 글로벌 금융위기 등을 꼽을 수 있으며 이것이 기업공채환경과 면접전형을 변화시킨 주요 요인으로 지목되고 있다.

2. 시사점 및 제언

본 장은 지난 30여 년간 산업환경과 기업환경의 메커니즘 속에서 전개되어 온 공채문화의 구성요소인 면접전형의 변천과정과 시대별 특성을 비교분석하는 데 그 목적을 두고 있다. 면접트렌드의 시대별 특징과 면접유형의 시대별 특성을 분석하면 그 시대의 산업환경과 기업환경 그리고 공채환경까지도 역추적할 수 있는 다양한 문화적인 속성을 반영하고 있다는 측면에서 면접전형은 공채문화의 주요 구성요소로서 큰 가치를 지닌다고 볼 수 있다.

면접방식은 공채문화의 구성요소로서 지난 30여 년간 시대별로 초점을 받아왔지만 지금까지 면접전형의 변천과정을 학문적인 영역으로 유입시켜 지난 30여 년간의 시대별 발전역사를 종합적이고도 체계적으로 고찰한 논문은 단 한 편도 없는 것이 현실이다. 본 장은 공채문화가 출현한 이래 동시에 발전해온 지난 30여 년간의 시대별 면접전형 및 면접트렌드의 변천과정과 특징을 체계적으로 분류하여 학문영역으로 편입시켰다는 점에 의의를 두고자 한다. 이러한 연구는 향후 후행 연구자들이 기업들의 효과적인 면접유형 도출을 위한 다양한 차원의 실증적인 연구접근을 하는 데 있어 매우 중요한 선행연구의 학문적인 자료 구축과 더불어 정보제공을 종합적으로 해줄 수 있다는 측면에서 시사하는 바가 크리라고 본다. 한편 본 장은 가설을 기반으로 통계적인 검증을 시도하는 실증적 연구가 아닌 만큼 탐색적인 연구방법이 수반하는 한계점을 지니고 있다는 것을 밝혀둔다.

끝으로 본 장의 한계에 근거한 추후 연구과제는 다음과 같이 정리할 수 있다. 첫째, 본 장에서 다룬 4개의 표본기업군은 공채문화와 면접전형을 선도한 기업으로 볼 수 있다. 그러나 이러한 선도기업 외에도 대기업, 중견기업, 중소기업 각각의 특성에 적합한 면접유형에 대한 보다 세분화된 후속연구가 필요하다고 할 것이다. 둘째, 최근 기업환경을 반영한 면접유형에 대한 보다 세밀한 연구가 이루어져야 할 것이다. 현재는 구조화된 면접으로 직무중심의 역량평가에 중점을 두고 있지만, 앞으로는 기업의 사회적 책임, 동반성장, 경제민주화, 공유가치창출 등에 대한 질문도 평가에 포함될 수 있을 것이다. 지식기반경제의 강화, 글로벌화의 심화, 불확실성의 증폭 등은 창의성에 대한 평가를 더욱 중요시할 것으로 예상된다. 또한 대졸 취업률 제고 및 고용의 질 개선에 대한 정부정책의 우선순위도 면접유형에 변화를 가져올 수 있고, 면접대상자에 대한 배려도 강화될 것으로 예상된다. 셋째, 규모별, 특성별, 시대별로 적합한 면접유형을 도출하고, 적합한 면접유형 도입에 따른 기업의 성과 내지는 조직문화의 개선을 실증적으로 분석하는 연구도 필요할 것으로 사료된다.

참고문헌

▣ 본 장은 이종구(2013. 9), "대기업 면접전형의 유형 및 특성에 관한 시대별 비교 · 분석", 경영사학, 28(3), pp.81-109에 수록된 내용이다.

계명대학교 학생진로지원실, 2010, **면접의 이해와 준비**, 6-10.

김성수(2010), **혁신적 인적자원관리**, 탑북스, 36-64.

김재원(1996), **일과 직업의 세계**, 중앙경제사, 556-557.

김수곤(2001), **한국노사관계론**, 경문사, 226-228.

김진성(2012), "구직자들의 역량평가를 위한 구조화 면접분석", 한국취업진로학회 · 한국직 업능력개발원 춘계공동학술발표대회, 58-60.

김진홍(2006), "호암 이병철의 인재관 연구", 고려대학교 대학원 박사학위논문, 48-50.

남지현(2009), **면접준비 A부터 Z까지**, 리더스잡, 50-51.

류동희 · 이종구 · 김홍유(2012), "한국 대기업의 채용패턴 변천과정과 시대별 특성 비교분석에 관한 연구: 1980년대 이후 삼성 · 현대 · LG · SK 중심으로", **경영사학**, 27(4), 40-41.

리크루트(1990), **월간 리크루트**, 5월호 참고.

리크루트(1994), **월간 리크루트**, 12월호 참고.

리크루트(1997), **리크루트 면접**, 리크루트 출판부, 14-16.

삼성전자 보도자료(2002. 3. 18), 삼성전자 신입사원 채용면접 대변화.

서울과학기술대학교 종합인력개발센터(2013), **2013 면접가이드: 나만의 스토리를 만들자**, 44-46.

서춘현(1995), "기업의 채용관리 효율화에 대한 연구: 국내외 기업의 사례분석을 통한 개선 방안", 명지대학교 정보산업대학원 석사학위논문, 32-33.

안동대학교 인력개발본부 취업지원과(2010), **취업지원단기프로그램: 면접마스터**, 21-22.

유기현(1999), **인적자원관리론**, 무역경영사, 143-145.

이명환(1997), **신바람 인사관리**, 21세기북스, 47-49.

이종구 · 김준석 · 김호원(2007), "취업진로기구 국제비교를 통한 국내 대학의 선진모형 개발에 관한 탐색적 연구", **국제지역연구**, 11(3), 788-789.

이종구 · 김홍유(2010), "한국 공채문화의 사적 전개과정과 시대별 특성 비교분석에 관한 탐색적 연구", **경영사학**, 25(2), 218-220.

이종구 · 천만봉(2013), "한국 대기업의 인재상 전개과정과 시대별 특성 비교분석에 관한 탐색적 연구: 1980년대 이후 삼성 · 현대 · LG · SK 중심으로", **경영사학**, 28(2), 58-72.

이진규(2001), **전략적 · 윤리적 인사관리**, 박영사, 199-200.

장현아(2006), "인재상 정립과 선발도구의 신뢰성 · 타당성 확보를 통한 기업의 효과적인 인재선발 적용 사례연구", 경희대학교 대학원 석사학위논문, 29–30.

전남대학교 장학담당관실(1999), **대학과 취업**, 94–101.

정구현(2008), "한국기업의 역사와 과제", 한국기업경영학회 춘계학술대회, 3–4.

조은상 · 이상우(2004), "시대별 환경변화의 추이에 다른 한국기업 인재상의 변화와 21세기 인적자원개발의 과제", **인력개발연구**, 6(1), 6–12.

최종태(2000), **현대 인사관리론: 의사결정론적 시스템 어프로치**, 박영사, 510–511.

Pigors, P. J. and C. A. Mayers(1969), *Personnel Management: A Point of View and Method*, 6th, New–York: McGraw–Hill, 380–390.

Reilly, R. R. and G. T. Chao(1982), "Validity and fairness of some alternative employee selection procedure", *Personnel Psychology*, 35(1), 15–63.

Yoder, D.(1958), *Personnel Management and Industrial Relations*, New York: Prentice–Hall, 218–229.

한국 취업문화 · 공채문화 40년사
채용역사와 뉴 패러다임

CHAPTER

05

한국 대기업 인재상 40년 전개과정과 시대별 특징분석

- 1980년대 이후 삼성·현대·LG·SK 중심으로 -

핵심 요약

본 장의 목적은 1980년대 이후 공채문화의 출현과 더불어 본격적으로 모습을 드러낸 대기업들의 인재상 변천과정과 시대별 상호 간의 특성을 비교분석하는 데 목적을 두고 있다. 특히 대기업들의 인재상트렌드가 산업환경의 전개과정과 맞물려 진행되는 만큼 이와 밀착된 접근에 중점을 두었으며 동시에 기업의 핵심가치인 인재상 고찰이 공채문화에 기여한 의의와 시사점도 함께 제시했다.

본 장의 시대별 고찰기간은 1980년대 공채문화의 출현시기부터 2013년 현재까지를 범위로 하고 있다. 연구대상은 지난 1980년대 이후 한국경제의 선진화에 주도적인 역할수행과 함께 공채문화를 선도해온 삼성(삼성전자)·현대(현대건설)·LG(LG전자)·SK주식회사 등이며 연구범위는 인재상의 변천과정과 시대별·기업별 특성비교, 인재상의 형태·키워드·특성·패턴분석 등에 초점을 맞추고 있다. 1980년 이래 전개되어온 대기업들의 인재상 전개과정과 시대별 특성을 비교분석하면 다음과 같이 요약할 수 있다.

먼저 기업의 인재상은 산업환경과 기업환경, 최고경영자를 지향하는 경영이념에 기인하여 변화하는 속성을 지니고 있다. 1980년대 공업화사회의 인재상은 노무형 인재로 집약되며 인재의 특성은 대인관계 및 팀워크에 공조할 수 있는 범인형 인재의 모습으로 구체화된다. 1990년대 기술정보화사회의 인재상은 창조형 인재로 정립되며 인재의 특성은 글로벌 감각으로 정보화사회를 주도하는 창조적 인재의 모습으로 형상화된다. 2000년대 지식창조화사회의 인재상은 전략가형 인재로 요약되며 인재의 특성은 혁신적 사고와 전문지식으로 글로벌 비즈니스를 역동적으로 수행할 수 있는 기업가정신을 소유한 창의적 인재로 구체화된다.

2000년대 기업의 핵심가치로 부상한 기업의 인재상은 지난 30년 동안 인사관리의 핵심 연구영역에서 소외되어왔으며 또한 지난 1980년대까지 기업들이 지향하는 단순한 행동규범으로 취급받아왔다. 본 장 연구의 의의는 최근 공채문화의 핵심요소로 부상한 인재상에 대한 변천과정과 특성을 종합적·체계적으로 고찰하여 학문영역으로 유입했다는 점이다. 또한 향후 보다 진전된 인재상을 유인하는 데 필요한 사적인 자료 구축과 더불어 인재상을 구성요소로 두고 있는 공채문화의 발전에 기여한다는 취지도 함께 내포하고 있다.

I 문제제기 및 연구목적

1. 연구배경 및 연구목적

인재상은 기업의 핵심가치[1)]이자 구성원들이 추구하는 보편적인 행동규범이며 산업사회의 특성을 반영하는 거울이라고 볼 수 있다. 기업의 인재상 속에는 그 기업이 추구하는 경영이념과 사업특성, 기업문화가 집약되어 나타날 뿐만 아니라 시대적인 산업환경의 모습까지도 적절히 표출되어 있다. 이러한 기업의 인재상은 산업사회의 변천과 그 기업이 지향하는 시대적인 핵심가치와 발전단계에 의해 끊임없이 수정되고 진화하는 과정을 거친다.

한국 대기업의 인재상(right people) 또한 산업사회의 환경과 트렌드에 맞춰 지속적인 변화과정을 거치며 발전해왔다. 일반적으로 조직과 구성원들은 최고 가치와 목표를 실현하기 위하여 통일되고 일관성 있게 지향하는 공통적이고도 공유된 정신을 가지고 있다. 이에 연유하여 정립된 인재상은 보통 창업주의 기업정신과 경영사상이 반영된 경영이념에서 도출되는 경우가 많다. 따라서 기업의 인재상은 산업사회의 특징을 함유하는 동시에 그 기업이 지향하는 시대별 인재경영방침이나 최고경영자의 신경영이념 및 새로운 사업내용이나 전략에 의해 끊임없이 변천하는 모습을 띤다.

기업의 인재상은, 특히 산업환경과 기업환경에 의해 큰 변화를 겪는다. 최근 들어 이러한 모습은 2000년대 이전에 비해 한층 더 빠르게 진행되고 있으며 태동 때의 모습과는 달리 폭넓은 변화를 추구하는 모습도 여러 기업에서 감지되고 있다.[2)] 2000년대 전까지만 해도 기업정신의 표상인 인재상이 변하

1) 신태균(2006)은 기업의 핵심가치를 구성원들이 지향해야 할 경영이념과 기업정신, 행동규범 등으로 보고 있으며, 노용진(2003)은 “조직 내 바람직한 행동을 제시하는 기본적인 규범”이라고 정의하고 있다. 이러한 기업의 핵심가치는 산업환경과 기업환경에 의해 수정·진화한다.

기 위해서는 기업문화를 구성하는 각 요인들의 전사적인 변화와 개혁을 전제로 완만히 진행되었다. 하지만 최근 들어 조직구조와 구성원들의 욕구가 급격히 변하고 있을 뿐만 아니라 기업 내외환경의 가파른 상황전개로 인해 최고경영자의 핵심가치 및 경영전략의 수정 사이클이 점점 더 짧아지고 있다. 이에 따라 대부분의 기업들이 자사가 지향하는 인재상의 변화 사이클을 짧게 가져가는 동시에 하위 인재상의 개념인 직무별, 직책별 인재상 또한 기업상황에 맞게 수시로 수정하면서 기업의 인적 · 물적 가치를 최대한 높이고자 하고 있다.

한국사회에 공채문화가 출현한 시대는 1980년대부터였다.[3] 대기업들이 본격적으로 신인사제도의 일환으로 기존과는 차별되는 정형적인 공채시스템을 도입하면서 공채문화가 본격적으로 기업사회에 모습을 드러냈다. 공채문화의 핵심요소인 인재상이 채용시스템에서 중요한 평가도구로 자리를 잡은 것도 1980년대부터였다. 대규모 정기공채를 통해 지원자들의 다양한 모습을 평가하는 과정에서 경영이념과 기업정신 그리고 행동규범의 집약체인 인재평가가 본격적으로 이루어지기 시작했다. 인재상 정립에 가장 많이 영향을 주는 요소는 창업주나 최고경영자의 경영이념과 더불어 그 시대 산업환경과 특성 그리고 기업이 처해있는 내외환경과 사업전략이라고 볼 수 있다. 한국 대기업들의 인재상도 이에 기반하여 구체화되고 정형화되는 모습을 보여주고 있다.

본 장의 목적은 1980년대 이후 공채문화의 출현과 더불어 본격적으로 인재상 정립에 나선 한국 대기업들의 지난 30년간의 시대별 인재상형태의 변천과

2) 기업에 따라 차이는 있지만 한국 대기업들의 인재상은 1980년대 공채문화가 형성되면서 정형화되는 형태를 취하고 있다. 특히 삼성 · 현대 · LG · SK 등 대기업의 경우 산업환경과 기업환경의 큰 변화에 따라 시대별로 인재상을 재정립하는 모습을 보이고 있다.

3) 공채문화란 "인력의 수요와 공급을 담당하는 주체들의 지속적인 상호작용을 통해 나타나는 제도와 행동규범, 가치관 등과 같은 보편적인 행동양식으로서 채용제도와 필기전형, 면접방식, 인재상 등의 모습으로 표출되고 있다(이종구 · 김홍유, 2010, 219).

정을 분석하는 데 목적을 두고 있다. 특히 대기업들의 인재상트렌드가 산업환경의 전개과정과 맞물려 진행되는 만큼 이와 밀착된 접근에 초점을 두었으며 나아가 시대별 대기업들의 인재상 특징을 체계적으로 파악하는 동시에 대기업 상호 간의 비교분석도 함께 실시했다.

본 장의 연구는 지난 30여 년 동안의 한국 주요 대기업의 인재상을 시대별·기업별·형태별·특징별로 체계화시킨다는 의미와 더불어 향후 보다 진전된 인재상을 유인하는 데 필요한 사적인 자료 구축과 더불어 인재상을 구성요소로 두고 있는 공채문화의 발전에 기여한다는 취지도 함께 내포하고 있다.

2. 연구범위 및 체계도

본 장의 연구는 지난 30여 년 동안의 한국 대기업의 인재상 변천과정을 시대별로 개별분석하는 동시에 상호 간 특성을 비교분석하는 데 목적을 두고 있다. 인재상의 시대별 고찰기간은 1980년대 공채문화의 출현시기부터 2013

그림 5-1 | 대기업 인재상 연구구성 및 체계도(1980~2000년대)

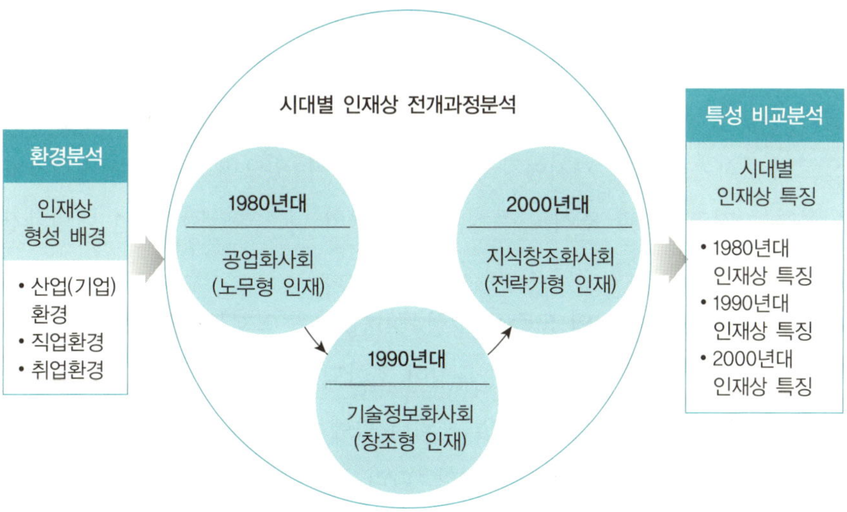

년 현재까지를 범위로 하고 있다. 연구대상은 1980년대 이후 한국경제의 선진화에 주도적인 역할수행과 함께 공채문화를 선도해온 삼성(삼성전자) · 현대(현대건설) · LG(LG전자) · SK주식회사 등이며 이들 대기업들의 인재상의 변천과정과 형태, 특징 등을 시대별 산업환경과 연관시켜 연구하는 데 중점을 두고 있다. 한편 본 장의 접근기법은 탐색적(exploratory article)인 연구방법을 통해 시도하였으며 연구의 구성체계는 [그림 5-1]과 같다.

Ⅱ 선행연구 및 취업환경 고찰

1. 선행연구

박원우 · 권석균(1996)은 인재상에 대해 "기업의 인재상이란 그 기업이 추구하는 바람직한 인재의 모습"으로 개념 정의를 하고 있다. 인재상 정립을 위한 과정에서 먼저 문헌자료의 검색을 통해서 기업의 경영이념과 사업전략, 인사관리방침과 인재육성방침을 고려한 데 이어 조직과 구성원들이 원하는 인재의 요건을 각각 추출한 후 조직과 구성원 간의 합의를 거쳐 인재상을 도출하고 있다. 이렇게 볼 때 한 기업의 인재상은 그 조직과 구성원들이 공통적으로 추구하는 정신적 가치이자 신념이라고 볼 수 있으며 또한 최고경영자가 지향하는 경영이념과 조직의 특성, 구성원들의 니즈(needs), 기업 내외환경 등까지 고려해서 정립된다고 볼 수 있다.

장현아(2006)는 기업의 모습을 형상화시킨 것을 인재상으로 보면서 "경영이념과 경영전략, 기업문화 등의 특성이 조합되어 이루어진다"고 하였다. 이렇게 볼 때 인재상이 함유하고 있는 의미 속에는 조직과 구성원이 지향하는 핵심적인 가치가 모두 포함되어 있다. 따라서 각각의 기업들이 추구하는 기업의 가치나 특성에 따라서 인재상의 모습이 다양하게 나타나는 것은 매우 자연스러운 일이 아닐 수 없다. 그럼에도 불구하고 21세기 대기업들의 인재상트렌드가 유사한 형태로 나타나고 있는 것은 바로 기업의 인재상이 그 시대 산업환경의 특징을 수용하면서 표출되기 때문이다.

최근 삼성이 창의적 IT 인재육성을 위해 상반기 삼성 공채에 '삼성 컨버전스 소프트웨어 아카데미(SCSA)'프로그램을 도입, 통섭형 인재채용과 육성에 적극적으로 나서는 모양도 이와 맥을 같이 하는 현상이다.[4)]

사실 신입사원선발에서만큼 인재상이 잘 반영되어 나타나는 곳도 찾아보기 드물다. 한국 대기업의 대부분이 공채전형에서 치르고 있는 인성검사는 기업의 인재상과 지원자 간의 적합성여부를 검토하고 판단하기 위한 과정이라고 볼 수 있다. 또한 최종면접으로 임원들이 보는 인성면접에서도 자사 인재상과의 부합도를 정성적으로 평가하기 위한 항목이 상당수 포진되어 있다. 이런 이유로 대기업들은 공채전형의 최종 관문에서 행해지는 인성면접에 큰 비중을 두고 있다. 자기소개서 내 성격의 장단점 기재분야, 정직 · 신뢰성 체크분야, 봉사활동 유무 기재란 등은 기업과 지원자 간 인재상의 적합 정도를 분석하고 판단하는 항목으로 볼 수 있다. 이런 방증은 지난해 12월 대한상공회의소가 대기업 113개사를 대상으로 조사한 '대기업 인재채용 트렌드조사'에서도 최근 대기업들이 스펙보다는 인성을 더 중요시 여기는 것으로 조사되었다(대한상공회의소, 2012, 4-6).

특히, 경영이념을 채용전형에 반영하여 기업가치에 맞게 인재상으로 정립한 Slater(1999)의 연구나 Ryans & Barber(1990)의 연구처럼 조직이 처해 있는 상황이 다른 상태에서 조직의 내외노동시장을 대상으로 인력선발을 위한 선발도구의 개발과 선발인력들의 교육훈련에 필요한 인재상 연구는 경영

4) 삼성은 2013년 상반기 채용부터 SCSA프로그램을 도입, 창의적인 IT 인재육성을 위해 통섭형 인재 찾기에 적극적인 행보를 시작했다. '통섭형 인재' 속에는 기업의 사업내용과 경영전략, 기업문화 등이 포괄적으로 나타나 있을 뿐만 아니라 시대적인 산업트렌드도 적절히 담고 있다.

전략과 인재상 간의 관계를 조명한 것이라 볼 수 있다. 이외에도 O'Reilly·Chatman·Caldwell(1991)은 기업문화와 인재상 간의 관계에 있어 구성원과 조직문화가 추구하는 가치적합여부에 따라 조직성과에 미치는 영향이 다르다고 하였다(장현아, 2006, 11-18 재인용).

대기업들의 경영이념에 기초하여 인재상을 유추해볼 수 있는 연구도 있다. 김성수(2008)는 1980년대부터 2000년대 초까지의 삼성·현대·LG 등 대기업 최고경영자들의 경영이념의 특징을 분석한 바 있는데 이것이 이들 기업의 인재상 전개과정에 큰 영향을 미친 요소들이다. 이는 최고경영자의 경영이념과 인재상이 밀접하게 연결되어 있다는 것을 방증하는 대목이다.

인재상은 산업환경과 트렌드 그리고 기업환경의 변화에 의해 진화하고 발전하는 특성을 갖고 있다. 인재상의 변천과정을 보면 그 시대 산업사회의 특성과 전개과정을 가늠할 수 있다는 것도 이런 맥락에서이다. 본 장의 연구대상이기도 한 이 영역은 이신철(2009)의 연구에서도 잘 나타나고 있다. 이는 기업의 발전단계에 따라 10년단위로 인재상의 전개과정을 다루고 있다. 기업의 인재상은 최고경영자의 인재경영철학과 기업의 핵심가치, 발전과정 그리고 기업규모에 따라서 양상을 달리한다. 즉 농경사회, 산업사회, 정보사회 등에 따라 기업들이 추구하는 주요 가치와 최고경영자의 인재경영방침이 현격히 다르기 때문이다(인앤잡, 2009, 53).

공채문화가 가시화되지 않은 1980년대 이전 사회는 창업주의 경영이념이나 인재관이 기업의 인재상을 대신하고 있다. 이는 삼성 창업주의 인재관이나 현대·LG·SK 등의 경영이념에서도 쉽게 찾아볼 수 있다. 개발도상국 진입을 위한 산업사회 초기단계에서 대기업들이 보여주는 경영이념은 한결같이 협동성, 성실성, 적극성, 책임감 등과 같은 노무형 인재에 가까운 성격을 담고 있다(김병구, 2001, 91-92). 정부, 기업, 산업환경 등 모든 영역에서 개발과 성장에 대한 획일적인 기대와 목표가 바로 행동규범이자 가치관으로 표출되었기 때문이다.

조은상(2007)도 산업트렌드에 따른 인재상의 변화과정을 설명하고 있다.

1987년 경제민주화선언 이후 기업사회에 세계화 · 정보화 그리고 지식경제가 도래하는 가운데 기업의 구성원들에게 있어서는 기존의 인재상인 협력과 조화뿐만 아니라 '창의성, 혁신, 도전정신' 등이 추가되었다는 것이다. 사실 개별기업 차원이 아닌 산업사회 전체에서 나타나는 시대별 인재상은 전개과정이 복잡하고 다양하기 때문에 키워드가 통일성을 탈피하는 양상도 적지 않게 나타난다. 이는 기업 외부영역에서 불어오는 산업환경적인 측면과 기업 내부환경이 추구하는 핵심가치가 혼합되면서 나타나는 모습이라고 볼 수 있을 것이다. 하지만 개별기업을 독립적으로 놓고 보았을 때 기업의 인재상은 명확한 일관성과 체계성을 갖고 있다. 이는 각 기업이 추구하는 경영이념과 사업전략, 구성원들의 니즈 등이 타사와는 차별되는 독창성을 지니고 있기 때문이다. 하지만 1980년대 이후 우리 사회에 일어난 큰 사건을 기점으로 기업들의 인재상이 매우 유사하게 전개되었다는 사실 또한 재론할 여지가 없는 부분이다. 이는 기업의 인재상이 경제사회환경의 변화와 산업트렌드에 의해 크게 영향을 받고 있다는 것을 방증해주는 대목이다.

최근 대기업들이 인재상의 키워드를 자사 주력사업의 특성이 요구하는 인재의 조건에 부합되게 만드는 현상도 주목해볼 대목이다. 이는 삼성 · 현대 · LG · SK 등 그룹사 주력계열사들의 핵심사업이 요구하는 인재특성을 보면 그 기업이 추구하는 인재상의 모습을 쉽게 짐작할 수 있다. 하지만 핵심사업은 그 시대의 산업환경의 특성과 트렌드에 맞추어 전개되는 만큼 양자는 인재상을 정립하는 데 직간접적으로 영향을 미치는 중요한 요소가 된다. '삼성맨', '현대맨'이라는 용어는 자사의 주력사업을 오랫동안 진행하는 과정에서 기업의 주체인 구성원들의 특성과 캐릭터(character)에서 우러나온 기업의 사풍과 풍토 그리고 기업문화의 산물인 만큼 그 기업의 인재상을 직간접적으로 담고 있는 용어라고 볼 수 있다. 그러기에 인재상은 그 시대의 산업환경뿐만 아니라 그 기업의 사업특성, 최고경영자의 경영이념, 인재관 등 총체적인 기업문화의 산물이라고 볼 수 있다.

2. 기업 및 취업환경 고찰

산업환경의 양상에 따라 노동환경과 직업환경, 취업환경은 복잡한 변화과정을 거친다. 1980년대는 제5, 6차 경제사회발전기(1982~1991년)에 해당되는 기간으로 기업환경에 있어 큰 전환기를 맞는 시대로 기록되고 있다. 선진국형 공업화시기로 볼 수 있는 1980년대는 공업화사회로 노동환경을 변화시키는 정점에는 '6.29민주화선언'이 직접적인 도화선이 되었다. 산업구조가 조정단계국면에 직면해 있던 1980년대 직업환경의 모습은 대기업 선호일변도 현상이 직업세계를 확고히 점유하여 대졸 구직자들이 하나같이 그룹사 진입을 위한 취업편중사태가 심각하게 일어났던 시대였다.

취업환경 또한 이러한 상황과 맞물려 전개되었다. 대학졸업정원제 실시로 고학력 노동시장의 모형이 완전히 공급과잉형태로 전환된 상황에서 대기업들은 대규모 정기공채로 취업난 해결에 안간힘을 쏟았지만 쏟아져 나오는 고학력 구직자들을 소화하기에는 역부족상태였다. 선진국 진입을 위한 전환점에서 맞이한 경제민주화운동은 극심한 노사분규사태를 유발하여 그동안 한국기업들의 가장 큰 강점이었던 노동경쟁력을 한순간에 상실시키는 계기로 작용했다. 대외개방과 경제민주화라는 급격한 산업환경의 변화 속에서 대기업들이 재도약을 위해 집중적으로 투자한 분야는 첨단산업과 기술집약적인 산업이었다. 한국 대기업들의 1980년대 인재상은 이러한 기업 내외의 산업환경과 노동환경을 안고 태동되었던 것이다. 특히 1980년대 실시한 대학졸업정원제는 한국 대기업들의 공채시스템을 변화시키는 계기로 작용했다. 대학의 졸업정원제 실시는 고학력인력들의 대량양산을 초래하였으며 대기업들은 과잉공급된 대졸인력들을 선발하기 위해 기존의 채용형태와는 다른 대규모 정기공채라는 새로운 선발시스템을 도입했다.

1980년대 6.29민주화선언은 기업의 인재상변화에 직간접적으로 크게 영향을 미친 중요한 사건으로 볼 수 있다.[5] 이는 사용자와 근로자에게 성장과 분배를 동시에 일깨운 사건이었다. 특히 노사분규사태 등 노동의 민주화현상은 지속적인 성장세를 이어가야 하는 대기업들의 공채전형에서도 적절히 반영되어 나타났다. 1980년대 대기업들의 인재상은 이러한 시대적인 배경을 안고 형상화되었다. 즉 개인의 특성보다는 조직에 순응하여 조직의 발전에 기여할 수 있는 성실하고 책임감 있고 협조적인 인재상이 보편화되는 양상을 보여주었다.

1990년대는 산업구조가 고도화단계에 진입하는 시기로 개방화가 본격적으로 진행되는 가운데 아날로그시대가 사실상 종료되고 정보통신기술이 전 산업의 인프라 역할을 주도적으로 담당하는 디지털사회가 전개된 시대로 기록된다(덕성여자대학교, 2007, 53-55). 이러한 시대적인 산업환경을 배경삼아 대기업의 인재상형태에도 상당한 변화가 일어났다. 1990년대 산업환경에 맞물려 기업이 요구하는 가장 보편적인 인재의 모습은 개인주의 특성이 강조된 창조형 · 정보형 · 디지털형 · 개방형 등으로 집약된다(명지대학교, 2001, 21-24). 이는 취업환경에서도 대기업 일변도의 선호추세가 깨어지는 가운데 IT 및 공기업을 향한 구직자들의 엑소더스현상이 나타나면서 대기업의 인기가 가파르게 추락하였다.

이러한 IT혁명은 대기업들이 창조적이고도 정보 마인드를 갖춘 디지털형 인재상을 정립하고 선호하는 직접적인 원인과 배경이 되고 있다(동국대학교, 2002, 10-12; 인앤잡, 2009, 14-16). 특히 1990년대 선진국 간에 치열하게 전개된 신소재, 정보통신, 생명공학 등의 첨단 산업경쟁은 이 사업에 뛰어든 대기업들의 인재상을 결정짓는 중요한 요인으로 작용했다.

2000년대 산업환경은 완전한 디지털경제화사회이다. 지식기반산업에 손을 댄 대기업들은 전문성과 기술혁신, 국제적인 비즈니스 마인드를 동시에 갖춘 글로벌형 인재상 정립에 초점을 맞추고 있다(한국경제, 2013. 2. 20, B1면; 원

5) 1980년대 대기업들의 정기공채에서 나타난 보편적인 기업의 인재상은 개인의 특성을 중시하는 특이형 인재의 모습보다는 기업과 조직에 기여하고 화합할 수 있는 팀워크정신과 성실성, 책임성 등을 소유한 평범한 인재를 선호하는 경향이 지배적이었다.

광대학교, 2001, 45-46). 이는 1990년대 디지털개막시대에 비해 진일보적인 산업화의 모습이 아닐 수 없다. 2000년대 인재상은 치열한 글로벌 비즈니스 환경과 지식집약산업을 떠올리면 쉽게 형상화시킬 수 있다. 2000년대 한국의 대기업들은 혁신적 사고와 글로벌 마인드를 인재상의 공통적인 키워드로 삼고 있다.

취업환경과 직업환경도 이에 부응하여 평생직장이 사라지고 평생직업이 도래했다. 지식과 전문성을 동시에 갖지 못하면 진입장벽이 높고 또한 퇴출 현상이 자연스럽게 일어나는 사회가 지속되고 있다. 이러한 산업환경에 탑승하여 대기업 또한 양적 채용보다는 질적 채용으로 돌아선 가운데 조직 내 구성원이든 신입사원이든 간에 창의적 발상과 학습적 사고를 갖지 못하면 도태가 불가피한 시대다. 최고경영자들 또한 계속기업을 위한 지식경영과 가치경영에 전력을 쏟고 있다. 특히 최근 들어 창조경제[6]는 모든 기업들의 관심사로 부상했다. 삼성이 창의적 IT 인재육성을 위해 올 상반기 신입사원 공채에 도입한 SCSA의 통섭형 인재육성과정과 포스코의 통섭형 인재양성프로그램 또한 최근 신정부의 경제기조인 창조경제의 개념과 유사한 의미를 담고 있다([표 5-1] 참조).

6) 박근혜 정부가 추구하는 경제기조로서 과감한 패러다임의 전환 속에 창의성을 우리 경제의 핵심가치로 두고 과학기술과 ICT(정보통신기술) 융합을 통해 산업과 산업이 융합하고 산업과 문화가 융합해서 새로운 부가가치를 창출하고 일자리를 만들어내는 것을 말한다(조선일보, 2013, A6; 한국경제, 2013, B1-B3면).

❙ 표 5-1 ❙ 시대별 산업(기업)/노동 · 직업 · 취업환경 고찰(1980~2000년대)

분류 시기	산업(기업)환경 및 노동환경	직업환경	취업환경
1980 년대	• 선진국형 공업화지향시대 • 1982~1991년 자본/기술집약형 산업시대 • 기술/정보/지식집약산업개발시대 • 부동산인플레이션시대, 대외개방의 적극화시기, 유통시장개방 추진 • 경제민주화시대(노사분규, 임금인상 가속화, 노동경쟁력 약화) • 대학졸업정원제 실시(고학력화, 대졸노동인력 과잉공급시대) • 서울올림픽 고용창출 미흡(외국사 국내 투자유치 저조)	• 산업구조 조정단계, 대기업 중심의 취업 선호 • 첨단산업 및 기술집약적 산업시대 개막(전통적 직업 탈피, 이공분야관련 직업 부상) • 노동집약적 직업에서 지식집약적 직업으로 이행 • 직업의 다양화시대 돌입 • 성장직업, 신생직업 다수 출현시대 • 성장업종 직업군 선호(금융권/서비스직/증권/여가산업직업 등)	• 대규모 정기공채시대, 그물형 채용방식, 그룹 일괄공채, 대졸실업사태 사회문제로 비화 • 국내외 경기침체, 대졸 취업환경 악화 • 공채 시 학교성적 및 필기성적 의존(적성 위주의 기본지식 및 기본소양 평가) • 1980년대 대졸 과잉공급인력 평가 위한 필기시험 보편화 추세 • 1984년 럭키금성(현, LG) 국내 최초 인턴사원제도 도입
1990 년대	• 산업구조 고도화단계 • 본격적 개방화/디지털화 통한 선진국사회 진입(1996년 OECD 가입) • 정보통신기술 전 산업 인프라 역할 • 아날로그시대에서 디지털화사회로 진입 • 1997년 IMF외환위기 사태, 전 기업 구조조정 착수, 대규모 실업사태 • 1995년 블루라운드 출범, 노동환경 대변화(고임금사회, 국제경쟁력 약화)	• IMF체제, 취업시장 및 직업문화 대변혁(노동시장 및 직업세계 재편, 전문직종시대 개막) • IMF사태로 대졸자 대기업 일변도 선호현상 퇴조 • IT혁명, 정보통신관련 직군 급부상, 컴퓨터관련 전문직업 출현, 1990년 말 공기업직장 부상 • 선진국 간 첨단(신소재, 정보, 생명공학산업 등)기술경쟁 본격화	• 1994년 주요 기업 상시채용제 도입 • 1995년 삼성 열린채용 선언, 대기업직무능력검사 도입 • 1997년 IMF사태로 신채용기법 도입(1999년), 대기업 1차 구조조정 착수, 대졸 실업 사회문제로 부상 〈1999년 채용대변화〉 • 소수, 수시채용 • 낚시형 채용방식 • 계열사별 채용
2000 년대	• 저성장, 고비용, 저효율시대 돌입 • 디지털경제화시대, 지식기반 서비스업 성장, GNI 2만 달러시대 개막 • 고령화, 고학력화, 고임금화, 여성경제활동인구 증가 • 국내외 경기침체 장기화(고용창출 저하), 비정규직 대량양산시대로 고용불안정 심화 • 노동시장유연화정책(2006년 비정규직보호법 시행)	• 평생직장 붕괴, 평생직업개념 정립/직업전문화(전문직 부상) 현상, 안정직장 및 안정직업 선호 • 전통직군의 전문직보다는 신서비스분야 전문직 부상, 공기업 및 공무원 등 고용안정직업도 급부상 • 세계화/정보화/기술혁신에 따른 직업구조변화(전문기술직 수요 증가) • 일과 삶(개인생활) 동시 만족시키는 직업 및 직장개념 확산	• 대기업 계열사별 공채(인턴/공채 병행채용) • 2002년 삼성 신면접 도입 • 2006년 이후 대기업 인적성검사 다양화 및 직무역량면접 강화 • 2008년 대기업 인턴채용 활성화 및 영어구사능력(면접) 강화 • 직무 위주의 역량면접 보편화, 인성면접 강화, 글로벌 마인드 및 비즈니스 스킬 평가 주력

출처: 이종구 · 김호원(2008), 60-62; 이종구 · 조은상 · 김홍유(2009), 93-96; 이종구 · 김홍유(2010), 221-239; 류동희 · 이종구 · 김홍유(2012), 40-41 표 참조, 저자가 재구성

Ⅲ 시대별 인재상 전개과정과 특징분석

1. 1980년대 인재상 전개과정과 특징분석

인재상의 출범은 공채문화와 밀접한 관계를 형성하고 있다. 공채문화가 1980년대부터 본격적으로 출현하면서 대기업들의 인재상 정립이 구체화되기 시작했다. 1980년대 이전만 해도 한국의 대기업들은 양적 성장에만 주력해온 나머지 인재상 정립에 대한 영역은 대부분 기업들의 관심사 밖에 있었던 것이 현실이었다. 1980년대 이전의 한국의 대기업들은 기업의 인재상을 따로 형상화시키기보다는 창업주나 최고경영자의 경영이념에 부합한 인재를 선발하는 데 주력했으며 조직 내 구성원들 또한 기업정신과 사풍, 강령 등에 기초하여 구체화된 행동규범을 기업의 인재상으로 여겨왔던 것도 사실이었다.

이러한 인재상의 양태는 1980년대를 기점으로 그동안 체계화·구체화되어 있지 않았던 기존체제에서 크게 탈피하여 기업들이 신인사관리시스템을 도입하면서 기업문화의 본격적인 출현과 더불어 기업의 핵심가치를 실현하는 가장 중요한 구성원들의 정신적인 표상으로서 전격적으로 모습을 갖추기 시작했다. 이러한 배경을 안고 태동한 기업의 인재상이 가장 표면적으로 잘 표출된 분야는 1980년대부터 한국의 대기업들이 선보인 공채전형시스템이라고 볼 수 있다.

1980년대는 한국사회가 경제사회발전기를 맞으면서 산업환경이 선진국형 공업화의 모습으로 전환되었다. 이런 가운데 노동시장 관점에서는 대학졸업정원제 실시로 과잉공급되는 대졸자들을 그룹사들이 대규모 정기공채로 유입하는 과정에서 새로운 채용시스템을 출범할 수밖에 없는 특별한 상황이었다. 이로 인해 대기업들의 채용시스템에 전면적으로 변화를 가져온 전환기적 시점이었다.

대기업들의 인재상은 창업주나 최고경영자의 인재관이나 경영이념 및 인재경영철학이 구체화되어 표출되는 경우가 지배적이다.[7] 기업의 사풍이나 행동규범 그리고 기업문화가 집적되어 있는 인재상이 가장 크게 영향을 미치는 분야는 신입사원을 선발하는 공채영역이라고 볼 수 있다.[8] 창업주의 경영이념과 더불어 기업의 인재상 정립에 영향을 미치는 또 하나의 중요한 요소는 그 시대 기업이 처해있는 내외환경을 들 수 있다. 이는 1980년대 기업의 인재상이 비슷하게 나타나는 현상에서도 찾아볼 수 있으며 또한 동일한 산업환경 아래에서 기업들이 처해있는 상황과 환경이 매우 유사했다는 점도 상관관계를 입증시켜주는 중요한 방증이 된다.

1980년대 한국경제를 주도한 삼성 · 현대 · LG · SK 등의 인재상이 한결같이 성실, 책임, 협동, 도전, 적극성, 진취성, 긍정적 사고 등으로 표출되는 것은 시대적인 산업환경에 맞춰 기업들이 핵심가치를 실현하는 데 필요한 인재의 모습이 매우 유사했다는 것을 알 수 있다. 특히 1980년대는 경제민주화선언으로 인해 모든 기업들이 노사분규사태에 휘말려 노사 양자 간에 공존과 상생을 위해 협동과 협력이 절대적으로 필요한 시기였다. 이러한 시대적 상황은 기업의 인재상과 신규인력 공채에도 적절히 반영되어 '튀는 인재'보다는 기업발전에 도움을 줄 수 있는 긍정적인 사고를 소유한 무난하고 성실한 인재가 선호되었다고 볼 수 있다.

1980년대 인재상은 전형적인 아날로그형 인재라고 볼 수 있다. 창의적 사고를 하기보다는 기본지식과 상식을 갖춘 채 책임감과 성실성을 소유하며 기업의 발전에 묵묵히 협조하는 인재가 바로 1980년대 아날로그형 인재의 표상

7) 삼성의 경우 호암 이병철의 사업보국을 위한 인재제일정신에 입각한 인본주의 기업관이 경영이념으로 승화되었으며 이것이 삼성 76년사의 인재상 변천과정에 그 기저를 이루고 있다. 한국 대기업들의 상당수는 이처럼 창업주의 경영이념이 시대를 초월하여 기업의 인재상에 반영되어 표출되는 경우가 많다.

8) 기업의 경영이념이 형상화되어 나타나는 인재상은 기업들이 신입사원을 선발하는 공채전형과정에서 자기소개서 내 성격의 장단점, 필기시험의 인성검사, 임원면접의 인성평가 등을 통해 검증과정을 거치며 최종 합격당락에 큰 영향을 미치고 있다.

이었던 것이다. 실제로 이러한 인재상은 조직 내 구성원에게만 요구되는 것이 아니라 신입사원선발과정에서도 중요한 체크 포인트로 등장하고 있다.

1980년대 삼성의 공채에서는 학식보다는 인격과 기본소양을 중시하는 데 역점을 두었으며 현대의 경우 건설사업의 특성에 기인하여 창업주의 경영철학이 반영되어 있는 미래지향적이고 진취적인 '현대맨'을 원했다. 또한 LG는 조직 내 원만한 인간관계 형성을 위해 협동성과 성실성을 중시하는 인재상에 비중을 두었으며 SK의 경우는 다른 기업과 비슷하게 원만한 인간관계를 유지하면서도 이성적 판단과 사고, 행동을 할 수 있는 유연성을 소유한 무난한 인재를 선호한 것으로 나타나고 있다. 이처럼 1980년대는 산업환경 또한 아날로그형 인재가 한층 더 적합한 시대였던 것으로 보인다([표 5-2] 참조).

표 5-2 1980년대 삼성·현대·LG·SK의 인재상 전개과정과 특징분석[9)]

분류 / 기업	인재상	공개채용 시 인재(인성) 포인트
삼성	• 1984년 삼성정신 표방(인재제일주의: 삼성 공채제도에 반영) • 1988년 제2창업정신(인간존중정신: 사람주체인 경영환경 구축) • 적극적·실천적·도전적/책임의식, 합리적 사고/책임감, 협조적 인재	• 학식보다 인격과 기본적인 소양을 중시 • 현재의 지식보다 기초능력 소유 정도에 역점 • 면접방식: 1차 집단면접과 2차 집단토론 • 면접 시 적극성과 의욕, 긍정적 사고방식, 책임감과 협동심 창의력 등에 주안점

9) 현대·LG·SK의 1980년대 인재상은 창업자나 최고경영자의 경영이념과 기업가정신에 부합하는 방향으로 표출되었으며 이것이 [표 5-2]와 같은 인재상으로 정립되고 있다. 현대는 도전과 개척정신, 근검절약정신, 인간존중정신, 사업보국정신(정주영 회장의 기업가정신), LG는 고객가치창조정신, 인간존중정신, 도전과 혁신정신, 노사화합주의(구자경회장의 기업가정신), SK는 인간 위주의 경영, 인간제일주의, 능력제일주의, 사업보국주의(최종현 회장의 경영이념) 등에 근거한 경영이념이 기업의 인재상을 형성시키는 데 큰 영향을 미쳤다고 볼 수 있다(김성수, 2002, 206-291).

현대	• 현대그룹의 사업과 문화에 부합하는 인재상으로 패기, 진취성, 적극성으로 함축, 집약 • 적극적인 자세로 업무추진이 가능한 지식과 능력을 동시에 갖춘 건강한 인재 • 의지와 패기, 긍정적 사고관, 성실-도전적 인재	• 미래지향적/해외지향적인 경영방침에 의거, 진취성과 창의성, 적극성에 높은 평점을 부여 • 면접은 최종선발인원의 1.5배수 대상, 전공별로 나눠 개별 실시 • 면접관 4~5명이 신상과 전공분야에 대해 질문
LG	• 인화단결정신 중시, 인재등용기준 3가지 제시 • 성실, 건강, 능력의 조화로 원만한 인간관계 형성, 이를 토대로 모든 업무에 적극적/진취적 적응이 가능하다고 판단 • 인재선발이 목표가 아닌 인재육성에 중점	• 사장/임원진 4~5명 배석한 가운데 지원자 희망회사별로 단체면접 실시(영어회화테스트 병행) • 조직 내 원만한 인간관계 형성을 위해 협동력/성실성 중시, 첨단사업에 주력하는 관계로 창의력/적극성/연구심을 갖춘 인재 선호
SK	• 일과 싸워 이기는 패기적 기질 소유자 선호, 적극적으로 사고하고 진취적으로 행동하는 인재 • 적극성/자발성 그리고 업무를 꼼꼼히 수행하는 데 필요한 세심함을 소유한 인재	• 신입사원 채용 시 필기시험보다는 적성테스트와 면접 결과를 중시 • 면접에서 원만한 인간관계, 이성적 판단, 사고 및 행동의 유연성 등을 중시
공채 환경 및 취업 환경	• 1987년 경제민주화선언, 기업 노사분규사태로 공존-상생 위한 협력과 집단덕목 강조하는 인재상 중시, 전 기업 공채 시에도 '특이형 인재'보다 '범인형 인재' 선호 • 인성·적성 위주의 기본소양평가에 주력, 학교성적과 필기시험성적에 의존한 시대 • 전형적 아날로그형 인재상 선호(용모단정, 기본지식평가, 책임감 및 성실성 중시) • 대인관계 원활하고 협동, 팀워크, 적극성 중시하는 관리자형 인재상 요구	

출처: 이신철(2009), 51-52; 이종구·김호원(2012), 105; 류동희·이종구·김홍유(2012), 43 표 참조, 저자가 재구성

2. 1990년대 인재상 전개과정과 특징분석

디지털사회로 진입한 1990년대 대기업의 인재상은 개방화시대를 반영한 모습으로 형상화된 것이 특징이다. 1990년대는 아날로그시대가 종료되고 정보통신산업이 전 산업의 중추적인 역할을 담당하던 시기였다. 이러한 디지털 산업환경이 경제기반을 움직이는 가운데 1980년대부터 추진한 금융 및 유통 시장의 개방이 일정궤도에 오르면서 한국사회는 본격적인 개방화시대를 맞게 되었다. 1990년대 한국사회의 키워드는 개방화 · 민주화 · 국제화 등으로 집약된다. 대기업들의 막대한 투자와 역동적인 기업경영으로 가파른 외형성장을 보이며 세계적인 기업으로 성장할 수 있는 발판을 마련한 시대였다.[10)]

하지만 이러한 양적 성장 위주의 모방투자는 1990년대 말에 발발한 IMF사태로 인해 초유의 구조조정사태에 직면하는 최악의 상황을 초래했다. 1998년과 1999년 연이어 진행된 1, 2차 구조조정은 전 기업들이 감량경영체제에 착수한 직접적인 원인으로 작용했으며 동시에 고학력 취업난과 대량실업사태를 불러일으켜 한국사회를 역경 속으로 몰아넣기도 했다(정구현 외, 2008, 24-25).

1990년대 산업환경은 대기업들의 인재상과 취업환경에 많은 변화를 주었다. 삼성이 '인간미와 도덕성이 충만한 사람(열린사람)', '창의와 협력을 바탕으로 미래를 개척하는 창조적인 사람(열린머리)', '열린시민으로서 국제감각과 능력을 갖춘 사람(열린행동)' 등으로 집약되는 새로운 인재상을 정립했다. 이는 최고경영자가 지향하는 인재경영철학이자 사업전략에 부합하는 창조인, 학습인, 세계인의 의미를 모두 담고 있다. 실제로 삼성은 1994년 "인재와 기술을 바탕으로 초일류기업을 실현한다"는 '신경영이념'을 발표했으며 1993년에는 '인재중시사상'을 재확립한다는 취지에서 '삼성인의 정신'을 발표

10) 한국사회는 1987년 6.29민주화선언 이후 1990년 한국 · 소련 수교, 1992년 한국 · 중국 수교, 주식시장개방, 1994년 해외주식투자 자유화, 1996년 유통시장 전면개방, 2001년 WTO 가입 등 민주화, 국제화, 개방화라는 역동적인 국면을 맞이하게 된다.

했다.[11] 따라서 1990년대 삼성의 인재상은 신경영이념과 삼성인의 정신, 국내외 기업환경 및 산업환경 등이 복합적으로 연결된 상태에서 표출된 모습이라고 볼 수 있다.

현대의 인재상도 시대배경을 적절히 반영하고 있다. '미래를 예측하고 변화를 주도하는 젊은이, 긍정적으로 생각하고 적극적으로 실천하는 젊은이, 스스로 판단하고 행동하며 책임지는 젊은이, 정직하고 예의바른 젊은이' 등 자기관리를 철저히 하면서 미래지향적이고도 해외지향적인 인재에 초점을 맞추고 있다. 이러한 현대의 인재상은 주력계열사였던 현대건설의 사업전략과도 같은 맥락으로 전개되고 있다. 1980, 90년대 현대건설은 열사의 땅인 중동에서부터 동토의 땅인 시베리아에 이르기까지 해외시장개척의 명실상부한 선두주자였다(월간 리크루트, 1989(10월호), 86-87; 월간 리크루트, 1989(11월호), 112; 월간 리크루트, 1991, 86).

1990년대 현대의 경영이념, 현대정신, 기업문화, 인재상 등은 매우 유사한 모양새로 나타나고 있다. 우선 경영이념은 '미래지향, 해외지향, 인재존중'이었으며 기업문화와 현대정신은 창조적 지혜와 적극적인 의지, 강인한 추진력과 근검정신으로 나타났다. 현대의 인재상이 '미래지향적이고 변화를 주도하는 성실하고 적극적인 인재'로 구체화된 이유 또한 1990년대 현대그룹의 주력사업(건설, 자동차) 특성과 창업주의 경영이념, 기업문화 등이 접목되어 도출되었다고 볼 수 있다.

LG의 인재상도 산업환경과 맥을 같이하고 있다. '창의력을 갖고 세계 최고에 도전하는 젊은이' 속에는 1990년대 럭키금성(현, LG)의 주력사업(전자) 내용과 개방화·국제화에 대응하는 경영전략 및 이에 원동력이 되어야 하는 구

11) 삼성은 제2창업시대(1988~1992)에 해당하는 1994년에 삼성인의 경영활동과 의사결정의 원칙이 되는 '신경영이념'을 발표했다. 이는 개방화와 국제화가 치열하게 전개되는 상황에서 삼성인이 지향해야 할 인재의 모습이자 최고경영자의 기업경영철학이 반영된 것이라고 볼 수 있다. 특히 1993년에 발표된 '삼성인의 정신' 속에는 1990년대 급변하는 산업환경하에서 기업생존을 위한 삼성인의 자세와 행동기준 그리고 최고경영자의 신경영이념이 구체화되어 담겨 있다.

성원들의 행동강령이 함축되어 있다. 이러한 LG의 인재상은 최고경영자의 기업이념과도 연결되고 있다. 1990년대 LG의 경영이념에는 '진취적이고도 부단한 기술개발, 테크노피아 실현, 기술과 혁신주의, 세계화주의' 등 첨단산

표 5-3 | 1990년대 삼성 · 현대 · LG · SK의 인재상 전개과정과 특징분석

분류 / 기업	인재상	기업 및 채용환경
삼성	• 인간미와 도덕성이 충만한 사람(열린사람) • 창의와 협력을 바탕으로 미래를 개척하는 창조적인 사람(열린머리) • 열린 세계시민으로서 국제감각과 능력을 갖춘 사람(열린행동) • 창조인, 학습인, 세계인, 사회인상이 결합된 인재형	• 1991~1996년 대기업 채용박람회 활성화 통한 기업설명회 및 신규인력 현장채용 • 1994년 대기업 상시채용제 도입 • 1995년 삼성 프레젠테이션면접 도입(수동면접에서 능동면접 전환, 1990년대 후반 주요 대기업 PT면접 도입 시발점 역할) • 1995년 주요 기업 필기시험 폐지, 신인재평가 위한 종합직무능력검사 도입 • 1998~1999년 정부주도형 인턴사원제 등장 • 1999년 주요 기업(삼성·현대·SK·LG·대우) 신채용기법 I(우수인재 소수, 수시형태, 선별채용) 도입 • 주요 대기업 집단면접(실무면접)/임원진면접 등 복수면접으로 인재평가 강화
현대	• 미래를 예측하고 변화를 주도하는 젊은이 • 긍정적으로 생각하고 적극적으로 실천하는 젊은이 • 스스로 판단하고 행동하며 책임지는 젊은이 • 정직하고 예의바른 젊은이	
LG	• 기본에 충실하고 창의력이 뛰어난 젊은이 • 올바른 가치관을 가진 젊은이 • 세계 최고를 목표로 끊임없이 도전하는 젊은이 ※ 집단면접에서 창의력, 가치관 도전성에 중점	
SK	• 선경인의 자세를 기를 수 있는 자질을 두루 갖춘 사람 • 사고는 적극적으로 하고 행동은 진취적으로 하는 사람 • 패기, 경영지식, 가정 및 건강관리, 사교자세 중시 ※ 임원진 면접에서 패기, 적극적 사고, 진취적 행동에 중점	
취업 환경	• 1994년 주요 대기업 상시채용제도 도입, 삼성·현대·LG·SK 등 면접 다양화, 기업 국제화에 맞춰 인재상, 기업문화 재정립, 시대에 맞는 신면접 도입, 단일면접 주류지만 복수면접 등장(삼성·현대·SK 등) • 1995년 삼성 열린채용 선언, 대기업 직무능력검사 도입, 1997년 IMF사태 발발, 1999년 신채용기법 도입 • 1998년 이후 IMF체제, 대졸 취업난 심화, 정부주도형 인턴사원제도 도입	

출처: 유동현(1998), 70; 이종구 · 김호원(2008), 60-61; 이종구 · 김홍유(2009), 81; 이종구 · 김홍유(2010), 229 표 참조, 저자가 재구성

업분야에 도전하고자 하는 LG인들의 염원이 함축되어 있다. 1990년대 SK의 인재상은 기술집약적·자본집약적 산업에 도전하기 위한 인재상 정립에 초점을 두고 있다. 이를 위해 선경(현, SK)인의 자세(SK-MANSHIP)로 '패기, 경영지식, 적극적이고 진취적인 행동'에 역점을 두었는데 이것이 1990년대 SK의 인재상으로 구체화되었다. 1990년대 SK는 초정밀산업과 정밀화학분야, 종합에너지 및 종합화학 등의 첨단산업에 착수하면서 '적극적·진취적' 행동으로 일과 싸워 이기는 '패기'를 선경인이 갖추어야 할 제1덕목으로 삼았으며 이것이 인재상형태로 고착화되었다([표 5-3] 참조).

3. 2000년대 인재상 전개과정과 특징분석

최근 한국경제가 선진국 국면에 진입하면서 대기업들의 인재상이 새로이 정립되고 있다. 선진국에서 나타나는 특징[12]들이 우리 경제와 사회에 새로운 문제점으로 표출되고는 있지만 디지털경제화와 지식기반서비스산업의 성장으로 1인당 국민소득은 2만 달러선을 넘나들고 있다. 산업환경이 선진국사회로 접어들면서 지식기반산업을 향한 대기업들의 진출이 가속화되고 있다. 1980년대부터 대기업들이 착수한 반도체, 정보통신 등의 지식기반산업은 30년이 지난 현재 한국경제를 주도하는 핵심산업으로 자리매김을 했다.

대기업들의 인재상도 산업환경과 기업환경에 부응하여 역량중심으로 재편되는 모습이다. 삼성의 인재상은 최고경영자의 창조경영에 초점을 맞추고 있다. 삼성의 사장들은 2002년부터 월별 핵심인재확보실적이 업적평가에 적용

12) 한국은 2013년 현재 1인당 국민소득(GDP)이 2만2,707달러에 달하고 있다. 2012년 한국은 세계에서 7번째로 20-50클럽(1인당 국민소득 2만 달러, 인구 5,000만 명 국가)에 가입하면서 선진국 국면으로 진입했다는 평가를 받고 있다. 하지만 선진국사회에서 나타나는 문제점도 여러 곳에서 보이고 있다. 저출산, 저성장, 저효율, 고비용, 고임금, 고학력화, 고실업, 고령화 등은 앞으로 한국사회가 극복해야 할 과제로 꼽히고 있다.

되고 있다. 이는 창조경영의 본체가 바로 핵심인재를 영입하는 데서부터 시작된다고 볼 수 있다. 삼성의 인재상은 '창의 · 열정 · 소통의 가치창조인(We are Value with Creativity, Passion, Collaboration)'에 중점을 두고 있다.

2013년 삼성이 지향하는 '가치창조인'의 개념은 '도전 · 변화 · 협업하는 인재'로 구체화된다. 이들 인재상을 실현하기 위해 필요한 역량은 '열정과 몰입, 학습과 창의, 열린마음으로 소통'하는 것이라고 정의를 내리고 있다. '열정과 몰입으로 미래에 도전하는 인재'란 '업무열정과 공동체의식, 올바른 가치관을 갖고 일에 대한 책임감과 프로의식으로 끊임없이 도전하고 성장하는 인재'를 의미한다. 이는 최고경영자의 인재경영방침과도 접목되는 부분이다. '학습과 창의로 세상을 변화시키는 인재' 속에는 '자기주도적인 학습을 통해 전문성을 키우고 창의적 · 독창적 발상과 영감으로 변화를 선도하는 인재'를 내포하고 있다. 이는 주력사업의 경쟁력을 지속시키기 위한 전문성, 창의성, 독창성에 기인한 바 크다.

'열린마음으로 소통하고 협업하는 인재'도 같은 맥락이다. 이는 '열린마음으로 지역, 세대, 계층의 벽을 넘어 세계와 소통하고 협력하여 인류에 공헌하는 새로운 가치를 창출하는 인재'를 의미하는 것이다. 1993년의 신경영이념(인재, 기술, 최고 제품으로 인류사회 공헌), 1993년의 삼성인의 정신(미래창조, 세계도전, 고객과 함께), 2002년 천재경영론(21세기는 탁월한 한 명의 천재가 수만 명을 부양하는 지적 창조력의 시대), 2004년 삼성인의 핵심가치(인재제일, 최고지향, 변화선도, 정도경영, 상생추구) 그리고 2006년의 창조경영(창조적 경영시스템과 창의적 인재발굴 · 육성으로 기회선점) 등은 최고경영자가 시대별로 지향하는 인재관과 경영전략이 집약된 모습이라고 볼 수 있다.[13)]

2000년대 현대의 인재상은 'Innovative Challenger'로 형상화시켰다. 현대는 창업주시대부터 '도전'에 경영이념을 둔 기업이었다. 이는 2000년대에도

13) 출처: http://www.samsungcareers.com/main.html, 2013년 4월 11일. download

기업문화이자 인재상으로 한층 더 심화, 확대되었다. '혁신적 도전인(Innovative Challenger)'을 지향하기 위한 현대의 인재상은 '불가능에 대한 새로운 도전을 통해 새로운 가치를 창출하는 인재'로 함축되고 있다. 이를 실현하기 위해 현대는 '가치를 창출하는 인재(Value Creator)와 글로벌 역량과 다양성을 존중하는 열린사고를 가진 인재(Global Developer), 상생의 시너지를 구현하는 인재(Synergy Builder)'로 구성원의 행동규범을 정립시켜놓고 있다.[14] LG의 인재상도 '글로벌 지향적인 창의적인 혁신인'에 초점을 맞추고 있다. LG는 주력사업이 지향하는 치열한 경쟁상황을 반영하는 모습으로 인재상을 구체화시켰다. 이를 위해 '열정을 가지고 세계 최고에 도전하는 인재, 실력배양으로 경쟁하는 인재, 자율적 · 창의적으로 일하는 인재, 고객 위주로 끊임없이 혁신하는 인재'를 행동규범으로 표면화시켜놓고 있다.[15]

SK의 인재상은 'SK 가치(SK VALUES=Love, Passion, Challenge, Innovation, Integrity, Accountability)에 부합하고 성공할 수 있는 잠재력(Success Potential)을 갖춘 인재'로 함축시켜놓고 있다. '기업가치'와 '인재의 잠재성'에 무게중심을 두고 있는 LG가 지향하는 인재상의 핵심키워드는 '창의적 문제해결, 과감한 실행, 상호 성장 추구, 최고 전문성 추구'로 나타나고 있다.[16]

2000년대 대기업의 인재상은 글로벌 기업환경에서 생존경쟁을 위한 치열한 몸부림을 선명히 반영하고 있다. '도전, 혁신, 창의, 글로벌'이라는 공통적인 키워드가 무한경쟁시대를 방증해주는 대목이다. 직업환경과 취업환경도 공통적인 특징 아래 '전문인, 정보인, 지식인, 혁신인'을 추구하는 보편적인 모습으로 큰 줄기를 형성하고 있다([표 5-4] 참조).

---

14) 출처: https://www.hdec.kr:1443/recruit/tp_wewant.asp, 2013년 4월 11일. download

15) 출처: http://www.lge.co.kr/lgekr/company/careers/support_guide/affairs.jsp, 2013년 4월 11일. download

16) 출처: http://www.sk.co.kr/Career/recruit_01.aspx?kits=oms=XLiL5JJi24PVsopenWejiZ0ktvb2uwpYspgeTLwYgizdeZpX1OAlPhKcPmIWRdS2, 2013년 4월 11일. download

표 5-4 2000년대 삼성 · 현대 · LG · SK의 인재상 전개과정과 특징분석

<table>
<tr><th>분류
기업</th><th>인재상</th><th>기업 및 공채환경</th></tr>
<tr><td>삼성</td><td>• 창의적 인재: 기존형식 탈피적 발상과 인식전환 주도하는 인재
• 도전적 인재: 개척정신과 변화·개혁을 선도하는 모험정신 소유자
• 글로벌 인재: 뛰어난 외국어실력과 다양한 문화 적응가능자
• 전문인재: 다분야 지식창출가능한 비즈니스지향적인 전문인</td><td rowspan="4">• 대기업 종합직무능력검사 일반화(직무능력검사/인성검사: SSAT 등)
• 대기업 서류전형 시 실용외국어능력시험 보편화(T/S, OPIC, HSK, JPT 등)
• 대기업 역량(직무)면접 및 프레젠테이션면접 보편화(다차원면접 도입, 실무면접 강화)
• 인터넷채용 보편화, 대기업 직종별/직군별 모집 및 채용방식 일반화
• 대기업 60% 공채 및 인턴채용 병행(채용시기 다양화, 우수인재 유치전략)
• 수요자중심 채용시대(캠퍼스 리크루팅 우수인재 선발 주력)
• 2002 삼성신입사원 면접대변화 선언
• 공채문화 다양화시대: 채용, 필기, 면접, 인재상 등</td></tr>
<tr><td>현대</td><td>〈Innovative Challenger〉
• 새로움에 대한 도전, 불가능에 대한 도전, 최고를 향한 도전을 뛰어넘어 새로운 가치를 창출하는 인재
• 가치를 창출하는 인재/글로벌 역량과 다양성을 존중하는 열린사고를 가진 인재/상생의 시너지를 구현하는 인재</td></tr>
<tr><td>LG</td><td>• 꿈과 열정을 가지고 세계 최고에 도전하는 사람
• 고객을 최우선으로 생각하고 끊임없이 혁신하는 사람
• 팀워크를 이루며 자율적이고 창의적으로 일하는 사람
• 꾸준히 실력을 배양하여 정정당당하게 경쟁하는 사람</td></tr>
<tr><td>SK</td><td>〈Values 부합, Success Potential 갖춘 인재〉
• 창의적 문제해결/과감한 실행/상호 성장 추구/최고 전문성 추구
• SK VALUES = Love, Passion, Challenge, Innovation, Integrity, Accountability</td></tr>
<tr><td>취업
환경</td><td colspan="2">• 선진국사회 진입: 저성장, 저출산, 저효율, 고실업, 고비용, 고임금, 고학력화, 고령화현상
• 노동시장 유연화정책, 비정규직 대량양산, 비정규직 노동법 출범, 고용불안정시대 돌입
• 디지털경제화현상: 반도체, 정보통신 등 지식기반산업 한국경제 주도, 지식기반직업 부상
• 글로벌 금융위기로 경기침체 장기화, 노동환경 경직화, 고학력 대졸 취업난 심화 지속
• 국내 대학 취업진로기구 확대개편, 정부차원 직업 · 취업 · 진로교육 강화, 취업문화 발전</td></tr>
</table>

출처: 삼성전자 · 현대건설 · LG전자 · SK주식회사 홈페이지 참고, 저자 재구성(2013년 4월 1일 현재)

Ⅳ 시대별 인재상 특성 비교분석

1980년대 이후 한국경제는 양적 성장과 질적 성장을 성공적으로 수행해왔다. 1962년 이래 시작했던 경제개발계획은 1982년부터 경제사회발전계획으로 수정하여 진행되었다. 본 장의 시대적인 범위는 제5~7차 발전계획이 전개된 시기였다.[17] 이 기간에는 한국경제가 중진국체제에서 탈피하여 선진국 진입을 위해 본격적으로 역량을 모으던 시대였다. 1980, 90년대는 산업구조, 업종구조, 경제인프라 등 기업생태계를 변화시키는 요인에 대한 체질개선 작업이 국가적, 기업적 차원에서 집중적으로 이루어진 시대다. 경제성장의 주역이던 대기업들의 인재상도 산업환경과 기업환경에 맞물려 자연스럽게 변화되었다.

공업화사회(1980~1989년)의 인재상형태는 관리자형(노무형: Physical Power) 인재가 중심이 되었다. 개발도상국의 중심에 서있던 시대인 만큼 업무에 충실하고 조직관리를 잘할 수 있는 관리자형 인재상이 보편적인 형태였다. 관리자형 인재는 대인관계 및 팀워크를 중시하는 리더형 인재로서 다목적으로 활용이 가능한 원만한 사람을 의미한다. 따라서 아날로그시대에 적합한 아날로그형 인재가 보편적인 인재의 모습이었다. 1980년대 인재상의 특징은 범인형, 보통형, 일반형에 해당하는 평균적 인재를 선호했다.

인재상의 패턴도 1980년대 산업환경을 투명하게 담고 있다. 중진국의 상황에서 질적인 성장보다는 양적인 외형성장에 주력했으며 젊음의 패기, 진취적 기상, 성실, 책임, 근면, 협동, 인화 등을 강조하던 시대였다. 이러한 노무형 인재상은 개인의 특성보다는 책임감과 성실성에 기초하는 희생적 행동과 사고를 요구했으며 이것이 미래지향적인 진취적 사고로 비춰지던 시대였다.

17) 한국의 경제개발계획은 1980년대부터 명칭을 변경하여 경제사회발전계획으로 진행되었다. 시대적인 구분은 제5차(1982~1986년), 제6차(1987~1991년), 제7차(1992~1996년) 5개년 계획으로 나눠지며 내용과 특징을 달리하고 있다.

대기업들의 인재상에도 유사한 특성을 지닌 키워드를 쉽게 발견할 수 있다. 성실 · 책임 · 협동 · 인화 등은 개인적인 성향보다는 조직중심에 무게를 둔 인재특성으로 해석할 수 있다. 1980년대 대기업들의 인재상을 비교해보면 삼성의 도전적 인재, 현대의 도전적 자세, LG의 도전적 인재, SK의 적극성, 자발성 등은 매우 유사한 속성을 지닌 용어이다. 1980년대 한국의 대기업들이 육체적 노동중시의 노무형 인재상을 선호했다는 것을 짐작할 수 있다(한국노동연구원, 1999, 143-145).

1990년대 한국사회는 기술 · 정보화시대(1990~1999년)로 진입하게 된다. 인재상의 형태도 기술 · 정보화사회가 요구하는 창조적 인재(두뇌형: Brain Power)형으로 모습을 달리했다. 인재상 키워드도 창조와 학습, 글로벌 마인드와 국제감각에 초점을 맞추고 있다. 선진국 간 첨단기술경쟁이 본격화되는 상황에서 지능형 인재가 선호받던 시대였다. 인재상의 특성도 확연히 달라졌다. 1980년대의 보통형 인재상이 밀려나고 특이형, 디지털형, 글로벌형, 창조형 인재상이 새롭게 자리를 잡았다. 인재상의 패턴에도 큰 변화를 겪었다. 조직구조에 충실했던 1980년대 인재상과는 다른 개성을 중시하는 창조적 인간형으로 새롭게 태어났다. '개성과 끼를 갖춘 인재, 창조적 · 도전적 · 적극적 인재, 국제감각과 능력을 갖춘 인재' 등은 변화를 주도하는 1990년대의 산업환경과 맞아떨어지는 인재의 모습이다. 대기업들의 인재상에서도 공통적인 속성이 보이고 있다. '열린사고, 변화주도, 창의, 경영지식 소유자' 등은 글로벌 경쟁사회를 주도하는 창조적 인재들이 갖춰야 할 역량으로 꼽을 수 있다.

2000년대 산업형태는 지식 · 창조화사회(2000~2013년 현재)로 분류된다. 인재상의 형태도 '창의형 인재'인 전략가적 인재(Concept Power)형의 모습을 띠고 있다. 인재상의 키워드는 '전략적, 혁신적, 지식인' 등 지식 · 정보화사회가 요구하는 용어들로 나타나고 있다. 인재상의 특성도 유사한 의미로 전개되고 있다. '전문인, 전략인, 혁신인, 기업가정신 소유자' 등 혁신적 사고와 전문지식을 소유한 비즈니스지향적인 기업가정신을 요구하고 있다. 2000년대의 인재상의 특징은 '전문지식을 소유한 혁신인'으로 집약된다. 글로벌 비즈니스환경이 요구하는 전략적 · 혁신적 사고에 필요한 전문지식을 갖춘 창의형 인재를 원한다고 볼 수 있다. 대기업들의 인재상에도 공통적인 키워드가 나타나고 있다. 삼성의 '창의적 인재, 전문인재', 현대의 '가치창출인재', LG의 '혁신인재, 창의인재', SK의 '창의적 문제해결, 최고 전문성 추구'는 지식 · 창조화시대가 요구하는 공통적인 인재의 모습이다.

시대별 대기업들의 인재상 변화패턴도 주목해볼 필요가 있다. 이는 산업환경에 따라 전개되는 기업생태계의 변화트렌드를 읽을 수 있기 때문이다. 삼성은 책임감, 도전, 창조, 전문인재로 인재코드가 변했으며 현대는 성실, 도전, 변화, 가치창출로 패턴 전개가 이루어졌다. LG는 적극, 도전, 창의, 혁신인재로 흘러가고 있으며 SK는 적극, 패기, 진취적 사고, 최고 전문성 추구로 성격이 변하고 있다. 시대별 기업들이 지향하는 인재상의 키워드는 조금씩 다르지만 용어가 가지고 있는 속성과 특징은 매우 유사하다는 것을 알 수 있다. 이는 시대별 산업환경과 기업환경이 비슷한 상황에서 최고경영자가 지향하는 경영이념, 경영전략, 기업문화 등에 따라 인재상의 특성이 정해진다는 것을 유추해볼 수 있는 대목이다([표 5-5] 참조).

| 표 5-5 | 시대별 인재상 특성 비교분석(1980~2013년)[18)]

분류 \ 시기	1980~1989년	1990~1999년	2000~2013년 현재
산업(구조)형태	공업화사회	기술정보화사회	지식·창조화사회
인재상 형태	관리자형(노무형) 인재 • Physical Power	창조적(두뇌형) 인재 • Brain Power	전략가적 인재 • Concept Power
인재상 키워드	• 책임감 • 협동성 • 성실성	• 창조적 • 국제감각/글로벌마인드 • 학습인	• 전략적 • 지식인 • 혁신적

18) 시대상황에 따른 산업형태의 구분은 선행연구에 따른다(경남대학교, 2001, 29-39; 조은상 · 이상우, 2004, 9-11; 김성수, 2008, 58-63; 정구현 외, 2008, 19-23).

<table>
<tr><td colspan="2">인재상 특성</td><td>• 범인형 인재
• 보통형 인재
• 일반형 인재
• 관리자형 인재</td><td>• 특이형 인재
• 디지털형 인재
• 글로벌형 인재
• 창조형 인재</td><td>• 전문인
• 전략인
• 혁신인
• 기업가정신 소유자</td></tr>
<tr><td colspan="2">인재상 변화패턴</td><td>• 젊음의 패기와 진취적 기상
• 미래지향적 사고/인간 존중정신
• 합리적이고 희생적인 사고
• 성실/책임/근면/협동/인화</td><td>• 개성과 끼를 갖춘 인재
• 창조적/도전적/적극적
• 국제감각과 능력을 갖춘 인재
• 인간미/도덕성/신용인</td><td>• 전문지식 보유, 창의적 전문가
• 분석적/전략적/혁신적 사고
• 마켓지향적/고객지향적 인재
• 글로벌 사고/비즈니스마인드 소유자</td></tr>
<tr><td rowspan="4">주요 기업 인재상</td><td>삼성
(삼성전자)</td><td>• 도전적 인재, 탐구형 인재
• 책임감 지닌 합리적 인재</td><td>창조인, 학습인, 세계인, 사회인(열린마음, 열린머리, 열린행동)</td><td>창의적 인재, 도전적 인재, 글로벌 인재, 전문인재</td></tr>
<tr><td>현대
(현대건설)</td><td>패기와 의지 소유자, 적극적·긍정적 사고방식, 성실 및 도전적 자세</td><td>변화주도, 긍정적 사고·적극적 실천, 책임·정직·예의</td><td>가치창출인재, 열린사고 소유인재, 상생 시너지 구현인재</td></tr>
<tr><td>LG
(LG전자)</td><td>적극적 · 능동적 · 도전적 인재</td><td>기본에 충실한 창의력 소유자, 바른 가치관, 도전적 인재</td><td>도전인재, 혁신인재, 창의인재, 정당하게 경쟁하는 인재</td></tr>
<tr><td>SK
(SK주식회사)</td><td>패기(일과 싸워 이기는 기질), 적극성, 자발성, 세심함</td><td>적극적 사고, 진취적 행동, 경영지식 소유자, 사교자세</td><td>창의적 문제해결, 과감한 실행, 상호 성장 추구, 최고 전문성 추구</td></tr>
<tr><td colspan="2">인재상 환경분석</td><td colspan="3">▶ 1980년대: 대인관계 및 팀워크 중시하는 리더형 인재, 다기능인재상 요구(관리자형 인재)
▶ 1990년 초반: 기술, 정보화사회 주도하는 두뇌형 인재 선호, 국제감각 중시하는 창조적인 인재상
▶ 1990년 후반: 변화주도하는 개방형 인재상 선호, 국제화마인드 강조하는 글로벌형 인재상
▶ 2000년 이후: 혁신적 사고, 전문지식 소유자, 비즈니스지향적인 기업가정신 요구</td></tr>
</table>

출처: 이종구·김홍유(2010), 230; 류동희·이종구·김홍유(2012), 49-50 표 참조, 저자가 재구성

V 결론 및 제언

1. 요약 및 결론

인재상은 산업환경과 기업환경 그리고 최고경영자가 지향하는 경영이념에 기인하여 변화하는 속성을 지니고 있다. 선진국형 공업화사회를 지향했던 1980년 이래 한국사회는 1990년대 기술정보화사회를 거치며 오늘날 선진국 반열에 탑승하는 지식창조화사회를 맞이하고 있다.

1980년대 기업사회를 중심으로 공채문화가 본격적으로 모습을 드러내면서 기업의 인재상도 동시에 정립되고 발전하는 전개과정을 거쳐왔다. 물론 1980년대 이전 사회에도 기업의 인재상이 완전히 부재한 것은 아니었다. 하지만 공채문화가 출현되기 전까지는 창업주나 최고경영자의 인재관이나 인재사상 혹은 경영이념이 구성원들의 보편적인 행동규범으로 인재상의 역할을 수행해왔던 것도 사실이었다.

기업의 인재상은 산업구조와 기업사회의 발전과정과 맞물려 전개되는 양상을 보여준다. 따라서 사회가 선진화되고 기업이 발전할수록 복잡다기한 모습으로 형상화되고 구체화된다. 1980년대 이후 산업구조의 변화에 따라 대기업들의 인재상 키워드와 특징, 패턴 등도 복잡한 메커니즘을 거치며 전개되어왔다. 주목되는 현상은 시대별로 변천해온 그룹사들의 인재상형태가 공업화사회 때는 노무형 인재에 근접했고 기술정보화사회는 창조형 인재 그리고 지식창조화사회는 전략가형 인재상으로 유사하게 발전했다는 점이다. 특히 아날로그사회와 디지털사회가 추구하는 인재상의 모습은 매우 차별되고 대조되는 양상을 보이고 있다. 즉 1990년대를 기점으로 1980년대 사회는 협동, 성실, 도전으로 압축되는 보통형 인재시대였다면, 2000년대 지식기반사회는 창의, 지식, 전략 등으로 집약되는 혁신적인 인재로 정립된다. 1980년대 이후 한국 기업사회에 본격적으로 구체화되어 나타난 대기업들의 인재상 변천과정과 시대별 특성을 비교분석하면 다음과 같이 요약할 수 있다.

먼저 기업의 인재상은 산업환경과 기업환경, 최고경영자를 지향하는 경영이념에 기인하여 변화하는 속성을 지니고 있다. 따라서 시대별 인재상의 형태, 키워드, 특성, 패턴 또한 기업생태계의 변화와 산업구조에 탑승하여 점진적인 변화와 진화를 거듭하고 있다.

1980년대 공업화사회의 인재상은 노무형 인재로 집약된다. 인재상의 키워드는 책임, 협동, 성실로 요약되며 인재의 특성은 대인관계 및 팀워크에 공조할 수 있는 범인형 인재의 모습으로 구체화시킬 수 있다.

1990년대 기술정보화사회의 인재상은 창조형 인재로 정립할 수 있다. 인재상의 키워드는 창조, 적극성, 국제감각으로 압축되며 인재의 특성은 글로벌 감각으로 정보화사회를 주도할 수 있는 창조적 인재의 모습으로 형상화된다.

2000년대 지식창조화사회의 인재상은 전략가형 인재로 요약된다. 인재상의 키워드는 지식, 혁신, 전문성으로 함축되며 인재의 특성은 혁신적 사고와 전문지식으로 글로벌 비즈니스를 역동적으로 수행할 수 있는 기업가정신을 소유한 창의적 인재로 구체화된다.

한편 1980년 이후 산업환경과 기업환경을 변화시킨 시대별 주요 사건도 인재상의 변천과정에 큰 요인으로 작용했다. 1980년대의 '6.29민주화선언'과 1990년대의 본격적인 '개방화' 및 'IMF사태', 2000년대 지식기반산업이 만들어낸 '디지털경제화사회'는 대기업들의 인재상 진화과정에 직접적인 영향력을 행사한 큰 사건으로 기록된다. 이처럼 인재상은 산업환경과 기업환경 그리고 최고경영자가 지향하는 핵심가치에 의해 상호 간 유기적인 메커니즘을 통해 새로운 패러다임을 끊임없이 형성시키는 유기체라고 볼 수 있다.

2. 시사점 및 제언

본 장은 1980년대 이후 지난 30년간 국내 대기업들의 시대별 인재상의 변천과정과 특성을 비교분석하는 데 초점을 두었다. 국내 기업사회에 인재상이 핵심가치로 부상한 것은 2000년대 이후라고 볼 수 있다. 1990년대 이전의 기업의 인재상은 구성원들이 공유하고 지향하는 행동규범이자 가치관 정도로 인식되어왔다. 2000년대 기업의 인재상이 핵심가치로 떠오른 직접적인 이유는 조직의 의사결정과 전략수립을 실행하는 과정에서 모든 가치들의 중심역할을 하고 있기 때문이다.

기업의 인재상이 이렇듯 조직과 구성원들의 핵심가치의 정점에 있는데도 불구하고 지금까지 기업의 인재상은 인사관리의 핵심연구영역에서 소외된 채 변방에 머물렀던 점도 부인할 수 없는 사실이다. 본 장은 최근 기업의 핵심가치로 부상하고 있는 인재상의 시대별 변천과정과 특성을 비교분석하는 동시에 공채문화의 주요 구성요소인 인재상의 시대별 전개과정을 체계화시켜 학문영역으로 유입했다는 점에 의의를 두고자 한다. 물론 인재상의 선행연구를 보면 인재상의 도출과 정립을 위한 방법적인 연구는 기존에도 일부 학자들에 의해서 진행되어왔다.

하지만 본 장은 인재상 개발을 위한 방법적인 연구가 아닌 지난 30여 년 동안의 우리 대기업들의 인재상을 체계적·종합적으로 고찰했다는 차원에서 또 다른 의미를 갖고 있다. 따라서 본 장은 실증분석이 아닌 탐색적인 연구방법을 통해 접근한 만큼 탐색적인 연구기법이 수반하는 한계점을 지니고 있다는 것을 밝혀둔다. 또한 본 장은 1980년대 이후 산업구조의 발전과정과 맥을 같이하여 전개되는 기업의 인재상을 통해 최근 공채문화의 핵심요소로 부상한 인재상의 중요성과 역할을 부각시켰다는 측면에서 재차 의미를 남기고자 한다. 한편 본 장의 연구를 기반으로 후행 연구자들에게 시대별로 전개되는 기업들의 직책별·직무별 인재상에 대한 후속 연구가 이어지길 기대한다.

참고문헌

▣ 본 장은 이종구(2008. 12). "한국 대기업의 인재상 전개과정과 시대별 특성 비교분석에 관한 탐색적 연구". 경영사학. 28(2). 49-78에 수록된 내용이다.

경남대학교(2001), **진로탐색과 준비**, 29-39.

김병구(2001), "21세기 환경변화와 인재상", **단국대학교 학생생활연구**, 6, 91-92.

김성수(2008), "건국 60년 한국기업의 경영이념 변화와 미래 방향", 한국기업경영학회 춘계학술대회, 58-63.

노용진(2003), "CEO Report: 초우량 기업의 길", **LG주간경제**, 759호, 18-26.

덕성여자대학교(2007), **취업전략**, 53-55.

대한상공회의소(조사보고서)(2012), **대기업 인재채용 트렌드 조사**.

동국대학교(2002), **직업탐구**, 10-12.

류동희 · 이종구 · 김홍유(2012), "한국 대기업의 채용패턴 변천과정과 시대별 특성 비교분석에 관한 연구: 1980년대 이후 삼성 · 현대 · LG · SK 중심으로", **경영사학**, 27(4), 40-50.

리크루트(1989), **월간 리크루트**, 10 · 11월호 참고.

리크루트(1991), **월간 리크루트**, 5월호 참고.

명지대학교(2001), **인재교육프로그램**, 21-24.

박원우 · 권석균(1996), "인재상 정립의 방법과 내용: 한국기업의 사례를 중심으로", 한국경영학회 춘계학술연구발표회, 243-251.

신태균(2006), "기업의 핵심가치 전개가 경영성과에 미치는 영향", 경희대학교 대학원 석사학위논문, 93-109.

원광대학교(2001), **직업과 진로**, 45-46.

유동현(1998), "신세대 대학생의 직업선호도 및 인지도에 관한 고찰", 숭실대학교 노사관계 대학원 석사학위논문, 70.

이신철(2009), "한국 대기업 인재상의 변화", 고려대학교 경영정보대학원 석사학위논문, 51-52.

이종구 · 김호원(2008), "한국 취업문화의 사적 전개과정과 시대별 특성 비교분석에 관한 탐색적 연구", **기업경영연구**, 15(3), 60-62.

이종구 · 김호원(2012), "삼성의 인재경영 변천과정과 시대별 특성 비교분석에 관한 연구", **경영사학**, 27(2), 105.

이종구 · 김홍유(2009), "삼성 공채의 사적 전개과정과 한국 취업문화 기여도 분석에 관한 탐색적 연구", **기업경영연구**, 16(3), 81.

이종구 · 김홍유(2010), "한국 공채문화의 사적 전개과정과 시대별 특성 비교분석에 관한 탐색적 연구", **경영사학**, 25(2), 219-239.

이종구 · 조은상 · 김홍유(2009), "한국 직업변천사의 시대별 특성 비교분석에 관한 탐색적 연구", **경영사학**, 24(4), 93-96.

인앤잡(2009), **제1회 산 · 학 · 관 합동세미나 및 인사담당교류회 자료집**, 14-53.

장현아(2006), "인재상 정립과 선발도구의 신뢰성 · 타당성 확보를 통한 기업의 효과적인 인재 선발 적용 사례연구", 경희대학교 대학원 석사학위논문, 11-18.

정구현 · 강원 · 강한수 · 김은환 · 김종년 · 배성오 · 신형원 · 이민훈 · 태원유 · 한창수(2008), **한국의 기업경영 20년**, 삼성경제연구소.

조선일보(2013. 4. 4), A6면.

조은상(2007), **인재개발론: 한국기업의 과거, 현재 및 미래**, 범한, 115-116.

조은상 · 이상우(2004), "시대별 환경변화의 추이에 다른 한국기업 인재상의 변화와 21세기 인적자원개발의 과제", **인력개발연구**, 6(1), 9-11.

한국경제신문(2013. 2. 20), [기업들 인재열전], B1면.

한국경제신문(2013. 4. 17), [함께 일구는 창조경제], B1-B3면.

한국노동연구원(1999), **21세기형 인적자원관리**, 143-145.

O'Reilly, C. A. and J. Chatman, and D. F. Caldwell(1991), "People and Organizational Culture: A Profile Comparison Approach to Assessing Person-Organization Fit", *Academy of Management Journal*, 34(3), 482-504.

Ryans, S. L. and A. E. Barber(1990), "Applicant Attraction Strategies: An Organizational Perspective", *Academy of Management Review*, 15(2), 281-301.

Slater, R.(1999), *Jack Welch and the GE way*, New-York: McGraw-Hill.

https://www.hdec.kr:1443/recruit/tp_wewant.asp, 2013년 4월 11일. download.

http://www.lge.co.kr/lgekr/company/careers/support_guide/affairs.jsp, 2013년 4월 11일. download.

http://www.samsungcareers.com/main.html, 2013년 4월 11일. download.

http://www.sk.co.kr/Career/recruit_01.aspx?kits=oms=XLiL5JJi24PVsopenWejiZ0ktvb2uwpYspgeTLwYgizdeZpX1OAlPhKcPmIWRdS2, 2013년 4월 11일. download.

한국 취업문화 · 공채문화 40년사
채용역사와 뉴 패러다임

CHAPTER

06

한국 대기업 인턴사원제도 40년 전개과정과 시대별 특징분석

-1980년대 이후 대기업 중심으로-

핵심 요약

본 장은 1980년대 중반 이후 한국 기업의 공채역사에 한 축으로 자리 잡은 인턴사원제도에 대한 전개과정과 특징을 시대별로 비교분석하는 동시에 향후 이 제도의 전개방향과 운영절차를 정립하는 데 목적을 두고 있다. 한국의 인턴사원제도는 시대별 산업환경의 변화에 따라 전개과정과 특징을 명확히 달리해왔다. 1980년대의 졸업정원제 실시와 경제민주화선언은 인턴사원제를 태동시킨 직접적인 요인이 되었다. 1990년대의 경우 외환위기사태로 인해 인턴사원제도의 원래 도입목적에서 탈피, 기업이 주체가 아닌 정부가 운영하는 변형된 모습으로 전개되었다. 2000년대의 운영목적은 공채채널의 다양화에 따른 채용인력확보의 리스크 방지 및 사전 인재평가를 통한 우수인재 유치로 집약된다.

1980년대 중반 이후 한국 인턴사원제도의 전개과정에서 나타나는 특징과 시사점을 요약하면 다음과 같다. 첫째, 한국 기업의 인턴사원제도는 선진국의 운영취지인 현장실습차원보다는 사원채용제도로 도입되어 활용되고 있다. 둘째, 한국의 인턴사원제도는 도입기, 조정기, 전환기로 구분할 수 있으며 시대별 산업환경을 변화시킨 요인에 의해 운영목적과 특징을 달리해왔다. 셋째, 도입기에 단순업무형태였던 현장실습프로그램이 최근 직무교육 위주로 급격히 선회하고 있다. 넷째, 한국의 대학생들은 인턴사원제도를 현장실습차원에서 접근하기보다는 기업 입사를 위한 주요 창구로 활용하고 있다. 다섯째, 인턴사원제도의 공정성과 정당성을 확보하기 위해서는 인턴사원 선발과정의 공정성과 투명성 그리고 실습 후 전원채용을 통한 구직자들의 기회비용상실을 최대한 줄여나가야 할 과제를 안고 있다.

본 장은 1984년 한국 공채역사에 도입된 인턴사원제도의 시대별 특징과 운영목적을 종합적·체계적으로 고찰, 분석한 동시에 이 제도를 도입한 전 기업의 인사담당자들과 대학생들에 대한 실태조사를 통해 향후 이 제도의 정립방향과 운영절차 등을 선험적인 기법으로 접근했다는 측면에서 그 의의를 두고자 한다.

I 문제제기 및 연구목적

1. 연구배경 및 연구목적

한국의 고학력 취업시장은 1980년대 접어들면서 취업문화[1)]적인 측면에서 기존시대와는 현격히 차별되는 상황을 맞게 된다. 1980년대는 한국 공채 50년사에 있어 대졸 공채가 우리 기업 내 인적자원관리의 주요 영역으로 부상한 시기였으며 고학력 노동시장의 인력수급불균형 문제가 본격적으로 야기된 시대이기도 하다. 1980년대 대졸 취업시장을 변화시킨 주요인으로는 졸업정원제 실시[2)]와 경제민주화선언[3)]을 들 수 있다. 1981년부터 실시된 졸업정원제는 대졸인력의 과잉공급현상을 초래, 1980년대 고학력 취업난을 불러온 직접적인 원인이 되었다. 1987년의 경제민주화선언(김재원, 1996)은 한국 노사분규의 분수령이 되었으며 기업의 임금상승에 따른 국제경쟁력을 약화시켜 대졸 실업사태를 유발시키는 계기로 작용했다.

졸업정원제와 경제민주화는 대기업들의 인재선발시스템에도 커다란 변화를 가져왔다. 경제민주화의 파장에 의해 축소채용으로 돌아선 대기업들은 과잉공급된 대졸인력을 선발하는 새로운 채용방식으로 인턴사원제도를 전격 도입하게 되었다. 1984년 럭키금성(현, LG그룹)에 의해 등장한 인턴사원제는 그해가 한국 공채사에 첫 모습을 드러낸 원년으로 기록되고 있다(이동근,

1) 1980년대 이후 취업문화를 형성하는 행동규범(취업진로기구 및 학생생활연구소 출범)과 가치의식(그룹사 우위의 취업의식 조성), 제도적 특성(정형화된 공채시스템 출현) 등 취업문화관점의 태동요소들이 다양한 분야에서 본격적으로 출현하였다.

2) 1981년 정부의 졸업정원제 실시에 따른 입학정원 증가로 대졸인력이 노동시장으로 과잉공급되면서 기업들이 우수인재 구분과 사전 유치를 위해 기존의 공채 외에 또 다른 채용방식으로 인턴사원제도를 전격 도입하였다.

3) 1987년 경제민주화선언으로 노사분규의 홍역을 치른 기업들이 사전 인성평가를 통한 우수인재의 조기확보차원에서 인턴사원제도를 도입하였다.

1993). 이는 대기업들이 과잉공급되는 대졸 신규인력 가운데 우수인재의 조기확보를 위한 선검증 · 후채용 방편으로 인턴사원제를 활용했기 때문이다. 최근 국내 기업들의 신규인력 채용방식의 하나로 자리 잡은 인턴사원제도는 이러한 배경을 안고 태동된 것이다.

우리 기업들이 사용한 인턴사원제는 선진국들이 사용하고 있는 인턴사원제도와는 차별된다. 선진국의 경우 인턴사원제도가 대학생들의 현장실습 및 경력관리차원에서 활용되고 있다는 측면에서 취업과 직접 연계되는 국내 인턴사원제도와는 차별된다. 구직자의 입장에서 볼 때 인턴사원제도의 도입목적이 "취업과 연계되느냐, 현장실습 차원이냐"에 따라 접근방법과 참여 자세는 현격히 달라진다. 기업의 입장에서도 양자의 경우에 따라 시스템과 운영방법을 달리하고 있다.

1980년대 중반 이후 인턴사원제도는 삼성 · 현대 · 대우 · 삼양 · 대성 · 포항제철 등으로 점차 확산되었다. 1980년대의 인턴사원제가 선험적인 차원에서 일부 대기업만이 활용하는 도입기차원의 전개과정이었다면 1990년대 인턴사원제도는 국내 대기업들이 경쟁적으로 활용해온 과도기이며 조정기에 해당되는 단계였다. 이는 1990년대 한국의 대기업들이 공채와 인턴사원제를 병행하여 대졸인력을 채용했기 때문이다. 특히 1997년은 한국경제 · 사회 전반에 걸쳐 큰 타격을 입은 IMF사태가 일어난 시기였으며 이른바 'IMF형 인턴사원제'가 출범되기도 했다. 2000년대 들어 인턴사원제도는 대졸 채용방법의 일반적인 전형으로 완전히 자리 잡았다. 전개과정으로 볼 때 전환기로 접어들고 있는 것이다.

본 장의 목적은 1980년대 중반 이후 한국 공채사에 새로운 신규 채용방법으로 자리 잡은 인턴사원제도를 종합적으로 탐색하고 고찰하는 데 그 취지를 두고자 한다. 본 장은 한국 공채사에 인턴사원제도가 채용전형의 한 축으로 형성되기까지 그동안의 전개과정을 도입기 · 조정기 · 전환기로 구분하여, 분석하는 동시에 시대별 특징을 비교분석하여 그 변화과정과 추이에 따른 양태를 파악하고자 했다. 또한 지난 24년간 사용되어온 한국기업의 인턴사원제도를 전개단계별 · 시대별 · 특징별로 체계화시키는 동시에 향후 보다 발전된 인턴사원제도를 유인하기 위해 현재 인턴사원제도를 도입 중에 있는 모든 기업과 전국 대학생에 대한 실태조사를 통해 시대에 맞는 이 제도의 올바른 정립방향과 운영절차모형도 함께 제시하기로 한다.

2. 연구범위 및 체계도

본 장은 1980년대 이후 한국 공채사에 한 축으로 자리 잡은 인턴사원제도에 대한 전개과정과 특징을 시대별로 체계적으로 분석한 연구인 만큼 연구범위를 대졸 채용방식[4] 가운데 하나의 형태인 인턴사원제도에 한정해서 접근하기로 한다. 또한 시대별 전개과정은 국내 기업의 공채사에 인턴사원제도가 1984년부터 도입된 관계로 1980년대부터 2000년대까지를 분석기간으로 삼았다.

인턴사원제를 연구하기 위한 공채환경 고찰에서는 인턴사원제의 당사자인 기업과 대학, 구직자인 대학생을 분석대상으로 했다. 본 장은 공채환경을 통해 인턴사원제의 출범 계기를 고찰한 데 이어 전개단계별로 시대별 특징과 특성을 비교분석한 후, 이 제도의 올바른 정립방향과 운영절차를 모색하기 위해 실태조사를 실시하는 과정으로 짜여져 있다. 실태조사의 대상은 현재 인턴사원제도를 도입하고 있는 72개 전체 기업의 신규인력 채용담당자(campus recruiter)로 삼았으며 이 제도에 대한 인식조사를 위한 대학생들의 표본대상은 전국 6개 지역 4학년 재학생 위주로 한정했다. 한편 본 장의 시대별 인턴사원제의 특징분석에서는 시대별 공채제도와 대비하여 전개되는 인턴사원제의 현황과 운영방식, 특징 등을 분석하는 데 주력했으며 시대별 특성 비교분석부분에서는 인턴사원제를 운영하는 주체들의 도입목표와 이 제도의 정책적인 활용취지 등을 시대별로 비교분석하는 방식으로 접근했다.

4) 2008년 7월 현재, 국내 대기업들의 사원선발제도의 형태로는 공채, 인턴사원제, 추천제, 특채, 연고채용제 등 다양한 채널이 동원되고 있다.

그림 6-1 | 대기업 인턴사원제 연구구성 및 체계도(1980~2000년대)

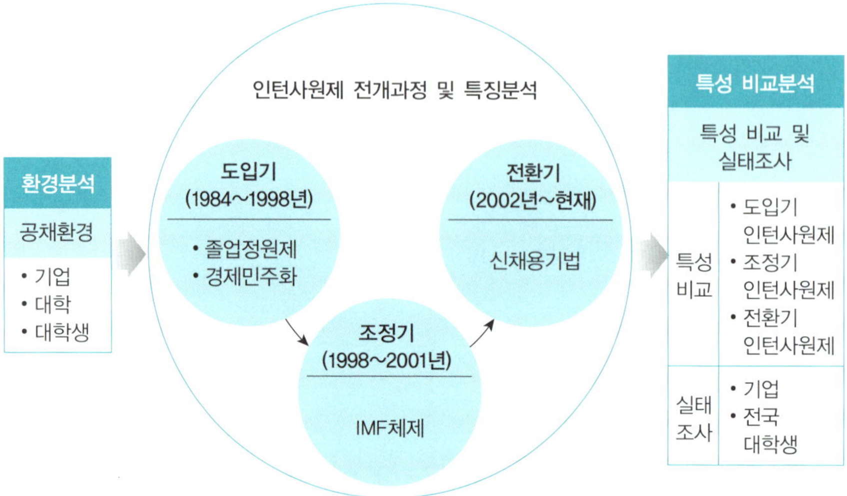

본 장 연구의 접근기법은 인턴사원제의 사적 선행연구가 매우 취약한 상황에서 선험적인 접근을 통해 이루어진 만큼 탐색적인 연구방법(exploratory study)을 사용했으며 연구구성 및 체계도는 [그림 6-1]과 같다.

Ⅱ 선행연구 및 공채환경 사적 고찰

1. 선행연구

채용이론 가운데 인턴사원제를 설명해줄 이론은 아직까지 등장하지 않은 것으로 알고 있다. 인턴사원제는 원래 실습교육차원에서 시작된 제도인 만큼 엄격히 말해 채용제도와는 무관하기 때문이다. "인턴십은 학교가 아닌 현장에서 얻은 경험학습을 뜻하는 의미로 인턴십, 서비스학습, 협력교육, 현장실습 등 다양한 용어로 정의되고 있다(Tovey, 2001; 김영규, 2008)." 직업교육을 목적으로 하는 인턴십과 같은 현장경험을 미국에서는 cooperative education, apprenticeship, field study, practical experiences, community service 등으로 정의하고 있으며 영국에서는 sandwich system이라는 용어를 사용하고 있다(최귀덕, 1998; 김영규, 2008). 이처럼 인턴십은 선진국에서 다양한 용어로 지칭되고 있지만 주목되는 점은 채용제도가 아닌 현장실습차원에서 접근하고 있다는 것이 국내 기업의 인턴제도와 가장 큰 차이를 보이는 부분이다.

인턴십프로그램이 처음 운영된 미국 대학들의 경우 공채 측면보다는 재학생들의 현장경험과 직업에 대한 선택의 폭을 넓혀주기 위하여 시도되었다고 한다(강영무, 2006). 이는 현장실습에 참여한 대학생들에게 기업문화와 실무능력을 동시에 배울 수 있는 기회를 주었다는 차원에서 매력적인 현장실습프로그램으로 주목을 받았다. 따라서 인턴사원제도는 채용이론차원에서 접근하기보다는 현장실습교육의 한 프로그램으로 연구되는 것이 이 제도의 태생학적인 측면에서 볼 때 정확한 접근이라 할 수 있을 것이다.

미국, 영국, 독일 등의 경우 인턴십프로그램은 고등학교 때부터 진로교육의 연장선에서 투입되는 산학실습교육의 한 방법이다. 특히 미국의 경우 한국의 고등학생에 해당되는 11학년과 12학년 때 인턴십프로그램에 참가해 직접 현장을 경험한다.[5] 진로탐색과 현장경험, 직업선택의 폭을 넓게 하기 위해서다. 하지만 한국의 인턴십프로그램은 대학 위주로 진행되며 목적이 선진국과는 다른 취업의 한 방편으로 확고히 사용되고 있다.

국내 인턴사원제의 경우 럭키금성(현, LG)이 1984년 도입할 당시 분명히 사원채용제도로 적용하면서부터 지금까지 이 제도는 한국 공채사에 채용제도의 하나로 뿌리를 내리고 있다(김성수 외, 1997). 따라서 본 절에서는 인턴사원제에 대한 이론적 접근보다는 한국 공채사에 이 제도가 걸어온 다양한

5) 미국의 경우 보통 11학년과 12학년때 인턴십프로그램에 참가하여 진로 및 직업세계에 대한 안목을 키워나가고 있다(동아일보, 2001).

행보를 탐색하는 측면에서 접근해보는 것이 본 장의 취지에 부합하는 동시에 인턴사원제의 바람직한 정립방향에도 한층 더 효과적일 것으로 판단된다.

인턴사원제도의 장점은 "구직자와 구인자 간의 정보 공유로 인해 이·전직을 방지할 수 있다. 즉 이 제도는 소위 내부 노동시장 또는 통계적 차별의 원리 등을 활용하여 종업원이 회사에 대한 만족감·귀속감을 높이고 생산성 향상을 도모하는 것"이라고 보았다. 하지만 단점은 "일류대 출신 위주로 운영되며 여자, 지방대, 분교 출신 등에 대한 차별이 심하게 나타나는 것"이라고 했다(김재원 1997). 이는 인턴사원제도의 장단점을 기술한 내용으로 단점의 경우 이 제도가 최근까지도 완전한 공채방식으로 뿌리내리지 못한 문제점에 해당되는 부분이라고 말할 수 있다. 인턴사원제를 대학의 취업지도 활성화 방안차원에서 접근한 연구도 있다(강길훈 외, 2007). 이 연구에서는 "기업들이 인턴사원을 선호하는 이유에 대하여 '검증을 거친 우수한 인재, 기업과 직무에 대한 관심과 열정, 신속한 현장 적응력' 등을 높이 평가하고 있기 때문"이라는 것이다. 이는 인턴사원제도가 갖고 있는 장점으로서 이 제도가 처음 도입된 1980년대 중반과 최근 국내 기업들이 인턴사원의 규모를 늘리는 이유와 일맥상통하는 부분이기도 하다.

해외인턴십에 대한 연구도 있다. 이용탁(2005)의 경우 해외인턴십을 청년실업해소를 위한 실업대책차원에서 접근하고 있다. 이 논문이 다룬 내용은 "해외인턴십프로그램을 개발하기 위해 재외동포기업가들과의 인적 네트워크 및 협력관계 구축이 무엇보다 중요하며 또한 인턴십이 실질적인 취업과 연계되기 위해서는 국내외 인턴십의 교육프로그램 내용이 내실에 충실해야 한다"는 것이다. 여성인력의 취업 활성화를 위해 해외인턴십을 활용해야 한다는 연구도 있다(김영규, 2008). 여성취업은 업종의 선택이 입사여부를 결정짓는 변수 역할을 하는 경우가 많은데 이 연구는 외항사와 호텔사 등의 인턴십프로그램에 참가하고 있는 여대생들을 대상으로 기업이 요구하는 수준과 인턴생들의 실제 수준을 비교분석하는 데 초점을 맞추고 있다. 결국 기업이 요구하는 인턴십의 수준에 따라 인턴생들의 취업여부가 결정되는 만큼 동종업계 프로그램 운영을 추진하는 국내 대학들에게 시사하는 바가 클 것으로 보인다.

외국문헌의 경우는 Daugherty(2000)가 인턴십과 산학협력의 중요성을 강조하였으며 Henry, Razzouk & Hoverland(1988)는 이론교육과 실제교육의 갭(gap)을 보완해주는 역할을 한다고 주장하였다. 또한 Raymond & McNabb(1993)는 인턴십을 통해 시간관리, 기업 내 의사소통, 자기관리 등의 능력을 키울 수 있다고 하였으며 Ross & Ogbonnaya(2002)는 이론과 인턴실습을 수행하면서 얻은 실무와의 관련성에 대해 인턴학생들의 관점과 태도를 연구하였다(김영규, 2008).

지금까지 살펴본 국내외 선행연구를 비교해볼 때 서로 상이한 관점에서 접근하고 있다는 것을 알 수 있다. 선진국의 경우는 공채적인 측면보다는 이론교육을 보완하는 현장실습 내지 경력관리프로그램 차원에서 접근하고 있는 반면, 국내 인턴사원제는 우수인재확보를 위한 채용제도 혹은 실업대책 그리고 취업 활성화차원에서 접근하고 있다는 것이 가장 큰 차이점이라 할 수 있을 것이다. 다음 절(III)에서는 탐색적인 연구방법을 통해 한국 인턴사원제도의 시대별 전개과정에 따른 특징분석에 대해 접근해보기로 한다.

2. 공채환경 사적 고찰

본 절에서는 국내 기업사회에 인턴사원제도가 처음 도입된 1984년 이후 산학의 공채환경을 시대별로 분석해보기로 한다. 인턴사원제는 공채의 또 다른 형태인 만큼 1980년대 이후 우리 기업사의 공채환경을 조명해보는 것은 필수적인 사안이기 때문이다. 본 절에서는 인턴사원제도가 도입된 1980년대부터 최근 2008년까지 우리 기업의 공채환경을 시대별로 조명해보는 동시에 공채환경 속에서 이 제도의 역할 및 시스템 등에 관해서 접근해보기로 한다([표 6-1] 참조).

1980년대 국내 공채환경은 졸업정원제 도입과 경제민주화선언으로 고학력

표 6-1 시대별 산학의 공채환경분석(1980~2008년)

<table>
<tr><th>구분
시기</th><th colspan="2">채용문화(기업)</th><th colspan="2">진로문화(대학)</th><th colspan="2">직업문화(대학생)</th></tr>
<tr><td rowspan="4">1980년대 산학의 공채 환경</td><td>채용제도</td><td>• 대규모 정기공채
• 그물형 채용방식
• 그룹 일괄공채</td><td rowspan="2">취업진로기구</td><td rowspan="2">• 학생처 소속(겸업)
• 전담 직원/부서/명칭 부재
• 아르바이트/추천지원/취업통계</td><td rowspan="2">기업선호도</td><td rowspan="2">• 산업구조 조정단계, 대기업 일변도 선호
• 공기업 선호현상 부재
• 대기업, 성장성/발전성/임금 · 복리제도, 공기업과 차별</td></tr>
<tr><td>필기전형</td><td>• 그룹 일괄 필기시험
• 기초/기본지식 평가
• 영어/전공(상식)</td></tr>
<tr><td>면접방식</td><td>• 기본소양/인성평가
• 상식적인 보편적 사고의 소유자 선발</td><td rowspan="2">진로교육</td><td rowspan="2">• 학생생활연구소 초기형태 출현
• 기초진로상담교육
• 성격 · 적성검사/심리/환경/생활/진로상담 등</td><td rowspan="2">직업선호도</td><td rowspan="2">• 성장업종 위주로 선호
• 금융권/서비스직 선호(증권/여가산업 종사직군 인기직업 부상)</td></tr>
<tr><td>인재상</td><td>• 관리자형 인재
• 범인형/보통형 인재
• 합리적/희생적/책임감</td></tr>
<tr><td rowspan="4">1990년대 산학의 공채 환경</td><td>채용제도</td><td>〈1999년 채용 대변화〉
• 소수, 수시채용
• 낚시형 채용방식
• 계열사별 채용</td><td rowspan="2">취업진로기구</td><td rowspan="2">학생처 소속, 취업담당 직원/팀/과/실체제 출현/인턴사원제지원/산학협력지원/모의면접/취업설명회지원</td><td rowspan="2">기업선호도</td><td rowspan="2">• 산업구조 고도화단계, 대기업 및 일부 공기업 부상(1990년대 후반)
• IMF사태로 주요 대기업 선별 선호현상/대기업 일변도 선호현상 퇴조</td></tr>
<tr><td>필기시험</td><td>• 필기시험 폐지
• 신인재평가 위한 직무능력검사 도입(종합사고능력 중시)</td></tr>
<tr><td>면접방식</td><td>• 대기업 면접다양화
• 전문지식 평가
• 준비된 인재 위한 실무면접 도입</td><td rowspan="2">진로교육</td><td rowspan="2">• 학생생활연구소 업무범위 확대/
• 전문상담연구원 배치/기존업무 및 취업/직업/학습/교육/진학상담 등</td><td rowspan="2">직업선호도</td><td rowspan="2">• IT혁명, 정보통신 관련직군 급부상
• 금융권(증권분야) 파생직군 선호
• 1990년 말 공기업직장 부상</td></tr>
<tr><td>인재상</td><td>• 창조적인 인재상
• 특이형 인재
• 도전적/적극적/국제감각 소유자</td></tr>
<tr><td rowspan="4">2000년대 산학의 공채 환경</td><td>채용제도</td><td>• 그룹사 해체, 계열사 독자채용
• 인턴채용제 활성화</td><td rowspan="2">취업진로기구</td><td rowspan="2">• 전 대학 독립기구 확대개편
• 전문화/특성화지향
• 취업진로관련 인프라 구축 가속화</td><td rowspan="2">기업선호도</td><td rowspan="2">• 주요 대기업 선별 선호
• 공기업 및 금융권 선호
• 반도체, 철강, 조선, 은행, 보험관련 기업 선호</td></tr>
<tr><td>필기시험</td><td>• 인적성검사확대/강화(지식 및 인적성평가)
• 입사 당락 영향 미침</td></tr>
<tr><td>면접방식</td><td>• 직무 위주, 역량면접
• 프레젠테이션 강화
• 비즈니스 스킬 평가
• 국제화사고평가 강화(외국어 구사능력)</td><td rowspan="2">진로교육</td><td rowspan="2">• 업무영역 전문화/특성화 지향
• 학생생활연구소 본연업무 및 최근 학생현실분야(진로/취업/직업/이성문제 등) 강화</td><td rowspan="2">직업선호도</td><td rowspan="2">• 평생직장 붕괴, 평생직업 개념 정립
• 직업전문화/전문직 부상
• 고용안정 직장 및 직업선호/반도체, 은행, 서비스, 유통, 정보통신, 환경공학, 생명공학, 지식경영직군 부상</td></tr>
<tr><td>인재상</td><td>전문지식 보유한 전략가적 인재/비즈니스 및 글로벌 지향적 인재</td></tr>
</table>

출처: 이종구 · 김호원(2008), 저자가 재구성

취업시장이 급격히 악화된 시대이다. 1981년 도입된 졸업정원제는 입학정원을 증가시켜 대졸인력의 과잉공급을 초래했으며 1987년의 경제민주화는 노사분규로 인한 임금상승과 국제경쟁력 약화로 이어져 기업들이 채용규모를 급감시키는 결과로 이어졌다. 극심한 노사분규사태 속에서 기업들은 인재의 선검증과 우수인재의 조기확보, 공채채널의 다각화 등이 가능한 인턴사원제를 전격 도입하게 되었다.

1980년대 우리 정부가 고용창출에 기대를 걸었던 국가적인 행사는 '88올림픽'이었다. 하지만 88올림픽은 외국자본의 투자유치 저조와 국내외 경기침체로 인해 고학력 취업난 해결에 도움이 되지 못했다. 하지만 1980년대는 한국 취업사에 큰 획을 긋는 의미가 깊은 시대였다. 이는 한국의 취업문화를 구성하는 행동규범과 가치의식, 제도적 특성 등 취업문화적인 관점에서 바라볼 수 있는 태동적인 요소들이 본격적으로 출현하는 시대였기 때문이다(이종구, 2008).

1990년대 산학의 공채환경은 국내외적으로 노동환경의 급속한 변화를 가져온 블루라운드에서부터 찾을 수 있다. 1995년 출범된 블루라운드는 근로조건과 통상문제를 연계시켜 개발도상국들을 압박한 선진국들의 보호주의 무역정책이라는 비판을 받았다. 선진국에 준하는 근로조건의 향상은 개도국들의 임금상승효과 및 생산성향상에 부정적인 영향을 초래, 국가경쟁력을 저하시키는 요인으로 작용했다. 이러한 노동환경의 변화는 기업들의 축소채용으로 이어졌으며 대졸 취업난을 부추기는 원인이 되었다.

1990년대 공채환경을 가장 어렵게 만든 사건은 1997년 말에 발발한 IMF사태였다. IMF사태는 산학의 공채환경을 송두리째 바꿔놓았으며 기업의 공채문화와 대학의 진로문화, 대학생들의 직업문화 등에 큰 변화를 가져왔다. 기업의 구조조정, 대규모 명퇴 및 조기퇴직사태, 대졸 취업전쟁, IMF형 인턴사원제 출현, 직업문화 대변혁, 전문직 부상 등은 IMF체제에서 파생된 국내 공채환경의 부산물이었다.

2000년대 공채환경은 저성장 · 고비용 · 저효율 시대에 돌입하면서 전반적으로 침체국면을 겪고 있다. 장기화되고 있는 국내외 경기침체의 영향은 고학력 취업시장을 급격히 위축시키는 가운데 대졸 실업사태가 속출하고 있다. 평생직장개념이 깨어진 자리에는 평생직업개념이 정립되었으며 기업의 고용창출능력도 한계를 보이고 있다. 고학력 취업난문제는 IMF사태 이후 이미 사회문제로 비화된 지 오래 되었으며 정부는 노동시장의 유연화정책의 일환으로 비정규직법을 출범시키는 등 일자리창출정책에 전력을 기울이고 있다. 특히 최근 미국발 금융대란과 전 세계가 직면한 고유가 및 금융위기는 국내 기업들의 투자심리를 위축시켜 조직의 슬림화현상과 감량경영체제를 가속화시키고 있다.

Ⅲ 인턴사원제의 시대별 특징분석

1. 도입기(1984~1998년) 인턴사원제

한국 기업사회에 인턴사원제가 전격 도입된 시기는 1984년이다. 당시 럭키금성(현, LG)은 한국 기업공채사에 최초로 인턴사원제를 도입, 대졸 신규인력 선발방식에 큰 변화를 가져왔다. 이는 한국 기업들의 공채 50년사에 전례없던 일이며 기존공채와는 판이한 채용방식인 만큼 기업사회와 대학사회에 큰 관심을 불러일으켰다. 1980년대 기업들이 인턴사원제를 적용한 시기는 동계와 하계, 두 차례에 걸쳐 이루어졌다. 이는 매년 상반기 6월에 실시한 전역장교 공채와 12월 연중 행사로 치러진 대졸 정기공채와는 별도로 진행되었다([표 6-2] 참조).

1980년대 국내 기업들이 인턴사원제를 도입한 이유는 간단하다. 기존채용방식인 대량공채와는 별도로 검증된 우수인력을 조기에 확보하기 위한 차원

표 6-2 도입기 인턴사원제의 현황과 특징분석

<table>
<tr><th rowspan="2">취업환경</th><th colspan="4">인턴사원제 특징분석(1984~1998년 5월)</th></tr>
<tr><th colspan="2">운영방식</th><th colspan="2">특징</th></tr>
<tr><td rowspan="3">• 1981년 대학졸업정원제 실시(입학정원 증가)
• 국내외 경기침체, 대졸 취업환경 악화
• 1987년 경제민주화, 노사분규, 임금인상 가속화, 노동경쟁력 약화
• 1988년 서울올림픽, 고용창출 미흡 및 외국사 국내투자(유치) 저조</td><td>선발 전형</td><td>• 시기: 하계 5~6월, 동계 11~12월 모집
• 방법: 추천–서류–면접
• 선발기준: 재학성적
• 면접분야: 성실성, 적극성, 실습참여 평판도
• 인문계 : 이공계 인턴비율 3:7</td><td>프로그램 내용</td><td>• 그룹소개 및 소양교육
• 공장견학프로그램
• 기초일반교육, 사례연구
• 업무과다 부서 지원
• 기업정보화/전산화/교양강좌 교육</td></tr>
<tr><td>처우</td><td>• 비연고자 숙식제공
• 15~30만 원 실습비
• 참가 답례금 및 고급기념품 제공</td><td rowspan="2">인턴 후 혜택</td><td rowspan="2">• 근무성적 우수자 우선채용, 면접생략
• 입사 시 수습기간 제외
• 인턴직무 적격자채용
• 인턴실습사원 80% 정도 채용</td></tr>
<tr><td>도입 기업</td><td>삼성·현대·럭키금성·대우·삼양·대성·포항종합제철</td></tr>
</table>

주: 대면인터뷰(부록의 탐색연구방법 참조) 및 문헌조사(참고문헌 참조)를 통해 저자가 재구성

이었다. 공채가 '그물형 채용방식'의 대표적인 방법이었다면 인턴사원제는 검증이 이루어진 인재선발인 만큼 '낚시형 채용방식'으로 돌아서는 분기점 역할을 했다. 특히 1987년 '6.29 경제민주화선언' 이후 노사분규의 홍역을 치른 대기업들이 인성과 실무에서 검증된 유능한 사원채용의 한 방편으로 이 제도를 활용하면서 인턴사원제는 국내 대기업에 급속히 확산되었다.

1980년대 인턴사원제를 도입한 기업들은 기업홍보와 기업이미지 제고에 이 제도를 적극적으로 활용했다. 국내 인턴사원제도는 도입기부터 학교, 학년, 학과 등 대상이 뚜렷이 설정된 가운데 투입되었다는 측면에서 적지 않은 문제점을 안고 태동했다. 이는 재학생들의 경력관리차원에서 운영되는 선진국의 제도와는 비교되며 이로 인해 우열대학 조성과 차별적용이라는 논란에 끊임없이 직면해왔다. 인턴사원제의 적용대상이 수도권 명문대학 인기학과 위주로 집중되어온 만큼 채용을 전제한 '입도선매'라는 오해는 최근까지도 이어지고 있다.

1980년대 인턴사원제도의 운영방식은 연중 2회에 걸쳐 실시되었다. 하계의 경우 5~6월, 동계는 11~12월에 실시되었다. 인턴선발 전형은 기업들이 대학에 인재 추천을 의뢰한 후 서류심사와 면접을 통해 인턴사원을 채용하는 방식이었다. 인턴사원의 선발기준은 재학성적이 크게 영향을 미쳤다. 당시 기업들의 공채방법이 지금에 비해 단순했던 시대였던 만큼 거의 모든 기업들이 정규공채는 물론 인턴사원제 또한 재학성적으로 신입사원을 선발했다(주원하, 1990).

면접분야는 집중적인 인성평가 및 인턴실습에 참여한 결과를 평가하는 방식으로 합격당락을 결정지었다. 계열별 인턴사원제의 선발비율은 70 : 30으로 이공계가 절대적으로 높았다. 처우는 기업에 따라 1인당 30만 원 내외의 인턴실습비가 주어졌다. 1980년대 인턴사원제를 도입한 기업은 그룹사가 대부분이었다. 당시 국내 최초로 인턴사원제를 도입한 럭키금성과 삼성·현대·대우·삼양·포철·대성 등이 인턴사원제로 신입사원을 채용하는 대표적인 기업이었다. 인턴십프로그램의 특징은 그룹소개와 공장견학프로그램, 기업정보화, 전산화, 교양강좌 교육 등이 주류를 이루었다. 인턴 후 혜택은 기업에 따라 다르지만 보통 인턴실습사원의 80% 정도를 채용하는 분위기였다. 인턴실습사원 가운데 근무성적 우수자가 지원할 경우 면접전형을 제외시키는 기업도 상당수였다. 1980년대 도입된 인턴사원제도는 국내 기업사회가 지난 50년 동안 지향해온 전형적인 인재모집형태인 공채 단일방식에서 탈피하게 만드는 계기가 되었으며 이후 추천제와 특채, 연고채용제 등 다양한 채용방법이 사원선발제도의 채널로 동원되고 있다.

2. 조정기(1998~2001년) 인턴사원제

1984년에 국내 기업사회에 모습을 드러낸 인턴사원제는 1997년 후반까지 정기공채와 더불어 신입사원을 채용하는 새로운 사원선발제도로 자리를 잡았다. 하지만 1997년 12월에 발생한 IMF사태는 인턴사원제의 운영방식에 큰 변화를 불러일으켰다. IMF체제는 기업들의 급격한 구조조정과 지속적인 감량경영 등으로 이어졌으며 우리 대학사회에 고학력 취업난을 야기시키는 직접적인 원인으로 작용했다.

심각한 대졸 실업사태에 직면한 정부는 대졸 실업률이 5%선을 넘어서자 특단의 대책으로 기업이 주도하던 인턴사원제에 손을 대기 시작했으며 IMF사태가 본격적으로 진행되던 1998년 6월, 정부가 주도하는 IMF형 인턴사원제([표 6-3] 참조)를 전격 출범시켰다(박진호, 1998). 이는 고학력 실업사태와 취업난을 동시에 극복하기 위한 정부의 대졸 고용창출정책의 일환이었으며 인턴사원제는 이 시점을 기준으로 주체가 기업에서 정부로 넘어가는 조정기 국면을 맞이하게 되었다.

1998년 6월부터 1998년 연말까지 운영된 정부주도형 인턴사원제의 특징은 정부차원에서 강제적인 일자리를 만드는 프로젝트인 만큼 초기에 기업들의 반발이 적지 않았다. IMF체제에서 그룹사가 해체되고 대기업들이 본격적으로 구조조정작업에 나서면서 감량경영에 착수하고 있는 만큼 정부가 강제적으로 추진하는 인턴사원제에 난색을 표하는 것은 당연한 일이었다. 이와 같은 인턴사원제도의 활용사례는 OECD 국가 가운데 어느 나라에서도 찾아볼 수 없는 특이한 것이었기 때문이다.

정부주도형 인턴사원제는 결국 정부가 기대하는 효과를 거두지 못했다. 정부주도형 인턴사원제가 성과를 내지 못하자 정부는 1999년 1월, 대학이 주도하는 대학주도형 인턴사원제를 다시 출범시켰다(박선미, 1999). 대학주도형 인턴사원제는 2001년 연말까지 계속되었다. 운영방법은 대학에서 인턴사원을 모집, 선발해서 인턴대상기관에 연수를 위탁하는 방식으로 실시되었다. 노동부는 대학이 기업에 투입할 인턴 배정인원을 요청해오면 적정 인원을 배정한 후 배정된 인원만큼 보조금을 지원했다. 대학주도형 인턴사원제는 대졸자들에게 산업현장경험의 기회를 제공하여 인턴사원들에게 사회적응력과 취업능력을 제고시킬 뿐만 아니라 향후 전공과 연계된 적합한 직업을 선택하고

표 6-3 조정기 IMF형 인턴사원제의 현황과 특징분석

<table>
<tr><th colspan="4">정부주도형 인턴사원제 특징분석
(1998년 6월 1일~1998년 12월 31일)</th></tr>
<tr><th colspan="2">운영방식</th><th colspan="2">특징</th></tr>
<tr><td>선발
전형</td><td>• 인턴기간: 6개월(삼성 1년)
• 고용인원: 5,130명
• 대상: 4학년 1학기 재학생
• 전형: 추천-서류-면접
• 선발기준: 대학성적</td><td>프로
그램
내용</td><td>단순업무보조직/영업/기술개발/토목현장근무/매장근무 등 다양</td></tr>
<tr><td>처우</td><td>• 월 40~80만 원 수준
(cf) 대우 해외인턴
월 800~1,200달러</td><td rowspan="2">인턴
후
혜택</td><td rowspan="2">• 대우: 인턴사원 후 50% 정도 채용
• LG: 근무성적평가 후 50% 정도 채용
• 삼성: 인턴 후 대부분 정규직 채용
(cf) 대우·LG·삼성 외, 대부분 기업 30% 정도 채용 분위기</td></tr>
<tr><td>도입
기업</td><td>• 현대·삼성·대우·LG·SK·한진·롯데·한화·동부 등 50대 그룹</td></tr>
<tr><th colspan="4">대학주도형 인턴사원제 특징분석
(1999년 1월 1일~2001년 12월 31일)</th></tr>
<tr><th colspan="2">운영방식</th><th colspan="2">특징</th></tr>
<tr><td>선발
전형</td><td>• 인턴기간: 6개월
• 총고용인원: 3만 명
• 대상: 대졸자, 졸업예정자, 휴학생, 군전역예정자
• 전형: 대학에서 모집, 선발 후 기업에 인턴 연수위탁
• 선발기준: 대학성적</td><td>프로
그램
내용</td><td>• 산업현장체험 기회제공
• 실무능력 증진 위한 업계현황파악 기회부여/사회적응력 및 취업능력 제고/적합한 직업 선택 유도</td></tr>
<tr><td>처우</td><td>• 5대그룹: 1인 월 40만 원
• 일반기업: 1인 월 50만 원
• 이외 교통비, 중식대 등 수당 별도 지급</td><td rowspan="2">인턴
후
혜택</td><td rowspan="2">• 한시적인 취업대비책
• 중소기업 위주 취업 (대졸자 중소기업 취업 회피현상 뚜렷)
• 대기업 인턴사원 정규직 전환율 30~50% 정도</td></tr>
<tr><td>도입
대학</td><td>경희대, 동국대, 중앙대, 경원대 등 서울소재 대학 및 지방소재 대학 과전문대학</td></tr>
<tr><td colspan="4">• 1995년 블루라운드 출범, 노동환경변화, 고임금시대 돌입, 국가경쟁력 저하, 3D업종 외국노동자 유입
• 노동인구의 고령화, 여성화, 고학력화
• 노동시장 유연성 결핍/대졸 취업시장 인력수급불균형 심화
• 1997년 IMF체제, 취업시장 및 직업문화 대변혁
• 대기업 부도·해체·M&A·빅딜 가속화
• 전 기업 구조조정 착수, 대졸 취업난 가속화</td></tr>
</table>

주: 대면인터뷰(부록의 탐색연구방법 참조) 및 문헌조사(참고문헌 참조) 통해 저자가 재구성

유도하는 데 있어서도 긍정적인 성과를 낼 수 있다는 판단에서 시작되었다.

정부가 대학주도형 인턴사원제를 추진하게 된 이유는 노동부가 주관하던 정부주도형 인턴사원제에 대해 기업이 소극적으로 동참했기 때문이다. 또한 기업 내 인턴사원 활용 정도가 매우 단순하고 미약해서 실효성 측면에서 성과를 내지 못한 것이 크게 반영되었다. 하지만 대학주도형 인턴사원제의 경우 대학이 교육의 연장선에서 인턴관리를 해주기 때문에 대학생들이 전공과 연관된 분야로 취업할 수 있는 기회가 많아져서 고급인력활용 측면에서 효율성이 높다는 결론을 내렸기 때문이다.

대학주도형 인턴사원제의 대상은 대졸자, 졸업예정자, 휴학생, 군전역자 중에서 출신 대학에서 만든 자체 선발기준에 따라 정해졌다. 가장 주목되는 것은 대학에서 연수 대상기관을 발굴하여 인턴약정을 체결하는 형태였다. 따라서 각 전공별로 인턴기관이 연관되어 운영되는 묘미를 살렸다는 긍정적인 평가를 얻게 되었다. 인턴 연수기관은 기업, 연구소, 경제 및 사회단체, 공공기관 등으로 인턴대상자에게 적합한 현장체험의 기회가 주어질 수 있는 곳을 선택하여 운영되도록 했다. 대학의 요청에 따라 연수기관이 이를 인정할 경우 대학과 연수기관 간 인턴 약정을 체결한 후 인턴사원이 투입되는 방식으로 진행되었다.

약정체결이 끝나면 대학이 소재한 지방노동관서에서 인턴사원제를 총괄지원하게 된다. 지방노동관서장은 본부에서 시달받은 관서별 배정인원 범위 내에서 대학별 배정인원을 확정한 후 이를 본부에 보고하는 형태이다. 이때 최종 확정받은 배정인원을 해당 대학에 통보하는 형태이다.

IMF형 인턴사원제의 한계는 결국 고용창출의 주체이자 핵심이 기업이 아닌 정부와 대학이 추진했다는 점에서 많은 한계를 드러냈다. IMF체제로 기업들이 국내외적으로 큰 타격을 입고 있는 상황에서 실제적인 고용창출은 기대하기 어려웠다는 점과 이때 투입된 정부의 인턴지원보조금도 결국은 고용창출이 없는 소모성 지원에 그쳤다는 비판이 제기되었다. 또한 대기업보다는 중소기업 위주로 이 제도가 투입된 만큼 중소기업들이 인턴사원들을 정식으로 채용하는 데 있어서도 상호 급여 측면에서 이견이 많아 정부가 기대했던 진정한 고용창출은 이루어지지 않았다. 물론 이면에는 대학생들이 대기업만을 선호하고 고집한 요인도 큰 이유로 작용했다. 처음부터 대기업이 고용 여력이 없는 가운데 이 제도가 시행된 만큼 중소기업 중심으로 인턴사원제가 진행된 것은 피할 수 없는 일이었다. 이는 정부가 근본적인 일자리창출정책에서 벗어나 임시방편으로 인턴사원제를 운영했다는 것을 단적으로 보여주는 대목이다.

그렇지만 긍정적인 측면도 없지 않았다. 정부의 한시적이고 임시방편적인 제도였지만 당사자인 학생들이 어떤 형태로든 산업현장을 체험할 수 있는 기회를 제공받았다는 점이다. 정규 사원으로 입사하는 경우는 많지 않았지만 전공과 연계된 업종과 직무에서 일하면서 그곳에서 갖춰야 할 실무능력과 업계의 현황 및 동향에 대한 안목을 갖게 되었다는 것이 긍정적인 효과로 평가되고 있는 부분이다.

3. 전환기(2002년~현재) 인턴사원제

1997년 12월, IMF체제에 돌입한 한국 기업사회는 1984년부터 실시해오던 기업형 인턴사원제의 주도권을 1998년 6월부터 2001년 연말까지 정부와 대학에 각각 넘겨주었다. 1980년 이후 한국 대졸 취업시장에서 취업난이 가장 먼저 표출된 때가 바로 이 시기였다. 기업조직의 슬림화, 소수 수시채용에 의한 채용규모의 급감 등 대졸 취업시장이 경색국면을 맞이하면서 고학력 실업사태는 국내 사회 전반에 걸쳐 사회문제로 급속히 부상했다.

IMF형 인턴사원제가 기업형 인턴사원제로 다시 돌아온 시점은 IMF체제가 어느 정도 마무리된 2002년 1월부터였다. 기업들은 1984년부터 도입했던 대졸 공채의 또 하나의 방법이었던 인턴사원제를 다시 재개했다.

전환기 인턴사원제의 특징은 인턴사원의 기간이 기업에 맞게 탄력적으로 운영되고 있다는 점이다. 이는 1980년대 및 1990년대와는 다른 패턴이며 국내 기업들이 직무 특성에 맞게 이 제도를 탄력적으로 운영하고 있다는 것을 보여주는 대목이다. 인턴사원제를 운영하는 기업 수가 급증한 것도 주목할 필요가 있다. 2008년 9월 현재, 국내 300대 기업 가운데 72개 업체가 인턴사원제를 도입했으며 공채 대신 인턴사원제만으로 직원을 채용하는 기업도 생겨나고 있다.

2000년대 인턴사원제의 가장 큰 특징은 직무 위주로 인턴사원제를 운영한다는 사실이다([표 6-4] 참조). 기존처럼 단순직과 허드렛일에서 벗어나 인턴사원의 전공에 맞게 자신들이 원하는 직무 위주로 배치하여 기초직무에서 전문직무에 이르기까지 인턴실습을 시키고 있다. 이는 입사 전에 직무 및 조직문화를 사전 체험시켜 향후 정규 입사 시 직무숙련도를 한층 더 높이겠다는 복안이다. 인턴사원 입문교육도 기존에 비해 많이 개선되었다. 인턴사원에게

표 6-4 전환기 인턴사원제의 현황과 특징분석

<table>
<tr><th>취업환경</th><th colspan="4">인턴사원제 특징분석(2002년 1월~2008년 10월 현재)</th></tr>
<tr><td rowspan="4">• 저성장/고비용/저효율시대 돌입
• 평생직장 붕괴, 평생직업개념 정립
• 국내외 경기침체 장기화, 고용창출 저하
• 고학력 취업난사태, 사회문제로 비화
• 노동시장 유연화정책(비정규직법 등)
• 미국발 금융대란(2008년 10월), 전세계 고유가 및 금융위기로 국내외 기업 조직슬림화 및 감량경영체제 가속화</td><td colspan="2">운영방식</td><td colspan="2">특징</td></tr>
<tr><td>선발전형</td><td>• 인턴기간: 하계 및 동계 방학 중 2~6개월
• 대상: 3. 2학기/4. 1학기
• 전형: 서류-인적성검사-면접 (cf) 정규직채용과 동일
• 선발기준: 외국어 및 학점, 경력관리평가</td><td>프로그램 내용</td><td>• 직무위주의 인턴 운영
• 입사 전 직무 및 조직문화 체험 기회 부여
• 정규 신입사원의 OJT프로그램 투입
• 정규직원 업무, 측면지원 및 보조활동</td></tr>
<tr><td>처우</td><td>• 월 60~100만 원 수준
• 이외 기업에 따라 교통비, 중식대 등 수당 별도 지급</td><td rowspan="2">인턴 후 혜택</td><td rowspan="2">• 대기업 인턴사원 60% 이상 채용하는 분위기
• 자사 인턴수료자, 정규공채 지원 시 서류전형 면제 및 일정 가점부여
• 인턴수료자, 타기업 지원 시도 이점 작용
(cf) 신세계 인턴채용으로 공채 대체</td></tr>
<tr><td>도입기업</td><td>• 300대 그룹 83개 계열사, 인턴사원제 도입
(cf) 중소기업 소사내상에서 제외</td></tr>
</table>

주: 대면인터뷰(부록의 탐색연구방법 참조) 및 문헌조사(참고문헌 참조)를 통해 저자가 재구성

도 정규 신입사원에게 적용하는 OJT프로그램을 실시하고 있다. 인턴사원의 주된 업무는 정규사원에 준하는 업무를 직접 하거나 측면지원 및 보조하는 만큼 대부분의 일이 직무중심으로 전개되고 있다.

인턴사원에 대한 업무 강도가 매우 높은 만큼 인턴수료 이후 정규 입사율도 높아지고 있다. 300대 기업 72개 인턴 도입업체 가운데 인턴수료자의 60% 이상을 정규직원으로 입사시키고 있다. 자사 인턴수료자의 경우 정규 공채 지원 시 서류전형을 면제시키는 기업도 급증하고 있으며 서류전형을 하는 기업은 일정점수를 부여하는 이점을 주고 있다. 어떤 형태로든 입사에 유리한 상황을 만들어주는 분위기다. 이는 엄청난 비용의 인턴실습비용을 지불하고 인턴사원교육을 시키는 만큼 고과평가에서 우수 수료자를 대상으로 직접 채용을 고려하는 것은 기업입장에서 볼 때 당연한 일로 볼 수 있을 것이다.

최근 기업들의 인턴사원제도의 대상은 4학년 1학기 재학생이 대부분이다. 삼성 계열사 정도만 상반기 인턴대상을 인문사회계열 3학년 2학기 학생들에게도 기회를 주고 있다. 이외 거의 모든 기업이 4학년 1학기 재학생을 인턴대상으로 삼고 있다. 이는 한 학기 전에 사전 검증한 후 다음 학기에 실시되는 정기공채 때 채용하여 현업에 투입하겠다는 기업들의 의도가 담겨있다. 최근 인턴사원을 선발하는 전형방법은 1980~90년대와는 달리 정기공채와 다름없다. 기업들이 인턴사원에게 두는 비중이 그만큼 크다는 것을 의미하고 있다. 지원서와 자기소개서를 요구하며 평가기준은 외국어, 학점, 재학경력관리 등 공채와 매우 유사하게 진행되고 있다. 공채와 다른 것은 서류전형을 통과할 경우 인턴이 끝난 후 면접을 실시한다는 점이다. 이는 인턴실습 후 고과평가와 묶어서 면접을 실시하기 때문이다.

인턴사원에 대한 처우도 많이 달라졌다. 100만 원 수준에서 지급하는 기업들이 대부분이며 최저 지급액이 60만 원 정도로 기존에 비해 처우가 두 배 이상 개선되었다. 물가상승률에 따른 처우개선도 있겠지만 우수인재 확보차원에서 이것 또한 투자개념으로 생각하며 기업 홍보효과도 동시에 얻겠다는 생각이 깔려있다.

Ⅳ 시대별 특성 비교와 실태분석

1. 시대별 특성 비교분석

1980년대 인턴사원제도에 대한 국내 사회의 시각은 기존시대와는 차별된 새로운 신입사원 선발제도가 출범했다는 측면에서 커다란 의의를 두고 있다. 1980년대 기업들은 인턴사원제를 우수인력 조기확보차원에서 도입했다. 산학연구와 산학협동의 매개체 역할을 한다는 점에 비춰보았을 때 프로그램 특성상 현장실습이 많을 수밖에 없는 이공계 계열이 인문계 계열보다 선발 비중이 훨씬 높았다. 선검증·후채용이라는 측면에서 선발인력에 대한 고과평가는 물론 기업홍보, 이전직방지 등 다양한 효과를 염두에 둔 채용방식이었다. 하지만 프로그램의 내용은 어느 그룹 할 것 없이 대부분이 기업의 그룹소개와 소양교육, 공장견학, 업무과다부서지원 등의 정도에 그치는 매우 단순한 업무로 일관했다.

미국 대학생들의 경우 인턴십프로그램을 취업과 직접 연결시키기보다는 현장실습 위주의 직무 사전 체험을 위한 경력관리차원에서 접근하고 있으며 국내 기업이 연중 한 번 인턴사원을 모집하는 반면, 미국의 경우 연중 두 차례에 걸쳐 인턴 기회를 주고 있다. 대학생들의 인턴 지원계열에 있어서도 한국 기업의 경우 이공계열이 인문계열에 비해 두 배 정도 많지만 미국의 경우 업종별로 보았을 때 금융(31%), 경영 및 컨설팅(16%), 과학기술(12%), 법률(8%), 연예 및 미디어(7%) 등의 순으로 나와 있다. 이는 미국 대학생들이 이공계열 인턴보다는 인문사회계열 위주로 인턴에 참여하고 있다는 것을 알 수 있다(강길훈 외, 2007).

IMF형 인턴사원제를 기존 인턴사원제와 비교해볼 때 운영과정에 있어 몇 가지 커다란 차이를 보이고 있다. 두드러진 차이는 과거 인턴사원제를 대기업들이 주도한 데 반해 IMF형 인턴사원제는 정부와 대학이 주도하는 모양새다. 추천제 배부과정에 있어서도 기존형태는 주요 대학 주요 학과 중심으로 추천제가 이루어진 관계로 지방대학과 여자대학이 현격히 배제되었다. 하지만 IMF형 인턴사원제는 공채방식으로 인턴사원을 모집했기 때문에 지방대학과 여자대학 출신도 상당수 참가했으며 선발시기도 정기가 아닌 수시채용형태로 이루어졌다.

기존과 가장 차별되는 것은 채용문제이다. 정부주도형 인턴사원제가 비난받은 이유도 여기에 있다. 기존 인턴사원제는 수료 후 본인이 원할 경우 대부분 채용하는 추세였지만 정부주도형 인턴사원제는 실습사원이 되기도 힘들었지만 실습 후에도 채용이 매우 낮았다는 사실이다. 이는 결국 채용은 기업이 본질적으로 결정하는 문제이지 정부가 나설 일이 아니라는 것이다. 사실 정부주도형 인턴사원제를 도입했던 기업 또한 채용여력이 있어서 이 제도를 도입한 것은 아니다. 일부 기업의 경우 여력이 있는 기업도 없지는 않았지만 대부분의 기업은 '정부의 눈치보기와 경쟁업체 도입 때문에 혹은 적은 비용으로 인턴 운영이 가능'하기 때문에 이 제도를 도입했다.

인턴기간도 상당한 차이를 보이고 있다. 1980년대 인턴사원제가 2~3개월 정도였지만 IMF형 인턴사원제는 구직자들의 일자리창출을 위해 임의적으로 투입한 제도인 만큼 6개월에서 1년이 소요되는 제도였다. 이는 정부가 대졸 일자리창출에 얼마나 고심했는가를 단적으로 보여주는 대목이 아닐 수 없다. 하지만 인턴기간이 장기간 소요되는 만큼 인턴수료 후 채용이 안 될 경우 구직자에게는 높은 위험이 수반되는 정책이었다. IMF형 인턴사원제는 이렇듯 적지 않은 문제를 안은 채 출범했다. 재계는 대졸 취업난 극복을 위한 정부의 기형적인 제도운영이 인턴사원제 본연의 취지와 실효성을 크게 벗어난 잘못된 고용정책이었다는 점에 공통된 의견을 보이고 있다. 특히 정부주도형 인턴사원제로 시작하여 중도에서 실효성문제가 거론되어 대학주도형 인턴사원제로 변경된 후 1년이 채 못 되어 다시 주도권이 기업으로 넘어왔다는 것은 인턴사원제의 주체가 채용을 직접 발생시키는 기업에 있어야 한다는 것을 새

삼 일깨워준 좋은 선례가 아닐 수 없다.

2000년대 인턴사원제는 1980~90년대 인턴사원제와는 완전히 판이한 양상으로 전개되고 있다. 가장 큰 특징은 공채의 분산 채널로 신규인력확보의 리스크를 줄이면서 기업이 원하는 직무중심형 인재를 선검증 · 후채용하겠다는 것이 이 제도의 핵심이라고 볼 수 있다. 이는 한국 기업들의 인턴사가 1980년대의 경우 우수인재 조기확보와 기업홍보 측면에서 운영되었고 1990년대는 정부가 IMF체제하에서 출범시킨 실업극복을 위한 고용정책의 일환이었다는 측면과 비교해볼 때 그 전개양상과 특징이 사뭇 다르다는 점에 주목할 필요가 있을 것이다.

한국 기업의 인턴사는 도입기와 조정기, 전환기로 각각 구분할 수 있다. 시대구분의 정점에는 IMF체제라는 특수한 상황이 분수령 역할을 했다. 도입기에 해당되는 1984년부터 1998년 6월까지는 한국 기업사에 인턴이 도입되는 시험기에 해당되는 시점으로 기업과 대학, 구직자 등이 상호 공조하는 모습을 보이고 있다. 기업은 우수인재확보를 위한 채용방편으로, 대학은 이론교육을 극복하기 위한 현장실습의 프로그램으로, 구직자들은 입사기회를 잡기 위한 기업현장에 접근하는 방식으로 각각 인턴사원제도를 활용했다. 하지만 이런 분위기는 IMF형 인턴사원제로 인해 급격히 깨어지는 조정기 국면을 맞이하게 된다. 정부주도형 인턴사원제 아래 기업이 배제당하면서 일자리가 급격히 줄어들었을 뿐만 아니라 한동안 기업이 이 제도를 기피하는 변형된 체제로 운영되었다. 인턴사원제도의 운영 주체가 다시 기업으로 넘어오게 된 시점은 IMF체제가 마무리된 2002년부터였다. 이때부터 인턴사원제도는 전환기체제로 접어들면서 제도운영 측면에서 한층 더 발전적인 양상으로 전개되고 있다. 직무 위주의 제도운영과 분산채용 창구역할, 경력관리를 통한 취업의 수월성 제고 등이 기존시대와는 완전히 차별되는 전환기적 특성으로 볼 수 있을 것이다([표 6-5] 참조).

표 6-5 인턴사원제 시대별 도입목표와 특징 비교분석

분류	도입기 (1984년~1998년 5월)	조정기 (1998년 6월~2001년 12월)	전환기 (2002년 1월~현재)
주최	기업	정부/대학	기업
기업 관점	• 우수인력 조기확보가능 • 기업홍보 및 기업이미지 제고 • 사전 평가 후채용시스템 가능 • 개인능력 및 적성 맞는 배치 • 선발 시 필요한 종합적인 평가자료 취득(현장실습 근무성적표 등)	〈정부주도형: 1998.6~1998.12〉 • 고학력 취업난 타개를 위한 정부의 궁여지책 프로젝트 • 정부주도형(IMF) 인턴사원제 출범, 기업인턴수료자 30~50% 선채용(기존 80% 선채용: 기업 소극적 운영 및 정규직 채용난색) • 정부 인턴급여 1인 50만 원 지원(3개월 계약직 인턴사원)	• 직무이해력 및 조직적응력 제고 • 분산채용(공채/인턴)으로 인력 수요의 용이성 및 인력확보의 리스크 방지 • 선검증, 후채용으로 직무적합 인재확보
대학 관점	• 이론 위주의 교육 탈피 • 실무능력 강화 및 조직적응력 배양 기회, 신교육 실현 기회 • 산학협동 실현의 매개로 활용	〈대학주도형: 1999.1~2001.12〉 • 대학이 주최, 각 학과 특성 맞게 기업에 인턴연수 위탁 • 대학 인턴연수 대상기관 개발, 인턴약정체결, 인턴대상자 적합한 기관개발 및 체험기회 제공 • 정부지원금, 기업인턴비용 대체, 기업부담금 해소, 인턴채용 증대	• 현장실습 및 산학연구 발판으로 기업 활용 • 취업률 제고를 위한 개인 경력관리 채널로 활용
구직자 관점	• 사전근무, 입사여부 사후 판단 • 기업 문화 및 조직문화 이해 • 기업정보 취득 및 적합적성의 판단기회로 활용 • 근무성적 우수자 이점 부여	• 산업현장 체험기회 확대로 경력관리/조직적응력/취업능력 제고 • 개인 적성 맞는 직업선택 유도 • 한시적 취업대비책, 근본적인 대졸 고용창출 한계점	• 우수수료자 정규직 입사기회부여 • 취업의 수월성 제고 및 경력관리 방편으로 활용 • 대졸 공채 지원 시 서류심사 면제 • 서류전형 및 면접 시 가산점 우대

주: 대면인터뷰(부록의 탐색연구방법 참조) 및 문헌조사(참고문헌 참조)를 통해 저자가 재구성

2. 실태분석 및 정립모형

본 절은 한국 인턴사원제도의 실태연구에 대한 결과를 분석한 내용을 담고 있다. 여기에서 다룬 내용은 ① 인턴사원제도를 도입 중에 있는 전체 기업

인사담당자들의 의식 및 정립방향, ② 이 제도의 적용대상인 전국 대학생들의 만족도조사, ③ 한국 인턴사원제도의 장점과 문제점, ④ 양자(①, ②)를 통해 본 향후 인턴사원제도의 새로운 정립방향 설정 및 운영절차모형 등에 대해서 구체적으로 접근해보기로 한다.

1) 인사담당자

인사담당자들을 대상으로 조사한 영역은 크게 '제도인식에 대한 분석'과 '장단점분석', '정립방향분석' 등으로 실태조사에 착수했다([표 6-6] 참조). 실태조사의 대상은 300대 기업 중 현재 인턴사원제도를 도입한 72개 전체 기업을 대상으로 했다. 먼저 '인식도분석'영역에서 '우수인재 채용기여도' 항목에 대해서 '그렇다' 이상에 응답한 비율이 무려 77%였으며 '구직자 선호도' 또한 '긍정적' 이상의 응답이 80%로 매우 높게 나타났다. '우열대학 조성여부'에서는 '보통'이 45%, '공채 혹은 인턴사원제도에 대한 양자 간의 선호도 비교'에서는 각각 53%, 47% 등의 순으로 대등하게 나타나고 있어 인턴사원제가 사원공채제도로 이미 정착되었다는 것을 간접적으로 보여주고 있다. '양 채용제도 간의 우수성 비교'에서 공채는 '기업충성도(47%)'부문이, 인턴사원제도는 '직무적응력(59%)'부문이 각각 가장 높게 나타났다.

'장단점분석' 영역 중 장점으로는 '검증된 인재채용(57%)'이 제일 높았으며 '문제점'은 '미채용 시 구직자들이 기회비용상실(47%)'이 가장 큰 문제로 나타났다. '구직자입장'에서 보는 '긍정적 평가'는 '사전 기업현장체험(54%)'인 반면 '부정적 평가'는 '미채용 시 기회비용상실(49%)'로 각각 조사되었다. '면접탈락 시 피해 정도'에 대해서는 '기업과 구직자 모두 피해'라는 응답이 무려 70%로 나타나 양자가 크게 손해를 입는다는 견해를 같이하는 것으로 파악되었다. 인턴사원제도를 도입 중에 있는 기업들의 인사담당자들이 생각하는 이 제도의 향후 정립방향과 운영절차에 대해서는 이 절의 뒷부분에 나오는 [표 6-9]와 [그림 6-2]에서 구체적으로 분석하고 있다.

▌표 6-6▐ 인사담당자 대상 인턴사원제도에 대한 의식 및 정립방향조사 (단위: %)

<table>
<tr><th colspan="3">영역</th><th colspan="12">응답결과분석</th></tr>
<tr><td colspan="3" rowspan="2">속인요소분석</td><td>성별</td><td colspan="2">남
(87)</td><td>여
(13)</td><td>직위</td><td>부장
(25)</td><td>차장
(13)</td><td>과장
(12)</td><td>대리
(14)</td><td>주임
(17)</td><td>사원
(19)</td></tr>
<tr><td>연령</td><td colspan="2">45세 이상
(30)</td><td colspan="2">41~45세
(27)</td><td>31~35세
(21)</td><td colspan="2">26~30세
(22)</td><td>근속연수</td><td>16~20년
(37)</td><td>6~10년
(23)</td><td>1~5년
(36)</td></tr>
<tr><td rowspan="6">제도 인식도 분석</td><td colspan="2">우수인재 채용기여도</td><td colspan="4">그렇다(63)</td><td colspan="4">보통(23)</td><td colspan="4">매우 그렇다(14)</td></tr>
<tr><td colspan="2">구직자 선호도</td><td colspan="3">긍정적(64)</td><td colspan="3">보통(17)</td><td colspan="3">매우 긍정적(16)</td><td colspan="3">기타(3)</td></tr>
<tr><td colspan="2">우열대학 조성여부</td><td colspan="3">보통(45)</td><td colspan="3">그렇지 않다(30)</td><td colspan="3">그렇다(23)</td><td colspan="3">기타(2)</td></tr>
<tr><td colspan="2">공채/인턴사원제 선호도</td><td colspan="6">일반공채(53)</td><td colspan="6">인턴제도(47)</td></tr>
<tr><td rowspan="2">우수요인</td><td>일반공채</td><td colspan="3">기업충성도(47)</td><td colspan="3">개인역량(34)</td><td colspan="3">업무성과(16)</td><td colspan="3">기타(3)</td></tr>
<tr><td>인턴제도</td><td colspan="3">직무적응력(59)</td><td colspan="3">조직친화력(21)</td><td colspan="3">기업충성도(18)</td><td colspan="3">기타(2)</td></tr>
<tr><td rowspan="5">장단점 분석</td><td colspan="2">장점</td><td colspan="4">검증된 인재채용(57)</td><td colspan="4">인재조기확보(37)</td><td colspan="4">기타(6)</td></tr>
<tr><td colspan="2">문제점</td><td colspan="3">미채용 시 기회비용상실(47)</td><td colspan="3">미채용 시 교육비용 증가(25)</td><td colspan="3">미채용 시 기업 이미지 실추(17)</td><td colspan="3">기타(5)</td></tr>
<tr><td rowspan="2">구직자</td><td>긍정적 영향</td><td colspan="3">사전 현장체험
(54)</td><td colspan="3">공채 시 가산점
(23)</td><td colspan="3">경력관리
(16)</td><td colspan="3">기타</td></tr>
<tr><td>부정적 영향</td><td colspan="3">미채용 시 기회비용상실(49)</td><td colspan="3">인턴기회 불공평
(25)</td><td colspan="3">타기업 입사기회상실(21)</td><td colspan="3">기타(5)</td></tr>
<tr><td colspan="2">면접탈락 시 피해 정도</td><td colspan="4">기업과 구직자 모두(70)</td><td colspan="4">구직자(26)</td><td colspan="4">기업(4)</td></tr>
<tr><td rowspan="7">정립 방향 분석</td><td colspan="2">채용제도로서 지속여부</td><td colspan="4">그렇다(62)</td><td colspan="4">보통(32)</td><td colspan="4">기타(6)</td></tr>
<tr><td colspan="2">실습 후 채용여부</td><td colspan="6">인턴 후 부분채용(89)</td><td colspan="6">기타(11)</td></tr>
<tr><td colspan="2">적정대상</td><td colspan="4">4학년 1학기(58)</td><td colspan="4">3학년 2학기(27)</td><td colspan="4">기타(15)</td></tr>
<tr><td colspan="2">적정실습기간</td><td colspan="4">1~2개월(48)</td><td colspan="4">3~6개월(43)</td><td colspan="4">기타(9)</td></tr>
<tr><td colspan="2">적정임금수준</td><td colspan="4">신입사원의 1/2(55)</td><td colspan="4">신입사원의 1/3(30)</td><td colspan="4">기타(15)</td></tr>
<tr><td colspan="2">모집방법</td><td colspan="4">서류 및 면접(66)</td><td colspan="4">공채와 동일(32)</td><td colspan="4">기타(2)</td></tr>
<tr><td colspan="2">개선방안</td><td colspan="3">직무전문성강화(60)</td><td colspan="3">채용절차변화(19)</td><td colspan="3">기회균등(12)</td><td colspan="3">기타(9)</td></tr>
</table>

주: 인턴사원제 도입 전체 기업(72개)조사(300대 기업 중 인턴사원제 도입기업 대상, 응답자 100명)
조사기간: 2008. 4. 1~9. 30.
조사방법: ① 서베이리서치 ② 대면인터뷰(캠퍼스 리크루터)

2) 전국 대학생

6개 지역 전국 대학생 300명을 대상으로 조사한 영역은 크게 '제도인식분석'과 '제도에 대한 의견분석', '정립방향분석' 등에 걸쳐 각각 실태조사를 실시했다([표 6-7] 참조). 실태조사지역으로는 서울, 인천, 대구, 부산, 광주, 대전 등에 소재한 대학교의 재학생이며 조사기간은 2008년 4월 1일~9월 30일에 걸쳐 실시되었다. 조사방법은 설문조사를 통한 1차 자료에 근거하였으며 추출방법은 비확률표본추출방법 중에서 편의표본추출방법을 사용하여 설문을 실시했다.

먼저 '제도인식도분석' 영역의 '제도에 대한 견해'를 묻는 항목에서 '긍정'이라고 응답한 비율이 53%로 나타났으며 '제도에 대한 지식 정도'는 43%가 '보통'이라고 대답했다. '이점'에 대한 항목에서는 '사전 현장체험'이 38%, '문제점'에 대해서는 '미채용 시 기회비용상실'이 48%로 매우 높게 나타났다. 한편 '정보획득방법'은 '인터넷커뮤니티(49%)'와 '취업전문 웹사이트(25%)' 순으로 각각 조사되었다.

'제도에 대한 의견분석' 영역에서 '우열대학 조성여부'를 묻는 항목에 대해 46%가 '그렇다'고 대답하여 인사담당자('그렇다' 23%)들과 큰 대조를 이루었다. '입사제의 시 수락여부'는 75%가 '입사검토'라고 응답, 최근 높은 취업난을 반영하는 경향을 보여주고 있다. '신분상의 대우 정도'에 대해서는 '보통(58%)'이라는 대답이 높았으며 '선발 시 중요요소'로는 '외국어(35%)', '학점(28%)' 순으로 각각 나타났다.

한편 '인턴선택 시 고려요소'로는 '실습 후 입사'가 37%로 가장 높았으며 '지원 시 준비요소'에 대해서는 '외국어능력'이라고 응답한 학생이 무려 53%를 차지했다. 인턴사원제도에 대한 전국 대학생들의 향후 정립방향과 운영절차에 대해서는 다음에 나오는 [표 6-9]와 [그림 6-2]에서 구체적으로 분석하고 있다.

표 6-7 전국 대학생 대상 인턴사원제도에 관한 의식 및 만족도조사 (단위: %)

영역		응답결과분석								
속인요소분석		성별	남(50)	여(50)	학년	4. 1학기(52)	4. 2학기(19)	3. 1학기(14)	3. 2학기(10)	기타(5)
		지역(대학)	서울(20)	인천(17)	대구(17)	부산(16)	광주(16)	대전(14)		
제도 인식도 분석	제도에 대한 견해	긍정(53)	보통(25)	매우 긍정(13)	부정(8)	기타(1)				
	제도에 대한 지식 정도	보통(43)	적음(37)	많음(12)	매우 적음(6)	매우 많음(2)				
	이점	사전 현장체험(38)	사후 입사보장(25)	취업경력관리(23)	공채 시 가산점(14)					
	문제점	미채용 시 기회비용상실(48)	우열대학 조성(22)	타기업 입사기회 상실(12)	상이한 업무내용(10)	적은 보수(8)				
	정보획득방법	인터넷 커뮤니티(49)	취업전문 웹사이트(25)	취업정보실(13)	학부 홈페이지(9)	기타(4)				
제도에 대한 의견 분석	우열대학 조성여부	그렇다(46)	보통(39)	아니다(11)	매우 그렇다(4)					
	입사제의 시 수락여부	입사검토(75)	입사수락(24)	기타(1)						
	신분 대우 정도	보통(58)	아니다(29)	그렇다(10)	매우 아니다(3)					
	선발 시 중요요소	외국어능력(35)	전공지식(학점)(28)	공모전(17)	동아리 및 스터디(10)	대외활동(5)	해외경험 (5)			
	인턴기업선택 시 고려요소	실습 후 입사(37)	성장업종(26)	기업입지(23)	급여수준 및 기업문화 (14)					
	지원 시 준비요소	외국어능력(53)	전공지식(학점)(14)	동아리 및 스터디(13)	공모전(10)	대외활동(10)				
정립 방향 분석	채용제도로서 지속여부	그렇다(41)	보통(39)	아니다(13)	매우 그렇다(4)	매우 아니다(3)				
	적정대상	4학년 1학기(45)	3학년 2학기(37)	3학년 1학기(10)	4학년 2학기(5)	기타(3)				
	적정실습기간	1~2개월(52)	3~6개월(33)	6~12개월(9)	1개월 이내(5)	기타(1)				
	적정임금수준	신입사원의 1/2(59)	신입사원의 1/3(29)	신입사원과 동일(7)	기타(5)					
	모집방법	서류 및 면접(64)	공채와 동일(17)	대학별 인원할당(8)	추천(6)	기타(5)				
	개선방안	직무전문성 강화(37)	기회균등(34)	채용절차변화(21)	기타(8)					

주: 전국 6개 지역(서울, 인천, 대구, 부산, 광주, 대전)소재, 대학생조사

조사기간: 2008. 4. 1.~9. 30.

조사방법: ① 취업특강 시 연구자 직접조사, ② 취업캠프 대행업체 위탁조사, ③ 6개 지역 취업정보실 연고자 통한 위탁조사

3) 장점 및 문제점

인턴사원제도의 장점은 1984년 당시 이 제도의 도입목적과 대체로 일치하고 있다. [표 6-8]에서도 집약되어 있듯이 기업입장에서 볼 때 이 제도의 가장 큰 장점은 '선검증 · 후채용'에 따른 우수인재의 조기확보를 들 수 있다. [표 6-6]에서도 나타나듯이 '우수인재 채용기여도('그렇다' 이상 77%)'와 '장점('검증된 인재채용' 57%)'이 이를 방증하고 있다. 하지만 이러한 장점은 사회적으로 적지 않은 파장을 몰고 왔다. 특히 대학사회로부터 명문대 인기학과 남학생 선호라는 오해를 불러일으켰으며 상대적으로 지방대, 취업비인기학과, 여학생 등에게는 최근까지 우열감 조성에 대한 비판이 끊임없이 제기되고 있다(이영실, 1999).

기업홍보와 기업이미지 제고에도 기여한 바 크다. 기존공채와는 차별되는 또 하나의 신규선발제도의 출현 그 자체가 기업의 홍보효과로 직결되었다. 대우 · 럭키금성 · 이랜드 · 두산 등 1990년대 인턴채용과 인턴채용박람회를 동시에 활용한 그룹의 경우 대학사회로부터 기업선호도효과에서 매우 좋은 점수를 받았다(이종구, 2008). 선발과정의 공정성 및 신뢰성확보에도 기여했다. 기존공채가 단순한 서류전형에 이은 획일적인 면접평가에 의존한 선발방식인 반면 인턴사원제의 경우 현장실습 및 실무담당자의 평가가 투입된 만큼 다양한 고과가 이루어졌다는 것도 장점이다(정희재, 1993).

대학생의 입장에서 볼 때 가장 큰 수혜는 역시 이론교육의 한계를 현장실습이라는 실제교육으로 보완해주었다는 점이다. 이는 입사 후 기업의 입장에서 볼 때 재교육 및 재훈련비용을 낮출 뿐더러 사전 직무교육이 이루어진 만큼 입사 후 조직적응력을 높이고 이전직을 방지하는 다양한 효과로 이어졌다. 특히 이 제도가 한국 기업사회에서 사원선발제도로 시작된 만큼 성적우수자에게 주어지는 입사특전 혹은 서류전형 제외 및 면접 시 가점부여는 최근까지 대학생들이 이 제도를 선호하는 가장 큰 요인으로 꼽히고 있다.

표 6-8 인사담당자 · 전국 대학생의 인턴사원제도에 대한 장단점분석

구분	장점	단점 및 문제점
기업	• 우수인재의 조기확보(선검증 후채용) • 기업홍보 및 기업이미지 제고 • 선발과정의 공정성 및 신뢰성확보 • 공채 창구 다양화로 채용 리스크 감소 • 선발 위한 객관적 평가자료 획득가능 • 개인능력 및 개인적성 맞는 직무배치가능 • 입사 후 조직적응력 및 업무수행력 향상 • 기업에 대한 애사심 및 충성심 유도	• 직무중심의 다양한 현장실습프로그램 부재 • 단순한 평가방법(부서장 평가의견, 적성검사 결과 위주), 종합적·합리적 평가방법 개발 • 명문대 인기학과 남학생 위주 선발(기회균등 박탈: 지방대, 취업비주류학과, 취업재수생, 여대생 등) • 고학년 위주 운영으로 저학년 참여기회 부재 • 현장실습/경력관리차원(선진국)이 아닌 채용 위주 운영으로 인턴 원래 취지 상실
대학생	• 사전 기업정보취득 및 개인직무적성 파악, 취업 시 이전직 방지 • 인턴수료 후 입사전형 시 이점 및 특혜부여 • 방학기간 활용, 기업 실무경험 체득 • 이론교육 보완하는 실제 현장교육 참가 • 산업동향 트렌드분석, 직업선택 안목 확대 • 기업 현장실습 참여, 재학경력관리 강화	• 인턴수료 후 미채용 시 기회비용 상실 • 공채시즌 인턴참여, 경력관리기회 상실 • 명문대학, 인기학과 선호에 대한 상대적 피해의식 및 박탈감 조성(비명문대, 지방대 등) • 단순업무, 업무과다부서, 영업부 지원 등 부실프로그램에 운영에 대한 불만족(학과 연계직무프로그램 개발의 필요성 대두)

주: 대면인터뷰(부록의 탐색연구방법 참조) 및 문헌조사(참고문헌 참조)를 통해 저자가 재구성

하지만 인턴사원제도의 문제점도 적잖이 노출되어 있다. 단점이자 가장 큰 문제점은 인사담당자와 대학생들이 공통된 견해를 보이고 있는 "미채용 시 기회비용상실('인사담당자 47%', '대학생 48%')이라는 점을 들 수 있다. 이는 재학생들이 인턴교육을 받는 동안 경력관리를 달리할 수 없는 만큼 인턴기업이 공채 시 선발해주지 않을 경우 기회비용을 상실할 수 있는 리스크를 안고 있다(박정식, 1995). 또한 인턴실습프로그램이 단순하여 최근 직무지향적이고 복잡다기한 욕구를 지니고 있는 인턴사원들을 만족시킬 수 없다는 비판도

강하게 제기되고 있다. 이외에도 인턴사원제도가 채용 위주로만 전개되고 있어서 저학년의 경우 경력관리차원에서 접근 자체가 어렵다는 문제점도 지적되고 있다.

4) 운영형태별 정립방향 및 절차모형

인턴사원제도에 대한 정립방향과 운영에 대한 절차모형은 실태조사를 근거로 프레임워크가 짜여져야 할 것이다. 특히 본 장이 한국 기업사회에서 인턴사원제도가 출현되는 과정과 발전사를 태생학적이고도 전개사적인 관점에서 접근하는 동시에 이 제도의 주체자인 기업과 대학생들의 입장에서 체계적으로 실태조사를 한 만큼 향후 정립방향과 운영절차의 모형 또한 이 결과를 반영하는 형태로 전개되어야 할 것이다. 인사담당자들과 대학생들의 견해는 전반적으로 운영방향과 운영절차에 대해 거의 같은 견해를 갖고 있는 것으로 분석되었다. [표 6-9]를 보면 비중이 크고 낮음이 다를 뿐 전체적인 정립방향에 대해서도 생각이 매우 유사하다는 것을 알 수 있다.

인사담당자와 대학생 두 집단이 표방하는 인턴사원제의 정립방향은 우선 양집단 모두 이 제도의 '지속여부'에 대해 '유지'가 필요하다는 견해다. 두 집

▌표 6-9 ▌인턴사원제도의 운영형태별 정립방향 분석내용 (단위: %)

영역	인사담당자	전국 대학생
채용제도로서 지속여부	유지(62)	유지(41)
실습 후 채용여부	인턴 후 부분채용(89)	인턴 후 전원채용(81)
적정대상	4학년 1학기(58)	4학년 1학기(45)
적정실습기간	1~2개월(48)	1~2개월(52)
적정임금수준	신입사원의 1/2(55)	신입사원의 1/2(59)
모집방법	서류 및 면접(66)	서류 및 면접(64)
개선방안	직무전문성 강화(60)	직무전문성 강화(37)

주: 인사담당자 · 전국 6개 지역 대학생, 두 집단 간 실시한 실태조사의 결과에 근거, 저자가 작성한 인턴사원제의 정립방향. ( )의 %는 각 항목의 보기 중 최고 비율을 의미함

단 모두 '지속여부'를 묻는 항목에서 각각 최고의 비율로 '계속 시행(유지)'을 희망하고 있다. '적정대상' 또한 현장실습 후 취업과 직결될 될 수 있는 4학년 1학기가 높은 비중을 차지하고 있다. 인턴사원제를 도입하고 있는 전체 기업들이 취업 전학기인 '4학년 1학기'에 이 제도를 실시하고 있는 것에 비춰보았을 때 이 부분도 공통된 견해를 보이고 있다. '적정실습기간' 또한 두 집단 모두 '1~2개월' 사이를 희망하는 모습이다. 이는 현재 인턴전형이 4~5월에 실시되고 현장실습은 여름방학기간을 활용해서 진행되고 있는 만큼 정규 학사기간에 지장을 주지 않고 또한 지장을 받지 않으려는 양자 간의 의도가 내재되어 있다. 현재 국내 기업들의 인턴기간은 여름방학 중인 7월부터 시작하여 보통 5~8주 사이에 대부분 실시되고 있다.

인턴실습생들이 받을 '적정임금수준'에 대해서도 양자 간에 같은 의견을 보이고 있다. 1980년대의 경우 정규직원의 1/4 정도 수준이었다가 1990년도에 1/3, 최근에는 상향 조정되어 1/2 수준에 근접해 있다. 이번 실태조사의 결과를 분석해보면 '정규직원의 1/2'을 희망하는 것으로 나타났다. 인사담당자의 경우 정규직원의 1/2 수준에서 임금이 지급되어야 한다는 비율이 55%, 대학생들은 59%로 각각 항목의 보기 가운데 가장 높은 수치를 차지했다. '두 집단 간 모집방법'에 대한 견해도 유사한 것으로 나타났다. 인사담당자들의 경우 '서류 및 면접전형(66%)'이 수위를 차지하였으며 대학생들(64%) 또한 가장 높은 비율을 보였다. '인턴사원제의 개선방안'에 대해서는 양 집단 모두 '직무전문성 강화'에 초점을 두고 있다. 기존의 인턴실습프로그램이 단순업무, 업무과다부서 및 영업부 지원 등에 그쳐 인턴사원들의 직무지향적인 욕구를 만족시켜주지 못했다. 따라서 향후 기업들은 인턴실습생들의 출신 학과와 연계되는 직무프로그램 개발에 주력해야 할 것이다. 한편 대학생들은 기회균등(34%)도 개선되어야 할 중요한 사항으로 보고 있다. 따라서 우열대학 조성, 남녀차별 등 인턴제의 부정적인 요소를 최소화하기 위한 기업의 주의가 요구된다.

인턴사원제 운영에 있어 두 집단 간 의견이 완전히 상이한 부분은 '인턴실습 후 채용여부'에 관한 부분이다. 인사담당자의 경우 '인턴 후 부분채용'이 89%인 데 반해 대학생들의 경우 '인턴 후 전원채용'이 81%로 나타나 양자 간의 생각이 매우 대조적인 모습을 보여주고 있다. 이상 두 집단 간 실태조사에 따른 결과를 토대로 향후 인턴사원제의 운영형태별 정립방향([표 6-9] 참조)과 운영절차에 대한 모형을 정리해보면 [그림 6-2]와 같은 형태로 집약할 수 있다.

도입 24년차에 접어들고 있는 인턴사원제도의 경우 지금까지도 여전히 제도 자체의 장단점 논란에서 벗어나지 못하고 있다. 하지만 [표 6-9]와 [그림 6-2]에서 나타나고 있는 것처럼 전환기를 맞고 있는 현재 이 제도에 접근하고 있는 양자 간의 의식과 견해가 상당히 유사하게 좁혀지고 있다는 점에 주목할 필요가 있다. 따라서 향후 도입을 희망하는 기업들이 이 제도에 대한 운영형태별 정립방향과 운영절차를 구성할 때 본 실태조사의 결과를 반영하여 구성 시스템을 설계한다면 주체자들의 만족도를 한층 더 높여줄 수 있을 것이다. 특히 4학년 1학기에 적용하되 서류 및 면접을 통해 약 1~2개월 사

그림 6-2 | 인턴사원제도의 운영절차모형

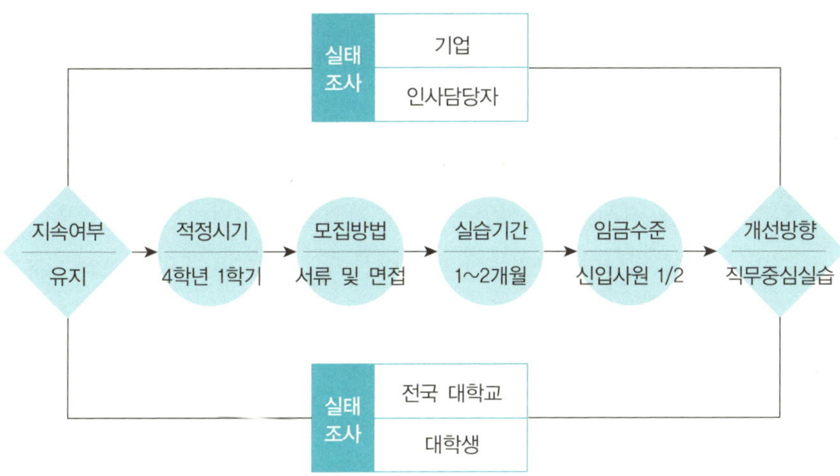

주: 인사담당자 · 전국 6개 지역 대학생, 두 집단 간 실시한 실태조사의 결과에 근거, 저자가 작성한 인턴사원제도의 운영절차모형

이에서 실습하고 임금수준은 신입사원의 1/2을 지급하면서 직무실습 위주로 전개해나가는 것이 인턴사원제도의 원활한 운영에 필수적인 요소가 될 것으로 보인다.

V 결론 및 제언

1. 요약 및 결론

본 장은 지난 1984년 도입 이래 한국 공채사에 또 하나의 채용방식으로 자리 잡은 인턴사원제의 시대별 특징을 분석하는 동시에 나아가 출범 이후 지금까지 전개과정에서 나타나는 양태와 현황을 종합적 · 체계적으로 고찰하는데 목적을 두고 있다. 또한 인턴사원제를 도입한 모든 기업의 인사담당자와 전국 대학생들을 대상으로 이 제도에 대한 실태조사를 실시, 향후 이 제도의 전개방향과 운영절차에 대한 모형도 함께 제시했다.

한국기업의 인턴사원제도의 전개사는 도입기(1984~1998년), 조정기(1998~2001년), 전환기(2002년~현재)로 각각 구분되며 시대의 분기점에는 제도의 운영목적과 특징을 달리하게 만든 명확한 요인들이 존재했다. 1980년대의 졸업정원제 도입과 경제민주화선언은 우리 기업들이 인턴사원제를 출범시킨 직접적인 요인이 되었다. 기업들은 대량양산되는 대졸자 가운데 옥석구분을 위한 선별채용의 방편으로 이 제도를 활용했으며 또한 노사분규의 홍역에 시달린 기업들이 사전 인성평가와 기업애사심을 키우기 위한 취지로 이 제도를 도입했다. 기업 공채사상 처음 선을 보인 인턴사원제도에 대해 대졸 구직자들이 주목하기 시작했으며 도입기업들의 경우 기업이미지 제고는 물론 기업 홍보로 직결되는 효과로 이어졌다.

그렇지만 1990년대 말 인턴사원제는 원래 도입목적에서 탈피, 기업이 주체가 아닌 정부가 운영하는 변형된 모습으로 전개되었다. 이러한 배경에는 한국의 공채문화를 크게 변화시킨 IMF사태가 정점에 있었다. IMF형 인턴사원제의 도입취지는 정부의 일자리창출에 모든 목적이 모아졌다. 하지만 결과는 인턴사원제의 주체가 일자리를 직접 발생시키는 기업에게 있어야 한다는 교훈만 남겼다. 2000년대 인턴사원제의 운영목적은 '공채방식의 다양화를 통한 채용인력확보에 대한 리스크를 방지'하는 동시에 '사전 검증을 통한 우수인재 유치'로 집약된다. 현재 인턴사원제를 도입한 72개 전 기업들이 대졸 노동시장에서 우수인재확보를 위한 치열한 인재유치 경쟁을 펼치고 있다. 현재 한국의 300대 기업 중 24% 정도인 72개사가 공채와 인턴사원제를 병행해서 신규채용을 하고 있다. 공채와 인턴사원제를 별도로 운영하는 배경에는 우수인재 사전 확보와 채용리스크 방지라는 다목적용 의도가 담겨 있다.

2. 시사점 및 제언

기업의 공채제도는 기업환경을 둘러싼 내외요소들의 변화 속성에 의해 패러다임의 변화과정을 거친다. 한국의 인턴사원제 또한 국내 산업환경과 공채환경에 따라 시대별로 운영목적과 양태를 달리해왔다. 1984년 이후 한국 인턴사원제도의 전개사과정에서 나타나는 특징과 시사점을 집약하면 다음과 같다.

첫째, 한국기업의 인턴사원제도는 선진국의 운영취지인 현장실습차원보다는 사원채용제도로 도입되어 활용되고 있다. 이는 선진국에서 운영하고 있는 이론교육을 보완하는 실습교육 및 재학생들의 경력관리차원과는 상이한 취지라고 볼 수 있다. 따라서 인턴제의 효과를 극대화하기 위해서는 현재의 취업인턴 외에 다양한 형태의 인턴을 고려해볼 필요가 있다. 저학년을 대상으로 한 실습인턴, 현지인을 대상으로 한 해외현지인턴, 자사의 제품 또는 서비스와 관련된 창업인턴 등이 이에 포함될 수 있을 것이다.

둘째, 한국의 인턴사원제도는 도입기, 조정기, 전환기로 구분할 수 있으며 시대별 산업환경을 변화시킨 요인에 의해 운영목적과 특징을 달리해왔다. 도입기에는 경제민주화선언에 따른 파장으로 노사분규의 홍역을 치른 기업들로 인해 선검증·후채용의 성격이 강했으며 조정기에는 정부의 고용정책 일환으로 일자리창출에 활용되었고 전환기에는 채용창구의 다양화 및 우수인재 사전 확보를 위한 주요 채널로 전개되고 있다.

셋째, 도입기에 단순업무형태였던 현장실습프로그램이 최근 직무교육 위주로 급격히 선회하고 있다. 이는 기존의 현장실습프로그램이 구직자들의 다양한 욕구를 충족시키지 못해 만족도 측면에서 문제가 많았기 때문이다. 또한 최근 기업들이 향후 입사 시 이전직 방지를 위해 인턴실습생들에게 사전에 다양한 직무교육을 시켜 직무적합 인재확보에 주력하는 측면도 직무교육을 강화하는 주요 이유가 된다.

넷째, 한국의 대학생들은 인턴사원제도를 현장실습차원에서 접근하기보다는 기업 입사를 위한 주요 창구로 활용하고 있다. 인턴사원제를 도입한 기업의 경우 자사 인턴수료자가 공채에 지원할 시 서류전형 혹은 면접 시 어떤 형태로든 가점을 주고 있다. 이는 자사 인턴수료자를 전략적으로 채용하기 위한 특혜라고 볼 수 있다.

다섯째, 인턴사원제도의 공정성과 정당성을 확보하기 위해서는 인턴사원 선발과정의 공정성과 투명성 그리고 성공적인 실습 종료 후에는 전원채용을 통한 구직자들의 기회비용상실을 최대한 줄여나가야 할 것이다. 그동안 인턴사원제도의 가장 큰 문제점은 명문대, 인기학과 위주의 '입도선매'라는 논란에 오랫동안 휩싸여왔다. 따라서 이를 벗어나기 위해서는 공정성과 투명성에 기초한 인턴사원선발에 주력해야 할 것이다.

실태조사에 근거한 정립방향과 운영절차도 두 집단 간 만족도를 최대한 높이고 이해관계를 최대한 반영하는 쪽으로 전개되어야 한다. 실태조사의 결과에서 보았듯이 양자 간에 '제도 유지'를 원하고 '4학년 1학기'에 시행하되 공채전형처럼 복잡한 절차보다는 단순한 '서류 및 면접'만으로 '1~2개월' 동안 '신입사원의 1/2에 해당하는 임금'을 받으면서 '직무중심' 위주의 현장실습을 하는 것이 이 제도의 효율적인 운영을 위해 두 집단이 강력히 바라는 공통된 의견이라고 볼 수 있다.

본 장은 실증분석(empirical analysis)이 아닌 자료적인 접근(문헌조사)과 대면인터뷰(face to face interview), 현장탐사(field study), 서베이리서치(survey research) 등 탐색적인 연구방법이 지향하는 종합적인 연구기법을 사용했다. 따라서 가설을 근거로 현상학적인 문제를 통계적으로 검증하는 실증연구(empirical article)가 아닌 관계로 탐험연구가 수반하는 일부 문제를 안고 있는 한계점을 지니고 있다. 특히 인턴사원제도를 도입하지 않은 기업의 경우 본 실태조사에 참여시키지 못한 점, 대학생들의 표본대상에 전국 6개 지역만 한정조사한 점, 저학년의 경우 일부인원만 표본에 속해 있다는 점 등을 한계사항으로 분명히 밝혀두고자 한다.

하지만 최근 국내 기업사회와 우리 대학생들의 최대 관심사인 인턴사원제도의 전개과정을 사적으로 체계화시키고 시대별 특징을 분석했다는 특징을 갖고 있다. 동시에 이 제도의 이해당사자인 기업과 대학생 간의 다양한 의식을 총체적으로 파악할 수 있는 실태조사를 통해 향후 정립방향과 운영절차 등을 선험적인 기법으로 분석, 고찰했다는 측면에서 연구의 의의를 두고자 한다.

참고문헌

▣ 본 장은 이종구(2008. 12), "한국 기업의 인턴사원제도의 사적 전개과정과 시대별 특성 비교분석에 관한 탐색적 연구", 경영사학, 23(3), 261-298에 수록된 내용이다.

강길훈 · 노병직 · 박덕재 · 임석빈(2007), "4년제 대학의 취업지도에 관한 연구", 한국교육개발원, 13-15.

강영무(2006), "대학의 해외인턴쉽을 위한 인터넷에 기초한 국제 NGO 협력 Network Model", **정보시스템연구**, 15(3), 160.

김성수 · 박재용 · 한한수(1997), "21세기 대졸신규인력의 채용관리변화에 관한 조사연구", **기업경영연구**, 4(4), 경희대학교 사회과학정책연구원 기업경영연구부, 70.

김영규(2008), "해외인턴십을 활용한 지방 4년제 대학 여성인력의 취업활성화 방안", **관광연구**, 22(4), 329.

김재원(1996), **한국의 노동문제와 노사관계정립방안**, 한국경제연구원.

김재원(1997), **취업과 경력개발**, 법문사.

동아일보(2001. 11. 24), 내게 맞는 직업 교교 때 미리 찾는다(6부 진로교육: 미국 오하이오주).

박선미(1999), 대학주관 인턴사원제 분석, **월간 리크루트**, 3월호.

박정식(1995), 인턴사원제를 말한다, **월간 리크루트**.

박진호(1998), IMF형 인턴사원제의 도입현황, **월간 리크루트**, 7월호.

이동근(1993), 인사관리, **월간 인사관리**, 6월호.

이영실(1999), 인턴사원제의 명암, **월간 리크루트**, 3월호.

이용탁(2005), "한상 네트워크 구축을 통한 해외인턴십 프로그램 개발에 관한 연구", **직업능력개발연구**, 8(2), 105.

이종구 · 김호원(2008), "한국 취업문화의 사적 전개과정과 시대별 특성 비교분석에 관한 탐색적 연구", **기업경영연구**, 15(3), 55-74.

정희재(1993), 인사관리, **월간 인사관리**, 6월호.

주원하(1990), 인턴사원제, **월간 리크루트**, 8월호.

최귀덕(1998), "전문대학 관광현장실습의 문제점에 대한 관련 집단의 지각차이분석", **직업교육연구**, 17(2), 103.

Daugherty(2000), "Internships and Co-Ops: An Excellent Way to Preview and Plan Your Future", *Black Collegian*, 31(October), 152.

Henry, L., & N. Razzouk, & H. Hoverland(1988), "Accounting Internship: A Practical Framework", *Journal of Marketing Education*, October 28.

Raymond, M., & D. McNabb(1993), "Preparing Graduates for the Workforce: The Role of Business Education", *Journal of Education for Business*, 68(4), 202.

Ross, L., & O. Ogbonnaya(2002), "Student Attitudes Towards Internship Experiences: From Theory to Practice", *Journal of Criminal Justice Education*, 13(2), 297.

Tovey, J.(2001), Building Connections Between Industry and University: Implementing an Internship Program at a Regional University, *Technical Communication Quarterly*, 10(2), 225.

부록

■ 본 장에 사용된 탐색적인 연구방법은 아래와 같이 6하 원칙에 의해 기재하였다.

1 대면인터뷰

① 캠퍼스 리크루터 대상 조사

이종구, 2008. 4. 1~9. 30, 경희대학교 진로상담실, 기업의 인턴사원제도, 캠퍼스 리크루터 대상 인턴사원제도에 대한 의식 및 정립방향 조사, 본 연구 실태조사

② 취업특강 방문 인사담당자 대상 조사

이종구, 2008. 4. 1~9. 30, 경희대학교 취업진로지원처, 기업의 인턴사원제도, 인턴사원제도의 동향 및 의식조사, 본 연구 실태조사

2 현장탐사(방문)조사

① 인사담당자 직접 방문조사

이종구, 2008. 4. 1~9. 30, 인턴사원제 도입기업(삼성 계열사 6개, 신세계 이마트 및 백화점 등 총 13개 기업 방문), 기업의 인턴사원제도, 인사담당자 대상 인턴사원제도에 대한 의식 및 정립방향조사, 본 연구 실태조사

② 대학생 대상 취업특강 시 연구자 직접(방문)조사 및 연고자 통한 위탁조사

이종구 및 6개 지역 대학교 취업정보실 관계자, 2008. 4. 1~9. 30, 전국 6개 지역(서울, 인천, 대구, 부산, 광주, 대전)소재 대학교 취업정보실 및 특강현장, 인턴사원제도에 관한 전국 대학생의 의식 및 만족도조사, 취업특강 시 연구자 직접조사 · 6개 지역 취업정보실 연고자 통한 위탁조사, 본 연구 실태조사

3 서베이리서치

① 인사담당자 대상 인턴사원제도에 대한 의식 및 정립방향조사

이종구, 2008. 4. 1~9. 30, 인터넷 · 경희대학교 진로상담실 및 취업진로지원처, 인턴사원제도에 대한 의식 및 정립방향조사, e-mail 통한 조사(인턴사원

제 도입기업) 및 캠퍼스 리크루터 조사 · 취업특강 방문 인사담당자 조사, 본 연구 실태조사

② 전국 대학생 대상 인턴사원제도에 관한 의식 및 만족도조사

이종구 및 6개 지역 대학교 취업정보실 담당자, 2008. 4. 1~9. 30, 전국 6개 지역(서울, 인천, 대구, 부산, 광주, 대전)소재 대학교 취업정보실 및 특강현장, 인턴사원제도에 관한 전국 대학생의 의식 및 만족도조사, 취업특강 시 연구자 직접조사 · 취업캠프 대행업체 위탁조사 · 6개 지역 취업정보실 연고자 통한 위탁조사, 본 연구 실태조사

CHAPTER

07

한국 채용제도 40년 전개과정과 시대별 특징분석

- 스펙중심채용, NCS기반채용, 블라인드채용을 중심으로 -

핵심 요약

본 장의 목적은 바람직하고 경쟁력 있는 인재를 선발하는 기준으로서 우리나라 채용제도의 변화과정과 시기별 특징을 분석하여 필요한 시사점을 탐색하는 데 있다. 이를 위해 대규모 공채제도가 본격 도입된 1980년대부터 현재까지의 채용제도의 변화과정과 특징을 탐색적이고 사적인 연구방법을 통하여 분석하였다. 시기를 구분하여 채용제도의 의미와 특징, 절차 및 내용을 다루는 한편 채용공고, 서류전형, 필기전형, 면접전형 등의 내용과 함께 전체적인 시기별 채용제도의 특징을 비교분석한 결과는 다음과 같다.

첫째, 우리나라 채용제도의 변화과정과 특징은 크게 3시기로 나누어볼 수 있다. 즉 대규모 기업별 공채가 시작된 1980년대부터 2014년까지는 스펙중심 채용시기, 능력중심사회로 전환을 위해 NCS가 본격 도입된 2015년부터 2017년 상반기까지의 NCS기반 채용시기, 채용에서 차별 및 선입견을 완전 배제하기 위해 시작된 2017년 하반기부터 현재까지의 블라인드 채용시기가 그것이다. 둘째, 스펙중심 채용시기의 특징은 민간 및 대기업주도로 지원자의 능력을 평가하기 위한 방법으로 성별, 연령, 학벌, 학점, 공인어학점수, 외모 등의 이른바 스펙이 중요하게 작용하였다. 셋째, NCS기반 채용시기의 특징은 정부주도로 능력중심사회로의 전환을 위하여 NCS가 본격 도입되어 직무능력이 중요한 채용요인으로 자리매김하기 시작하였다. 넷째, 블라인드 채용시기의 특징은 정부주도로 채용의 차별 및 선입견 요소를 채용전형 전반에 완전 배제하여, 공정한 채용기회 제공을 통해 실력(역량)으로만 평가받는 채용제도가 도입되었다는 점이다. 다섯째, 시기별 채용제도의 특징 비교분석 결과, 2015년을 기점으로 불필요한 스펙요소와 일부 대기업 위주로 이루어지던 역량기반채용이 정부주도의 능력중심사회 구현을 위한 직무능력(실력) 및 차별금지를 검증하는 채용제도로 급격히 변화하였다는 점이다.

I 문제제기 및 연구목적

1. 연구배경 및 연구목적

우리나라는 4차 산업혁명에 빠르게 진입하고 있다. 급변하는 사회에서 가장 필요한 것이 인재의 중요성일 것이다. 그 사회와 조직, 기업이 어떠한 인재를 길러내고 보유하느냐에 따라 성패가 갈린다. 이러한 점에서 우리나라 기업의 인재채용제도가 근래에 급변하고 있다. 따라서 우리나라 채용제도의 변화과정을 사적으로 고찰하는 것은 기업의 경쟁력차원에서 필요한 인적자원관리와 개발 측면에서 매우 중요한 방향성을 제시할 수 있다.

채용은 기업의 입장에서 적재적소에 필요한 최적의 인원을 선발하는 것을 말하는데, 잠재적인 구직자들에게 그 기업에 대하여 알리는 모집(recruitment)과 지원자 중에서 최적의 인재를 뽑는 선발(selection)로 이루어져 있다(Wood & Payne, 1998). 반면 구직자나 대학생의 입장에서는 채용이 아니라 직업과 직장을 얻는다는 취업의 의미나 용어로 사용되기도 한다.

이처럼 채용은 조직이 인력을 충원하고자 할 때, 잠재적인 구직자에게 알리고 지원자 중에서 최종적으로 선발하여 직무에 필요한 구성원으로 결정하는 것을 말한다. 기업의 직무에서 요구하는 역량과 직무를 효과적으로 수행할 수 있는 최적의 조직구성원의 요건과 최상의 직무역량을 보유한 개인에게 특정 조직의 자격을 부여하는 행위라고 정의하고 있으며, 이는 인적자원관리의 상호 기능을 중시하는 데서 비롯되었다. 또한 채용에 응시한 여러 지원자 중에서 기업의 조직(부서)이 필요로 하는 직무에 가장 적합한 잠재역량을 가지고 있다고 판단되는 개인을 고용하는 것을 결정하는 과정으로 정의하기도 한다(홍영규, 2007; 진민, 2016에서 재인용).

또한 채용제도는 능력 있는 인적자원을 합리적이며 정당한 절차에 의해 모집, 선발하여 적재적소에 배치하는 것을 목적으로 한다. 기업이 필요로 하는 인력을 확보하는 과정에서 어떤 방법으로 선발하고, 어느 부서에 어떤 인력을 배치할 것인가를 합리적으로 계획하고 관리하는 활동이다(박길우, 2003; 진민, 2016에서 재인용).

이처럼 채용제도는 산업체나 기업의 입장에서 적재적소에 필요한 최적의 인재를 선발하는 방식을 말하는데, 개별 기업마다 추구하는 인재상이 있다. 인재상은 일반적으로 국가나 집단 또는 해당 조직에서 추구하는 바람직한 인재의 모습을 의미한다. 기업의 인재상은 그 기업이 추구하는 가치, 즉 성과를 창출하는 일을 할 수 있는 학식이나 능력을 갖춘 사람의 표준이 되는 모습으로 정의할 수 있다(최병삼, 2016).

하지만 우리나라의 채용제도와 관련하여 구직자와 구인자 간의 미스매치(mismatch)문제가 지속적으로 제기되어왔다. 즉 대학생이나 구직자 입장에서는 기업 입사를 위하여 이른바 스펙을 쌓기 위한 여러 가지 취업준비 및 경력관리활동을 해왔다. 하지만 기업 입장에서는 해당 직무에 적합한 최적의 인재가 부족하다는 애로사항이 지속적으로 제기되어왔다. 이러한 맥락에서 전통적인 스펙중심 채용제도에서 최근 국내 기업들의 채용제도가 다양화되었고 지속적으로 변화하고 있다.

특히 대기업들의 경우는 스펙초월채용을 위한 역량중심채용을 시행하는 등 스펙 위주의 실적보다 능력중심으로 인재를 선발하기 위한 새로운 채용방식을 많이 도입하고 있다. 또한 정부차원에서도 공공기관 및 공기업을 중심으로 NCS(National Competency Standards: 국가직무능력표준)기반 능력중심 채용제도를 우선 도입하였다. 또한 제도 정착 이후에는 점차 더 넓은 범위로 스펙초월 및 능력중심의 블라인드채용문화가 확산되고 있다(천영민, 2015; 한국산업인력공단, 2018). 이처럼 우리나라의 채용제도의 변화과정은 크게 세 단계로 볼 수 있는데, 전통적인 채용제도인 스펙중심채용, NCS기반채용, 블라인드채용으로 구분해 볼 수 있을 것이다.

NCS는 전문 직업인이 되기 위해 공통적으로 필요한 기초 필수능력인 직업기초능력과 직업별 직무능력인 직무수행능력으로 구분된다. 이 중 직업기초능력은 직종이나 직위에 관계없이 대부분의 직종에서 직무를 성공적으로 수행하는 데 요구되는 기본능력으로 의사소통능력, 대인관계능력, 문제해결능력 등 10개 능력과 34개 하위능력으로 구성되어 있다. NCS를 기반으로 도입된 NCS기반채용은 대학교육 등을 통해 양성해야 할 중요한 핵심능력이자 대학생과 구직자가 직업인으로서 갖춰야 할 직무역량의 중요성을 강조하고 있다(한국산업인력공단, 2018).

나아가 블라인드채용은 채용과정에서 편견과 선입견이 개입되어 불합리한 차별을 야기할 수 있는 출신지, 가족사항, 학벌, 학력, 외모 등의 편견요소는 제외하고, 실력(직업기초능력, 직무수행능력)을 위주로 평가하여 제대로 된 인재를 채용하는 제도를 의미한다. 즉 편견이 개입되는 차별적인 요소를 제외하고, 직무능력을 중심으로 평가하는 채용제도이다(고용노동부, 한국산업인력공단, 대한상공회의소, 2017).

하지만 우리나라의 채용제도를 연구한 연구들(이종구 · 김병기, 2013; 이종구 · 김홍유, 2010; 이종구 · 천만봉, 2013)은 대부분 전통적 채용제도인 스펙중심채용에 국한되어 이후 생겨난 능력중심 채용제도와의 비교연구가 필요한 시점이다. 따라서 우리나라 채용제도가 급변하고 있는 시점에서 채용제도의 변화과정과 시기별 특징을 비교분석하는 것은 우리나라의 기업경영과 인재선발에 많은 시사점을 줄 수 있을 것이다. 이에 본 장은 우리나라 채용제도의 변화과정과 시기별 특징을 비교분석하여 대학과 기업의 인재선발과 육성에 필요한 유용한 정보제공과 방향성을 점검해보는 데 그 목적이 있다.

2. 연구범위 및 연구모형

본 장의 연구목적을 달성하기 위한 연구대상 및 범위, 구성체계, 연구모형을 정리하면 [그림 7-1]과 같다.

그림 7-1 | 한국 채용제도 연구구성 및 체계도

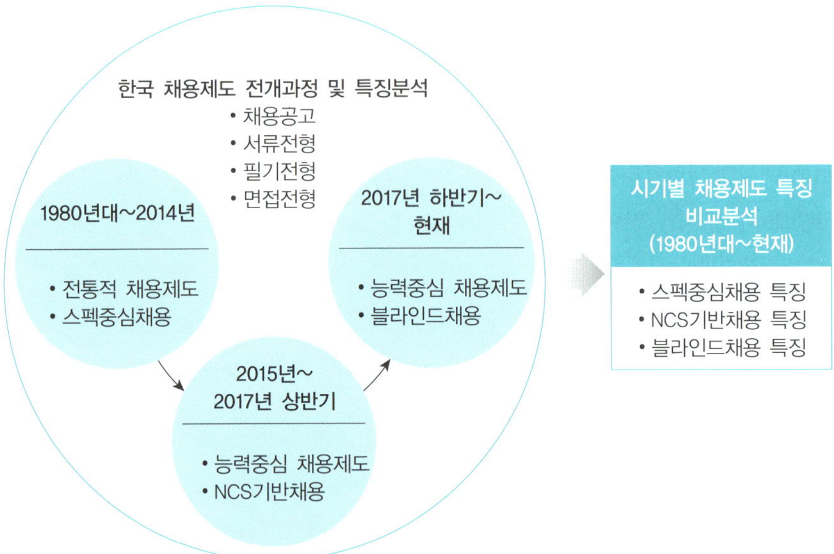

연구방법은 우리나라의 공개 채용제도가 최초로 도입된 이후로 본격적으로 확산된 1980년대부터 2014년까지 진행된 전통적 채용방식이라고 할 수 있는 스펙중심 채용제도와 2015년 도입된 능력중심 채용제도라고 불리는 NCS 기반채용과 2017년 도입된 블라인드채용의 3시기를 구분하여 접근하고자 한다. 이 변화과정에서 각 시기별로 나타나는 특징을 비교분석하고자 한다.

이처럼 본 장은 시기별로 나타나는 미시적이고도 부분적인 특징을 다루는 한편 전체적인 맥락에서 비교분석함으로써, 우리나라 채용제도의 역사적 변화과정을 체계적·종합적으로 살펴볼 수 있는 탐색적(exploratory)이며 사적인(historical) 연구방법을 적용하여 진행하고자 한다. 연구범위는 우리나라 공개적인 채용제도가 본격화된 1980년대부터 2014년까지의 전통적 채용제도인 스펙중심채용기(1980년대~2014년)와 능력중심채용이 본격적으로 도입된 NCS기반채용기(2015년~2017년 상반기), 차별 없고 공정한 채용제도를 위해 시작된 블라인드채용기(2017년 하반기~현재)로 나누어 접근하고자 한다. 이러한 각 시기별로 채용제도의 의미와 특징, 절차 및 내용을 다루는 한편, 채용공고, 서류전형, 필기전형, 면접전형 등의 특징을 살펴볼 것이다. 끝으로 전체적인 시기별 채용제도의 특징을 비교분석하는 것으로 정리하고자 한다.

Ⅱ 스펙중심 채용제도 특징

1. 스펙중심 채용제도의 의미 및 특징

우리나라 기업의 전통적인 채용제도는 일정한 자격요건인 이른바 스펙을 우선시하고 있다. 스펙의 예를 들면, 학벌, 학력, 학점, 전공, 공인영어점수 등을 말한다. 이는 우리나라의 산업화시대에 따른 경제성장이 가속화되었기 때문에 대규모 공채를 통해 비교적 채용이 까다롭지 않았으나, 소위 1997년 IMF시대를 겪은 이후로 인력계획과 채용이 점점 중요해짐에 따라 기본 지원 자격요건이 강화된 것으로 이해할 수 있다.

스펙이란 취업을 목적으로 한 지원자격기준으로 판단될 수 있는 요소들을 말하며 학벌, 학력, 학점, 공인영어점수, 자격증, 인턴십, 어학연수, 공모전, 봉사활동 등이 있다. 기업의 입장에서는 기업에 입사를 원하는 수많은 청년 구직자들을 모두 완벽히 검증하기에는 시간적 · 경제적 비용이 많이 들기 때문에, 객관적이면서 정량화하기 쉬운 스펙을 활용하여 1차적으로 선별작업(screening)을 거치는 것이 일반적이다(천영민, 2015). 취업준비생들은 이러한 스펙중심의 채용제도에서 탈락하지 않기 위해서 경쟁적으로 스펙을 준비한다.

원래 스펙(spec)은 '제품 특징'을 가리킬 때 흔히 사용되는 영어 단어인 'specification'의 줄임말이다. 하지만 우리나라에서는 마치 제품 특징처럼 구직자들이 취직하기 위해서 갖춰야 할 자신의 능력을 증명할 수 있는 자격증이나 시험점수 등을 가리키는 말로 2000년대 초반부터 의미가 확대되어 사용되기 시작하였다(위키백과, 2018). 즉 직장을 구하는 구직자들 사이에서 학력, 학점, 공인영어점수 등을 합한 것으로 서류상의 기록 중 업적에 해당되는 것을 이르는 말이다. 해당 단어는 2004년 국립국어원에서 펴낸 신어 자료집에도 등록되어 있다(위키백과, 2018). 이러한 스펙은 전반적으로 구직자 자신의 능력을 증명할 수 있는 요소들이라고 여겨져왔다. 또한 대부분의 기업들은 이를 바탕으로 지원자를 평가하였기에, 스펙은 취업을 준비하는 우리나라 대학생과 구직자에게 하나의 부담요소로 작용해왔다.

대학생들이 필요하다고 여기는 스펙이 과거에는 3종(학벌, 학점, 토익)이었으나, 2002년에는 5종(학벌, 학점, 토익, 어학연수, 자격증)으로 그리고 2012년에는 봉사활동, 인턴십, 수상경력(대외활동)이 추가되면서 8종으로 늘어났다. 최근에는 입사지원서의 사진과 면접과정에서 이미지가 중요하다는 이유로 성형과 최근 중요시되고 있는 인성을 포함해 취업스펙 10종 세트로까지 불리기도 한다(박순영, 2015). 이에 대학생 및 취업준비생의 80%는 경제적 부담 때문에 준비하지 못한 스펙이 있을 정도로 스펙준비에 많은 비용과 부담을 느끼고 있는 실정이다(한국대학신문, 2018).

2. 스펙중심 채용제도의 절차 및 내용

우리나라의 전통적인 채용인 스펙중심채용은 대기업인 경우는 공채가 많이 이루어져왔지만, 개별 기업의 채용제도에 따라 다소 차이가 있다. 대기업은 기본적으로 정기공채를 통해 인력을 충원하지만, 경력직과 전문직의 경우 수시채용을 실시하기도 한다. 한편 실제 채용규모의 대부분을 차지하지만 인력난을 겪는 경우가 많은 중소기업의 경우는 공채 이외에도 주위 추천 등을 통한 비공개, 상시적 채용으로 상당수의 인력을 충원하는 경우도 많다. 반면 대기업의 일반적 채용절차는 일정한 자격요건을 갖춘 구직자를 대상으로 공개채용을 실시하는 경우가 가장 많다. 전형절차는 원서접수 → 서류전형 → 필기전형(인·적성검사) → 면접전형(1차, 2차 등) → 신체검사 → 최종합격 순으로 진행된다.

한편 중견·중소기업의 일반적 채용절차는 대기업과는 다르게 채용과정에서 필기전형을 생략하는 경우가 많은데, 이는 대기업에 비해 입사경쟁률이 낮은 편이고, 인재채용을 위해서 투입할 수 있는 자원이 제한적이기 때문이다. 또한 중소기업은 대기업에 비해 인력난이 심하고 인재를 뽑아서 내부에서 교육하는 데 한계가 있다 보니 처음부터 직무별로 인력을 채용하고 관련 경력을 요구하는 경우도 많다. 기본적으로 학력, 학점 등 스펙을 중요하게 평가하고, 인재의 범용성을 중요시한다는 점은 대기업들의 채용제도와는 비슷한 현상이다. 중견·중소기업은 대기업에 비해 친인척을 우선하거나 연고주의에 따른 채용도 많으며, 일반적으로 원서접수 → 서류전형 → 면접전형 →

표 7-1 우리나라 기업규모별 채용제도 비교 (단위: 사업장 수, %)

구분	전체	기업규모		
		중소기업 (50인 미만)	중견기업 (50~299인)	대기업 (300인 이상)
전체(백분율)	449(100.0)	213(100.0)	159(100.0)	77(100.0)
서류전형	422(94.0)	194(91.1)	157(98.7)	71(92.2)
인성검사	118(26.3)	38(17.8)	36(43.4)	44(57.1)
적성검사	88(19.6)	19(8.9)	31(19.5)	38(49.4)
필기시험	45(10.0)	4(1.9)	12(55.3)	29(37.7)
일반면접	429(95.5)	205(96.2)	154(96.9)	70(90.9)
구조화면접	71(15.8)	16(7.5)	25(15.7)	30(39.0)
발표면접	37(8.2)	10(4.7)	9(5.7)	18(23.4)
그룹토의	26(5.8)	5(2.3)	5(3.1)	16(20.8)
기타	6(1.3)	3(1.4)	1(0.6)	2(2.6)

출처: 장주희·주휘정·장원섭(2015)

최종합격 순으로 진행된다(대한상공회의소, 2013; 이진구·이효중·박상훈, 2016).

우리나라의 대기업과 중견·중소기업 등의 기업규모별 세부적인 채용제도를 비교한 연구결과는 [표 7-1]과 같다. 2015년에 실시된 이 연구결과, 300인 이상의 대기업은 중견·중소기업에 비해 적성검사, 구조화면접, 발표면접, 그룹토의 등을 사용하여 더욱 구체적이고 체계적인 채용제도로 인재를 선발해오고 있음을 알 수 있다. 반면 중견·중소기업의 경우는 서류전형과 면접전형을 위주로 채용을 진행해오고 있음을 알 수 있다. 즉 기업규모별로 채용제도의 차이가 있음을 확인할 수 있다(장주희·주휘정·장원섭, 2015).

아울러 [표 7-2]는 우리나라와 유럽, 일본의 채용제도를 비교한 것이다. 우리나라는 과거 스펙중심채용 시 대기업에서 영어, 한문, 상식 등에 대한 필기시험을 실시하기도 했으나, 근래에는 인·적성시험을 보는 것이 일반적이었다. 아울러 공기업, 공공기관 등에서는 일반상식 등의 필기시험을 보는 경우도 많다. 또한 비공식적으로 채용과정에서 구직자의 연령을 제한하기도 하였는데, 이는 국제적으로 매우 기이한 형태로 연공서열중심의 채용기준이다. 우리나라 이외에 대규모 공채를 통하여 대졸 신입직원을 채용하는 나라는 일본뿐이다. 미국, 유럽 등의 다른 나라에서는 업무상 필요와 무관하게 지원자 모두에게 외국어(영어)능력을 요구하고 필기시험을 실시하는 사례는 매우 드물다(대한상공회의소, 2013).

우리나라와 일본은 전공, 학력, 학벌, 연령, 구직자의 잠재적인 능력을 중요 고려요소로 여기는 반면에, 유럽은 전공(학과), 경력, 직무수행능력 및 직무적합도를 중요하게 생각하며, 채용차별을 야기할 수 있는 성별, 나이, 사진, 인종 등의 개인정보는 요구하지 않고 있다(천영민, 2015). 또한 채용시기의 경우 우리나라와 일본이 학생들의 졸업시기에 맞춰 정기채용을 실시한다면 유럽은 일자리의 공백으로 인해 수요가 발생할 때 수시채용을 실시한다(대한상공회의소, 2013; 이진구·이효중·박상훈, 2016).

외국과 전통적인 국내 채용제도의 가장 큰 차이는 채용 시 중요하게 여기

표 7-2 우리나라와 외국의 채용제도 비교

<table>
<tr><th>구분</th><th>한국</th><th>유럽</th><th>일본</th></tr>
<tr><td>서류전형</td><td>〈이력서〉
• 외국어능력
• 자격증
• 전공(이공계 우대)
• 사진, 성명, 주소, 전화번호 등 개인정보 기재
〈자기소개서〉
• 지원한 회사에 대한 이해도를 바탕으로 한 질문
• 지원한 직무에 대한 이해도를 바탕으로 한 질문</td><td>〈이력서〉
• 깔끔하고 간결하게 작성
• 중점내용을 요약하여 제시
• 채용차별을 방지하기 위해 개인정보 미기재
〈자기소개서〉
• 기존의 이력서보다 구체적으로 작성
• 지원직무와 관련된 경력, 교육경험
• 자격사항, 활동을 강조하여 작성</td><td rowspan="4">• 우리나라와 채용전형이 유사하나 학기 중 채용과정이 이루어지고 있음
• 대부분의 대학생은 대학교 3학년 말부터 4학년 말에 이르기까지 졸업 전에 채용을 확정짓고 있음
• 채용준비단계에서 구직자는 자기분석을 비롯한 업계연구, 기업연구를 통해 하고자 하는 직무에 대해 사전에 정보를 습득하고, 필수는 아니지만 인턴십을 지원하여 실제로 직무를 경험해 보기도 함
• 채용활동단계에서는 기업에 정보제공을 요청하거나 입사지원서와 이력서를 작성하고, 기업설명회, 기업에 취직한 선후배들을 만나며 적극적으로 일하고자 하는 기업에 대해 정보를 얻음
• 채용확정단계에서는 내정을 통해 학교를 졸업하는 것이 큰 특징</td></tr>
<tr><td>필기전형</td><td>• 서류전형 접수 시 자기소개서에 포함하는 경우가 대부분
• 전공지식, 논리력 등을 테스트하고, 인·적성검사를 실시하기도 함</td><td>직무에 필요한 역량을 측정할 수 있는 시험 혹은 주제를 제시하고 관련 내용에 관련된 보고서를 작성</td></tr>
<tr><td>면접전형</td><td>• 실무진면접(역량면접)
• 임원면접(인성면접)</td><td>• 인사담당자와 함께 인력채용을 하고자 하는 팀에서 같이 면접전형에 참가하는 것이 일반적
• 모든 채용전형 중 면접전형이 가장 중요하며, 인턴십과 같은 실제 기업의 업무에 관련된 경험이 있는 학생을 선호</td></tr>
<tr><td>중점평가항목</td><td>종합검토
• 직무에 관련된 역량
• 업무를 원활히 수행할 수 있는 역량</td><td>• 서류전형: 직무관련 내용(자기소개서상 직무교육비용이 적게 들어갈 수 있는 직무연관성 등)
• 인터뷰전형: 실무적으로 업무를 수행할 수 있는 역량</td></tr>
</table>

출처: 박해나(2016); 이도희(2016); 이진구 · 이효중 · 박상훈(2016); 천영민(2015), 저자 재구성

는 요소에 기인한다고 할 수 있겠다. 우리나라 대부분의 기업의 경우는 전공에 있어 특정 전공(이공계)을 지나치게 우대하는 경향이 있다. 또한 일부 대기업의 경우 2000년대 이후 직무역량을 중시하기 시작한 것은 사실이지만, 서류상에서의 검토과정은 기존 스펙 위주의 채용제도를 약간 변형한 형태 정도이며 크게 달라진 것은 아직 많지 않은 시기로 볼 수 있다(박해나, 2016; 이도희, 2016).

Ⅲ NCS기반 채용제도 특징

1. NCS기반 채용제도의 의미 및 특징

스펙중심 채용시기에는 기업에 신규인력이 입사한다 하더라도 기업은 재교육을 위해 많은 비용과 시간 그리고 노력을 투입해야 했으며, 대학생 또한 취업을 위한 학력과 스펙을 쌓기 위해 많은 비용, 시간, 노력을 투입하고 있는 현실이다. 이에 NCS(National Competency Standards: 국가직무능력표준)는 현재의 사회구조가 학벌중심으로 이루어져 있으며, 이를 능력중심의 사회로 변화시키기 위한 목적으로 개발되었다. 즉 NCS는 위와 같은 문제를 해결하기 위해 2000년대 초부터 교육부, 고용노동부 그리고 한국직업능력개발원 등이 공급자중심으로 이원화되어 운영되어온 교육·훈련·자격을 연계하고, 통합적·체계적인 인재개발시스템을 구축하기 위한 방안으로 도입되었다(양영근·정원희, 2014; 오계택·김덕기·박윤희, 2013; 한국산업인력공단, 2018).

전통적인 채용제도인 스펙중심 채용제도에서는 기업은 직무분야에 대한 구체적인 설명과 요구수준에 대한 기준이 없이 획일화된 입사지원서와 자기소개서항목을 대학생에게 요구하였다(이종찬·박지현, 2015). 일자리에 대한 경쟁들이 치열해진 현실 속에서 대학교육은 산업현장의 기대수준에 못 미치고 있고, 노동시장과 교육훈련과정의 만성적 불일치는 신규인력인 대학생이 자신이 우수한 인재임을 증명하기 위해 무분별한 스펙 쌓기 경쟁에 몰입할 수밖에 없었다(채정오, 2017). 하지만 본격적으로 2015년부터 정부주도로 도입된 NCS기반채용은 기업이 직무별로 원하는 명확한 요건을 제시하고, 지원자는 자신의 준비 정도를 검증하면 되므로 목표지향적인 능력과 역량을 계획적으로 개발할 수 있게 해준다는 장점이 있다. 즉 지금까지의 맹목적으로 보여주기식의 스펙 쌓기에서 직무역량중심의 채용으로 변화할 수 있는 계기가 마련된 것이다(이종찬 · 박지현, 2015).

NCS 도입 배경은 크게 다음의 두 가지로 설명된다. 첫째, 국내 교육훈련 및 자격제도가 산업현장의 노동수요 측면의 요구를 제대로 반영하지 못하는 현상과 대학생을 비롯한 교육훈련 이수자 및 자격 취득자의 직무수행능력의 현장적용에 구조적인 문제점이 있다(이종찬 · 박지현, 2015). 둘째, 대학교육을 비롯한 교육훈련과 국가자격제도가 긴밀하게 연계되지 않기 때문에 이들 제도의 운영에서 효과성 및 효율성확보에 상당한 문제점이 드러났기 때문이다(고현진 · 최성주, 2012). 이를 위해 NCS는 산업현장의 직무수요를 체계적으로 분석 및 제시함으로써 일(산업현장)-교육훈련-자격의 연계를 가능하게 해준다는 장점이 있다. 즉 NCS는 궁극적으로 사회에서 능력이 채용, 승진, 보상과 연결되는 직무능력평가제도가 정착, 확산되는 성공모델을 창출하여 NCS 및 NQF(National Qualification Framework: 국가역량체계) 구축을 목적으로 하는 정부주도의 능력중심사회 구현을 실현하기 위한 방안이다.

한편 학벌주의, 고학력주의로부터 기인하는 사회적 병폐를 개선하기 위한 대안의 하나로 제시된 개념이 능력중심사회이다. 여기서 말하는 능력은 직무능력이고, 능력에 대한 정의는 사회의 모습과 비슷한 양상을 가지고 있다. 즉 능력중심사회는 기존의 학벌과 학력주의사회를 벗어나 노동시장에서 필요로 하는 지식, 기술, 태도를 바탕으로 인재를 선발하고, 수행성을 관리하여 능력을 개발해주고 관리해주는 사회라고 할 수 있다(정지선 · 양정승 · 김봄이,

그림 7-2 | NCS기반 능력중심사회 모델

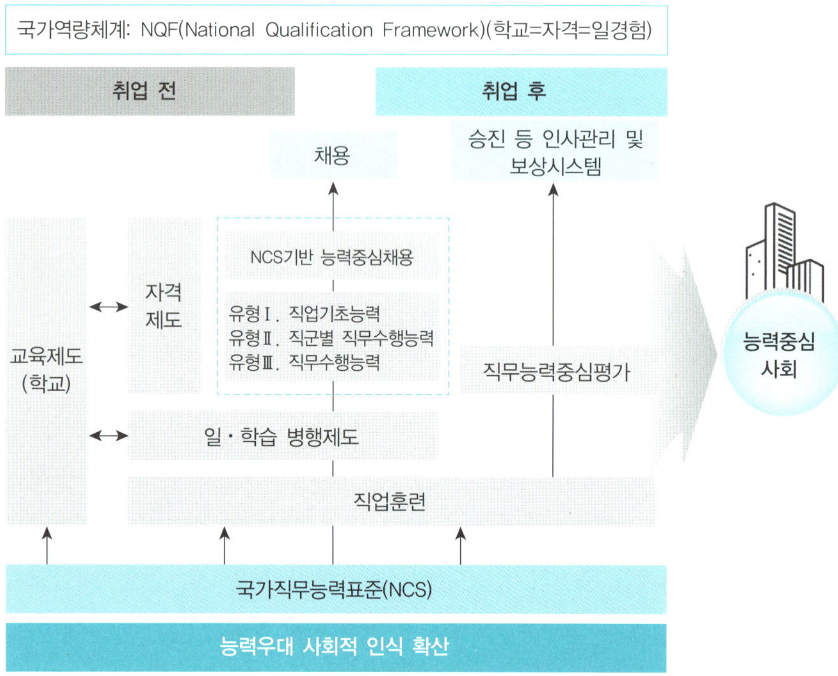

출처: 한국산업인력공단(2018), 국가직무능력표준 홈페이지(www.ncs.go.kr) 참조

2015). [그림 7-2]는 NCS를 바탕으로 한 능력중심사회 구현모델을 도식화한 것이다.

이처럼 NCS는 전통적인 교육 및 평가시스템에서 패러다임을 전환하여 국가직무능력표준과 국가역량체계의 구축을 통해 보다 현실적인 직업능력을 배양하기 위해 개발되었다. 이에 따라 NCS는 "산업현장에서 직무를 수행하기 위해 요구되는 능력(지식, 기술, 태도)을 국가가 산업부문별, 수준별로 체계화한 것"으로 볼 수 있다. NCS의 분류는 직무의 유형(type)을 중심으로 국가직무능력표준의 단계적 구성을 나타내는 것으로 국가직무능력표준 개발의 전체적인 로드맵을 제시하고 있다. NCS분류는 2018년 현재 한국고용직업분류(KECO: Korean Employment Classification of Occupations) 등을 참고하여 분류하였으며 대분류(24) → 중분류(78) → 소분류(238) → 세분류(897개)의 순서로 구성되어 있다. 이 중에서 직무는 세분류에 해당되며, 원칙상 세분류 단위에서 표준이 개발된다(한국산업인력공단, 2018).

또한 NCS는 직무능력을 직무수행능력과 직업기초능력으로 구분한다. 직무수행능력은 '해당 직무(업무)를 수행하는 데 필요한 구체적인 능력을 말하는데 지식, 기술, 태도를 아우르는 능력으로 직무수행을 위해 필요한 능력(지식, 기술, 태도)'을 말한다. 반면 직업기초능력은 '직무수행능력을 최대로 발휘하기 위해 대부분의 산업분야에서 공통적으로 사용되는 능력'으로 총 10개 능력(의사소통능력, 대인관계능력, 문제해결능력 등)과 34개 하위능력으로 구성된다(양영근 · 정원희, 2014; 한국산업인력공단, 2018).

2. NCS기반 채용제도의 절차 및 내용

지금까지의 스펙중심 채용제도의 가장 큰 문제점은 학벌, 학력, 자격증, 영어공인점수 등의 이른바 스펙이 대학생의 기본적인 소양을 갖추고 있는지를 판단하는 기준이 아니라 취업여부에 직접 영향을 주는 취업결정요인으로 작용하였다는 점이다. 즉 대학생들에게 실제 직무수행에 요구되는 기본점수(또는 등급)를 훨씬 상회하는 점수를 쌓도록 부추기는 잘못된 신호(signal)로 작용했던 것이다(김진실, 2015; 이종찬 · 박지현, 2015).

[표 7-3]은 이러한 문제점을 개선하기 위해 도입된 NCS기반 채용절차와 내용을 설명해주고 있는데, 기존의 스펙중심채용과는 다르게 스펙항목들은 제외하고 경험 및 경력기술서와 직업기초능력, 직무수행능력처럼 현장능력 중심의 채용제도임이 드러난다.

또한 [표 7-4]는 기존의 전통적 채용제도와 NCS기반 채용제도의 내용을 비교하여 설명하고 있다. 기존의 스펙중심채용과는 다르게 스펙항목들을 요구하는 대신 채용공고, 서류전형, 필기전형, 면접전형 전반에 직무에 필요한 경험이나 경력기술서와 직업기초능력, 직무수행능력처럼 현장능력을 중심에 둔 채용제도임이 드러난다.

| 표 7-3 | NCS기반 채용절차 및 내용

채용절차	해당 항목 및 내용
채용공고	채용분야, 분류체계, 능력단위 및 NCS 분류코드, 직무수행내용 등
서류전형	• NCS기반 입사지원서(인적사항, 교육사항, 자격사항, 경력 및 직무관련 사항) • NCS기반 직무능력소개서(경험기술서, 경력기술서) • NCS기반 자기소개서(지원동기, 조직 및 직무적합성)
필기전형	직업기초능력평가(10개 영역 34개 하위 영역), 직무수행능력평가(직무 내용)
면접전형	직업기초능력 및 직무수행능력 구조화면접(경험면접, 상황면접, 발표면접, 토의/토론면접)

출처: 한국산업인력공단(2015), 국가직무능력표준 홈페이지(www.ncs.go.kr) 참조, 저자 재구성

| 표 7-4 | 스펙중심 채용제도와 NCS기반 채용절차 및 내용 비교

채용절차	스펙중심채용	NCS기반채용
채용공고	행정직 O명, 기술직 O명 단순 정보 제공	채용분야별 필요한 직무능력 사전 공개 (모집 직무별 직무설명자료 첨부)
서류전형	• 직무와 무관한 항목(가족사항, 학력, 학벌, 지역 등) • 직무와 무관한 스펙(해외봉사, 토익 등)	• 직무와 무관한 기재사항은 최소화, 직무관련 항목 요구(직무수행에 필요한 교육, 자격, 경험 및 경력, 자기소개서) • 직업기초능력과 직무수행능력 측정
필기전형	• 인성, 적성평가 • 지식중심의 전공 필기시험	• 직무능력중심의 필기평가 • 직업기초능력과 직무수행능력 측정
면접전형	비구조화면접(취미, 성장배경 등 직무 무관 질문)	• 직무능력 평가중심 • 구조화된 면접 • 직업기초능력과 직무수행능력 측정

출처: 고용노동부 · 한국산업인력공단(2015)

한국산업인력공단(2018)에 의하면 NCS기반 채용은 채용대상 직무를 NCS 기반으로 분석하고, 그 결과를 토대로 해당 직무의 상세내용 및 직무능력 평가기준을 사전에 정하여 명확하게 공지하며, 해당 평가기준을 바탕으로 인재를 선발하는 채용방식을 말한다. 쉽게 말해 불필요한 능력(Over 스펙)이 아니라 해당 직무에 꼭 필요한 능력(On 스펙)을 기준으로 평가 및 검증하여 채용하는 것이고 그 기준을 NCS를 기반으로 정한다는 것이다(김준일, 2017; 김진실 · 정형철 · 김연식 · 조양래, 2015).

하지만 NCS기반 채용절차는 기존의 채용제도를 완전히 새로운 절차로 바꾸자는 것은 아니며, 채용공고, 서류전형, 필기전형, 면접전형 등의 기존과 동일한 절차에서 직업능력과 무관한 개인 신상이나 무분별한 스펙 등을 제거하고 직무수행에 합치되는 능력평가를 통해 인재를 선발하는 것이다. 이를 위해 NCS기반 역량중심채용을 도입하고 있는 공기업, 공공기관, 대기업 등에서는 서류전형부터 불필요한 스펙 내용을 제외하게 되었으며, 지원대상 직무와 무관한 스펙 쌓기를 지양하도록 하였다는 데 의미가 있다(배창옥 · 김정우, 2016; 채정오, 2017).

Ⅳ 블라인드 채용제도 특징

1. 블라인드 채용제도의 의미 및 특징

2017년에 우리나라는 새로운 정부로 바뀜에 따라 NCS기반채용이 블라인드채용으로 변화하였다. 정부에서 말하는 블라인드채용(blind selection: 정보가림 채용)은 재능 있는 사람들이 출신학교인 학벌이나 출신지 등에 대한 편견 때문에 채용과정에서 탈락하는 일이 없도록 하기 위해 도입된 채용제도이다. 즉 공정한 채용과정, 평등한 기회제공을 통한 사회의 구현에 이바지하려는 채용방식이다. 블라인드(표시금지)의 대상이 되는 정보는 학벌, 학력, 출신지, 가족사항, 신체적 조건, 외모를 나타내는 사진 등의 차별적 요인들에 관한 정보를 말한다. 이러한 차별적 요인은 입사지원서와 자기소개서 등 첨부서류에 일체 기재하지 못하게 한 것이다. 면접을 실시할 때에는 차별적 요인에 관한 정보를 면접위원에게 제공하지 못하게 하며 면접과정에서 그에 관한 질문과 답을 할 수 없게 하여 공정한 채용이 이루어지도록 한 것이다(곽대강 외, 2017; 오석홍, 2018). 이처럼 블라인드채용은 채용과정에서 편견이 개입되어 불합리한 차별을 일으킬 수 있는 출신지, 가족사항, 학벌, 학력, 외모 등의 편견요인은 완전 제외하고, 오직 순수한 직무능력을 평가하여 인재를 채용하는 방식을 의미한다.

블라인드채용의 특징은 세 가지로 구분해 볼 수 있다. 첫째, 블라인드채용은 편견요인을 요구하지 않는 대신 실력(직무능력)을 평가한다. 공공 및 민간부문에서 직무중심채용이 확대되고 있으나, 여전히 관행적인 편견에 입각한 차별요인이 남아 있다. 이러한 편견요인을 제외하고, 직무능력중심으로 평가하는 것이 블라인드채용이다. 여기서 직무능력중심채용은 기업의 역량기반채용, NCS기반채용과 같이 직무수행에 필요한 능력과 역량을 평가하여 선발하는 채용제도를 통칭한다. 둘째, 블라인드채용의 평가요소(평가항목, 평가기준)는 직무를 수행하는 데 필요한 역량이다. 즉 직무수행에 필요한 지식, 기술, 인성(태도) 등을 과학적인 선발기법을 통해 평가한다. 과학적인 선발기법은 직무분석을 통해 도출된 평가요소를 서류전형, 필기전형, 면접전형 등을 통해 체계적으로 평가하는 방법으로 평가도구로는 입사지원서, 자기소개서, 인적성검사, 구조화면접 등이 대표적이다. 셋째, 기업의 여건에 맞게 도입할 수 있다. 채용에서 편견이 개입되는 요소는 요구하지 않되 기업의 여건에 맞게 서류전형, 필기전령, 면접전형 등 선발단계별로 블라인드채용을 도입할 수 있다(고용노동부 · 한국산업인력공단 · 대한상공회의소, 2017).

한편 고용노동부 · 교육부 · 한국산업인력공단(2017)에 따르면 블라인드채용의 필요성은 크게 세 가지로 나누어볼 수 있다. 첫째, 채용의 공정성에 대한 사회적 요구이다. 사회에 처음 진출하는 청년이라면 누구나 정당하게 실력으로 경쟁할 수 있도록 균등한 고용기회를 제공해야 하나, 여전히 채용과정의 공정성에 대한 불신이 많다. 이에 채용상 차별금지에 대한 법적 요건이 권고적 성격에서 처벌을 포함한 의무적 성격으로 점차 변모되는 추세이다. 둘째, 우수인재채용을 통한 기업의 경쟁력 강화의 필요성이다. 직무능력과 무관한 학벌, 학력, 외모 위주의 선발은 기업의 우수인재선발 기회를 봉쇄하여 기업경쟁력을 약화시킨다. 기업이 채용과정에서 차별을 없애고 직무능력 중심으로 선발하여 우수인재를 확보할 수 있도록 블라인드채용을 도입 · 확산할 필요가 있다. 셋째, 공정한 채용을 통한 사회적 비용의 감소가 필요하다. 편견을 유발하는 차별적 채용은 우수한 인재의 선발을 저해하고, 외모 지상주의, 학벌주의 등을 심화시켜 불필요한 사회적 비용을 증가시킨다. 학연, 지연, 혈연에 의한 채용관행에서 벗어나 채용에서의 공정성을 높여 사회의 신뢰수준을 제고할 필요가 있다.

이처럼 블라인드채용은 기존의 NCS기반 직무중심의 채용제도에서 차별적인 요소를 완전 제외하는 한 걸음 더 발전된 채용제도이다. 사실 직무중심의 채용은 일부 대기업에서 1990년대 역량기반채용이 도입되면서 최초로 시작되었다. 이후 무서류전형, 입사지원서 간소화, 블라인드면접, 블라인드오디션 등 다양한 형태로 블라인드 채용제도가 확산되어 오고 있다(고용노동부 · 한국산업인력공단 · 대한상공회의소, 2017). 그러나 중소기업 등 기업규모에 따른 비용 및 선발도구개발 등의 문제와 사회적 편견에 의한 불이익이 여전히 존재하고 있어, 채용 공정성에 대한 개선이 지속적으로 필요한 실정이다.

2. 블라인드 채용제도의 절차 및 내용

블라인드 채용제도의 절차와 내용은 다음과 같다. 우선 NCS를 기반으로 자세한 직무기술서를 지원자에게 제공해 직무적합성이 높은 인재를 채용하도록 유도하고 학력, 연령, 성별 등의 조건에 제한 없이 구직자들이 지원하도록 하고 있다. 따라서 서류전형에서는 직무와 관련된 교육훈련, 자격증, 경력 등과 함께 자기소개서 내용이 중요해졌고 면접전형의 비중 또한 높아졌다.

아울러 입사지원서에 학벌, 학력, 학점, 공인영어점수, 해외연수경험, 동아리, 수상경력, 봉사활동과 같은 스펙적인 요소와 선입견과 편견을 가질 수 있는 연령, 성별, 가족사항, 구직자의 사진 등을 제외하고, 실제 구직자들의 실력과 인성, 가치관 등을 알 수 있는 자기소개서와 면접전형을 강조하는 채용제도이다. 필기시험에 대해서도 기존에는 어학능력, 수리능력 등 스펙적 요소를 측정했다면, 이제는 직무수행능력 및 직무적합성을 판별하는 것으로 완전한 직무능력중심채용으로 변화되고 있다(천영민, 2015). [표 7-5]는 블라인드채용의 절차와 내용을 구체적으로 정리한 것이다.

다음으로 블라인드 채용절차를 채용설계 → 모집(채용공고) → 선발전형(서류, 필기, 면접)으로 나누어 볼 때, 세부 프로세스별 편견 제외 주요 활동을 구분하면 [표 7-6]과 같이 정리할 수 있다. 전반적으로 채용에 선입견과 편견을 가질 수 있는 내용을 제외하고 직무능력 위주로 선발이 이루어질 수 있도록 여러 가지 활동들이 제시되고 있다.

채용단계별로 주요 편견요소를 살펴보면 [표 7-7]과 같이 정리할 수 있다. 고용노동부 · 한국산업인력공단 · 대한상공회의소(2017)의 자료를 참조하면, 채용에서의 차별이란 합리적인 이유 없이 성별, 연령, 장애, 학력, 출신학교(학벌), 출신지역, 외모 등 직무와 직접적인 관련이 없는 지원자의 개인적인 특성을 기준으로 채용에서 특정 지원자를 우대 · 배제 · 구별하거나 불리하게 대우하는 경우를 말한다. 다만 다음과 같이 합리적인 이유가 있을 경우에는

표 7-5 블라인드 채용절차 및 내용

채용절차	해당 항목 및 내용
채용설계	직무내용 및 직무능력의 구체화 • 기업규모, 특성에 적합한 전형설계 후 전형별 평가요소 도출 • 채용대상 직무 설명자료 제작
채용공고	채용직무 설명자료 사전 제공 • 직무와 무관한 평가요소 삭제 • 채용직무의 직무내용 및 직무능력 구체화 후 사전 공개
서류전형	차별적이고 직무무관항목 삭제 • 편견이 개입되어 차별을 야기할 수 있는 인적사항 요구금지 • 입사지원서에는 직무와 관련한 교육훈련, 자격경험(경력) 위주로 항목 구성
필기전형	직무관련성 기반의 필기전형 실시 • 직무수행에 반드시 필요한 지식, 기술, 능력, 인성 등을 필기시험화 • 채용공고를 통한 필기평가 과목 공개(공정성확보)
면접전형	개인신상정보 면접위원 제공 금지 • 면접위원에게 지원자 인적사항 제공 금지 • 체계화된 면접을 통한 공정평가 실시 • 면접 전 블라인드 면접위원 교육을 통한 사전 안내 필수

출처: 한국산업인력공단(2018), 국가직무능력표준 홈페이지(www.ncs.go.kr) 참조, 저자 재구성

표 7-6 블라인드채용 프로세스 및 주요 활동

채용절차	세부 프로세스	주요 활동
채용설계	채용계획 수립 등	채용일정, 비용 등의 채용계획을 수립한다.
	직무능력 정의	채용직무에 필요한 직무능력을 도출, 정의한다.
	전형설계	평가요소, 평가기법을 설계하고, 평가기준을 정한다.
	편견요소 정의	채용단계별 편견요소를 도출, 정의한다.
모집 (채용공고)	편견요소 검토	모집과정에서 편견요소를 검토하여 제외한다.
	채용공고	모집 직무내용과 직무능력 등을 사전 공고한다.
	지원서 접수/관리	지원서를 접수하고 관리한다.
선발전형 (서류, 필기, 면접)	편견요소 검토	선발전형별로 편견요소를 검토하여 제외한다.
	서류전형	입사지원서 등으로 지원자를 평가한다.
	필기전형	직무관련성 높은 필기시험으로 지원자를 평가한다.
	면접전형	구조화된 면접도구 등으로 지원자를 평가한다.

출처: 고용노동부 · 한국산업인력공단 · 대한상공회의소(2017)

표 7-7 채용단계별 주요 편견요소

구분	채용공고	입사지원서	면접전형
성별	지원자격을 특정 성별로 제한	입사지원서에 성별에 따라 다른 양식, 기재항목, 구비서류를 요구	면접과정에서 성별에 따라 질문사항을 달리하거나 별도의 질문시간을 할애
신앙	지원자격을 특정 종교로 한정	입사지원서에 종교를 요구	면접과정에서 종교관련 사항(종교관, 종교유무 등) 질문
연령	지원자격을 일정연령 이하 또는 이상으로 제한	입사지원서에 연령을 식별할 수 있는 생년월일, 학교 입학년도, 졸업년도를 요구	면접과정에서 연령을 묻거나 연령에 대해 부정적으로 언급
신체조건	지원자격을 직무관련성이 없음에도 신장, 체중 등의 신체조건을 이유로 제한	입사지원서에 사진 부착을 요구하거나 직무에 필수적인 조건이 아님에도 신장, 몸무게, 색맹여부 등 신체조건을 요구	면접과정에서 용모 및 신체조건에 대해 질문
사회적 신분	지원자격을 직무관련성이 없음에도 전과 등을 이유로 제한	입사지원서에 전과자, 탈북자 등 사회적 신분을 요구	면접위원들에게 지원자에 대한 신원조회 결과 등을 제공하는 경우
출신지역	지원자격을 출신지역으로 제한	입사지원서에 출신지, 본적 등을 요구	면접과정에서 출신지역에 관한 질문을 하는 경우
학력, 출신학교	지원자격을 특정 학력이상 또는 이하로 제한	입사지원서에 직무에 필수적인 조건이 아님에도 학력, 출신학교 등을 기재토록 하는 경우	면접과정에서 직무에 필요한 조건이 아닌 경우 학력, 출신학교 등을 질문하는 경우
혼인, 임신	지원자격을 결혼 여부 등을 이유로 제한	입사지원서에 결혼여부, 자녀유무, 임신여부 등의 개인정보를 요구하는 경우	면접과정에서 결혼여부, 임신여부 등을 질문하는 경우
가족사항		입사지원서에 가족관련 사항을 요구	면접과정에서 가족사항(관계, 출신지, 직업 등)에 대해 질문하는 경우

출처: 박귀천 외(2015)

차별로 보지 않는다. 첫째, 기업이나 직무의 특성상 반드시 필요한 자격요건에 해당하는 경우이다. 둘째, 이미 존재하는 차별을 개선하기 위해 특정 지원자를 우대하는 경우(사회형평적 채용, 적극적 고용개선조치)이다.

한편 우리나라는 헌법에서 모든 국민의 기본적인 인권과 평등권을 보장하고 있는데, 이를 기초로 채용 관련 5대 법률에서 채용과정에서 금지해야 할 차별항목들을 구체적으로 규정하고 있다(고용노동부 · 한국산업인력공단 · 대한상공회의소, 2017). 블라인드채용은 서류전형, 면접전형 등의 채용과정에서 이들 법에서 정하는 항목들을 요구하지 않도록 권고하고 있다. 다만 해외 선진국에 비해 우리나라는 실제 기업현장에 적극적인 적용에 있어서는 다소 늦은 감이 있다.

또한 채용절차 공정화에 관한 법률(2014, 채용절차법)은 채용절차의 공정성을 확보하고 구직자의 권익을 보호하기 위해 제정되었다. 채용관련 5대 법

표 7-8 채용관련 5대 법률의 차별금지항목 및 채용절차법 내용

법률	차별금지항목 및 내용
고용정책기본법	성별, 신앙, 연령, 신체조건, 사회적 신분, 출신지역, 학력, 출신학교, 혼인·임신, 병력
남녀고용평등과 일·가정 양립 지원에 관한 법률	성별, (여성의)용모, 키, 체중 등 신체적 조건, 미혼조건 등
고용상 연령 차별금지 및 고령자고용촉진에 관한 법률	연령
장애인차별금지 및 권리구제에 관한 법률	장애인
국가인권위원회법	성별, 종교, 장애, 나이, 사회적 신분, 출신지역, 출신국가, 출신민족, 용모 등 신체조건, 혼인여부, 임신 또는 출산, 가족형태 또는 가족상황, 인종, 피부색, 사상 또는 정치적 의견, 형의 효력이 실효된 전과, 성적 지향, 학력, 병력 등
채용절차 공정화에 관한 법률	입사지원서의 표준양식 사용권장, 채용일정 및 채용과정 등

출처: 고용노동부 · 한국산업인력공단 · 대한상공회의소(2017), 저자 재구성

률이 차별의 내용을 규정하고 있다면, 채용절차법은 채용현장에서 적용해야 할 구체적인 절차를 규정하고 있다. 채용절차법의 주요 내용은 채용일정 및 채용과정고지, 차별적 항목을 포함하지 않는 표준이력서와 자기소개서 사용 권장, 채용결과고지, 채용서류 반환 등으로 구성되어 있다. 채용절차법에 구체적인 차별금지항목까지도 포함시키려는 개정법률(안)도 논의 중이다. 이러한 채용관련 5대 법률에서 정하는 차별금지항목과 채용절차법의 내용을 살펴보면 [표 7-8]과 같다.

V 시기별 채용제도의 특징 비교분석

지금까지 살펴본 우리나라 채용제도의 변화과정과 특징을 비교분석하는 차원에서 우리나라 채용제도의 시기별 특징변화를 [표 7-9]로 정리하였다. 대규모 공채가 본격적으로 시작된 1980년대부터 2000년대까지는 스펙중심의 채용이 일반적이었고, 일부 역량기반 채용방법이 도입되기 시작하였다. 이후 2015년 정부주도로 NCS가 도입되면서 이와 연계된 채용제도인 NCS기반 채

표 7-9 | 우리나라 채용제도의 시기별 특징 변화

시기	주요 내용
1980년대	직무와 관계없는 기업단위 모집, 대기업중심의 대규모 공채
1990년대	대기업중심으로 역량기반채용 도입 시작, 직무 인·적성검사 도입
2000년대	대기업중심의 역량기반채용과 과학적 평가기법의 확산, 입사지원서 간소화 추세 확산
2015년	직무능력중심채용 확산(NCS기반, 역량기반)
2017년	대통령 지시사항으로 공공기관 블라인드채용 전면 도입과 민간기업으로 확산 추진

출처: 고용노동부 · 한국산업인력공단 · 대한상공회의소(2017)

용제도가 적용되기 시작하였다. 이후 2017년 정부주도로 채용에 있어서 차별금지에 목적을 둔 블라인드채용이 도입되기 시작하였고 대기업뿐만 아니라 중견 · 중소기업으로 확산이 진행 중이다.

또한 공공부문의 블라인드채용 도입과정은 [표 7-10]으로 정리하였다. 우리나라의 채용제도의 큰 변화는 정부주도로 공공부문(공기업, 공공기관)에서 시작되었다는 특징이 있다. 특히 2000년대 이후로 채용 시 연령, 학력, 성별, 신체조건 등이 단계적으로 폐지되었으며, 2015년에 종합적으로 능력중심사회로의 전환을 위한 방안으로 직무능력중심의 NCS기반채용과 2017년 블라인드채용이 도입되었다는 특징이 있다. 하지만 스펙과 함께 실제 필요한 역량기반으로 채용을 도입하고 있던 대기업과는 달리 대다수의 중견 · 중소기업의 채용전형에서는 아직도 스펙 위주의 항목과 전형이 이루어지는 경우가 많아 단계적으로 변화하고 있는 과도기적 상황인 것으로 분석된다.

끝으로 지금까지 살펴보았던 우리나라 채용제도의 변화과정과 시기별 특징 비교분석 결과는 [표 7-11]로 정리하였다. 우선 1980년대부터 2014년까지는 스펙중심 채용시기로 구직자의 학벌, 학점, 성별, 연령, 신체적 조건 등이

표 7-10 공공부문의 블라인드 채용정책 도입과정

시기	주요 내용	
2004년	국가인권위원회	진정사건조사를 통해 근로복지공단, 예금보험공사 등 9개 공공기관에서 직원채용 시 연령 및 학력제한 폐지
2005년	공무원시험	응시원서에 학력란 폐지 및 블라인드 면접 도입
2007년	공공기관 전형기준 개선	응시자의 평등한 기회보장을 위해 성별, 신체조건, 용모, 학력, 연령 등에 대한 불합리한 제한 금지
2015년	공공기관 NCS기반 능력중심채용 도입	국가직무능력표준(NCS)을 기반으로 직무를 분석하여 직무기술서 공개, 직무관련 필기·구조화된 면접 등을 통해 직무능력을 평가하여 채용
2017년	블라인드채용 도입	대통령 지시사항으로 공공기관 블라인드채용 전면 도입

출처: 고용노동부 · 한국산업인력공단 · 대한상공회의소(2017)

표 7-11 우리나라 채용제도의 변화과정과 시기별 특징 비교분석

채용제도	스펙중심채용	NCS기반채용	블라인드채용
시기	1980년대~2014년	2015~2017년 상반기	2017년 하반기~현재
특징	민간 및 대기업주도	정부주도	정부주도
	스펙중심의 취업준비 및 경력관리활동을 평가에 반영	NCS 직업기초능력, 직무수행능력 검증	공정한 채용기회 제공과 인재상 및 실력(역량)중심 평가
내용	입사지원서에 주민번호, 키/몸무게, 종교 등 개인정보 기재	입사지원서에 직무와 무관한 정보(사진, 학교, 학점 등) 삭제 및 최소화	입사지원서에 지원자에 대한 차별/선입견을 가질 수 있는 모든 요인 삭제
	학벌, 학점, 공인어학성적, 외모 등 스펙사항이 선발에 깊이 반영	직무능력(지식, 기술, 태도)을 규정하여 교육, 자격, 경력 및 경험 위주 검증	채용전형 전반에 역량, 인성과 무관한 내용은 전부 배제
결과	직무와 무관하고 불필요한 과잉스펙(over-spec)이 양산, 일부 역량기반채용의 도입 시작	각 전형별로 직무능력(직업기초능력, 직무수행능력)을 종합적으로 평가	학벌 등에 상관없이 공정한 기회제공으로 실력으로만 공정하게 경쟁

출처: 고용노동부 · 교육부 · 한국산업인력공단(2017); 김진실 외(2015); 이종구 · 천만봉(2013), 저자 재구성

채용에 매우 중요한 요소로 작용하였고 일부 대기업에서 역량기반채용이 도입되기 시작하였다. 2015년부터 2017년 상반기까지는 NCS기반 채용시기로 정부주도시기가 시작되었고, 능력중심사회로 전환을 위한 직무능력을 위주로 한 검증이 도입되었다. 2017년 하반기에는 공정한 채용기회 보장을 위한 차별요소의 완전 배제를 목적으로 한 블라인드채용이 시작되었다.

VI 결론 및 시사점

1. 요약 및 결론

국가 및 기업의 경쟁력차원에서 가장 필요한 것이 인재의 중요성일 것이다. 바람직하고 경쟁력 있는 인재를 선발하는 평가기준으로서 우리나라 채용제도의 변화과정과 시기별 특징을 비교분석하여 시사점을 탐색하는 것이 본 장의 연구목적이었다. 이를 위해 대규모 공채제도가 본격 도입된 1980년대부터 현재까지의 채용제도의 변화과정과 특징을 탐색적이고 사적인 연구방법을 통하여 분석하였다. 시기를 구분하여 채용제도의 의미와 특징, 절차 및 내용을 다루는 한편 각 채용공고, 서류전형, 필기전형, 면접전형 등의 내용도 살펴보았다. 아울러 전체적인 시기별 채용제도의 특징을 비교분석하였다. 이러한 연구과정을 통한 결론을 다음의 5가지로 요약하여 제시하고자 한다.

첫째, 우리나라 채용제도의 변화과정과 특징은 크게 3시기로 나누어볼 수 있다. 즉 대규모 기업별 공채가 시작된 1980년대부터 2014년까지는 스펙중심 채용시기, 능력중심사회로 전환을 위해 NCS가 본격 도입된 2015년부터 2017년 상반기까지의 NCS기반 채용시기, 채용에서 차별 및 선입견을 완전 배제하기 위해 시작된 2017년 하반기부터 현재까지의 블라인드 채용시기가 그것이다.

둘째, 스펙중심 채용시기의 특징은 민간 및 대기업주도로 지원자의 능력을 평가하기 위한 방법으로 학벌, 학력, 학점, 공인어학점수, 성별, 연령, 외모 등의 이른바 스펙이 중요하게 작용하였다. 이에 대학생을 비롯한 구직자들도 이러한 스펙을 쌓기 위한 취업준비 및 경력관리활동에 매진하여 과잉스펙이 양산되었다. 이에 2000년대 이후로는 대기업을 중심으로 역량기반채용이 단계적으로 도입되기 시작하였다.

셋째, NCS기반 채용시기의 특징은 정부주도로 능력중심사회로의 전환을 위하여 NCS가 본격 도입되어 직무능력이 중요한 채용요인으로 자리매김하기 시작하였다. 이를 위해 직무와 무관한 스펙요인은 최소화되었고 직무능력 검증을 위한 교육, 자격, 경험 및 경력사항과 직무수행능력, 직업기초능력의 검증이 채용제도변화에 중심으로 등장하였다.

넷째, 블라인드 채용시기의 특징은 정부주도로 채용의 차별 및 선입견요소를 채용전형 전반에 완전 배제하여, 공정한 채용기회 제공을 통해 실력(역량)으로만 평가받는 채용제도가 도입되었다는 점이다. 따라서 서류전형부터 면접전형까지 일체의 편견 및 차별요소가 사라지고 누구나 공정한 채용기회를 보장받아 실력으로만 경쟁하는 채용제도로 자리매김하고 있다.

다섯째, 시기별 채용제도의 특징 비교분석 결과, 2015년을 기점으로 불필요한 스펙요소와 일부 대기업 위주로 이루어지던 역량기반채용이 정부주도의 능력중심사회 구현을 위한 직무능력(실력) 및 차별금지를 검증하는 채용제도로 급격히 변화하였다. 그러나 공공부문과 대기업과는 달리 고용의 많은 부분을 차지하고 있는 중견 · 중소기업의 스펙중심채용이 능력중심채용으로 채용제도가 변경하는 데는 다소 시일이 걸리고 있어 단계적으로 확산되고 있는 상황이다.

2. 시사점 및 제언

지금까지 다루어진 우리나라 채용제도의 변화과정과 시기별 특징 비교분석에 관한 연구결과 및 결론을 바탕으로 기업경영과 인재선발 및 정부정책에 도움이 되는 발전적 제언으로 본 장을 마무리하고자 한다. 본 장의 시사점 및 제언은 다음과 같다.

첫째, 우리나라 채용제도는 스펙중심에서 능력중심의 검증으로 변화하고 있다는 점에서 바람직하다. 기업 입사 이후 쓸모없는 불필요한 스펙보다는 실무에 쓸 수 있는 직무능력이 더욱 필요한 시점이고 실제 효과성이 연구를 통해 증명되고 있다. 전국경제인연합회(2013: 천영민, 2015에서 재인용)의 연구결과를 보면, 취업준비생의 97.5%는 스펙이 인성보다 중요하다고 인식하는 반면, 기업은 반대로 스펙보다 인성을 더 중시하는 비율이 84.5%에 달한다. 또한 최근 이종찬(2017)의 연구에 따르면 대학생은 채용되기 위해 부족한 부분을 인턴, 입사지원서, PT면접, 영어면접 등의 스펙 위주 활동을 뽑는 반면, 기업종사자는 팀워크, 주인의식, 인성, 대인관계능력 등의 직무능력과 인성을 중시하는 것으로 나타났다. 이소예(2016)의 연구에서도 NCS기반 채용제도로 입사한 직장인이 스펙중심 채용제도를 통해 입사한 직장인에 비해 직무일치도, 직무활용도, 개인-직무적합성과 직무만족도가 모두 높은 것으로 확인되었다.

둘째, 대기업 및 공공부문 이외의 중견 · 중소기업의 채용제도의 변화를 위해 과도기적으로 발생하는 문제는 최소화하는 한편 능력중심채용을 가속화할 필요가 있다. 채용제도가 변화됨에 따라 취업준비생들이 취업을 위해 준비해야 할 것들이 많이 늘어났다. 전통적인 스펙관리부터 최근의 NCS기반채용을 넘어 블라인드채용까지 준비해야 하는 삼중고(三重苦)에 있다고 평가하기도 한다. 즉 기업의 규모나 형태 등에 따라 채용제도가 서로 상이하여 개별 기업에 맞는 채용준비를 별도로 해야 하기 때문이다. 이는 전통적인 스펙중심채용에서 능력중심채용으로 넘어가는 과도기로 이해된다. 즉 공공기관의 경우는 국가정책적인 부분에서 NCS기반채용과 블라인드 채용제도의 도입을 의무화하였기 때문에 스펙 위주의 채용요소를 배제하고 있다. 대기업들은 정부정책에 부응하기 위해 오래전부터 사용되어온 직무적성검사나 면접전형을 일부 변형하여 NCS기반채용과 블라인드 채용요소의 도입을 가속화하고 있다. 반면에 비용 등의 문제로 체계적인 채용제도나 선발도구에 한계가 있는 중견 · 중소기업의 경우는 아직도 기존의 스펙중심의 입사지원서와 자기소개서의 항목을 위주로 선발채용이 이루어진다. 이는 최근의 조사결과에서도 드러나는데 능력중심 채용제도를 도입한 공공기관은 100%이고 대기업은 21%, 중견과 중소기업은 각 6%와 2% 정도에 머물러있다. 또한 향후 능력중심 채용제도의 도입의사가 있다고 밝힌 곳은 대기업이 67%인 반면 중소기업은 16% 정도밖에 되지 않는다(인크루트, 2018a, 2018b). 따라서 정부는 능력중심채용의 확산과 가속화를 추진하는 한편, 과도기적 문제는 최소화하는 정책적 지원을 구체화하여 접근할 필요성이 있다.

셋째, 능력중심 채용제도를 실시하고 있는 선진 외국사례 연구와 차별금지 처벌 강화 및 사회적 약자 채용 개선이 필요한 시점이다. 우리보다 앞선 선진 외국의 경우 능력중심채용 및 차별금지채용이 이미 사회문화로 자리매김하여 당연시되고 있고 미준수 시 처벌도 엄격하게 이루어지고 있기에 이 부분에 관한 연구가 필요하다. 또한 정부는 국가유공자 및 사회적 약자(장애인, 사회적 취약계층) 등의 채용에 관하여 실제적인 채용과정 검증과 공공부문의 부정채용 및 인사청탁에 관한 처벌을 강화하여 능력중심채용과 공정한 채용을 더욱 가속화할 필요성이 있다. 이들에게 최고의 복지는 고용이고, 이들이 대우받는 사회가 진정한 선진 복지국가임을 잊지 말아야 할 시점이다.

참고문헌

▣ 본 장은 이종찬 · 이종구(2018. 11), "한국 채용제도의 변화과정과 시기별 특징 비교분석 연구", 경영사학, 33(4), pp.129-155에 수록된 내용이다.

고용노동부 · 교육부 · 한국산업인력공단(2017), 블라인드 채용 정책 및 프로세스 설명회, www.ncs.go.kr

고용노동부 · 한국산업인력공단(2015), 취업준비생을 위한 NCS 기반 능력중심채용 가이드북, www.ncs.go.kr

고용노동부 · 한국산업인력공단, 대한상공회의소(2017), 블라인드 채용 가이드북, 진한엠앤비.

고현진 · 최성주(2012), "용접분야에서 국가직무능력표준 개발을 위한 능력단위 도출", 대한용접 · 접합학회지, 30(2), 5-10.

곽대강 · 김달용 · 김범진 · 김혜숙 · 이종찬 · 최부철(2017), NCS 활용 취업성공 가이드, 밥북.

김준일(2017), "국가직무능력표준(NCS) 직업기초능력에 대한 공공기관과 대학생의 중요도 인식 비교분석: Y대학 사례를 중심으로", 연세대학교 정경 · 창업대학원 석사학위논문.

김진실(2015), "국가직무능력표준(NCS) 기반 채용의 주요 이슈와 과제", THE HRD REVIEW, 18(5), 64-75, 한국직업능력개발원.

김진실 · 정형철 · 김연식 · 조양래(2015), "NCS를 활용한 채용시스템 운영실태에 관한 연구: 2015년 상반기 공공기관 NCS 채용 성과를 중심으로", 직업과 자격연구, 4(1), 65-84.

대한상공회의소(2013), 한 · 미 · 일 · 독 기업의 채용시스템 비교와 시사점, 대한상공회의소.

박귀천 · 장명선 · 이소라 · 이수연 · 강을영(2015), 채용상 차별에 관한 해외사례 및 실태조사 연구, 고용노동부.

박순영(2015), "대학생들의 취업을 위한 스펙관리에 관한 연구", 전남대학교 대학원 석사학위논문.

배창옥 · 김정우(2016), "NCS기반 능력중심채용 성과분석 연구", 대한경영학회 2016년 춘계학술대회 발표논문집, 31-40.

양영근 · 정원희(2014), "NCS 직업기초능력에 기반한 교양교과목 개편방향 연구", 교양교육연구, 8(4), 45-68.

오계택 · 김덕기 · 박윤희(2013), NCS 기반 직무별 요구역량에 기초한 민간분야 적용사례 발굴, 한국직업능력개발원.

오석홍(2018), "블라인드 채용의 이해득실", **한국행정포럼**, 10-15.

위키백과, https://ko.wikipedia.org/wiki/%EC%8A%A4%ED%8E%99

이소예(2016), "채용방식에 따른 이공계 직장인의 전공-직무 연계 관련변인 차이 분석: 기존 및 NCS 채용제도를 중심으로", 건국대학교 대학원 석사학위논문.

이종구·김병기(2013), "대기업 면접전형의 유형 및 특성에 관한 시대별 비교·분석", **경영사학**, 28(3), 81-109.

이종구·김홍유(2010), "한국 공채문화의 사적 전개과정과 시대별 특성 비교분석에 관한 탐색적 연구: 80년대 이후 대기업 공채문화(채용제도, 필기전형, 면접방식, 인재상) 중심으로", **경영사학**, 25(2), 215-248.

이종구·천만봉(2013), "한국 대기업의 인재상 전개과정과 시대별 특성 비교분석에 관한 탐색적 연구: 1980년대 이후 삼성, 현대, LG, SK 중심으로", **경영사학**, 28(2), 49-78.

이종찬(2017), "채용제도변화에 따른 대학생과 기업종사자의 인식차이 및 교육요구도 분석: 경력관리활동, 인재상, NCS 직업기초능력을 중심으로", 백석대학교 교육대학원 석사학위논문.

이종찬·박지현(2015), "대학생 취업에 관한 이론적 접근과 NCS 기반 채용의 활용가능성 탐색", **취업진로연구**, 5(4), 139-160.

이종찬·이종구(2015), "공채상의 대학생 경력관리에 관한 기업종사자의 인식차이와 교육요구도 분석: 인재상과 NCS 직업기초능력을 중심으로", **한국취업진로학회 추계학술대회 발표자료집**.

이진구·이효중·박상훈(2016), **한국 인력채용 방식의 특성분석 연구: 공개채용제도를 중심으로**, 한국산업인력공단.

인크루트(2018a), 2018 하반기 채용동향조사.

인크루트(2018b), 2018 하반기 채용트렌드.

장주희·주휘정·장원섭(2015), **청년층 고용확대를 위한 직무역량 중심 채용시스템 연구**, 한국직업능력개발원.

정지선·양정승·김봄이(2015), **능력중심사회의 비전과 방향**, 한국직업능력개발원.

진 민(2016), "한국과 중국기업의 채용과 교육훈련 관리에 대한 비교연구", 한국교통대학교 대학원 석사학위논문.

채정오(2017), "NCS 기반 능력중심채용에 대한 인식 및 진로·취업지원 요구분석 연구: 수도권 4년제 대학생을 중심으로", 숙명여자대학교 여성인적자원개발대학원 석사학위논문.

천영민(2015), **채용 경향 변화 분석 및 이를 활용한 취업진로지도 방안 연구**, 한국고용정보원.

최병삼(2016), "기업의 인재상에 기초한 대학생의 핵심역량 향상과 관련요인에 대한 연구", 서경대학교 대학원 박사학위논문.

한경 잡앤조이(2016. 7. 20), [상반기 채용공고 집중 분석] ③ 상반기 채용 시장에서 가장 우대한 전공은?", http://www.jobnjoy.com/portal/jobnews/plan_explan_view.jsp?nidx=158645

한경 잡앤조이(2016. 7. 21), [공채의 비밀] ① 서류전형, 경험이라고 다 같은 경험 아니다", http://www.jobnjoy.com/portal/jobnews/major_company_view.jsp?nidx=158872&depth1=1&depth2=1&depth3

한국대학신문(2018. 3. 31), 취업준비생 80%, 돈 때문에 스펙 못 준비해, http://news.unn.net/news/articleView.html?idxno=187409

한국산업인력공단, NCS(국가직무능력표준) 소개 홈페이지, www.ncs.go.kr

Wood, R., & Payne, T.(1998), *Competency based recruitment and selection*, NY: John Wiley & Sons.

CHAPTER

08

한국 대학 취업진로기구 40년 전개과정과 시대별 특징분석

- 1980년대 이후 현재까지 -

핵심 요약

본 장의 목적은 시대별로 한국 취업진로기구의 전개과정 및 특징을 비교분석하는 데 취지를 두고 있다. 취업진로기구의 변천과정 속에는 시대마다 취업시장의 판도를 변화시키는 외부요인이 존재했다. 취업진로기구의 세대별 특징과 시사점 및 한계점을 요약하면 다음과 같다. 1세대(1980년대: 부재기)는 취업문화의 출현으로 하위 문화요소들이 생성되면서 취업진로기구가 잉태하는 시기였다. 2세대(1990년대~IMF이전: 태동기)는 취업진로기구의 형태가 출범한 초기 모습이다. 1990년대 초중반은 대기업들의 외형성장에 따른 대규모 정기공채가 본격화되면서 대학들이 이러한 취업환경에 탑승하면서 취업진로기구의 출현으로 연결되었다. 3세대(IMF이후~2004년 7월 20일: 출범기)는 IMF사태 이후 취업공황으로 이어지면서 위기를 느낀 대학들이 기존의 취업진로기구를 대폭 정비하는 과정에서 생성되었다. 4세대(2004년 8월 1일~2015년 12월: 성장기)는 교육부의 권고안으로 대학들이 발전된 모델을 구축하면서 기구의 입지와 위상이 격상되는 시기였다. 5세대(2016년 1월~2019년 12월: 발전기)는 창업이 취업의 연장선에서 기구 내로 병합되는 시대였다. 취업난이 심화되면서 취업의 연장선에서 창업이 부상하면서 취업진로기구와 또 한 축을 형성했다. 6세대(2020년 1월~)는 코로나사태에 따른 디지털시대에 탑승한 비대면 취업환경이 새로운 기구 출범을 가져오는 도화선으로 작용했다.
본 장 연구의 시사점은 이제 한국 대학들도 취업진로기구 내 인적·물적 전 문화와 특성화를 시도해야 하는 시대적인 상황을 맞고 있다는 것이다. 이는 고도화된 산업사회와 가속화되고 있는 4차 산업혁명시대에 부합하는 인재를 배출하기 위함이다. 한계점은 코로나사태와 함께 출범한 6세대 취업진로기구에 맞는 모델을 제안하지 못했다는 점이다. 이는 현재 코로나 시국이 계속되고 있는 만큼 섣부른 모델 제안이 문제를 야기할 수 있다는 판단에서다. 본 장이 탐색한 시대별 특징에 대한 정보와 내용들이 향후 선진화된 6세대 모델을 구축하는 데 지표가 되기를 기대한다.

I 문제제기 및 연구목적

1. 연구배경 및 연구목적

1980년대 이래 한국 대학들의 취업진로기구의 전개과정은 기업공채역사와 더불어 산업사의 변화과정을 고스란히 반영하면서 발전해왔다. 해방 이후 1957년 삼성물산이 국내 민간기업 최초로 공채를 실시하면서 공채역사가 시작되기는 했지만 기업들이 정형화된 채용시스템을 갖추고 공채문화(이종구 · 김홍유, 2010)적인 요소를 구비한 채 본격적인 채용을 실시한 것은 1980년대 접어들면서 이루어졌다.

제5차 경제개발계획 이전시대(1962~1986년)에도 고학력 노동시장은 여전히 수요와 공급에 있어 취업난이 심각한 공급과잉상태로 존재했다. 일자리가 워낙 없던 시대라 고급인력(김수곤, 1993, 226)의 수요처는 공무원, 일부 공기업 그리고 그룹으로서 모습을 갖추어가는 대기업들에게 한정되어 있었던 만큼 전체 채용규모는 양산되는 대졸인력에 비하면 그야말로 매우 작은 인원에 그쳤다. 따라서 이 시대의 고학력인력은 인력소요가 많지 않은 전문직, 관리직, 기술직 등에도 물론 진출했지만 개발경제의 산업현장인 육체노동과 직접 생산현장에도 상당수 투입되는 등 노동시장의 메커니즘이 매우 역동적으로 전개되었다. 이러한 이유는 무더기로 쏟아지는 고급인력을 수용하는 고급일자리가 턱없이 부족한 원인에서 기인되었다고 볼 수 있다.

1980년대 중반까지 우리 대학사회에 제대로 모습을 갖춘 취업진로기구가 나타나지 않았던 것은 당시 시대적인 성격을 한 번 살펴볼 필요가 있다. 우선 대학가는 취업진로의 영역을 제대로 다룰만한 여유와 역량을 전혀 갖추지 못했다. 개발경제의 막바지에 대기업으로 급성장한 민간기업들의 본격적인 채용에 인력을 공급하는 중심 역할은 분명히 했지만 이는 취업진로기구의 도움이 아닌 개별적인 취업이거나 혹은 교수들의 추천 정도가 취업 인프라의 전부였던 시대였다.

1970년대 신문사들이 쓴 그룹사 신입사원 채용계획을 보면 대부분의 기업들이 채용인원을 미정으로 발표하고 있다. 이러한 사실은 개발경제와 상당히 밀접되어 있는 것이다. 문어발식 제조업 진출에 주력하던 기업들이 대졸인력보다는 현장 노동인력 중심으로 채용을 한 나머지 실제 고학력인력들이 취업할 수 있는 일자리는 매우 좁았다는 것을 알 수 있다. 따라서 이러한 노동시장의 메커니즘은 대학으로 보았을 때는 취업진로기구의 출범을 더디게 만드는 원인 가운데 하나로 작용했을 것이다.

1980년대 중후반 일부 대학에서 학생처 내 학생서비스업무와 취업진로업무를 병행하는 인력들이 일부 생겨나거나 혹은 부설기구로 취업관련 용어가 붙은 조직이 만들어진 배경에는 대기업들이 본격적으로 대졸인력을 대규모로 채용하면서 대학 또한 이러한 상황에 적극적으로 대처하기 위해 이를 담당할 인력이나 혹은 부서의 필요성을 빈약하게나마 인식하면서부터 관련 기구가 생겨나기 시작했다. 이렇게 볼 때 1980년대는 취업문화라는 개념을 뒷받침할만한 사회적 현상과 조짐들이 곳곳에서 나타나는 시기였다고 볼 수 있다(이종구 · 김홍유, 2010).

본 장의 연구목적은 1980년대 중후반부터 발아되기 시작한 국내 대학들의 취업진로기구의 시대별 변천과정을 체계적으로 분석하는 데 있다. 특히 1980년대부터 현재까지의 시대별 취업진로기구가 갖고 있는 특징과 더불어 세대별 기구 간의 상호 비교를 통한 차이와 전개양상, 성격, 취업문화와의 연관성 등을 종합적으로 파악하는 데 그 의의와 취지를 두고자 한다. 이러한 접근은 향후 선진화된 취업진로기구를 설정하는 데 있어 보다 유용한 정보를 도출해 줄 수 있기 때문이다.

2. 연구범위 및 체계도

본 장의 범위는 취업진로기구가 발아되는 시점인 1980년대 중후반부터 현재 한국사회는 물론 지구촌사회에 메가톤급 일대 파장을 일으키고 있는 코로나시대까지를 그 범위로 하고 있다. 특히 본 장 연구범위의 주체인 기업과 대학가는 이미 변화가 시작되었으며 벌써부터 포스트 코로나시대에 맞춘 공채문화와 취업진로기구의 변화 조짐이 곳곳에서 나타나고 있다.

본 장은 시대별 · 세대별로 취업진로기구를 구분하여 접근하고자 했다. 물론 이 분류의 구분과 기준은 취업문화의 하위요소인 공채문화의 구성요소에 전환기를 가져온 사회 · 문화 · 경제적인 사건과 시점을 통해 이루어졌다(이종구 · 김호원, 2008). 각 시대별 · 세대별로 분류된 내용 속에 각각의 취업진로기구가 출범되는 시대적인 동향이나 현황, 형태, 기능, 역할, 특징 등을 총망라했다. 본 장 연구의 접근기법은 취업진로기구의 변천과정과 생태적인 특징을 탐색적인 연구를 통해 진행했으며 연구과정 및 체계도는 [그림 8-1]과 같다.

그림 8-1 | 대학 취업진로기구 연구구성 및 체계도

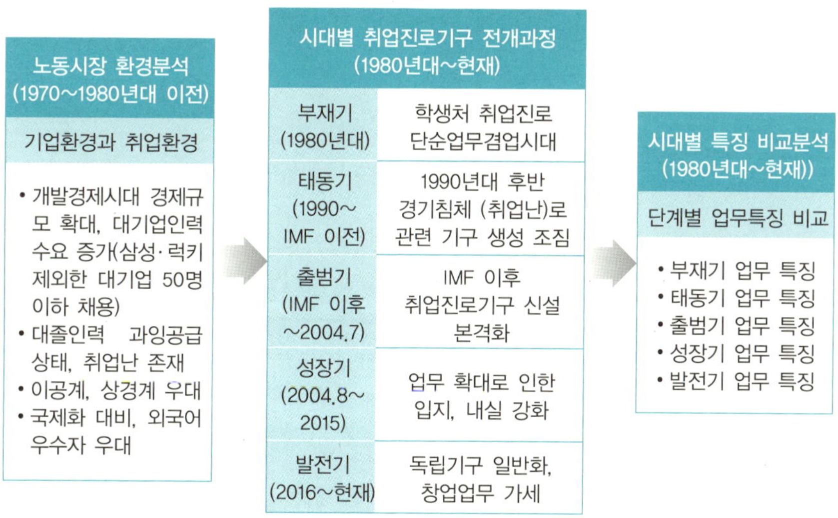

Ⅱ 취업진로기구의 동향 및 선행연구

국내 대학가에 취업진로기구의 존재 및 개념이 빈약했던 1970년대는 그룹사들이 개발경제의 활황세를 등에 업고 문어발식 확장으로 한창 사세를 키우던 시대였다. 국가차원에서는 개발경제의 성장 엔진이 힘차게 구동되는 시기였으며 자립경제와 수출, 인력개발, 경제발전 등 한강의 기적이 점차 열매를 맺어가는 시대였다고 볼 수 있다. 한국 현대사에 1970년대는 경제성장의 핵심인프라 역할을 하는 물적·인적 빅 이벤트들이 쏟아진 시대였다. 전국 일일생활권과 물류역사의 새로운 장을 연 경부고속도로 개통, 한국경제발전과 선진화에 싱크탱크(think tank) 역할을 한 KDI 설립, 이어 1973년 1차 오일쇼크가 있긴 했지만 울산공업단지 준공과 포항종합제철 완공, 수출 100억 달러 달성 등으로 집약되는 성공적인 제3, 4차 경제개발 5개년 개혁은 한강 기적의 원동력이 되었으며 우리 경제사에 한 획을 긋는 역동적인 사건들로 평가된다(육성으로 듣는 경제기적 편찬위원회, 2013, 559-560; 김장호 편저, 2005, 149-150). 당시 산업 역군 가운데 주역이었던 그룹사들의 채용행보도 이채롭다. 1977년 동아일보의 채용기사가 흥미롭다. 1970년대 중후반 동아일보에 기사화된 그룹사들의 신입사원 채용계획을 보면 럭키그룹, 삼성그룹 등을 제외하면 대부분 기업들의 채용인원은 미정으로 나와 있다(동아일보, 1977. 9. 5).

이는 고학력인력들의 채용인원이 많지 않았으며 제조 및 건설업의 기능인력 내지 현장인력 중심의 인력소요(인문사회계열 대졸인력의 구직난, 건설인력, 생산직인력 등 숙련기능공은 부족현상)가 많았다는 것을 간접적으로 엿볼 수 있는 대목이다. 이러한 구조의 대졸인력의 수급동향은 취업진로기구를 더디게 출범시키는 원인을 제공하는 동시에 또한 취업난으로 인해 관련 기구를 태동시키게 만드는 상반되는 또 다른 이유로 작용하고 있다. 한마디로 채용인원은 적었지만 고급인력 수요처로 서서히 위력을 발휘하고 있는 초기 그룹사들의 채용 모습에서 대학가는 관련 기구의 필요성과 역할을 의식하게 되었으며 이는 1980년대 중후반에 본격적으로 취업진로기구를 태동시키는 계기가 되었다고 볼 수 있다(이종구 · 조은상 · 김홍유, 2009).

1980년대~IMF 이전시대는 취업문화의 양태들이 곳곳에서 출현하는 시기였다. 경제민주화에 탑승한 노동운동의 활성화, 기업들의 세계화전략, 신흥재벌의 등장과 쇠퇴(정구현 외, 2008) 그리고 외환위기를 예고하는 징후들이

| 표 8-1 | 1977년 9월 5일자 동아일보 주요 기업 신입사원 채용계획 기사

<table>
<tr><td rowspan="2">국제상사그룹</td><td>국제상사</td><td></td><td>135,000 (대)
85,000 (고)</td><td>6월 ROTC출신 등 100명 채용</td></tr>
<tr><td>연합철강 등</td><td>계획 미정</td><td>150,000 (대)
90,000 (고)</td><td>6월 대졸 40명 채용</td></tr>
<tr><td>코오롱그룹</td><td>코오롱섬유,
코오롱상사,
코오롱스토아 등</td><td>9월 모집계획 인원 미정</td><td>155,000 (대)
80,000 (고)</td><td>7월 대졸 30명, 고졸 50명 채용</td></tr>
<tr><td>율산그룹</td><td>율산실업,
알루미늄, 해운 등</td><td>9월 중 약 100명 모집</td><td>150,000 (대)</td><td>1, 2, 3, 4월 각 50명씩 채용</td></tr>
<tr><td rowspan="4">효성그룹</td><td>효성물산</td><td>계획 미정</td><td></td><td>8월 대졸 50명, 고졸 20명 채용</td></tr>
<tr><td>동양나일론</td><td>〃</td><td>145,000 (대)
80,000 (고)</td><td></td></tr>
<tr><td>한국타이어</td><td>〃</td><td>142,000 (대)
81,680 (고)</td><td>작년 10월 대졸 20명, 고졸 15명 채용</td></tr>
<tr><td>대전피혁</td><td>〃</td><td>140,000 (대)
62,000 (고)</td><td>5월 대졸 80명, 고졸 30명 채용</td></tr>
<tr><td rowspan="2">SK그룹</td><td>SK</td><td>〃</td><td>156,000 (대)
70,000 (고)</td><td></td></tr>
<tr><td>선경합섬</td><td>12월 계획인원 미정</td><td>〃</td><td>1월 대졸 45명 채용</td></tr>
<tr><td rowspan="2">벽산그룹</td><td>한국스레트</td><td>계획 미정</td><td>102,500 (대)
70,000 (고)</td><td></td></tr>
<tr><td>한국건업</td><td>9월 대졸 80명, 고졸 10명 모집</td><td>〃</td><td></td></tr>
</table>

출처: 동아일보(1977. 9. 5) 참고

조짐을 보이는 시대였다. 한국 공채역사에서 그룹차원에서 봄 · 가을 신규인력의 정기공채를 연례행사로 했던 시대가 이 시기였다고 볼 수 있다. 국내 대학가는 이에 대응하기 위하여 1980년대 중후반부터 학생처 내에서 학생지원업무와 함께 취업진로 일도 겸업으로 했는가 하면 일부 대학은 학생처 부설기구로 관련 업무를 담당하는 작은 기구를 만드는 대학도 나타났다. 산업발전이 그룹사를 낳고 그룹사들의 그물형 대규모 정기공채가 취업진로기구의 1세대를 생성시키는 요인이 되었다고 볼 수 있다(이종구 · 김준석 · 김호원, 2007).

1990년대 후반은 IMF사태로 인해 노동시장에 일대 변혁이 일어난 시기였다. 외환위기로 전 기업들이 자의든 타의든 구조조정에 돌입했으며 이에 따라 우리 기업생태계도 급격한 변화과정을 겪었다. 글로벌 대기업의 출현과 도산, 자산 1조 원 이상 중견그룹의 증가, 벤처버블 붕괴 등도 이 시기에 일어난 모습이었다(정구현 외, 2008). 1990년대는 외환위기와 신채용기법(1999년 3월, 삼성 등 국내 기업들이 발표한 새로운 개념의 채용방법으로 IMF 이전까지는 대규모 정기공채, 보통형 인재, 그물형 채용방식이었으나 이후는 소수 · 수시채용, 특이형 인재, 낚시형 채용방식으로 변화한 것을 말함) 출현으로 취업진로기구의 2세대와 3세대가 연이어 나타나는 취업진로기구 변천사에 중요한 전환점을 맞는 시대였다(III절 취업진로기구의 시대별 전개과정 분석에서 다룸).

지난해까지 지속되던 신채용기법은 연초에 발발한 코로나사태로 인해 기업들이 정기공채를 없애는 분위기로 급선회하면서 대학가는 그야말로 취업절벽과 함께 공채 패러다임의 대전환을 맞는 초유의 시대를 맞고 있다. 최근 한국경제신문(한국경제, 2020.6.11, A1면)은 "바늘구멍도 막혔다. 청년실업 팬데믹"이라는 헤드라인 아래 A5면에는 "취업절벽 내몰린 코로나 세대, 최악의 구직시장, 대졸 공채 경쟁률 500대1 훌쩍", "평생 취업준비생으로 살까 두렵다"는 섬뜩한 제목을 붙이기도 했다. "10대 그룹 중 4곳만 공채하는 이른바 채용시장 '셧다운' 사태"를 맞고 있다.

취업진로기구의 변화는 이처럼 산업사와 궤를 같이 하고 있다. 즉 기업 생태계가 변화하는 양상에 맞춰 조직운영에 대한 인력계획이 짜이고 이는 고급인력을 육성하고 공급하는 대학의 취업진로기구의 형태와 시스템을 바꾸는 직접적인 요인으로 작동하는 모양새다. 다음 III절에서는 시대별로 전개되는 취업진로기구의 특징에 대해서 다각적으로 분석해보기로 한다.

표 8-2 시대별 대기업 채용전략 전개과정 및 포스트 코로나 취업환경

구분	기존채용기법 (1980년~ IMF 이전)	신채용기법 (1999년 3월~ 2019년 12월)	코로나시대(2020년 1월)~ 포스트 코로나시대
채용형태 변화	• 대규모 정기공채 • 범인형/보통형 인재 • 그물형 채용방식 • 스펙중심채용 • Over-spec 혹은 Off-spec시대 • 고비용, 저효율 공채시스템(그룹공채, 계열사 배치)	• 정기공채 및 소수, 수시채용 병행 • 특이형 인재선호 • 낚시형 채용방식 • 2015년부터 공기업 NCS 시험 본격화 • On-spec(맞는 인재: 일할 수 있는 능력) 혹은 Right people(적합인재) • 중비용, 중효율 공채시스템(계열사별 정기공채 정착단계)	• 대기업 정기공채 폐지, 수시채용 전환 및 정착 가속화(공채 패러다임 대전환) • 직무역량중심 소수채용 정착화 • 취업난 심화현상 가속화, 대학합병 조짐 및 특성화지향 • 저비용, 고효율 채용시스템(계열사별 소수, 수시채용 본격화) • 코로나세대(2020년 8월 졸업자 및 2021년 2월 졸업예정자) 취업절벽, 취업포비아(공포증) 심각, 취업난 공황장애현상
코로나 시대 취업환경 (2020년 1월 현재)	▶ 경기침체와 기업경영난으로 정기공채 폐지에 따른 대학가 취업난 가속화 ▶ 비대면(언택트 · Untact), 원격, 온라인, 사이버, 화상 등의 서류전형 및 면접 가속화 ▶ 대학가 취업진로기구 화상프로그램 도입 본격화, 취업진로교육 새로운 전환기 ▶ 소수, 수시채용으로 Over-Spec 위축, On-Spec 지향하는 NCS 채용시스템 강화 ▶ 최악의 구직시장, 취업절벽 내몰린 코로나 세대, 채용시장 '셧다운'(2020년 6월 11일)		

출처: 이종구 · 김준석 · 김호원(2007) 참고하여 저자가 코로나시대 취업환경 및 관련 내용 추가

Ⅲ 취업진로기구의 시대별 전개과정분석

1. 1세대 취업진로기구의 형태와 업무 특성

1980년대 초반은 취업진로기구에 대한 개념이 부재한 시기였다. 기구도 없고 명칭도 없었다. 하지만 공채문화는 대기업의 채용 확대와 더불어 그 형태가 출현하는 시기였다. 취업문화의 근간으로 채용과 연결되는 제도적 특성을 반영하고 있는 공채문화는 1980년대를 기점으로 본격적으로 나타났다고 볼 수 있다(이종구·김홍유, 2009). 취업진로기구의 출발점을 1980년대부터 1세대로 분류하는 이유도 이처럼 취업문화 그리고 그 하위개념인 공채문화가 이 시대에 출범했기 때문이다. 취업진로기구의 1세대는 학생처 내에서 관련 업무가 이루어졌다. 하지만 특정인이 전담하여 이 업무를 담당하는 것이 아니라 본업과 병행 내지 겸업하는 방식으로 운영되었다. 1980년대 초중반의 경우 국립대학에서는 부직활동(본래의 주된 직업 외에 별도의 활동)이라는 언어도 적잖이 사용되었다. 지금은 생소하지만 취업, 추천, 아르바이트 등의 업무가 이에 해당되는 활동이다.

1980년대 학생처의 주된 일은 학생운동관련 관리업무와 장학업무 등이 취업진로업무에 비해 월등히 큰 비중을 차지하던 시대였다. 굳이 취업진로업무라고 말할 수 있는 것은 인력추천과 아르바이트 일을 알리는 정도였다. 추천제의 경우 기업들이 학생처에 의뢰하기도 했지만 채용관련 학과의 지인 교수를 통해 하는 경우도 비일비재했던 시대였다. 취업진로기구의 1세대 동향을 보면 학생처 본업과 취업진로업무의 겸업시대 그리고 취업진로관련업무는 추천제와 아르바이트 소개가 대부분이었으며 취업진로서비스 개념은 아직 미정립된 시대였다. 1980년대는 한국사회에 다양한 민주화의 목소리가 터져 나온 시대였던 만큼 학생처의 일은 학생운동관리업무가 많았고 이어 장학,

표 8-3 1세대(1980년대) 취업진로기구의 형태와 업무현황

시대구분(세대)	1980년대(1세대)
취업진로기구 전개형태(소속)	부재기(학생처 겸업)
취업진로기구 명칭	관련 기구 부재
업무내용 및 현황	• 학생처 본업과 취업진로업무 겸업시대: 취업진로업무보다는 학생지원행정 및 학생관리업무 주력, 취업진로업무 미약 • 학생처 구성원 업무 겸업으로 직무전문화 부재, 학생운동 동향 파악 및 대책수립, 장학·농활 및 봉사, 취업진로관련업무는 추천, 아르바이트 정도가 대부분 • 대기업 공채 때 학생처 및 학과 교수에게 추천 의뢰(학생처 교직원 혹은 추천관련분야의 학과 교수가 직접 맡아 업무 처리함) • 대학 내 취업 및 진로서비스 개념 미정립시대, 취업난은 존재했지만 취업은 구직자 소관이라 여겼던 시대, 학생관련 인권, 취업진로 등 권리 및 서비스 미약 • 학생운동관련 학생관리업무와 장학업무 등이 취업진로 일에 비해 큰 비중 차지

농활 및 봉사, 취업 등이 그 뒤를 이었다([표 8-3] 참고).

2. 2세대 취업진로기구의 형태와 업무 특성

취업진로기구의 2세대는 형태가 가시적으로 도출된 상태이다. 태동기 및 발아기로 볼 수 있으며 관련업무가 1세대에 비해 크게 진전, 발전된 모습이다. 1980년대를 지나 1990년대 초반에 들어오면서 학생처 부설이긴 하지만 취업진로기구의 사무실이 독립된 공간으로 별도 운영되는 대학들이 상당수 나타났다. 그만큼 관련업무가 늘어나고 또한 취업진로에 대한 대학들의 생각도 많이 달라졌다는 것을 방증하는 대목이다. 특히 1990년대 중후반에는 국내에서도 취업관련 공식적인 교과목이 개설되어 성적등급이 Pass 혹은 Fail이긴 했지만 졸업학점에 포함되는 등 발 빠른 행보를 보이는 대학도 상당수 보였다.

2세대 취업진로기구의 명칭은 대부분의 대학들이 취업정보실(취업보도실) 혹은 취업정보센터로 지칭하는 경우가 많았다. 물론 학생처 소속이었으며 부설기구였다. 당시 이런 형태로 운영된 대학의 경우는 타 대학에 비해 발전된 개념이며 여전히 많은 대학들이 학생처 내 '팀'체제로 업무를 보았다. 2세대 취업진로기구의 주된 업무는 당시 국내 취업시장에 돌풍을 일으킨 인턴사원제와 관련된 일과 추천제, 아르바이트 등이었으며 일부 대학은 취업상담, 취업관련 대기업 인사담당자 초청, 강연과 세미나 등도 개최하였다. 하지만 깊이 있는 취업 프로그램이나 기업관련 취업진로(HR) 심층상담은 매우 빈약했던 시기였다. 관련 기구에 대한 전문인력의 확보와 특성화차원에서 개념과 인식을 정립하기에는 여전히 산학연 모두가 공감이 부족했던 시대였다.

표 8-4 | 2세대(1990년대~IMF 이전) 취업진로기구의 형태와 업무현황

시대구분(세대)	1990년대~IMF 이전(2세대)
취업진로기구전개 형태(소속)	태동기 또는 발아기(학생처 소속)
취업진로기구 명칭	학생처 내 '팀' 혹은 부설 '실'단위로 편제된 대학 출현
업무내용 및 현황	• 대규모 정기공채, 범인형 인재 및 그물형 채용시대, 취업난은 여전하나 대기업 대규모 채용 탓에 대학가 취업진로기구에 대한 인식은 여전히 미약했던 시기 • 국내 대학가 취업특강 개념 출현: 일부 대학, 취업정보실 혹은 학생처 취업팀에서 주관하는 이력서 및 자기소개서 작성법 특강 및 모의면접 경진대회 • 대우그룹의 인턴채용 붐 확산으로 대기업들 인턴채용제 도입 활성화, 취업관련 업체들(리크루트사, 인턴사 등) 채용박람회 및 인턴박람회 개최, 대기업 입사 필기시험(종합인적성검사 도입 이전시대), 전통 필기과목(국어, 영어, 상식) 성행시대 • 취업진로기구 업무는 대기업 인턴채용 지원과 우수인재 추천 및 아르바이트 제공, 기업체 방문 통한 대학·기업 간 유대 강화

3. 3세대 취업진로기구의 형태와 업무 특성

취업진로기구의 3세대는 IMF사태 이후로 정립된다. 취업진로기구가 보다 선진화된 형태로 대학가에 출현하게 만든 계기를 가져다준 사건이었다. 소수, 수시채용하에서 취업진로관련 기구가 선진화된 시스템을 도입해야 하는 시대적인 당위성에 봉착한 시기였다고 볼 수 있다. 이 시기는 국내 거의 모든 대학들이 학생처 내 부설기구를 출현시킨 시기였다. 학생처 내에 있더라도

표 8-5 3세대(IMF 이후~2004년 7월 20일) 취업진로기구의 형태와 업무현황

시대구분(세대)	IMF 이후~2004년 7월 20일(3세대)
취업진로기구 전개형태(소속)	출범기(학생처 소속)
취업진로기구 명칭	학생처 부설기구로 공식 편제(취업정보실, 취업보도과, 취업지원센터, 취업지원팀 등)
업무내용 및 현황	• IMF 이후 기업 감원경영으로 인한 취업난 가속화, 각 대학 학생처업무 내 취업진로관련업무 분리, 부설기구(독립 공간) 출현: 취업정보실, 취업보도과, 취업지원센터, 취업보도실, 취업지원팀 등 다양한 명칭으로 개설 • 학생처 내 겸업형태에서 부설 업무독립체제로 변화하는 과도기체제 및 시대 • 취업진로기구 내 1~2명 정도의 인력이 3~4명으로 증원 추세, IMF 사태 이후 대학 내 취업진로기구 중요성 인식 확대, 졸업생 사회진출 활성화 위한 취업진로관련 각종 프로그램 도입시대 • 취업진로기구가 주관 하는 취업관련 교과목개설 대학 증가(고학년 과목이 대부분) • 전국 대학교 취업실(과)장협의회 통한 취업진로관련 정보교환 회의 및 세미나, 교육 등 활성화 • 각 대학 학생처에서 취업진로기구 공간 분리, 독립 공간 확보 시대 • IMF사태로 대기업 채용인원 감소 추세, 취업진로기구 우수인재 추천업무 증대 • 인턴사원제 조정기(정부 및 대학이 인턴 주최: 1998. 6~2002. 1), 정부주도형 및 대학주도형 인턴사원제 출범(대학은 취업진로기구가 관련업무 담당) • 각 대학 취업진로기구 정부의 청년일자리 프로그램 지원업무 수행 • 대학가 창업보육센터 출범 초기 시대(산학연 공조업무 전개)

'팀'체제로 분리시켜 이를테면 학생지원 및 장학업무 등 기존업무와는 별도로 취업진로 일만 전담하는 인력을 두기 시작했다. 취업진로기구의 명칭도 '팀', '과', '실', '센터' 등 다양하게 전개되었다. 학생처 내 겸업체제로 일하던 인력의 성격도 3세대부터는 각자 본업만 하는 전환기를 맞았으며 인원도 많게는 3~4명, 적게는 1~2명 등 전문화된 인력은 아니었지만 관련업무만 담당하는 상황을 맞이한 시대가 출범기였다고 볼 수 있다.

하지만 이때만 해도 편제상 학생처를 벗어난 독립기구는 거의 존재하지 않았다. 3세대의 업무는 대학주도형 인턴사원제 일과 청년일자리 프로그램 지원업무, 취업진로 교과목 운영, 기초적인 취업진로상담, 추천, 아르바이트 등으로 집약된다. 눈에 띄는 것은 대학가에 창업보육센터 성격의 기구가 출범하는 초기시대였다고 볼 수 있다. 취업의 연장선에서 혹은 산학연의 본격적인 공조업무를 전개하기 위해 출범한 창업보육센터는 대학에 맞게 다양한 이름을 붙인 채 이 시기부터 본격적으로 대학가에 중요한 위치를 차지하며 지금까지도 가파른 행보를 이어나가고 있다.

4. 4세대 취업진로기구의 형태와 업무 특성

4세대 취업진로기구는 주목할 내용들이 많다. 먼저 4세대 취업진로기구가 출범하게 된 계기에 주목하지 않을 수 없다. 기존의 기구변화가 대학이 주체였다면 4세대 기구는 교육부 권고안이 태동 이유로 작용했다([표 8-6] 참고). 3세대 취업진로기구의 출현은 IMF사태가 결정적인 역할을 했다. 4세대 기구는 IMF사태가 마무리된 이후 새로운 취업시장의 메커니즘에 적응하기 위한 형태로 볼 수 있다. IMF사태는 노동시장을 평생직장개념에서 평생직업개념으로 바꿔놓았다. 이는 기구 내 인재의 역량개발과 강화에 무게를 두는 다양한 교육프로그램들을 도입하게 만드는 계기로 작용했다. 이유는 기업들이 대규모 정기공채가 사라진 소수, 수시채용하에서 기존의 그물형 채용방식을 버리고 우수인재만 선별, 채용하는 낚시형 채용방식으로 돌아섰기 때문이다. 공채 패턴도 찾아가는 입사형태에서 대학으로 찾아오는 채용형태로 바뀌었다. 기존에 비해 적은 인원을 채용하다 보니 캠퍼스 리크루팅, 채용 혹은 기업설명회 확대, 상시 추천제 등이 정착되어갔으며 이 모든 업무는 취업진로기구가 전담하게 되었다. 성장기를 맞은 4세대 형태는 기구의 명칭도 다양화

표 8-6 4세대(2004년 8월 1일~2015년 12월) 취업진로기구의 형태와 업무현황

시대구분(세대)	2004년 8월 1일~2015년 12월(4세대)
취업진로기구 전개형태(소속)	성장기(과도기체제: 학생처 소속 또는 독립기구)
취업진로기구 명칭	‘총장 직속기구’, ‘처’, ‘센터’, ‘독립기구’, ‘학생처 소속’ 등 다양함
업무내용 및 현황	• 총장 직속기구 및 ‘처’단위로 편제, 독립기구(혹은 여전히 학생처 소속) 등 취업진로기구 입지, 규모, 역할 확장 및 강화 시대, 업무분담 체제로 전환시기 • 그룹사 공채에서 계열사 소수 · 수시채용, 특이형 인재선호, 낚시형 채용방식, 인턴사원제 전환기(2002. 1~현재)로 기업이 다시 인턴사원제의 주최가 됨 • 교육부 가칭 ‘종합인력개발센터’ 설치 권고안이 발령된 시점(2004. 7. 20) 이후를 취업진로기구 4세대 형태로 분류함(경희대 2004. 8. 1. ‘처’단위로 최초 개편), 경희대 국내 대학교 최초로 공식적인 취업진로 전담 전임교수 채용 • 취업진로지원처, 경력개발센터, 취업지원센터, 취업지원실, 학생복지(문화)처 등 규모, 입지, 교육프로그램, 교과목, 예산, 인원 등 확대 및 강화 추세 • 2009년 고용노동부 취업성공패키지 도입(현재 12년차 진행 중) • 취업진로기구 다양한 프로그램 도입으로 업무 증대, 대기업 기업설명회 및 캠퍼스 리크루팅 확대, 일부 대학 취업진로기구 내 전임 및 비전임 교원 확보, 국가기관(교육부, 노동부) 대학평가 시 취업률 지표 반영, 취업진로기구 매년 취업통계업무 수행 • 취업진로기구, 교육부 및 노동부 대학취업지원기능 확충사업 수행 • 대기업 공채 전통 필기시험 탈피, 종합인적성검사 도입 및 일반화 추세 • 2007년 9월 기준, 전국대학교 취업진로기구 편제는 총장 직속기구 25개, ‘처’단위 8개, 독립기구 93개, 학생처 소속 81개, 기타 5개 등으로 조사됨

되었을 뿐만 아니라 기구 내 프로그램, 시스템, 인력보완, 심층상담 등 다방면의 발전을 이룩하는 시대였으며 가장 두드러진 사항은 각 대학들이 취업진로관련업무에 전문성을 지닌 전담 전임교수를 도입하는 엄청난 변화를 꾀한 시기였다.

5. 5세대 취업진로기구의 형태와 업무 특성

5세대 취업진로기구는 기구 내 창업관련업무가 대폭 확대된 가운데 기존 형태와는 다른 양상으로 전개되고 있다. 2016년 초에 교육부는 업무계획발표에 지역산업과 연계한 대학생 창업 · 취업 지원관련 내용을 발표했다. 청년 취업난이 심각해지는 상황에서 창업을 통한 새로운 고용창출과 더불어 4차 산업혁명에 탑승하여 신산업을 발전시킬 수 있는 대학생들의 역동적인 아이디어 분출구로 창업을 염두에 둔 것으로 풀이된다([표 8-7] 참고).

취업진로업무에 창업업무가 투입되면서 많은 대학들의 관련 기구에 대한 명칭 변화가 일어났다. 크게는 취창업지원단 출범과 함께 작게는 기구 명칭을 취창업센터, 취창업혁신센터, 취업창업진로본부 등으로 새로이 설정하는 등 대부분의 대학들이 취업진로업무와 창업업무를 같은 기구 내에서 편제하든 안 하든 간에 중요한 것은 같은 선상에서 매우 비중 있게 다루고 있다는 점이다. 이러한 흐름은 대학들의 취업진로교과목 운영시스템인 취업스쿨 안에서도 반영되어 거의 모든 대학들이 취업진로교과목 속에 창업관련과목을 신설, 투입했다. 일부 대학은 아예 취창업스쿨로 이름을 변경하기도 했다. 5세대 발전기의 경우는 편제체제도 독립기구, 총장직속, '처'단위 등 기존세대에 비해 역할과 중요성은 물론 인적 · 물적 인프라 및 교육프로그램 등 모든 측면에서 선진국 대학들이 하고 있는 시스템에 접근하고 있는 분위기다.

표 8-7 5세대(2016년 1월~2019년 12월) 취업진로기구의 형태와 업무현황

시대구분(세대)	2016년 1월~2019년 12월(5세대)
취업진로기구 전개형태(소속)	발전기(독립기구: 일부 대학은 학생처 소속)
취업진로기구 명칭	취업진로기구에 창업관련 업무가 투입된 명칭 출현
업무내용 및 현황	• 정부차원에서 청년 창업관련 다양한 지원정책으로 취업진로기구 명칭 변화: 취창업지원단, 취창업센터, 취창업혁신센터, 취업창업진로본부 등 업무영역 급속히 확장, 대학일자리센터(별도 운영), 취창업스쿨(기존 취업스쿨에 창업교과목 도입) 확대 운영 • 각 대학 취업진로기구 내 창업업무 및 창업교과목 도입 확대(정부 취업의 연장선에서 대학생 창업지원프로그램 지원 확대) • 공기업 NCS 일반화(전 은행권 NCS 도입, 일부 대기업도 NCS 도입)로 NCS 업무 수행(NCS 특강, NCS 교과목 도입, NCS 상담 컨설턴트 확보 등) 분위기 • 대기업 직무중심의 채용 및 면접 보편화로 기구 내 직무관련 다양한 프로그램 운영 및 교과목 도입 확산 추세 • 각 대학 취업진로기구 및 단과대학 내 산학협력교수 채용 확산 추세, 취업진로기구 인력의 역할 분담 뚜렷, 업무의 전문화 추세 조짐 • 각 대학 취업진로기구 내 창업업무와 별도로 창업보육센터, 창업교육센터, 산학협력단, 링크사업단 운영 활성화 • 취창업관련 기구 대부분 독립형태로 존재하지만 학생처 소속도 일부 잔재함 ※ 교육부 2016년 업무계획발표(2016년 1월 28일): 지역산업과 연계한 대학생 창업 · 취업 지원관련 내용 발표

IV 시대별 · 세대별 취업진로기구 특성 비교분석

1980년대부터 현재까지 40여 년에 걸쳐 발전해온 취업진로기구의 변화과정은 시대별로 양상을 달리하여 전개되어왔다. 급변하는 산업사회의 외풍 속에서 생존과 경쟁력을 갖기 위해 그 형태와 시스템을 적절히 진화시키는 모습을 보여주었다.

본 절에서는 시대별·세대별 취업진로기구의 특징을 다양한 측면에서 비교분석해 보기로 한다([표 8-8] 참고). 부재기는 대기업들의 문어발식 확장이 일어나던 시대로 취업문화가 형성되던 시대였다. 모집규모나 채용전형방식에서 공채다운 선발시스템이 도입된 원년으로 볼 수 있는 시대로 평가된다. 취업난은 여전했지만 비교적 정형적인 채용시스템을 구축하는 초기단계로 대규모 채용이 시작된 시기였다. 하지만 상대적으로 대학가는 이러한 분위기에 탑승하는 관련 기구의 개념과 형태를 정립하지 못한 시대였다. 이렇게 볼 때 1980년대의 취업진로관련 큰 특징은 취업문화의 출현으로 압축할 수 있을 것이다. 이를 통해 하위문화인 공채문화, 직업문화, 진로문화 등이 점차 차세대를 향해 전개되는 양상을 보여주고 있다.

2세대는 시기별로 보았을 때 1990년대이며 정확히 말하면 IMF 이전 시대를 말한다. 대규모 신규인력을 모집하는 만큼 그물형 채용방식을 투입하여 보통형·범인형 인재들을 무더기로 채용하던 시대였다(류동희·이종구·김홍유, 2012). 모집규모가 크고 상하반기에 정기적으로 공채를 진행한 만큼 대학가는 취업진로업무에 무게 비중을 둘 수밖에 없었던 시기였다. 한국 취업진로기구의 역사에 비추어봤을 때 기구 변화를 가져온 계기는 산업사의 큰 파장으로 신규인력을 대규모로 채용하거나 혹은 소수로 뽑을 때 그리고 국가나 기업사회에 큰 이벤트가 일어날 때 그 형태를 달리해왔다. 2세대 초중반은 대기업들의 외형성장과 더불어 국제화·세계화가 가속화되던 시기로 신규 인력채용이 대규모로 일어나던 상황이었다.

3세대는 IMF사태로 감량경영, 감원경영, 감원채용 등이 기업사회를 압박하던 시기로 보통형 인재가 설자리를 잃고 소수, 수시채용하에 개인역량에 비중을 둔 공채전형이 전개되던 시기였다. 낚시형 채용방식에 특이형 인재를 선호한다는 것은 앞선 세대와는 그 양상이 정반대로 전개되는 모습이다. 3세대는 취업진로기구가 해야 할 많은 역할이 생성되던 시대였다. 실제로 IMF시대를 지난 직후 취업진로기구 내 다양한 변화가 1, 2세대에 비해 왕성하게 일어났다. 학생처 부설이긴 해도 업무와 관련된 별도의 명칭이 부여되었고

담당업무만 하는 전담인력도 생겨났으며 취업행사(세미나), 취업진로교과목, 취업진로캠프, 전국대학교 취업실(과)장협의회 등이 본격적으로 행해진 시기도 3세대였다.

이는 슬림화되어가는 대졸 취업시장에 위협을 느낀 대학들이 신규 노동시장으로 대졸자들을 진출시키기 위한 자구책차원에서 보다 발전된 형태를 솔선, 시도했다고 볼 수 있다. 결론적으로 보았을 때 2세대 말과 3세대 초반에 발발한 IMF사태라는 국가적인 대형 난제가 기업, 사회, 대학 등 모든 영역에 걸쳐 새로운 시스템과 인프라를 설치하는 직접적인 원인으로 작용한 것이다. 이때부터 대학가는 취업장벽을 허물기 위해 심층상담의 필요성을 인식하면서 기구 내 취업컨설턴트와 취업전담교원 등을 활발히 영입, 배치하는가 하면 취업스쿨을 통해 동시다발로 취업진로 마인드를 고취시키는 등 전방위에 걸쳐 취업진로교육을 본격화시켜 나갔다.

4세대는 교육부의 권고하에 보다 선진화된 기구와 시스템을 갖춘 채 다양한 프로그램을 운영하며 취업진로관련 인적·물적 프로그램과 인프라를 더욱 가속화시킨 시기였다. 4차 산업혁명이 본격화되기 직전 시대인 만큼 취업진로시스템 측면에서도 디지털로 넘어가는 전단계였다고 볼 수 있다. 공채전형 또한 4세대 환경은 아날로그 채용시스템이 막을 내리고 5세대부터는 채용방식과 면접 등에서 이른바 디지털시스템이라고 할 수 있는 다양한 기법과 인프라들이 본격적으로 선을 보이기 시작했다. 5세대는 대부분의 대학들이 독립기구로 취업진로기구를 편제시킨 채 양적 프로그램의 확대보다는 내실을 강화시키는 프로그램 개발과 도입에 매진한 시기였다. 민간기업프로그램, 정부프로그램, 해외취업프로그램 등 다양한 취업진로프로그램들이 쏟아져 나왔으며 또한 창업과 관련된 동아리·교과목·보육센터 등도 취업의 연장선에서 또 한 축을 형성하며 가파르게 전개되는 양상을 보이고 있다. 취업진로기구 내 창업관련업무는 취업난시대를 맞아 향후에도 가속화되고 있는 4차 산업혁명과 맞물려 더욱 중요해질 전망이다.

문제는 2020년 연초부터 완전히 취업시장을 '셧다운'시킨 코로나시대이다.

표 8-8 시대별 취업진로기구 특징 비교분석과 포스트 코로나시대 업무전망

구분 세대	시기	전개과정/소속	특징
1세대	1980년대	부재기/학생처 겸업	• 학생처 교직원 겸업으로 취업(인력추천, 아르바이트 등 단순업무)업무 처리 • 취업문화(공채문화/진로문화/직업문화) 출현
2세대	1990년대~ IMF 이전	태동기/학생처 소속	• 1990년대 초중반 대기업 외형성장/대규모 정기공채(그물형 채용방식, 보통형 인재선호) • 1990년대 후반(IMF 외환위기, 구조조정) 경기침체 및 취업난 심화로 학생처 내 '팀' 혹은 부설 '실(취업정보실)'단위로 진화관련 업무 처리
3세대	IMF 이후~ 2004. 7. 20	출범기/학생처 소속	IMF사태 이후 한국 대학가 취업진로 중요성 인식, 관련 기구 본격 신설 붐
4세대	2004. 8. 1 ~2015. 12	성장기/학생처 소속 또는 독립기구(과도기체제)	※교육부 가칭 '종합인력개발센터' 설치 권고안이 발령된 시점(2004. 7. 20) 이후를 취업진로기구 4세대 형태로 분류함 • 학생처 소속에서 다양한 기구로 분화 • 취업난 심화로 취업진로업무 확대가 관련 기구의 입지를 강화시킴 • 학생처에서 독립기구로 확대, 개편현상
5세대	2016. 1~ 2019. 12	발전기/독립기구(일부 대학만 학생처 소속)	※교육부 2016년 업무계획발표(2016. 1. 28): 지역산업과 연계한 대학생 창업 · 취업지원 관련 내용 발표 • 창업이 취업의 연장선에서 급부상 • 창업관련 각 동아리 출범 • 창업관련 각 교과목 도입 • 취업/창업조직 통합운영 대학과 이원화체제 대학 등 혼재 양상

〈포스트(post) 코로나시대와 취업진로기구 전망〉

- 비대면 취업진로 상담 및 각종 사이버 프로그램 도입, 비대면 캠퍼스 리크루팅 업무 증가, 비대면 취업교과목 운영
- AI 서류전형 및 화상면접 도입기업 증가, 공채전형 빅데이터 활용(4차 산업혁명과 맞물려 취업문화 대변화 예고)
- 전 기업 채용축소 및 감원현상 심화(채용시장 셧다운 움직임, 정기공채 폐지현상, 계열사별 소수, 수시채용)
- 포스트 코로나시대, 취업진로기구 일대 변화 불가피: "대면에서 비대면으로, 오프라인에서 온라인(원격, 화상)으로"

6세대 기구 등장이 불가피한 코로나시대의 글로벌 사회의 핵심키워드는 '디지털'과 '비대면'으로 집약된다. 이는 다른 모든 산업사회의 특징과 맥을 같이하는 용어로 벌써부터 취업진로기구의 판도를 새로 짜고 있다. 비대면 취업진로프로그램 도입, 비대면 취업진로상담, 비대면 취창업스쿨 운영, AI 서류전형과 AI 면접, 공채 빅데이터 활용 등이 신속하게 6세대 취업진로기구를 출범시키고 있다. 디지털 취업환경에 맞는 다양한 관련 프로그램들이 취업진로기구 내에 속속 도입되고 있는 추세이다. 코로나사태로 대기업들이 정기공채를 폐지하는 가운데 소수·수시, 계열사별 채용이 벌써부터 일반화되어가고 있는 분위기다. 이러한 디지털 취업환경은 향후에도 더욱 가속화될 전망이다. 6세대 취업진로기구의 출범은 코로나사태라는 지구촌 대재앙과 맞물려 생성되고 있으며 포스트 코로나시대의 취업환경에 엄청난 변화를 예고하고 있다([표 8-8] 하단 참고).

V 결론 및 시사점

1. 요약 및 시사점

한국의 취업진로기구의 변천과정은 1980년대 대기업들의 외형성장과 국제화에 힘입어 공채시스템을 정형화시키는 가운데 생성된 취업문화의 출현과 더불어 시작되었다. 취업진로기구는 1980년대에 출범하여 코로나사태가 취업시장을 '셧다운'시키고 있는 현재까지 모두 5개 세대를 거쳤으며 현재 코로나시대를 맞아 6세대가 태동 중에 있다. 취업진로기구의 전개과정에는 시대별로 노동시장과 취업시장의 판도를 변화시키는 큰 사건이나 혹은 정부정책들이 투입되면서 이루어졌다. 취업문화 출현, IMF 외환위기, 정부정책(청년 창업정책 등), 코로나사태 등이 대표적인 요인들로 작용했다. 본 장의 요약 및 시사점은 다음과 같다.

1세대(1980년대: 부재기)는 취업문화의 출현으로 하위 문화요소들이 생성되면서 취업진로기구가 잉태하는 시기였다. 이에는 개발경제의 성장세에 탑승한 대기업들의 정형적인 공채시스템 도입이 큰 영향을 주었다.

2세대(1990년대~IMF 이전: 태동기)는 취업진로기구의 형태가 출범한 초기 모습이다. 1990년대 초중반은 대기업들의 외형성장에 따른 대규모 정기공채가 본격화되면서 대학들이 이러한 취업환경에 탑승하는 가운데 취업진로기구가 출현했다.

3세대(IMF 이후~2004년 7월 20일: 출범기)는 IMF사태 이후 취업공황으로 이어지면서 위기를 느낀 대학들이 2세대 취업진로기구를 대폭 정비하는 과정에서 생성되었다. 관련 시스템 개발과 인프라 개선에 눈을 돌리는 시기였다.

4세대(2004년 8월 1일~2015년 12월: 성장기)는 교육부의 권고안으로 대학들이 발전된 모델을 구축하면서 기구의 입지와 위상이 격상되는 시기였다. 전문인력 보강과 예산확대가 이루어지는 등 실질적이고도 내실을 기하는 변화가 있었다.

5세대(2016년 1월~2019년 12월: 발전기)는 창업이 취업의 연장선에서 기구 내로 병합되는 시대였다. 취업난이 심화되면서 취업의 연장선에서 창업이 부상하면서 취업진로기구와 또 한 축을 형성했다. 창업 붐이 관련 기구 변화에 직접적인 계기로 작용한 것이다.

6세대(2020년 1월~)는 코로나사태에 따른 디지털시대에 탑승한 비대면 취업환경이 새로운 기구 출범을 가져오는 도화선으로 작용했다. 4차 산업혁명의 기술적인 요소들을 반영하는 프로그램 및 시스템 설치가 분주하게 일어나고 있다.

본 장의 시사점은 이제 한국 대학들도 형식이 아닌 실제적인 측면에서 취업진로기구 내 인적·물적 전문화와 특성화를 시도해야 하는 시대적인 상황을 맞고 있다는 것이다. 국내 대학들은 선진국에 비해 취업진로기구의 출현과 관련 인프라 구축 측면에서 시기적으로 많이 늦고 뒤처져 있다. 또한 취업진로기구의 인적자원을 비전문가(교원 혹은 교직원 순환근무제 내지 순환보직제)들로 운영하면서 문제가 야기될 때만 처방하는 양태를 보여왔다. 이러한 모양새로는 고도화된 산업사회와 가속화되고 있는 4차 산업혁명시대에 부합하는 인재를 배출할 수 없다. 이는 6세대 기구가 탄생하기까지 단계별로 일어난 다양한 문제들을 직시하면서 우리 대학들이 고민해야 할 대목이다.

2. 한계점 및 제언

먼저 정부시책이나 제도적인 측면에서 문제점을 짚는다면 앞서 시사점에서 언급했듯이 관련 인력의 전문화·특성화가 부재하다는 사실이다. 이러한 인적·물적 인프라 구축 없이는 우수인재육성에 많은 장애가 따른다. 정부가 국가차원에서 선진인력양성을 위해 대학의 취업진로기구에 직접 투입하는 재정문제에 대해 고심해야 할 때이다. 현재 남발되다시피 하는 청년실업지원금에 대해서도 대학생들은 그다지 달가워하지 않는다. 그것보다는 대학을 다닐 때 취업진로관련 최상의 인적·물적 서비스를 받으면서 이러한 인프라와 시스템을 통해 제대로 된 사회진출을 하는 것을 훨씬 더 원할 것이다. 하지만 대학들의 재정은 거의 바닥이 났고 등록금은 동결된 지 이미 오래다. 정부의 겉도는 청년실업지원금이 실질적인 효과를 유인할 수 있는 대학 내 취업진로기구로 직접 투입되는 방안을 모색해야 할 시점이다.

이러한 측면에서 볼 때 대졸인력의 최종 수요처인 기업들도 책임감을 가지고 산학협력이나 학년에 관계없이 인턴실습제를 확대, 운영하는 등 인재육성과 발굴에 더 많은 관심을 가져야 할 것이다. 이와 함께 교원들의 인식 또한 "대학을 학문의 전당으로만 생각하지 말고 더하여 출구가 중요하다는 생각을 깊이 있게 가져야 할 것이다. 대학에서 학생들이 배우는 모든 학문의 산물은 결국 사회진출을 통해서만 경제적·자아실현적으로 진정한 가치를 발휘할 수 있기 때문이다."

저자 입장에서 밝히고 싶은 한계점은 6세대 취업진로기구에 맞는 모델을 제안하지 못했다는 점이다. 이는 현재 코로나 시국이 계속되고 있는 가운데 시기적으로 다소 빠른 모델 제안이 오히려 문제를 야기할 수 있다는 판단에서 설정하지 않은 측면도 없지 않다. 시사점과 한계점에서 제기된 문제들을 제언으로 남겨두면서 포스트 코로나시대에 관련 연구를 하는 후행 연구자들에게 이 부분을 기대해본다.

참고문헌

▣ 본 장은 이종구(2020. 8). "한국 대학의 시대별 취업진로기구 변천과정과 특징 비교분석에 관한 연구", 경영사연구, 35(3)에 수록된 내용이다.

김수곤(1993), **한국노사관계론**, 경문사, 226-227.

김장호 편저(2005), **한국의 인적자원**, 법문사.

동아일보(1977. 9. 5), 주요 기업 신입사원 채용계획.

류동희 · 이종구 · 김홍유(2012), "한국 대기업의 채용패턴 변천과정과 시대별 특성 비교분석에 관한 연구: 1980년대 이후 삼성 · 현대 · LG · SK 중심으로", **경영사연구**, 27(4), 49.

육성으로 듣는 경제기적 편찬위원회(2013), **육성으로 듣는 경제기적 Ⅰ: 코리안 미러클**, 나남.

이종구 · 김준석 · 김호원(2007), "취업진로기구 국제비교를 통한 국내 대학의 선진모형 개발에 관한 탐색적 연구: 미국 · 일본 · 캐나다 · 싱가포르 주요 대학 비교 중심으로", **국제지역연구**, 11(3), 787-788.

이종구 · 김호원(2008), "한국 취업문화의 사적 전개과정과 시대별 특성 비교분석에 관한 탐색적 연구: 1980년대 이후 대기업 중심으로", **기업경영연구**, 15(3), 56.

이종구 · 김홍유(2009), "삼성 공채의 사적 전개과정과 한국 취업문화 기여도 분석에 관한 탐색적 연구", **기업경영연구**, 16(3), 78-84.

이종구 · 김홍유(2010), "한국 공채문화의 사적 전개과정과 시대별 특성 비교분석에 관한 탐색적 연구: 80년대 이후 대기업 공채문화(채용제도 · 필기전형 · 면접방식 · 인재상) 중심으로", **경영사연구**, 25(2), 216-217.

이종구 · 조은상 · 김홍유(2009), "한국 직업변천사의 시대별 특성 비교분석에 관한 탐색적 연구: 해방 이후(1945)~현재(2009)까지", **경영사학**, 24(4), 88-89.

정구현 외(2008), **한국의 기업경영 20년**, 삼성경제연구소.

한국경제(2020. 6. 11), 코로나 세대 '취업절벽', A1면

CHAPTER

09

한국 직업변천 80년사와 시대별 특징분석

– 해방 이후(1945년)~현재까지 –

핵심 요약

본 장은 해방 이후 급격한 전개과정을 거쳐온 한국 직업변천사를 종합적·체계적으로 고찰, 분석하는 데 목적을 두고 있다. 해방 이후 한국 직업사는 각 시대의 산업환경과 전환기적 사건에 의해 명멸을 거듭해온 만큼 접근방법 또한 시대별 직업세계를 창출시킨 산업환경의 요인분석과 직업의 태생학적 메커니즘을 분석하는 데 초점을 맞추었다. 해방 이후 70년간 전개되어온 한국의 직업변천사의 특징과 시사점을 요약하면 다음과 같다.

첫째, 한국의 직업변천사는 시대별 산업환경과 산업특성을 반영하고 있다. 둘째, 한국의 직업변천사와 산업변천사 간에는 상호 유기적 관계를 형성하고 있다. 셋째, 한국의 직업변천사는 전환기적 사건과 요인에 따라서 양태와 특징을 달리하고 있다. 넷째, 한국의 직업변천사는 시대별 산업구조와 고용구조를 읽을 수 있는 척도이다. 다섯째, 한국의 직업변천사는 시대별 직업인들의 속성과 직업의 사회적 입지를 나타내고 있다.

본 장은 해방 이후(1945년) 현재(2009년)까지 산업환경과 맞물려 전개과정을 거쳐온 직업세계를 시대별로 상호 비교분석하여 그 현황과 추이, 양태와 특징을 체계적으로 파악할 수 있도록 접근했다. 이는 해방 이후 전개되어온 한국 직업사를 시대별·산업별·직업별·특징별로 체계화시킨다는 의미와 더불어 향후 보다 발전된 직업세계와 직업문화를 유인하고 정착시키는 데 필요한 사적 직업자료와 직업정보를 동시에 구축해준다는 목적도 함께 내포하고 있다.

I 문제제기 및 연구목적

1. 연구배경 및 연구목적

한국의 직업사는 해방 이후 가파른 변화과정을 거치며 부침과 발전을 거듭해오고 있다. 산업화의 전환기마다 직업(occupation)의 양태가 달리 전개되었으며 특징 또한 기존시대와는 판이한 양상으로 직업세계를 창출해왔다. 해방 이후 한국 직업사는 우리나라 산업사회의 발전과정과 맥을 같이 해오고 있다. 해방과 한국전쟁, 산업근대화를 위한 경제개발 5개년계획, 6.29민주화선언과 88올림픽, 블루라운드체결과 OECD 가입, IMF사태 등은 한국 직업세계의 판도변화와 직업문화의 메커니즘을 발전시키는 직접적인 요인으로 작용했다. 직업의 세계는 산업사회의 변화와 기술혁신에 의해 끊임없이 발전하고 변화한다. 직업변천사를 보면 산업변천사를 읽을 수 있다는 얘기도 이런 배경에서 기인한 것이다. 해방 이후 우리나라는 산업화가 급속히 추진되면서 직업세계도 빠르게 전문화 · 세분화되어왔다. 당대의 사회적 · 경제적 속성을 투영하고 있는 직업세계는 산업사회의 발전과 전환기적 사건에 의해 시대적인 특징을 현격히 달리한다.

해방 이후 한국 직업사는 우리나라 산업근대화과정의 속성과 특징을 그대로 반영하고 있다. 해방기 및 한국전쟁 전후에는 농어민중심의 직업이 주류를 이루는 가운데 일부 관공서 직원과 금융직, 전후복구사업과 관련된 몇몇 업종의 종사직들이 출현했다. 1960년대로 접어들면서 한국 산업사는 개발경제정책과 맞물리면서 공업화 · 근대화와 관련된 직업들이 분출되기 시작했다. 1970년대 한국 산업사는 본격적인 현대화사업에 착수하게 된다. 중화학공업화단계로 이행하면서 한국의 직업사도 현대 직업세계로 본격적인 행보를 내딛게 된다. 1980년대 한국 산업사는 경제안정화단계로 접어들게 된다. 직업세계의 양상은 사회간접자본 및 서비스산업과 직결된 직종들이 새롭게 직업 반열에 이름을 올리면서 이른바 직업의 다양화현상이 두드러졌다. 1990년대 한국 직업세계는 전문직종이 급증하는 직업전문화시대로 선회했다. 급속한 개방화와 산업고도화가 전개되는 전환기시대인 만큼 전문직 직업들이 급부상했다. 21세기 한국 직업세계는 고도로 분화되고 전문화되어가는 양상을 보이고 있다. 특히 IMF사태로 인해 한국 직업문화는 전환기적 분수령을 맞으며 기존과는 판이한 새로운 직업문화를 형성했다. 이른바 평생직장이 붕괴되고 평생직업개념이 새로이 정립되고 있다. IMF사태 이후 한국사회에 재인식된 직업에 대한 개념은 기존시대와는 현격히 다른 차이를 보이고 있다. 특히 직업개념과 직업문화가 산업환경이 아닌 인위적인 파장으로 인해 크게 변할 수 있다는 측면을 단적으로 보여준 사건인 만큼 우리 사회에 시사하는 바가 매우 크다.

본 장은 해방 이후 급격한 전개과정을 거쳐온 한국 직업사를 종합적이고도 체계적으로 고찰하고 분석하는 데 목적을 두고 있다. 해방 이후 한국 직업사는 각 시대의 산업환경과 전환기적 사건에 따라 명멸을 거듭해온 만큼 접근방법 또한 시대별 직업세계를 창출시킨 산업환경의 요인분석과 직업의 태생학적 메커니즘을 분석하는 데 초점을 맞추었다. 특히 본 장은 해방 이후(1945년) 현재(2009년)까지 산업환경과 맞물려 전개과정을 거쳐온 직업세계를 시대별로 상호 비교분석하여 그 현황과 추이, 양태와 특징을 체계적으로 파악할 수 있도록 접근했다. 이는 해방 이후 전개되어온 한국 직업사를 시대별·산업별·직업별·특징별로 체계화시킨다는 의미와 더불어 향후 보다 발전된 직업세계와 직업문화를 유인하고 정착시키는 데 필요한 사적 직업자료와 직업정보를 동시에 구축해준다는 목적도 함께 내포하고 있다.

2. 연구범위 및 체계도

본 장은 1940년대 이후 시대별로 전개되어온 한국 직업사를 체계적으로 고찰하고 분석하는 측면에서 접근하는 만큼 핵심 연구대상은 한국 현대 직업사 70년 동안 산업사회의 발전과정과 맞물려 전개되는 시대별 직업세계의 현황과 추이, 양태 및 특징을 조명하는 데 초점을 맞추고 있다. 따라서 본 장은 해방 이후 산업환경의 변화과정에 따라서 전개되어온 한국의 직업세계를 시대별로 분류하고 그 특징을 비교분석하는 형태로 접근했다.

시대별 전개과정에 있어 분류기준은 광복과 한국전쟁, 전쟁피해복구기의 시점을 '해방 · 격동기'로 분류하고 그 시기를 1945~1961년으로 했다. 다음은 산업화 작업이 본격적으로 착수된 개발경제기간인 1962~1991년 사이를 '경제개발 · 성장기'로 분류한 후 다시 1960년대, 1970년대, 1980년대 등으로 세분하여 직업세계의 현황과 특징을 분석했다. 마지막으로 산업고도화 시점에 들어선 1992~2009년까지를 '전환기'로 분류한 후 이 시기 또한 1990년대 2000년대 등으로 세분하여 직업세계의 현황과 특징을 조명하였다. 동시에 2010년대를 예측, 분석하는 접근방법으로 마무리했다. 한편 본 장의 사적 연구기간의 범위는 한국 현대직업사가 본격화된 해방 이후부터 2010년대까지를 분석대상으로 삼고 있다. 또한 1940년대 이후 한국 직업사를 시대별 · 산업환경별 · 직업별 · 특징별로 분류하여 비교분석하였으며 동시에 직업문화가 형성된 1980년대부터는 직업문화도 함께 접근하여 고찰했다. 본 장은 선행연구가 매우 취약한 상황에서 선험적인 기법을 통해 접근한 만큼 탐색적인 연구방법(exploratory study)을 사용했으며 연구과정 및 체계도는 [그림 9-1]과 같다.

그림 9-1 | 한국 직업변천사 연구구성 및 체계도

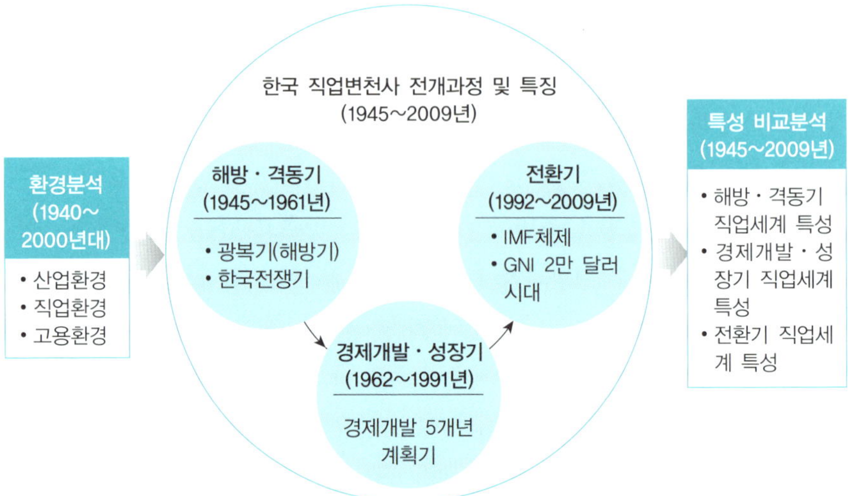

Ⅱ 선행연구 및 직업환경 사적 고찰

1. 선행연구

직업은 산업사회의 변화과정과 시대의 속성을 가늠할 수 있는 자화상이자 바로미터이다. 한국의 직업사는 한국 산업사회의 발전과정과 양태를 그대로 반영하고 있다. 따라서 직업사를 연구하기 위해서는 반드시 당대의 산업환경과 고용구조의 메커니즘을 동시에 접근하는 전제조건이 선행되어야 한다. 이렇게 볼 때 직업사 안에는 당대의 산업구조와 고용구조를 함께 읽을 수 있는 직업문화의 하위문화요소들이 내재되어 있다.

최근 직업이 우리 사회의 최고 이슈 가운데 하나이자 관심분야로 부상하고 있다. 이는 직업이 생애에 차지하고 있는 사회적 · 개인적 의미와 더불어 경제인에게 필수적으로 수반되는 경제적 · 보상적 기능을 갖고 있기 때문일 것이다.

직업에 대한 연구는 지금까지 각 분야에서 꾸준히 진행되어왔다. 하지만 한국 직업변천사에 대한 연구논문은 매우 취약하다. 논문이 아닌 저서가 있다면 우리나라 5천년의 직업발자취를 편찬한 김병숙(2007)의 〈한국직업발달사〉가 대표적이다. 그동안 연구되어온 직업관련 논문의 동향은 인간과 직업특성 상호 간의 다양한 메커니즘을 전 생애적 관점에서 접근하는 연구가 주류를 이루어왔다. 선행연구의 큰 흐름을 분석해보면 학문적 접근에 있어서도 사회과학적인 측면보다는 전 생애적 관점에서 시도한 상담 · 진로 · 교육 · 심리학분야의 연구들이 태반을 이루고 있다. 본 장은 해방 이후 한국 직업사의 시대별 · 산업별 · 직업별 · 특징별 등에 대한 비교분석차원에서 연구한 만큼 사회과학적 관점에서 접근했다고 볼 수 있으며 선행연구에 있어서도 상담심리학이나 진로심리학차원에서 접근한 논문을 고찰하기보다는 사회과학적 측면에서 접근한 논문들을 대상으로 다루었다.

최영순(2003)은 〈영화로 보는 직업이야기〉를 통해 직업변천사에 대해 연구했다. 이는 직업이 한 사회를 반영하는 거울이라고도 할 수 있는 만큼 영화 속에 등장하는 캐릭터를 통해 특정시간과 공간을 배경으로 전개되는 다양한 직업인을 조명하는 동시에 직업사의 변화과정도 담고 있다. "여기에서는 한국영상자료원의 한국영화 시놉시스(synopsis) 데이터베이스와 소장 시나리오, 비디오테이프를 참고하여 1919년부터 2001년 상반기까지의 한국영화들을 대상으로 등장인물의 직업이 어떻게 변화하고 있는지에 대해 분석하였다. 하지만 그 시대의 직업을 살펴보기 힘든 시대극(사극), 기록영화, 무협영화, SF영화, 고전소설 등을 바탕으로 한 영화들은 분석대상에서 제외시켰다."[1)]

---

1) 최영순(2003)은 〈영화로 보는 직업이야기〉의 '세월따라 직업따라: 한국영화 속 직업변천사'에서 영화를 통해 당대 직업의 변화상을 직접 조명할 수 있는 작품 위주로 연구가 되었다는 것을 나타내고 있다.

이윤선(2004)은 '금융관련 서비스업의 직업변화'에 대한 연구에서 1960년대부터 2003년까지 금융산업 내의 직업변화를 금융관련 서비스업을 중심으로 분석하고 있다. 특히 이 논문에서는 정부의 시대별 금융산업정책과 맞물려 전개되는 우리나라 금융환경의 전개과정과 시대별 직업사전에 새롭게 이름을 올리는 금융관련 서비스 직업에 대한 현황 등이 기술되어 있다. 최태룡(2001)은 직업의 위신이 소득과 깊이 관계되며 직업이 사회적·경제적 공헌도와 맺는 관계는 계속 강화된다고 주장하고 있다. 이 논문은 직업의 사회적 위신과 직업의 사회적·경제적 공헌도 간의 관계에 대한 연구라고 볼 수 있다. 즉 직업에 있어 소유관계, 종사업체의 규모, 기술적 자질 내지는 지식의 정도가 사회적 위신에 영향을 미친다고 밝히고 있다. 해방 이후 한국 직업변천사를 시대별로 분석해볼 때 직업의 위신이 사회적 지위와 깊이 연관되어 있으며 아울러 사회적·경제적 공헌도, 종사인원의 수, 지식적인 깊이 정도 등과 매우 밀접하게 관련되어 있다는 점에서 이 논문이 시사하는 바를 주목해볼 필요가 있을 것이다.

조은상·이상우(2004)는 1960년 이래 한국경제가 토지를 중심으로 한 전통농경사회에서 자본, 노동, 기계를 중심으로 하는 산업사회를 거쳐 정보를 중심으로 한 정보화사회에 이어 지식위주의 지식사회로 급변해왔는데 이 과정에서 수많은 직업이 출몰했으며 또한 경제발전단계의 변천과정에 따라서 사회가 요구하는 인재상도 변해왔다고 주장했다. 다시 말해 이 연구는 한국의 1960년대 산업화 초기 이후 기업환경변화에 따라 다양한 직업이 출몰했으며 이에 맞춰 사회가 요구하는 인재상도 변해왔다는 것이다.

이렇게 볼 때 산업사회의 변화에 따라 고용환경 및 고용구조가 바뀌면서 새로운 인재상의 출현과 직업의 생성 및 소멸은 물론 직업이동과 직업전환이 동시에 일어나는 것은 매우 자연스러운 현상일 것이다. Dolliver(1999)와 Neal(1999), Moses(1999) 등의 연구도 이를 뒷받침해주고 있다. 1997년 말 한국사회에서 IMF사태가 발생하여 평생직장의 개념이 붕괴되면서 직업개념과 직업이동, 경력전환 등 고용메커니즘이 급격하게 변할 때 Dolliver는 앞으로

1년 안에 절반 이상 성인근로자의 직업전환이 예상된다고 주장했다.

Neal과 Moses도 직업이동과 경력관리의 상관관계에 대한 연구논문을 내놓았다. Neal은 직업이동이 개인이 처한 현재의 노동상황보다 한 단계 나은 직장을 위해 경력관리차원에서 이루어진다고 주장했으며 Moses는 기업구조조정이 가속화되는 시대인 만큼 개인들의 고용안정차원에서 경력관리의 필요성이 제기되고 있다고 밝혔다. Bailey의 직업개념 내용 가운데 경제적 개념이 갖는 의미도 반추해볼 필요가 있을 것이다. Bailey가 주장한 경제적(economic) 개념은 직업의 수요를 창출하는 지역사회경제의 이해, 직업의 수요와 공급의 관계, 경제적 안정에 대한 취업의 중요성, 개인의 자립적 생활과 직업의 중요성, 직업인의 공급과 수요가 임금결정에 미치는 영향에 대한 인식, 직업소유의 경제적 이유에 대한 인식 등을 내포한 개념이라고 볼 수 있다.[2)]

선행연구에서 추론할 수 있는 시사점은 산업환경의 변화에 의해 직업은 생물처럼 출몰을 거듭하며 직업이동과 직업전환은 보다 개선된 직업을 원하는 경력관리차원에서 이루어진다는 것이다. 또한 직업의 위신과 사회적 위신은 밀접히 연관되어 있다고 볼 수 있다. 지금까지 살펴본 선행연구는 직업개념이 정립되는 데 있어 산업환경이 큰 영향을 미치고 있다는 현상학적인 요인을 분석하는 데 초점이 모아졌다. 이는 한국 직업변천사와 연결해볼 때 그 시대의 직업개념이 정립되는 데 있어 직접적으로 영향을 미치는 큰 요인이 경제적 · 사회적 환경이라는 점을 알 수 있다. 직업의 생성과 소멸이 피상적으로는 단순하게 전개되는 것처럼 보이지만 실제로는 산업환경과 고용구조, 직업 속에 내재된 지식 정도와 경제적 가치, 직업인의 규모 등 매우 복잡한 메커니즘에 의해 직업이 유지되고 변화해 나간다고 볼 수 있다.

다음에서는 해방 이후 우리나라의 시대별 직업환경의 전개과정에 대해 알아보기 위해 1940년대 이후 한국의 직업사와 공채사를 비교하여 고찰하고자

2) Bailey의 직업개념 목록은 심리-자아참조 개념, 경제적 개념, 일반적 개념, 사회적 개념 등 4개의 범주로 구성되어 있다.

한다. 또한 한국 직업사에 있어 직업문화의 개념이 태동되고 정립된 1980년대를 시점으로 최근 30년간 전개되고 있는 한국 직업문화에 대해서도 선험적인 연구방법을 통해 함께 고찰해보기로 한다.

2. 직업환경 사적 고찰

한국 직업변천사를 고찰하기 위해서는 시대별로 직업출몰에 영향을 미치는 다양한 직업환경부터 접근하는 것이 바람직할 것이다. 직업환경은 산업환경과 밀접한 관계를 형성하고 있으며 또한 Bailey의 직업개념 가운데 경제적 개념에 의해 조성된다고 볼 수 있다. 여기에서는 1940년대 이후 전개되어온 직업사와 공채사 그리고 1980년대부터 형성된 직업문화[3] 등에 대한 고찰을 통해 직업환경에 접근해보기로 한다([표 9-1], [표 9-2] 참조). 한편 직업환경에 직접적으로 영향을 미치는 시대별 산업환경에 대한 분석은 제III절에서 집중적으로 다루고자 한다.

1940~1950년대는 한국사에 엄청난 파장을 일으킨 해방과 한국전쟁이 일어난 시기이다. 해방과 전쟁이라는 극도의 혼란 속에서 한국의 직업환경은 악성 인플레이션이 만연한 가운데 고용정책이 사실상 부재한 시기였다. 한일합방 이후 일제의 식민지경제정책은 우리나라의 자주경제와 인권을 말살시킨 만큼 해방 전후 한국의 직업환경은 매우 열악했다. 한일합방 이후 해방 전까지 한국 직업세계는 농어민이 대부분인 전통적인 농경사회였으며 일제가 만주사변과 중일전쟁 및 태평양전쟁을 치르는 중에 나타난 공업 · 병참관련 노동자가 직업세계의 일부 구성원을 이루었다. 해방 후에도 한국 직업사는 여전히 농업인과 어업인이 중심적인 역할을 했으며 일부 관공서 직원과

3) [표 9-2]는 직업환경 고찰과 직결되는 직업문화, 진로문화, 공채문화(이상을 일반적으로 취업문화라고 칭함) 등에 대해서 고찰한 표이다. 한국의 취업문화가 1980년대부터 형성된 관계로 본 장에서는 1980년대부터 접근하였다.

교육관련 종사자가 주권 국가의 공복으로서 직업반열에 이름을 올렸다. 주목되는 현상은 일제치하인 1920~1930년대 경성전문대 등 관공립전문학교 졸업생은 당국의 정책적 배려로 대부분 취업을 했다는 점이다.4)

표 9-1 한국의 직업사 및 공채사현황

구분	해방 전후~ 1950년대	1960~ 1970년대	1980~ 1990년대	2000년대
직업사	• 1920~30년대: 농업인, 수업인, 일제하의 일부 공업인 • 1940~50년대: 관공서 직원, 은행원, 교육인, 전화교환원, 택시기사, 버스안내양 등	• 1960년대 최고 인기직업: 은행원, 교사 등 여승무원 출현 • 1970년대 주요 직업: 군인, 대기업사원, 엔지니어 등	• 1980년대: 증권/보험, 호텔/레저, 광고, 공무원 등 • 1990년대: 정보통신, 컴퓨터, 서비스, 레저, 금융, 공기업 등	• 공무원 • 공기업, 금융, 서비스, 정보통신 • 컴퓨터 • 반도체 • 항공우주, 레저환경, 환경공학, 생명공학 등
공채사	• 1920~30년대: 경성전문 등 관공립전문학교 정책적 배려로 대부분 취업 • 해방 전: 조선총독부시험 합격자만 관료직 진출 • 1950년대: 삼성물산공사 기업 최초 공채(1957년 1월)	• 1960년 한국 항공사 국내 최초 여승무원 공채 • 1960~70년대 대졸 공채 최고 경쟁직업은 은행원 및 교사 • 1970년대 대기업 공채 본격화	• 1984년 LG 인턴사원제 도입 • 1994년 주요 기업 상시채용제도 도입 • 1995년 삼성 열린채용 선언, 대기업 직무능력검사 도입 • 1997년 IMF사태로 신채용기법 도입(1999년)	• 2002년 삼성 신면접 도입 • 2006년 후 대기업 인적성검사 다양화 및 직무역량면접 강화 • 2008년 대기업 인턴채용 활성화 및 영어구사능력 평가 강화
참고	• 해방 전후: 관공서 직원, 은행원, 교사직 제외한 80% 정도 농업·수업인 • 1960~70년대: 개발경제시대, 본격적인 고용확대(1970년대 중동 건설분야 대량 취업) • 1980년대: 노동집약적 직업에서 지식집약적 직업으로 이행/1990년대: 컴퓨터관련 전문직업 출현 • 2000년대: 공기업 및 공무원 등 고용안정직업 급부상			

주: 부록 1. 대면인터뷰 ①, ② 및 참고문헌을 참조해서 저자가 재구성

4) 월간 리크루트(1998), 50-51; 월간 리크루트(1999), 66; 월간 리크루트(2003), 115 참조

표 9-2 시대별 직업문화 · 공채문화 · 진로문화 분석(1980~2009년)

<table>
<tr><th colspan="6">1980년대 취업환경</th></tr>
<tr><td colspan="6">• 대학졸업정원제 실시(입학정원 증가)
• 국내외 경기침체, 대졸 취업환경 악화
• 경제민주화, 노사분규, 임금인상 가속화, 노동경쟁력 약화
• 서울올림픽, 고용창출 미흡 및 외국사 국내 투자(유치) 저조</td></tr>
<tr><th colspan="2">직업문화(대학생)</th><th colspan="2">공채문화(기업)</th><th colspan="2">진로문화(대학)</th></tr>
<tr><td rowspan="2">기업선호도</td><td rowspan="2">• 산업구조 조정단계, 대기업 일변도 선호
• 공기업선호현상 부재
• 대기업, 성장성/발전성/임금 · 복리제도, 공기업과 차별</td><td>채용제도</td><td>• 대규모 정기공채
• 그물형 채용방식
• 그룹 일괄공채</td><td rowspan="2">취업진로기구</td><td rowspan="2">• 학생처 소속(겸업)
• 전담 직원/부서/명칭 부재
• 아르바이트/추천지원/취업통계</td></tr>
<tr><td>필기전형</td><td>• 그룹 일괄 필기시험
• 기초/기본지식 평가
• 영어/전공(상식)</td></tr>
<tr><td rowspan="2">직업선호도</td><td rowspan="2">• 성장업종 위주로 선호
• 금융권/서비스직선호(증권/여가산업 종사직군 인기직업 부상)</td><td>면접방식</td><td>• 기본소양/인성평가
• 상식적인 보편적 사고의 소유자 선발</td><td rowspan="2">진로교육</td><td rowspan="2">• 학생생활연구소 초기 형태 출현
• 기초진로상담교육
• 성격 · 적성검사/심리/환경/생활/진로상담 등</td></tr>
<tr><td>인재상</td><td>• 관리자형 인재
• 범인형/보통형 인재
• 합리적/희생적/책임감</td></tr>
<tr><th colspan="6">1990년대 취업환경</th></tr>
<tr><td colspan="6">• 블루라운드 출범, 노동환경변화, 고임금시대 돌입, 국가경쟁력 저하, 3D업종 외국노동자 유입
• 노동인구 고령화/여성화/고학력화
• 노동시장 유연성 결핍
• 대졸 취업시장 인력 수급불균형 심화
• IMF사태, 취업시장 및 직업문화 대변혁
• 대기업 부도/해체/M&A/빅딜 가속화
• 전 기업 구조조정 착수, 대졸 취업난 가속화</td></tr>
<tr><th colspan="2">직업문화(대학생)</th><th colspan="2">공채문화(기업)</th><th colspan="2">진로문화(대학)</th></tr>
<tr><td rowspan="2">기업선호도</td><td rowspan="2">• 산업구조 고도화단계, 대기업 및 일부 공기업 부상(1990년대 후반)
• IMF사태로 주요 대기업 선별 선호현상/대기업 일변도 선호현상 퇴조</td><td>채용제도</td><td>〈1999년 채용 대변화〉
• 소수, 수시채용
• 낚시형 채용방식
• 계열사별 채용</td><td rowspan="2">취업진로기구</td><td rowspan="2">• 학생처 소속, 취업 담당직원/팀/과/실체제 출현
• 인턴사원제지원/산학협력지원/모의면접/취업설명회지원</td></tr>
<tr><td>필기시험</td><td>• 필기시험 폐지
• 신인재평가 위한 직무능력검사 도입(종합사고능력 중시)</td></tr>
</table>

직업선호도	• IT혁명, 정보통신관련 직군 급부상 • 금융권(증권분야) 파생직군 선호 • 1990년 말 공기업 직장부상	면접방식	• 대기업 면접다양화 • 전문지식 평가 • 준비된 인재 위한 실무면접 도입	진로교육	• 학생생활연구소 업무범위 확대 • 전문상담연구원 배치 • 기존업무 및 취업/직업/학습/교육/진학상담 등
		인재상	• 창조적인 인재상 • 특이형 인재 • 도전적/적극적/국제감각 소유자		

2000년대 취업환경

- 저성장/고비용/저효율시대 돌입
- 평생직장붕괴, 평생직업개념 정립
- 국내외 경기침체 장기화, 고용창출 저하
- 고학력 취업난사태, 사회문제로 비화
- 노동시장 유연화정책(비정규직법 등)

직업문화(대학생)		공채문화(기업)		진로문화(대학)	
기업선호도	• 주요 대기업 선별선호 • 공기업 및 금융권선호 • 반도체, 철강, 조선, 은행, 보험관련 기업 선호	채용제도	• 그룹사 해체, 계열사 독자채용 • 인턴채용제 활성화	취업진로기구	• 전 대학 독립기구 확대, 개편/전문화/특성화지향 • 취업진로관련 인프라 구축 가속화
		필기시험	• 인적성검사 확대, 강화 (지식 및 인적성평가) • 입사 당락 영향 미침		
직업선호도	• 평생직장 붕괴, 평생직업개념 정립/직업 전문화/전문직 부상 • 안정직장/직업선호 • 반도체, 은행, 서비스, 유통, 정보통신, 환경공학, 생명공학, 지식경영직군 부상	면접방식	• 직무 위주, 역량면접 • 프레젠테이션 강화 • 비즈니스스킬 평가 • 국제화마인드평가 강화(외국어구사능력)	진로교육	• 업무영역 전문화/특성화지향 • 학생생활연구소 본연업무 및 최근 학생현실분야(진로/취업/직업/이성문제 등) 강화
		인재상	• 전략가적 인재상 • 비즈니스지향적 인재/글로벌 인재		

주: 부록 3. 서베이리서치 ①, ② 및 참고문헌을 참조해서 저자가 재구성

출처: 이종구(2008), 68을 저자가 재구성하여 인용함

특히 해방 전에는 조선총독부가 주관한 시험의 합격자만 관료직에 입문한 만큼 관공서 직원을 포함한 관료직에도 일부 인력이 진출한 것으로 나타나고 있다. 하지만 국권침탈을 당한 식민지시대였던 만큼 이런 직업은 극히 일부 층에게만 돌아갔다.

1950년대 한국의 직업환경은 6.25전쟁으로 인해 모든 산업기반이 파괴되면서 직업생성 자체가 어려운 시대였다. 해방 전후를 기점으로 근근이 일자리를 창출했던 관공서와 식민지 잔존의 공업체들이 전란 탓에 완전히 전소되는 상황을 맞았다. 6.25전란 동안 일자리 생성이 거의 없는 가운데 남한 내 44%의 산업시설이 파괴되어 127만 명의 실업자들이 배출되었다.

1950년대 전반의 직업환경에는 큰 변화가 없었다. 직업구조는 여전히 농어업 종사자가 80% 정도에 이를 만큼 후진국상태였으며 1차 산업에 편중된 해방 전의 양상이 그대로 지속되었다. 1950년대 후반은 전쟁복구사업 및 원조사업에 의해 1960년대의 한국경제가 안정적인 성장을 할 수 있도록 기틀을 조성한 시대였다(김성수, 1992). 1960년대 한국경제가 재도약의 발판을 구축할 수 있었던 이유도 1950년대 중후반부터 본격적으로 추진한 재건사업의 성과에 힘입은 바 크다. 주목되는 것은 1950년대는 오늘날 한국경제를 지탱하고 있는 대기업들의 출현이 본격화된 시대이다. 삼성·동양·한화·현대 등의 기업들이 모두 1950년대 창사된 연혁을 갖고 있다. 특히 삼성은 1957년 1월, 신입사원 공채를 실시, 한국 민간기업 최초로 공채시대를 개막했다.[5]

1960~1970년대 한국의 직업환경은 본격적인 고용확대가 이루어진 시대였다. 1962년 한국경제의 발판을 구축했던 경제개발 5개년계획과 1970년대 수출지향적인 중화학공업정책은 한국 직업사와 고용환경에 일대 전환을 가져왔다. 1960년대는 노동집약적인 경제개발에 초점을 두고 저임금 노동력에 전력하는 경공업산업이 집중적으로 육성되었다. 따라서 고용환경 또한 섬유,

5) 삼성 연혁에는 삼성물산공사가 1957년 1월 2일, 국내 민간기업 최초로 사원공개채용을 실시했다고 적혀 있다.

고무, 봉제 등과 관련된 기능공 직종들의 일자리창출이 크게 증가하였다.

1970년대는 개발경제에 동참한 대기업들의 본격적인 고용창출과 수출지향적인 중화학공업에서 파생된 신직업군, 중동 건설 붐에 힘입은 대량취업 등 한국의 고용환경이 매우 개선된 시대였다. 1970년대는 직업사 또한 분화되고 고도화되어가는 양상으로 전개되었다. 중화학공업관련 기술직업 생성과 내적 가치추구의 직업관 형성 등 1960년대와는 사뭇 다른 직업세태를 보여주었다.

1980년대의 직업환경은 노동집약적 직업에서 지식집약적 직업으로 변하는 시대였다. 직업양태는 첨단산업과 기술집약적 산업시대가 본격화된 시대인 만큼 이와 관련된 다양한 신종직업과 성장직종들이 급부상했다. 하지만 1980년대 고용환경은 대학졸업정원제 실시와 국내외 경기침체, 경제민주화 등으로 대졸 취업환경이 악화되는 시대였다. 특히 1980년대는 한국 채용환경에 큰 변화를 불러일으킨 인턴사원제가 도입된 시대이기도 하다. 1984년에 LG그룹에 의해 최초로 도입된 인턴사원제는 1990년대 대부분의 기업으로 확산되었으며 최근에는 한국 채용제도의 한 형태로 완전히 정착되었다.

1990년대 직업환경은 정보통신산업이 급성장하면서 관련 분야의 직군들이 직업세계를 평정했다. 특히 컴퓨터관련 첨단직업들이 전 산업 · 전 직군에 인프라기반을 형성하면서 정보통신관련 직업들이 전문직업으로 확고히 뿌리를 내렸다. 1990년대는 IMF사태로 인해 고용환경이 크게 변한 시대였다. IMF사태는 한국 직업사와 공채사, 고용환경 등에 큰 변화를 가져왔으며, 특히 직업문화의 대변혁과 대기업들의 신채용기법 도입에 직접적인 원인을 제공했다. 2000년대 직업환경은 저성장, 고비용, 저효율시대를 맞아 대량 실업사태가 사회문제로 비화되고 있다. 직업세계 또한 전문직 선호현상이 뚜렷하며 안정직장과 안정직업에 대한 구직현상이 지배적으로 나타나고 있다. 2009년 현재, 직업환경은 국내외 경기침체로 인한 고학력 취업난 및 일자리 부족현상이 심각한 가운데 비정규직 근로자문제가 최근 한국 노동시장의 핵심이슈로 떠오르고 있다.

Ⅲ 시대별 직업사 전개과정과 특성 비교분석

본 장에서는 한국 직업사의 전개과정을 시대별로 분석하기 위하여 탐색적인 연구기법을 사용했다. 투입된 연구기법은 실증분석(empirical analysis)이 아닌 자료적인 접근(문헌조사)과 대면인터뷰(face to face interview), 현장탐사(field study), 서베이리서치(survey research) 등 탐색적인 연구방법이 지향하는 종합적인 분석방법을 활용했다. 연구모형의 프로세스는 해방· 격동기(1945~1961년), 경제개발·성장기(1962~1991년), 전환기(1992~2009년) 등의 시대별 산업환경에 따른 직업사의 전개과정과 직업특성을 집중적으로 분석했으며 또한 본 장의 연구범위인 한국 직업변천사 70년(1940~2009년) 과정을 시대별·산업별·직업별·특징별로 각각 세부적으로 비교분석하는 형태로 프레임워크를 구성했다([그림 9-2] 참조).

그림 9-2 | 연구모형 및 체계도

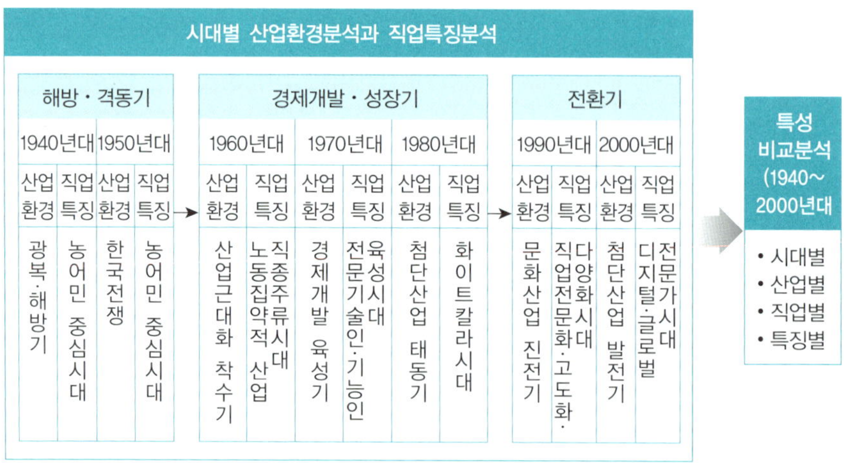

1. 직업사 전개과정

1) 해방 · 격동기(1945~1961년)

해방 · 격동기(1945~1961년)는 정치 · 경제 · 사회적으로 불안정한 혼란기였다. 36년간 침탈의 역사와 이어 발발한 6.25전란은 한국의 모든 산업기반 시설을 초토화시켰다. 1945년 광복기의 산업환경은 일제식민정책에 의해 산업시설이 폐허가 되었으며 고물가, 고실업상태의 해방 하이퍼인플레이션(hyper inflation)이 만연하는 등 경제적 혼란시기였다(한국경영자총협회, 1989). 산업환경이 피폐된 원인은 외부적으로는 제2차 세계대전의 후폭풍이 가져다 준 세계경제의 침체와 국내적으로는 해방기의 정치 · 경제 · 사회적 불안정, 남북한 분단이 가져온 자원 및 공업기반의 상실, 폭발적인 인구증가, 해방 전후의 통화팽창, 일제하에 억압되었던 잠재수요의 폭발적인 증가 등이 직접적인 원인으로 작용했다.[6)]

1940년대는 근대적 산업시설이 매우 부족한 농경사회였다. 따라서 농촌에서 유출된 미숙련 노동자가 임금노동자로 전락하는 경우도 있었지만 극도의 저임금과 열악한 노동조건으로 인해 근대적 임금노동자로 정착하지 못하고 반농반노하는 경우가 태반이었다. 해방 전후의 직업현황은 1차 산업인 농어민 종사자가 80% 정도인 농경구조였으며 일부 전문직종과 수공업, 상업, 서비스업 종사자가 나머지 직업세계의 구성원이었다. 당시 전문직종에 종사한 직업인을 보면 금융인, 영화인, 신문 · 사진기자, 사진촬영사, 출판인, 기술자, 사무직 등 개화기에서부터 해방기에 이르는 동안 사회 · 문화적인 발전에 탑승해 태동한 직업군을 들 수 있다.[7)]

해방 · 격동기의 인구통계적인 고용현황을 살펴보면 1946년 11월 현재, 남한의 실업 및 무직자 총수는 110만 2,000명이었으며 이 중 57.8%는 전쟁으로

---

6) 김성수(1992), 296 참조

7) 김병숙(2007), 698 참조

인한 실업자였다. 또한 1950년대는 농업인구가 전체 인구의 5분의 4이고 비농부분의 취업자는 20.5%에 불과하였다(김병숙, 2007).

표 9-3 해방·격동기(1945~1961년)의 직업사 전개과정과 특징

구분	1945년(해방 전후)	1950년대(한국전쟁)
산업환경	• 일제식민정책에 의한 산업시설 폐허기 • 전근대적인 농경사회, 근대적 산업시설 전무 • 고물가, 고실업(해방 하이퍼인플레단계 돌입), 산업의 생산력저하, 생활필수품부족, 급격한 인구증가 • 남북한 분단으로 자원 및 공업시설 상실 • 농업위주산업, 기타산업(수공업/상업/서비스업) 주변적 위치	• 한국전쟁 근대적 산업시설·사회적 간접자본 전량 파괴 • 전통적·폐쇄적인 농촌경제시대 • 급속한 통화팽창, 폭발적인 인플레이션, 생필품의 공급부족, 복잡다기한 시장구조 등 총체적 불안정시대 • 전쟁으로 파괴된 하부구조 및 산업시설 재건시대 • 제분/제당, 면방직, 합판, 타이어, 비누, 시멘트, 고무신 등 산업약진
노동환경	• 해방 후 농업인구 전체인구 80% 정도 • 대표적 직업은 농업인(임금노동자 극소수) • 임금노동자, 극도의 저임금과 열악한 노동조건 • 농촌에서 유출된 미숙련 노동자 사회 • 근대적 임금노동자로 정착 못한 반농반노	• 경제활동인구의 3분의 2가 농업에 종사 • 절대빈곤층 해결 및 실업의 해소가 최우선 과제 • 인구의 높은 증가율, 도시화 가속화, 실업증가시대 • 1950년대 말, 종업원 300명 이상 대기업 89개사 성립(무역업, 금융업, 섬유 등의 대기업 집단 형성)
직업현황	• 1차 산업 직업(80% 농어민) + 일부 전문직종과 수공업, 상업, 서비스직 종사자 • 직업군: 금융인, 영화인, 신문기자, 사진기자, 사진촬영사, 출판인, 기술자, 사무직 등	• 1차 산업 직업(80% 농어민) + 소수 전문직종 • 직업군: 공무원(외교관, 법관, 군인, 경찰, 교사), 방송관계직업, 공장노동자(기술직, 생산직), 운전기사, 전차운전사, 학예관, 항공기조종사, 사서, 은행원 등
참고	• 1945년 8월 15일 일제식민지로부터 해방, 주권 회복 • 남북한 분단으로 인한 극도의 이념적 혼란시대 • 정치적·사회적·경제적으로 불안정한 혼란기(과도기)	• 1950년 6월 25일 한국전쟁 발발 • 1954년 이래 시작된 베이비붐(높은 인구증가율) • 1950~1960년 전쟁복구시대 및 악성 인플레이션시대

주: 부록 1. 대면인터뷰 ①, ②, ③, 부록 2. 현장탐사 ① 및 참고문헌을 참조해서 저자가 재구성

1950년대 산업환경은 6.25전쟁으로 인해 식민지시대에 잔존하던 일부 근대적 산업시설과 사회적 간접자본 등이 전량 파괴되는 상황을 맞이했다. 3년간의 전란을 겪은 한국의 산업환경은 급속한 통화팽창과 폭발적인 인플레이션, 생필품의 공급부족, 복잡한 시장구조 등 총체적 침체국면을 면치 못한 채 여전히 전통적이고 폐쇄적인 농촌경제시대가 계속되었다. 1953년 7월 휴전협정 이후 한국사회는 원조경제를 등에 업고 전쟁으로 파괴된 하부구조 및 산업시설 재건에 박차를 가했다. 1950년대 중후반에 약진한 산업으로는 제분·제당, 면방직, 합판, 타이어, 비누, 시멘트, 고무신 등 경공업 위주의 노동집약적 산업이 주류를 이루고 있다.

1950년대 노동환경을 보면 총경제활동인구의 80% 정도가 농어민 종사자이며 당시 정부의 최우선 과제는 절대빈곤층 해결과 실업해소 등으로 집약할 수 있다. 하지만 인구의 높은 증가율과 도시화의 가속화, 실업급증 등으로 인해 전후에도 노동환경의 악순환은 호전되지 않았다.

주목되는 것은 1950년대 초중반부터 우리나라의 산업근대화와 직업변천사에 큰 영향을 미친 기업들의 출현이 잇따르면서 고용환경변화와 노동환경개선에 크게 기여했다는 점이다. 당시 출현한 대표적인 기업으로는 대한방직, 대한제분, 동양맥주, 동양제과, 제일제당, 한국유리, 한국화약, 현대건설 등을 들 수 있다.

1950년대 후반 전쟁피해복구기에 나타난 직업세계의 추이는 소수직종이긴 하지만 전문직업들이 출현하는 양상을 보여주고 있다. 여전히 80%에 해당하는 1차 산업 종사자인 농어민과 외교관, 법관, 군인, 경찰, 교사 등의 공무원 직업 그리고 방송관계직군과 기술직 및 생산직의 공장노동자(고무·가발·섬유), 운전기사, 전차운전사, 학예관, 항공기조종사, 사서, 간호사, 은행원 그리고 지금으로서는 매우 생소한 직업인 안내보이, 연탄배달원, 숯쟁이, 굴뚝청소원, 라디오조립원, 전화교환수 등 해방 전후시기보다는 한층 전문적이고도 다양한 직군들이 직업세계 반열에 모습을 나타냈다.

2) 경제개발 · 성장기(1962~1991년)

경제개발 · 성장기(1962~1991년)는 세계경제사에 유례가 없을 만큼 고도성장을 실현한 시대였다. 개발경제의 독특한 한국적 근대화모형인 경제개발 5개년계획이 시작된 시기이자 한국의 산업근대화가 본격적으로 추진된 시대이다. 6차에 걸쳐 30년간 진행된 경제개발계획으로 한국경제사는 최빈국 지위에서 개도국으로 진입하는 전환점을 마련했다. 경제개발 · 성장기는 정부의 강력한 개발경제드라이브로 산업환경이 급변한 시기였으며 직업변천사도 근대직업에서 현대직업으로 이동하는 다양한 특성을 보여주고 있다.

1960년대 산업환경은 제1, 2차 경제개발시기(1962~1971년)에 해당된다. 경제성장을 위해 주력한 분야는 섬유, 봉제, 가발, 고무제품 등 기초산업부문이었으며 노동집약적 수출산업육성을 통한 자립경제기반 구축을 위해 전력을 기울이는 시대였다. 따라서 1960년대는 수출촉진정책에 초점을 둔 대외지향적 개발전략을 구사했다. 노동환경도 크게 개선된 시기였다. 산업근대화사업으로 인해 고용창출 측면에서 기존시대와는 크게 향상되는 결과로 나타났다. 특히 섬유, 봉제, 가발, 고무제품 등의 노동집약적 수출산업이 고용창출에 크게 기여했으며 직물, 의류, 합판, 신발, 석유 등이 성장산업을 주도했다. 전반적으로 1차 산업인 농수산업에서 2차 산업인 공업부문으로 산업노동력이 이동하는 양상을 보여주었다.

1960년대 직업현황은 방송국 개국과 더불어 매스컴관련 직업들이 출현한 시대였다. 당시 인기직업은 교수, 의사, 법관, 고급공무원, 신문기자, 방송 프로듀서, 성직자, 군장교 등이었으며 신생직업으로는 매스컴, 광고, 대중문화관련 직업인 카피라이터, 광고기획, 기자, PD, 성우, 가수, 디스크자키, MC 등이 부상했다. 이외 승무원, 영화배우, 운동선수 등도 이 시기에 출현한 직업 가운데 하나이다. 한편 1960년대 직업관은 일에 대한 헌신적인 몰입과 높은 성취지향성, 물리적 복지 등 외적 가치에 치중하는 특성을 보여주고 있다.[8)]

---

8) 김병숙(2007), 730, 746 참조

1970년대 산업환경은 제3, 4차 경제개발계획(1972~1981년)이 진행된 시기로 수출주도형 중화학공업 육성에 중점을 두었으며 기계공업분야 중심으로 산업이 개편됐다. 특히 이 시기는 자립적 경제구조의 실현과 사회간접자본의 균형적 확대가 이루어졌으며 수출입의 대상지역도 다양화되는 경향을 보여주었다. 하지만 제1, 2차 오일쇼크가 제3, 4차 경제개발계획기간에 발생하여 자원인플레이션을 치르는 어려움을 겪기도 했다. 1970년대 노동환경은 과학기술향상과 산업인력개발, 중화학공업투자로 인한 고급인력 수요증가, 높은 이직률과 부문별 노동수요급증 등 가속도가 붙은 개발경제의 특성들이 산업사회 전면에서 다양한 모습으로 표출된 시대였다.

1970년대는 산업화의 빠른 진전과 더불어 자립적 경제구조가 실현된 시대인 만큼 유망직업과 사무직관련 직업, 서비스관련 직업 등이 다양하게 출현하는 시기였으며 직업관에 있어서도 자아실현, 사회적 존경, 사회적 만족 등 내적 가치를 추구하는 특성을 보여주고 있다.

1980년대 산업환경은 제5, 6차 경제사회발전기(1982~1991년)에 해당하는 기간으로 지식 · 정보집약적 산업개발시대였다. 경제안정기반 구축이 어느 정도 이루어진 1980년대의 한국경제 기조는 선진국형 공업화지향과 비교우위산업의 육성, 대외개방의 적극화 등 기술집약적 산업시대가 요구하는 다양한 특성을 보여주고 있다. 1980년대의 노동환경은 경제민주화와 노사분규, 임금상승, 노동경쟁력 약화 등으로 집약되는 매우 어려운 시기였다. 특히 정부의 대학졸업정원제 실시로 인해 고학력 노동인력의 과잉공급현상이 초래되어 대졸 실업사태가 사회문제로 비화되는 악재를 불러오기도 했다(정구현 외, 2008).

1980년대 직업환경은 성장직업과 신생직업이 다수 출현한 시대였다. 먼저 성장직업으로는 워드프로세서조작원, 컴퓨터프로그래머, 컴퓨터조립원 등 컴퓨터관련 직업이 많았으며 신생직업으로는 컬러TV 개막과 프로야구 출범으로 인한 매스컴 및 스포츠관련 직종들이 상당수 나타났다. 직업의 성향도 전통적 직업에서 탈피하여 첨단산업 및 기술집약적 산업과 관련된 다양한 직업

표 9-4 경제개발 · 성장기(1962~1991년)의 직업사 전개과정과 특징

구분	1960년대	1970년대	1980년대
산업환경	• 제1, 2차 경제개발기 • 기초산업부문 위주로 재편 • 노동집약적 수출산업육성 • 자립경제 위한 기반 구축 • 수출촉진전략 시행 • 대외지향적 개발전략 • 개발 인플레이션시대	• 제3, 4차 경제개발기 • 수출주도형 중화학공업 육성 • 기계공업분야 중심 산업 개편 • 자립적 경제구조 실현 • 사회간접자본의 균형적 확대 • 수출입대상 지역의 다양화 • 자원 인플레이션시대	• 제5, 6차 경제사회발전기 • 선진국형 공업화지향 • 지식/정보집약산업개발 • 경제안정기반 구축 • 비교우위산업의 육성 • 대외개방의 적극화 • 부동산 인플레이션시대
노동환경	• 노동집약적 수출산업의 고용창출(섬유, 전자 등) • 성장산업: 직물, 의류, 합판, 신발, 석유 등이 주도 • 노동집약적 산업: 섬유, 봉제, 가발, 고무제품 등의 기능공, 건설산업의 기술자, 기능공 등의 고용창출 신장 • 농업에서 근대적 공업부문으로 노동력 이동	• 과학기술향상과 산업인력개발 • 중화학공업 투자로 인한 고급 인력수요 증가 • 성장산업: 석유화학, 합성섬유, 전자, 철강, 조선, 기계 등이 주도 • 1970년 전반은 노동집약적 경공업에 적절한 인력수요 급증 • 1970년대 후반 자본집약적 중화학공업에 적절한 인력수요 급증 • 부문별 노동수요 급증, 높은 이직률	• 기술집약적 산업시대, 기술인력양성 주력 • 1987년 경제민주화, 노사분규, 임금인상 가속화(노동경쟁력 약화) • 대학졸업정원제 실시(대학입학정원증가로 고학력화 및 대졸 노동인력 과잉공급현상) • 서울올림픽 고용창출 미흡 및 외국사 국내투자(유치) 저조
직업현황	〈1960년대 인기직업/신생직업〉 • 인기직업: 국회의원, 의사, 교수, 법관, 고급공무원, 신문기자, 방송 프로듀서, 성직자, 군장교 등 • 신생직업: 매스컴, 광고, 대중문화관련 직업 태동(카피라이터, 광고기획, 기자, PD, 영화배우, 성우,	〈1970년대 유망직업 및 성장직업〉 • 보건관련 직업: 의사, 약사, 간호원, 의료기사, 영양사 등 • 교육관련 직업: 교사, 교수 등 • 사무직관련 직업: 공무원, 속기사, 타자원, 프로그래머, 오퍼레이터, 천공	〈1980년대 성장직업/신생직업〉 • 성장직업: 워드프로세서 조작원, 컴퓨터프로그래머, 반도체제조원, 증권사 직원, 백댄서, 컴퓨터조립원, 연예인, 광고기획가, 카피라이터, 프로듀서, 통역사, 속기사, 운동선수 등

	가수, 디스크자키, MC), 승무원, 운동선수 등 • 저학력여성 노동집약적 산업 종사: 미숙련, 저임금직종 직업들	원, 전화교환원, 무선통신사 등 • 판매종사 직업: 도소매업 판매원, 외판원, 모델 등 • 서비스직관련 직업: 조리사, 바텐더, 웨이터, 이용사, 미용사 등(기타 직업: 무대장사, 소방원, 교도관, 안내원 등)	• 신생직업: 컬러TV시대, 1982년 프로야구 개막, 1986년 아시안게임, 1988년 올림픽 등 매스컴/스포츠분야 직종
참고	• 일에 대한 헌신적인 몰입과 높은 성취지향성 • 1960년대 직업관: 물리적 복지, 사회적 만족, 안전 등의 순으로 외적 가치에 치중	• 1970년대 직업관: 자아실현, 존경, 사회적 만족, 물리적 복지 순서로 내적 가치추구로 전환 • 1970년대 중동 해외건설 취업 붐 • 기술관련 직업의 생성이 진일보하는 전환점시대	• 직업성향: 첨단산업 및 기술집약적 산업시대 개막(전통적 직업 탈피, 이공분야 관련직업 부상) • 1980년대 직업의 다양성 구축시대 돌입

주: 부록 1. 대면인터뷰 ①, ②, ③, 부록 2. 현장탐사 ① 및 참고문헌을 참조해서 저자가 재구성

들이 출현했으며 특히 이공계열관련 직업의 약진이 두드러졌다. 한편 해방·격동기의 산업별 취업자 구성비를 보면 경공업 취업자 비중은 1960년 71.8%에서 1970년 65.4%로 감소했으나 중화학공업은 1960~1970년 동안 제조업 평균 증가율이 11.7%를 보일 만큼 크게 신장되었다. 또한 1980년대의 취업구조의 변화를 보면 농수산업에 종사한 취업자 수는 1975년 전체 인구의 45.7%에서 1985년 24.9%, 1989년 19.5%로 점차 감소하는 추세를 보여주고 있다.

3) 전환기(1992~2009년)

전환기(1992~2009년)의 산업환경은 민주화·개방화·디지털화를 통한 선진국사회로 진입하는 시대였다. 6.29선언으로 본격화된 민주화는 정치·경제·사회 등 각 분야에 걸쳐 한국사회를 움직이는 역량이 되었으며 1990년대 이후 강력히 지향해온 개방화와 디지털화는 한국사회를 선진국 반열에 올려놓는 기반 역할을 했다. 1990년대 산업환경은 정보통신기술이 전 산업의 인

프라 역할을 하는 시대였다. 한국산업사회가 아날로그시대를 넘어 디지털화 사회로 변할 수 있었던 요인도 정보통신기술에 힘입은 바 크다. 산업구조에도 많은 변화가 일어났다. 1980년대의 중화학공업에서 1990년대는 정보통신, 반도체, 전자, 기계, 자동차, 철강, 조선 등이 한국경제의 중심산업으로 부상했다.

표 9-5 전환기(1992~2009년)의 직업사 전개과정과 특징

구분	1990년대	2000년대	2010년대(예측/전망)
산업환경	• 민주화, 개방화, 디지털화기 • 본격적인 개방정책(개방화)과 산업고도화 실현 • OECD 가입, IMF사태 발발 • 정보통신, 반도체, 전자, 기계, 자동차, 철강, 조선 등 한국경제의 중심산업으로 부상	• 반도체, LCD, 휴대폰, 자동차, 철강재, 선박 등 세계적인 경쟁력 확보 • 디지털경제화(컴퓨터 · 반도체 · 통신 중심)의 진전에 따른 정보통신기술산업 성장, GNI 2만 달러 시대 • 지식기반서비스업 성장, 관련 전문직과 서비스직 고용비중 증가	• 한국기업의 거대화와 초국적화 • 첨단기술분야, 선진국과 기술격차 축소 • 경제상황: 경제성장률 둔화 • 인구구조: 저출산과 고령화 • 기술변화: 산업의 서비스화 • 기업경영: 세계화와 탈국적화 • 사회문화: 양극화, 지방분권화
노동환경	• 블루라운드 출범(노동환경변화), 고임금시대 돌입/고령화, 고학력화, 여성경제활동인구 증가 • IMF 외환위기체제, 노동시장 및 직업세계 재편, 3D업종 외국노동자 유입 • 대기업 부도/해체/M&A/전기업 구조조정 착수, 대졸실업 사회문제로 부상	• 기업조직 슬림화로 고학력 노동시장 취업난 가속화 • 정부주도형 일자리창출시대(인턴 및 공공근로직 등) • 비정규직 대량양산, 고용불안정 가속화 • 고학력화, 여성경제활동인구 급증, 고령인구 급증 • 국내외 경기침체 장기화, 고용창출 저하(실업대란)	• 창의적 지식이 기업의 성패 좌우, 우수인재 유치쟁탈전 치열 • 능력과 성과에 상응하는 보상시스템 구축(기업 내 성과급제 확산) • 조직 내 인력의 다양성 확대로 다양한 형태의 고용 • 집단 · 연공중심에서 개인 · 성과중심 인적자원관리, 사람중심에서 일 중심체제로 전환

직업현황	〈1990년대 유망직업 및 성장직업〉 • 유망직업: 외환딜러, 선물거래사, 펀드매니저, 웹마스터, 웹디자이너, 인터넷방송기획자, 전자상거래전문가, 벤처기업가 등 • 신생직업: 반도체, 정보통신, 금융관련 신생직업 부상 • 급성장산업: 선진국 간 첨단(신소재, 정보, 생명공학산업 등)기술 경쟁 본격화	〈2000년대 직업현황〉 공무원, 공기업, 국제금융, 은행, 유통, 서비스, 반도체, 컴퓨터, 정보통신, 환경공학, 생명공학, 항공우주, 레저환경, 지식경영 등의 업종 및 직군계열 직업 부상(통신네트워크전문가, E-Solution 전문가, 국제공인회계사, 국제회의전문가, 유전자감식전문가, 환경전문가 등)	〈2010년대 유망직업군〉 음식서비스, 법률/경찰/교도, 교육 및 자연과학/사회과학연구원, 보건/의료, 문화/예술/디자인, 사회복지 및 종교, 미용/숙박/여행/오락/스포츠, 영업 및 판매, 운전 및 운송, 경비 및 청소 등의 직업군 ※ 직업능력개발원(2009.1) 직업전망보고서(표 6 참조)
참고	• 전문직종시대 개막 및 본격화, IT혁명(정보통신관련 직업 급부상) • 금융권(증권분야) 파생직업 생성(인기직업 부상) • 직업문화 대변혁(IMF사태)	• 평생직장 붕괴, 평생직업 개념 정립 • 직업전문화현상으로 전문직 급부상 • 안정직장 및 안정직업 선호(고용 불안정시대) • 노동시장 유연화정책(비정규직문제 대두)	• 전통적 분야의 전문직보다는 새로운 서비스분야의 전문직 부상 • 일과 삶(개인생활)을 동시에 만족시키는 직장개념 확산 • 세계화/정보화/기술혁신에 따른 직업구조변화(전문기술직 수요증가)

주: 부록 1. 대면인터뷰 ①, ②, ③, 부록 2. 현장탐사 ① 및 참고문헌을 참조해서 저자가 재구성

1990년대는 노동환경에도 엄청난 변화를 겪은 시대였다. 1987년 6.29선언으로 촉발된 민주화는 경제민주화로 파급되어 1990년대 전 기업의 노무관리시스템을 새로이 정립시키는 계기로 작용했다. 블루라운드 출범도 노동환경을 변화시킨 큰 요인 가운데 하나이다. 한국사회는 이를 기반으로 OECD에 가입하는 결과도 낳았지만 고임금사회와 국제경쟁력 약화라는 부(負)의 효과도 동시에 얻었다(김재원, 1996b). IMF사태도 한국의 노동환경을 크게 변화시켰다. 한국 노동시장의 대변혁을 가져온 IMF사태는 기업들의 합병(M&A)·부도·해체, 구조조정 등 대규모 실업사태를 촉발시켜 한국사회를 위기국면으로 몰아넣었다.

1990년대 직업세계는 정보통신관련 직업과 금융권 직업들이 유망직업으로 급부상했다. 웹마스터, 웹디자이너, 인터넷방송기획자, 전자상거래전문가, 벤처기업가 등이 신생직업이자 유망직업으로 떠올랐으며 외환딜러, 선물거래사, 펀드매니저 등이 금융권관련 파생직업으로 인기를 모았다. 특히 IMF사태는 한국 직업세계를 전문화시대로 진입시킨 단초 역할을 한 동시에 직업문화의 대변혁을 불러일으킨 전환점 역할을 했다.

2000년대 산업환경은 디지털경제화가 급속히 전개되는 가운데 지식기반산업들이 한국경제를 주도해나가고 있다(조은상, 2007). 반도체, LCD, 휴대폰, 자동차, 철강재, 선박 등은 세계적인 경쟁력을 확보하였으며 디지털경제화의 주역인 반도체, 정보통신산업은 한국경제의 주력업종으로 입지를 구축하고 있다. 2000년대 노동환경은 일자리창출에 국가의 힘이 모아지고 있다. 국내외 경기침체로 인한 기업조직의 슬림화 속에 정부주도형 일자리창출사업이 인턴 및 공공근로직 등으로 폭넓게 전개되고 있다. 최근 한국 노동시장의 특징은 비정규직 대량양산에 따른 근로자의 고용불안정 증대와 고학력화, 고령화, 여성경제활동인구 증가 등의 선진국 패턴들이 확연히 모습을 나타내고 있다.

2000년대 직업세계는 고용안정직업과 지식기반직업들이 눈에 띄게 부상하고 있다. 공무원, 공기업, 국제금융, 은행, 유통, 서비스, 반도체, 컴퓨터, 정보통신, 환경공학, 생명공학, 항공우주, 레저환경, 지식경영 등의 업종과 직군들이 직업세계를 주도해나가고 있다. 2000년대는 직업관 형성에도 큰 변화가 나타나고 있다. 평생직장에 대한 신념이 붕괴된 지 오래 되었으며 평생직업에 대한 개념이 새로이 정립되었다. 특히 고용불안정시대를 맞아 모든 직업인들이 안정직장과 안정직업을 선호하는 경향이 뚜렷한 가운데 직업전문화 현상으로 인해 전문직직업들이 인기직업으로 떠오르고 있다.

2010년대의 산업환경을 예측해보면 경제성장률의 둔화와 저출산 · 고령화, 산업의 서비스화 등이 가속화되는 가운데 기업경영에서는 세계화와 탈국적화가 급속히 이루어질 것으로 전망된다.[9] 노동환경 측면에서는 창의적 지식

표 9-6 2020년대 한국 유망직업군 순위

2020년대 순위	2020년대 유망직업군	직업	2009년 현재 순위
1	음식서비스	주방장, 조리사, 바텐더 등	5
2	법률 · 경찰 · 교도	판검사, 변호사, 변리사 등	1
3	교육 및 자연과학 · 사회과학연구	대학교수, 연구원 등	3
4	보건 · 의료	의사, 한의사, 약사 등	2
5	문화 · 예술 · 디자인	작가, 학예사, 가수 등	4
6	사회복지 및 종교	사회복지사, 상담전문가, 직업상담사 등	6
7	미용 · 숙박 · 여행 · 오락 · 스포츠	미용사, 메이크업아티스트, 운동선수 등	7
8	영업 및 판매	영업원, 계산원 등	8
9	운전 및 운송	선장, 조종사, 기사 등	9
10	경비 및 청소	청원경찰, 경비, 건물관리인 등	10

출처: 한국직업능력개발원(2009), '직업전망 지표 개발' 보고서

이 기업의 성패를 좌우하는 만큼 기업들의 우수인제 유치쟁탈전이 치열할 것으로 예측되며 아울러 조직 내 인력의 다양성 확대로 다양한 형태의 고용이 이루어질 전망이다. 한국직업능력개발원이 직업전망보고서를 통해 발표한 2020년대의 유망직업군은 [표 9-6]과 같이 나타나고 있다. 2010년대의 직업관은 전통적 분야의 전문직업보다는 새로운 서비스분야의 전문직이 부상할 전망이며 일과 삶을 동시에 만족시키는 직장개념이 확산될 것으로 보인다.

특히 [표 9-6]을 분석해보면 향후 유망직업은 인간의 삶과 생활에 직접적으로 영향을 미치는 직업들이 크게 부상할 전망이다. 2009년 현재 유망직업 1위인 법조관련 직업들이 10년 뒤인 2020년에는 음식서비스관련 직업에 수위자리를 넘겨주며 동시에 교육과 보건, 예술, 사회복지, 종교, 오락, 스포츠관련 직업들이 유망직업으로 떠오르는 현상은 직업의 세계가 전통적인 전문

9) 출처: 정구현 외(2008), 295 참조.

직에서 인간복지와 직결되는 직업으로 급격히 선회하고 있다는 것을 보여주는 단적인 지표가 아닐 수 없다.

한편 전환기의 노동시장현황을 살펴보면 IMF체제 시점인 1998년의 연평균 실업자 수는 146만 3,000명, 실업률은 6.8%로 100만 명 이상의 실업자 수를 기록하고 있다. 고용구조적인 측면에서 볼 때 제조업의 취업자가 차지하는 비중은 1997년 21.3%에서 2010년에는 20.4%로 감소하는 반면, 서비스업의 고용 비중은 1997년 67.6%에서 2010년에는 73.3%에 이를 것으로 예측되고 있다(김병숙, 2007).

2. 시대별 직업사 특성 비교분석

한국 직업세계의 변천과정은 시대적인 산업환경에 의해 지배되어온 성격이 강하다. 해방 이후 직업사의 전개과정을 보면 전환기적 역할을 한 정치·경제적인 요인에 의해 큰 영향을 받았다. 1940년대는 해방과 남북분단, 1950년대는 6.25동란과 원조경제체제, 1960년대는 산업근대화를 위한 경제개발 5개년계획, 1970년대는 자립경제구현을 위한 수출주도형 중화학공업육성, 1980년대는 민주화, 개방화, 88올림픽, 1990년대는 블루라운드 출범[10)]과 OECD 가입, IMF사태, 2000년대는 평생직장 붕괴와 평생직업 정립, 실업대란과 고용불안정시대, 비정규직의 사회문제화 등 해방 이후부터 최근까지 전환기적 사건들이 직업환경의 변화에 직접적인 영향을 미쳤다(김재원, 1996a).

특히 2007년 미국에서 발발한 서브프라임 모기지(subprime mortgage)사태는 국제금융시장에 신용경색과 경제위기를 초래하였으며 이는 우리나라 기업환경과 노동환경에도 큰 악재로 작용하였다. 국내 기업환경이 위축되고 기

10) 1994년 국제노동기구(ILO)는 국가 간의 통상문제에 노동기준과 무역을 연계시켜 각국의 근로조건을 국제적으로 표준화했다. 이는 국제노동시장의 환경변화를 주도했지만 개발도상국들의 노동경쟁력을 약화시키는 결과를 초래하였다.

표 9-7 한국 직업변천사 시대별 특성 비교분석

구분		산업 특성	주요 업종	직업 특성	대표 직업
해방·격동기	1940년대	사회적/정치적 혼란기(과도기)	1차 산업중심(80%)	농어민 주류시대	80% 농어민+일부 전문직 및 서비스직(금융인, 영화인, 신문기자, 사진촬영사, 출판인, 기술자, 사무직 등)
	1950년대	산업기반 시설 폐허기/재건기	1차 산업중심(80%)	농어민 주류시대	80% 농어민+물장수, 얼음장수, 전차운전사, 은행원, 교사, 전화교환수, 군인, 경찰, 단순노무자, 간호사, 숯쟁이, 굴뚝청소원, 라디오조립원 등
경제개발·성장기	1960년대	경제도약기/산업근대화 착수기	노동집약적 경공업중심 수출산업	기능공, 공장노동자시대	전기전자기술자, 섬유/신발기능공, 사무직종사자, 스튜어디스, 은행원, 공무원, 탤런트, TV조립원 등
	1970년대	산업화 진전기/육성기	수출주도형 중화학공업 육성	건설노동자, 은행원 시대	공작기계제조원, 건설현장노동자, 대기업직원, 금융권종사자, 중장비엔지니어, 버스안내양
	1980년대	첨단산업 및 서비스산업 태동기	증권, 보험, 유통, 스포츠	화이트칼라, 유통업 시대	컴퓨터관련 직업, 반도체기술자, 광고관련 직업, 프로듀서, 증권사직원, 속기사, 운동선수 등
	1990년대	문화산업진전기/육성기	반도체, 정보통신, 방송	전문직종 시대	금융관련 직업, 웹마스터, 웹디자이너, 인터넷방송기획자, 전자상거래전문가, 벤처기업 등
전환기	2000년대	첨단산업/레저환경 산업발전기	항공우주, 의료, 국제금융	디지털·글로벌 전문가시대	통신네트워크전문가, E-Solution 전문가, 국제공인회계사, 국제회의전문가, 유전자감식전문가, 환경전문가 등
	2010년대(전망)	인간중심 산업발전기	사회복지, 첨단의료, 레저관광	인간관리, 복지전문가시대	개인금융자산관리, 사회복지, 레저관광, 생활컨설턴트, 국제인력관리, 글로벌 네트워킹 등

주: 부록 1. 대면인터뷰 ①, ③, 부록 2. 현장탐사 ② 및 참고문헌; 상명대학교(2009) 등을 참조해서 저자가 재구성

업들의 채용감소가 이어지는 가운데 고용불안이 심화되는 이유도 이 서브프라임 모기지사태의 영향이 직접적인 원인이 되었다.

1940~1950년대 한국사회는 정치 · 경제적으로 과도기에 속하는 시대이다. 일제경제수탈로 바닥난 민족자본, 8.15광복과 이념갈등, 폭발적인 통화팽창, 남북단절과 6.25동란으로 인한 공업자원과 공업기반 상실 등 민족자본과 민족정신이 피폐해진 혼란기였다. 농업경제가 민생물자의 주류를 담당했던 1940~1950년대는 전체 국민의 80% 정도가 농업에 종사했던 만큼 직업세계 또한 농어민 주류시대였다. 해방 전후 우리나라의 직업현황은 농경사회에서 창출된 농어민 종사자가 태반인 가운데 개항기부터 식민지시대를 거쳐 미군정시대에 이르기까지 생성된 교육, 문화, 예술, 상공인 종사자 등이 기타 직업세계의 구성원을 이루었다.

1950년대 한국사회는 6.26동란으로 인해 원조경제가 산업환경을 지배했다. 국제원조기관의 지원으로 전화복구사업과 산업재건사업에 전력을 기울였지만 여전히 한국경제의 중심업종은 농업이었다. 1940년대의 직업환경이 근대적인 농업경제의 특성을 구비한 데 반해 1950년대의 직업환경은 여전히 1차 산업 종사자가 대다수이긴 하지만 산업화의 초기단계에서 나타나는 직업들도 일부 출현했다.

1960년대는 산업근대화를 본격적으로 추진한 시기이며 노동집약적 경제개발에 박차를 가한 시대였다. 정부는 경제적 근대화사업을 위해 공업화 · 도시화 · 자립화 등에 초점을 맞추었으며 1950년대의 원조경제체제에서 탈피, 자립경제를 구축하기 위한 기반을 마련했다. 직업세계도 1950년대와는 상이한 차이를 보이고 있다. 농어민주류시대에서 산업근대화의 특성을 반영한 직업들이 다양하게 표출되었다. 산업의 이동도 눈에 띄게 나타났다. 1950년대 신발, 섬유, 면방직, 고무 등의 산업에서 1960년대는 건설, 화학, 운수, 조선 등의 산업들이 부상했다. 1970년대는 정부의 강력한 개발경제드라이브로 산업근대화가 급속히 전개된 시기였다. 산업구조도 1960년대의 노동집약적 산업에서 1970년대 중화학공업중심으로 변했다. 1960년대의 한국경제는 노동집약적 수출산업에 역점을 둔 나머지 국제시장에서 비교우위의 노동경쟁력을 확보했다. 1970년대 한국경제가 급속도로 발전할 수 있었던 이유도 노동경쟁력에 기인한 수출산업효과에 힘입은 바 크다. 1970년대 직업세계는 개발경제와 중화학공업에 주력한 나머지 제조, 건설, 기계, 엔지니어 등의 건설·공업 관련 직업들이 주류직업으로 떠올랐다(한국경영자총협회, 1996).

1980년대 한국사회는 개방화시대를 통해 선진국사회로 진입하기 위한 가교 역할을 한 시기였다. 산업환경도 아날로그시대와 디지털시대의 분기점 역할을 한 시기였으며 직업특성 또한 전문직사회로 가기 위한 기반 구축 확립에 전력한 시대였다. 1980년대는 산업고도화사회로 진입하기 위해 진통을 겪은 시대이기도 했다. 민주화, 개방화, 올림픽 등 한국 현대사에 크게 영향을 미친 사건들이 잇달아 일어났다. 산업환경도 기존시대와는 사뭇 다르게 전개되었다. 첨단산업과 서비스산업이 본격적으로 태동한 동시에 디지털사회로 진입하는 양상들이 다양한 곳에서 나타났다. 1980년대 직업환경은 첨단산업의 등장으로 나타난 컴퓨터관련 직군과 3저 호황에 탑승해 급부상한 증권관련 직업 그리고 서비스산업 출범으로 생성된 유통·서비스업 직군 등 한국 직업세계가 다양화, 세분화시대로 접어드는 전환기였다.

1990년대는 IT혁명이 한국 직업사를 새로 쓰는 시대였다. 벤처창업과 IT산업혁명, 대기업들의 집단적인 정보통신사업 진출, 반도체, 컴퓨터, IT업종의 급부상은 한국 직업세계를 첨단화·전문화하는 요인으로 작용했다. 고용환경에도 굴곡이 큰 시대였다. 블루라운드 출범과 IMF사태는 한국 직업문화를 크게 변화시켰다. 특히 IMF사태는 아날로그시대, 직업문화의 속성인 평생직장개념을 붕괴시켰다. 동시에 전 산업에 걸쳐 IT산업혁명이 파급시킨 디지털사회의 특징 가운데 하나인 평생직업개념과 전문직종시대를 확고히 정착시켰다.

2000년대는 국내외적으로 산업환경의 변화가 크게 진행되고 있는 시대이다. 1990년대 가속화된 정보통신산업은 2000년대 첨단산업시대로 진입하는 기반을 제공했으며 직업환경에 있어서도 디지털사회와 개방화시대에 부응하는 국제적인 직업들이 출현하고 있다. 2000~2010년대, 직업세계에서 나타나고 있는 공통적인 특징은 지식기반산업에 기초한 인간복지관련 첨단직종들이 부상하고 있다는 점이다. 2000년대의 항공, 우주, 유전, 환경관련 전문가와 2010년대 유망직업으로 전망되고 있는 사회 · 복지, 첨단의료, 레저 · 관광관련 전문직군들이 이를 예시해주고 있다.

Ⅳ 결론 및 제언

1. 요약 및 결론

본 장은 해방시대인 1940년대부터 최근까지 전개되어온 한국 직업변천사를 체계적으로 고찰하고 분석하는 데 그 목적을 두고 있다. 본 장의 핵심 연구대상은 한국 직업사의 전개과정을 시대별 · 산업환경별 · 직업별 · 특징별로 비교분석하는 데 있으며 이를 위해 1940년대부터 지난 70년 동안 전개되어온 한국 산업환경의 변화추이와 직업세계 간의 상호 메커니즘을 파악하기 위해 다양한 측면에서 접근을 시도했다.

한국 직업변천사는 시대별 산업환경의 변화에 따라 전개과정과 특징을 달리해왔다. 해방 · 격동기에 속하는 1940~1950년대는 전근대적인 산업환경이 직업환경을 지배해온 만큼 한국 직업세계는 농업중심의 1차 산업 종사자가 태반을 이루는 시대였다. 해방 · 격동기는 일제침탈기에 잔존했던 일부 병참관련 공업시설이 존재하기는 했지만 한국 근대화사업과는 무관하게 운영되었다. 또한 북한지역을 중심으로 일부 근대 공업시설이 형성되기도 했지만 그것마저 한국동란으로 단절되거나 전소되는 상황이 이어졌다. 이렇듯 남한사회의 직업세계는 1950년대까지 사실상 농업환경이 지배해온 전근대적인 직업사회였다.

한국의 직업세계가 현대적인 직업세계로 이동한 시기는 제3공화국 군부정부가 추진한 경제개발 5개년계획이 시작되면서부터였다. 한국 직업사는 1960년대부터 개발경제를 추진하는 과정에서 공업산업이 파생시킨 현대직업을 태동시켰다. 1960년대의 직업세계를 분석해보면 공업화 추진과정에서 발생한 노동집약적인 현대 직업군이 상당수에 달하고 있다. 당시 직업군에 붙여진 명칭으로 기능공이나 공장노동자 등을 발견할 수 있는데 이는 산업화과정에서 나타나는 일반직업의 명칭으로 해석할 수 있다. 1960년대까지의 한국 직업세계는 노동집약적인 산업에 의존했던 만큼 전문직업을 출현시킬 만큼의 역량은 부재했다.

하지만 1970년대 수출주도형 중화학공업으로 이행하면서 한국 직업세계는 현대 직업들을 본격적으로 태동시키는 현대 직업사회로 진입하는 변화과정을 거치게 된다. 1970년대 직업세계는 산업화의 육성기에 해당하는 시대였던 만큼 공업화와 관련된 상당수 직종들이 출현하였다. 특히 1950년대 태어난 상당수의 대기업들이 1970년대 제3, 4차 경제개발에 본격적으로 참여하면서 고용창출이 큰 폭으로 신장되었으며 또한 건설업체들의 중동진출 러시가 이어지면서 한국사회는 전체적으로 건설 · 토목 · 중장비 · 제조 · 사무직관련 직종에 대한 인력수요가 크게 일어났다.

1980년대 산업환경은 1990년대의 정보통신사회로 진입하기 위해 기반 구축을 하는 시대였다. 컴퓨터관련 직군들이 다수 출현했으며 유통 · 증권 · 서비스관련 화이트칼라 직업들도 새로운 직업세계의 주요 구성원으로서 이름을 올렸다. 1990년대는 디지털산업사회로 진입하는 초기시대였다. 반도체 · 정보통신관련 직종들이 전문직업시대를 열면서 한국의 직업세계는 전문직업시대로 본격적인 행보를 내딛게 된다(조은상, 2007). 2000년대의 직업환경은 지식기반산업이 전 업종을 지배하는 가운데 디지털사회를 선도하는 직업들이 급부상하고 있다. 직업세계의 특징은 컴퓨터 · 반도체 · 정보통신관련 첨단직업들이 직업세계의 주류 직군으로 급격히 성장하는 추세이다. 해방 이후 한국 직업사 70년은 이렇듯 산업환경의 메커니즘에 크게 영향을 받아왔다.

직업사의 변화과정은 산업환경의 변화추이와 깊게 연관되어 있으며 시대별로 직업변천을 가져온 배경에는 산업환경의 변화를 불러일으킨 전환기적 큰 요인들이 존재했다는 사실이다.

2. 시사점 및 제언

직업세계는 산업환경의 변화와 직업문화에 영향을 미치는 사회적인 속성에 의해 끊임없이 출몰하는 패러다임의 변화과정을 겪는다. 한국의 직업변천사도 같은 맥락에서 패러다임의 변화과정을 거쳐왔다. 해방 이후 70년간 전개되어온 한국의 직업변천사는 다음과 같은 특징과 시사점을 지니고 있다.

첫째, 한국의 직업변천사는 시대별 산업환경과 산업특성을 반영하고 있다. 해방 이후 한국의 직업사는 시대별 산업환경의 변화과정과 연계되어 출현한 관계로 각 시대의 산업특성을 고스란히 반영하고 있다. 특히 근대직업과 현대직업 속에는 이런 성향이 매우 강하게 나타나고 있다.

둘째, 한국의 직업변천사와 산업변천사 간에는 상호 유기적 관계를 형성하고 있다. 산업환경과 직업환경은 상호 유기적 관계를 맺고 있는 생물체와 같은 구조이다. 따라서 직업세계는 항상 그 시대 산업환경의 메커니즘 속에서 출몰하는 관계로 독립적인 객체로 생성되거나 존재할 수 없는 특성을 지니고 있다. 이는 산업사회의 변화에 따라 직업변화도 급속히 이루어지는 현상에서 쉽게 찾아볼 수 있다.

셋째, 한국의 직업변천사는 전환기적 사건과 요인에 따라서 양태와 특징을 달리하고 있다. 광복과 6.25동란, 경제개발 5개년계획, 6.29민주화, 개방화, 올림픽, 정보통신혁명, IMF사태 등은 한국의 직업환경과 직업세계를 급격히 변화시킨 전환기적 사건들이다. 한국 직업사 속에는 이들 전환기적 특징을 담고 있는 직업들이 시대별로 출현하는 모습을 잘 보여주고 있다.

넷째, 한국의 직업변천사는 시대별 산업구조와 고용구조를 읽을 수 있는 척도이다. 직업세계는 당대의 산업구조와 고용구조를 읽을 수 있는 바로미터이다. 해방 · 격동기에는 1차 산업종사자가 주류직업이었고 경제개발 · 성장기에는 건설 · 공업 · 제조관련 직업들이 부상했으며 전환기에는 컴퓨터 · 정보통신 · 첨단 전문직업들이 직업세계를 구성하고 있다.

다섯째, 한국의 직업변천사는 시대별 직업인들의 속성과 직업의 사회적 입지를 나타내고 있다. 한국의 직업사 속에는 직업인들의 속인적인 특성과 더불어 직업의 입지가 잘 반영되어 있다. 생성직업, 소멸직업, 부상직업, 신생직업, 인기직업, 선호직업, 유망직업 등은 이러한 직업의 입지와 속성을 보여주는 대표적인 용어라고 볼 수 있다.

본 장은 실증분석(empirical analysis)이 아닌 자료적인 접근(문헌조사)과 대면인터뷰(face to face interview), 현장탐사(field study), 서베이리서치(survey research) 등 탐색적인 연구방법이 지향하는 종합적인 연구기법을 사용했다(채서일, 1995). 따라서 가설을 근거로 현상학적인 문제를 통계적으로 검증하는 실증연구(empirical article)가 아닌 관계로 탐험연구가 수반하는 일부 문제를 안고 있는 한계점을 지니고 있다.

특히 해방 이후 시대별로 한국 직업세계에 종사했던 직업인들을 대상으로 직접 조사하지 못한 채 각종 직업정보관련 공공기관(한국직업능력개발원, 한국고용정보원 등)과 직업관련 전문가, 주요 기업 인사담당자, 대학 취업정보실소속 취업 · 직업상담실무자 등을 대상으로 간접적이고도 우회적으로 접근했다는 점을 한계사항으로 분명히 밝혀두고자 한다. 하지만 최근 국내사회와 우리 대학 및 대학생들의 최대 관심사인 직업에 관해 해방 이후 지난 70년간의 변천과정을 시대별 · 산업환경별 · 직업별 · 특징별로 비교분석을 통한 선험적인 기법으로 종합적이고도 체계적으로 고찰했다는 측면에서 연구의 의의를 두고자 한다.

참고문헌

▣ 본 장은 이종구(2008. 12), "한국 직업변천사의 시대별 특성 비교분석에 관한 탐색적 연구", 경영사학, 24(4), 79–109에 수록된 내용이다.

교육인적자원부 · 한국직업능력개발원(2003), 미래의 직업세계 2003.

김동규(2001), 남과 북의 직업, 중앙고용정보원.

김병숙(2007), 한국직업발달사, 시그마프레스.

김병진 · 김항곤 · 윤병섭 · 김훈기 · 소재진(2001), 현대사회와 직업윤리, 법문사.

김성수(1992), 한국경제의 이해, 학문사.

김성수(1996), 한국경제의 발전, 학문사.

김재원(1996a), 일과 직업의 세계, 중앙경제사.

김재원(1996b), 한국의 노동문제와 노사관계 정립방안, 한국경제연구원.

김준성(2007), 북한의 직업전망과 남북한 직업비교, 연세대학교 통일연구원.

김준성(2007), 세월따라 직업따라: 민족분단 이전 이후 남북한 직업변천사, 연세대학교 통일연구원.

동아일보(2009. 1. 5), 10년 뒤 한국 유망직업군 순위.

리크루트, 월간 리크루트, 1998년 10월호, 1999년 5월호, 2003년 5월호.

리크루트, 월간 리크루트(2003), 영화 속 직업이야기.

상명대학교(2009), 취업과 진로.

서상선(2002), 한국직업훈련제도의 발자취, 대한상공회의소.

손봉숙 · 우정자 · 이숙진(1995), 엄마의 일자리 딸의 일자리, 한국여성정치연구소.

유동현(1998), "신세대 대학생의 직업선호도 및 인지도에 관한 연구", 숭실대학교 석사학위논문, 58.

이상현(2005), "직업유사성과 직업이동 비교 연구", 중앙고용정보원 4/4분기 고용동향분석, 117.

이옥(1993), "한국 학생청소년의 직업개념인식과 직업가치 연구", 한국청소년연구, 15(34).

이윤선(2004), "금융관련 서비스업의 직업변화", 중앙고용정보원 3/4분기 연구자료, 5.

이종구 · 김호원(2008), "한국취업문화의 사적전개과정과 시대별 특성 비교분석에 관한 탐색적 연구", 기업경영연구, 15(3), 68.

이한검 · 노남섭(1996), 세계화시대의 기업문화, 형설출판사.

Job color(2001), 2001년 1월호.

정구현 외(2008), 한국의 기업경영 20년, 삼성경제연구소.

조경동(1990), 변하는 세계와 2000년대 유망직업, 나라출판사.

조기준(1985), 한국자본주의성립사론, 대왕사.
조은상(2007), 인재개발론(한국기업의 과거, 현재 및 미래), 범한.
조은상 · 김수원 · 옥준필(2008), OECD 직업교육훈련 국제비교(Ⅱ), 한국직업능력개발원.
조은상 · 이상우(2004), "시대별 환경변화의 추이에 따른 한국기업 인재상의 변화와 21세기 인적자원개발의 과제", 인력개발연구 6(1), 7.
중앙고용정보원(2004), 한국의 고용구조.
채서일(1995), 사회과학조사방법론, 학현사.
최영순(2003), 영화로 보는 직업이야기, 중앙고용정보원.
최태룡(2001), "직업 위신의 변화", 한국사회학비평, 11월 1일판, 75.
한국경영자총협회(1989), 노동경제 40년사.
한국경영자총협회(1996), 신인사 TREND 35.
한국노동연구원(1998), 21세기의 화이트칼라 유망직종 50선.
한국노동연구원(2000), 21세기형 인적자원관리, 명경사.
한국직업능력개발원(1998), 직업교육훈련 100년사.
해리 S.덴트 지음, 형선호 옮김(1996), 직업혁명, 매일경제신문사.

Bailey, J. A.(1968), "Career Development Concepts: Significance and Utility", *Personnel and Guidance Journal*, 47, 24.
Dolliver, M.(1999), "Maybe It's Not Too Late to Become a Fireman", *Adweek*, 40(36), 40.
Job Search Guide(2005–2006), "University of California · Berkeley", *Career Recruitment Media*, 50–52.
Kim Jang–Ho(2005), "New Paradigm of Human Resources Development", *Krivet*, 73–75.
Moses, B.(1999), "Career Intelligence: The 12 New Rules for Success", *The Futurist*, 33(7), 28.
Neal, D.(1999), "The Complexity of Job Mobility among Young Men", *Journal of Labor Economics*, 17(2), 237.

부록

■ 본 장의 탐색적인 연구방법은 아래와 같이 6하 원칙에 의해 기재하였다.

1 대면인터뷰

① 한국직업능력개발원(연구위원), 본 연구관련 경희대학교 방문 대면인터뷰 이종구, 2009. 6. 29, 경희대 직업상담실, 한국 직업변천사 연구, 한국 직업변천사의 전개과정에 대한 논의, 연구논문 대면인터뷰 차원

② 한국고용정보원(연구위원), 본 연구관련 경희대학교 방문 대면인터뷰 이종구, 2009. 6. 16/7. 30, 경희대 직업상담실, 한국 직업변천사 연구, 전개과정에 대한 논의, 연구논문 대면인터뷰 차원

③ 한국여성정책연구원(연구위원), 본 연구관련 한국여성정책연구원/롯데호텔(36층) 버클리룸(100대 기업·기관 인사담당자 및 전문가 초청 산학의 역할 포럼) 대면인터뷰 이종구, 2009. 1. 29/4. 17, 한국여성정책연구원 및 롯데호텔(36층)버클리룸, 한국 직업변천사 연구, 한국 직업변천사의 전개과정에 대한 논의, 연구논문 대면인터뷰 차원

④ '한국 HR-PA(인사담당자 클럽)' 소속 인사담당자(연구자는 '한국 HR-PA' 회원임), 하계 취업특강(직종교육실무론) 경희대학교 방문 대면인터뷰 이종구, 2009. 6. 1~7. 10, 경희대학교 직업상담실, 한국 직업변천사 연구, 한국 직업변천사의 전개과정에 대한 논의, 연구논문 대면인터뷰 차원

2 현장탐사

① 이종구, 2009. 4. 1~7. 20, 한국직업능력개발원, 한국고용정보원, 한국기업경영종합연구원, 한국여성정책연구원, 경희대학교 중앙도서관 등, 한국 직업변천사 연구, 한국 직업변천사의 전개과정에 대한 논의, 연구논문 자료수집 위한 현장탐사차원

② 이종구, 2009. 4. 1~8. 14, '한국 HR-PA(인사담당자 클럽: 연구자는 '한국 HR-PA'회원임)' 소속기업 인사부(대기업 5개사 및 외국사 3개사), 한국 직업

변천사 연구, 한국 직업변천사의 전개과정에 대한 논의, 연구논문 대면인터뷰 차원

3 서베이리서치

① 이종구, 2007. 9. 1~9. 30, "전국 대학교 취업실(과)장 협의회 회원교 185개 대학 대상 e-mail 조사(on-line상에서 실시)", 국제지역연구(국내 대학 취업 진로기구 선진모형 연구), 국내 대학의 취업/진로/직업기구 인프라 현황분석을 위한 서베이리서치 실시, 조사내용 가운데 본 연구와 관련된 취업문화 부분만 발췌함

※ 직업문화조사: ①번 연구차원에서 기업선호도 및 직업선호도조사를 실시했으며 이를 통해 구직자들의 일에 대한 가치관과 신념을 엿볼 수 있는 직업문화를 조사함

② 이종구, 2009. 1. 2~4. 20, 경희대 채용상담실, 기업경영연구(한국 취업문화에 삼성이 미친 영향 및 기여도 연구), 캠퍼스 리크루터(인사담당자)대상 서베이리서치 실시, 조사내용 가운데 본 연구와 관련된 직업문화 부분만 발췌함.

※ 직업문화조사: ②번 연구차원에서 직업관정립, 직업정신정립, 우열직장관조성, 대기업선호현상, 기업이미지 형성 등을 조사함

CHAPTER

10

삼성 공채 50년 전개과정과 한국 취업문화 기여도분석

– 취업문화(공채문화 · 진로문화 · 직업문화)중심으로 –

핵심 요약

본 장은 삼성 공채사 50년에 대한 시대적인 전개과정과 특징 및 한국 취업문화에 공헌한 기여도분석에 관한 논문이다. 한국 공채사를 주도해온 삼성은 취업문화의 하위요소인 공채문화(기업), 진로문화(대학), 직업문화(대학생) 등에 걸쳐 직접적인 기여를 해온 것으로 분석되었다. 삼성 공채사의 전개과정은 산업환경 및 취업환경의 변화와 맞물려 도입·조정기, 발전기, 전환기로 구분되며 모두 네 번의 채용개혁을 단행했다.

삼성 공채사의 전개과정과 특징을 요약하면 다음과 같다. 도입·조정기(1957~1994년)는 삼성 공채문화가 형성되는 시기이자, 한국 취업문화의 구성요소 태동에 영향을 미치는 시대였다. 발전기(1995~2001년)는 한국 취업문화의 본체를 구성하는 하위문화요소들을 본격적으로 출범시키는 시대였다. 전환기(2002~2009년)는 글로벌 인재육성과 글로벌 기업실현을 위해 종합적인 인재평가에 주력하는 시대였다.

삼성 공채사가 한국 취업문화에 공헌한 기여점과 시사점을 집약하면 다음과 같다. 첫째, 한국 기업사회의 공채문화를 선도하고 주도했다는 점이다. 둘째, 대학사회에 취업진로교육의 중요성 인식에 직접적으로 기여했다. 셋째, 인재제일주의 공채·기업문화로 초일류기업을 실현했다는 점이다. 넷째, 기업사회 내 기업이미지 조성환경에 선구자적인 역할을 했다. 다섯째, 대학사회에 대기업 일변도의 취업의식조성에 영향을 미쳤다. 본 장은 선행연구가 취약한 상황에서 삼성 공채사의 전개과정과 특징 및 한국 취업문화에 공헌한 기여도에 관해 선험적인 기법을 통하여 체계적으로 접근·분석했다는 측면에서 연구의 의의를 두고자 한다.

I 문제제기 및 연구목적

1. 연구배경 및 목적

한국 기업의 공채사는 50여 년의 역사를 갖고 있으며 취업문화적인 개념은 1980년대부터 우리 사회의 새로운 패러다임으로 정립이 되어왔다. 해방 전후부터 최근까지 한국의 공채사는 산업사의 모습을 반영하는 자화상이자 직업세계의 단면을 엿볼 수 있는 척도였다. 이는 취업문화의 영역 속에 공채문화와 직업문화 그리고 진로문화 등이 구성요소를 이루고 있으며 세 가지 구성요소는 다시 산업사의 전개과정을 투영해주는 잣대 역할을 하기 때문이다([그림 10-1] 참조).

한국 공채사에 대한 연구는 다양한 측면에서 의미를 갖는다. 산업사의 큰 변혁기에 맞춰 기업공채가 개혁을 단행했으며 공채문화의 변화는 대학의 진로문화와 대학생의 직업문화 등에 직접적으로 영향을 미친 가운데 이는 곧 취업문화의 발전으로 이어졌다. 따라서 취업문화를 조명하면 그 시대의 하위 취업문화인 공채문화와 진로문화 및 직업문화를 동시에 접근할 수 있다. 이런 측면에서 한국 취업문화를 주도해온 삼성의 공채사를 연구한다는 것은 한국 취업문화의 전면에 접근할 수 있는 방법이자, 취업문화를 체계적으로 정립시킬 수 있는 계기가 될 것이다.

한국의 취업문화는 엄격히 말해 1980년대부터 형성되었다. 물론 지난 1957년에 삼성물산공사가 국내 기업 최초로 공채를 실시하긴 했지만 문화적인 관점에서 접근하기에는 여러모로 무리가 따른다. 공채가 취업문화의 하위 구성요소가 되기 위해서는 일정한 행동규범과 가치의식 및 제도적 특성 등을 반영해야 하기 때문이다.

그림 10-1 | 취업문화의 구성요소 및 고용환경의 구성요소1)

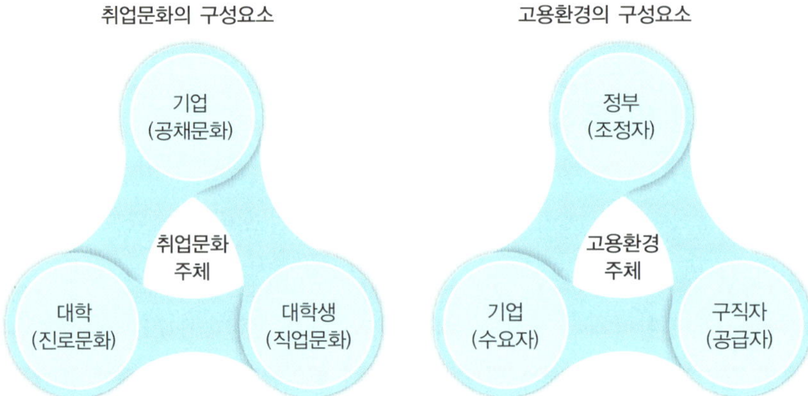

출처: 이한검·노남석(1996); 최종태(2000) 참조, 저자가 재구성

한국의 공채사는 1980년대 이전까지 단순한 직원채용에 불과했다. 1980년대 이후부터 취업문화를 형성하는 각종 하위문화요소들이 공채환경에서 본격적으로 태동하기 시작했다. 먼저 행동규범적인 측면에서 다양한 행태(대학 내 취업준비를 위한 각종 스터디 출범, 취업정보실 및 학생생활연구소 탄생, 취업상담교수제 및 기업·직업선호도조사)들을 들 수 있다. 가치의식 측면에서는 대학생들 사이에 그룹사 우위의 취업의식이 확고히 조성되었다. 특히 제도적 특성과 연결해볼 때 그룹사들의 정형화된 공채시스템의 개발은 공채문화로 접어드는 전환기 역할을 했다. 이 모든 하위 취업문화를 생성한 기업이 삼성이다. 국내 기업 최초 공채 도입, 정형화된 공채시스템 개발, 대기업 우위의 취업의식 조성 등은 하위 취업문화를 결정하는 주요 구성요소인 것이

1) 1980년대 이후 취업문화를 형성하는 구성요소들이 각 분야에서 표출되었다. 취업문화의 근간으로 채용과 연결되는 제도적 특성을 반영하고 있는 공채문화(recruiting culture), 대학생들의 행동규범과 가치의식을 직간접적으로 볼 수 있는 진로문화(career culture), 기업의 선호도와 직업의 선호도를 통해 조명되는 구직자들의 일에 대한 가치관과 신념을 엿볼 수 있는 직업문화(occupation culture) 등이 취업문화의 구성요소를 이루고 있다.

다. 본 장의 연구목적은 삼성 공채사의 전개과정과 특징을 통해 삼성의 공채문화가 한국 취업문화에 미친 다양한 하위문화를 분석하는 데 있다. 특히 본 장에서는 취업문화의 하위문화인 공채문화(기업)와 진로문화(대학), 직업문화(대학생) 등에 삼성이 미친 기여도에 관하여 국내 50대 기업 인사담당자들과 전국 대학생들을 대상으로 실태조사를 통해 이에 대한 연구결과를 도출하고자 한다.

2. 연구범위 및 체계도

본 장은 삼성 공채문화에 대한 시대적 특징과 한국 취업문화에 미친 기여도에 관해 분석하였다. 삼성은 지난 1957년 1월, 국내 기업 최초로 사원 공채를 실시한 기업이다. 이후 50년 동안 삼성은 한국 공채사의 정점에 위치했다. 한국 공채사가 삼성에서부터 접근되는 이유도 국내 기업공채의 효시이자 한국 취업문화를 주도해온 기업이기 때문이다.

본 장은 삼성 공채의 전개과정 및 특징을 시대별로 조명한 후 삼성의 공채문화가 한국 취업문화 형성에 미친 영향 및 기여도를 체계적으로 분석하는 데 있다. 한국의 취업문화는 1980년대부터 생성되었다. 1980년대는 취업문화를 형성하는 행동규범과 가치의식, 제도적 특성 등 취업문화적인 태동요소들이 본격적으로 출현한 시기이다.[2] 본 장의 연구범위와 체계도는 다음과 같다.

먼저 삼성 공채의 전개과정을 최초 공채 도입기인 1957년부터 접근하여 도

2) 본 장의 연구체계도의 '취업문화 환경분석'에 있어 공채환경을 1980년대부터 조명한 이유는 한국 취업문화가 형성된 시기가 1980년대부터라는 관점이 기존연구(이종구 · 김호원(2008), "한국 취업문화의 사적 전개과정과 시대별 특성 비교분석에 관한 탐색적 연구", 기업경영연구)를 통해 이미 입증되었으며 이때부터 취업진로관련 행동규범과 가치의식, 제도적 특성 등 취업문화의 성격을 형성하는 다양한 하위문화요소들이 각 분야에서 본격적으로 출현하기 시작했다. 따라서 본 장에서는 취업문화적인 관점에서 공채환경을 분석한 만큼 1980년대부터 접근한 것이다.

입기 · 조정기, 발전기, 전환기 등으로 나눠 최근인 2009년 4월까지 그 특징을 분석했다. 전개과정의 시대적인 구분은 삼성 공채제도의 개혁 시점과 국내 산업사의 전환기적 분기점을 동시에 고려해서 정했다. 취업문화 기여도분석에서는 취업문화가 채용문화(기업) · 진로문화(대학) · 직업문화(대학생) 등에 기인되어 형성되는 만큼 각 분야에 대한 실태조사를 통해 접근했으며 또한 취업문화에 대한 시대적인 환경분석은 취업문화가 1980년대부터 형성된 만큼 1980년대부터 고찰했다. 실태조사의 대상은 50대 기업에 재직 중인 인사담당자들(50명)과 전국 6개 지역에 분포한 300명의 대학생들을 표본으로 삼았다. 본 장 연구의 접근기법은 선행연구가 매우 취약한 상황에서 선험적인 접근을 통해 시도한 만큼 탐색적인 연구방법(exploratory study)을 사용했다. 본 장 연구의 구성 및 체계도는 [그림 10-2]와 같다.

그림 10-2 | 삼성 공채 연구구성 및 체계도(1980~2000년대)

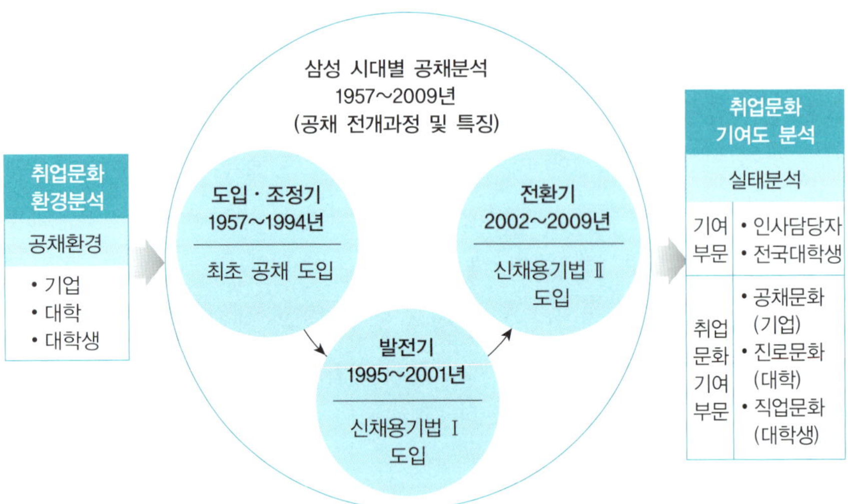

Ⅱ 한국 공채 및 취업문화 사적 고찰

1. 공채역사 고찰

직업사 속에는 산업사회의 변화과정과 직업인을 생성하는 속성과 제도가 내재되어 있다. 따라서 공채사를 연구하기 위해서는 산업화의 척도인 직업사를 반드시 조명하는 가운데 접근이 되어야 한다. 우리나라 최초의 임금근로자가 등장한 시기는 일제시대 때 부두노동자인 것으로 알려지고 있다. 일제하의 직업사는 농업인과 수업인을 포함, 일제가 운영하던 일부 공업인이 직업세계를 차지하던 주요 구성원들이었다.

1920년대 대학생의 취업실태를 보면 세브란스의전 및 이화여전 졸업생은 대부분 취업을 했고 연희 및 보성전문대는 65%가량만이 취업을 했다. 당시에도 대학 간의 차별이 있어서 경성전문 등 관공립전문학교는 정부의 정책적인 배려로 취업이 무난했다. 특이한 것은 이 시대에도 경성직업소개소와 평양직업소개소가 있어서 구인 · 구직활동이 이루어지고 있었다는 점이다.

조선총독부에 따르면 1944년 남북한의 인구는 2,590만 명으로 이 가운데 한국인 경제활동인구는 660만 명이었다. 이들 대부분은 생계유지를 위해 수공업에 종사한 자생적인 경제인들이었다.[3] 해방을 전후하여 남북한사회에서 최고의 인기직업은 관공서 직원과 은행원, 교육인과 언론종사자, 운송관련사업자, 일부 기업 샐러리맨 등을 꼽을 수 있다. 하지만 이들은 국내 전문대학을 나왔거나 일본유학 혹은 일류관립학교 등을 졸업한 후 조선총독부가 실시하는 시험에 합격을 해야만 관료직사회로 진입이 가능했다. 당시 관리직과 전문기술직은 불과 0.53%인 3만5천여 명에 불과했으며 나머지 95%는 단순노동자였다. 일본은 조선인의 노동력 착취를 위해 단순 기술노동직의 경우

3) Job color(2001), 20세기 취업문화 100년을 되돌아본다, p.14 참조.

조선인, 조선에 있는 일본인, 일본에 있는 일본인의 임금비율을 1:4:2로 책정, 식민지 차별화정책을 실시했다. 조선인 대학출신 고급인력의 경우 일본인 대학출신과 동일임금을 지급, 민족 내 연대를 차단시키기 위하여 분할통치전략을 구사했다. 이런 관행은 '일본적 관립학교 제일주의'를 부추겨서 이 학교를 졸업할 경우 관료직에 입문할 수 있는 확실한 창구로 각광을 받았다.4)

1950년대로 접어들면서 국내 공채사는 다시 한 번 한국전쟁으로 단절의 시대를 맞이하게 된다. 해방 전후를 기점으로 근근이 일자리를 창출했던 관공서와 식민지 잔존의 공업체들이 한국전쟁으로 전소되는 상황을 맞았기 때문이다. 6.25전란 동안 우리 공채사는 일자리창출이 전무한 가운데 남한 내 44%의 산업시설이 파괴되어 127만 명의 실업자를 배출했다. 기업이 없으니 채용이 없고 채용이 없으니 직장이 없는 악순환이 이어졌다.

한국전쟁의 복구사업이 어느 정도 진행되던 1957년 1월, 삼성물산공사가 국내 기업 최초로 공채시대를 개막하게 된다. 민간기업 최초의 공채인 만큼 1천2백여 명이 지원한 가운데 최종 합격자 27명을 배출하는 사상 초유의 취업경쟁률을 보였다. 1960~70년대는 한국 경제사에 대기업들이 출현한 시대였다. 1962년 한국경제 도약기의 발판을 구축했던 경제개발 5개년계획과 1970년대 잇단 대기업의 출현은 개발경제로 가기 위한 정부의 고단수정책으로 해석할 수 있다. 삼성·현대 등 그룹사들이 모습을 갖추면서 사원공채시험도 본격적으로 시작되었다. 필기시험과 면접은 당시 사원을 채용하는 유일한 방법이자 채용제도였다. 이러한 채용패턴은 1980년대 중반까지 그대로 이어져왔다. 다만 1970년대로 넘어오면서 급증하는 취업인구를 선별채용한다는 판단에서 서류전형만 추가되었을 뿐 공채시험은 큰 변화 없이 기존틀을 유지해왔다. 1980~90년대는 대기업 공채가 그룹단위로 이루어졌다. 기업에 따라

4) 월간 리크루트(1998), pp.50-51; 월간 리크루트(1999), p.66; 월간 리크루트(2003), p.115 참조.

일부 차이는 있었지만 대부분의 그룹사들이 상하반기 정기공채로 대규모 채용을 시도했다. 인턴사원제도가 국내 사회에 첫 모습을 드러낸 시기도 1980년대부터였다. 1984년 럭키금성그룹(현, LG)이 국내 기업 최초로 이 제도를 도입한 이래 1990년대 인턴사원제는 기존 공채시험과 더불어 한국 채용제도의 핵심축으로 자리를 잡았다.

표 10-1 한국의 직업사 및 공채사 현황

구분	해방전후~ 1950년대	1960~ 1970년대	1980~1990년대	2000년대
공채사	• 1920~30년대: 경성전문 등 관공립전문학교 정책적 배려로 대부분 취업 • 해방 전: 조선총독부시험 합격자만 관료직 진출 • 1950년대: 삼성물산공사 기업 최초 공채(1957. 1)	• 1960년 한국 항공사 국내 최초 여승무원 공채 • 1960~70년대 대졸 공채 최고 경쟁직업은 은행원 및 교사, 1970년대 대기업 공채 본격화	• 1984년 LG 인턴사원제 도입 • 1994년 주요 기업 상시채용제 도입 • 1995년 삼성 열린채용선언, 대기업 직무능력검사 도입 • 1997년 IMF사태 • 1999년 신채용기법 도입	• 2002년 삼성 신면접 도입 • 2006년 후 대기업 인적성검사 다양화 및 직무역량 면접 강화 • 2008년 대기업 인턴채용 활성화 및 영어구사능력 평가 강화
직업사	• 1920~30년대: 농업인, 수업인, 일제하의 일부 공업인 • 1940~50년대: 관공서직원, 은행원, 교육인, 전화교환원, 택시기사, 버스안내양 등	• 1960년 여승무원 출현 • 1960년대 최고 인기직업: 은행원/교사 • 1970년대 주요 직업: 군인/대기업사원/엔지니어 등	• 1980년대: 증권/보험, 호텔/레저, 광고, 공무원 등 • 1990년대: 정보통신, 컴퓨터, 서비스, 레저, 금융, 공기업 등	2000년대: 공무원/공기업, 금융, 서비스, 정보통신/컴퓨터/환경공학, 생명공학 등
참고	• 해방 전후: 관공서직원과 은행원, 교사직 제외한 80~90%는 농업 · 수업인 • 1960~70년대: 개발경제시대로 본격적인 고용확대(1970년대 중동 건설분야 대량취업) • 1980년대: 노동집약적 직업에서 지식집약적 직업으로 이행 • 1990년대: 컴퓨터관련 전문직업 출현 • 2000년대: 공기업 및 공무원 등 고용안정직업 급부상			

주: 대면인터뷰(부록의 탐색연구방법 참조) 및 문헌조사(참고문헌 참조)를 통해 저자가 재구성

1990년대 한국 공채사는 대변혁을 맞이하는 전환기로 볼 수 있다. 그룹사들이 정기공채와 더불어 1994년에 상시채용제도를 도입했으며 삼성은 1995년 '열린채용'을 선언했다. 블루라운드 출범과 국제화·개방화의 파고로 인해 전사적인 기업경쟁력의 제고가 불가피했기 때문이다. 상시채용제도는 공채의 탄력성을 갖게 만들었으며 열린채용은 학력제한 철폐를 통한 우수인재 확보에 박차를 가했다. 특히 1997년의 IMF사태는 한국 취업문화에 엄청난 변화를 가져왔다. 대규모 정기공채가 사라졌으며 보통형 인재들은 취업시장에서 경쟁력을 잃게 되었다. IMF사태로 대대적인 구조조정을 거친 기업들이 새로운 사원공채제도로 신채용기법을 도입했다. 신채용기법은 소수, 수시채용과 특이형 인재선호, 낚시형 채용방식으로 압축된다.

IMF사태 이후 최근까지 한국의 공채시스템은 신채용기법이 주도해오고 있다. 2000년대 한국 공채사는 핵심역량을 지닌 인재선발에 주력하고 있다. 2002년 삼성의 면접 대변화를 기점으로 대기업들의 면접이 심층면접으로 돌아섰다. 또한 기업의 세계화·인재의 국제화에 부응하여 외국어평가 및 글로벌 비즈니스능력에 인재선발의 초점이 모아지고 있다. 특히 대기업들이 인재의 기초지식과 직무능력 및 인성분야를 종합평가하기 위해 1995년부터 도입한 종합직무능력검사도 주목할만하다.

2. 취업문화 사적 고찰

1980년대는 한국의 취업역사를 취업문화적인 관점에서 정립시킬 수 있는 다양한 요소들이 형성된 시기였다. 이를테면 취업문화[5]를 형성하는 행동규

5) 취업문화를 구성하는 요소에는 기업의 공채문화와 대학의 진로문화, 대학생의 직업문화 등이 있다. 공채문화는 취업문화의 핵심으로 채용제도와 연결되며 진로문화는 진로에 대한 대학생들의 행동규범 및 가치관을 담고 있다. 또한 구직자들의 기업 및 직업 선호도를 통해 일에 대한 신념을 엿볼 수 있는 직업문화가 있다.

범(대학 내 취업준비를 위한 각종 스터디 출범, 취업정보실 및 학생생활연구소 탄생, 취업상담교수제 도입, 기업 · 직업선호도조사 실시)과 가치의식(대기업 우위의 취업의식 조성), 제도적 특성(공채전형과 시기 등이 정형화된 모습을 갖춤) 등 문화적인 측면에서 접근할 수 있는 태동요소들이 다양한 분야에서 본격적으로 출현했다.[6]

한국의 고학력 공채문화가 경쟁적인 구도로 접어드는 환경과 요인을 제공한 시점도 1980년대였다. 그 정점에는 대학생들의 입학정원 증가를 가져온 대학졸업정원제 도입과 기업들의 신인사관리를 탄생시키는 경제민주화선언이 있었다.[7] 이러한 산업환경변화는 한국의 대학들이 취업진로기구와 진로교육분야로 눈을 돌리게 만드는 계기로 작용했으며 개발경제시대 이후 고속성장을 실현해온 그룹사들이 대학생들로부터 최고 인기직장으로 선호받는 배경이 되었다.

1980년대 취업문화는 공채문화가 진로문화와 직업문화를 주도하는 양상으로 전개되어왔다. 이는 개발도상국의 입지에서 산업구조조정과 산업고도화를 동시에 추진한 시대였던 만큼 진로문화와 직업문화보다는 '그룹사 입사가 곧 성공'이라는 공채문화 우위로 취업문화가 전개되었기 때문이다. 그룹사들은 3저 호황에 힘입어 일괄채용방식 아래 대규모 정기공채로 대졸자들을 채용했다. 필기전형의 경우 간단하게 기본지식만 평가하는 영어와 전공시험이었으며 면접방식은 기본적인 소양과 인격만 갖추면 합격시키는 일종의 통과의례수준이었다. 상하반기 정기공채를 통해 대규모 인력을 선발하던 때였던 만큼 '보통형 인재'들이 '특이형 인재'에 비해 오히려 선호받던 시대였다. 이러한 공채방식은 경제민주화와 개방정책상황에서 많은 문제점을 노출시켰다. 대규모로 채용한 인력들의 인건비는 채산성의 악화를 가져왔으며 개방화시대 환경에서 보통형 인재의 경쟁력은 기업경쟁력을 저하시키는 요인이 되었다.

6) 이종구 · 김호원(2008), p.56 참조.
7) 이종구 · 김호원(2008), p.69 참조.

표 10-2 한국의 시대별 공채환경분석(1980~2009년)

<table>
<tr><th colspan="6">1980년대 취업환경</th></tr>
<tr><td colspan="6">• 대학졸업정원제 실시(입학정원 증가)
• 국내외 경기침체, 대졸 취업환경 악화
• 경제민주화, 노사분규, 임금인상 가속화, 노동경쟁력 약화
• 서울올림픽, 고용창출 미흡 및 외국사 국내 투자(유치) 저조</td></tr>
<tr><th colspan="2">공채문화(기업)</th><th colspan="2">진로문화(대학)</th><th colspan="2">직업문화(대학생)</th></tr>
<tr><td>채용제도</td><td>• 대규모 정기공채
• 그룹형 채용방식
• 그룹 일괄공채</td><td rowspan="2">취업진로기구</td><td rowspan="2">• 학생처 소속(겸업)
• 전담 직원/부서/명칭 부재
• 아르바이트/추천지원/취업통계</td><td rowspan="2">기업선호도</td><td rowspan="2">• 산업구조 조정단계, 대기업 일변도 선호
• 공기업선호현상 부재
• 대기업, 성장성/발전성/임금·복리제도, 공기업과 차별</td></tr>
<tr><td>필기전형</td><td>• 그룹 일괄 필기시험
• 기초/기본지식 평가
• 영어/전공(상식)</td></tr>
<tr><td>면접방식</td><td>• 기본소양/인성평가
• 상식적인 보편적 사고의 소유자 선발</td><td rowspan="2">진로교육</td><td rowspan="2">• 학생생활연구소 초기형태 출현
• 기초진로상담교육
• 성격·적성검사/심리/환경/생활/진로상담 등</td><td rowspan="2">직업선호도</td><td rowspan="2">• 성장업종 위주로 선호
• 금융권/서비스직선호(증권/여가산업 종사 직군 인기직업 부상)</td></tr>
<tr><td>인재상</td><td>• 관리자형 인재
• 범인형/보통형 인재
• 합리적/희생적/책임감</td></tr>
<tr><th colspan="6">1990년대 취업환경</th></tr>
<tr><td colspan="6">• 블루라운드출범, 노동환경변화, 고임금시대 돌입, 국가경쟁력 저하, 3D업종 외국노동자 유입
• 노동인구 고령화/여성화/ 고학력화
• 노동시장 유연성결핍
• 대졸 취업시장 인력 수급불균형 심화
• IMF체제, 취업시장 및 직업문화 대변혁
• 대기업 부도/해체/M&A/빅딜 가속화
• 전 기업 구조조정 착수, 대졸 취업난 가속화</td></tr>
<tr><th colspan="2">공채문화(기업)</th><th colspan="2">진로문화(대학)</th><th colspan="2">직업문화(대학생)</th></tr>
<tr><td>채용제도</td><td>〈1999년 채용 대변화〉
• 소수, 수시채용
• 낚시형 채용방식
• 계열사별 채용</td><td rowspan="2">취업진로기구</td><td rowspan="2">• 학생처 소속, 취업 담당직원/팀/과/실체제 출현
• 인턴사원제지원/산학협력지원/모의면접/취업설명회지원</td><td rowspan="2">기업선호도</td><td rowspan="2">• 산업구조 고도화단계, 대기업 및 일부 공기업 부상(1990년대 후반)
• IMF사태로 주요 대기업 선별선호현상/대기업 일변도 선호현상 퇴조</td></tr>
<tr><td>필기시험</td><td>• 필기시험 폐지
• 신인재평가 위한 직무능력검사 도입(종합사고능력 중시)</td></tr>
</table>

<table>
<tr><td>면접방식</td><td>• 대기업 면접다양화
• 전문지식 평가
• 준비된 인재 위한 실무면접 도입</td><td rowspan="2">진로교육</td><td rowspan="2">• 학생생활연구소 업무범위 확대
• 전문상담연구원 배치
• 기존업무 및 취업/직업/학습/교육/진학상담 등</td><td rowspan="2">직업선호도</td><td rowspan="2">• IT혁명, 정보통신관련 직군 급부상
• 금융권(증권분야) 파생 직군 선호
• 1990년 말 공기업직장 부상</td></tr>
<tr><td>인재상</td><td>• 창조적인 인재상
• 특이형 인재
• 도전적/적극적/국제감각 소유자</td></tr>
<tr><td colspan="6">2000년대 취업환경</td></tr>
<tr><td colspan="6">• 저성장/고비용/저효율시대 돌입
• 평생직장 붕괴, 평생직업개념 정립
• 국내외 경기침체 장기화, 고용창출 저하
• 고학력 취업난사태, 사회문제로 비화
• 노동시장 유연화정책(비정규직법 등)</td></tr>
<tr><td colspan="2">공채문화(기업)</td><td colspan="2">진로문화(대학)</td><td colspan="2">직업문화(대학생)</td></tr>
<tr><td>채용제도</td><td>• 그룹사 해체, 계열사 독자 채용
• 인턴채용제 활성화</td><td rowspan="2">취업진로기구</td><td rowspan="2">• 전 대학 독립기구 확대, 개편/전문화/특성화지향
• 취업진로관련 인프라 구축 가속화</td><td rowspan="2">기업선호도</td><td rowspan="2">• 주요 대기업 선별선호
• 공기업 및 금융권선호
• 반도체, 철강, 조선, 은행, 보험관련 기업 선호</td></tr>
<tr><td>필기시험</td><td>• 인적성검사 확대, 강화(지식 및 인적성평가)
• 입사 당락 영향 미침</td></tr>
<tr><td>면접방식</td><td>• 직무 위주, 역량면접
• 프레젠테이션 강화
• 비즈니스스킬 평가
• 국제화마인드평가 강화(외국어구사능력)</td><td rowspan="2">진로교육</td><td rowspan="2">• 업무영역 전문화/특성화 지향
• 학생생활연구소 본연업무 및 최근 학생현실분야(진로/취업/직업/이성문제 등) 강화</td><td rowspan="2">직업선호도</td><td rowspan="2">• 평생직장 붕괴, 평생직업개념 정립/직업전문화/전문직 부상
• 안정직장/직업선호
• 반도체, 은행, 서비스, 유통, 정보통신, 환경공학, 생명공학, 지식경영직군 부상</td></tr>
<tr><td>인재상</td><td>• 전략가적 인재상
• 비즈니스지향적 인재/글로벌 인재</td></tr>
</table>

주: 대면인터뷰(부록의 탐색연구방법 참조) 및 문헌조사(참고문헌 참조); 이종구 · 김호원(2008), 15(3) 참조, 저자가 재구성

1980년대 대학의 진로문화는 매우 열악했다. 취업진로기구가 존재한 대학은 없었으며 관련 업무는 학생처 내에서 겸업형태로 처리하던 시대였다. 진로교육 또한 성격유형검사를 포함한 기초상담에 그쳤으며 직업문화에 있어서도 개발경제시대의 주역으로 급부상한 그룹사 취업이 개인 성공의 잣대로

여겨질 만큼 다양한 직업들이 부재하던 시대였다. 이처럼 1980년대 취업문화는 말 그대로 취업문화의 구성요소들이 생성하는 형성기로 볼 수 있다.

1990년대 한국의 취업문화는 블루라운드 출범과 IMF사태로 최악의 국면을 맞이하는 시대였다. 특히 국내 경제·사회에 엄청난 충격을 준 IMF사태는 공채문화와 진로문화, 직업문화 등에 걸쳐 일대 혁신을 불러일으켰다. 1990년대 말을 기점으로 기업들이 연례행사로 치러오던 대규모 정기공채를 폐지시켰으며 대학가는 취업진로기구의 확대개편과 진로교육 강화에 전력을 기울이기 시작했다. 또한 속출하는 실업사태가 사회문제로 비화되어 기업과 대학, 구직자들 사이에 직업정신 및 직장관의 중요성이 각인되고 재무장되는 시대였다.

IMF사태로 인해 기업들의 인재상변화도 눈에 띈다. 대규모 정기공채가 선호하던 범용성 보통형 인재 대신 기업경쟁력과 직결되는 특이형 인재들이 호평을 받았다. 기업들은 우수인재채용을 위해 다양한 면접방식을 도입했다. 기초인성면접은 전문지식평가로 바뀌었으며 단일면접은 복수면접형태로 복잡해졌다. 면접형태에 획기적인 변화를 준 기업은 삼성이었다. 1995년 열린채용을 선언한 삼성은 1단계 면접으로 외부 면접위원을 참여시켰다. 2단계 면접은 국내 기업 최초로 프레젠테이션면접을 도입하였다. 프레젠테이션면접은 지원자의 특성발휘가 가능한 능동적인 면접이라는 점에서 구직자들로부터 큰 반향을 일으켰다.

1990년대 대학들의 진로문화를 보면 이러한 위기의식이 취업진로기구와 진로교육 등에서 잘 나타나고 있다. 2, 3세대 취업진로기구의 출현[8)]과 학생생활연구소의 진로교육에 대한 업무확장 등은 1990년대 우리 대학들이 직면한 위기의식의 단면을 보여주는 좋은 사례이다. 대학들의 취업진로기구에도 많은 변화가 있었다. 여전히 학생처 소속이긴 해도 전담인원이 배치되었다. IMF사태 이후 취업업무만 전담하는 팀, 과, 실체제를 출범시키는 대학들도

8) 이종구·김준석·김호원(2007), p.787 참조.

상당수 나타났다. 1980년대 볼 수 없었던 인턴사원제, 모의면접, 취업설명회 등 새로운 업무도 추가되었다. 진로교육 또한 전문상담연구원이 배치되어 내실화에 주력했다.

IMF사태는 직업세계에도 새로운 문화를 불러왔다. 오랫동안 지속됐던 대기업 일변도의 선호현상에 큰 변화가 일어났다. 정보통신직군과 금융관련 파생직군들이 새로운 인기직업으로 발돋움했다. 특히 증권분야의 신직업과 그룹 계열사의 IT관련 기업들이 대학생들이 선호하는 인기직장으로 급부상했다. 1990년대 말 공기업들의 두드러진 약진은 고용안정을 희망하는 구직자들의 공통된 메시지로 보인다. 이른바 산업환경변화와 기업환경변화가 불러온 직업혁명이었다. 직업문화는 IMF사태를 계기로 직업의 중요성과 의미가 한층 더 부각되었다. '평생직장 대신 평생직업'개념이 새로이 정립되었으며 '제너럴리스트'보다는 '스페셜리스트'가 각광받는 새로운 직업사회가 열렸다.

2000년대 취업문화는 진로문화에서 많은 변화를 보여주었다. 특히 상당수의 대학들이 독립기구체제로 취업진로기구를 확대, 개편시켰다. 선진국 대학들이 1990년대 거쳐왔던 전문화 · 특성화의 초기형태도 일부 대학이긴 하지만 선을 보였다. 진로교육은 기본적인 검사에서부터 직업 · 취업 · 학습 · 경력상담 등에 이르기까지 전 분야에 걸쳐 진행되고 있다. 주목되는 현상은 취업진로기구 내에서도 상당수 진로교육 · 상담이 이루어지고 있다는 점이다. 진로교육의 근본적인 업무는 학생생활연구소가 담당하고 있지만 취업과 연관된 진로교육 · 상담은 취업진로기구에서 손을 대고 있다.

직업문화도 변화를 거듭하고 있다. 대학생들이 선호하는 기업들이 공기업, 금융권, 반도체, 조선, 철강 등으로 다양해지고 있다. 평생직장이 무너진 만큼 평생직업 쪽으로 접근하는 모습이 강하게 나타난다. 기업선호도와 직업선호도에 있어서도 전문직군선호현상이 두드러져 보인다. 대졸 입사자들의 짧은 근속년수와 잦은 이전직현상, 대규모 비정규직 출현, 기업일변도의 인턴채용문화 등은 2000년대 노동시장의 유연화정책이 낳은 하위 취업문화의 대표적인 산물로 볼 수 있다.

Ⅲ 삼성 공채의 전개과정과 특징

삼성의 공채를 시대적인 전개과정으로 보았을 때 도입 · 조정기(1957~1994년), 발전기(1995~2001년), 전환기(2002~2009년 4월 현재)로 구분할 수 있다.[9] 본 절에서는 국내 기업 최초로 사원 공개채용제도를 도입한 '삼성 공채 50년사'의 시대별 전개과정과 특징에 대해 분석해보기로 한다.

1. 도입 · 조정기(1957~1994년)

국내 기업 최초로 사원 공개채용제도를 도입한 회사는 삼성물산이다. 삼성은 지난 1957년 1월, 삼성물산공사 때부터 공채를 도입했으며 올해로 52년째를 맞이하고 있다.[10] 1950년대 말 대학 졸업생이 갈 수 있는 직장은 매우 적었다. 은행, 관공서, 삼성물산 등 극히 적은 기업체가 대졸인력을 수용하다 보니 당시 또한 고학력 노동시장의 수급불균형현상은 여전했고 대졸자들의 취업문도 지금처럼 매우 좁았다. 1950년대 말 국내 사기업체 가운데 공개채

9) 삼성 공채를 시대별로 구분하는 기준은 신채용기법을 도입한 시점이 된다. 공채방식에서 큰 변화가 없었던 도입 · 조정기(1957~1994년), 신경영선언(1994년 6월: 1단계 채용개혁) 후 열린채용(1995년 7월: 2단계 채용개혁/1999년 3월: 신채용기법 I 도입: 3단계 채용개혁)을 도입한 발전기(1995~2001년), 신입사원면접 대변화(2002년 3월: 신채용기법 II 도입: 4단계 채용개혁)를 선언한 전환기(2002~2009년 4월 현재) 등으로 구분할 수 있으며 또한 기업차원에서도 이에 대한 내용과 특징을 보도자료를 통해 언론에 공표한 바 있다.

10) 삼성 연표에는 삼성물산공사가 1957년 1월 2일 실시한 시험이 국내에서 사기업이 실시한 최초의 사원공개채용이었던 것으로 기록하고 있다. 하지만 1954년 6월, 삼성물산이 이미 4명의 대졸 신입사원을 공개채용했으며 이어 1956년에는 제일제당과 제일모직이 대졸사원 3명과 기능공을 공개채용한 경력이 있다. 하지만 1956년 11월, 삼성은 전 계열사 차원에서 공동으로 신입사원 모집(필기시험: 1957년 1월 2일)을 실시했으며 이를 두고 국내 최초 사기업 공채라고 연혁에 표기해놓고 있다.

용을 도입한 곳은 은행과 삼성물산 정도에 불과했다. 이런 이유로 인하여 졸업예정자만 되면 취업공부에만 총력을 기울이는 현재 세태와 다를 바 없는 구직경쟁이 대학가에 치열하게 전개되었다.

삼성은 삼성물산공사 때부터 인재중심의 기업경영 풍토를 조성했다. 삼성물산공사의 경영요체는 네 가지였다. 첫째는 사원의 투자 및 이익배당참여였다. 일정한 자본금의 규모를 정하지 않고 사원이면 누구나 투자를 하고 응분의 이익배당을 투자분에 비례해서 공평하게 받을 수 있도록 했다.

둘째는 자질향상의 기회부여이다. 각종 기술과 관리방식의 개발, 개선을 위해 개인이 전력투구하는 정신이었다.

셋째는 능력주의와 신상필벌의 기풍이었다. 조직 내에서 개인에 대한 평가는 학벌, 지방색, 인척관계를 떠나 오직 개인이 발휘하는 능력을 기준으로 하며 '공(功)에 대해서는 상(賞)으로, 과(過)에 대해서는 벌(罰)'로 다스리는 기풍을 확립해나갔다.

넷째는 사원의 안정된 생활보장이었다. 삼성물산은 사원이 회사에 충실할 수 있도록 경영에 지장이 없는 한 최대로 대우해서 생활에 대한 경제적 부담을 갖지 않도록 하며 급여는 업계의 최고수준을 지속적으로 유지했다. 이 같은 인재중시의 이념은 그 후에 실시된 사원공채를 비롯해 사원연수제, 인사고과제, 기술상, 공로상, 시상제 등 일련의 인사관리제도로 구체화되고 실천에 옮겨졌다. 삼성물산은 1956년 11월, 각 대학의 게시판을 통해 사원모집을 공고했다. 필기시험은 1957년 1월 2일, 서울대학교 상과대학 강의실에서 치렀다. 2천여 명이 응시한 공채에서 27명이 최종 합격했으며 면접은 반도호텔에 있는 삼성사무실에서 실시되었다.

삼성의 공채전형은 1차 필기시험, 2차 면접방식으로 치러졌다. 필기시험 과목은 영어, 한문, 상식이었고 면접은 1, 2단계로 진행되었다. 1단계 면접에서는 임원진이 주관했고 2단계 면접에서는 이병철 회장과 사장단이 건강, 활동성, 사회관과 포부 등을 심층질의하는 방식이었다. 당시 이병철 회장이 2단계 면접에서 인재를 검증하는 인성면접방식은 50여 년이 지난 지금까지도 삼성면접의 기조를 이루고 있으며 1990년 중반 이후 신채용기법 I, II가 도입된 이후에도 인재평가의 핵심도구로 투입되고 있다.

삼성물산의 1기 공채 27명은 1957년 3월 2일부터 1개월간의 연수를 받았다. 신입사원교육장은 대구 제일모직 공장에서 1개월간 실시되었다. 당시 합격생들은 생산직 사원과 함께 생활하며 사원사택에서 숙식을 했다. 연수수료 후 공채 1기생들은 서울 14명, 대구, 부산 등에 13명이 배치되었다. 당시 서울에 위치한 삼성관련 기업을 보면 삼성물산 본사와 제일제당 및 제일모직의 사무소가 있었다.

표 10-3 삼성 공채 도입·조정기(1957~1994년)의 전개현황과 특징

구분	특징	면접방식	필기방식
1957년 1월	공개채용제도 도입(국내 최초 공채), 1, 2단계 면접	• 1단계 면접: 기본인품(3명/1조 10분), 면접위원 임원급 8명 • 2단계 면접: 종합적 인물평가(인성면접), 회장/사장단(건강, 활동성, 사회관·포부 등 심층질의)	기초능력시험(영어, 한문, 상식)
1979년 10월	1, 2단계 면접(집단면접 도입)	• 1단계 면접: 기본인품(3명/1조 10분), 면접위원 임원급 6명 • 2단계 면접: 발표력, 창의력, 논리력 검증(6명/1조 30분), 임원/부장급 면접위원 • 기본인품과 논리력, 창의력, 발표력을 분리평가	기초능력시험(영어, 상식, UK)
1994년 6월	1, 2단계 면접(집단토론 도입) ※1단계 채용개혁	• 1단계 면접: 기본인품(3명/1조 10분), 면접위원 임원급 6명 • 2단계 면접: 발표력, 창의력, 논리력 검증(6명/1조 30분), 임원/부장급 면접위원	기초능력시험(영어, 상식, UK, 논술)
취업환경	▶ 1984년 럭키금성그룹 국내 최초 기업 인턴사원제 도입(1991년 대우그룹 도입) ▶ 1980~90년대 학교성적 및 필기성적 의존, 인성·적성 위주의 기본지식 및 기본소양평가(용모, 적극성, 자신감, 책임감, 성실성 등) ▶ 1991~96년 채용박람회 활성화, 1994년 주요 기업 상시채용제 도입, 1994년 대기업 면접다양화(기업국제화 맞춰 인재상·기업문화 재정립, 시대에 맞는 신면접 도입), 단일면접 주류지만 점차 복수면접 등장 〈개인–집단(토론) 또는 집단(토론)–(PT)–개인면접 등〉		

주: 대면인터뷰(부록의 탐색연구방법 참조) 및 문헌조사(참고문헌 참조)를 통해 저자가 재구성

도입 · 조정기 국면 속에서 삼성 공채 틀은 크게 두 번의 변화과정을 거쳐 왔다. 1957년 공개채용 도입 후 22년이 지난 1979년, 단일면접방식에서 탈피, 2단계 면접과정을 두면서 면접비중을 한층 높여나갔다. 지금의 기초능력시험에 해당하는 필기시험은 1957년 당시의 공채시험과 마찬가지로 이때에도 영어, 상식만 치렀다. 이후 1994년 삼성은 국내 공채 최초로 집단토론면접을 도입하면서 면접시험의 새로운 국면을 개척했다. 삼성은 1994년 필기시험과목에도 논술과목을 추가하면서 인재선발과정에 논리력을 검증하는 새로운 채용기법을 도입하기에 이른다([표 10-3] 참조). 또한 삼성은 1993년 6월, '신경영'으로 집약되는 '양경영에서 질경영으로' 경영혁신을 시도하면서 공채전형에도 시대에 부응하는 1단계 채용개혁(1994년 6월)을 단행했다. 핵심내용은 입사서류의 간소화, 사회봉사활동 가점부여, 면접 시 출신학교 · 학점 등 주관적 요인 배제로 압축된다.

2. 발전기(1995~2001년)

삼성 공채사의 발전기에는 국내외적으로 기업환경의 변화가 크게 일어났던 시기였던 만큼 이에 적응하려는 기업의 내적 움직임이 공채시스템을 통해서도 상당수 표출되고 있다. 특히 1995년 한국 고학력 취업시장에 큰 변혁을 가져왔던 '열린채용' 도입과 1997년 발생한 IMF사태는 삼성의 공채사와 한국 취업문화 전개과정에 있어 주목되는 사건으로 기록되고 있다.

삼성 공채는 조정기와 발전기에 해당되는 시기에 세 번의 채용개혁을 단행했다. 1단계 채용개혁은 1993년 6월, 삼성이 '신경영'을 선언한 직후인 1994년 6월에 실시했다. 삼성은 1단계 채용개혁을 발표하고 처음 실시한 하반기 공채에서 몇 가지 두드러진 변화를 보여주었다. 먼저 입사지원서 양식에 출신학교 기재란을 삭제시켰으며 졸업증명서도 제출하지 않도록 했다. 다만 대학 때의 학점은 입사지원서에 기재하도록 했으며 면접 후 신체검사 때 성적

표 10-4 삼성 공채 발전기(1995~2001년)의 전개현황과 특징

구분	1단계 채용개혁(1994. 6)	2단계 채용개혁(1995. 7)	3단계 채용개혁(1999. 3)
채용 개혁 내용	• 입사서류 간소화/과외활동, 사회봉사활동 등 가점실시 • 면접 시 출신학교/학점 등 주관적 요인 배제 〈1994년 대기업 면접다양화〉 • 국제화시대 인재상/기업문화 재정립 • 시대에 맞는 신면접 도입	〈열린채용 핵심내용〉 • 학력중심에서 능력중심 평가 • 삼성직무적성검사(SSAT) 도입 • 열린면접(외부 면접관 참여/프레젠테이션면접 도입) 실시 • 직군별 채용방식 도입 • 채용패턴의 다양화: 특수전문직 공채 도입	〈신채용기법 I 핵심내용〉 • 대규모 정기공채에서 소수, 수시채용으로 변경 • 보통형(범인형) 인재에서 특이형 인재로 변경 • 그물형 공채에서 낚시형 공채로 변경
취업 환경 변화	삼성 신경영선언(1993. 6), 주요 기업 필기시험 폐지 및 신인재평가를 위한 '삼성직무적성검사(SSAT: Samsung Aptitude Test)' 도입(1995), IMF사태(1997)로 대졸 취업난 심화, 정부 주도형 인턴사원제 등장(1998~99)		

주: 대면인터뷰(부록의 탐색연구방법 참조) 및 문헌조사(참고문헌 참조)를 통해 저자가 재구성

증명서를 제출하도록 했다. 전형절차는 필기시험, 면접, 신체검사형태로 진행했으며 필기시험은 영어듣기 테스트와 한자실력을 평가하는 상식으로 치러졌다. 면접 때는 지원자들이 대학생활 때 했던 과외활동이나 사회봉사활동 등의 경력들이 가점으로 주어졌다.

한국의 대기업들이 대학생들의 경력관리활동에 점수를 부여한 시기도 삼성의 1단계 채용개혁 이후부터였으며 이에 대한 첫 번째 적용기업 또한 삼성으로 기록되고 있다. 삼성이 신입사원채용방식을 대폭 변경한 이유는 '질(質)경영'체제인 신경영을 발표하면서 학벌이나 단편적인 지식보다는 새로운 채용문화에 부합하는 인간미와 도덕성, 창의력과 봉사정신을 가진 우수인재를 선발하기 위한 전략차원이라고 볼 수 있다. 2단계 채용개혁은 1995년 7월에 발표한 '열린채용'제도였다. 열린채용제도의 핵심내용은 학력제한 철폐, 자질종합평가인 '삼성직무적성검사(Samsung Aptitude Test: 이하 SSAT)' 도입, 응시자의 다양한 의견개진을 위한 열린면접 실시, 응시자의 개성존중을 위한

희망직군별 채용방식 도입, 채용패턴의 다양화를 위한 '특수전문직' 공채 도입 등으로 요약된다.

먼저 학력제한 철폐로 '대졸 신입사원채용'이라는 표현 대신 '3급 신입사원채용'으로 공채명칭을 변경했다. 이는 학력에 제한 없이 지원이 가능하다는 얘기다. 응시연령도 기존의 27세 미만에서 20~29세 사이로 대폭 확대시켰다. 이른바 학력제한 및 성차별 철폐, 연령제한 완화로 볼 수 있는 특단의 조치였다. 필기시험 폐지는 다른 대기업들의 공채에도 큰 반향을 일으켰다. 당시 현대 · SK · LG · 대우 · 쌍용 · 코오롱 · 한진 · 기아 · 포스코 등의 기업들이 지난 40여 년에 걸쳐 치러오던 필기시험을 폐지하는 결과로 이어졌다. 즉 그동안 인재평가를 위한 단순도구로 여겨졌던 필기시험을 없애는 대신 신인재평가를 위한 '종합직무능력검사'를 도입하는 추세가 대기업에 걸쳐 두드러지게 나타났다.

열린면접도 주목된다. 1단계 면접은 기본인성과 적응성을 중점평가하는 것으로 기존과 달라진 점은 면접위원에 대학교수 등 외부인사를 참여시켜 객관성과 신뢰성을 높였다. 2단계 면접은 기본 실무능력과 활용가능성을 평가하는 것으로 실무부서의 부장, 과장 등 실제 채용인력을 현장에서 활용하는 간부들로 면접위원을 구성했다. 이른바 실무면접으로 돌아선 것이다. 이를 평가하기 위해 직군별 전문성이 있는 주제에 대해 응시자 자신이 의견을 개진할 수 있는 프레젠테이션면접을 도입했다. 프레젠테이션면접은 응시자의 특성발휘가 가능한 능동적인 면접으로 평가과정에서 지식, 경험, 포부, 열정 등을 보여줄 수 있기 때문이다.

개성을 중시하는 직군별 채용방식 도입도 지원자중심의 선발로 평가된다. 지원자의 개인별 적성에 맞는 직군을 선택할 수 있게 하여 회사 편의중심의 채용에서 지원자중심의 직군별 채용방식으로 전환했다. 직군분류는 경영지원직, 해외영업직, 국내영업직, 기술개발직, 증권금융직 등 5개 분야며 지원자는 개인이 원하는 직군과 소그룹을 선택할 수 있도록 했다. 삼성은 입사 후에도 채용 당시의 직군에 따라 인사관리가 이루어질 수 있도록 지속적인 관리를 해오고 있다.

채용패턴의 다양화차원에서 실시한 특수전문직 공채 도입도 눈여겨볼만하다. 일반공채와 별도로 특수한 분야에 필요한 '끼' 있는 인재를 확보하기 위한 것으로 연중 필요에 따라 수시로 신문공고나 PC통신을 통해 모집한다는 방침을 세웠다. 특수분야는 산업디자인, 패션디자인, 게임소프트웨어, 광고·이벤트, 영상 등의 분야부터 적용하고 향후 그룹의 수요에 따라 탄력적으로 조정, 운영해나갈 계획이다. 특수전문직은 인재의 특수성을 감안하여 필기시험 없이 실기평가를 중점적으로 실시하고 해당 분야에 대한 적성검사와 실무진중심의 면접평가를 거쳐 합격여부를 결정한다. 또한 채용 후에도 기간별 평가보다는 과제·사업별로 평가하고 처우도 철저한 능력주의를 지향한다는 차원에서 연봉제를 적극 활용하며 필요시에는 비정규직 팀으로 운영하겠다는 계획이다.

삼성은 새로운 인재상도 정립했다. 기존에는 정직하고 책임감이 강한 협조적인 사람, 합리적으로 사고하는 사람, 문제의식이 강한 사람으로 대표되던 인재상을 1995년 그룹 교육체계 개혁과 함께 다시 짰다. 이른바 창조인·학습인·세계인·사회인으로 요약되는 신인재상을 정립했다. 창조인은 유연한 사고와 창의력이 풍부한 사람을 의미하며 학습인은 자기분야의 최고전문가를 의미한다. 세계인은 국제적인 소양을 지닌 세계시민으로서 사고하고 행동하는 지역전문가로 가기 위한 인재상이다. 이외 사회인은 사회구성원으로서 역할과 책임을 다하는 인간미를 지닌 인재를 의미하고 있다. 삼성의 3단계 채용개혁은 1999년 3월에 도입한 신채용기법 I이었다([표 10-5] 참조). 신채용기법 I은 한국 대기업들의 공채사에 있어 대량채용을 지양하고 소수채용으로 돌아서는 분기점 역할을 했다. '대규모 정기공채에서 소수·수시채용으로', '보통형 인재에서 특이형 인재로', '그물형 채용방식에서 낚시형 채용방식으로' 돌아서는 신채용기법 I은 도입부터 전 기업·전 대학에 큰 파장을 일으키며 국내 대학가에 우수인재육성이라는 부담과 과제를 동시에 안겨주었다.

표 10-5 삼성의 신채용기법 I의 내용과 취업환경

구분	기존채용기법(1980년~IMF 이전)	신채용기법(1999년 3월~현재)
채용 형태 변화	• 대규모 정기공채 • 공채, 신입 위주 채용 • 범인형 · 보통형 인재(평균적 인재양성) • 그물형 채용방식 • 직군 구분 없는 일괄채용 • 인력의 사전확보(STOCK형)	• 소수, 수시채용 • 상시, 경력중심으로 전환 • 특이형 인재(핵심인력/전문인력 양성) • 낚시형 채용방식 • 활용분야 감안한 직군별 채용 • 필요시기, 필요인력만 확보(FLOW형)
취업 환경	▶ IMF사태로 경기침체 및 기업조직 슬림화로 대졸 취업난 가속화 ▶ 대졸 노동시장 수급불균형 심화, 고학력인력의 실업사태 사회문제로 비화	

출처: 삼성이 발표한 보도자료(1999. 3)의 신채용기법 I 주요 내용을 저자가 재구성

삼성 공채의 발전기에 단행된 두 차례의 개혁적인 변화는 그동안 우리사회가 고질적인 병폐로 여겨왔던 학력 위주 및 학벌중심의 간판주의문화를 극복하고 능력주의사회로 진입하는 계기가 되었다. 특히 학력제한 철폐로 인해 비대졸 합격률이 특수전문직에 8%, 일반공채에 2.4%(고졸) 합격하여 학벌주의 관행에 젖어있던 우리사회에 신선을 충격을 주었다. 열린채용의 성과는 새로운 채용문화 정착을 위한 방향을 제시했다. 21세기 기업이 원하는 신인재상 정립, 신인재선발과 평가를 위한 객관적인 공채전형모델 제시, 무한경쟁시대 기업생존을 위한 채용기법의 다양화 및 전문화의 필요성을 일깨우는 시발점으로 작용했다.

3. 전환기(2002~2009년 4월)

삼성 공채의 전환기에 나타나는 두드러진 특징은 신면접 도입과 인턴십채용, 글로벌 인재육성 등으로 집약된다. 신채용기법 II로 지칭되는 신입사원 채용면접 대변화(이하 신면접제도: 4단계 채용개혁)는 국내 면접문화를 혁신시키는 계기가 되었으며 공채와 병행하는 인턴십채용은 2000년 이후 국내 기

업사회에 '우수인재 조기확보'에 다시 불을 붙이는 도화선 역할을 했다. 특히 2003년 9월, 삼성 전 구성원의 글로벌 역량강화라는 비전 아래 도입한 영어면접은 최근까지 신규인력채용 시 영어회화능력(TOEIC-Speaking 혹은 OPIc)을 평가하는 등 더욱 강화시키고 있는 추세다.

삼성 공채의 전환기 초기는 국내 기업사회가 IMF체제에서 벗어나는 시기와 맞물려 있다. 기업구조조정, 명예퇴직, 조기퇴직, 채용규모축소, 대량실업, 취업난심화 등 감원경영에 따른 실업사태가 속출하던 시대가 바로 전환기 초기에 해당되는 시기다. 기업들은 하나같이 사업 재정비와 인사관리혁신에 박차를 가했으며 동시에 대졸 신규인력공채에도 많은 변화를 주었다. 슬림화된 조직을 효율적으로 운영하기 위해서는 공채시스템의 재설정을 통한 경쟁력 있는 우수인재확보가 불가피했기 때문이다.

삼성은 2002년 3월, 신입사원 채용면접에 대변화를 주는 신면접제도를 발표했다. 이른바 4단계 채용개혁을 단행한 것이다. 이는 기존인성 및 적성평가 위주의 면접을 탈피하겠다는 의도였다. 신면접제도는 급변하는 환경에 적응할 창의성, 전문성, 도전정신에 초점을 맞추고 있다. 면접방식의 변화는 기존 2단계 면접에서 3단계로 늘리고 시간 또한 대폭 확대했다. 이는 단편적인 지식에서 벗어나 전문성을 깊이 있게 집중평가하겠다는 의지가 담겨있다. 신면접제도는 학벌 위주의 채용보다는 능력 및 실력 위주의 인사관리전략을 지향하겠다는 삼성의 경영혁신의지가 반영되어 있다.

신면접제도의 특징은 제도기획단계부터 실제 적용단계까지 제도의 대상인 대학사회와의 연계성을 높인 것으로 제도 전반에 걸쳐 자문교수단을 운영하는 것은 물론 국내 각 대학 100여 명의 현직교수들로 구성된 출제위원단을 통한 면접주제가 출제되었다. 이론 및 실무접근에 대한 전문지식과 창의성을 동시에 평가할 수 있는 종합적인 개인역량 테스트라고 보면 된다.

글로벌 역량인재를 발굴하기 위해 2003년 9월에 도입한 영어회화능력 평가시험도 주목할만하다. 삼성은 2003년 하반기부터 해외영업, 마케팅직군 지원자에 한해 시범적으로 영어회화능력 테스트를 실시했으며 2004년 상반기

| 표 10-6 | 삼성 공채 전환기(2002년~현재)의 특징: 신입사원 채용면접 대변화[11]

구분	인성평가	능력평가	
		개인능력 평가	조직적응력 평가
평가 중점	'삼성인'으로서 적합한 '인격체' 인간미, 도덕성, 가치관, 기업관/조직관, 주인의식	창의적 프로페셔널로서 '지적능력' 창의적 사고력, 문제해결력, 목표의식, 전문지식/기술, 직무동기, 직무열정	조직목적 달성을 촉진하는 '조직원으로서의 적합성' 리더십, 협조성, 포용력, 팀워크의식, 추진력, 책임감
평가 도구	구조화된 면접질문 및 관찰 성장배경, 과거행동, 미래상황, 행동관찰	과제해결+질의응답 사례분석, 모의상황, 면접질문	집단토론 집단해결과제, 행동관찰
평가 방법	정성평가 '삼성인'이 갖추어야 할 기본조건	정량평가 개인 역량의 수량화, '개인능력'과 '조직적응력' 합산	
면접 시간	개별면접(1인 1조) 20분	개별면접(1인 1조) 20분 과제해결시간 60분 별도	집단면접(6인 1조) 45분 과제검토 15분 별도
면접 위원	임원 4인	해당 직군 실무 과장/부장 4인	

출처: 삼성전자, 보도자료(2002. 3. 18) 표 원문

부터는 전 직군에 걸쳐 영어회화시험을 실시했다. 이는 특정 주제에 대한 찬반토론형태로 진행되었으며 과락적용 및 가점(1~5점)형태로 면접 총점에 반영시켰다. 영어회화능력에 대한 평가는 2008년 상반기부터 한층 더 강화되었다. 기존의 경우는 인문계 토익성적기준이 730점, 이공계 620점, 학점 3.0 이상이면 누구나 지원이 가능했다. 하지만 이 시점부터는 토익스피킹(TOEIC-Speaking) 또는 오픽(Oral Proficiency Interview-computer: 이하 OPIc)분야에 일정기준을 넘어야 지원이 가능하도록 했다. 삼성이 제시한 영어말하기시험에 대한 기준은 인문계열의 경우 토익스피킹 1~8단계 가운데 '레벨 5' 혹

11) 삼성은 2002년 3월 18일, 신채용기법 II라 명칭하는 이른바 4단계 채용개혁을 발표했다. 핵심내용은 신입사원 면접 대변화로 요약되는 신면접제도이다. 신면접제도는 한국 기업들의 공채사에 있어 심층면접으로 전환하는 분기점 역할을 하였으며 이를 계기로 대기업들이 다양한 면접방식을 도입하는 도화선 역할을 했다.

표 10-7 삼성 공채 전환기(2002~현재)의 특징: 영어자격기준 변화과정과 주요 내용

구분	2008년 상반기(3월 공채)	2008년 하반기(9월 공채)	2009년 상반기 이후
영어 자격 기준	토익스피킹, OPIc 인정 〈영어말하기평가 면제대상〉 • 인문계 레벨 5/IL등급 이상 • 이공계 레벨 4/NH등급 이상 (cf) 미제출자 별도 테스트	토익스피킹, OPIc 인정 〈영어말하기평가 면제대상〉 • 인문계 레벨 5/IL등급 이상 • 이공계 레벨 4/NH등급 이상 (cf) 미제출자 별도 테스트	토익스피킹, OPIc 인정 • 토익점수 제출 폐지, 말하기시험 등급만 인정 • 삼성지원자, 말하기시험 등급 필수 구비요건(전년과 등급 동일)
필기 시험	토익/토플/텝스 인정 • 인문계 토익 730점 이상 • 이공계 토익 620점 이상 • 면접 시 별도 말하기테스트	최소 점수 상향 조정 • 인문/이공계 토익 730점 이상 • iBT토플 78점, PBT토플 547점, 텝스 630점 이상	자격요건 인정 폐지 토익/토플/텝스 등 필기시험 영어점수 자격요건에서 제외
참고 사항	삼성이 2008년 3월 공채부터 도입한 OPIc은 Novice(초급), Intermediate(중급), Advanced(고급) 등 3단계로 구분되며 각 등급 내에서 언어의 길이 등에 따라 다시 Low(하), Mid(중), High(상)로 나눠짐		

출처: 삼성인력관리위원회(2008. 3) 자료를 토대로 저자가 연도별, 특징별로 재구성

은 'OPIc IL(Intermediate Low)' 등급 이상이고 이공계는 각각 '레벨 4' 혹은 'NH(Novice High)'등급 이상으로 인문계열 전공자보다 한 단계씩 낮다.

삼성은 2008년 상반기 공채에서 말하기 등급이 없는 지원자들을 구제하기 위하여 1단계 서류전형, 2단계 SSAT전형 다음에 이어지는 면접전형에서 별도의 영어말하기능력을 평가하기도 했다. 한편 삼성은 2008년 하반기 공채부터 삼성 지원에 필요한 토익 최저점수를 인문계 및 이공계 공통 730점 이상으로 상향 조정한 바 있다. 또한 말하기 등급이 없는 응시자의 경우 상반기와 마찬가지로 면접과정에서 회화능력을 테스트했다. 최근 삼성은 상반기 공채(2009년 3월)부터 완전히 영어말하기시험으로 돌아섰다. 우선 삼성 공채에서 그동안 응시자에게 요구했던 토익 기준점수를 계열 구분 없이 모두 없앴다. 대신 영어말하기시험은 그대로 유지하기로 했다. 2009년 상반기에 삼성 공채에 지원한 응시자들은 토익점수는 없어도 무방했지만 영어말하기점수는 필수적으

로 갖춘 상태였다. 인문계열의 경우 토익말하기 등급이 '레벨 5' 혹은 'OPIc IL'등급 이상, 이공계열은 각각 '레벨 4' 혹은 'NH'등급 이상이어야만 지원이 가능했다. 삼성은 상반기에 한해 영어회화자격 제출기한을 면접 전인 4월 1일까지 발표되는 것은 인정해주는 등 지원자들을 최대한 배려하는 모습을 보여주기도 했다. 하지만 하반기 공채부터는 입사지원을 할 때 영어회화자격 등급을 반드시 제출해야만 한다.

삼성이 2008년 3월 공채부터 국내 기업 최초로 영어시험을 말하기시험으로 대체하자 상당수 대기업들이 이에 동참하는 모습을 보여주고 있다. 국내 기업들이 영어말하기시험으로 패턴을 바꾼 이유는 먼저 토익점수가 인플레 되어 있어 소수인원을 채용하는 대기업 공채에서 변별력의 평가요소로 더 이상 역할을 못하고 있기 때문이다. 또한 실용영어가 대세를 이루면서 토익점수보다는 영어회화 위주로 전 기업들이 눈을 돌린 이유도 한몫을 하고 있다. 현재 국내 대기업들은 말하기 영어시험에 동참하는 분위기다. 삼성 전 계열사를 필두로 CJ, LG 전자계열, 포스코, 대한항공, 아모레퍼시픽, 아시아나항공, 두산그룹 등 국내외 150여 개 기업들이 토익말하기시험이나 OPIc 등을 도입 중에 있다.

삼성이 2003년 이후 영어능력 평가기준을 해마다 달리하고 있는 것은 2002년 선포한 '글로벌 인류지향'과 맞물려 있다. 기존의 경우에는 공채과정에서 면접관이 직접 평가하여 가점을 주는 형태였지만 2008년 이후에는 자격을 갖춰야만 지원할 수 있는 필수요건으로 평가기준을 달리했다. 영어가 합격당락에 영향을 주지는 못하지만 삼성인이 되려면 누구나 기준 이상의 영어회화 구사능력을 갖춰야만 지원할 수 있는 글로벌 기업으로서의 면모를 보여주고 있다.

Ⅳ 한국 취업문화에 미친 기여도분석

본 절에서는 삼성이 한국 취업문화에 미친 기여도를 분석하기 위하여 탐색적인 연구기법을 사용했다. 투입된 연구기법은 실증분석(empirical analysis)이 아닌 자료적인 접근(문헌조사)과 대면인터뷰(face to face interview), 현장탐사(field study), 서베이리서치(survey research) 등 탐색적인 연구방법이 지향하는 종합적인 분석방법을 활용했다. 연구모형의 프로세스는 삼성의 공채문화가 취업문화의 각 영역(공채 · 진로 · 직업문화)에 미친 영향 및 기여도를 분석하는 차원에서 50대 기업 인사담당자들과 전국 대학생들을 대상으로 한 실태조사를 통해 각 영역별로 세부분석하는 형태로 프레임워크를 구성했다([그림 10-3] 참조).

그림 10-3 | 연구모형 및 체계도

삼성 취업문화 기여부문 실태분석 (인사담당자 · 전국 대학생 대상)

공채문화 (기업)	→	진로문화 (대학)	→	직업문화 (대학생)
• 채용제도 정립 • 필기시험방식 • 면접방식 • 인재상 정립 • 인턴십 정립	→	• 취업정보실 형태 변화 • 취업진로기구 인프라 확충 • 진로교육 도입 • 취업교육 도입 • 캠퍼스 리크루팅	→	• 대기업선호현상 • 기업이미지 형성 • 직업관 정립 • 직업정신 정립 • 우열직장관 조성

➡

취업문화 기여부문	
기업	공채문화
대학	진로문화
대학생	직업문화

1. 공채문화(기업)

삼성이 한국 취업문화의 하위 구성요소 가운데 직접적으로 기여하고 영향을 미친 분야는 공채문화이다. 삼성은 국내 민간기업 최초로 공채를 도입한 기업이다. 한국 공채사 50년이 삼성으로부터 시작되는 이유도 여기에 있다. 삼성이 1957년 1월, 실시한 채용제도의 전형과정인 필기, 면접(1, 2단계)시험은 지금까지도 우리 기업 채용틀의 근간이 되고 있다. 삼성은 2002년 신면접제도를 발표하면서 인재상 정립에 전환기를 맞이하게 된다. 신면접제도는 인재제일주의를 지향하기 위한 종합적인 인재평가에 주력한 면접방식이다. 지식과 인성, 역량을 종합평가하는 신면접제도는 도입과 동시에 국내 기업사회에 급속히 파급되었다. 필기시험방식도 큰 반향을 일으켰다. 삼성은 오늘날 대기업 필기시험과목의 전형인 영어, 상식, 한문 등을 공채 1기부터 실시했다. 삼성의 필기시험과목은 열린채용을 선언하면서 40여 년 만에 SSAT로 전격 대체되었다. 1995년 이후 한국 대기업들의 필기시험방식은 직무적성검사를 도입하는 추세로 급격히 선회했다. 대기업들이 도입한 직무적성검사는 기초지식평가와 직무능력평가가 결합된 형태인데 이는 삼성SSAT와 동일한 평가방법이다.

삼성은 기초지식평가에서 초기(1957년 1월) 필기시험과목인 한문(현재 SSAT '언어영역' 내 출제), 상식을 그대로 유지했으며 영어는 토익말하기시험이나 OPIc 등으로 평가한다. 현재 국내 150여 개 주요 기업들이 삼성이 도입한 토익말하기시험이나 OPIc 등으로 영어면접을 대체하고 있다. 이외에도 열린채용 때 표방한 '창의성'중심의 신인재상은 1995년 이후 한국 대기업들의 신인재상 정립에 핵심코드가 되었으며 2005년 도입한 인턴십채용은 1990년대 이후 사라진 인턴십제도를 부활시키는 도화선 역할을 했다. 현재 30대 그룹사의 절반을 넘는 65%의 기업들이 공채와 인턴십제도를 병행하고 있다. [표 10-8]은 인사담당자와 전국 대학생을 대상으로 삼성이 공채문화에 기여

표 10-8 공채문화 기여도분석을 위한 실태조사

영역		인사담당자 응답결과분석							
속인요소분석	성별	남 90% (45명)	여 10% (5명)	직위	임원 24% (12명)	부장 66% (33명)	차장 8% (4명)	과장 2% (1명)	기타
공채문화영역	채용제도 정립	매우 많이 66%(33명)	많이 16%(8명)	보통 12%(6명)	저조 4%(2명)	매우 저조 2%(1명)			
	필기시험방식	많이 56%(28명)	매우 많이 28%(14명)	보통 12%(6명)	저조 4%(2명)	매우 저조			
	면접방식	많이 62%(31명)	매우 많이 18%(9명)	보통 14%(7명)	저조 6%(3명)	매우 저조			
	인재상 정립	많이 50%(25명)	보통 22%(11명)	매우 많이 16%(8명)	저조 10%(5명)	매우 저조 2%(1명)			
	인턴십 정립	많이 52%(26명)	보통 28%(14명)	매우 많이 18%(9명)	저조 2%(1명)	매우 저조			
영역		전국 대학생 응답결과분석							
속인요소분석	성별	남 61% (183명)	여 39% (117명)	학년	1학년 4% (12명)	2학년 7% (21명)	3학년 15% (45명)	4학년 74% (222명)	
	지역	서울 22% (66명)	인천 19% (57명)	대구 17% (51명)	광주 16% (48명)	부산 15% (45명)	대전 11% (33명)		
공채문화영역	채용제도 정립	매우 많이 72%(216명)	많이 14%(42명)	보통 11%(33명)	저조 3%(9명)	매우 저조			
	필기시험방식	매우 많이 64%(192명)	많이 31%(93명)	보통 4%(12명)	저조 1%(3명)	매우 저조			
	면접방식	매우 많이 76%(228명)	많이 12%(36명)	보통 8%(24명)	저조 3%(9명)	매우 저조 1%(3명)			
	인재상 정립	많이 58%(174명)	매우 많이 22%(66명)	보통 13%(39명)	저조 5%(15명)	매우 저조 2%(6명)			
	인턴십 정립	많이 62%(186명)	보통 19%(57명)	매우 많이 16%(48명)	저조 2%(6명)	매우 저조 1%(3명)			

주: 캠퍼스 리크루터 대상조사(경희대 채용상담실: 1. 2 ~4. 20); 경희대 '100대 기업 및 기관 인사담당자 초청 산학의 역할' 포럼 참가자 대상조사(롯데호텔 36층 버클리룸: 4. 17); '한국 HR-PA(인사담당자 클럽)' 대상조사('직종교육실무론' 수업차 방문 경희대 연구실: 3. 2~4. 20); 전국 6개 지역(서울, 인천, 대구, 광주, 부산, 대전) 대학교(대학생) 대상조사(각 대학교 취업진로교육 강의실: 3. 2~4. 20)

한 실태를 분석한 자료이다. 공채문화영역을 분석해보면 인사담당자, 전국 대학생 모두 채용제도, 필기시험, 면접방식 등의 각 문항에서 80% 이상의 매우 높은 비율을 차지하고 있다. 이외 인재상 및 인턴십 정립에 있어서도 각각 80%에 달할 만큼 그 비율이 매우 높다. 한국의 공채문화가 삼성의 영향을 직접적으로 받은 이유는 한국 공채사 50년을 삼성이 주도해온 배경에서 그 원인을 찾을 수 있을 것이다.

2. 진로문화(대학)

한국의 진로문화가 형성되기 시작한 시기는 1980년대부터이다. 행동규범 및 제도적인 측면에서 대학 내 다양한 행태의 진로문화요소들이 모습을 드러냈다. 학생생활연구소 설치와 진로상담교수제 실시, 아르바이트나 추천제를 담당하는 학생처 직원의 취업진로관련 겸업행태는 취업정보실을 출범시키기 위한 일련의 사전단계로 이해할 수 있다. 1980년대 진로문화가 발아되기 시작한 배경에는 혼란한 사회상도 하나의 원인으로 작용했다. 경제민주화, 노사분규, 학생운동 등은 우리 대학가에 학생생활연구소와 진로상담교수제가 태동될 수밖에 없는 직접적인 요인이 되었다. 한국의 진로문화가 본격적으로 형성된 시기는 1990년대부터이다. 1990년대 취업환경은 블루라운드 출범(1994년)과 IMF사태(1997년)로 집약된다. 이는 국내 대학사회가 취업진로교육에 대해 본격적으로 고민하게 만든 원인으로 작용했다.

심각한 경기침체는 기업과 대학가에 큰 변화를 가져왔다. 주목되는 것은 IMF사태가 기업을 압박하면서 공채시스템의 변화를 불러왔으며 이것이 대학가의 진로문화의 발전으로 이어졌다. 삼성의 경우 90년대 급변하는 기업환경에 대응하기 위해 인사관리의 한 분야인 공채제도에 상당한 개혁을 시도했다.

삼성이 도입한 새로운 공채시스템은 1994년 상시채용제도, 1995년 열린채용, 1999년 신채용기법 I(이상 [표 10-4] 참조) 등이며 이들 채용제도는 한국 취업시장에 큰 반향을 일으켰다. 삼성의 채용시스템 개혁은 대학가의 진로문화에도 큰 변화를 가져왔다. 1990년대 우리 대학가에 나타난 대학주도형 인턴사원제, 취업정보실 발족, 취업진로교육 도입 등은 산업환경 위축(IMF사태)에 따른 기업채용제도의 변화에 대응하기 위해 국내 대학사회가 고안해낸 대표적인 진로문화의 형태들이다.

[표 10-9]는 인사담당자와 전국 대학생을 대상으로 삼성이 진로문화에 기여한 실태를 분석한 자료이다. 삼성의 공채시스템의 변화는 취업진로기구의 변화에 큰 영향을 미쳤다. 먼저 인사담당자들의 72% 정도가 취업정보실의 변화를 가져왔다고 응답했다. 또한 응답자의 84% 정도가 취업진로기구의 시설 확충에 삼성의 신채용기법이 크게 작용했다고 평가했다. 취업진로교육항목에서도 인사담당자들은 삼성이 대학사회에 기여한 것으로 응답했다(진로교육 82%, 직업교육 62% 기여).

한편 전국 대학생들의 응답결과 또한 인사담당자들의 의견과 별반 차이가 없는 것으로 나타났다. 먼저 취업정보실의 형태변화에 영향을 미쳤다고 대답한 응답자가 '많이' 42%, '매우 많이' 35%인 것으로 조사되었다. 양자를 합할 경우 75% 정도가 '많이' 이상으로 응답, 이 부분에 대해서도 삼성의 영향이 큰 것으로 조사되었다. 취업진로인프라 확대에 대한 기여도항목에서는 '많이' 51%, '매우 많이'가 36%로 나타나 무려 87% 정도가 '많이' 이상으로 영향을 미쳤다고 대답했다. 이는 최근 대학사회가 하고 있는 다양한 취업이벤트와 진로프로그램 등이 대학생들에게 큰 호응을 받고 있다는 것을 간접적으로 알 수 있는 대목이다. 진로교육과 직업교육분야에도 기여한 것으로 나타났다. 먼저 진로교육의 경우 '많이' 이상이 78%, 직업교육은 73%가 '많이' 이상으로 각각 조사되었다. 캠퍼스 리크루팅항목에서도 '많이' 56%, '매우 많이'가 32%로 응답, 무려 88% 정도가 '많이' 이상인 것으로 대답했다. 삼성의 캠퍼스 리크루팅문화가 한국 공채제도에 적지 않은 영향을 미쳤다는 것을 간접적으로 알 수 있는 대목이다. 현재 삼성은 전체 계열사가 온라인채용과 캠퍼스 리크루팅을 병행하여 신입사원을 선발하고 있다.

표 10-9 진로문화 기여도분석을 위한 실태조사

영역	인사담당자 응답결과 분석								
속인요소분석	성별	남 90% (45명)	여 10% (5명)	직위	임원 24% (12명)	부장 66% (33명)	차장 8% (4명)	과장 2% (1명)	기타

영역						
진로문화영역	취업정보실 형태변화	많이 48%(24명)	매우 많이 26%(13명)	보통 24%(12명)	저조 2%(1명)	매우 저조
	취업진로기구 인프라 확충	많이 64%(32명)	매우 많이 20%(10명)	보통 10%(5명)	매우 저조 4%(2명)	저조 2%(1명)
	진로교육 도입	매우 많이 54%(27명)	많이 28%(14명)	보통 10%(5명)	매우 저조 8%(4명)	저조
	직업교육 도입	매우 많이 48%(24명)	보통 26%(13명)	많이 14%(7명)	매우 저조 6%(3명)	저조 6%(3명)
	캠퍼스 리크루팅	매우 많이 56%(28명)	많이 32%(16명)	보통 10%(5명)	저조 2%(1명)	매우 저조

영역	전국 대학생 응답결과 분석								
속인요소분석	성별	남 61% (183명)	여 39% (117명)	학년	1학년 4% (12명)	2학년 7% (21명)	3학년 15% (45명)	4학년 74% (222명)	
	지역	서울 22% (66명)	인천 19% (57명)	대구 17% (51명)	광주 16% (48명)	부산 15% (45명)	대전 11% (33명)		

영역						
진로문화 영역	취업정보실 형태변화	많이 42%(126명)	매우 많이 35%(105명)	보통 14%(42명)	저조 6%(18명)	매우 저조 3%(9명)
	취업진로기구 인프라 확충	많이 51%(153명)	매우 많이 36%(108명)	보통 9%(27명)	저조 2%(6명)	매우 저조 1%(3명)
	진로교육 도입	많이 49%(147명)	매우 많이 29%(87명)	보통 17%(51명)	매우 저조 3%(9명)	저조 2%(6명)
	직업교육 도입	매우 많이 47%(141명)	많이 26%(78명)	보통 23%(69명)	저조 5%(15명)	매우 저조 1%(3명)
	캠퍼스 리크루팅	많이 56%(168명)	매우 많이 32%(96명)	보통 6%(18명)	매우 저조 4%(12명)	저조 2%(6명)

주: [표 10-8]의 주)와 동일함

3. 직업문화(대학생)

삼성은 한국 직업문화에도 적지 않은 영향을 미친 것으로 분석되었다. 기여도 측면에서 그 비중이 공채문화와 진로문화에는 미치지 못하지만 대기업 선호현상과 기업이미지 형성 등 일부 세부항목에 있어서는 오히려 더 높은 비중을 차지한 것으로 나타났다. 기업의 선호도는 일반적으로 국가경제와 우리 사회에 기여한 기업의 공헌도와 발전상, 기업의 이미지 등을 포괄하고 있다는 측면에서 구직자들의 직장선택과 우열직장관 조성 등에 큰 영향을 미친다.

삼성은 앞서 제1장의 [그림 1-4]에서 보여주듯이 지난 1988년 이후 최근까지 대학생들의 기업선호도 추이에서 줄곧 수위를 차지해왔다. 이런 양태는 국내 대학사회에 대기업선호현상과 기업이미지 형성 및 우열직장관 조성 등에 직접적인 영향을 미친 요인으로 해석할 수 있다. 특히 삼성의 이러한 타기업 우위의 다양한 입지는 국내 사회에 직장관 및 직업정신 정립에 적지 않은 영향을 미쳤다. [표 10-10]은 인사담당자와 전국 대학생을 대상으로 삼성이 직업문화에 미친 영향과 기여도에 관한 실태조사항목을 분석한 자료이다. 먼저 인사담당자들을 대상으로 삼성이 대기업선호현상에 미친 영향에 관한 질문에서 '많이' 이상이 무려 90%를 차지하는 높은 비율을 보였다. 특히 1988년 이후 대학생들을 대상으로 한 기업선호도조사([그림 1-4])에서 나타난 삼성의 독주는 대기업선호현상에서도 그대로 반영되어 나타나고 있다. 기업이미지 형성에도 크게 기여한 것으로 나타났다. 1990년 이후 국내 기업들은 기업이미지 제고를 위해 많은 투자를 해왔다. 다양한 사회공헌사업과 기업이미지(CI) 통합작업, 환경 및 문화사업참여 등은 우리 기업들이 기업이미지 제고를 위해 한결같이 한 목소리를 내면서 참여해온 대표적인 사회사업이다.

다음은 전국 대학생을 대상으로 삼성이 직업문화에 미친 기여도에 관해 분석한 내용이다. 먼저 대기업선호도항목에서 무려 99%가 기여했다고 응답했다.

표 10-10 직업문화 기여도분석을 위한 실태조사

<table>
<tr><th colspan="2">영역</th><th colspan="10">인사담당자 응답결과분석</th></tr>
<tr><td colspan="2">속인요소분석</td><td>성별</td><td>남
90%
(45명)</td><td>여
10%
(5명)</td><td>직위</td><td>임원
24%
(12명)</td><td>부장
66%
(33명)</td><td>차장
8%
(4명)</td><td>과장
2%
(1명)</td><td colspan="2">기타</td></tr>
<tr><td rowspan="5">직업문화영역</td><td>대기업선호현상</td><td colspan="2">매우 많이
62%(31명)</td><td colspan="2">많이
28%(14명)</td><td colspan="2">보통
8%(4명)</td><td colspan="2">저조
2%(1명)</td><td colspan="2">매우 저조</td></tr>
<tr><td>기업이미지
형성</td><td colspan="2">많이
52%(26명)</td><td colspan="2">매우 많이
30%(15명)</td><td colspan="2">보통
14%(7명)</td><td colspan="2">저조
4%(2명)</td><td colspan="2">매우 저조</td></tr>
<tr><td>직업관 정립</td><td colspan="2">보통
42%(21명)</td><td colspan="2">많이
20%(10명)</td><td colspan="2">매우 많이
18%(9명)</td><td colspan="2">저조
12%(6명)</td><td colspan="2">매우 저조
8%(4명)</td></tr>
<tr><td>직업정신 정립</td><td colspan="2">보통
40%(20명)</td><td colspan="2">많이
30%(15명)</td><td colspan="2">매우 많이
22%(11명)</td><td colspan="2">저조
8%(4명)</td><td colspan="2">매우 저조</td></tr>
<tr><td>우열직장관
조성</td><td colspan="2">매우 많이
64%(32명)</td><td colspan="2">많이
18%(9명)</td><td colspan="2">보통
12%(6명)</td><td colspan="2">저조
6%(3명)</td><td colspan="2">매우 저조</td></tr>
<tr><th colspan="2">영역</th><th colspan="10">전국 대학생 응답결과분석</th></tr>
<tr><td colspan="2" rowspan="2">속인요소분석</td><td>성별</td><td>남
61%
(183명)</td><td>여
39%
(117명)</td><td>학년</td><td>1학년
4%
(12명)</td><td>2학년
7%
(21명)</td><td>3학년
15%
(45명)</td><td colspan="3">4학년
74%
(222명)</td></tr>
<tr><td>지역</td><td>서울
22%
(66명)</td><td>인천
19%
(57명)</td><td colspan="2">대구
17%
(51명)</td><td>광주
16%
(48명)</td><td>부산
15%
(45명)</td><td colspan="3">대전
11%
(33명)</td></tr>
<tr><td rowspan="5">직업문화영역</td><td>대기업선호현상</td><td colspan="2">매우 많이
84%(252명)</td><td colspan="2">많이
15%(45명)</td><td colspan="2">보통
1%(3명)</td><td colspan="2">매우 저조</td><td colspan="2">저조</td></tr>
<tr><td>기업이미지
형성</td><td colspan="2">많이
81%(243명)</td><td colspan="2">매우 많이
9%(27명)</td><td colspan="2">보통
8%(24명)</td><td colspan="2">저조
2%(6명)</td><td colspan="2">매우 저조</td></tr>
<tr><td>직업관 정립</td><td colspan="2">보통
36%(108명)</td><td colspan="2">많이
25%(75명)</td><td colspan="2">매우 많이
17%(51명)</td><td colspan="2">매우 저조
14%(42명)</td><td colspan="2">저조
8%(24명)</td></tr>
<tr><td>직업정신 정립</td><td colspan="2">보통
44%(132명)</td><td colspan="2">많이
31%(93명)</td><td colspan="2">매우 많이
16%(48명)</td><td colspan="2">저조
5%(15명)</td><td colspan="2">매우 저조
4%(12명)</td></tr>
<tr><td>우열직장관
조성</td><td colspan="2">매우 많이
76%(228명)</td><td colspan="2">많이
14%(42명)</td><td colspan="2">보통
6%(18명)</td><td colspan="2">매우 저조
3%(9명)</td><td colspan="2">저조
1%(3명)</td></tr>
</table>

주: [표 10-8]의 주)와 동일함

이는 직업 및 취업과 직결되어 있는 대학생들인 만큼 영향 및 기여도 측면에서 훨씬 더 현실적으로 작용했을 것이다. 특히 '매우 많이'가 84% 정도로 나타나 이번 실태조사 각 항목의 보기 가운데 가장 높은 수치를 차지했다. 삼성이 국내 기업들의 기업이미지 형성에 어느 정도 영향을 미쳤는가에 대한 질문에서도 무려 90%가 '많이' 이상으로 응답, 이 부분에 있어서도 삼성의 영향이 매우 크게 나타났다. 또한 삼성이 국내 기업사회의 우열직장관 조성에 미친 영향에 대해서도 인사담당자가 82%, 전국 대학생이 90%로 각각 응답, 이에 대해서도 매우 큰 영향을 준 것으로 조사되었다. 하지만 양자 모두 직업관 정립(인사담당자 '많이' 이상 62%, 전국 대학생 '많이' 이상 61%)과 직업정신 정립(인사담당자 '많이' 이상 70%, 전국대학생 '많이' 이상 75%) 등에 있어서는 다른 항목에 비해 상대적으로 낮게 응답했다.

V 결론 및 제언

1. 요약 및 결론

본 장은 삼성의 공채문화가 한국 취업문화에 미친 영향과 기여도에 관해 분석하였다. 한국 공채사 50여 년을 선도해온 삼성은 취업문화의 하위 요소인 공채문화, 진로문화, 직업문화 등에 걸쳐 직접적인 기여를 해온 것으로 분석되었다. 삼성의 공채문화는 산업환경 및 취업환경의 변화와 맞물려 적절히 채용개혁을 단행해왔다. 삼성 공채의 전개과정은 도입기·조정기, 발전기, 전환기로 구분된다. 50여 년의 공채사 속에 4단계의 채용개혁을 단행했고 세 차례의 개혁조치가 1990년대에 이루어졌다. 이는 1990년대의 한국 취업문화가 급변하게 전개되어왔다는 것을 단적으로 보여주는 대목이다. 삼성 공채의 전개과정과 특징을 요약하면 다음과 같다.

도입기 · 조정기(1957~1994년)는 삼성 공채가 형성되는 시기이자 한국 취업문화의 구성요소 태동에 영향을 미치는 시대였다. 정형화된 채용시스템을 갖추지는 못했지만 오늘날과 같이 기초능력시험을 실시했고 면접 또한 실무면접과 임원진면접을 거쳤다. 이 시대의 산업환경은 한국전쟁과 개발경제, 대학졸업정원제와 경제민주화 등으로 요약할 수 있다. 대기업이 다수 출현했지만 급증하는 대졸인력들을 소화하기에는 역부족상태였다.

발전기(1995~2001년)는 한국 취업문화의 본체를 구성하는 다양한 하위문화 요소들을 본격적으로 출범시키는 시대였다. 특히 1990년대 중반 이후 기업과 대학사회에 엄청난 반향을 일으킨 열린채용과 IMF사태 및 신채용기법 I의 등장은 기업의 공채문화와 대학의 진로문화, 대학생들의 직업문화에 이르기까지 기존의 양태와는 모습을 달리하는 새로운 취업문화를 형성했다.

전환기(2002~2009년)는 글로벌 인재육성과 글로벌 기업실현을 위해 종합적인 인재평가(신면접제도)에 주력하는 시대였다. 신면접제도의 등장은 급변하는 국제기업환경에 창의적으로 대응할 수 있는 글로벌 인재양성에 초점을 두고 있으며 한국 기업사회가 심층면접으로 돌아서는 계기로 작용했다. 특히 최근 삼성은 전 구성원의 글로벌 역량강화를 위해 신규인력 공채 시 외국어 구사능력을 더욱 강화시키고 있다. 삼성의 이런 전환기적 특징은 국내 대기업들의 사원공채과정에서도 이미 표면화되어 나타나고 있다.

다음은 삼성의 4단계 채용개혁분야이다. 삼성은 최고경영자가 핵심가치를 달리할 시점마다 인사관리 측면에서 채용개혁을 단행했다. 첫 번째 채용개혁은 '천재경영'을 표방한 1994년에 이루어졌다. 1단계 채용개혁은 입사서류의 간소화와 면접 시 주관적 요소의 배제로 요약할 수 있다. 실제로 삼성의 입사지원서는 한국 대기업 가운데 가장 간단한 양식으로 구성되어 있다. 인재평가 시 주관적 요인 배제도 눈에 띄는 대목이다. 삼성은 이를 위해 면접 시 출신학교와 학점 등을 무자료면접방식으로 전면 대체시켰다. 2단계 채용개혁은 열린채용으로 집약된다. 열린채용은 한국 공채문화의 뿌리 깊은 병폐구조인 학벌만연주의를 철폐하는 내용이었다. 학력제한 폐지는 학력중심사회에서 능력중심사회로 돌아서는 계기가 되었다. 열린채용의 핵심내용으로는 학력제한 철폐와 성차별 철폐, 인재들의 종합적 사고능력과 발전가능성을 평가하기 위해 도입한 SSAT를 들 수 있다. 3단계 채용개혁은 IMF사태 직후 단행되었다. IMF사태 이후 슬림화된 기업조직의 경쟁력 강화차원에서 '대규모·정기공채를 소수·수시채용으로', '보통형 인재를 특이형 인재로' 선별 공채하는 신채용기법을 선포했다. 4단계 채용개혁은 신면접제도이다. 신면접제도는 급변하는 국제기업환경에서 기업의 경쟁력 제고를 위해 글로벌 역량인재를 채용하겠다는 삼성의 의지가 반영된 조치였다. 삼성의 신면접제도는 한국 기업들이 심층면접으로 전환하는 분기점 역할을 하였으며 이를 계기로 국내 대기업들이 다양한 면접방식을 도입하는 도화선 역할을 했다.

2. 시사점 및 제언

삼성의 공채문화는 기업환경에 영향을 주는 다양한 국내외 요인들의 속성에 의해 끊임없는 패러다임의 변화과정을 거쳐왔다. 한국 사기업 최초 공채기업인 삼성의 채용사는 한국 공채역사의 근간이자 취업문화 형성의 요체였다. 삼성 공채사의 특징은 산업환경의 전환기마다 전개과정을 달리했다는 것이며 최고경영자의 인재철학이 채용개혁으로 표출되었다는 점을 들 수 있다. 삼성 공채사가 한국 취업문화에 공헌한 기여점과 시사점을 집약하면 다음과 같다.

첫째, 한국 기업사회의 공채문화를 선도하고 주도했다는 점이다. 삼성은 도입·조정기, 발전기, 전환기를 거치면서 네 차례의 채용개혁을 단행했다. 산업환경의 전환기마다 단행한 이러한 채용개혁은 한국 공채문화의 본체이자 다른 기업들의 채용시스템 수립에 엄청난 영향을 미쳤다.

둘째, 대학사회에 취업·진로교육의 중요성 인식에 직접적으로 기여했다.

표 10-11 삼성 공채의 시사점 및 취업문화 기여부문

한국 취업문화 기여부문	삼성 공채사의 시사점
• 국내 기업사회, 공채문화 선도 및 주도 • 대학사회, 취업·진로교육 중요성 인식에 기여 • 인재제일주의 공채·기업문화로 초일류기업 실현 • 기업사회, 기업이미지 조성환경에 선구적 역할 • 국내 사회, 직업관 및 직업정신 정립에 기여 • 대학사회, 대기업 우위의 취업의식 조성	• 국내 기업 최초 공개채용제도 실시 • 국내 기업 최초 공채 시 학력란/학력제한 철폐 • 국내 기업 최초 프레젠테이션면접 도입 • 국내 기업 최초 캠퍼스 리크루팅 실시 • 국내 기업 최초 공채 시 'ID부여' 온라인 지원시스템 도입 • 2000년 이후 연간 대졸 채용인원 최대 기업

특히 1995년 열린채용과 1999년 신채용기법의 도입은 국내 대학사회에 취업정보실의 출현과 취업·진로교육으로 눈을 돌리는 계기로 작용했다.

셋째, 인재제일주의 공채·기업문화로 초일류기업을 실현했다는 점이다. 삼성의 경영이념과 경영철학에는 창업시대부터 지금까지 인재제일주의를 지향하는 인사철학이 담겨 있다. 이러한 삼성의 인재제일주의 인사관은 한국 공채문화 속으로 그대로 전이되었다.

넷째, 기업사회 내 기업이미지 조성환경에 선구적인 역할을 했다. 삼성은 지속적인 사회공헌사업과 혁신적인 경영전략으로 글로벌 기업으로서 완전한 입지를 구축했다. 이는 삼성이 1988년 이후 대학생 기업선호도조사에서 줄곧 수위를 차지하고 있는 데서도 잘 나타나고 있다.

다섯째, 대학사회, 대기업 일변도의 취업의식 조성에 큰 영향을 미쳤다. 1990년대 이후 삼성은 지구촌사회에서 기업이미지 및 기업선호도분야에서 탁월한 입지를 마련했다. 이러한 타기업 우위의 다양한 입지는 우리 사회 직장관 및 직업정신 정립에도 큰 영향을 미쳤다.

본 장은 실증분석(empirical analysis)이 아닌 자료적인 접근(문헌조사)과 대면인터뷰(face to face interview), 현장탐사(field study), 서베이리서치(survey research) 등 탐색적인 연구방법이 지향하는 종합적인 연구기법을 사용했다.

따라서 가설을 근거로 현상학적인 문제를 통계적으로 검증하는 실증연구(empirical article)가 아닌 관계로 탐험연구가 수반하는 일부 문제를 안고 있는 한계점을 지니고 있다. 특히 실태조사에서 인사담당자들의 표본대상을 50대 기업에 한정시킨 점과 대학생들의 조사대상을 6개 지역으로 한정시킨 점, 리서치 대상의 직위와 학년이 일부집단의 표본에만 편중되어 있는 점 등을 한계상황으로 분명히 밝혀두고자 한다. 하지만 최근 우리 사회의 최대 관심사인 취업문화를 한국 공채사의 정점에 있는 삼성을 중심으로 접근하여 전개과정과 특징을 조명하고 나아가 국내 취업문화에 공헌한 기여도에 관해 선험적인 기법으로 종합적이고도 체계적으로 분석했다는 측면에서 연구의 의의를 두고자 한다.

참고문헌

▣ 본 장은 이종구(2009. 9). "삼성 공채의 사적 전개과정과 한국 취업문화 기여도 분석에 관한 탐색적 연구", 기업경영연구, 16(3), pp.77-104에 수록된 내용이다.

경희대학교 취업진로지원처(2008), 취업 · 직업연구.
김성수(1995), "인사관리의 사적고찰", **인사관리연구**, 한국인사관리학회, 19(1), 101.
김성수(1998), **신인사관리**, 법경사.
김성수 · 한한수 · 박재용(1997), "21세기 대졸신규인력의 채용관리변화에 관한 조사연구", **기업경영연구**, 4(4) 경희대학교 사회과학정책연구원, 65-67.
김재원(1996), **일과 직업의 세계**, 중앙경제사.
노동부(2007), **2007 신생 및 이색직업**, 한국고용정보원 직업연구센터.
리크루트(1996), 고학력 인력수급 활성화방안 연구 세미나.
리크루트, **월간 리크루트**, 1994년 1월 · 7월 · 10월호, 1996년 2월호, 1998년 10월호, 1999년 5월호, 2003년 5월호.
매경ECONOMY(2007. 1. 31), NO.1391.
삼성전자 보도자료(2002. 3. 18), 삼성전자 신입사원 채용면접 대변화.
서춘현(1995), "기업의 채용관리 효율성에 대한 연구", 명지대학교 정보산업대학원 석사학위논문, 8.
신태균(2006), "기업의 핵심가치 전개가 경영성과에 미치는 영향", 경희대학교 대학원 박사학위논문, 7.
어수봉(1991), **노동시장변화와 정책과제**, 한국노동연구원.
유동현(1998), "신세대 대학생의 직업선호도 및 인지도에 관한 연구", 숭실대학교 노사관계대학원 석사학위논문, 58.
이두휴(1989), "학력인플레이션에 대한 정치경제학적 분석", **한국교육문제연구**, 2, 푸른나무.
이종구 · 김병기(2008), "한국기업의 인턴사원제도의 사적 전개과정과 시대별 특성 비교분석에 관한 연구", **경영사학(한국경영사학회)**, 23(3), 269.
이종구 · 김준석 · 김호원(2007), "취업진로기구 국제비교를 통한 국내 대학의 선진모형 개발에 관한 탐색적 연구", **국제지역연구(국제지역학회)**, 11(3), 788.
이종구 · 김호원(2008), "한국 취업문화의 사적 전개과정과 시대별 특성 비교분석에 관한 탐색적 연구", **기업경영연구(한국기업경영학회)**, 15(3), 68-69, 66.
이지연(2001), **고등교육단계에서 효율적인 진로지도 방안연구**, 한국직업능력개발원 기본연구 01-11, 7.
이지훈 · 이종구(2006), "세대별 행태변화에 따른 욕구의식과 직업적 기준유형", **경희비**

즈니스연구(경희대학교 경영패러다임연구센터), 3(1), 127.
이한검 · 노남섭(1996), 세계화시대의 기업문화, 형설출판사.
Job color(2001), 1월호.
정구현 외(2008), 한국의 기업경영 20년, 삼성경제연구소.
조경동(1990), 변하는 세계와 2000년대 유망직업, 나라출판사.
최종태(2000), 현대인사관리론, 박영사.
한국경영자총협회(1995), 기업의 인사관리 혁신방안.
한국경영자총협회(1996), 한국기업의 인적자원관리제도 혁신사례.
한국경제신문(2002), SAMSUNG RISING.
한국능률협회(1996), 한국기업의 신인사제도 사례발표.
한국직업능력개발원(2003), 미래의 직업세계 2003.
홍하상(2003), 이건희: 그의 시선은 10년 후를 향하고 있다, 한국경제신문.

Kim Jang-Ho(2005), *New Paradigm of Human Resources Development*, KRIVET.
Linton, R.(1949), *The Cultural Background of Personality*, New York: Appleton-Crofts.
Litwin, G. H. and Stringer, R. A.(1968), *Motivation and Organizational Climate*, Harvard Business School Press.
Robbins, S. P.(1996), *Organizational Behavior*, 7th-Edition, Prentice-Hall International, Inc.
Schein, E. H.(1985), *Organizational Culture and Leadership*, San Francisco: Jossey-Bass.

부록

■ 본 장의 탐색적인 연구방법은 아래와 같이 6하 원칙에 의해 기재하였다.

1 대면인터뷰

① 캠퍼스 리크루터 및 취업특강 방문 인사담당자 대면인터뷰

이종구, 2009. 1. 2~4. 20, 경희대 채용상담실, 캠퍼스 리크루터(인사담당자) 및 취업특강 방문 인사담당자 대면인터뷰, 기업경영연구 대면인터뷰

② 경희대학교 행사참여 인사담당자 대면인터뷰

이종구, 2009. 4. 17, 롯데호텔(36층) 버클리룸, '경희대학교 100대 기업 및 기관 인사담당자 초청 산학의 역할 포럼' 참가자 중 일부 대면인터뷰, 기업경영연구 대면인터뷰

③ 취업진로교과목 수업차 방문한 인사담당자 대면인터뷰

이종구, 2009. 3. 2~4. 20, 경희대학교 연구실, '직종교육실무론' 수업차 방문한 '한국 HR-PA(인사담당자 클럽)' 소속 인사담당자 대면인터뷰, 기업경영연구 대면인터뷰

④ 연구자 취업특강 시 대학생 대면인터뷰

이종구, 2009. 3. 2~4. 20, 전국 6개 지역 소재(서울, 인천, 대구, 광주, 부산, 대전) 대학교(대학생), 연구자 취업특강 시 다수 대면인터뷰, 기업경영연구 대면인터뷰

2 현장탐사

이종구, 2009. 1. 2~4. 20, '한국 HR-PA(인사담당자 클럽)' 소속기업 인사부(11개사) 현장방문조사(연구자는 '한국 HR-PA' 회원임), 한국 취업문화에 삼성이 미친 영향 및 기여도조사, 기업경영연구 현장탐사조사

3 서베이리서치

① 이종구, 2009. 1. 2~4. 20, 경희대 채용상담실, 한국 취업문화에 삼성이 미친 영향 및 기여도조사, 캠퍼스 리크루터(인사담당자)대상조사, 기업경영연구 서

베이리서치

② 이종구, 2009. 4. 17, 롯데호텔(36층) 버클리룸, 한국 취업문화에 삼성이 미친 영향 및 기여도조사, '경희대학교 100대 기업 및 기관 인사담당자 초청 산학의 역할 포럼' 참가자 대상조사, 기업경영연구 서베이리서치

③ 이종구, 2009. 3. 2~4. 20, 경희대학교 연구실, 한국 취업문화에 삼성이 미친 영향 및 기여도조사, '직종교육실무론' 수업차 방문한 '한국 HR-PA(인사담당자 클럽)' 소속 인사담당자 대상조사, 기업경영연구 서베이리서치

④ 이종구, 2009. 3. 2~4. 20, 전국 6개 지역 소재(서울, 인천, 대구, 광주, 부산, 대전) 대학교(대학생), 한국 취업문화에 삼성이 미친 영향 및 기여도조사, 연구자 취업특강 시 직접조사 혹은 6개 지역 대학의 취업정보실 관계자 대행조사, 기업경영연구 서베이리서치

한국 취업문화 · 공채문화 40년사
채용역사와 뉴 패러다임

CHAPTER

11

삼성 인재경영 80년 전개과정과 시대별 특징분석

– 호암 이병철의 경영이념 중심으로 –

Ⅰ 문제제기 및 연구목적

Ⅱ 선행연구 및 인재경영 형성 배경

Ⅲ 시대별 인재경영 전개과정과 특징분석

Ⅳ 삼성의 인재경영 특성분석

Ⅴ 결론 및 시사점

핵심 요약

본 장의 연구목적은 글로벌 대기업으로 성장한 삼성의 인재경영 75년 역사의 변천 과정과 특징을 분석하는 데 그 취지를 두고자 한다. 인재경영의 특징을 분석하기 위한 방법으로는 최고경영자가 기업문화의 이질성(다른 기업과의 차별화된 문화)을 결정짓기 위해 시대별로 대내외적으로 선포한 기업문화의 구성항목인 관념문화(경영이념 · 회사강령), 제도문화(정신 · 규범 · 규칙), 행동문화(행동양식 · 사풍) 등을 중심으로 접근하기로 한다.

삼성 인재경영역사의 시대별 특징을 요약하면 다음과 같다. 제1창업시대(1938~1987년)는 '사업보국 실현을 위해 인재제일주의정신에 입각한 인본주의 기업관을 정립시키며 이것을 기업의 경영이념으로 승화'시키는 시기였다. 제2창업시대(1988~1992년)는 초일류기업으로 도약을 위해 '인간존중'과 '기술중시'를 기업경영의 핵심가치로 표방한 시기였다. 신경영시대(1993년~현재)는 삼성이 글로벌 대기업으로 진입하는 시기인 만큼 '인재'와 '기술'을 기반으로 하는 창조경영을 통해 '초일류기업의 실현과 인류사회공헌'에 주력하고 있다.

한편 삼성의 기업문화 내 인재경영의 특성을 분석해보면 먼저 제1창업자시대는 '사업보국을 위한 인재제일주의 실현과 이를 통한 합리추구정신에 입각한 기업경영' 문화로 정립할 수 있으며 제2창업자시대는 '인재와 인간존중 그리고 기술을 기업의 가치로 글로벌 초일류를 지향하여 인류사회에 공헌한다'는 기업문화를 표방하고 있다. 또한 삼성의 CSR활동 속의 인재경영의 특성을 분석해보면 먼저 제1창업자시대는 '사업보국을 통해 국가발전에 공헌하기 위해 인재발굴과 인재육성'에 전력하는 것이었으며 제2창업자시대는 '인재경영과 기술경영의 접목을 통해 초일류기업을 실현하여 인류사회에 공헌한다'는 목표를 실천 중에 있다. 본 장은 선행연구가 취약한 상황에서 삼성 75년 역사의 시대별 인재경영의 특징을 조명하고 나아가 삼성의 '경영이념 · 기업문화 · CSR' 등과 인재경영 간의 특성분석 그리고 삼성의 인재경영 역사가 한국 기업들의 인사관리영역에 미친 영향에 관해 선험적인 기법을 통하여 체계적으로 접근, 분석했다는 측면에서 연구의 의의를 두고자 한다.

I 문제제기 및 연구목적

1. 연구배경 및 연구목적

21세기 한국은 글로벌 경제를 움직이는 주역 가운데 하나로 급성장했다. 한국의 놀라운 경제발전의 저변에는 삼성이 핵심을 이루고 있다. 삼성은 2010년 〈포춘(Fortune)〉지가 선정한 세계기업 순위에서 32위(삼성전자)를 차지했으며 21세기 기업사회의 새로운 패러다임으로 부상한 기업의 사회적 책임(CSR: Corporate Social Responsibility)경영의 결과물로 평가하는 존경받는 기업순위에서도 42위를 차지하여 양과 질적인 측면에서 글로벌 기업의 입지를 확고히 구축했다.

삼성을 글로벌 기업의 반열에 올려놓은 배경에는 창업주(호암 이병철: 1910~1987)의 뛰어난 인재경영과 미래지향적인 사업선정이 직접적인 요인으로 작용했다. 삼성의 인재경영을 연구하기 위해서는 창업주의 경영사상을 지배한 동양적 유교사상에 기인한 경영철학을 이해할 필요가 있다. 삼성 창업주의 경영철학 가운데 핵심을 이루고 있는 것이 인재제일주의이며 이는 곧 경영이념의 근간을 형성하고 있기 때문이다.

기업의 인재경영은 산업의 발전과정과 기업환경의 변화에 따라서 변하는 형태이다. 하지만 삼성의 창업주가 표방했던 인재관의 큰 줄기는 창업 이래 그대로 유지되고 있다. 이러한 창업주의 인재제일주의의 경영철학은 글로벌 기업사회에서 삼성의 앙트러프러너십(entrepreneurship)[1]을 지속가능하게 만드는 원천이 되고 있다.

21세기 한국사회는 선진국으로 도약했다. 부존자원이 빈약한 한국이 선진

1) 앙트러프러너십은 프랑스 용어로 우리나라 경영사학자들은 기업가정신, 기업가활동, 창조적 혁신 등으로 통칭하고 있다. 김영래(2010)는 "경영이념이 앙트러프러너십의 상위개념에 있다"고 밝히고 있다.

국으로 부상할 수 있었던 배경에는 인적자원개발에 주력한 정부정책이 주효했기 때문이다. 삼성은 한국의 개발경제시대부터 현재까지 한국의 지속적인 경제성장의 속도와 비례해서 발전을 거듭해왔다. 삼성의 이러한 인재제일주의의 경영사상은 창업주의 동양적 유교사상에 근거한 사업보국정신에 기인한다. 창업주의 동양적 유교사상에서 형성된 경영철학(management philosophy)이자 경영이념(management ideology)인 사업보국을 위한 인재제일주의의 인재경영원칙은 오늘날 한국 기업들의 인사관리영역 가운데 핵심을 차지하는 분야이다.

삼성의 인재경영 변천과정을 시대별로 구분하는 중요한 이유는 2세경영체제의 출범에 따른 창업주의 경영이념과 기업정신의 재정립이 직접적인 배경이자 요인으로 작용하고 있다. 하지만 창업주의 경영이념의 핵심인 인재제일주의정신은 삼성 기업사 75년 동안 전 기업영역에 걸쳐 일관되게 유지, 전개되어왔다는 점이다. 특히 제2창업시대와 신경영시대에도 산업환경과 기업환경에 따라 인재경영의 전략은 시대상황에 맞게 수정되었어도 창업주의 '인재'와 '사람'을 근간으로 하는 인본주의 인재경영의 기본원칙은 시대별로 그 특징을 신경영이념과 신기업정신에 확고히 명시한 채 지속적으로 계승되고 있다는 것이 주목된다. 글로벌 대기업 삼성이 창업기부터 현재까지 유지하는 기업경영의 원칙이 있다면 이것은 인재제일주의를 경영신조로 삼은 창업주의 경영이념을 그대로 전승하고 있다는 점을 들 수 있을 것이다. 삼성은 75년의 연혁을 거쳐오는 동안 인재경영전략을 기업성장을 위한 핵심가치로 삼고 있다.

본 장의 연구목적은 글로벌 대기업으로 성장한 삼성의 인재경영역사를 기업의 형성기에서부터 현재에 이르기까지 변천과정과 시대별 특징을 분석하는 데 그 취지를 두고자 한다. 특히 창업주의 인재제일주의 경영철학은 삼성의 경영이념과 기업문화(corporate culture), CSR 등에 직접적인 영향을 미친 만큼 이 부분에 대한 분석도 동시에 이루어졌다. 본 장은 글로벌 대기업인 삼성의 인재경영역사를 시대별로 체계화시킨 만큼 한국 기업들의 인재경영 변천과정을 간접적으로 이해하는 데도 중요한 정보를 제공해줄 것으로 본다.

2. 연구방법 및 체계도

본 장은 창업 이후 전개되어온 삼성의 인재경영 변천과정과 시대별 특성을 체계적으로 고찰하고 분석하는 데 목적을 두고 있다. 연구범위는 삼성그룹의 모태인 '삼성상회가 태생한 1938년부터 2012년 현재까지의 인재경영의 변천과정과 시대별 특성분석'에 한정시키기로 한다.

특히, 인재경영의 특징을 분석하기 위한 방법으로는 최고경영자가 기업문화의 이질성을 결정짓기 위해 시대별로 대내외적으로 선포한 기업문화의 구성항목인 관념문화(경영이념 · 회사강령), 제도문화(사원정신 · 사원규범), 행동문화(행동양식 · 사풍) 등을 중심으로 접근하기로 한다.

연구방법은 삼성 인재경영의 전개추이를 알기 위해 시대별로 변하는 삼성 인재경영의 변천과정을 제1창업시대(1938~1987년), 제2창업시대(1988~1992년), 신경영시대(1993년~현재)로 각각 구분하여 분석했다.[2] 특히 시대별 인재경영의 특징을 파악하기 위해 기업문화의 이질성에 영향을 주는 요인들을 분석하는 데 주력했다.

본 장은 인재경영의 특성을 파악하기 위해 삼성의 핵심 경쟁력이 되고 있는 '경영이념과 인재경영', '기업문화와 인재경영', 'CSR과 인재경영' 등도 동시에 분석했으며 나아가 삼성의 인재경영이 한국 기업사회 내 인사관리영역에 미친 영향에 대해서도 살펴보았다. 한편 본 장 연구의 접근기법은 탐색적(exploratory article)인 연구방법을 사용하였으며 연구과정의 구성체계도는 [그림 11-1]과 같다.

2) 삼성 인재경영의 시대별 구분의 기준은 크게 세 영역으로 특징지을 수 있다. 첫 번째는 제1창업자가 기업을 형성하는 시기에 구축한 개념이며, 두 번째는 삼성이 글로벌 대기업으로 토대를 마련하는 시기에 2세경영자가 표방한 개념이다. 세 번째는 삼성이 초일류기업으로 본격적인 행보를 내딛으면서 대내외적으로 선언한 '신경영시대'와 때를 같이하여 정립한 인재경영전략이다.

그림 11-1 | 삼성 인재경영 연구구성 및 체계도

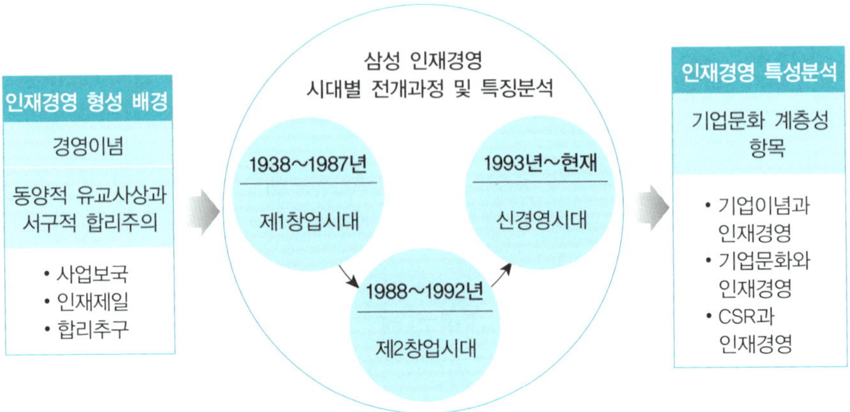

Ⅱ 선행연구 및 인재경영 형성 배경

1. 창업주의 동양적 유교사상과 인재관

광복을 기점으로 창업한 해방둥이 기업[3] 가운데 삼성은 한국 현대 경제사에 가장 큰 영향력을 미치고 있는 대표적인 기업이다. 삼성의 성공신화의 배경에는 창업주의 경영이념의 핵심을 이루고 있는 '인재제일주의'가 중심을 이루고 있다. 21세기 글로벌 기업으로 성장한 삼성의 원동력은 인재제일주의라는 창업주의 경영이념이 기업의 태동에서부터 오늘에 이르기까지 삼성 75

3) 해방둥이 기업이란 우리나라가 일본제국주의통치하에서 해방되던 1945년에 창업한 기업을 말한다. 해방과 동시에 빈손으로 창업하여 거대기업으로 성장한 해방둥이 기업들의 경우 한국 기업사에 있어서 경영사학적으로 매우 중요한 의미를 갖는다(김성수, 1996, 5). 삼성은 해방둥이 기업들이 모습을 보이기 전인 1938년 대구에서 삼성상회로 태생하여 1948년 삼성물산공사를 설립하면서 서울로 진출하여 본격적인 기업활동에 들어갔다.

년 역사에 걸쳐 기업 전반에 유지, 발전되어왔다는 측면에서 경영사학적으로 큰 의미를 지니고 있다.

삼성의 창업주인 호암 이병철 회장에 대한 연구는 그동안 경영철학과 경영이념에서부터 리더십, 기업문화, 기업의 사회적 책임, 앙트러프러너십 등에 이르기까지 다양하게 이루어지고 있다. 하지만 삼성 75년사 전 과정에 걸쳐 시대별로 전개되는 삼성 인재경영의 변천과정과 특성을 조명한 연구는 아직까지 나오지 않았다. 그동안의 삼성관련 선행 논문들은 앞에서 언급한 영역을 다루는 과정에서 극히 일부분만 호암의 인재관이나 혹은 기업의 인재상을 다룬 만큼 삼성 75년사 전 연혁에 걸친 인재경영의 변천과정과 시대별 특성을 종합적이고도 체계적으로 이해하기란 어렵다.

창업주의 경영철학이자 경영이념의 뿌리인 인재경영은 오늘날 삼성그룹 기업문화의 기저로서 모든 삼성인들의 정신세계를 지배하는 '삼성인의 정신'의 근간을 형성하고 있다. 호암정신의 원류는 홍익인간의 이념과 사업보국정신에 입각한 합리주의를 추구하는 성장과정에서 발아되었다. 이는 곧 호암정신이 홍익인간의 이념에 바탕을 두고 있으며 유교적 가풍으로 내재된 유교사상에 근거한 애국애족사상이 사업보국정신으로 이어졌다고 볼 수 있다.

시대적 상황으로 보았을 대 호암의 유년기와 청년기는 식민지배통치가 옥죄이는 억압과 수탈의 역사로 인해 한민족의 심신이 피폐해진 시기였다. 즉 한학과 엄격한 유교적 가풍은 그의 경영철학이 동양적 유교사상을 태동시키는 데 일조했으며 선친[4]의 애국사상과 개화사상의 영향은 그에게 사업보국정신을 형성시켜주는 계기가 되었다.

호암의 동양적 유교사상은 집안 내력과 가풍에 영향을 받았으며 이는 삼성의 경영이념을 정립하는 데 직접적인 동기로 작용했다. 특히 호암의 조부 이홍석(호: 문산, 1838~1897) 공은 시문과 성리학, 실학사상 등에 능했으며 부

4) 호암의 부친 이찬우(호: 기산, 1874~1957) 공은 일제치하에서 독립협회 회원들과 함께 행동하면서 기독교청년회에 출입하는 등 애국사상과 개화사상을 가졌는데 이는 자연히 호암의 정신세계에 큰 영향을 미치게 되었다(김진홍, 2006, 8).

친 이찬우 공 또한 공자의 가르침을 철저히 지키며 퇴계학을 숭상했을 만큼 호암의 가풍문화는 유교사상이 지배했다(김영래, 2011, 9). 호암은 유년시절 논어와 한학을 공부하면서 동양적 유교사상을 전승받았으며 선대의 실학사상에 영향을 받아 이재에도 밝은 면모를 나타냈다.

호암의 경영이념 가운데 하나인 합리추구정신은 실제로 실학사상과 접목된 부분이 많다. 실학의 중심사상인 이용후생을 현대 시각으로 풀어보면 이용은 경제성장을 의미하고 후생은 사회복지와 같은 맥락으로 풀이된다. 따라서 호암은 기업의 경영을 합리주의정신에 입각해서 운영하였고 기업의 목표는 당연히 실사구시를 추구하며 이용후생을 지향했다. 이러한 호암의 정신은 1963년 한국일보에 '우리가 잘사는 길'과 1987년 중앙일보 '부국론' 그리고 "기술혁신을 합리화시켜야 한다"는 〈호암어록(1997)〉에도 잘 나타나 있다. 실제로 이용후생정신은 상공업의 발달과 산업기술의 혁신을 중요시하며 나아가 개혁정신의 성향까지 내포하여 호암의 합리주의정신과 접목된다고 볼 수 있다. 이는 후에 삼성의 전 사업영역에 크게 영향을 미치며 삼성정신의 본체가 된다.

호암이 인재경영에 사활을 건 이유는 시대적 상황과도 무관하지 않다. 한국 근대사와 일제강점기는 한민족이 끊임없는 외세의 침탈로 정치 · 경제 · 사회 · 문화가 매우 피폐해진 상태였다. 호암이 인재제일주의를 경영이념으로 삼은 것도 폐허나 다름없는 절박한 현실에서 기업과 국가를 부흥시킬 수 있는 유일한 방법이자 수단이 인재였기 때문이다. 이러한 인재경영은 2세창업자에게도 그대로 전승되고 있다. 2세창업자인 이건희 회장은 1988년 삼성 50주년 자리에서 제2창업을 선언하면서 제2창업정신[5]으로 인간존중정신을 표방한 데 이어 2002년 6월, 천재경영론[6]을 선포하면서 다시 한 번 호암의

5) 1988년 3월, 이건희 회장은 삼성창립 50주년 자리에서 제2창업을 선언하면서 제2창업정신으로 자율경영, 기술중시, 인간존중 등을 선포했다. 당시 제2창업정신으로 선포된 덕목은 9가지였으나 집중력과 행동력을 갖고 구체적으로 옮겨할 할 핵심덕목은 이 3가지로 집약된다(김성수, 2005, 23-24).

인재경영사상을 기업의 핵심정신으로 확립시켰다(김성수, 2005, 51). 창업주의 인재제일주의정신이 절박한 시대상황에서 기업의 유일한 생존전략의 수단이자 가치였다면, 제2창업자의 '천재중시', '인간존중사상'은 무한경쟁시대에 기업의 경쟁력과 계속기업(going concern)을 유지하기 위한 기업의 핵심가치라는 점에서 공통적인 의미를 담고 있다. 이처럼 호암의 경영이념은 시대를 초월하여 인재경영이라는 기업정신으로 전승되고 있으며 삼성 75년사에 걸쳐 기업의 맥으로 자리를 잡고 있다.

2. 창업주의 경영철학과 인재관

경영철학이나 경영신조가 공식적으로 명시되고 실현될 때 이를 경영이념이라고 한다. 경영이념에는 기업가의 경영철학 내지 경영신조를 나타내는 것이지만 그것을 명시하지 않거나 표시되지 않을 때는 암묵적인 개인사고에 지나지 않으므로 경영이념이라고 할 수 없다. 경영철학이 경영이념이 되기 위해서는 사회적으로 명시되고 실현될 때 비로소 경영이념으로 평가받을 수 있다(John F. Mee, 1964, 高橋達男 역, 1967, 101; 황명수, 1997, 43; 김성수, 2005, 44). 따라서 경영이념과 경영철학은 기업을 경영하는 데 있어서 이윤추구와는 또 다른 축에 놓여있는 정신적인 영역이라고 볼 수 있다. 김광수(1997)는 기업에서 사업의 규모나 영리추구 이외의 정신적인 영역이 경영이념이자 경영철학이라고 정의했다. 일반적으로 최고경영자의 경영철학이나 경영신조로부터 출발하는 경영이념은 그 기업에 몸담고 있는 종업원 전체의 공감대로 정착하여 그 기업의 정신적인 지주가 된다.

6) 2002년 6월, 용인연수원 창조관에서 이건희 회장은 21세기는 "천재 한 명이 10만 명을 부양한다"는 이른바 천재경영론을 발표했다. 이는 21세기 삼성이 초일류기업으로 성장하기 위해 인재의 발굴과 육성에 주력하겠다는 의미를 내포하는 동시에 삼성 인재경영의 중요성을 역설한 말이다.

삼성의 경영이념이 창업주인 호암의 경영철학에서 형성되어 구성원 전원이 합치된 개념으로 정리된 것은 1973년이다. 이렇게 볼 때 호암의 경영철학은 유년시절 가풍에서 습득된 유교적 동양사상과 시대상황이 만들어낸 사업보국정신이 접맥된 가운데 기업경영을 하면서 체득한 합리주의정신이 융합되어 형성되었다고 볼 수 있다.

특히 호암의 경영이념 가운데 인재제일주의정신은 삼성의 75년 전 기업사에 걸쳐 핵심을 차지하고 있는 부분이다. 호암은 한국근대사와 일제강점기를 통해 사업보국만이 국력을 키울 수 있다는 신념에서 기업을 설립했으며(사업보국) 사업을 부흥시킬 수 있는 유일한 수단이 인재의 발굴과 육성이라고 생각했다. 호암은 유년시절 유교적 동양사상과 실학사상이 지배하는 가풍문화 속에서 성장하면서 유교의 본질인 '인'의 정신을 배우고 실천하는 가운데 '인재'와 '사람'을 중요시하는 인본주의철학을 갖게 되었으며(인재제일) 또한 실학사상에 근거한 합리주의정신에 입각하여 기업을 경영하면서 '인재'와 기술, 업종선택 및 조직관리 등 모든 영역에 걸쳐 철저히 합리주의원칙을 추구하였던 것이다(합리추구).

호암은 이러한 가풍문화에서 만들어낸 인생철학과 시대상황이 만들어낸 근대적인 합리주의 경영철학을 접목시켜 경영이념으로 승화시켰다. 이렇게 볼 때 호암의 경영철학과 경영이념은 사실상 동일한 내용이자 개념으로 받아들여지고 있으며, 이는 후에 창업 2세대인 이건희 회장이 선언한 제2창업정신[7]의 요체가 된다.

호암의 인재관은 경영철학 속에서 생성된 인재제일주의정신이 사회적으로 명시되고 실현되면서 경영이념으로 승화된 경우라고 볼 수 있다. 동양적 유교사상에 심취하고 사업보국에 강한 집착을 보인 호암은 인재를 가장 중요시

7) 1988년 3월, 삼성 창업 50주년 행사에서 이건희 회장은 제2창업을 선언하고 이어 7월에 '자율경영 · 기술중시 · 인간존중'이라는 제2창업정신을 정립하였다. 이는 1984년 6월, 호암이 경영이념을 구체적으로 실현하기 위해 만든 삼성정신(5대 덕목)과 접맥되어 있다.

여기는 인본주의사상을 경영철학으로 삼으면서 합리적인 기업경영을 위하여 평생 동안 인재육성사업을 실천한 기업가이다. 호암의 경영철학의 핵심인 인재제일주의는 시대상황에 따라 삼성정신(1984), 제2창업정신(1988), 삼성인의 정신(1993), 천재경영론(2002), 삼성 5대 핵심가치(2004), 창조경영(2006) 등을 통해 삼성 기업문화의 저변에 공고히 자리를 잡고 있다.

호암의 인재관은 최근 기업사회에서 주목을 받고 있는 앙트러프러너십에서도 잘 드러나고 있다. 호암은 그의 경영 후반기인 1984년에 사업보국, 인재제일, 합리추구로 집약되는 삼성의 경영이념을 실천하는 지침으로 창조정신, 도덕정신, 제일주의, 완전주의, 공존공영 등 삼성정신 5대 덕목을 표방했다(김진홍, 2006, ii). 이는 삼성의 제2창업 제2기 원년이 개막되는 1993년 3월, 창업 55주년을 맞아 2세창업자가 새로이 선포한 "인재와 기술을 바탕으로 최고의 제품과 서비스를 창출하여 인류사회에 공헌한다"는 신경영이념의 기저를 이루고 있다(김영래, 2010, 43-44; 김영래, 2011, 13-14). 2세창업자가 새롭게 정립시킨 신경영이념 또한 창업주의 경영이념을 근간으로 둔 채 이와 맥을 같이하여 시대상황에 맞게 재확립했다고 볼 수 있다.

Ⅲ 시대별 인재경영 전개과정과 특징분석

본 절에서는 호암의 경영이념(사업보국 · 인재제일 · 합리추구)을 중심으로 시대별(제1창업시대: 1938~1987년, 제2창업시대: 1988~1992년, 신경영시대: 1993년~현재)로 전개되는 삼성 인재경영의 특징을 조명하는 데 주력했다. 인재경영의 변천과정을 분석하는 방법으로는 최고경영자가 기업문화의 이질성을 결정하기 위해 시대별로 대내외적으로 선포한 경영이념 · 회사강령(관념문화), 사원규범 · 사원정신(제도문화), 행동양식 · 사풍(행동문화) 등에 초점을 맞춰 전개하기로 한다.

1. 제1창업시대(1938~1987년)

21세기 삼성이 글로벌 대기업으로 급성장한 배경에는 창업주의 경영이념이 내적 역량으로 작용했다. 호암의 경영이념을 분석하기 위해서는 그의 성장과정과 시대적인 상황 그리고 기업설립 동기 등 다양한 환경적인 요인에 대한 접근이 전제되어야 할 것이다. 호암의 경영이념 속에는 이 모든 상황들이 함축되어 있다.

인간의 가치관과 개인철학 나아가 경영사상이나 경영철학 등이 경영이념으로 승화되기 위해서는 사회적으로 명시되고 공표되어야 하며 또한 모든 구성원의 공유된 신념과 행동규범을 통해 실천적 행위로 나타나야 한다. 호암의 경영이념은 1938년 삼성상회를 설립한 이후 36년이 지난 1973년에 형상화·체계화되어 대내외적으로 선포되었다.

유년시절 호암은 동양적 유교사상과 서구적 합리주의의 영향을 받으면서 성장했다. 전형적인 유교집안에서 성장한 호암은 이로 인해 동양적 유교사상의 가풍교육을 받으며 유년시절을 보냈다. 조부 이홍석(호: 文山) 공은 영남지방의 유학의 명망가인 허성제 선생의 문화생인 만큼 성리학에 능했을 뿐만 아니라 이재에도 밝았다고 전한다. 당시 허성제 선생이 이홍석 공의 서당에 들려 문산기(文山記)를 써주었는데 여기에 "이 공은 실사구시의 학풍을 좇았다"고 한 것을 보아도 그의 가풍이 유교사상과 실학사상의 이념인 합리주의 정신을 동시에 수용하고 있다는 것을 간접적으로 알 수 있다(조기준, 1997, 6). 조부의 유교사상을 전승받은 선친은 호암에게 유교적인 도덕규범과 더불어 실학사상의 요체인 실사구시와 이용후생에 대한 합리주의 교육도 함께 가르쳤다. 호암의 이러한 가풍교육과 일본 유학생활은 그에게 사업보국정신과 합리추구정신을 추구하는 계기로 작용했으며 삼성상회 설립과 더불어 태동된 그의 경영철학은 사업보국주의의 기틀이 인재육성에 있다는 것을 염두에 두었다.

호암은 삼성상회 설립을 시작으로 해방 직후 삼성물산상사를 거쳐 한국전쟁 이후에는 제당과 모직 등 생필품산업에 진출하면서 본격적인 기업부흥과 더불어 산업자본을 축적하기에 이른다. 호암의 경영철학은 이러한 시대적인 기업환경과 사업과정을 거쳐 1973년에 사회적으로 명시되고 공표됨으로써 비로소 경영이념으로 자리매김을 했다.

호암의 경영이념은 모든 삼성인들이 공유하고 있는 핵심가치로서 사업보국, 인재제일, 합리추구 등으로 집약된다. 경영이념이 실천적 · 행위적 개념을 전제로 하고 있는 만큼 호암이 정립한 삼성의 경영이념은 이후 2세창업자의 신경영이념(1993)이 발표되기까지 21년 동안 삼성인의 경영활동과 의사결정의 원칙으로 작용했다.

호암은 "기업은 사람이다", "일년의 계획은 곡물을 심는 데 있으며 10년의 계획은 나무를 심는 데 있으며 백년의 계획은 사람을 심는 데 있다", "일의 시작과 끝은 사람에 의해서 마무리되고 일의 중심에는 사람이 있다"라고 밝혔다. 호암의 인재본위사상과 인재경영철학을 단적으로 드러내는 대목이다. 호암은 자신이 정립한 경영이념을 움직이는 핵심요체를 사람으로 보고 있다. 따라서 삼성의 경영이념과 인재경영은 밀접한 관계를 형성하고 있다.

먼저 사업보국정신에서 호암의 인재경영철학을 확연히 읽을 수 있다. 호암은 국가를 부강시키기 위해 기업이 존립한다고 믿었으며 기업이라는 생명체를 유지, 발전시키는 원동력은 인재이자 사람이라고 보았다. 호암은 "인재발굴과 인재육성을 통해 사업을 일으켜서 사회와 국가에 공헌해야 한다"는 지론을 펼쳤다. 호암은 "나는 내 일생을 통해서 80%는 인재를 모으고 교육시키는 데 시간을 보냈다"고 말한 바 있다(김진홍, 2006, 42). 이는 곧 사업보국을 위해서는 인재육성이 우선되어야 하며 인재육성사업만이 사업보국을 위한 유일한 수단이자 방법이라고 믿었다.

호암의 경영이념 가운데 인재제일주의는 기업의 생명이요, 본체로 정의된다. 호암은 인재의 교육과 훈련을 위해 1977년 1월, 국내 최초로 용인에 동방연수소를 건립한 이후 1987년 작고할 때까지 무려 6개의 대규모 연수소를 건립하여 인재육성사업에 전력을 쏟았다. 호암은 인재육성만이 기업과 국가를 발전시킬 수 있다는 지론을 갖고 모든 사업영역에 걸쳐 인재육성에 대한 기업인의 책무를 강조했다. 삼성이 1957년 1월에 국내 민간기업 최초로 삼성물산공사에 사원공개채용제도를 도입한 것도 이와 같은 맥락이며 삼성 전 계열사의 인사관리원칙에 능력주의와 공정주의제도를 도입한 것도 이러한 인재제일주의를 실현하기 위한 집념으로 풀이된다.

호암은 기업경영활동에 있어 철저히 합리추구원칙을 적용해왔다. 호암은 합리추구정신이 경쟁사회에서 기업을 존립시킬 수 있는 원동력이자 전략이라고 생각한 것이다. 호암의 합리추구정신은 기업의 의사결정과 인사관리, 사업평가, 문제해결방법 등에 폭넓게 적용되었으며 오늘날 삼성을 초일류기업으로 성장시킨 역량으로 작용했다.

호암은 경영이념의 실천정신을 강화시키기 위해 1984년 삼성정신 5대 덕목을 발표했다. 사원정신이라고도 일컬어지는 삼성정신의 5대 덕목은 제일주의정신, 완전주의정신, 창조정신, 공존공영정신, 도덕정신으로 집약된다. 삼성정신에서 인재경영과 밀접하게 연결되어 있는 것은 제일주의정신이다. 삼성정신 속의 제일주의는 인재제일주의로 대표되며 "최고의 인재들이 최고의 기술과 제품을 만들 수 있다"는 지론에서 인재경영의 중요성을 담고 있다.

호암은 인재제일주의를 실천하기 위해 택인관·교인관·용인관이란 인재경영원칙을 고수했으며 이는 오늘날 삼성이 세계적인 인재강성기업으로 존립할 수 있는 경쟁력의 원천이 되고 있다.[8] 호암이 정립한 삼성정신은 이후 2세창업자에 의해 '삼성인의 정신'으로 더욱 공고히 되었으며 '삼성인의 정신'은 다시 2세창업자의 '신경영이념'을 실천하기 위한 모든 삼성인들의 행동

8) 호암의 인재관은 택인관·교인관·용인관으로 구분된다. 이는 기업경영에 있어 효율적인 인사관리를 위한 인재경영원칙이라고 볼 수 있다. 이러한 호암의 인재관은 오늘날까지 삼성의 인적자원관리에 적용되고 있다.

그림 11-2 | 삼성 시대별 인재경영 전개현황(1938년~현재)

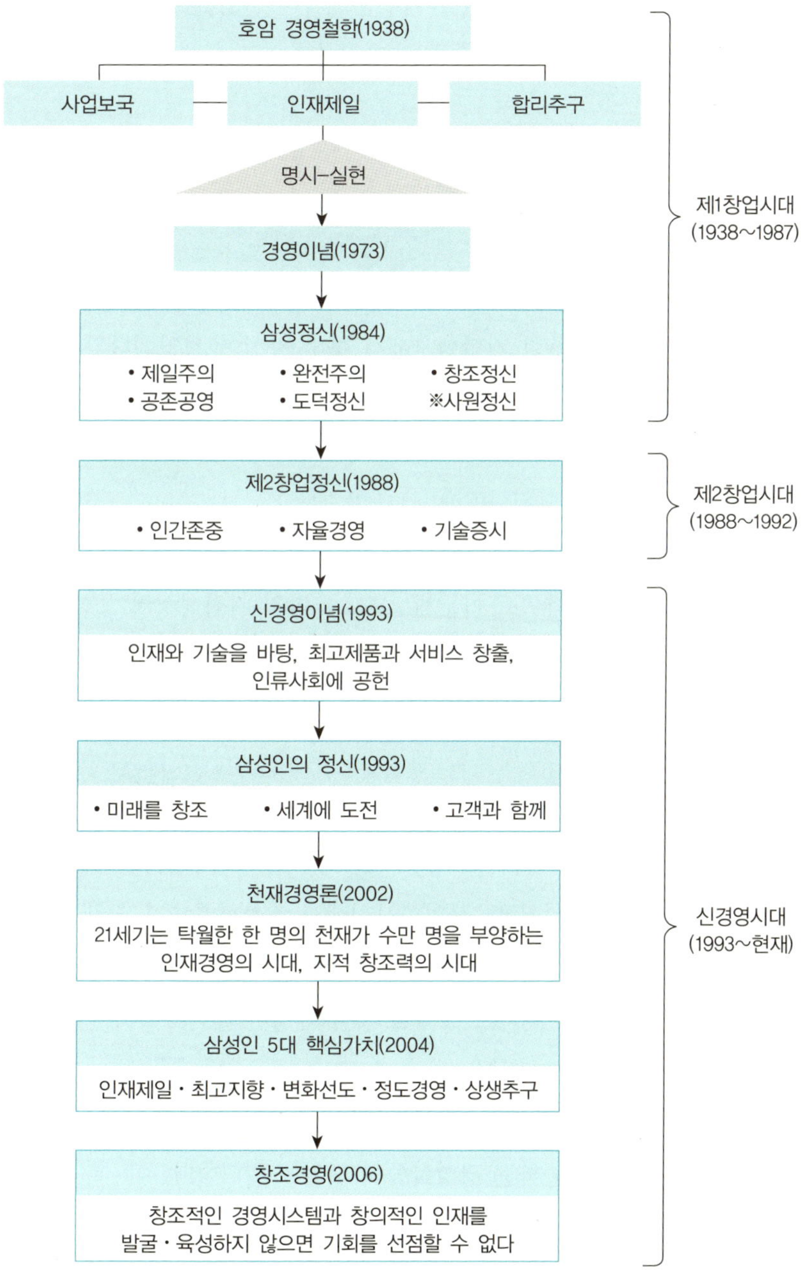

주: 기업문화의 이질성항목 위주로 전개한 삼성 75년 역사의 인재경영 흐름도

강령이 되고 있다. 이렇듯 삼성의 인재경영의 진원지는 창업주시대로부터 시작된 것이다. 삼성의 인재경영역사를 기업문화의 이질성을 결정짓는 시대별 요인들을 중심으로 그 추이를 전개하면 [그림 11-2]로 체계화시킬 수 있다.

2. 제2창업시대(1988~1992년)

1987년 호암의 작고로 삼성은 2세경영체제를 맞게 된다. 이건희 회장은 1988년 3월, 삼성창립 50주년 기념행사에서 향후 자신이 경영해나갈 삼성의 비전을 대내외적으로 선포하게 되는데 이른바 이것이 '제2창업선언'이다. 이건희 회장에 의해 출범된 제2창업시대는 삼성이 대내외적으로 역동적인 상황을 전개하는 전환기에 해당된다([그림 11-3] 참조).

삼성은 전환기를 맞으면서 본격적으로 반도체와 통신사업에 투자하며 한국 IT산업의 성장을 주도적으로 이끌게 된다. 호암의 기업형성기가 산업자본을 축적하며 기간산업발전과 전자, 중화학산업에 주력하는 시기였다면 제2창업시대는 첨단기술산업에 기업의 사운을 거는 기회와 리스크가 상존하는 시기였다.

제2창업시대는 이러한 시대적인 기업상황과 과제를 안은 채 출범되었다. 따라서 제2창업선언에는 삼성이 초일류기업으로 도약하기 위한 비전제시에 대한 내용을 담고 있다. 이것은 "산업화사회에서 정보화사회로 이행되고 인간·기술·환경의 조화가 중요시되는 창조경영시대로 변화되어가는 시대적 상황하에서 삼성이 세계를 무대로 도약할 것을 천명한 패러다임의 전환을 의미하는 것이다"(고승희, 2005, 242).

삼성의 제2창업선언은 새로운 경영환경에서 요구되는 새로운 경영패러다임으로 새로운 가치를 창출하는 경영활동의 진입을 의미한다. 이건희 회장은 1988년 12월, 21세기 삼성의 초일류기업의 진입을 위해 기업경영의 기본방침인 9가지 덕목을 발표했다. 9개 덕목은 인간존중, 자율경영, 기술중시, 위기의식, 인식의 전환, 구매의 예술화, 공동체의식, 업의 개념, 전략적 기회경영 등이며 이 가운데 삼성인이 실천적 행위로 추진해야 할 핵심덕목으로 다시 인간존중과 기술중시, 자율경영 등을 확정했는데 이 세 가지 덕목이 바로 제2창업정신이다(이건희, 2005, 122).

기업형성기 호암의 경영이념이 인재육성을 통한 사업보국이라면 인간존중, 기술중시, 자율경영으로 집약되는 이건희 회장의 제2창업정신은 '21세기 초일류기업의 구현'을 통해 글로벌 기업으로 도약한다는 비전을 제시하고 있다. 기업성장의 범위가 '국가'개념에서 '글로벌'로, '제일주의기업'에서 '초일류기업'으로 넓어졌지만 인재경영을 기본으로 실천적 행위가 이루어진다는 점에서 본질의 중심에는 인재와 사람이 자리매김하고 있다.

2세경영체제가 시작되는 전환기 시대에도 인재경영에 대한 삼성의 원칙은 그대로 지속되고 있다. '인간존중정신'은 삼성인 구성원 각자가 경영활동의 주체이자 목적임을 의미하고 있다. 따라서 인재를 경영활동의 구심점으로 생각하며 이를 통해 기업활동과 더불어 고객과 인류에 공헌한다는 의미를 함축

그림 11-3 | 제2창업시대 인재경영 특징분석(1988~1992년)

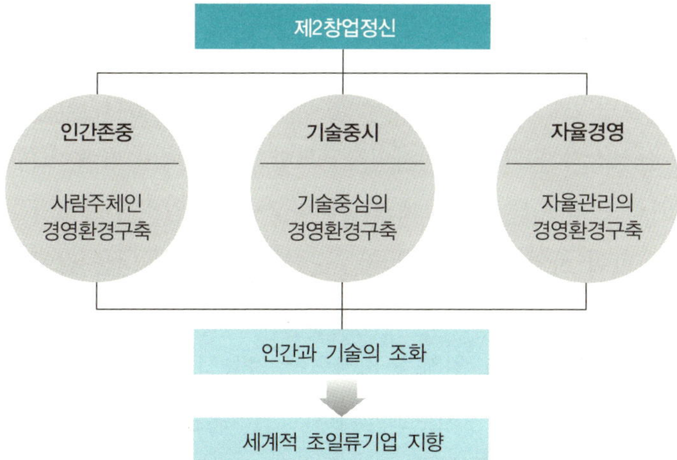

출처: 삼성인력개발원(2002), 168 자료 참고, 저자가 재구성

하고 있다. 따라서 삼성의 구성원들은 경영활동을 위한 수단이 아닌 주체이자 실천자임을 분명히 밝히고 있다.

인간존중정신은 구성원들에게 삼성인의 가치와 자부심을 심어주고 목적의식을 가지고 기업활동에 참여시켜서 기업성장을 도모한다는 것이며 이에 대한 성과로 나타나는 결과를 고객 및 인류와 함께하겠다는 삼성인들의 가치관을 담고 있다. 사람 주체인 경영환경을 구축하기 위해 '인간존중' 덕목이 추구하는 경영방법은, 첫째 대화의 경영, 둘째 신바람의 경영, 셋째 공존공영의 경영에 목표를 두고 있다(김성수, 2005, 24).

기술중시정신은 초일류기업의 실현을 위해 기업의 경쟁력 강화와 직결되는 정신이다. 따라서 기술중시의 경영환경을 조성하여 최고제품을 생산한다는 취지를 안고 있다. 기술중시정신은 이건희 회장의 기업가정신을 엿볼 수 있는 경영철학으로 기술혁신과 기술우위만이 21세기 글로벌 경쟁사회에서 기업의 존립과 성장 그리고 인류사회에 기여할 수 있다는 기술지향주의 경영방침을 내포하고 있다. 이는 제2창업시대를 선포한 이건희 회장이 기술중시정신을 기업경영의 핵심가치로 생각하고 있다는 것을 엿볼 수 있는 대목이다. 기술중시정신의 배경에는 고객을 제일로 하는 경영, 새로운 경영을 창조하는 경영, 장인정신을 갖는 경영 등의 의미를 내포하고 있다. 전환기의 인재경영전략은 기술중시정신과 직결된다. 삼성은 기술혁신과 기술개발을 위해 인재제일주의원칙에 입각하여 지속적인 투자를 해오고 있다. 삼성그룹 주력계열사인 삼성전자가 보유한 박사인력규모만도 3천6백여 명에 이른다. 이는 대학수준보다도 훨씬 많은 규모에 해당된다. 이는 호암의 인재제일주의를 통한 기술혁신만이 사업보국을 위한 지름길이라는 지론과 맥을 같이하는 부분이다.

자율경영정신은 조직의 원칙을 지키면서 자율적인 경영활동에 임한다는 의미를 담고 있다. 자율경영환경이 조성되면 구성원들의 창의적인 발상과 효율적인 업무관리를 기대할 수 있기 때문이다. 실제로 삼성의 경영관리방식은 원칙과 전략 아래 자율경영체제로 움직이고 있다. 권한을 위임하되 책임경영을 강조하는 시스템이기 때문이다. 따라서 직급의 높낮이에 관계없이 팀장이 배출되고, 통제보다는 자율적인 조직관리가 구성원의 역량으로 표출되어 경쟁력으로 이어지고 있다. 이건희 회장의 자율경영정신 속에는 사람을 키우는 경영, 현장을 중시하는 경영, 자기업무에 1인자가 되는 경영의 뜻이 함축되어 있다. 자율경영정신은 호암의 인재철학 가운데서 "인재를 신중하게 뽑되 일단 선택된 인력은 의심하지 말고 믿고 맡기라"는 택인관과 "스스로 하면 된다는 신념이 무한한 역량의 발휘를 가져온다"는 교인관과도 상통되는 부분이다. 전환기 기업경영활동의 핵심 실천덕목으로 구체화된 제2창업정신은 1993년 신경영시대의 개막과 더불어 선포된 '신경영이념'과 '삼성인의 정신' 속에 재정립되어 나타나고 있다.

3. 신경영시대(1993년~현재)

신경영시대는 이건희 회장의 신경영이념이 구체화되어 나타날 뿐만 아니라 삼성이 초일류기업으로 본격 진입하는 시기인 만큼 기업문화의 이질성요인들이 새로운 기업환경에 맞춰 많이 표출된 시대이다([표 11-1] 참조). 기업의 전환기인 1988년 2세경영체제의 출범과 더불어 선포된 제2창업정신은 1993년 신경영선언에 맞춰 표방한 '삼성인의 정신' 속에 재정립되어 나타났으며 호암이 1973년 대내외적으로 명시했던 경영이념도 새로운 시대상황에 부응하여 21년 만에 '신경영이념'으로 새롭게 태어나는 의미 있는 시대로 기록되고 있다.

이건희 회장의 신경영이념에는 21세기 경쟁지향적인 새로운 기업환경 속에서 '기업의 지속적인 발전'과 더불어 "초일류기업으로 진입해야 한다"는 최고경영자의 경영의지가 표출되어 있다. 1993년 3월, 삼성은 "인재와 기술을 바탕으로 최고의 제품과 서비스를 창출하여 인류사회에 공헌한다"는 신경영이념을 선포했다.

▎표 11-1 ▎신경영시대 인재경영 특징분석(1993년~현재)

기업문화 계층성항목	내용	인재경영 특징
신경영이념 (1993년)	인재와 기술 바탕, 최고제품과 서비스창출, 인류사회공헌	인재와 기술 바탕으로 초일류 기업 실현 및 인류사회공헌
삼성인의 정신 (1993년)	• 미래를 창조 • 세계에 도전 • 고객과 함께	인간존중의 제2창업정신 재확립
천재경영론 (2002년)	21세기는 탁월한 한 명의 천재가 수만 명을 부양하는 인재경영의 시대, 지적 창조력의 시대	21세기 필요한 인재 조기 발굴·육성으로 인류사회에 기여
삼성인 5대 핵심가치 (2004년)	인재제일·최고지향·변화선도·정도경영·상생추구	인재제일주의의 창업주정신 계승, 발전
창조경영 (2006년)	창조적인 경영시스템과 창의적인 인재를 발굴·육성하지 않으면 기회를 선점할 수 없음	글로벌 인재채용, 창의적 인재발굴·육성

이는 21세기 삼성이 비전으로 삼고 있는 '21세기 초일류기업의 실현'과 함께 '인류사회공헌'을 구현하기 위한 경영전략이기도 했다. 호암의 경영이념인 사업보국정신이 시대적인 경영환경의 변화로 인해 글로벌 지향적인 모습으로 바뀌기는 했지만 인재제일주의의 지속과 함께 '기술제일'과 '기술혁신'을 추구하는 합리추구정신은 그대로 전승되고 있다. 다시 말해 초일류기업의 구현과 인류사회공헌을 위해 인재경영과 기술경영이 기업경영전략의 기본이 되어야 한다는 것이다.

21세기 삼성이 목표로 하고 있는 비전이 신경영이념이라면 또 다른 축에서 삼성인이 공유해야 할 가치관과 행동기준을 제시한 것이 '삼성인의 정신'이다. 고승희(2005)는 삼성인의 정신은 "삼성인이 지향하는 정신적 추구영역(고객 · 세계 · 미래)과 이러한 영역에 도달해나가기 위한 행동적 요소(공생 · 도전 · 창조)로 구성되어 있다"라고 말했으며 "여기서 말하는 삼성의 고객은 외부고객(소비자와 인류)뿐만 아닌 회사 안의 업무흐름에 있어서도 자기와 관련된 과정을 수행하는 내부고객까지 포함된 개념으로 봐야 한다"고 보았다. 이렇게 볼 때 삼성인의 정신은 기업 내외의 모든 고객을 개념으로 하고 있으며 이들의 공동체 이익을 위해 기업을 초일류기업으로 성장시켜야 한다는 당위성을 근거로 하여 번영된 미래를 창조하여 인류사회에 공헌해야 한다는 삼성인들의 시대적 사명감과 행동강령이 함축되어 있다.

다시 말해 신경영이념 속의 '인재'와 '기술'은 '세계에 도전'할 수 있는 근간이 되고 '최고의 제품과 서비스 창출'은 '고객과 함께'하는 만큼 공생정신으로 이어지며 이를 토대로 '인류사회에 공헌'하는 것이 바로 인류공동체의 번영을 실현하는 '미래를 창조'한다로 나타나고 있는 것이다. 삼성의 신경영이념과 삼성인의 정신 속에 나타나는 공통적인 가치관의 기저에는 '인재'경영으로 시작하여 '인류사회에 공헌'한다는 의미에서 호암의 경영이념의 본질인 '사람'을 중시하는 인재중시사상이 시대를 초월하여 일관되게 전승되고 있다.

인재경영에 대한 삼성의 집념은 2002년 이건희 회장의 천재경영론에서도 잘 나타나고 있다. 2002년 6월, 이건희 회장은 용인연수원 창조관에서 인재경영을 중시하는 천재경영론을 발표했다. "21세기는 탁월한 한 명의 천재가 수만 명을 부양하는 인재경영의 시대, 지적 창조력의 시대이다"라고 밝혔으며 지난 1993년 7월, 일본 동경회의 때도 "내가 욕심이 하나 있다고 하면 사람에 대한 욕심이 세계에서 제일 강한 사람이다. 조금이라도 남보다 나은 사람, 우수한 사람은 한 사람이라도 내놓지 않겠다. 돈 몇 푼 펑크 나는 것은 신경도 안 쓴다. 우수한 사람을 더 데리고 더 효율을 내서 나가면 된다는 것이 인재경영에 대한 내 생각이다"라고 말하며 우수인재 유치에 대한 강한 집념을 내보였다(홍하상, 2003, 153-160).

이건희 회장의 천재경영론은 21세기가 지적 창조력의 시대인 만큼 이를 위해서는 우수인재의 확보가 선행되어야 하며 이것이 21세기 삼성을 초일류기업으로 도약하게 만드는 원동력으로 보았던 것이다. 삼성의 외부 핵심인재

분류기준은 크게 3등급으로 나뉘진다. 'S급 인재'는 슈퍼인재를 말하며 모든 부문에 걸쳐 글로벌 경쟁력이 있는 최상급 인재이며 최소 임원대우를 해준다. 이는 국적에 관계없는 글로벌 인재이며 천재적인 기질이 내포되어 있는 창조적인 인재라고 볼 수 있다. 'A급 인재'는 특정부분에서 글로벌 경쟁력이 있는 핵심인재로서 부장급이나 차장급으로 대우하며 해외박사출신이나 해외에서 유능한 인재로 평가되는 경우에 속한다. 'H급 인재'는 잠재적인 성장가능성이 큰 인재로서 임원으로 성장할 가능성이 있는 전문성을 소유한 인재이며 경영학석사나 박사학위를 받은 엔지니어출신이 이에 해당된다.

2세창업자의 인재경영에 대한 경영신조는 2004년 삼성인의 '5대 핵심가치'에서도 드러나고 있으며 이어 2006년 선언한 '창조경영'에서도 더욱 공고히 나타나고 있다. 2004년 삼성이 발표한 5대 핵심가치는 인재제일, 최고지향, 변화선도, 정도경영, 상생추구 등으로 집약되는데(신태균, 2006, 142) 이는 호암의 경영이념의 틀을 살리면서 1993년 발표한 삼성인의 정신을 유지하며 새로운 경영환경을 맞이하여 기업의 발전에 필요한 핵심가치라고 볼 수 있다. 2006년 발표한 '창조경영' 속에서도 인재경영에 대한 2세창업자의 집념을 잘 알 수 있다. 이건희 회장은 대외개방이 가속화되고 있는 시대에 "창조적인 경영시스템과 창의적인 인재를 발굴·육성하지 않으면 기회를 선점할 수 없다"고 말한 뒤 이를 위해 "전 세계시장에서 인재를 모으고 좋은 경영시스템이라면 업종과 크기를 구분하지 말고 과감하게 채용할 것을 당부"한 바 있다. 이 또한 21세기 창조경영시대를 맞아 기업의 경쟁력과 기업가치의 중심에 인재경영이 있어야 한다는 것을 대내외적으로 선포한 것이라고 볼 수 있다. 이렇듯 호암의 인재경영사상은 제2창업자시대에도 기업경영의 핵심가치로 자리하며 기업경쟁력의 원천으로 작용하고 있다.

Ⅳ 삼성의 인재경영 특성분석

본 절에서는 삼성의 인재경영에 대한 특성을 조명하는 데 주력했다. 연구영역은 삼성 75년 역사에 걸쳐 경영이념과 인재경영(신경영이념과 인재경영은 앞의 III절 3. 참조), 기업문화와 인재경영, 기업의 사회적 책임(CSR)과 인재경영 간의 특성을 분석하는 방법으로 접근했다.

1. 경영이념과 인재경영

호암의 인재경영에 대한 인재철학이 가장 집약되어 나타나는 분야가 경영이념이라고 볼 수 있다. 호암은 사업보국과 인재제일, 합리추구정신에 입각하여 삼성그룹 계열사를 설립하고 경영해왔다([그림 11-4] 참조). 호암의 인재교육의 목적은 사업보국에 있고 이를 위해서는 인재발굴과 육성이 근간이 되어야 하며 이를 통해 기업을 경영하는 방법으로 합리추구정신을 지향해나갔다. 호암의 사업보국정신은 유교적인 가풍교육과 밀접히 연관되어 있다. 기업부흥을 통해 국가를 발전시키겠다는 그의 경영철학은 국가 우선주의를 지향하는 유교문화에서 발아되었으며 또한 선대로부터 계승된 합리추구정신은 기업을 합리적이고도 선진적으로 운영하기 위한 지침으로 작용했다.

호암은 '기업을 도산시키는 것은 죄악'이라고까지 말하고 있다. 호암이 부국을 이룩하기 위해 사업에 매진한 것은 사업보국의 신념 때문이며 나아가 선진국과 당당히 맞서서 이길 수 있는 새로운 기업을 개척하려는 노력도 사업보국에 대한 신념 때문이라는 것이다(삼성비서실, 1980, 5; 황명수, 2005, 41).

호암의 경영이념을 구성하는 세 가지 구성요소들이 모두 '인재중시'사상을 반영하고 있다는 점에서 공통된 모습을 보이고 있지만, 특히 인재제일주의는

그림 11-4 | 경영이념과 인재경영 특성분석

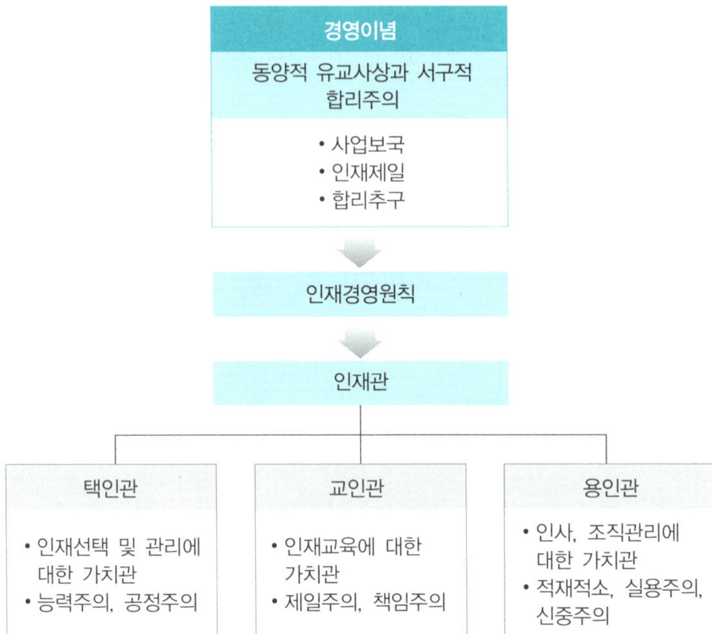

출처: 김진홍(2006), 48 참조, 저자가 재구성

그의 인재경영철학을 이해할 수 있는 핵심적인 이념이라고 볼 수 있다. 호암은 "의심은 가는 사람은 고용하지 말고 일단 고용하면 사람을 믿어라"고 했다(삼성경제연구소, 1989, 219). 인간본위정신은 호암이 평생에 걸쳐 실천해온 철학이며 지금까지도 삼성인의 정신의 기저를 이루는 부분이다.

호암의 인재제일정신이 인재경영으로 구체화되어 처음으로 모습을 나타낸 것은 공개채용제도이다. 국내 민간기업 인력공채의 효시로 기록되고 있는 삼성의 첫 공채는 1957년 1월 2일, 삼성물산공사가 실시한 사원공개채용시험이었다. 1950년대 말 국내 사기업체 가운데 공개채용제도를 도입한 기업은 은행과 삼성물산 정도에 불과했다. 삼성은 삼성물산공사 때부터 인재중심의 경영풍토를 조성했다. 삼성의 공채는 한국 공채역사의 전형이며 시대별로 특징을 보이며 인력채용제도의 정석으로 평가받고 있다. 이후 삼성의 공채는

1993년 '신경영선언'을 표방하면서 '열린채용'[9]으로 변했으며 한국 기업들의 공채문화 형성에 주도적인 역할을 수행해왔다.

호암의 인재경영의 핵심은 네 가지로 집약된다(이종구 · 김홍유, 2009, 85-86). 첫째는 사원이면 누구나 투자를 할 수 있고 투자분에 비례하여 누구나 공평하게 이익배당을 받을 수 있게 하는 원칙을 세웠다. 둘째는 사원들이 그들의 능력과 장점을 개발할 수 있는 자질향상의 기회를 주었다는 점이다. 호암은 이를 통해 인재들이 자기개발을 위해 진력할 수 있는 상황을 자연스럽게 만들었으며 이는 곧 기술개발 및 새로운 경영관리방식을 가져오는 힘으로 작용했다. 셋째는 능력주의에 입각해서 인재경영을 관리했으며 이에 대한 규율에 신상필벌제도를 적용한 점이다. 따라서 삼성은 창업 이래 지금까지 학연, 지연, 혈연에 치우치지 않는 기업이며 채용과정에서부터 면접, 배치, 승진 등에 이르기까지 오직 개인의 능력과 신상필벌의 원칙으로 인재관리를 해오고 있다. 넷째는 사원의 안정된 복지보장을 들 수 있다. 사원들이 기업에 전념하기 위해서는 경제생활의 안정이 철칙이라는 생각 아래 기업이 보장할 수 있는 업계 최고의 대우를 해주고 있다. 호암은 기업 내에서 사원들이 경제적 부담을 갖지 않고 일하는 것이 곧 기업을 발전시키는 가장 큰 여건을 만든다고 믿었던 것이다. 이러한 사원복지정책은 오늘날 삼성이 글로벌 대기업으로 성장하고 발전할 수 있는 바탕이 되었다.

호암은 합리추구정신을 통해 삼성이 계속기업으로 발전을 하기 위한 토대를 구축했다. 선대들의 실학사상의 가풍을 이어받은 호암은 기술혁신과 이용후생을 통해 끊임없이 기업발전을 도모했다. 호암은 기업경영에 있어 모든 영역에 걸쳐 합리추구정신을 추구했다. 인재, 기술, 관리, 투자, 업종선택, 문제해결, 조직관리, 자금관리 등 모든 분야에 합리추구정신이 깔려 있다. 이는 기업의 혁신을 가져오는 동시에 비합리적 관행추방과 부정부패를 방지하는

---

9) 1995년 7월에 발표한 열린채용의 핵심내용은 학력제한 철폐, 열린면접, 지원자의 개성 존중, 지원직군의 다양화와 직군별 채용 그리고 삼성직무적성검사(SSAT: Samsung Aptitude Test) 도입 등으로 압축된다.

삼성의 클린(Clean)기업문화를 창출시켰다. 이처럼 호암은 합리적 실용주의를 일관되게 사업경영과 인재경영에 투입했다. 이렇게 볼 때 오늘날 현대 경영학에서 주목받고 있는 기업가정신 또한 호암의 합리적 실용주의정신과 상통한다고 볼 수 있다.

호암의 경영이념은 인재경영원칙에서도 잘 드러나고 있다. 호암의 인재관은 크게 택인관과 교인관, 용인관 등 세 가지로 나눌 수 있다(김진홍, 2006, 48). 먼저 택인관은 인재를 선택하는 것이 중요하며 선택된 인재는 능력주의와 공정주의원칙에 입각해서 관리한다는 것이다. 교인관은 인재교육에 대한 가치관으로 제일주의와 책임주의를 지향했다. 호암은 "사람은 역량이 있어야 하고 책임을 질 줄 알아야 한다"고 했으며 "하면 된다"는 신념으로 "맡은 바 분야에서 최고가 되어야 한다"는 지론을 갖고 있었다. 호암은 교육의 무한한 힘을 통해 인간의 한계를 극복할 수 있다는 교인관을 지녔던 것이다. 이러한 호암의 교인관은 오늘날 삼성이 초일류기업으로 성장하는 밑거름이 되었다. 호암의 용인관은 기업경영의 주체를 사람으로 생각하며 이를 실천하는 주된 원칙으로 적재적소 배치와 실용주의 및 신중주의에 입각한 인사·조직관리를 적용하고 있다. 이는 기업은 사람이 운영하고 관리하는 만큼 사람의 쓰임새에 따라 기업의 성패가 좌우된다는 호암의 인재경영철학을 확연히 읽을 수 있는 인재경영원칙이라고 볼 수 있다(신경영이념과 인재경영은 앞서 III절 3. 참조).

2. 기업문화와 인재경영

삼성의 기업문화는 호암의 경영이념이 문화적인 구성요소들을 형성하고 있다. 호암이 기업을 설립한 광복 전후를 기점으로 볼 때 한국사회에서 기업문화란 개념은 형상화·체계화되어 있지 않았다. 하지만 호암의 경영이념을 토대로 삼성문화를 역추적해보면 오늘날 삼성의 기업문화의 기저는 호암정신에서부터 출발되었으며 이는 시대별 기업환경에 부합하여 점차 삼성의 기업문화로 구체화되어왔다고 볼 수 있다. 삼성의 기업문화에 대해 고승희(2005)가 "1938년 창업 이후 오늘날까지 전개된 삼성그룹의 성장과정 전체가 삼성문화의 변천과정"이라고 보는 것도 이와 같은 맥락이다.

문화에 관한 정의에 대하여 Linton(1949), Litwin · Stringer(1968), Light · Keller(1975), Spencer(1979), 이한검 · 노남섭(1996) 등은 문화(culture)란 "사회를 구성하고 있는 모든 사람들이 공통으로 갖고 있는 가치관과 신념, 이념과 습관 그리고 지식과 기술을 포함한 거시적이고 종합적인 개념으로 구성원의 행동형성에 영향을 미치는 중요한 요소이며 축적 · 변화 · 적응 · 전달되는 성격을 갖는다"라고 밝히고 있다. 기업문화에 대해서는 Robbins(1996), 신유근 외(1995), 백기복(1996) 등은 "기업조직의 구성원들이 공유하고 있는 신념, 가치의식, 행동규범 등 정신적 · 심리적 하위체계"라고 정의하고 있으며 또한 조직문화에 대한 연구는 1980년대 접어들면서 Schein(1985)에 의해 본격적으로 시작되었다(이종구 · 김호원, 2008, 57-58).

기업문화의 개념으로 볼 때 삼성의 기업문화가 발아된 시기는 창업시점부터이며 이는 창업주의 경영철학과 경영이념에서부터 접근하는 것이 바람직한 일일 것이다. 이는 창업시절부터 삼성인들이 공유하는 가치의식과 신념, 행동규범 등 정신적인 이념과 가치관들이 형상화되어 전개되어왔기 때문이다. 이렇게 볼 때 삼성 기업문화의 진원지는 호암의 경영이념에서부터 출발되며 그 모습은 '사업보국을 위한 인재제일주의 실현과 이를 통한 합리추구정신에 입각한 기업경영'문화로 정립할 수 있다.

호암시대의 삼성문화는 경영이념과 삼성정신에 집약되어 나타난다. 사업보국주의문화는 기업을 부흥시켜 사회와 국가에 기여하고 공헌하겠다는 경영사상인 만큼 사회공헌활동의 개념도 내포하고 있다. 실제로 호암의 사회공익사업의 목적 또한 '사업보국을 통한 국가발전에 공헌'으로 압축되기 때문이다. 창업주의 인재제일주의문화는 오늘날까지 삼성문화의 요체를 이루는 핵심분야이다. 인재제일 · 기술제일 · 제품제일주의는 삼성 75년사에 걸쳐 지속되어온 가치이자 초일류기업을 가능하게 만든 내적 힘이었다. 합리추구문화도 오늘의 삼성을 있게 만든 중요한 요소이다. 인재선발에서부터 기업경영활동 전반에 걸쳐 합리추구정신이 뿌리 깊게 잠재되어 있기 때문이다. 삼성의 합리추구문화는 인사관리와 사업관리, CSR 등 전사적인 영역에서 기업의 성장과 경쟁력을 지속시켜주었다.

호암시대 삼성문화의 기저를 이루는 것이 경영이념이었다면 이를 한층 더 구체화시킨 것은 삼성정신이라고 볼 수 있다. 호암은 경영이념을 실천에 옮기기 위해 사원정신을 정립시켰는데 이것이 삼성정신이다. 삼성정신의 5대 덕목은 제일주의, 완전주의, 창조정신, 공존공영, 도덕정신 등으로 집약된다. 이렇게 볼 때 호암정신은 창업정신과 삼성정신이 결합된 형태라고 볼 수 있다. 따라서 호암시대의 삼성문화는 창업주의 경영이념과 이것의 실천덕목인 5대 삼성정신이 통합된 모습이라고 정의할 수 있다.

호암은 기업경영 전반에 걸쳐 삼성정신을 적용했다. 삼성인이면 누구나 할 것 없이 사원정신에 입각하여 기업활동을 했다. 그래서 삼성정신은 또 다른 명칭으로 '사원정신'이라고도 일컬어진다. 삼성정신에서 표출되는 사원들의 역량은 자연스럽게 기업발전과 구성원의 복지향상으로 이어졌으며 이것이 오늘날 삼성을 글로벌 대기업으로 성장시킨 원동력이 되었다.

호암시대의 삼성문화는 제2창업자시대에도 그대로 전승되고 있다. 2세창업자인 이건희 회장은 선친의 문화유산인 삼성정신을 한층 더 발전된 모습으로 체계화시켰다. 제2창업자시대의 기업문화는 글로벌 지향적인 성격으로 표출되고 있다. 1987년 호암의 작고로 2세경영체제를 맞은 삼성은 1988년 '제2창업정신'을 선포했으며 이어 1993년에는 21년 동안 지속되어온 창업주의 경영이념을 시대상황에 맞게 재정립한 '신경영이념'을 발표했다. 또한 창업주가 정립시킨 삼성정신을 2세경영체제가 새롭게 표방한 신경영이념에 맞게 '삼성인의 정신'으로 재확립했다. 이처럼 2세창업자가 창업주의 기업문화를 새롭게 구축시킨 배경에는 시대상황에 부합하는 기업문화의 재정립과 비전제시가 필요했기 때문이다([그림 11-5] 참조).

제2창업자시대의 삼성문화의 특징은 '글로벌 지향적이면서도 인류사회공헌'적인 모습을 띠고 있다. 또한 호암의 경영이념인 사업보국을 뛰어넘어 '글로벌 세계에서 인류사회에 공헌'한다는 시대적인 사명감이 강하게 반영되어 있다. 하지만 2세창업자가 재정립한 신경영문화 속에서도 '인재경영'에 주력했던 호암의 인재제일주의정신은 그대로 유지되고 있다. 제2창업정신 안에 '인간존중'이 명시되어 있으며 삼성인의 정신 속에서도 "고객과 함께한다"는 공생주의적이고 상생주의적인 원칙이 자리를 잡고 있다. 특히 신경영이념 속의 "인재와 기술을 바탕으로 최고의 제품과 서비스를 창출하여 인류사회에 공헌한다"는 비전의 핵심요체는 바로 인재이며 이는 "인재경영에서부터 모든 것이 시작된다"는 호암의 인본주의 경영철학이 그대로 전승되어 나타나는 대목이다. 2세창업자인 이건희 회장이 1988년 제2창업선언과 더불어 표방한 '제2창업정신'과 1993년의 '신경영이념' 및 '삼성인의 정신' 등을 접목시켜 형상화시킨 '글로벌 초일류지향의 기업문화' 또한 그 핵심가치인 '인류사회공헌'을 추구한다는 측면에서 사람을 중심에 두고 있다.

그림 11-5 | 기업문화 전개과정과 인재경영 특성분석

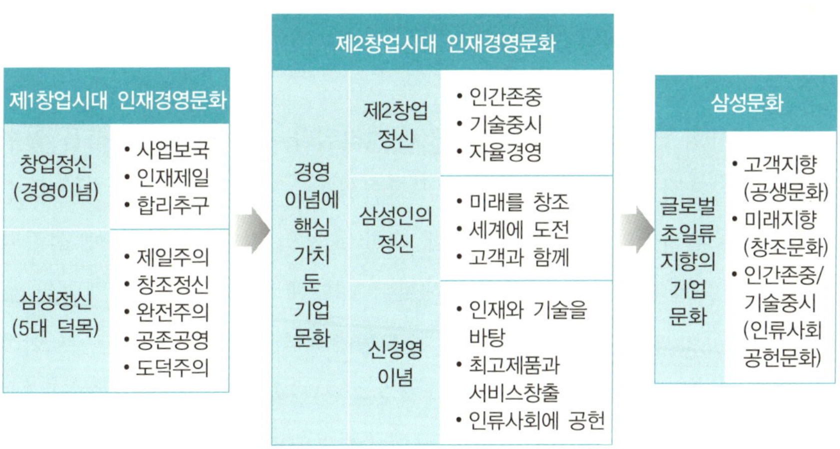

출처: 고승희(2005), 281 참조, 저자가 재구성

3. 기업의 사회적 책임(CSR)과 인재경영

삼성의 인재경영정신은 CSR활동영역에서도 일관되게 전개되고 있다. 호암은 기업이 '사업보국을 통해 국가발전에 공헌'해야 하며 '이에 기반이 되는 것이 인재발굴이자 인재육성'이라고 했다. 따라서 호암이 정립한 경영이념 속에는 '국가관 · 인재관 · 봉사관' 등이 포함되어 있다. 이렇게 볼 때 삼성의 사회공헌사업은 호암이 정립한 경영이념에 근간을 두고 있다. 즉 '사업보국 정신에 입각하여 인재를 육성시켜 사회공헌사업을 실행'한 것이다. 실제로 호암은 "무릇 사람에게는 저마다 능력과 장점이 있다. 그것을 최대한 발휘할 수 있는 일을 찾는 것이 국가와 사회에 대한 봉사이자 책임이 아닐 수 없다. 자신의 국가적 봉사와 책임은 사업의 길에 투신하는 것이다"라고 밝힌 바 있다(이병철, 1986, 24). 호암이 1964년 삼성장학회 설립을 시작으로 착수한 사회공헌사업은 한국 기업들의 사회적 책임경영의 효시로 볼 수 있다. 인재제일주의의 경영철학을 경영신조로 삼았던 호암의 복지철학은 삼성장학회로 시작하여 삼성문화재단을 설립하는 등 일관되게 기업경영활동과 맥을 같이 한다. 호암이 기업형성기부터 문화재단설립에 집착한 이유는 인재육성을 통해 문화창달과 기술개발 및 학술연구사업 등을 도모하여 기업발전과 사회복지를 동시에 실현하기 위해서였다.

호암의 사회공헌활동은 육영사업으로 시작된다. 1964년 대구대학을 인수하면서 현실화되었으며 또한 학자들의 학술활동을 돕기 위해 지속적인 학술지원사업을 추진했다. 사회공헌사업에 대한 호암의 집념은 1965년에 설립된 삼성문화재단의 출범으로 본격적인 행보를 내딛게 된다. 삼성문화재단의 출범은 삼성 공익사업의 새로운 국면을 개척했다는 측면에서 여러모로 큰 의미를 지닌다. 먼저 사회공헌활동이 체계적으로 실행될 수 있는 기틀을 마련했다는 점이다. 호암은 이를 통해 문화사업, 육영사업, 학술사업 등 다양한 영역에 걸친 사회공헌활동을 전개했다. 삼성문화재단의 운영목적은 "민족의 복지증진과 문화향상을 위하여 유능한 인재의 양성과 과학기술의 개발 등, 육영과 문화사업 및 사회복지사업에 참여함으로써 우리 민족의 항구적인 번영과 발전에 기여"한다는 것이었다(삼성미술문화재단, 1995, 155).

삼성문화재단 설립 이후 호암은 민족문화진흥에 다양한 모습으로 참여하게 된다(고승희, 2008, 51-53). 이때부터 삼성은 재단중심의 공익사업을 전개했다. 1972년 동서문제연구소 연구비지원과 삼성문화문고발간, 1973년 진단학회 심포지엄 후원, 1975년 효행상 제정 및 호암미술관 개원 등 민족문화보존과 신문화창달을 위한 다양한 영역에 걸친 문화진흥사업에 착수했다. 호암시대 삼성의 사회공헌활동이 공익사업 추진을 위한 기반구축기(1964~1987년)에 해당된다면 신경영시대의 선언과 더불어 본격적으로 시작된 제2창업자의 사회공헌사업은 질적으로 향상되는 성장기(1988~2001년)에 해당된다고 볼 수 있다.[10]

신경영시대의 삼성의 사회공헌활동은 양과 질적인 측면에서 큰 발전을 가져왔다. 삼성은 1994년 국내 기업 최초로 사회봉사단을 창단하는 등 사내 기업문화부서를 신설할 만큼 기업의 사회적 책임경영에 호암의 복지정신을 이어갔다. 삼성은 1995년 국내 기업 최초로 사회공헌 CI(Corporate Identity)를 재정하였으며 사회복지, 환경보전, 문화·예술, 학술·교육, 자원봉사 등 5대 사회적 책임활동영역을 정하고 그룹차원의 본격적인 공익사업활동을 전개했다. 이 시기 삼성의 공헌활동 기치는 "인간미와 도덕성을 바탕으로 기업시민의 역할을 적극 수행하여 함께 잘사는 사회를 창조"하자는 것이었다. 이를 위해 삼성은 차세대 인재양성을 지원하는 '차세대 육성'사업을 포함, 총 7대 전략사업을 전사적인 차원에서 실행할 만큼 사회공헌활동이 점차 선진 국면으로 접어드는 형태를 갖추기에 이른다.

2002년 이후 삼성의 사회공헌사업은 전략화기(2002년~현재)에 접어든다.

---

10) 삼성의 사회공헌활동은 재단을 중심으로 전개한 기반구축기(1964~1987년)와 기업차원에서 전개한 성장기(1988~2001년)와 전략적 사회투자개념을 도입한 전략화기(2002년~현재)로 구분할 수 있다(신지숙, 2009, 22-23).

이는 기반구축기와 성장기의 공익활동이 재단중심이거나 혹은 기업차원에서 단기적으로 단순히 투자하는 자선적 성격의 협의적인 공익사업이었다면 전략화기의 공헌활동은 장기적·상생적·적극적인 개념을 수반한 광의적인 개념으로 전환된 것이다. 전략화기에 삼성이 '나눔경영'과 '상생경영'을 선포하

그림 11-6 | CSR 전개과정과 인재경영 특성분석

	제1창업시대 CSR활동	제2창업시대 CSR활동 (신경영 이후 CSR 활동영역 확대 및 본격화)	
	기반구축기(1964~1987년)	성장기(1988~2001년)	전략화기(2002년~현재)
CSR 전개 과정	재단중심 공익사업 • 문화재단 • 공익재단	• 그룹차원 공익사업 (1988~1996년) • 국내 기업 최초 사회봉사단 창단(1994년) • 계열사별 대표 공헌활동 전개(1997~2001년) – 선택과 집중의 CSR전개, 내실과 효율성 추구	전략적 공헌사업 참여 • 나눔경영선포 (2003년) – 전략적 사회투자 – 전문적·복합적 자원봉사 확대
CSR과 인재 경영	• 삼성 CSR, 호암의 경영이념이 근간 • 사업보국정신으로 인재육성 통한 사회공헌 실천 • 인재의 능력과 장점 최대 발휘가 국가와 사회에 대한 봉사이자 책임	• 1988년: 제2창업정신 – 인간존중/기술혁신/자율경영 • 1993년: 신경영이념 – 인재와 기술 바탕, 최고제품과 서비스 창출, 인류사회공헌 • 1993년: 삼성인의 정신 – 고객과 함께/미래를 창조/세계에 도전	• 2002년: 천재경영론 – 21세기 탁월한 인재육성, 인류사회에 기여 • 2004년: 삼성인 5대 핵심가치 – 인재제일/상생추구/정도경영/최고지향/변화선도 • 2006년: 창조경영 – 창의적인 인재발굴·육성

삼성 CSR 비전

• 인류사회공헌
• 해피투게더·더불어 행복한 미래창조

출처: 신지숙(2009), 23 참조, 저자가 재구성

며 사회공헌활동의 비전으로 "해피투게더, 더불어 행복한 미래를 창조한다"는 기치를 내건 배경에는 기업과 사회가 상생하며 번영해야 한다는 호암의 복지철학을 전승하겠다는 의도를 담고 있다. 삼성의 공익사업은 시대가 변해도 '사업보국정신으로 인재를 육성하여 인류사회에 공헌'한다는 창업주의 경영이념이 그대로 계승되고 있다. 특히 삼성이 2세경영체제를 맞아 시대별로 선언한 기업문화의 이질성을 결정짓는 구성요소 가운데 1988년의 제2창업정신, 1993년 신경영이념과 삼성인의 정신, 2002년 천재경영론, 2003년 나눔경영, 2004년 삼성인의 5대 핵심가치, 2006년의 창조경영 등은 호암의 복지철학과 인재경영철학에 밀접히 연계되어 있다는 것을 잘 보여주는 대목이다([그림 11-6] 참조).

V 결론 및 시사점

1. 요약 및 결론

본 장은 호암의 경영이념을 중심으로 삼성의 인재경영 변천과정과 특성을 시대별로 조명하고 분석하는 데 그 취지를 두고 있다. 삼성 75년의 연혁에 걸친 인재경영은 기업경영의 핵심전략이자 기업경쟁력의 원동력으로 평가받고 있다.

삼성의 인재경영은 호암의 경영이념에서부터 시작된다. 호암의 경영이념은 동양적 유교사상과 서구적 합리주의정신을 동시에 내포하고 있으며 오늘날 삼성을 초일류기업으로 성장시킨 역량으로 작용했다. '사업보국 · 인재제일 · 합리추구'정신으로 집약되는 호암의 경영이념은 창업 이후 현재까지 기업의 정신적 · 문화적 · CSR · 앙트러프러너십 등 기업 전반에 걸쳐 계속기업을 유지, 가능하게 만든 기업경쟁력의 원천이다. 호암은 인재중시사상을 평생 동안 기업경영의 근간으로 삼으며 인재경영을 경영활동에 적용시킨 실천적인 인본주의 기업가이자 철저히 사람중심의 기업관을 정립시킨 인재제일주의 경영자였다.

삼성 인재경영의 전개과정은 제1창업시대(1938~1987년)와 제2창업시대(1988~1992년) 그리고 신경영시대(1993년~현재)로 각각 구분할 수 있다. 기업문화의 이질성을 결정짓는 요인들을 중심으로 시대별 삼성 인재경영의 특징을 요약하면 다음과 같다.

제1창업시대의 인재경영의 특징은 사업보국 실현을 위해 인재제일주의정신에 입각한 인본주의 기업관을 정립시키며 이것을 기업의 경영이념으로 승화시켜나가는 시기였다. 호암은 1938년 삼성상회 설립 이후 36년 만에 개인의 경영철학을 명시화시킨 경영이념을 선포했으며 이를 구현하는 핵심요체를 사람으로 생각하며 철저히 사람중심의 경영활동을 실천해나간 인재본위주의 경영자였다. 호암의 인재관은 택인관·교인관·용인관으로 구분되는데 이는 "확실히 뽑고 잘 교육시켜서 제대로 활용하자"는 인재경영의 원칙을 담고 있다.

제2창업시대의 인재경영의 특징은 초일류기업으로 도약을 위해 '인간존중'와 '기술중시'를 기업경영의 핵심가치로 표방하는 경영방침을 추구하고 있다. 제2창업시대의 경영활동은 제2창업정신에서도 볼 수 있듯이 인간존중과 기술중시·자율경영체제를 삼성인의 실천덕목으로 정해놓고 있다. 제2창업시대는 첨단기술산업으로 본격 진출하는 시기인 만큼 인재와 기술이라는 새로운 경영패러다임이 요구되는 상황인 만큼 인간존중을 기본으로 하는 인재경영의 바탕 위에 '사람을 키우는 경영'인 자율경영환경을 조성하여 기술혁신을 실현하는 경영전략을 구사하고 있다.

신경영시대의 인재경영의 특징은 삼성이 글로벌 대기업으로 진입하는 시기인 만큼 인재경영과 기술경영의 접목을 통해 초일류기업의 구현과 인류사회공헌을 실현한다는 경영방침을 명시하고 있다. 이는 인재제일주의정신으로 인류사회에 공헌하고 기술혁신으로 초일류기업을 실현한다는 삼성의 정신적 · 사업적인 비전이 담겨있는 경영전략으로 해석할 수 있다.

한편 삼성의 기업문화와 CSR활동 속에서도 인재경영정신은 밀접히 연계되어 전개되고 있다. 먼저 삼성의 기업문화 속의 인재경영의 특성을 보면 호암시대에는 "사업보국을 위한 인재제일주의 실현과 이를 통한 합리추구정신에 입각한 기업문화"로 정립할 수 있다. 따라서 호암시대의 삼성문화는 호암의 경영이념이 근간을 형성하고 있다. 특히 호암이 경영이념을 실천하기 위해 정립한 삼성정신은 호암시대 삼성문화를 좀 더 구체화시켜놓은 모습이라고 볼 수 있다. 따라서 창업주시대의 삼성의 기업문화는 기업의 경영이념과 삼성정신이 통합된 모습으로 나타나고 있다. 제2창업자시대의 삼성문화는 글로벌 지향적이면서도 인류사회공헌적인 형태로 나타나고 있다. 하지만 2세경영체제 속에서도 호암문화의 맥은 일관되게 유지되고 있다. 2세창업자가 표방한 신경영이념 속의 "인재와 기술을 바탕으로 최고제품과 서비스를 창출하여 인류사회에 공헌한다"는 비전의 실행체는 바로 '사람'이며 "인재경영에서부터 모든 것이 시작된다"는 호암의 인재경영철학이 그대로 전승되고 있기 때문이다.

삼성의 인재경영정신은 CSR활동영역에서도 일관되게 전개되고 있다. 호암이 정립한 경영이념 속에는 국가관 · 인재관 · 봉사관이 함축되어 있다. 즉 사업보국을 통해 국가발전에 공헌해야 하며 이를 위해 인재발굴과 인재육성이 전제되어야 한다는 것이다. 제2창업자시대의 CSR의 목표는 "인간미와 도덕성을 바탕으로 기업시민의 역할을 수행하여 잘사는 사회를 창조"한다는 기치를 내세우고 있다. 이를 위해 삼성은 차세대 인재육성사업에 적극적인 투자를 해오고 있다. 이는 호암의 인재발굴 · 인재육성사업과 맥을 같이하는 부분이다. 이처럼 호암이 정립한 경영이념은 삼성 75년의 연혁 동안 기업 전 영역에 걸쳐 인재경영이라는 기본정신과 원칙을 일관되게 유지, 발전시켜나가고 있다.

2. 시사점 및 제언

기업의 인재경영원칙은 산업환경과 기업상황에 따라 지속적인 변화와 발전을 거치는 속성을 지니고 있다. 삼성의 인재경영 변천과정도 같은 맥락에서 패러다임의 변화과정을 거쳐왔다. 1938년 창업 이후 75년 동안 전개되어온 삼성의 인재경영역사가 한국 기업들의 인사관리영역에 미친 영향과 시사점을 요약하면 다음과 같다.

첫째, 삼성은 기업형성기부터 기업경영활동에 인사관리의 개념을 도입한 국내 최초의 민간기업으로 평가받고 있다. 호암은 창업기부터 택인관·교인관·용인관의 원칙 아래 능력주의와 공정주의, 책임주의와 실용주의 등을 인사관리에 적용하여 국내 기업사회 내 인적자원관리제도의 기틀형성에 기여했다.

둘째, 인재제일주의 기업문화로 한국 기업들의 글로벌 인재경영시스템 도입에 선도적인 역할을 수행해왔다. 2세창업자의 제2창업정신, 신경영이념, 삼성인의 정신, 천재경영론, 창조경영 등은 한국기업들의 인재경영의 국제화·인력관리의 세계화에 직접적인 영향을 미쳤다.

셋째, 인본주의 경영원칙으로 기업경쟁력의 원천이 인재경영에서부터 시작된다는 '사람중심'의 경영관을 국내 기업사회에 파급시켰다. "기업은 사람이다"는 호암의 인재경영사상은 오늘날 우리 기업들의 인사관리제도의 핵심내용으로 '인재경영'전략에 주력하는 직접적인 계기로 작용했다.

넷째, 국내 민간기업 최초로 공개채용제도를 도입하여 한국 공채문화 형성에 주도적인 역할을 수행해왔다. 삼성은 1957년에 공채개념을 도입한 이래 지금까지 공채문화의 구성요소인 채용제도, 필기시험, 면접방식 등을 주도적으로 선진화시켜온 기업인 만큼 한국 공채문화의 발전에 크게 기여해왔다.

본 장은 호암의 경영이념을 중심으로 삼성 인재경영 75년 역사의 특징을 시대별로 분석하였다. 따라서 본 장은 최고경영자가 기업문화의 이질성을 결정짓기 위해 시대별로 대내외적으로 선포한 경영이념 · 회사강령(관념문화), 사원규범 · 사원정신(제도문화), 행동양식 · 사풍(행동문화) 등에 초점을 맞춰 전개한 연구인 만큼 이외 영역인 사업특성 및 산업특성과 연관된 분야는 연구대상에서 제외시켰다는 점을 재차 밝혀두고자 한다.

참고문헌

▣ 본 장은 이종구(2012. 6), "삼성의 인재경영 변천과정과 시대별 특성 비교분석에 관한 연구", 경영사학, 27(2), pp.95–126에 수록된 내용이다.

고승희(2005), "삼성 이건희 회장의 기업문화관", **경영사학**, 20(3), 215–281.

고승희(2008), "삼성의 기업문화 가치와 사회공헌활동", **2008 한국기업경영학회 추계 학술발표대회 논문집**, 51–53.

김광수(1997), "호암의 경영관을 통해 본 기업의 사회적 책임", **경영사학**, 15, 128.

김성수(1996), "해방둥이 기업의 창업과정과 경영이념에 관한 연구", **기업경영연구**, 3, 5.

김성수(2005), "삼성 이건희 회장의 생애와 경영이념", **경영사학**, 20(3), 23–51.

김영래(2010), "글로벌 기업 삼성 이건희 회장의 앙트러프러너십 연구", **경영사학**, 25(3), 40–44.

김영래(2011), "삼성가의 앙트러프러너십의 계승과 발전 연구", **경영사학**, 26(3), 9–22.

김진홍(2006), "호암 이병철의 인재관 연구", 고려대학교 박사학위논문, ii–48.

백기복(1996), **조직행동론**, 법문사.

삼성경제연구소(1989), **호암의 경영철학**, 중앙일보사.

삼성미술문화재단(1995), **문화의 향기 30년**.

삼성비서실(1980), **번영과 복리에의 염원–이병철 회장 경영어록집2: 1978. 12~1980. 7**, 5.

삼성인력개발원(2002), **삼성의 경영철학**.

신유근 · 한정화 · 김용준 · 권석균 · 박준성 · 조영호(1995), **한국 대기업의 경영특성**, 세경사.

신지숙(2009), "사회공헌활동을 통한 삼성의 사회적 책임활동에 대한 사적 고찰, **경영사학**, 24(2), 22–23.

신태균(2006), "기업의 핵심가치 전개가 경영성과에 미치는 영향", 경희대학교 박사학위논문, 142.

이건희(2005), "삼성 이건희 회장의 기업활동과 경영혁신전략", **경영사학**, 20(3), 122.

이병철(1986), **호암자전**, 중앙M&B.

이종구 · 김호원(2008), "한국 취업문화의 사적 전개과정과 시대별 특성 비교분석에 관한 탐색적 연구", **기업경영연구**, 15(3), 57–58.

이종구 · 김홍유(2009), "삼성공채의 사적 전개과정과 한국 취업문화 기여도 분석에 관한 탐색적 연구, **기업경영연구**, 16(3), 85–86.

이한검 · 노남섭(1996), **세계화 시대의 기업문화**, 형설출판사.

조기준(1997), "호암의 삶의 철학과 기업의 여정", **경영사학**, 15, 6.

중앙일보(1987. 1. 5), 기고, 부국론.
한국일보(1963. 5. 31~6. 5), 5회 연재기고, 우리가 잘사는 길.
호암재단(1997), 호암어록: 기업은 사람이다.
홍하상(2003), 이건희: 그의 시선은 10년 후를 향하고 있다, 한국경제신문.
황명수(1997), "호암의 경영이념 재조명", 경영사학, 15, 43.
황명수(2005), "삼성그룹과 이병철 회장의 기업활동", 경영사학, 20(5), 41.

Light, D., and S. Keller(1975), *Sociology*, New York: McGraw-Hill, 82.
Linton, R.(1949), *The Cultural Background of Personality*, New York, Appleton-Century-Crofts, 32.
Litwin, G. H. and R. A. Stringer(1968), *Motivation and Organizational Climate*, Harvard Graduate School of Business Administration, 45-46.
Mee, J. F.(1964), *Management Thought in a Dynamic Economy*, New York University Press; 高橋達男 역, 1967, 明日經營理念, 産業能率短期 大學出版部.
Robbins, S. P.(1996), *Organizational Behavior*, 7th-Edition, Prentice-Hall International, Inc, 681-682.
Schein, E. H.(1985), *Organizational Culture and Leadership*, San Francisco: Jossey-Bass, 315.
Spencer, M.(1979), *Foundation of Modern Sociology*, Prentice-Hall, 54.

찾아보기

| 저자소개 |

이종구_cg83@naver.com

전공 및 연구분야	경영학(인사조직: 취업문화, 진로문화, 직업문화 연구)
학력	경희대학교 경영학 학사 · 석사
	경희대학교 경영학 박사
교내 경력	경희대학교 후마니타스칼리지 교수
	경희대학교 취업진로지원처 연구실장
	경희대학교 [취 · 창업스쿨] PD 교수

언론경력	1992~2002	(주)한경 리크루트/월간 리크루트 취업전문기자, 편집장 역임
	1998~2007	KBS1, 2라디오(경제가 보인다/라디오동서남북/경제포커스) 취업코너 공동진행
	1999.5~1999.10	KBS1TV AM 6시 뉴스광장(생활정보: 취업코너) 공동진행
	1999~2000	동아일보 취업 칼럼니스트(칼럼명: 주간동아 JOB가이드)
	1999.3~2000.9	EBS 정보광장(취업/직업상담코너) 공동진행
	1992.3~1994.2	교통방송(알고 갑시다: 취업정보코너) 공동진행
	2000~2001	한겨레신문(경제주간지: 닷21) 취업칼럼니스트(칼럼명: 직업업그레이드)
학회경력	2010.10~현재	한국취업진로학회(고용노동부 인가 사단법인 학회) 창립자, 전회장, 현재 편집위원
	2001~현재	한국기업경영학회 부회장
	2009~현재	국제지역학회 부회장
	2009~현재	아시아유럽미래학회 부회장
	2005~현재	한국경영사학회 편집위원
공공경력	2020.8~현재	고용노동부 산하 〈한국고용정보원〉 고용서비스품질인증제 평가위원
	2007.1~2008.12	교육과학부 〈여대생 특화 진로교육과정〉 대학 평가위원
	2010.3~2011.12	고용노동부 산하 〈한국고용정보원〉 대학 취업지원역량 평가지표개발 자문위원
	2010.7.22	[청와대 고용복지수석과 청년실업해소를 위한 청년층대화] 포럼 사회자
	2011.3~2011.11	교육과학부 산하 〈한국직업능력개발원〉 대학취업지원역량인증제 구축연구보고서(전문대학) 공동연구
	2000~현재	한국 인사전문가모임(HRPA) 자문위원

저서 취업정보분석과 입사전략, 취업전략과 경력개발, 금융권 정보분석과 취업전략, 면접정보분석과 입사전략

연구논문 아래 논문 외 다수

- Korean Labor Market Trend and College Graduates' Employment Strategy in Post-COVID-19 Era (KECA)
- Feature Analysis and Improvement Direction on CDC(Career Development Center) of Competitive Universities in China, Singapore, USA, Japan, Korea: Kyung Hee University Office of Career Services Feature Analysis(KECA)
- Employment Market Trend Analysis and Recruitment Method of Korean College Graduates(KECA)
- 대기업 면접전형의 유형 및 특성에 관한 시대별 비교 분석 연구
- 삼성 공채의 사적 전개과정과 한국 취업문화 기여도 분석에 관한 탐색적 연구
- 진로상담교수제가 재학생들의 학습 · 취업역량 · 경력개발에 미치는 영향에 관한 연구
- 취업진로기구 국제 비교를 통한 국내 대학의 선진모형개발에 관한 연구

한국 취업문화 · 공채문화 40년사

채용역사와 뉴 패러다임

2021년 6월 10일 1판 1쇄 인쇄
2021년 6월 15일 1판 1쇄 발행

저 자 | 이종구
발 행 인 | 이수영
발 행 처 | 도서출판 청람
서울시 마포구 독막로 288(대흥동, 세양상가 109호)
전 화 | 02) 3272 – 2601~2
팩 스 | 02) 3272 – 2603
홈페이지 | http://www.crbooks.co.kr
이 메 일 | crbooks@daum.net
등 록 | 2000년 8월 26일 제6 – 0509호

ISBN 978-89-5972-822-0 93320 [정가 32,000원]